《苏州通史》编纂委员会 ◇ 编

苏州通史

清代卷

王国平 唐力行 ◇ 主编

苏州大学出版社
Soochow University Press

图书在版编目(CIP)数据

苏州通史．清代卷/《苏州通史》编纂委员会编；王国平，唐力行主编．—苏州：苏州大学出版社，2019.3
ISBN 978-7-5672-2508-4

Ⅰ．①苏… Ⅱ．①苏… ②王… ③唐… Ⅲ．①苏州—地方史—清代 Ⅳ．①K295.33

中国版本图书馆 CIP 数据核字(2018)第 264110 号

苏州通史 清代卷

主　　编	王国平　唐力行
篆　　刻	陈道义
责任编辑	许周鹣　周建国
装帧设计	唐伟明　吴　钰
出版发行	苏州大学出版社
地　　址	苏州市十梓街 1 号
邮　　编	215006
电　　话	0512-67481020　65222617(传真)
网　　址	http://www.sudapress.com
邮　　箱	sdcbs@suda.edu.cn
印　　刷	苏州工业园区美柯乐制版印务有限责任公司
开　　本	787 mm×1 092 mm　1/16　印张 32.25　字数 579 千
版　　次	2019 年 3 月第 1 版 2019 年 3 月第 1 次印刷
书　　号	ISBN 978-7-5672-2508-4
定　　价	160.00 元

本卷作者

王国平　唐力行　徐茂明　昝金生　胡勇军
李　喆　李　峰　朱　琳　徐立春　李尚全
张　敏　李　明　佘建明　沈　骅　罗时铭
陈国安　吴琛瑜　王　健

序

在苏州市委、市政府领导和市委宣传部的组织实施下，经过长达十年的努力，皇皇16卷本的《苏州通史》即将出版，实在可喜可贺。

盛世修史，是中华民族的优良传统。伴随着经济的发展和社会的进步，2002年8月，党中央、国务院郑重做出了启动国家清史纂修工程的重大决定。在国家清史纂修工程的成功示范下，不少地方政府也开始组织力量，对本地区的历史文化进行深入挖掘和梳理，编纂区域性通史即是其中的重要途径。

苏州是我国重要的历史文化名城，在2 500多年的发展史上，苏州先民创造了光辉灿烂的地方文化，成为中华文化的重要组成部分。宋代以来，苏州就有"人间天堂"的美誉。明清时期的苏州，在很多方面都达到了中国封建社会发展的顶峰。当今的苏州，作为改革开放的前沿，在经济、社会和文化诸方面都取得了令人瞩目的成就，综合实力位居全国前列。深入挖掘苏州的历史文化内涵，总结苏州发展的得失成败，是历史赋予当今苏州人的光荣使命。《苏州通史》在这种背景下应运而生。

十年来，在苏州市委、市政府和市委宣传部的大力支持下，总主编王国平教授带领课题组的数十位专家学者，心怀高度的历史责任感，反复切磋，努力钻研，通力合作，高质量地完成了《苏州通史》的撰写，堪称"十年磨一剑"。可以说，这部《苏州通史》系统地厘清了苏州发展的历史脉络，全面展现了苏州丰厚的文化积淀，是第一部完全意义上的苏州通史。我认为，这部《苏州通史》不但可以作为苏州城市的文化名片，也可以作为爱国主义教育的乡土教材。

古人云："鉴于往事，有资于治道。"对于一个国家如此，对于一个地区何尝不是如此。相信《苏州通史》的出版，必将会为苏州的进一步发展提供强大精神力量。

苏州是我魂牵梦萦的家乡。八年前，我曾为《苏州史纲》作序；八年后的今天，又躬逢《苏州通史》出版的盛事，何其幸哉！对于家乡学术界在苏州历史文化研究方面取得的历史性跨越，我感到由衷的喜悦，故赘述如上，谨以为序。

戴逸

2017年10月25日

绪　言

苏州是中国重要的历史文化名城。早在一万多年前，太湖的三山岛就已出现了光辉灿烂的旧石器文化，成为中华文明的摇篮之一。商代末年，泰伯奔吴，带来了先进的中原文化。此后，吴国在此立国。吴王阖闾时期，兴建了吴大城，吴国也渐臻强盛，最终北上称霸。秦汉时期，今苏州地区纳入统一王朝的治理，经过孙吴政权的经营和东晋南朝的发展，到唐代中叶，苏州已经成为中国的经济中心之一。宋元时期，苏州的经济文化得到长足发展。到明清时期，苏州的发展水平已臻历史巅峰，成为全国著名的经济和文化中心，影响直至今日。晚清至民国时期，苏州逐渐从传统走向现代。中华人民共和国成立后，特别是改革开放以来，苏州再度强势崛起，成为当今中国发展最快、率先基本建成高水平全面小康社会的地区之一，创造了新的奇迹。这是苏州历史进程的主要脉络，构成了《苏州通史》的主线。

作为第一部完全意义上的苏州通史，我们希望能够以16卷的体量，系统完整地厘清苏州历史发展的脉络，全方位地展现苏州政治、军事、经济、社会、文化各方面的历史风貌。《苏州通史》撰写所涉及的主要内容与问题说明如下：

一、《苏州通史》的时空界定

1. 时间界定：苏州的历史包括这一区域的史前史。今日苏州所辖吴中区的太湖三山岛，早在一万多年前就出现了旧石器文化，这就成了《苏州通史》的起点。《苏州通史》的时间下限为公元2000年。

2. 政区空间界定：兼顾政区空间的现状与历史，以现行行政区域为基准，详写；历史行政区域超越现行行政区域部分，在相关历史时期中略写。

二、《苏州通史》的体例

参照中国传统史书编撰体例,借鉴国家清史纂修工程的《清史》主体设计,《苏州通史》主体部分为导论以及从先秦至中华人民共和国时期的历史(分为若干阶段的断代史),另设人物、志表、图录等三部分。人物、志表、图录中的内容是对通史部分相关内容的补白与补强。

《苏州通史》共分16卷。第1卷为导论卷,第2卷为先秦卷,第3卷为秦汉至隋唐卷,第4卷为五代宋元卷,第5卷为明代卷,第6卷为清代卷,第7卷为中华民国卷,第8卷为中华人民共和国卷(1949—1978),第9卷为中华人民共和国卷(1978—2000);第10卷为人物卷(上),第11卷为人物卷(中),第12卷为人物卷(下),第13卷为志表卷(上),第14卷为志表卷(下),第15卷为图录卷(上),第16卷为图录卷(下)。

三、"导论卷"的结构与内容

"导论卷"为丛书首卷,包括苏州历史地理概要、苏州史研究概述以及苏州史论三个部分。

"导论卷"上篇为苏州历史地理概要。在对苏州各历史时期地理环境要素演变做分期分类的基础上,重点对苏州历史沿革地理和苏州历史自然地理演变做概要性叙述,主要包括苏州历史气候与生态变迁、苏州地质与地貌变迁、苏州古城水道变迁、苏州历史建置沿革以及苏州城池防务沿革。

"导论卷"中篇为苏州史研究概述。《苏州通史》是学术界业已取得的研究成果的集中体现。对于苏州各个时期历史的研究,学术界已有或多或少的成果,并以著作、论文等为载体展现世间。《苏州通史》的作者们充分关注和汲取了这些宝贵的学术营养。"导论卷"的苏州史研究概述,分别列举并适当评述了先秦、秦汉至隋唐、五代宋元、明代、清代、中华民国、中华人民共和国等历史时期苏州史的研究成果。

"导论卷"下篇为苏州史论。按照通史的体例,正文中不可能就论题展开详细的专题性论述,这些相关论述即构成了"导论卷"下篇的苏州史论。这些专题论述有:《春秋吴国国号及苏州城市符号的"吴"及其溯源》《秦汉至隋唐时期吴城所辖行政区域及政治地位的变迁》《五代宋元时期来苏移民问题》《明代苏州地位论纲》《晚清苏州的现代演进》《民国以降苏州经济社会发展的传统规定性》《人民公社时期苏州农村社队工业的兴起与发展》《改革开放时期苏州经济发展的三次跨越》,大体上覆盖了苏州历史发展进程中的一些重要节点。

四、自先秦至中华人民共和国各卷的章节体系

自先秦至中华人民共和国各卷是通史的主体,分为8卷断代史。各卷采用纵横结合的结构,根据本卷所跨时段的政治经济发展状况,划分若干客观发展阶段为若干章,主要写政治、军事、经济状况;另设社会一章,主要写整个时段苏州人口家族、宗教信仰、民风节俗等;另设文化一章,主要写科学技术、教育、文化艺术等。这样,以“X+2”模式架构和贯通8卷断代史。

自先秦至中华人民共和国共8卷的章节体系,展示了苏州历史进程的主要脉络,体现了《苏州通史》的主线。各卷设章如下:

先秦卷 第一章,远古文明;第二章,泰伯南奔与立国勾吴(泰伯至寿梦);第三章,从徙吴至强盛(诸樊至吴王僚时期);第四章,“兴霸成王”与吴大城建筑(阖闾时期);第五章,从称霸到失国(夫差时期);第六章,战国时期的吴地;第七章,吴国社会状况;第八章,吴国的文化。

秦汉至隋唐卷 第一章,秦汉时期的苏州;第二章,六朝时期的苏州;第三章,隋唐时期的苏州;第四章,秦汉至隋唐时期的苏州社会;第五章,秦汉至隋唐时期的苏州文化。

五代宋元卷 第一章,五代苏州从混战走向稳定;第二章,北宋苏州的稳固与发展;第三章,南宋苏州的复兴与繁华;第四章,元代苏州的持续发展;第五章,五代宋元时期苏州的社会组织与社会生活风俗;第六章,五代宋元时期苏州的文化。

明代卷 第一章,洪武时期苏州社会恢复性发展;第二章,建文到弘治时期苏州社会持续性发展;第三章,正德到崇祯时期苏州社会转型性发展;第四章,明代苏州社会生活;第五章,明代苏州文化。

清代卷 第一章,恢复、发展与繁荣(顺治至乾隆年间);第二章,衰退与剧变(嘉庆至同治初年);第三章,变革与转型(同治初年至宣统年间);第四章,社会风貌;第五章,文化成就。

中华民国卷 第一章,民初情势;第二章,革命洗礼;第三章,近代气象;第四章,战争浴火;第五章,社会生活;第六章,文化教育。

中华人民共和国卷(1949—1978) 第一章,向社会主义过渡;第二章,全面探索的十年;第三章,“文化大革命”的十年内乱;第四章,在徘徊中前进的两年;第五章,社会变迁;第六章,文教、卫生事业的曲折发展。

中华人民共和国卷(1978—2000) 第一章,全面拨乱反正和改革开放启动时期;第二章,推进改革开放和加快发展时期;第三章,深入改革开放和现代化建设勃兴时期;第四章,和谐多彩的社会生活;第五章,与时俱进的文化建设。

五、人物、志表、图录各卷的编排

人物卷 《苏州通史》第10—12卷为人物卷(上)(中)(下),所录人物共1 600余人(含附传),包括苏州籍人士、寓居苏州有影响的非苏州籍人士,以及主要活动在外地的有影响的苏州籍人士。所录人物主要按人物生卒年排序。

志表卷 《苏州通史》第13—14卷为志表卷(上)(下),志表合一,分为建置、山川、水利、城市、街巷桥梁、园林、乡镇、人口、财政、职官、教育、藏书、文学、新闻出版、绘画、书法篆刻、音乐、昆曲、评弹、工艺美术、宗教、物产、风俗、古建筑、会馆公所、古迹等共26章。

图录卷 《苏州通史》第15—16卷为图录卷(上)(下),所录历史图片按政区舆图、军政纪略、衙署会所、城池胜迹、乡镇名景、水陆交通、市政设施、农林水利、工矿企业、店铺商社、苏工苏作、园林园艺、科学技术、科举教育、文学艺术、报纸杂志、书法绘画、文献藏书、文化设施、文娱体育、医疗卫生、风俗民情、宗教信仰、慈善救济、人物图像、故居祠墓等共26类编排。各类图片基本按图片内容发生时间排序。图录卷共收录图片2 000余幅,每幅图片均附扼要的文字说明。

《苏州通史》的人物、志表、图录等卷与其他相关的人物传记、方志、专业志、老照片等著作体裁有别,详略不同,其内容取舍决于丛书的学术需求。

六、苏州元素的体现

苏州通史,所以能区别于其他地区的通史,在于展现了苏州悠久的历史发展过程中形成的历史文化特色,这些特色又是通过其独特的元素来体现的。为此,《苏州通史》的撰写,对历史进程中的苏州元素予以重点关注与剖析。诸如三山旧石器文化、太湖与苏州水系、伍子胥建城、三国东吴、范仲淹与"先天下之忧而忧,后天下之乐而乐"、苏州府学、"苏湖熟,天下足"、"上有天堂,下有苏杭"、吴门画派、吴门医派、昆曲评弹、园林、丝绸、顾炎武与"天下兴亡,匹夫有责"、姑苏繁华、明清苏州状元、苏福省、冯桂芬与"中学为体,西学为用"、苏州洋炮局、东吴大学、社队企业、"苏南模式"、苏州工业园区等,都会在相关各卷进行重点论述。

从2007年撰写《苏州史纲》算起，至2010年《苏州通史》立项，再至2018年《苏州通史》付梓，整整十一年。若谓十年磨一剑，绝非虚语。

十余年里，我们怀抱美好的愿望，希望这部《苏州通史》能够成为第一部完全意义上的苏州通史，系统完整地厘清苏州历史发展的脉络，全方位地展现苏州政治、军事、经济、社会、文化各方面的历史风貌。希望这部《苏州通史》能够成为苏州城市的一张靓丽名片，展现苏州历史文化的丰厚积淀，展现当今苏州发展的辉煌成就，也在一定程度上展现苏州社会科学界在本土历史文化研究方面的学术成就。希望这部《苏州通史》能够成为苏州历史文化资源开发利用的一个坚实基础。

为此，《苏州通史》作者力求城市通史体系创新，力求新史料应用及史实考证的创新，力求观点提炼与论述创新，力求《苏州通史》能够达到同类通史的最高水平。

为此，《苏州通史》作者严格把握了保障学术水平的几个环节，诸如开题研讨、专题研讨、结项研讨、书稿外审、总主编审定、编委会审定等。在通史撰写过程中，熊月之、崔之清、姜涛、周新国、范金民、李良玉、戴鞍钢、马学强、张海林、王健、王永平、孟焕民、徐伟荣、汪长根、吴云高、卢宁、邓正发、涂海燕、陈其弟、陈嵘、尹占群、林植霖、张晓旭等专家学者参与了书稿的审阅，并提出了宝贵的意见与建议。

为此，苏州市领导还聘请了全国史学界及相关领域权威学者戴逸、李文海、张海鹏、朱诚如、汝信、茅家琦、段本洛、熊月之等先生担任学术顾问，并聘请戴逸先生担任总顾问。非常感谢他们听取相关事宜的汇报，并不吝赐教。

《苏州通史》作为市属重大社科研究项目，十余年来，得到苏州市委、市政府的高度重视和大力支持。先后担任中共苏州市委书记的王荣同志、蒋宏坤同志、石泰峰同志、周乃翔同志，以及先后担任苏州市市长的阎立同志、曲福田同志、李亚平同志等，都对《苏州通史》的研究编纂工作给予关心、指导和帮助。作为《苏州通史》编纂的主管部门，苏州市委宣传部历任部长徐国强同志、蔡丽新同志、徐明同志、盛蕾同志、金洁同志，历任分管副部长高志罡同志、孙艺兵同志、陈雪嵘同志、黄锡明同志等接续发力，从各方面为《苏州通史》编纂团队排忧解难，提供条件，创造了从容宽松的工作氛围。苏州市委宣传部副部长、市文明办主任缪学为同志和市社科联主席刘伯高同志积极支持项目立项和研究，并从资金等方面提供保障。苏州市委宣传部工作人员洪晔、吕江洋、徐惠、刘纯、刘锟、陆怡、盛征、陈华等同志先后参与了具体组织和协调推进工作。谨此致谢。

《苏州通史》杀青之际，掩卷而思著作之艰辛，能不感慨系之？感慨于《苏州通史》课题组各位同仁十余年来付出的难以言表与计量的刻苦与辛劳，感慨于众多学者专家审读各卷书稿所给评价与建议的中肯与宝贵，感慨于苏州市委宣传部历任领导对《苏州通史》从立项到出版全程的悉心呵护与大力支持，感慨于苏州大学领导从我们承接任务到付梓出版所给予的支持和关心，感慨于社会各界对《苏州通史》方方面面的关注与期待。

历经十余年打磨，《苏州通史》即将面世。果能得如所愿，不负领导希望，不负社会期待，不负同仁努力，则不胜欣慰之至！

王国平

2018 年 10 月于自在书房

前 言

在《苏州通史》中明清两代占有重要的地位，它们上承传统时代两千余年深厚累积，而臻于经济繁荣、文化昌盛之极致，卓然而为中国经济、文化之中心。

明清以来的历史实际上就是中国传统社会向现代社会转型的过程。这样的一个转型过程，明代中叶已经有兆头了，尤其到了晚明，如果不是满族人打进来的话，历史将是另一番景象。我们总说中华文明是先进的文明，落后民族的征服，最后还是被我们的文明所征服。但是，问题的另一个方面却常常为我们忽略，落后民族把我们拖到后面去了，大大推迟了社会发展的进程。明清交替之际，一向被视为“民风柔软”的苏州人显示了“威武不屈”的另一面。从乙酉“剃发令”的血腥屠杀，到清初江南政治大案，“哭庙案”“奏销案”“科场案”的摧残迫害，近半个世纪，苏州经济萧条、社会动荡。晚明变局，实质上是中国社会结构性的问题。

《苏州通史·清代卷》宏大而复杂，又处在历史发展的转捩点，所以著述有着极大的难度。数十年来治清史者以1840年为界，将前清归入古代史，此后则为近代史。然历史的变迁既有发展的阶段性，也有延续性。人为地把清史割裂开来，无视其深层强大的延续性，是与历史实际相抵牾的。将清代苏州的历史前后贯通起来，就有必要重新思考，做到叙事客观，分析深入。

清代前期苏州经济的发展,乃至资本主义萌芽的生长,主要是中国社会经济内在变迁的结果,是明清之际断裂后的延续。清代后期资本主义的发展则主要是外部的输入。在内力为主、内外力交叉的推动下,苏州始终保持着经济文化中心的地位;而在外力强大冲击下江南的中心却逐渐转移至上海。内力、外力抑或内外力交叉对苏州经济社会发展的影响,是我们需要在叙事过程中加以思考的。

《苏州通史·清代卷》,关注中国与外部世界的交通,当是题中之议。16世纪世界市场的开拓,对中国沿海地区,尤其是长三角的影响十分深远。明代嘉靖、万历年间市镇的繁兴,农业、手工业、商业的资本主义萌芽都离不开世界市场。清初"迁海令"、闭关锁国,一度割断了海外交通。但是"剪不断,理还乱",苏州在中西经济文化交汇中,仍是得风气之先。18世纪传统中国社会经济达到巅峰状态,苏州则是其最为辉煌的标志。18世纪对于中国、对于苏州都是重要的转捩点。一方面"夕阳无限好";另一方面却是苏州,乃至中国在世界上由领先转为落后的一百年。怎样从横通的角度恰当地把握苏州的盛衰消长,也是我们不能回避的。

通史之谓也,更有纵向之通,探索清代苏州名物制度流变之渊源,揭示其对后世苏州社会变迁的影响,做到上承明代,下启民国。如是才能恰当地揭示清代苏州的特点,做出历史定位。

有鉴于此,本书前三章从纵向梳理了清代历史演变的脉络,揭示《苏州通史·清代卷》的整体性,由清初的恢复、发展与繁荣(顺治至乾隆年间),到中期的衰退与剧变(嘉庆到同治初年),最后是变革与转型(同治初年到宣统年间)。清代苏州社会生活极其丰富,史料浩瀚繁赜。纵向主导线索为我们盘点史料、选择史事、取舍整合提供了基础。史事入选的原则,一为清代历史上之大事,涉及苏州者。二为苏州特有,能反映苏州特色者。力求在叙述名物制度、历史事件、人物等过程中,贯注对苏州通史的整体思考,体现清代苏州的整体性。

在叙述具体的重大历史事件时,既要考虑其与整体的关系,也要将局部视为相对的整体。例如太平天国,对于苏州来说,是一重大的历史事件,深刻影响了苏州历史的走向。以往学界对太平天国与苏州的关系,并无整体的论述。借着修《苏州通史》之便,我们对太平天国与苏州的历史做了整体的研究。在第二章第二节危机四伏的政局中,论述了太平天国运动兴起的国内、国际原因,介绍了清政府应对太平天国的举措。第三节则全面介绍了太平天国时期的苏福省与苏州郡的政治、军事、经济。兵燹将苏州阊门外二十里商业中心化为灰烬,苏州财富与富人向上海租界逃亡、集聚，田地荒芜，人口凋零，生动揭示了苏州由盛转衰的历史过程，从而填补了太平天国在苏州这一学术空白。此后，苏州虽然逐渐丧失中心城市的地位，但是她在外力的冲击下，终于开始变革与转型。从农村租佃关系的变化到苏州洋炮局的创立、开埠，海关的设立和对外贸易，直到维新新政与地方自治活动，最后以辛亥革命与和平光复作结。这就构成一个上承太平天国的剧变、下开民国新纪元的整体。

除了重大的历史事件外，我们还从细微处考察清代苏州城市的变迁。在城市空间的现代演进这一节中，为读者展示了盘门—胥门—阊门商贸区的开发；沪宁铁路通车与城北商贸区的成型；观前街区的初步形成；教会小区的出现等城市史的细部，回应了当前国际学术前沿。例如观前街区的研究。苏州人总是生活在一个个具体的街区，研究苏州人的社会生活，自然离不开街区。街区研究最为重要的有两点：一是将某个街区视为一个整体，要着力于揭示其整体特征；二是街区是城市的一个组成部分，要研究部分在整体中的位置，以及部分与整体的互动关系。观前街区得益于西晋咸宁二年(276)玄妙观的建立。玄妙观的兴盛带来了人群和商机，由观内而观外，逐渐形成了商市。传统时代的观前虽然得到了一定程度的发展，但始终没有形成独立完整的功能区。近代以来，由于其居于城市中心的区位优势、太平天国战争毁坏了阊门外的商业区、自身求变等多方面因素的影响，使它由经济文化的边缘走向中心，从而使中心的区位与经济文化和社会中心的地位重合，成为苏州的中心街区。观前街区的其他特征是由其中心地位派生出来的，观前街区成为商业与金融业的中心、休闲饮食业的中心、中西文化交融的中心。这些因素的交融，推动了观前市民意识的觉醒，观前市民公社随之成立，具有很强的示范性。观前街区的整体特征的形成是在与苏州城市的互动中实现的。有了这些生动的细部描述，苏州城市才能立体地呈现出来。

值得一提的是我们在苏州商业的繁荣一节中，借用了社会史与艺术的对话，以乾隆二十四年(1759)苏州人徐扬创作的写实画卷《姑苏繁华图》非常直观而细致地展示了当年苏州城市商业繁华的盛况：画面有熙来攘往的各色人物12 000多人，各色房屋建筑2 140余栋，河道中的官船、货船、客船、杂货船、画船、木簰、竹筏等约400条，街道店肆林立，市招高扬，有260余家，各式桥梁50余座，文化场景10余处。在纷繁错杂的店铺中，丝绸店铺14家，棉花棉布业23家，染料染业4家，蜡烛业5家，酒业4家，凉席业6家，油漆漆器业5家，铜铁锡器业5家，金银首饰珠宝玉器业8家，衣服鞋帽手巾业14家，图书字画文化用品业10家，灯笼业5家，竹器业4家，窑器瓷器业7家，粮食业16家，钱庄典当业

14家,酒店饭馆小吃等饮食副食业31家,医药业13家,烟草业7家,南货业5家,洋货业2家,油盐糖杂货业17家,酱菜业5家,柴炭行3家,皮货行1家,麻行1家,猪行1家,果品业2家,乐器业1家,扇子铺2家,船行3家,茶室6家,澡堂1家,花木业2家,客栈3家,其他行业11家。苏州之繁华尽显其中。

《苏州通史・清代卷》还以两章的篇幅,从横向介绍苏州的社会风貌与文化艺术。如果说前三章所呈现的是清代苏州历史舞台上显面的事件与人物,那么,后两章则是隐藏于历史深层的文化与社会。深层的文化与社会其实制约并决定着表层历史的面貌与走向。苏州文化与社会生活极其丰富,在选材与撰写过程中,我们借用了社会史与社会文化史的理论和方法。

在社会面貌方面,我们首重人文荟萃的世家望族。在全国各地的家族中,苏州是一个特色鲜明的地区,明清苏州经济文化中心地位的确立,与那些著名的家族之间有着不可分割的关系。清代苏州有进士600名、状元26名(占清代状元的22.8%),他们正是在世家望族中走出,或是他们造就了新的世家望族。官宦富绅和众多文人引领着苏州文化,使苏州弥漫着文人气息,渗透到社会生活、文化艺术的每一个细胞。

苏州社会有着严密的、多层次的社会保障系统。在商品经济的冲击下,苏州贫富分化严重。为缓和社会矛盾与冲突,形成了世家望族的宗族保障以及行业保障和一般意义上的市民社会合作。苏州的行业保障主要由商业组织会馆、公所来承担,市民社会合作主要是官府与商人共同举办的善堂。商人在社会生活中的主导作用日益明显。

由于商业发展的需要,造成了苏州社会信仰的多元化,而商业的繁兴,也为社会信仰的多元化提供了物质基础。社会心态是与社会信仰相联系的。社会信仰的多元化,造成一种开放的心态,并由此造成苏州人心态多元、变通、求实的特征。苏州人信佛、道者甚多,民间往往佛道兼敬。佛教的出世、轮回、因果报应,道教的遁世绝俗、幽隐山林,及求长生富贵,"一人得道,泽及家人"的教义,与苏州人长期以来在政治经济重压之下求生存、求发展的境遇,相互渗透并浸淫累积为苏州人强烈的功名心态和市隐心态。苏州人在重压下,并不采取极端的行动,而是重理性,求变通,善于在夹缝中找到舒展自己才能的天地。

从社会史的视野,我们还研究了苏州社会生活的基本细胞——清代的家庭、人口;苏州人的衣食住行、人生礼仪和岁时节令。呈现了苏州下层民众色彩斑斓的社会生活。

在文化艺术方面,清代苏州的成就是极其丰富而辉煌的,可谓披沙拣金,掇摭甚难。海内外所谂知的吴门经学、史学、诗词、小说、书画、园林、藏书、科技、教育等成就，在这一章中得到充分展示。苏州还有着原不见于正史的昆曲、评弹、吴歌、工艺美术等文化艺术的瑰宝，如何“拾得遗珠月下归”？取舍之间，颇费踌躇。苏州经济与文化的交互作用催生了昆曲与评弹这对姐妹花，以至有状元、优伶为苏州土产之说。昆曲曲高和寡，主要流行于士大夫的圈子里。而评弹有着雅俗共赏的特点，其受众遍及士农工商乃至贩夫走卒。相应于苏州人的性格，昆曲被称为“水磨腔”，评弹弦索叮咚则如同江南的水。如果说评话有太湖般开阔澎湃，弹词则如穿街越巷的小桥流水。水是最柔和的，也是最坚韧的。似水长流的评弹，深藏着苏州人的市隐心态，流淌着苏州人的心曲，叙说着苏州人的机敏、睿智、沉稳和变通。进茶馆品茗听书成为苏州市民的生活方式。而绅商官宦则把评弹艺人请进家门举办堂会。评弹艺术深刻影响着江南人的性格、社会风尚、价值伦理。苏州的大街小巷到处可以听到悠悠的评弹音乐和声如金石的评话，与小桥流水枕河粉墙融合成一幅有声有色的苏州图景。

十年辛苦不寻常，《苏州通史·清代卷》得以完成，得力于曾国藩所云：有志、有识、有恒也。本书主编，二十年前便通力合作主编了《明清以来苏州社会史碑刻集》。本书的参与者，与我们志同道合，都是相关专题研究的一时之选。谨以本书献给我们深爱的古城苏州。

唐力行　王国平

2017 年 6 月

◎第一章　恢复、发展与繁荣（顺治至乾隆年间）◎

清代顺治至乾隆年间,苏州社会经济经过一段时间的恢复,逐渐接续了明代中期以来的发展态势,成为全国经济文化最为发达的地区。康熙时人沈寓云:"东南财赋,姑苏最重;东南水利,姑苏最要;东南人士,姑苏最盛。"[1]时人刘献廷亦云:"天下有四聚,北则京师,南则佛山,东则苏州,西则汉口。"[2]而"四聚"之中,市肆繁华以苏州为最。康熙末年,翰林院检讨孙嘉淦一路南游,阊门市肆的繁华给他留下了深刻的印象。他在《南游记》中说:"姑苏控三江、跨五湖而通海,阊门内外,居货山积,行人水流,列肆招牌,灿若云锦,语其繁华,都门不逮。"[3]乾隆时期,苏州人绘制的《姑苏繁华图》更是巨细无遗地向人们展示了苏州城市之繁华,此时的苏州已经成为中国南方的经济中心、文化中心和生活时尚中心,是人们向往的人间天堂。

第一节　清初苏州的政治动荡

一、乙酉"剃发令"与抗清斗争

剃发原为女真族世代相沿的风俗习惯,努尔哈赤建立后金政权向南进攻辽沈时,即以是否剃发作为汉人投降与否的标志。皇太极亦规定,满、蒙、汉等人必须全部遵从满族的制度,以防受汉族文化的熏染。顺治元年(1644)五月一日,多尔衮入关之初,同样下令汉人尽行剃发,但因遭到汉人的反对,加上立足未稳,形势莫测,五月二十四日,多尔衮即罢除剃发令,规定"天下臣民,照旧束发,悉从

〔1〕 贺长龄:《皇朝经世文编》卷二十三《吏政》九《治苏》,清光绪十二年思补楼石印本,第59页。

〔2〕 刘献廷:《广阳杂记》卷四,清光绪中吴县潘氏刻功顺堂丛书本,第33页。

〔3〕 孙嘉淦:《南游记》,清嘉庆十年刻本,第12页。

其便”〔1〕。这一权宜变化大大减轻了清军进攻所遭遇的阻力。

顺治二年(1645)五月十五日,清军兵不血刃占领南京,南明弘光政权灭亡。明礼部尚书钱谦益率先降附,并派周荃主动拜谒清军统帅多铎,“言吴下民风柔软,飞檄可定,无烦用兵”。多铎大喜,遂派降人黄家鼒与周荃单骑安抚吴中。沿途“郡邑长吏望风解印绶,士大夫皆草间求活,所过辄降。至吴,家鼒南面自若;荃独微服出没市廛,郡人多为之用”〔2〕。虽然黄家鼒等人4天之后就被明朝常镇监军杨文骢出其不意地斩杀,但杨氏并无抗清复明之勇气与魄力,杀黄家鼒不过是假公济私,贪图国库银两。六月初三,清兵到达无锡,次日,杨文骢就瓜分库银,从苏州葑门遁去。清军都督土国宝就这样不费吹灰之力占领了苏州。“城内外百姓相约,每图为首一人,手执黄旗一面,上写‘某图民投顺大清国’。余人各执线香,争往大营纳款,庠生亦投揭往见,乡绅沈去疑为先。”〔3〕

清军在江南出人意料的顺利进展,极大地鼓舞了其统帅迅速控制江南的信心。摄政王多尔衮认为胜券在握,遂对江南采取强硬政策,严申剃发令,限令旬日之内,无论军民都必须遵循满族习俗,尽行剃发,违者杀无赦。剃发令的强行推行,在素来讲究华夷之辨的汉族士人看来,这比纯粹的军事征服更加难以接受。苏州人顾炎武认为,朝代鼎革,易姓改号,是为亡国;而如果改变华夏民族的文化传统,使其由“仁义充塞,而至于率兽食人,人将相食”,那将是“亡天下”。“保国”是朝廷肉食者的责任,而“保天下”则是人人有责。〔4〕这种强烈的保种保族的文化意识激起了江南人的全面抗清斗争,史称“三吴之举义旗者,蜂屯蚁聚,自京口以至余杭,在在杀长吏以应”〔5〕。许多城市的誓死保卫战都是由地方著名士人或明朝故官领导的,涌现了陈子龙、夏允彝、夏完淳、侯峒曾、黄淳耀等一大批气节之士。

在江南如火如荼的抗清斗争中,苏州地区的士大夫与普通百姓都发挥了重要作用。进士吴易和举人孙兆奎起兵于吴江,生员陆世钥等人起兵于苏州陈湖,佥都御史王永祚等人起兵于昆山,兵部职方司严栻等人起兵于常熟。

---

〔1〕《清世祖实录》卷五,顺治元年五月辛亥,见《清实录》第3册,中华书局1985年影印本,第60页。

〔2〕佚名:《嘉定屠城纪略》,第1页。另据《吴城日记》卷上:在黄家鼒招抚苏州的同时,钱谦益“另印记告示,招谕慰安”。

〔3〕佚名:《吴城日记》卷上,见《丹午笔记·吴城日记·五石脂》,江苏古籍出版社1999年,第206—207页。

〔4〕顾炎武著,黄汝诚集释:《日知录集释》卷十三《正始》,岳麓书社1994年,第471页。

〔5〕温睿临:《南疆逸史·附录·南疆逸史跋十》,中华书局1959年,第480页。

吴易(1612—1646),字日生,吴江人,崇祯朝进士,复社成员。清兵攻陷北京后,吴易愤然写下"讨贼复仇"四个大字,贴在门上,并作《恢复中兴末议》4篇,主张练兵20万,控制两淮,收复荆襄。顺治二年正月,他到扬州谒见史可法,受到史可法的赏识。史可法将其留在帐下,任兵部职方司主事。后奉史可法之命,到苏州筹集粮草,不料刚到江南,扬州陷落,史可法殉国,明弘光小朝廷也随之倒台。是年六月初一,吴易与友人孙兆奎联合太湖渔民起义领袖张三,以太湖为根据地,举起江南第一面抗清大旗。义军以白布包头作为标志,因此被称作"白头军"(他们又以白布缠腰,故又名"白腰军")。"白头军"首先攻克吴江县城,斩杀降清的知县朱国佐。六月十三日围攻苏州失利后,"白头军"转而利用清军不擅水战的弱点,依凭浩渺万顷的太湖和四通八达的河道,转战于苏州、松江、常州、宜兴等地,屡败清军。顺治三年三月二十六日,"白头军"在吴江汾湖设下埋伏,将清军总兵汪懋功部围在湖心,并将其分割成几股,逐个击破,斩杀总兵汪懋功等将领23员,歼敌2 000余人,震惊了清朝上下。"白头军"一时声势浩大,吴易被南明隆武帝任命为兵部尚书,封忠义伯,总督江南诸军;鲁监国也授他兵部尚书兼浙直总督,封其为长兴伯。清政府调5万精兵围剿"白头军","白头军"终因寡不敌众而失败。顺治三年六月,吴易在嘉善被诱捕,牺牲于杭州草桥门,年仅35岁。吴易的父亲及妻女都在吴江九里湖赴水而死。吴氏满门节烈的事迹一直流传于苏州民间,人们在九里湖畔立庙专祀吴易,但为避官方耳目,民间一般称其为吴日夫人庙。

陆世钥也是吴江诸生,"以财雄于洞庭东湖"[1]。清军发布剃发令后,乡民骇愕,汹汹思乱。世钥毁家充饷,聚众千余人,屯兵陈湖。松江几社主将陈子龙、夏允彝、徐孚远等人亦加入陈湖义军,并致书联络吴淞副总兵吴志葵、参将鲁之玙率水师3 000人自吴淞入泖湖,总兵黄蜚率水师2万人由无锡到此会合,准备收复苏州。闰六月初十,陈子龙设明太祖像誓师起义,军号"振武"。陈湖义兵虽有千余之众,但多是泖滨渔人,既无纪律,也无作战经验,不能重用,与吴志葵水师进攻苏州,很快失败。黄蜚2万水师移营黄浦江,因沿途水道狭窄,不利于水师行军,单行数十里,首尾不相应,仅支撑两月,亦被清军击败。兵败后,陆世钥削发为僧。陈子龙逃至昆山,继续从事抗清斗争。

昆山的抗清活动也相当激烈。原郧阳巡抚王永祚,翰林院编修朱天麟,举人

---

〔1〕温睿临撰,李瑶勘定:《南疆绎史勘本》卷二十八《陆世钥》,见《台湾文献丛刊》第132种,第5辑第89册,台湾大通书局1987年,第398页。

周室瑜，贡生朱集璜（著名学者朱柏庐之父）、陈大任杀死清朝新任命的知县阎茂才，奉明朝总兵王佐才为帅。已经遁入佛门的明朝知县杨永言与诸生吴其沆、陶琡、归庄、顾炎武起兵响应。当起义遍及苏松太地区时，多铎调集大军镇压。从顺治二年闰六月十五日到七月初六，昆山坚守21天后失陷。清军屠城3日，“城中人被屠戮者十之四，沉河、堕井、投缳者十之二，被俘者十之二，以计逸者十之一，藏匿免者十之一”〔1〕。总计约有4万人遇难，其中包括顾炎武的两个弟弟，顾炎武的母嗣也绝食而亡。

在苏州抗清的士大夫群体中，除了顾炎武、归庄等著名士人外还有很多，抵抗的方式也各不相同。吴江著名文化世家沈氏族人沈自炳、沈自駉兄弟，皆诸生，俱“以词翰闻江左，任侠自负”，吴江诸生华京、吴旦、赵汝珪也是“有志行知名于时者”，他们都加入了吴易的起义大军，直至壮烈战死。〔2〕长洲（今苏州）著名文人文震亨（1585—1645）虽未参加义军，但在明朝亡后，绝食而死。礼部侍郎徐汧拒绝剃发，在虎丘后长荡赴水而死。著名天文学家王锡阐先后以自缢、投河、绝食的方式殉义，不成之后拒不仕清朝，贫病而终。著名文人叶绍袁则以出家的方式表达了自己的立场。

在严峻的民族矛盾面前，江南地区因为阶级矛盾而起义的下层人民也纷纷加入抗清的行列，其中的代表为赤脚张三领导的太湖渔民反清起义。张三起义队伍雄踞淀山湖、长白荡、澄湖一带，以宜兴作为根据地，经常神出鬼没地出现在苏州、松江、常州。据《丹午笔记》载：“张三盘踞太湖，以宜兴为巢穴，横扰三州。”他们于顺治二年（1645）六月揭竿而起，先与吴易联合抗清，吴易牺牲后，张三继续抗清。他们在太湖地区屡次袭击清兵，因“未能弋获，湖路梗塞，莫可如何”，加上队伍“出没无时，官军不能制”。〔3〕清军对这支神出鬼没的渔民起义队伍显得无能为力，以致清朝地方官吏把太湖流域看作可怕的危险地区。直到康熙元年（1662），江苏巡抚韩心康以欺骗的方式诱捕了张三之后，起义军才被镇压下去，坚持斗争达17年之久。

二、江南大案与苏州士绅

面对江南地区士绅百姓的激烈抵抗，清廷出台了一些恩威并施的政策。顺

〔1〕 李福沂、汪堃等：清光绪《昆新两县续修合志》卷五十一《纪兵》，清光绪六年刻本，第27页。

〔2〕 徐鼒：《小腆纪传》卷四十六，见沈云龙：《明清史料汇编·四集》第27册，台湾文海出版社1968年，第1030页。

〔3〕 顾公燮：《丹午笔记·平定姑苏始末》，见《丹午笔记·吴城日记·五石脂》，江苏古籍出版社1999年，第56页。

治三年四月,朝廷下令:“将前代乡官监生名色尽行革去,一应地丁钱粮杂泛差役与民一体均当,蒙胧(眬)冒免者治以重罪。”〔1〕与此同时,清廷在顺治二年、三年两次举行乡试,试图笼络、瓦解儒生士人。但应试的很少,且多数是“明末孤贫失志之士”〔2〕,真正以名节相砥砺的士人则伏处草莽,不与清廷合作。但在封建时代,儒生要想显亲扬名治国平天下,除了科举入仕之外,别无他途。随着清廷在江南统治的逐步稳定,江南士人经过几年的抗争、观望之后,最终还是抵不住科场的诱惑。顺治五年戊子科乡试,那些名节相尚的人士大多走出家门,进入清朝政府的考场。当时有人写诗嘲笑说:“一队夷、齐下首阳,几年观望好凄凉。早知薇蕨终难饱,悔杀无端谏武王。”〔3〕

然而,江南士绅的屈服并未改变清廷对江南人的政策。多尔衮及其后继的满族权贵继续奉行压制、打击江南人的方针,他们不仅在中枢权力机构排斥江南人,而且在经济上进一步加强对江南财赋的搜刮,表面上江南赋额减少了,但由于考成苛刻,不得拖欠,因而江南的赋税负担比明代更加沉重。顺治十七年(1660)五月,清廷重申明代不许江浙人任户部尚书的旧制,规定“户部司官不用苏、松、常、镇、杭、嘉、湖之人”〔4〕。除此而外,清政府还在江南先后制造了一系列政治性大案,对江南士绅进行连续不断的无情打击,其中发生在苏州的有哭庙案、奏销案和科场案。

(一)哭庙案

“哭庙”原是苏州读书人的一种旧习:“诸生事不得直,即作《卷堂文》,以儒冠裂之夫子庙廷,名曰‘哭庙’。”〔5〕然而这种仪式性的申诉,在清初特殊的年代却被朝廷命官肆意歪曲为政治性的谋反,借此对晚明以来苏州士人结社清议的风气给予重创。

顺治十八年(1661)正月,顺治帝去世,二月初一哀诏传至苏州,地方官员在“府堂设幕,哭临三日”。每天清晨,江宁巡抚朱国治、按察使张凤起、苏松常道

---

〔1〕《清世祖实录》卷二十五,顺治三年四月壬寅,见《清实录》第3册,中华书局1985年影印本,第217页。

〔2〕杜登春:《社事始末》,见张潮等:《昭代丛书》戊集,卷十六,清道光吴江沈氏世楷堂刻本,第23页。

〔3〕王应奎:《柳南随笔 续笔》卷二,中华书局1983年,第165页。

〔4〕《清世祖实录》卷一三五,顺治十七年五月壬申,见《清实录》第3册,中华书局1985年影印本,第1044页上。不过康熙之后,江南人不得任户部官员的禁令逐步放松,昆山徐元文任户部尚书,苏州宋德宜任户部侍郎,后来继任者更多。

〔5〕顾予咸:《雅园居士自序》,引自孙中旺:《金圣叹研究资料汇编》,广陵书社2007年,第83页。

台王纪以及苏州府县官员、地方缙绅孝廉等全部到场。第三日，生员倪用宾等列款具呈，控告吴县县令任维初与仓总吴行之贪污钱粮、逼死乡民之事。

任维初，山西人，性情暴戾而傲慢，顺治十七年（1660）十二月刚刚到任。眼看春节将至，急需催缴国课，做出政绩，且要打点上官。原来催缴赋税是以三、六、九日为期限的，任维初改为每日追比，并用尿液浸泡大毛竹片，以此杖责欠税人，"有痛而号呼者则怒，令隶扼其首，必使无声。故受责者，皆鲜血淋漓，俯伏而出，不能起立"。残暴的催缴很快就酿成命案，一位乡民当场毙于杖下，"合邑之民，无不股栗"。与此同时，任维初又监守自盗，指使吴行之从官府粮库常平仓中盗卖三千石米，准备孝敬"索馈甚急"的巡抚。巡抚朱国治出身于汉军正黄旗，既贪且酷，于顺治十六年（1659）到苏州就任，当年"苏郡大荒"，朱国治因此获得了"朱白地"的诨名。〔1〕

面对生员的告发，朱国治一方面令道台王纪提审吴行之，一方面将生员们羁押在苏州府衙，而被告任维初返回县衙。即使按照清廷礼制，生员作为功名之士，居于四民之首，朝廷官员亦当以礼相待，不得擅自拘押。朱国治的处置显然在偏袒贪官。次日，金圣叹、丁观澜等至府学文庙哭泣，素享声誉的苏州府学教授程邑也积极帮助开启文庙大门，同时参劾任维初。随后，生员们来到府堂击鼓鸣钟，闻讯而至者千余人，群情激愤，要求将任维初驱逐出县衙。朱国治大为震惊，但更让他担心的是，任维初逢人就说："朱抚院要我银子，故此粜粮！"〔2〕

为了逃避干系，朱国治首先派人连夜从道台那里索取口供窜改，同时制造伪证："发一牌与任维初，高抬年月，其略云：'兵饷甚急，多征粮米以备不虞。'"随后就想杀人灭口，上奏反诬倪用宾等人为劣生，纠集党羽，肆行无忌，惊动先帝之灵。这是一个封建朝廷最为敏感，也最容易置被告于死地的政治大罪。恰好此时金坛发生叛案，朝廷派四位满族钦差到苏州会审，并将在押生员移至江宁，以防民心有变。四月二十七日，又到苏州逮捕金圣叹等人至江宁，严刑拷打，备极惨痛。连同情哭庙的府学教授程邑和苏州乡绅顾予咸也一并拘押至江宁。审判一开始就有了明确的意向，这些秀才们还天真地以为应该如实招供，但满族钦差

〔1〕 顾公燮：《丹午笔记·哭庙异闻》，见《丹午笔记·吴城日记·五石脂》，江苏古籍出版社1985年，第154—155页。清乾隆《苏州府志》作：仓总吴行之私粜漕粮七百石。

〔2〕 清乾隆《苏州府志》卷七十八《杂记一》，清乾隆十三年刻本。关于"哭庙案"的始末，清乾隆《苏州府志》与《辛丑纪闻》《丹午笔记·哭庙异闻》等有异，揆诸情理，清乾隆《苏州府志》似更可信，先有列款呈告，后有哭庙之举。至于经过细节，则可参阅其他资料。

大怒道:“我方问汝谋反,汝反以粜粮对耶!”[1]最后由朱国治拟定审判文稿,由四位钦差署名上奏。结果金圣叹、倪用宾、沈玥、顾伟业、薛尔张、姚刚、丁(观)澜、王仲儒、张韩、来献琪、丁观生、朱时若、朱章培、周江、徐玠、叶琪、唐尧治、冯郅等18人被判死罪。七月十三日立秋,在南京三山街执刑,其中金圣叹等前八人“家产入官,妻孥流徙”[2]。在受刑之前,金圣叹仰天长叹道:“断头,至痛也;籍家,至惨也! 而圣叹以不意得之,大奇!”[3]于是一笑受刑。

文坛奇才金圣叹所谓“大奇”,道出了苏州秀才到死都无法想明白的无奈之情,所谓一笑受刑,那真是比哭还要让人悲怆的绝望。据民国《吴县志·杂记二》载,18人遇难后,苏州人明知其中冤屈,也无法申诉,只在苏州西部阳山之东麓建了一座庙,诡称马王庙(或称土地庙),以祭奠这些为民请命的冤魂。直到清朝灭亡之后,遇难者中丁氏兄弟的后裔丁南洲才重修新庙,改名为阳山十八人祠。

一场士人的正常申诉,何以被酿成骇人听闻的血腥大案? 民国时期的解释,一种意见认为:“明之亡也,吴下讲学立社之风犹盛,各立门户,互相推排。金圣叹以惊才绝艳,遨游其间,调和之力惟多,其名尤著。所至倾倒一时,遇贵人嘻(嬉)笑怒骂以为快,故及于祸。朝廷之初起是狱也,意欲罗织诸名士以绝清议,苦无以为辞,乃以哭庙事剪除之,以为悖逆莫大于此,骈而戮之,人当无异言。”[4]这一看法,在当事人顾予咸那里也可以得到证实。顾予咸原为朝廷礼部郎中,因病退隐苏州,平时从不参与外事。但在哭庙之后,王道台咨访顾予咸的意见时,顾予咸认为任维初不再适合担任知县之职,从而得罪了朱国治,被牵连入案。顾予咸死里逃生,在反省这场无妄之灾时说:“余性介不阿,绝人过当,达官长者素不干以私。若地方利弊所关,攘臂以起,直言无隐,往往触当途忌讳。当抚某之莅吴也,一日猝至,余实他往,疑故谢之,不怿。翼晨又来,摈从密语,语移晷,大都皆讲情面,余又答以道义。退而言曰:‘此老倔强,利不可动,将来必长短我。’而杀机伏矣。”[5]后来顾予咸侥幸脱免于死,朱国治竟“拍案叫曰:‘老奴有如此

---

〔1〕 顾公燮:《丹午笔记·哭庙异闻》,见《丹午笔记·吴城日记·五石脂》,江苏古籍出版社1999年,第157页。

〔2〕 清乾隆《苏州府志》卷七十八《杂记》一。其中“丁观澜”在府志作“丁澜”,此处据清光绪《丁氏宗谱》校正。

〔3〕 王应奎:《柳南随笔 续笔》卷三,中华书局1983年,第47页。

〔4〕 孙静庵:《金圣叹之死》,见《金圣叹研究资料汇编》,广陵书社2007年,第45页。

〔5〕 顾予咸:《雅园居士自序》,见《金圣叹研究资料汇编》,广陵书社2007年,第85—86页。

好手段耶?'不怿者久之"[1]。

第二种意见,丁南洲以为:"哭庙诸生怀光复明社之志,缇绮搜牢其家,获《与嘉兴友人书》,中多不讳语,故借哭庙事以罪之。"[2]这一看法似乎是民国初年民族主义高涨形势下的过度解释。清廷或许有此猜忌,但十八诸生恐无此想。金圣叹是18人中最具才华而又狂放不羁的,他曾在《塞北》诗中指斥江南士女不知亡国恨,但当他得知顺治皇帝对他的文才表示欣赏时,竟又"感而泪下,因北向叩首敬赋"[3]。在学术文化领域,他可以融汇儒道,出入释老,别出心裁,傲视古今,但在政治理想上,他并没有什么明确的目标,如果他真有光复明社之志而被杀,临死也不会说"大奇"了。

不论怎样的原因,哭庙案对苏州士人的精神打击是非常严厉的,苏州讲学立社之风因此而绝。但让苏州人稍感安慰的是,朱国治后来移任云南巡抚时,同样因为克扣军粮,被吴三桂的将士"脔而食之,并骸骨亦无一存"[4]。任维初也被继任的江宁巡抚韩世琦枭首于南京的三山街。

(二)奏销案

顺治十七年(1660),江南地区发生历史上著名的奏销案,当时主要范围局限在无锡和嘉定等地。嘉定县乡绅生员拖欠钱粮,兵备道即擒拿数十人,锁于尊经阁中以警示众人,地方一时大受震动。顺治十八年二月哭庙案爆发,朱国治虽然将苏州士子的不满情绪残酷地镇压下去,但仍然不肯罢休。他在哭庙案的奏疏中愤恨地说:"总之吴县钱粮历年逋欠,沿成旧例,稍加严比,便肆毒螫。若不显示大法,窃恐诸邑效尤,有司丧气,催征无心,甘受参罚,苟全身家而已,断不敢再行追比,撄此恶锋,以性命为尝试也。"[5]五月,他又因征粮"无以支吾,遂归过于绅衿、衙役",便将题参议处的范围扩大到苏、松、常、镇四府及溧阳一县。当时奏销案中人叶梦珠亦言:"题参议处之令,先行常之无锡,苏之嘉定。"[6]

朱国治将江南钱粮之逋欠,分为宦欠、衿欠、役欠三类,请于奏销时分造欠册,注明各欠数目,姓名题参。在"复奉谕旨"之后,他立即造册题参,一次便奏

---

[1] 顾公燮:《丹午笔记·哭庙异闻》,见《丹午笔记·吴城日记·五石脂》,江苏古籍出版社1985年,第160页。

[2] 张一麐:《阳山十八人祠》,见《金圣叹研究资料汇编》,广陵书社2007年,第51页。

[3] 邓之诚:《金人瑞》,见《金圣叹研究资料汇编》,广陵书社2007年,第53页。

[4] 顾予咸:《雅园居士自序》,见《金圣叹研究资料汇编》,广陵书社2007年,第86页。

[5] 乐天居士:《痛史》第2种《哭庙纪略》,商务印书馆1911年,第3页。

[6] 叶梦珠:《阅世编》卷六《赋税》,上海古籍出版社1981年,第136页。

请照例议处13 517名绅衿和254名衙役,清廷下谕“绅衿抗粮,殊为可恶。该部照定例严加议处”〔1〕。“当是时,绅衿、衙役欠者固有,要不及民欠十分之一。况法令之初,官役造册者,俱未知儆,只照当日尾欠,草草申报……章下所司,部议不问大僚,不分多寡,在籍绅衿,按名黜革,现在缙绅,概行降调,于是乡绅张玉治等二千一百七十一名,生员史顺哲等一万一千三百四十六名,俱在降革之列。”“自是而后,官乘大创之后,十年并征,人当风鹤之余,输将恐后,变产莫售,黠术□□。或一日而应数限,或一人而对数官,应在此失在彼,押吏势同狼虎,士子不异俘囚。”“故当日多弃田而逃者,以得脱为乐,赋税之惨,未有甚于此时者也。”〔2〕

在短短的几个月时间内,朱国治匆匆造册,加之有冒名诬陷,有书役混开,以及参后续完仍开未完等,错误种种,案中有案,被参各现任官员和乡绅纷纷自行陈奏。苏、松、常、镇四府及溧阳县2 171名乡绅和11 346名生员(包括衿户798名)都被降革、枷责、鞭扑,其中包括吴伟业、徐乾学、徐元文、汪琬、彭逊遹、宋德宜等知名人士。前年刚刚考中探花的昆山人叶方蔼只欠一厘,也被罢去翰林院编修,因而有“探花不值一文钱”〔3〕之谣。经此一役,江南士绅得全者无几。

江南奏销一案,虽然是从顺治十七年(1660)年底开始的,但从顺治十五年(1658)起,清廷已经开始酝酿整治江南官绅地主的传统特权。五月十二日,顺治帝发布了一篇很长的谕旨:

> 江南无锡等县,历年钱粮拖欠至数十万,地方未见有大破积弊征比完结者,皆由官吏作弊,上官不行严察,且乡绅举贡之豪强者包揽钱粮,隐混抗官,多占田亩,不纳租税,反行挟制有司;有司官员不能廉明自守者,更惧其权势,不敢催征。该部如遇有无锡州县之欠钱粮者,察明奏请,选择廉明谨慎满洲启心郎、理事等官,先往一县,不带多人,不预别事,专令督理拖欠钱粮。或钱粮在官,借口民欠;或乡绅及其子弟举贡生员土豪隐占田亩,抗不纳粮,或畏惧豪强不敢征比等项情弊,务期惩治。清察(查)一处,即可为他处榜样。〔4〕

明代江南重赋甲于全国,其中又以苏松赋税最重,但“终明之世,官以八分为考成,民间完至八分便称良户,完六七分者亦为不甚顽梗”;“郡县之催科亦缓,

〔1〕《清圣祖实录》卷三,顺治十八年六月庚辰,见《清实录》第4册,中华书局1985年影印本,第3页。

〔2〕叶梦珠:《阅世编》卷六《赋税》,上海古籍出版社1981年,第136—137页。

〔3〕孟森:《奏销案》,见《心史丛刊》(外一种),岳麓书社1986年,第4—5页。

〔4〕《清世祖实录》卷一一七,顺治十五年五月戊申,见《清实录》第3册,中华书局1985年影印本,第911页。

积久日弛,率从蠲赦,所谓有重粮之名,无重粮之实是也”。顺治二年诏令削减江南赋税旧额,“一时人心翕然向风”,但清朝所减赋税都是明代不急可缓之税,所存之赋如军饷、官俸等均丝毫不可缺少,“自是而后,经征之官,皆以十分为考成,稍不如额,即使龚、黄再世,不免参罚。故守令皇皇,惟以征粮为事”。[1]

抗粮是奏销案发生的一个堂皇的理由和借口,实际是为了打击江南绅衿士子,加强中央对江南地区的控制。清兵下江南之后,从“剃发令”“扬州十日”“嘉定三屠”,特别是南明和江南士子连续不断的反清斗争来看,江南人士表面归顺,实则人心未服,反清复明意念仍存,这令清廷感到统治存在危机。此外,还与国内复杂的形势有关,当时清廷财政收入严重不足,军饷告匮,需要整顿全国财政,尤其是全国财赋重地的江南财政。

奏销案降革的是13 000多名江南士绅的功名官职,但其影响绝不仅限于此,从某种意义上讲,它黜革了士绅的尊严和社会声望。所谓“探花不值一文钱”,实质上宣布了士绅阶层的整体性沦落。在昆山,奏销案之后,“士绅出入徒步,不自矜炫”,甚至连“里巷狡猾不逞之徒”也敢趁机“凌轹之,绅士亦俛首焉”。[2]清初董含对江南士人地位的沦丧感慨颇深,说:“迩来士大夫日贱,官长日尊,于是曲意承奉,备极卑污,甚至生子遣女,厚礼献媚,立碑造祠,仆仆跪拜。此辈风气愈盛,视为当然,彼此效尤,恬不为怪。”[3]这与明代中叶苏州士人的那种名士风度相去甚远!

(三)科场案

科举制度是中国古代铨选官员的主要方式,它自隋唐创设以来,沿用到清代,一直为历代王朝所重视。清朝入关伊始,就宣布举行开科取士,这主要是出于维护社会稳定和笼络汉族士人两方面的考虑。正如时任浙江总督张存仁所说:“近有借口剃发反顺为逆者,若使反形既露,必处处劳大军剿捕。窃思不劳兵之法,莫如速遣提学,开科取士,则读书者有出仕之望,而从逆之念自息。行蠲免、薄税敛,则力农者少钱粮之苦,而随逆之心自消。”[4]顺治年间,先后举行七次会试(顺治三年、四年、六年、九年、十二年、十五年、十六年,其中十六年系因云贵归复特开的恩试加科),共取士3 000余名,主要安排于中央和地方各级衙署

---

〔1〕 叶梦珠:《阅世编》卷六《赋税》,中华书局2007年,第153—154页。

〔2〕 李福沂、王堃等:清光绪《昆新两县续修合志》卷一《风俗占候》,清光绪六年刻本,第18页。

〔3〕 董含:《三冈识略》卷十《三吴风俗十六则》,辽宁教育出版社2000年,第223页。

〔4〕 陈文新:《〈清实录〉科举史料汇编》,武汉大学出版社2009年,第7页。

任职。

明代科场舞弊丛生,参与舞弊者,既有普通官员和应试士子,又有上层官僚。舞弊方法也五花八门,如利用请托以通关节、鬻卖试题、雇用枪手、冒籍越考、怀挟私藏考试资料等。清初,出于政治的需要,不仅突破了传统科举乡试、会试三年一举的时限,而且在选官方面也放宽了限制。在这种氛围下,明代承袭下来的种种舞弊之风愈演愈烈。为严防科场舞弊事件,顺治帝采取了不少措施,并多次下谕旨告诫臣民。但是在顺治十四年(1657,丁酉年)还是发生了震惊朝野的"丁酉科场案"。

丁酉科场案主要发生在北闱顺天和南闱江南,此外还涉及河南、山东、山西等地,而惩处力度以南闱最重。据孟森考证:"丁酉狱蔓延几及全国,以顺天、江南两省为巨,次则河南,又次则山东、山西,共五闱。"〔1〕江南乡试的主考官为翰林国史院侍讲方犹、弘文院检讨钱开宗,顺治帝谕诫他们说:"江南素称才薮,今遣尔等典试,当敬慎秉公,倘所行不正,独不见顾仁之事乎(指顺天巡抚顾仁因贪婪犯赃处死一事)?必照彼治罪,决不轻恕。"〔2〕尽管如此,江南乡试还是照旧因袭前恶,舞弊犯法。发榜结果引起两江士人哗变,时人作《万金记》以讽其事。所谓《万金记》,"以'方'字去一点为'万','钱'字去边傍(偏旁)为'金',指二主考姓,备极行贿通贿状,流布禁中"〔3〕。随后,工科给事中阴应节上疏揭发江南科场舞弊之情形:"江南主考方犹等,弊窦多端,榜发后,士子忿其不公,哭文庙,殴廉官,物议沸腾。其彰著者,如取中之方章钺,系少詹事方拱乾第五子,悬成、亨咸、膏茂之弟,与犹联宗有素,乃乘机滋弊,冒滥贤书。"〔4〕此案审实后,顺治帝下旨重惩,"方犹、钱开宗俱著即正法,妻子家产籍没入官。叶楚槐、周霖、张晋、刘廷桂、田俊民、郝惟训、商显仁、李祥光、银文灿、雷震声、李上林、朱建寅、王熙如、李大升、朱范、王国祯、龚勋俱著即处绞,妻子家产籍没入官。已死卢铸鼎,妻子家产亦著籍没入官。方章钺、张明荐、伍成礼、姚其章、吴兰友、庄允堡、吴兆骞、钱威,俱著责四十板,家产籍没入官,父母兄弟妻子并流徙宁古塔"〔5〕。

南闱科场案对罪犯的处罚是顺治朝科场案之中最严厉的,其惩罚之严酷也是历朝历代所未有的。除了两个主考官斩决、十八房考绞决外,共有八名举人被

---

〔1〕 孟森:《明清史论著集刊》(下),中华书局1959年,第391页。

〔2〕 陈文新:《〈清实录〉科举史料汇编》,武汉大学出版社2009年,第39页。

〔3〕 董含:《三冈识略》卷三《乡闱异变》,辽宁教育出版社2000年,第63页。

〔4〕 陈文新:《〈清实录〉科举史料汇编》,武汉大学出版社2009年,第40页。

〔5〕《清世祖实录》卷一二一,顺治十五年十月壬戌,见《清实录》第3册,中华书局1985年影印本,第942页。

革去举人资格,“流徙宁古塔”。清人论及丁酉科场大狱,往往认为判刑过于酷烈,仅仅是应试者一人的舞弊之事,却连累全家人都要充军数千里荒凉边外。此外,陆庆曾、吴兆骞等本系才子名士,并非不学无术行贿得中者,也都被革除功名远戍边外。

丁酉科场案的发生是明末清初士风日坏、科场舞弊之日渐猖獗、积重难返的结果。面对科举舞弊愈演愈烈,清朝统治者决心整肃士风,企图通过丁酉科场案来肃清科场流弊,扭转科举风气,进而对江南士人阶层进行整肃。顺治十七年(1660),也就是丁酉科场案两年之后,清廷便下令严禁士子立盟结社。

丁酉科场案的严酷惩罚措施并不能完全肃清科场流弊,康熙五十年(1711,辛卯年),再次发生震惊全国的科场舞弊案,史称“辛卯科场案”。当时正值漕运兴盛,盐商富甲一方,盐商为了让子弟科举及第,纷纷向副主考官赵晋等人行贿。主考官左必蕃虽未受贿,但惧于两江总督噶礼(与赵晋串通受贿)的权势,佯作不知,匿不举报。九月发榜,中举者除苏州 13 人外,其余大多为扬州盐商及权势子弟,特别是如同考官句容县王曰俞所荐之吴泌、同考官山阳县知县方名所荐之程光奎皆文理不通。考生们得知此事后,顿时舆论大哗。苏州生员千余人集会玄妙观,推廪生丁尔戬为首,将财神像抬入府学,抗议唯“财”是举;还有士子在贡院大门书联曰:“赵子龙一身是胆,左丘明有目无珠”,并将贡院大门上的“贡”字改为“卖”字,“院”字用纸贴去偏旁,变成“完”字,于是贡院变成了“卖完”。〔1〕朝野内外哗然。为平息事端,康熙帝派尚书张鹏翮会同江南督抚严查此案,张鹏翮因怕遭到报复而不敢彻查,但刚正廉洁的江苏巡抚张伯行上折参劾。最后赵晋、王曰俞、方名被处斩立决;吴泌、程光奎等均处绞监候;主考官左必蕃因失察而被革职。

第二节 康乾南巡与苏州吏治

一、康熙帝南巡与苏州

康熙帝亲政以后,内除鳌拜,外平三藩,到康熙二十年(1681)之后,江南局势趋于稳定,经济也开始逐步恢复。为了加强对南方的统治,康熙皇帝从康熙二

〔1〕 刘成禺:《世载堂杂忆》,中华书局 1997 年,第 17 页。

十三年（1684）起，先后六次南巡，沿途视察黄淮河工，拜谒明孝陵，慰勉士绅，咨访民情，蠲免钱粮，了解吏治，检阅军队，获得了良好的政治效果。后来，康熙皇帝之孙，乾隆皇帝亦仿效其南巡之举，六下江南，在江南地区产生广泛影响。康乾祖孙两人，前后12次来到江南（详见表1-1、表1-2），每次都经过苏州，登山临水，赋诗题咏，留下了无数的风雅趣事与民间传说。

康熙帝第一次南巡，终点就是苏州。对这个被世人誉为天堂的江南城市，康熙帝的第一印象并不理想。他在登临虎丘之后，对侍臣们说："向闻吴阊繁盛，今观其风土，大略尚虚华，安逸乐，逐末者众，力田者寡，遂至家鲜盖藏，人情浇薄。为政者当使之去奢反（返）朴，事事务本，庶几家给人足，可挽颓风，渐摩既久，自有熙暤之象。"〔1〕五年之后，康熙帝第二次南巡，一直走到钱塘江以南的绍兴，但对苏杭一带的民风依然不满。在从杭州返程回苏州的途中，他批评说："夙闻东南巨商大贾，号称辐辏，今朕行历吴越州郡，察其市肆贸迁，多系晋省之人，而土著者盖寡，良由晋风多俭，积累易饶。南人习俗奢靡，家无储蓄，目前经营，仅供朝夕，一遇水旱不登，则民生将至坐困，苟不变易陋俗，何以致家给人足之风！"最让康熙帝不满意的是，"民间习尚，好为争讼"。他认为，民间好讼，带来的弊端是，官吏夤缘为奸，勒索敲诈，百姓"小则耗损物力，大则倾损身家，其为蠹害不可胜言"〔2〕。康熙帝这种传统的无讼的吏治理念，影响到他对地方官员能力与素质的评价，无论官员如何廉洁，只要"好受词讼"，都是多事扰民。

康熙四十二年（1703）第四次南巡时，苏州、杭州一带的民生与民风有所好转。这年二月二十二日（4月7日），康熙帝在苏州召见大学士等人，说："观近日南方风景，民间生殖，较之康熙三十八年（1699）南巡时似觉丰裕，大约任地方督抚者安静而不生事，于民生有益。"〔3〕两年之后，康熙帝第五次南巡，他又对两江总督、江苏巡抚等人说："迩来习俗颇觉淳厚，词讼已减大半，生聚稍加殷繁，雨旸有时，麦田茂美，朕心甚慰。"〔4〕

〔1〕《清圣祖实录》康熙二十三年十月己未，见《清实录》第5册，中华书局1985年影印本，第224页。

〔2〕《清圣祖实录》康熙二十八年二月乙卯，见《清实录》第5册，中华书局1985年影印本，第522页。

〔3〕《清圣祖实录》康熙四十二年二月丁酉，见《清实录》第6册，中华书局1985年影印本，第144页。

〔4〕《清圣祖实录》康熙四十四年四月己丑，见《清实录》第6册，中华书局1985年影印本，第220页。

表 1-1 康熙帝南巡苏州行程表

南巡序次	时间	南巡行程
第一次	康熙二十三年(1684)	十月二十六日驻跸苏州,次日登览虎丘,二十八日离苏州,到达无锡惠山。共停留2天。
第二次	康熙二十八年(1689)	二月初三驻跸苏州,初五驻跸万峰山,初六至吴江。随后去杭州、绍兴。二月十八日返程抵达吴江,十九日驻跸苏州,二十二日离去。共停留7天。
第三次	康熙三十八年(1699)	三月十四日驻跸苏州,十八日至吴江平望镇。随后去杭州,四月初一返程驻跸苏州,初六离苏州,至望亭。共停留9天。
第四次	康熙四十二年(1703)	二月十一日抵苏州,十三日离苏去杭州,二十日清明节再返苏州,二十三日由苏州起航,泊于浒墅关。共停留5天。
第五次	康熙四十四年(1705)	三月十六日抵达浒墅关,次日驻跸苏州,二十二日离苏州,经昆山、青浦,二十五日到松江,随后到嘉兴、杭州。四月十二日驻跸苏州,十八日离去。共停留12天。
第六次	康熙四十六年(1707)	三月十六日抵苏州,二十一日至昆山,随后去松江、杭州。四月十五日返苏州,二十一日离去。共停留11天。

资料来源:《清圣祖实录》。

对于历次南巡的目的,康熙帝反复向大臣们强调是要了解地方风俗、小民生计,而不是纯粹的游山玩水。其实,从康熙帝南巡的活动看,始终带有很强的政治色彩。从康熙十二年到二十年(1673—1681),清廷耗费巨资与大量兵力,终于平定了"三藩"之乱。康熙二十二年(1683),台湾郑克塽也终于归顺清廷。所以康熙二十三年南巡,不仅要了解江南,更重要的是要乘势安抚江南官民,收揽民心。康熙帝每次南巡,除了在江北察看河工,解决实质性的水利工程问题外,在江南的活动更多的是属于精神层面的抚慰。对江南人的精神抚慰,首先就是对汉人文化传统的认可与尊重。他五次诣祭明太祖朱元璋的陵墓,甚至当导引官请他从中门进入明孝陵时,他为了表示对明太祖的敬重,改由东角门进入。在由苏州到松江的途中,听说青浦有一个叫作孔宅的地方,住着孔子的后裔,他立即允从当地士人的请求,御书"圣迹遗徽"匾额。到了绍兴,他又亲撰祭文,诣祭禹陵,率领臣僚行三跪九叩礼。在苏州,他还御书"至德无名"匾额悬于泰伯庙,御书"济世良相"匾额悬于范仲淹祠堂,御书"让德光前"匾额悬于吴季札庙,御书"坡仙遗范"悬于苏轼庙。

每次来到苏州等地,康熙帝总是不忘曾经在京供职的旧臣。第一次到苏州时,他就发谕说:"吴中缙绅汪琬,原系翰林,为人厚重,学问优通,且居乡安静,不预外事,特赐御笔手卷一轴。"〔1〕汪琬(1624—1691),长洲人,顺治十二年

〔1〕《清圣祖实录》康熙二十三年十月庚申,见《清实录》第5册,中华书局1985年影印本,第225页。

(1655)进士,康熙十八年(1679)召试博学鸿词科,授翰林院编修,预修《明史》。晚年隐居太湖尧峰山,人称尧峰先生。汪琬与侯方域、魏禧并称清初散文"三大家",其散文主张"扬之欲其高,敛之欲其深"〔1〕。汪琬追求内敛雅正、讲究节制才气的文学主张,与其疏淡宁静的生活旨趣是相一致的,因此而深得康熙帝之欣赏。康熙帝因为汪琬"为人厚重""居乡安静"而赐给他御书,实际上也是为苏州乃至整个士人群体树立一个可以仿效的典范。

苏州宋氏家族的宋德宜(1626—1687)也是康熙帝特别眷顾的老臣。宋氏家族是清代苏州最有名的四大家族之一,而宋德宜则是该家族中最为关键的人物。宋德宜的父亲宋学朱是明崇祯四年(1631)进士,崇祯十一年(1638)在山东抗御清兵战死。很快明亡清兴,宋德宜审时度势,于顺治年间考中进士,累官至国子祭酒,"严立条教,六馆师生咸敬惮之"。后任文华殿大学士,成为苏州最早在清廷担任相位的士人,民间称其为宋阁老。"德宜严毅木讷,然议国家大事,侃侃独摅所见",且深合康熙帝之意。"康熙十一年(1672),扈跸塞外,上从容询及江南逋赋之由,德宜极言苏、松赋役独重,民力凋敝。上为动容,诏明年蠲苏、松四府钱粮之半。"在收罗人才方面,宋德宜亦不遗余力,得人甚多,汪琬就是他推荐去应博学鸿词科的。虽然深受康熙帝宠信,但宋德宜一生始终保持其廉谨的风格,"未仕时有宅一区,薄田数顷;既贵,无所增益,门巷萧然"〔2〕。像宋德宜这样出言谨慎、处世低调的官员是封建官场中最能博得皇帝信任的。康熙四十二年(1703)第四次南巡,康熙帝派人专门到宋德宜墓前"奠酒",这对宋家乃至其他苏州人来说,都是值得夸耀的无上荣誉。

差不多每次南巡,康熙皇帝都会给江南大多数人带来令人高兴的"大礼包",勤勉的官员受到各种形式的表彰与赏赐,曾经犯错而被责罚的官员则给予豁免和自新的机会,农民多年积欠的钱粮常常被一笔勾销,两淮盐商们也可以减免部分盐课,地方学校当年科举会获得更多的学额,甚至罪犯也会获得减刑释放,当然其中谋反等"十恶"死罪或曾经被钦定不赦的铁案除外。康熙帝的慷慨受到了苏州等江南人的热情欢迎。从《清实录》的记载看,苏州人对康熙帝的欢迎场景一次胜过一次。康熙帝第一次到苏州,来去匆匆,没有看到任何苏州人欢迎的记载。第二次南巡只是简单地说"阖郡士民迎驾"〔3〕。第三次南巡是"阖郡绅士

〔1〕 汪琬:《答陈霭公书二》,见林纾:《汪尧峰集》一册,商务印书馆1924年,第59页。

〔2〕 赵尔巽等:《清史稿》卷二五〇《宋德宜传》,中华书局1977年,第9701页。

〔3〕《清圣祖实录》康熙二十八年二月辛丑,见《清实录》第5册,中华书局1985年影印本,第519页。

军民跪迎圣驾”。“苏州府属官兵士民齐集行宫,跪留圣驾。”[1]第五次南巡是“阖郡文武官员及绅衿军民等夹道跪迎,瞻仰天颜,欢声腾沸”[2]。第六次南巡更是“欢声雷动”。苏州人对康熙帝欢迎热情的不断高涨,从一个侧面呈现出康熙时代苏州人对清朝廷的立场变化。

二、乾隆帝南巡与苏州

乾隆帝南巡,表面上处处仿效其祖父的做法,但实质上已不尽相同。康熙帝南巡的政治目的非常明显,而乾隆帝南巡更像是炫耀式的游览。乾隆帝前四次南巡都是奉皇太后而行,南巡队伍浩浩荡荡,行动缓慢,每次南巡的时间差不多是康熙帝南巡的两倍,前后达四五个月。为了保证皇太后的舒适,沿途兴建了大量的豪华行宫。在南巡的过程中,赏赐扈从百官、蠲免钱粮的范围更为广泛,因而其耗费大约等于康熙帝南巡所花费的十倍。[3]乾隆十六年(1751)第一次南巡,就蠲免江苏乾隆元年(1736)到十三年(1748)积欠的地丁银228万余两。后来不仅蠲免积欠的地丁银,还蠲免江南的漕粮,不仅蠲免积欠的陈年旧账,还蠲免当年应征钱粮,尤其是苏州、杭州、江宁等南巡驻跸的主要地区,当年的地丁钱粮全部蠲免,而其他经过的府县则蠲免十分之三。另外,每次南巡,江苏、安徽、浙江三省当年童生岁试,府学、州学、县学的录取名额可以增加3~5名。

在苏州,乾隆帝一般往返驻跸于苏州府行宫与灵岩山行宫,除第六次只在苏州停留8天外,其余都在10~14天。第一次来到苏州的乾隆帝,其感官印象是“土沃人稠,重以百年休养,户口益增,习尚所趋,盖藏未裕,纷华靡丽之意多,而朴茂之风转有未逮”。因此,他要求地方士庶“力屏浮华,以节俭留其有余,以勤劳补其不足。时时思物力之艰难,事事惟奢靡之是戒”[4]。但事实上,随着经济之发展,国库之充盈,乾隆帝自己的虚傲之心也在不断膨胀。他一方面告诫地方督抚不得大修豪华行宫,另一方面又对督抚们捐俸修建行宫的做法表示赞赏,认为这是“善体朕意”,所以要对他们“加恩体恤”,从国库中拨款补给行宫修建。乾隆帝以自己的实际行动,对地方官员在筹划南巡的准备工作中做了极好的动

---

〔1〕《清圣祖实录》康熙三十八年二月癸未、乙酉,见《清实录》第5册,中华书局1985年影印本,第1038页。

〔2〕《清圣祖实录》康熙四十四年三月辛亥,见《清实录》第6册,中华书局1985年影印本,第214页。

〔3〕王文清、沈嘉荣:《江苏史纲》(古代卷),江苏古籍出版社1993年,第753页。

〔4〕《清高宗实录》乾隆十六年二月庚寅,见《清实录》第14册,中华书局1985年影印本,第34—35页。

员,使得南巡的奢靡豪华一次胜过一次。苏州士人沈复记载了乾隆帝第六次南巡时苏州的胜景:

> (乾隆四十九年)甲辰之春,余随侍吾父于吴江何明府幕中,与山阴章苹江、武林章映牧、苕溪顾霭泉诸公同事,恭办南斗圩行宫,得第二次瞻仰天颜。一日,天将晚矣,忽动归兴。有办差小快船,双橹两桨,于太湖飞棹疾驰,吴俗呼为“出水辔头”,转瞬已至吴门桥,即跨鹤腾空,无此神爽。抵家,晚餐未熟也。吾乡素尚繁华,至此日之争奇夺胜,较昔尤奢。灯彩眩眸,笙歌聒耳。古人所谓“画栋雕甍”“珠帘绣幕”“玉栏杆”“锦步障”,不啻过之。余为友人东拉西扯,助其插花结彩。闲则呼朋引类,剧饮狂歌,畅怀游览,少年豪兴,不倦不疲。苟生于盛世而仍居僻壤,安得此游观哉![1]

表1-2　乾隆帝南巡苏州行程表

南巡序次	时间	南巡行程
第一次	乾隆十六年(1751)	二月二十日抵苏州,驻跸苏州府行宫、灵岩山行宫,二十七日至嘉兴,转杭州。三月十六日返苏州,驻跸灵岩山行宫,临幸范仲淹祠,二十日离开。共停留11天。
第二次	乾隆二十二年(1757)	二月十七日抵苏州,先后驻跸苏州府行宫、灵岩山行宫,临视织造机房,二十四日至嘉兴,转杭州。三月初八返回灵岩山行宫,四天后离苏。共停留11天。
第三次	乾隆二十七年(1762)	三月初四驻跸苏州府行宫,再驻跸灵岩山行宫,到文庙行礼,初八驻跸吴江吉庆寺,然后至嘉兴、杭州。三月十四日再返吉庆寺,四天后离苏州。共停留11天。
第四次	乾隆三十年(1765)	二月二十五日驻跸苏州府行宫,二十八日驻跸灵岩山行宫,至文庙行礼。闰二月初三驻跸吴江吉庆寺,随后到嘉兴、杭州,二十二日返回吴江南斗圩大营,再驻跸苏州府行宫、灵岩山行宫,二十八日离去。共停留14天。
第五次	乾隆四十五年(1780)	二月二十三日驻跸苏州府行宫,后至灵岩山行宫,二十九日驻跸吴江南斗圩大营,随后到嘉兴、杭州。三月二十六日返抵南斗圩,次日驻跸苏州府行宫,两天后离去。共停留10天。
第六次	乾隆四十九年(1784)	三月初六驻跸苏州府行宫,两天后驻跸灵岩山行宫,十一日驻跸吴江南斗圩大营,随后至嘉兴、杭州。二十九日返程,驻跸苏州府行宫,两天后离去。共停留8天。

资料来源:《清高宗实录》。

康乾两帝南巡是清朝国力由恢复到强盛的标志与展示。康熙帝南巡对加强

〔1〕 沈复:《浮生六记》卷四,人民文学出版社1980年,第44—45页。

南方汉人的文化安抚与黄淮水利的治理都起到了积极作用；但到乾隆时期，随着政治秩序的稳定，南巡的规模却不断扩大，南巡途中的各种仪式和游览活动逐渐增多，南巡的真实目的基本背离了康熙帝南巡的方针，其积极意义逐渐消解。乾隆帝晚年禅位之后，开始对南巡做出反省。他对常熟吴熊光说："朕临御六十年，并无失德，惟(唯)六次南巡，劳民伤财，作无益害有益。如将来皇帝南巡，而汝不阻止，必无以对朕。"[1]从此之后，清朝皇帝再无南巡之举。

三、清前期的苏州吏治

清初，由于受战争的破坏，土地荒芜，流民四散，社会矛盾与民族矛盾交错，社会动荡不安。更为严重的是，吏治不清，危机重重。清朝入主中原之后，一些满族贵族居功自傲，腐化蜕变。有的在中央把持朝纲，结党营私，有的在地方横行霸道，肆意掠夺民地、民财；一些被起用的明朝故吏，死灰复燃，重行贪污受贿之官场恶习。官吏腐败在清初成为一个严重的社会问题。

清前期顺治帝(1644—1661)、康熙帝(1662—1722)、雍正帝(1723—1735)、乾隆帝(1736—1795)都认识到这一严峻的社会现实，确定惩贪为吏治的重心。顺治帝即位诏书即指出："国之安危，全系官行之贪廉。"[2]亲政后屡颁诏谕，要求文武群臣"殚忠尽职，洁己爱人"，明确指出"国家纲纪，首重廉吏"，"朝廷治国安民，首在严惩贪官"。[3]查处了顾仁、李振邺、张我朴等一批巡抚、御史，遏制了清初吏治腐败的势头。康熙帝继位后，秉承父志，在吏治的理论与实践上颇有建树。他认为："朝廷致治，唯在端本澄源。臣子服官，首宜奉公杜弊。大臣为小臣之表率，京官乃外吏之观型，大法则小廉，源清则流洁，此从来不易之理。"[4]为了肃清吏治，还建立了健全的官吏选拔考核制度，制定各项处罚贪污犯赃律例，严厉打击各级官吏贪赃枉法、科派勒索和行贿受贿。

清代，以苏州为中心的江南地区是当时国家财政收入的主要来源地，因此清政府对江苏地区的吏治问题更为重视。康熙、雍正两朝，汤斌、张伯行、陆陇其、陈鹏年等廉洁的官员先后担任苏州地方官或驻在苏州的省级大员。《清史稿》

---

〔1〕 赵尔巽等:《清史稿》卷三五七《吴熊光传》，中华书局1977年，第11324页。

〔2〕《清世祖实录》卷九，顺治元年十月，见《清实录》第3册，中华书局1985年影印本，第94页。

〔3〕《清世祖实录》卷五十四，顺治八年闰二月，见《清实录》第3册，中华书局1985年影印本，第426、433页。

〔4〕《清圣祖实录》卷九十，康熙十九年五月至六月，见《清实录》第4册，中华书局1985年影印本，第1136页。

称:“清世以名臣从祀孔子庙,斌、陇其、伯行三人而已。”[1]他们在苏州任职期间,以自己的廉洁操守、坚守原则和敢与上司抗辩的胆量,为苏州官场树立了廉洁吏治的榜样,对清代前期苏州吏治的整治发挥了重要作用。

汤斌(1627—1687),字孔伯,号荆岘,晚号潜庵,河南睢州人。顺治九年(1652)进士,选庶吉士,授国史院检讨。康熙十八年(1679)举博学鸿词科,列为甲等,补翰林院侍讲。康熙二十三年(1684)任内阁学士,改任江苏巡抚,驻节苏州。汤斌在苏州任江苏巡抚时,体察民情,减轻赋税,兴利除弊,移风易俗,注重吏治。

吴中为富庶之乡,赋税甲天下,官府择肥而啖,实行五年并征,民不堪重负。面对连年积欠,汤斌上疏请改为分年征赋,并请钱粮各照科则量减一二成,定适中可完之实数,以便查核,建议免除百姓积年所欠赋税。

汤斌贯彻康熙帝的治吴方略,毁淫祠,立社学,挽颓风,厚风俗,使民去奢华,其中最突出的事件是毁“淫祠”。苏州一带淫祠五通、五显、刘猛将、五方贤圣庙甚多,其中上方山五通祠“荡民志,耗民财,又败坏风俗”[2],汤斌下令将上方山祠庙神像“木偶者付之烈炬,土偶者投之深渊”,而且檄行所属有司,“凡如此类,尽数查毁,撤其材木,备修学宫,葺城垣之用”。[3]为防止自己离任后死灰复燃,奏请康熙帝,赐特旨严禁,勒石山巅,令地方官加意巡察。

在吏治方面,汤斌选贤任能,奖廉除贪。常州知府祖进朝,以小过失被降职。汤斌知其廉能,仍予重任。吴江县令郭琇贪赃敛财,被人告发,汤斌拟劾之,“琇请见,愿以治行自赎,斌许之,遂一变而为良吏”。后来汤斌将他推荐于朝廷,称其“居心冲淡,莅事精锐,宜行取”。郭琇因此被授任御史,他也不负汤斌所望,“居台垣时,劾河臣靳辅治河无功,劾大学士明珠、余国柱结党营私,背公纳贿,少詹高士奇、都御史王鸿绪等招摇依附,一时方严抗直之声,几使辇下栗然,朝贵侧目”。[4]汤斌治吴两年,政绩卓著,誉满海内,深得康熙帝信任、朝臣敬重,并受百姓颂扬。汤斌离任时,吴人泣留不得,焚香送别,罢市三日。汤斌去世后,乾隆元年(1736)赐谥号“文正”。

清初,江浙地区藩库亏空困扰朝廷多年。为此,康熙帝任用贪酷而勤敏的噶

---

[1] 赵尔巽等:《清史稿》卷二六五《张伯行传》,中华书局 1977 年,第 9940 页。

[2] 汤斌:《毁淫祠疏》,见贺长龄:《皇朝经世文编》卷六十八《礼政》,清光绪十二年思补楼石印本,第 35 页。

[3] 汤斌:《毁淫祠疏》,见贺长龄:《皇朝经世文编》卷六十八《礼政》,清光绪十二年思补楼石印本,第 35 页。

[4] 陈康祺:《郎潜纪闻二笔》卷三《吴江令郭琇遽改前辙》,清宣统二年石印本,第 13—14 页。

礼为两江总督,以达到以酷制酷的目的。噶礼(?—1714),栋鄂氏,满洲正红旗人,何和礼四世孙。以荫生迁吏部主事,再迁郎中。康熙帝西征噶尔丹时,他随左都御史于成龙督运中路军的粮饷,先期到达康熙帝住所,因此得到赏识。康熙三十八年(1699)授山西巡抚。康熙四十八年(1709),噶礼被任命为户部侍郎,不久又迁为两江总督。在噶礼离京赴任前的召见中,康熙帝交代了此行江南的重任:"江南两布政司库,皆亏欠银百万两,至今丝毫未补……朕巡幸南省时,并无用地方物件之处,何以用如许多银两?"〔1〕噶礼到任之后,迅速查明江南藩库亏空情形,并上报朝廷。康熙帝下旨将江苏巡抚于准解任、江苏布政使宜思恭革职。噶礼为官虽"勤敏能治事"〔2〕,但其生性贪婪,欲壑难填,所到之处,民怨沸腾。在任山西巡抚的几年间,他因贪赃受贿、勒索民间等劣行而多次受到言官弹劾。在任两江总督时,噶礼除了调查藩库亏空之外,还把触角伸向皇帝的亲信密探机构——江南三织造。为了抑制噶礼的贪性,康熙帝调福建巡抚张伯行任江苏巡抚,苏州知府陈鹏年署理江苏布政司。

张伯行(1652—1725),字孝先,号恕斋,晚号敬斋,河南仪封人。康熙二十四年(1685)进士,历任山东济宁道、江苏按察使、福建巡抚、江苏巡抚。雍正元年(1723),擢升为吏部尚书。张伯行一生为官清廉,被誉为"天下清官第一"。

康熙五十年(1711),在江南乡试中,两江总督噶礼与考官勾结,大肆收贿舞弊。发榜时,苏州学子大哗,千余人集会,将财神塑像抬进文庙置于明伦堂,以示讽刺和抗议。康熙帝责成户部尚书张鹏翮会同总督噶礼和巡抚张伯行等人共审此案。据传,噶礼从乡试中受贿索银50万两,当为此案主犯。贼喊捉贼,审查月余不得结果。张伯行查得实情,上书弹劾噶礼,祈请朝廷严惩,明正国典,以"除两江之民害,快四海之人心"〔3〕。张鹏翮等人慑于噶礼的权势不敢指控,竟以督抚关系不和、相互寻衅为词,各打五十大板,拟将两人一并革职结案。康熙帝再次派钦差严审,终得水落石出,将噶礼革职,张伯行留任。铲除噶礼后,康熙帝说:"噶礼办事历练,至其操守,朕不能信,若无张伯行,则江南地方必受其朘削一半矣。"〔4〕

张伯行为官清廉,为严禁请托送礼及贪污受贿之风,他上任后即传发《禁止

---

〔1〕 戴逸、李文海:《清通鉴》卷六十六,山西人民出版社1999年,第2307—2308页。

〔2〕 赵尔巽等:《清史稿》卷二七八《噶礼传》,中华书局1977年,第10104页。

〔3〕 唐鉴:《国朝学案小识》卷二《张孝先先生》,见《四部备要》子部,上海中华书局民国铅印本,第12页。

〔4〕 戴逸、李文海:《清通鉴》卷六十九,山西人民出版社1999年,第2379页。

馈送檄》,表明心迹。檄中写道:“一丝一粒,我之名节,一厘一毫,民之脂膏。宽一分,民受赐不止一分。取一文,我为人不值一文。谁云交际之常,廉耻实伤;倘非不义之财,此物何来。”[1]张伯行为官30余年,每次上任所带随员很少,更没有携带家眷。雍正三年(1725),张伯行去世,谥“清恪”,追赠太子太保。有清一代以名臣身份从祀孔庙者仅3人,张伯行便是其中之一。

陈鹏年(1663—1723),字沧州,又字北溟,湖南湘潭人,康熙三十年(1691)进士。历官浙江西安知县、江南山阳知县、江宁知府、苏州知府、河道总督。康熙四十七年(1708)九月,陈鹏年复出,任苏州知府。他到任后即清理积案,禁止奢风恶俗。陈鹏年十分仰慕苏州先贤、东汉清官陆绩的清廉。在苏州府学大修时,他亲自将“廉石”移至文庙内、况公祠旁,作为为官清廉的楷模,供人观瞻。陈鹏年在苏州任职虽然不到两年,却做了许多深得民心之事。据称:“公至苏州府……特大书‘求通民情,愿闻己过’八字于府治之门。视事未一月,决遗滞狱三百余案,革除钱粮耗羡,严滥差,戒奢侈,驱流娼,惩赌徒、讼师、拳勇、匪类,籍其民,朔望令至乡约所跪而听讲,民风为之一变。”[2]另据《国朝先正事略》载,陈鹏年“胸有定力,不以荣辱毁誉生死动其心,慨然以泽不被于民,道不伸于己为耻”[3]。

陈鹏年任苏州知府时,适逢吴中连遭水旱,饥馑又至,时疫流行。陈鹏年每日公事毕,即操舟遍历村墟,询问疾苦,设法赈救;公费不足,劝富户出粟以赈灾民;又疏浚城河,以利民生。荡里村及黄天荡周边其他村庄,水情和疫情尤为严重。他精通医术,亲自为村民诊脉、给药、治疫,有数百家农户被救活。村民感恩为其立祠,名“陈公庙”,俗称“陈太爷庙”,祭奠香火不绝。

康熙四十八年(1709)年底,陈鹏年署理江苏布政司。在两江总督噶礼与江苏巡抚张伯行互参案中,陈鹏年始终站在张伯行一边,不畏强权。其实在任苏州知府时,陈鹏年曾见两江总督噶礼禀事,不跪。噶礼厉声斥责:“知府生死我手,何敢尔?”陈鹏年不卑不亢地回答:“果有罪,虽幸赐宽假,寸心具有铁钺;如其不然,君主之,百姓安之,生死不在公也。”[4]其后他多次遭到噶礼的诬奏,几遇不测。

雍正元年(1723),陈鹏年因劳累成疾,逝于武陟工所。雍正帝闻讯痛悼,览

---

〔1〕 张清恪:《禁止馈送檄》,见天台野叟:《大清见闻录》,中州古籍出版社2004年,第122页。

〔2〕 钱仪吉:《碑传集》卷七十五《陈恪勤公鹏年行状》,上海书店1988年,第2142、2147页。

〔3〕 李元度:《国朝先正事略》卷十二《陈恪勤公事略》,岳麓书社1991年,第331页。

〔4〕 易宗夔:《新世说》卷七,见李春光:《清代名人轶事辑览》(2),中国社会科学出版社2004年,第763页。

其《遗疏》,谕曰:"陈鹏年洁己奉公,实心为国。因河工决口,自请前往堵筑,寝食俱废,风雨不辞,积劳成疾,殁于工所。闻其家有八旬老母,室如悬磬。此真'鞠躬尽瘁,死而后已'之臣。"〔1〕赐银两千两以为殓葬,谥曰"恪勤",赐其母封诰,令照一品官例荫一子。道光年间,陈鹏年名列苏州沧浪亭五百贤祠,铭之曰:"治河有策,采风有诗;政通人和,来者之师。"〔2〕

苏州织造府对清初苏州民生与吏治曾经发挥过积极作用。清代苏州织造隶属于内务府,长官除管理织造事务外,还有密奏任务。康熙帝任命正白旗出身的近臣李煦(1655—1729)及其妹婿曹寅(1658—1712)分任苏州织造和江宁织造,不断密折奏报江南地方各种社会信息。在苏州织造历史中,李煦任职时间最长,自康熙三十二年(1693)到任,直至康熙六十一年(1722)雍正帝即位后罢官,长达30年之久,他是康熙帝最宠信的近臣之一。在《李煦奏折》中,共有413件奏折,其中关于气象、农情、物价、蠲免、平粜、截漕、推广良种等民生方面的奏折有180件,占40%以上,加上附奏则约占一半。若除去请安、贺喜、谢恩、进物、进戏、代奏等90件,除去本职的织造17件、盐差48件、其他19件,真正属于"监视官场"的"情报"仅有43件,"密报民情"则为15件(其中关于本省的只有4件)。可见关于民生的奏折在70%以上,显然康熙帝关心的重点是本省的民生问题。〔3〕如《李煦奏折》第57件,康熙四十七年(1708)闰三月,朱批:"江南麦田如何?收成几分?写明白奏折来奏。"〔4〕李煦随后将江宁、镇江、常州、松江、苏州、扬州、淮安等府的农情一一奏报。这些密折有助于朝廷了解当时的民情,采取安定民生的措施,维护社会的稳定。李煦还密奏过江苏抚藩不和、督抚互劾、主考舞弊等情况。例如在震惊朝野的江南督抚互参案中,李煦通过奏折将案情密报于康熙帝,《李煦奏折》第129件,朱批:"督抚不和,人所共知。巡抚是一钱不要清官,总督是事体明白勤紧(谨)人物。目前参本到了,尔南方众论如何?再打听明白速奏。"李煦回奏:"南方众论,皆云总督没有卖举人的事,抚院心性多疑,又恨总督竟把科场参了他,如今两人都解任了。但是抚院虽系清官,事无决断,其实人多拖累。总督也并不曾要钱,办事勤敏,极得民心,于地方有益等语。"〔5〕李煦是使用密折最早、次数最多、反映情况最广泛、机密性最强的人。

---

〔1〕吴忠匡:《满汉名臣传》,黑龙江人民出版社1991年,第1621页。

〔2〕吴万铭:《娄葑镇志》,方志出版社2001年,第453页。

〔3〕孔祥贤:《江宁、苏州两织造的密折活动对江苏民生与吏治的积极作用》,见《东南文化》1986年第1期。

〔4〕故宫博物院明清档案部:《李煦奏折》,中华书局1976年,第51页。

〔5〕故宫博物院明清档案部:《李煦奏折》,中华书局1976年,第104—105页。

第三节　农业经济的恢复与发展

一、清初复兴农业经济的措施

(一)清初苏州农村经济的衰败

明末清初,由于战争破坏和自然灾害等多种因素的影响,苏州社会经济呈现出荒凉萧条的景象。苏州各地的抗清斗争最后基本上均遭失败,战争导致苏州户口锐减,大量人口流亡。清兵攻陷苏州城后,“六门闭,留于城者死无算,道路践死者相枕藉。未几,都督李公至,土公必欲屠城。李公知西北居民稠密,与土公分阄,俱写东南二阄,土公拈得,由盘门屠至饮马桥”[1]。在昆山,因县令率民守城,誓死抵抗,拒不投降。城破后,城中之人多被杀戮,“妇女被掠者以千计,载至郡中鬻之,价不过二三两”[2]。人口的大量流亡和减少,导致土地大量抛荒,农村生产陷于停滞。

除了人为因素之外,清初的自然灾害也影响了苏州经济的恢复和发展。据统计,从顺治三年(1646)至乾隆五十八年(1793),苏州水旱灾害不断,旱灾10余次、水灾26次。如康熙九年(1670)七月,太湖水溢,苏州城内外水高五六尺,漂没人、畜、庐舍无算。康熙十八年(1679),苏州、昆山大旱,溪水涸,飞蝗蔽天。康熙十九年(1680),苏、松、淮、扬等处大水,太湖溢,城市街衢尽成巨浸,庐舍漂流,人民溺死,二麦浥烂。康熙五十四年(1715)春,昆山大水。三月,震泽淫雨20余日。六月,苏州大水,城内水深五六尺,庐舍、田地冲没殆尽。雍正十年(1732)七月,苏州大风雨,海溢,平地水深丈余,漂没田庐、人、畜无算。昆山海水溢。八月,昆山海水复溢,溺人无算。乾隆十二年(1747)七月,苏州飓风,海溢。昆山大风拔木覆屋。常熟、昭文两县大水,滨海被灾,淹没田禾4 480余顷,坏庐舍22 490余间,溺死男女50余人。昆山海溢,伤人无算。[3]严重的自然灾害使苏州人民的生命财产遭受了巨大的损失。

苏州社会经济的衰退,特别是农村经济的凋敝,严重影响了清王朝的财政收入。为了巩固清朝的统治,清政府采取了招抚流亡劝垦、蠲免租赋、兴修水利等有利于农业生产的措施,特别是实行将丁口之赋摊入地亩征收的“摊丁入亩”等

---

〔1〕 顾公燮:《丹午笔记》,见《丹午笔记·吴城日记·五石脂》,江苏古籍出版社1999年,第56页。
〔2〕 佚名:《吴城日记》,见《丹午笔记·吴城日记·五石脂》,江苏古籍出版社1999年,第215页。
〔3〕 洪焕椿:《明清苏州农村经济资料》,江苏古籍出版社1988年,第295—299页。

政策,既稳定了税收制度,又减轻了无地、少地农民的负担,削弱了封建国家对农民人身的束缚,对苏州农业的恢复和发展都起了一定的积极作用。

(二)清初恢复和发展农业生产的措施

1. 蠲免租赋

为了恢复农业生产,清初统治者广泛采纳官员的建议,逐步减免明末的重税重赋,推行蠲免租赋等政策,以促进生产力的恢复和发展。

顺治二年(1645)六月,山西巡按黄徽允上疏言:"江南赋额较他省独重,百姓久称苦累。漕、白二粮与岁供绢布,其尤甚者也。漕运归官兑,则需索可省;白粮归官解,则民困可苏。"[1]户部议复从之。对江南赋税,特别是苏州府所辖各县蠲免租赋,是清初恢复农业生产的主要措施之一。

顺治三年(1646)免太湖两年及当年荒赋;顺治八年(1651)苏州大水,巡按御史秦世桢题请改折秋粮十分之六,又赈济苏州等处饥民;顺治九年(1652)春,苏州大旱、大饥,江苏等处改折漕粮,免派耗米;顺治十六年(1659)江南大水,蠲免顺治十五年以前未完钱粮。[2]顺治年间,苏州有4次减免赋税的记录。

康熙年间,有12次减免苏州赋税的记录。康熙四年(1665)苏、松等府水灾,蠲银米。康熙九年(1670)巡抚部院马祜题请被灾田地,漕白米摊征仍蠲;起运正赋改折十分之三。康熙十年(1671)除漕粮改折外,耗赠米俱蠲免。康熙十一年(1672)仍停征康熙九年分摊米折银,并停征康熙九年以前未完钱粮。康熙十二年(1673)诏谕户部,苏州府康熙十三年地丁正项钱粮,特行蠲免一半。康熙十七年(1678)江南水灾,蠲停地丁漕项等银两有差。康熙十八年(1679)奉旨:"十分荒者,免本年税银十分之四;七分荒者,免十分之三;五分荒者,免十分之二。"康熙十九年(1680)奉旨:"蠲免被灾田亩钱粮十分之三,缓征本年被灾田漕米,于二十年分带征。"康熙二十年(1681)常熟等18州县叠被重灾,将十九年漕粮漕项缓至本年带征。康熙三十二年(1693)江苏等处夏旱,免本年漕粮三分之一。康熙四十六年(1707)奉旨:"四十三年未完民欠漕项钱粮,悉于蠲免。"康熙四十七年(1708)以江南水灾,蠲免通省地丁银475 400两有奇。旧欠银米,亦暂停追取。[3]康熙年间,苏州水旱灾害频繁,几乎每隔一两年就有一次大的灾害,因此蠲免租赋的次数也较多。

---

〔1〕 洪焕椿:《明清苏州农村经济资料》,江苏古籍出版社1988年,第506页。
〔2〕 洪焕椿:《明清苏州农村经济资料》,江苏古籍出版社1988年,第295—296页。
〔3〕 洪焕椿:《明清苏州农村经济资料》,江苏古籍出版社1988年,第296—298页。

雍正年间,苏州有两次减免赋税的记录。雍正二年(1724)蠲免苏、松、常、镇、淮、扬所属本年被灾地丁银73 850余两,米豆6 540余石。雍正三年(1725)以苏、松、常、镇、扬、太、通七府州被灾,蠲免两年芦课银5 210余两。[1]

到了乾隆年间,苏州仍有三次减免赋税的记录。乾隆十三年(1748)免上年常熟等16州、县、卫潮灾额赋。乾隆三十年(1765)将江苏、安徽乾隆二十五年以前因灾未完蠲剩河驿俸工等款,并乾隆二十六年至二十八年因灾未完地丁河驿等款,以及二十八年以前积年因灾未完漕项,暨因灾出借子种、口粮,并民借备筑堤堰等银143万余两,又子种、口粮内米麦豆谷113 000余石,概予蠲免。乾隆三十七年(1772)豁免苏、松等属乾隆三十二年至三十四年灾缓带征银尾欠53 190余两。[2]

有关研究表明,康熙一朝,共全免苏州地丁钱粮5次、半免1次,加上一些零星蠲免或因灾蠲免的,总计约免除了10%。雍正朝的蠲免量约占地丁的10%,如果加上初年减除的浮粮,实际共达30%以上。乾隆一朝,共蠲免苏州地丁钱粮5次、漕粮3次,蠲免地丁钱占8.4%,漕粮占5%。通而计之,康雍乾三朝对苏州地区的钱粮蠲免约占额定地丁银的20%,或实际赋税额的15%。[3]清前期,清政府的钱粮蠲免对苏州农村经济的恢复和发展,起了一定的积极作用。

2. 改革赋役征收制度

清初,苏州府进行了赋役征收制度的改革,"改民运白粮为官运,而解户之累息;自实行官收官兑而粮长之累息;改收头为吏收官解,而柜收之累息;其余诸役大率官为雇办。凡前代厉民之政悉举而廓清之"[4]。具体为,顺治二年(1645)改钱粮柜收为吏收官解,柜收被废止,有效地防止了官吏利用柜收对苏州百姓的剥夺。顺治三年(1646)白粮民运改由官运,"每白粮正银一两,别征银二分,为领解员役沿途盘费"[5]。顺治六年(1649),经巡按御史秦世桢题奏,推行漕粮官收官兑,各州县"选职官收粮贮仓,验依准单交兑。每正粮百石,除正耗外,加米五石、银五两"[6]。顺治十二年(1655)又规定:"苏、松、常三府白粮,除原额正解、耗米、舂米三项外,每正粮一石,加派耗米二斗四升,水脚添篕提溜脚价银

---

〔1〕 洪焕椿:《明清苏州农村经济资料》,江苏古籍出版社1988年,第298页。

〔2〕 洪焕椿:《明清苏州农村经济资料》,江苏古籍出版社1988年,第299—300页。

〔3〕 范金民、夏维中:《苏州地区社会经济史》(明清卷),南京大学出版社1993年,第391—393页。

〔4〕 雅尔哈善等:清乾隆《苏州府志》卷十一《田赋四》,清乾隆十三年刻本,第27页。

〔5〕 宁云鹏等:清康熙《苏州府志》卷二十五《田赋三》,清康熙三十年刻本。

〔6〕 宁云鹏等:清康熙《苏州府志》卷二十五《田赋三》,清康熙三十年刻本。

一两三钱。每船加柁夫、水手十有二名,每名给米三石;看粮夫役二名、担运夫役二名,各照船致一例均派。"[1]顺治十六年(1659)苏州各县实行钱粮官收官兑。至康熙十四年(1675),苏、松、常三府白粮依照浙江例,改为漕船装运,每船给经费银二百九十两有奇,为沿途费用,另给银米若干,作为运军安家之费。[2]这些措施的实行,一定程度上简化了征收手续,减轻了农民的负担,促进了苏州农村经济的恢复和发展,也保证了清朝统治者的赋税收入。

3. 推行均田均役和摊丁入亩

清初沿用明代的里甲制度,但是弊端很多,"乘大造之时,各出顶手银若干,买定里区,移甲换乙诸弊,皆出其手。更有衙门积棍,名曰歇家,买充数里,每年包纳钱粮,额外私派,俱属歇家掌握。甚至收愚民之额课而临比不完,包富役之差徭而散派各户。盘踞难革,积蠹万端"[3]。其小弊端,如隐占、诡寄、包揽等,不胜其多,赋役不能均平,致使小民受累,或家破人亡,或外逃避役,严重影响了苏州经济的发展。康熙元年(1662),江苏巡抚都御史韩世琦下令江苏所属各县"统计合邑田亩若干,分配区图,逐里均平,将一应图外户名尽归入甲"[4]。如官户需直开乡绅姓名,不得在子户名册内合开;如诸生,必写明生员姓名,与学册相符,所有差役一律按田征派。苏州开始推行均田均役法。

康熙十三年(1674),苏州布政使慕天颜请立均田均役定制。[5]所谓均田均役之法,即"通计该州县田地总额与里甲之数,将田地均分每图若干项,编为定制,办粮当差,田地既均,则赋役自平"[6]。均田均役以县为单位,统计田亩实数,平均分为若干里(图),里分十甲,每甲均分田若干,这是均田;将所有田地编入里甲后,以里中第一甲应本里一年之役,第二甲应本里下一年之役,依此而十年一周,这是均役。按照均田均役的要求,苏州各县田地重新编定了里甲。如吴县田少人多,每图田地仅为960亩,每甲仅为96亩;常熟县为490图,图分10甲,每甲均田为337亩;昆山县为360图,图分10甲,每甲田为320~330亩不等;吴江县原为557图半,裁并为507图,每图田2 000亩,每甲田200亩。[7]该

---

[1] 洪焕椿:《明清苏州农村经济资料》,江苏古籍出版社1988年,第550页。

[2] 洪焕椿:《明清苏州农村经济资料》,江苏古籍出版社1988年,第551页。

[3] 雅尔哈善等:清乾隆《苏州府志》卷十一《田赋四》,清乾隆十三年刻本,第26页。

[4] 石韫玉:清道光《苏州府志》卷十《田赋三·徭役》,清道光四年刻本,第25页。

[5] 雅尔哈善等:清乾隆《苏州府志》卷十一《田赋四》,清乾隆十三年刻本,第26页。

[6] 雅尔哈善等:清乾隆《苏州府志》卷十一《田赋四》,清乾隆十三年刻本,第27页。

[7] 雅尔哈善等:清乾隆《吴县志》卷十《役法》,清乾隆十三年刻本,第25页;石韫玉:清道光《苏州府志》卷十《田赋三》,清道光四年刻本,第25页;邹召南、张予介:清乾隆《昆山新阳合志》卷七《徭役》,清道光五年刻本;陈𦮼纕等:清乾隆《吴江县志》卷十六《徭役》,民国石印本,第35页。

法实行以后,长期以来困扰着苏州等地区的徭役不均难题,得到了解决,因此在一定时期收到了较好的效果。但实行一段时间后,其弊端逐渐显露。雍正三年(1725),太仓知州温尔逊率先废除均田均役法,实行版图征粮法,废除排年,改立花户。[1]次年,吴江、昆山等县也改行版图法。其法“以户归田,以田归丘,以丘归圩,以圩归图”,即将一图之内的每一亩田、每一丘、每一圩一一落到每户头上,以使“田荡皆有差落”。[2]田地既都落实到每户,钱粮征收有了保证,实行了70余年的均田均役法为版图法所取代。

为了保证赋役收入及缓和日益尖锐的阶级矛盾,清政府于康熙五十一年(1712)规定:以康熙五十年的人丁数(2 462.13万)作为以后征收丁银的额定数,把359万两丁银数固定下来,以后“滋生人丁,永不加赋”。丁银的固定为摊丁入亩创造了条件。雍正年间开始,正式将丁税废除,将康熙末年已经固定的丁银数目分摊入田赋,使得没有田产的人可以不纳赋税。雍正五年(1727),江苏正式实行摊丁入亩,将现有人丁摊向地亩,每亩约摊银2厘4毫,一律按亩征银。摊丁入亩政策,比较彻底地废除了官僚豪绅的免税特权,无田的农民不再纳丁银,纳地丁银的人也不再服徭役,结束了长期以来地、户、丁赋役制度的混乱现象,简化了税制,完成了对地、户、丁征税归入财产税的过程,是中国封建税收制度的一个进步。它从根本上削弱了封建国家对农民人身的束缚,使人口不断增长,垦地逐渐增多,生产得到了发展。

4. 兴修水利

水利是农业的命脉,尤其对于水乡苏州来说,水利建设与农村经济的关系更为密切。苏州地区主要有三条大川,东出松江、嘉定的吴淞江,东北出昆山、太仓的刘家河,更东北出长洲、常熟的白茆河。如果遇到大水,三条大川因泥沙堆积,泄洪不及,则容易引发水患,使农田受灾,粮食歉收,影响到清政府税粮的征收。从康熙十年(1671)起,苏州府对吴淞江和刘家河进行疏浚,揭开了大规模兴修苏州水利的序幕。

---

[1] 王祖畬:清宣统《太仓州志》卷七《赋役》,民国八年刻本,第4页。
[2] 陈䕫纕等:清乾隆《吴江县志》卷四十四《均田荡赋役》,民国石印本,第45页。

表 1-3 清代前期苏州府水利建设年表〔1〕

年代	公元纪年	地区	主持者	治水纪要
康熙十年	1671	苏州	马祜 慕天颜 于阶	开浚刘河淤道 29 里,建闸三座;开吴淞江东至新泾口 4 352 丈,自新泾口迤西至赤雁浦、黄渡 7 500 丈,修复旧址闸坝。
康熙二十年	1681	常熟	慕天颜	浚白茆港,自支塘至海口 43 里,浚河 7 856 丈,广 10 丈,深 1.5 丈。
康熙四十八年	1709	常熟	郃穆布 于准	浚白茆、福山两港,修白茆旧闸,建福山新闸;又建福山黄泥湾新闸。
		吴江		开浚吴江县诸港。
雍正五年	1727	苏州		浚白茆港、梅李港。白茆自支塘盐铁桥起至海口,凡 42 里,长 7 770 丈,新开河面 12 丈,河底 6 丈,挑深 8 尺。浚福山塘自昭文县北水门外福履桥起,至福山城南门栅头上,长 4 380 丈。
雍正六年	1728	吴江 震泽		浚吴江、震泽两县运河,长 5 579 丈,河面阔 10 丈,底阔 5 丈。
		吴县		在邓尉、穹窿两山之间,开浚紫藤坞河。
雍正八年	1730	吴江		修筑北塘,自元和县界起至大浦桥止。
		震泽		修筑南塘,自平望镇安德桥起至秀水县界止。
雍正九年	1731	长洲		筑运河塘,自枫桥起至望亭通湖桥,长 40 里。
		新阳		修至和塘。
雍正十二年	1734	吴县	江之翰	浚筑穹窿山麓堰闸池塘。
雍正十三年	1735	常熟		浚三丈浦,自鹿苑大桥起至太平桥止,长3 180 丈。又浚西洋港,自龙齐咀起至庙桥止,长 3 250丈。
		吴江		开万顷桥港、三山桥港、三山桥直头港、金家湾薛家桥内港、金家湾横港等港。
乾隆元年	1736	长洲	沈光曾	补修运河塘。
		震泽		开浚浪打穿直港,长 1 254 丈。
乾隆二年	1737	长洲	王延熙	重筑元和塘,自府城北齐门起,至常熟县交界止,长 50 里。
乾隆三年	1738	吴江		浚长桥河。

〔1〕 洪焕椿:《明清苏州农村经济资料》,江苏古籍出版社 1988 年,第 331—334 页。

(续表)

年代	公元纪年	地区	主持者	治水纪要
乾隆四年	1739	震泽		修筑荻塘,自油车基起至朱家铺止,长197.7丈。
		昭文		重浚浒浦,自浒浦口起至海口止,长3 100丈。
		常熟	傅宿儒	浚竺塘、景墅、长蜞、仲桥塘、西横塘等五河,共长5 548丈,引潮灌田。
乾隆九年	1744	昆山 新阳	雅尔 哈善	重浚玉带河,长1 466丈。
乾隆十年	1745	昭文 常熟	陈奭纕 张磊	重浚城内诸河,内运河一道,南北长359丈。
乾隆十一年	1746	苏州	傅椿	浚苏州府城内诸渠,凡三横四直、支渠小港共长6 733丈。
乾隆十六年	1751	常熟		浚福山港,长4 408丈。
乾隆十七年	1752	常熟		浚三丈浦。
乾隆十九年	1754	常熟		浚白茆塘,长8 746.4丈。又筑海塘,自东接太仓州界铛脚港起,至常熟县界耿泾港止,土塘共长9 132丈,计程60里,面宽1丈,底宽3丈6尺,筑高1丈。
乾隆二十六年	1761	常熟		浚福山港。
乾隆二十八年	1763	苏、松	庄有恭	疏吴淞江、刘家河,开浚太湖诸溇渎,铲除湖滩草荡。
乾隆二十九年	1764	常熟		修筑元和塘,长2 563丈。
		苏州	明德	修吴江、震泽等县塘路。
乾隆三十二年	1767	苏州		浚木渎、横金塘河(即采莲泾)。内浚福山塘。
乾隆三十五年	1770	苏州		开浚白茆港、徐六泾。
乾隆四十年	1775	常熟		浚福山塘。
乾隆四十三年	1778	苏州		乡民浚白茆河一段,计11里,同时开浚大小姚泾支河。
乾隆五十年	1785	昭文		浚贵泾塘。
乾隆五十五年	1790	昆山	长麟	重修至和塘。
乾隆五十七年	1792	元和		重修沙湖石堤。
嘉庆元年	1796	苏州		重浚城河。
嘉庆二年	1797	苏州		修苏州塘路。
嘉庆十二年	1807	常熟	吴峻基	开常熟南门一带城河。
嘉庆二十三年	1818	苏、松		重浚吴淞江,计长11 000余丈,凡60余里。

（续表）

年代	公元纪年	地区	主持者	治水纪要
嘉庆二十五年	1820	苏州		浚至和塘，长 690 丈，又浚四塘泾，长 390 丈。
道光元年	1821	昭文		浚县城河 1 106 丈。
道光二年	1822	常熟		浚县城河。
		昆山 新阳		浚昆山、新阳城河。
道光六年	1826	常熟		浚福山塘。
道光十年	1830	吴县		浚雕鹗河、兴福塘。
道光十一年	1831	苏州	林则徐	浚刘家河。
道光十四年	1834	常熟		浚白茆河及徐六泾，又建老新闸。
道光十五年	1835	苏州	沈冀同 王有庆	修至和塘。
道光十六年	1836	常熟		浚福山塘。

从表 1-3 可以看出，清前期康雍乾三代比较重视苏州水利建设，先后进行了 29 次水利工程建设，疏浚吴淞江、刘家河、白茆河等大江、大河，整治塘浦泾渎，修筑堤岸水闸，使大量农田旱涝保收，有力地促进了苏州农村经济的恢复和发展。

二、农业经济的复兴

（一）人口的增长和耕地面积的增加

清代苏州农业生产的恢复与发展，主要表现在人口的增长、耕地面积的增加和粮食单位产量的提高。这一时期苏州府的户口数直线上升，顺治初有 610 054 户，1 378 381 口；康熙十三年（1674），增至 624 255 户，1 432 043 口；嘉庆十五年（1810），达 3 198 489 口，增加了一倍以上。〔1〕经过清初招抚流亡劝垦等措施的实施，耕地面积也有了增加。顺治二年（1645）苏州府的田地为 62 737 顷〔2〕，至顺治十七年（1660）时，实在田地已达 95 637 顷。〔3〕这是清代前期苏州府耕地面积的最高纪录，说明土地得到了比较充分的开发。如吴县光福一带，连山坡上也开筑了种水稻的梯田，农民“层层以水车踏动，递相引水，以达于田”〔4〕。

〔1〕 石韫玉：清道光《苏州府志》卷九《田赋二·户口》，清道光四年刻本，第 11—14 页。
〔2〕 雅尔哈善等：清乾隆《苏州府志》卷八《田赋一》，清乾隆十三年刻本，第 43 页。
〔3〕 雅尔哈善等：清乾隆《苏州府志》卷十《田赋三》，清乾隆十三年刻本，第 25 页。
〔4〕 徐傅、王镛等：清光绪《光福志》卷一《风俗》，民国十八年苏城毛上珍铅印本，第 18 页。

(二)粮食品种的增多和粮食产量的提高

苏州的主要粮食作物是水稻。水稻品种不断改良更新,可供农民根据气候、土壤、水利等条件选择的品种越来越多。农历五月插秧、九月收获的“早白稻”,是从占城稻演变而来的,是一种中稻,明后期以来江南普遍种植,到康乾时,苏州仍然大面积种植。葑门外多种喇嘛稻,亦名西番籼,三月种,五月登,岁可两收,粒长、色红、气香而糯。康熙五十三年(1714)颁种。[1]据统计,清初苏州府吴县种植的糯稻品种就有箭子稻、红莲稻、金钗糯等63种。[2]小麦也是苏州重要的粮食作物之一,一年稻麦两熟成为普遍现象。康熙年间,吴县的麦类品种除大麦、小麦、荞麦等通称外,还有舜歌麦、紫秆麦、白麦、赤麦、手麦、横枝麦、火烧麦等名称[3],当为麦类作物中的优良品种。豆类也得到普遍的种植。康熙年间,吴县的豆类品种有白扁豆、羊眼豆、黑豆、黄豆、香珠豆、赤豆、豌豆、豇豆、裙带豆和刀豆等。[4]

耕作技术和种植水平的提高,使单位面积产量大为增加,一般的田,每亩收米2石多,麦1石多,一些“湖荡间膏腴去处,地辟工修者”,可得米3.6石之多。折合成稻谷,已经超过亩产千斤了。[5]由于双季稻的种植,粮食亩产量也明显提高。据记载,康熙五十七年(1718)亩产量已达6石7斗5升。[6]

(三)农业生产工具的改进

清初,农业生产工具有所进步,比以前更加完备。宋代牛耕技术已达到较高水平。明清时期,苏州牛耕面积有所增加,“上农多以牛耕,无牛犁者以刀耕。其制如锄而四齿,谓之铁搭。人日耕一亩,率十人当一牛”[7]。牛耕效率高,人耕需十人当一牛,犁耕的土层远比人工用铁搭翻土要深,有利于农作物生长。在灌溉工具方面,水车的运用也比前代有了发展,沿海地区还出现了风车。“灌田以水车,即古桔槔之制,而巧过之。其制以板为槽,长二寻有奇,广尺三寸至五寸,深五寸许,傍夹以栏楯,中斲木为鹤膝,施楗以联之,屈伸回旋,用持辐以运水。辐之度,取槽足以容。诸楯之半,各施木以隔之。其下取辐可以运,曰戢辐,以竹

[1] 顾震涛:清道光《吴门表隐》附集,抄本(苏州大学图书馆藏),第51页。
[2] 孙珮等:清康熙《吴县志》卷二十《物产》,清康熙三十年刻本,第1—3页。
[3] 孙珮等:清康熙《吴县志》卷二十《物产》,清康熙三十年刻本,第3—4页。
[4] 孙珮等:清康熙《吴县志》卷二十《物产》,清康熙三十年刻本,第4—5页。
[5] 陆世仪:《思辨录辑要》卷十一,清光绪三年江苏书局刻本,第4页。
[6] 曹子芳、吴奈夫:《苏州》,中国建筑工业出版社1986年,第79页。
[7] 顾炎武:《天下郡国利病书》(二),上海古籍出版社2012年,第675页。

破而两之，施其上以行辐。无此，则辐陷而不行。槽前后各施轴，前长而后短，各施操以关辐。前轴之两端为拨，人以足运之。轴运，则辐转而水升。前之安轴者曰眠牛，其后附于楯曰鹿耳，椓杙于眠牛之两旁，施横木以为凭而运车，曰车桁。"〔1〕"高乡之车，深八寸，广七寸，曰水龙。凡一车用三人至六人，日灌田二十亩。有不用人，而以牛运者。其制为大槃，如车轮而大，周施牙以运轴而转之，力省而倍功。有并牛不用，而以风运者。其制如牛车，施帆于轮，乘风旋转。"〔2〕每年小满以后，"设遇梅雨泛溢，则集桔槔以救之。旱则用连车递引溪河之水，传戽入田，谓之'踏水车'"〔3〕。

农作物种植和田间管理的工具也有所改进。"除草用锄，即亩耜。耜广五寸，二耜为耦。一耦之伐，广尺深尺，谓之亩耜，即今锄头也。起土用铁搭，铁搭头广一尺，其功用殆胜耜矣。使为广尺之亩，则一人可胜。若两人并发，则广二尺矣。今农家种稻，耕犁之后，先放水浸田，然后集众用铁搭镂揍土块，谓之曰摊，亦谓之削，亦谓之落别。耘田则有耘耥、耘爪。江浙间新制也，古无此器。匍匐水中，用手耘之，故农人惟耘田尤苦。今得此器，劳逸不啻天壤，乃知何事不可为便巧。"〔4〕

乾隆年间，苏州吴县，"邑内多以人耕，亦有以牛耕者……取土有罱，凿土有锹，芟草有锄，蓺麦有槌，去草有铴，卫髀有竹马，刈稻有锲，曝稻有竿，击稻有床，翻谷有爬，脱谷有桄，去秕有筛，扇粟有车，击屑有枷，削槁有豁，是又凡农家之所必用者也"〔5〕。

（四）农业耕作技术的提高

在土地利用上，农民千方百计把山地、草坡、河荒、滩涂改造成圩田、梯田、湖田、沙田等。如吴县光福一带，"凡山之无磊（垒）石者，濒湖之可筑岸者，悉皆耕种"，菱塘岸、永安塘、西华塘都筑堤为田，而玄墓山、穹窿山，除磊（垒）石削壁，自下而上，筑成梯田。〔6〕

在耕种技术上，苏州以一年两熟的种植制度为主，另外盛行间作套种制。康熙五十四年（1715），苏州织造李煦在苏州首次试种双季稻，当年试种的第一季

〔1〕顾炎武：《天下郡国利病书》（二），上海古籍出版社2012年，第675页。
〔2〕顾炎武：《天下郡国利病书》（二），上海古籍出版社2012年，第675页。
〔3〕顾禄：《清嘉录》卷四《小满动三车》，上海古籍出版社1986年，第70页。
〔4〕陆世仪：《思辨录辑要》卷十一，清光绪三年江苏书局刻本，第10页。
〔5〕陈莫纕：清乾隆《吴江县志》卷三十八《风俗一·生业》，民国石印本，第5—6页。
〔6〕徐傅、王镛等：清光绪《光福志》卷一《风俗》，民国十八年苏城毛上珍铅印本，第18页。

稻亩产2.8石,第二季稻亩产不及1石。初次试种没有获得预期的效果,主要是因为播种太晚。翌年继续试种,提早于三月插秧,结果获得成功,两季稻亩产共达5.2石。以后又连续试种六年,两季亩产每年都在6石以上。〔1〕以后由于种种原因,双季稻虽然没有在苏州获得大面积推广,但试种本身就证明,苏州农民注重增加农业劳动力和时间的投入量,以探求高产和增产的途径。道光《吴门表隐》也记载:葑门外多种喇嘛稻,亦名西番粈,三月种,五月登,岁可两收。……康熙五十三年颁种。〔2〕由此可见,双季稻在苏州已开始推广。

苏州地区一般都是秋熟种水稻,夏熟种三麦(大麦、元麦和小麦)和油菜籽,当地称春花。"岁既获高田,即播菜、麦。至春暮则摘菜薹以为蔬,夏初舂菜籽以为油,斩菜萁以为薪,磨麦穗以为面,杂以蚕豆,名曰春熟。自是耕以艺稻至秋乃登,周而复始,迄无宁日。"〔3〕这是长期以来江南人民摸索出来的种植农作物的最佳途径,米麦、菜油、烧柴都得以解决。这样的农作物结构,去掉低洼田、秧田、休闲田等,复种指数大约在1.5以上。复种率的提高,大大增加了单位面积产量和粮食总产量。

仅以水稻的种植而论,大约需八道工序:

一耕,农事以垦耕为第一义。田未耕者曰生,已耕者曰热,初耕曰塌,再耕曰转,务令上之松细而已。

二种,每亩须谷种1斗2升,必捡去别种之谷,簸扬干净,以蒲包贮之,用水浸湿,俟发芽始落于田,以稻草灰盖之。也有撒干谷之法。秧田要求平整、松软,撒秧时匀浅,初落时土质宜干。待芒芽已出,宜立即灌水,不可过多。尚须浇粪两三次以接地力,一月后可以分种大田。

三插,种秧时田中水不过半寸许,以六科为一坎。纵为坎,横为肋。种后20日须拔草,称"做头通"。自小暑至立秋,凡三耘三耥,谓之"三通"。

四肥田,又称膏壅。上农用三通,头通用红花草;二通用猪塮,亩须十担;三通用豆饼,亩须四五十斛。

五灌溉,立秋之前,田要干燥,干则秧根深远,将来秀实。立秋后,遇干即车水,直到割稻为止。

六收割,割稻之法,左手把稻,右手持镰,近根而断之。一刀两棵,三刀而成一把,两把合而成一铺。以穗接根,鳞次平铺田内。今日斫则后日收,所谓"三日

〔1〕 洪焕椿:《明清苏州农村经济资料》,江苏古籍出版社1988年,第188—196页。

〔2〕 顾震涛:清道光《吴门表隐》附集,抄本(苏州大学图书馆藏),第51页。

〔3〕 陈莫纕等:清乾隆《吴江县志》卷三十八《风俗一·生业》,民国石印本,第5页。

头晒铺也”。

七登场，晒铺之后，乃以登场。聚而叠之，谓之“稻挤场”。先以碌碡碾平，然后以稻床掼稻。砻、筛、风后，乃可下臼舂之。

八舂，舂成复以细筛去糠核，谓之“出糙”。[1]

从耕田到舂成精米，农民要付出巨大的劳动，俗称：“一粒米，三担水。”耕作集约化一方面提高了土地利用效率，增加了粮食产量；但另一方面又降低了农业劳动生产率，增大了生产成本，农业生产在边际收益递减的情况下进行。

（五）经济作物的种植与商品化

随着苏州农业经济的进一步恢复与发展，经济结构出现了一些新的变化。粮食的种植面积有所减少，经济作物种植种类和面积增加，农产品逐步商品化，农村副业得到发展。其中最显著的变化是以经济作物推广为标志的商业性农业得到进一步发展，主要表现为经济作物种植的推广和农产品与经济作物商品化的扩大。

1. 经济作物种植的推广

棉花是苏州最重要的经济作物。太仓直隶州各属县、常熟县东北、昆山东南境等地因土质宜棉而广为种植。太仓东乡土高，最宜。[2]常熟地处海滨，壤皆沙土，广种棉花。[3]棉花等经济作物已居有与稻、麦等粮食作物同等重要的地位，在太仓“种稻之处十仅二三，而木棉居其七八”[4]，由于有利可图，所以棉花的种植面积日益扩大。

种桑养蚕在苏州历史悠久，桑树是苏州地区仅次于棉花的经济作物。它主要集中在吴县的沿太湖地区和吴江、震泽两县邻接浙江嘉、湖地区，常熟县也有少量种植。[5]文献资料详细地记载了清乾隆年间苏州府治桑养蚕的方法。清乾隆年间，苏州府震泽县农民治桑的方法：邑多栽桑以畜蚕，故西南境之农家颇善治桑。桑凡一二十种。冬杪春初，远近多负，而至其大者长七八尺。买之，株二三厘，所谓大种桑也。密眼青亚之其栽也，耨地而粪之，截其枚，谓之嫁，留近本之余尺许，深埋之，出土也寸焉。行不可正对，培而高之以泄水，墨其瘢，或覆以螺壳，或涂以蜡而封之，是防梅雨之所浸。粪其四周，使其根旁达，若直灌其根同

〔1〕段本洛、单强：《近代江南农村》，江苏人民出版社1994年，第83—85页。

〔2〕雅尔哈善等：清乾隆《苏州府志》卷十二《物产》，清乾隆十三年刻本，第16页。

〔3〕洪焕椿：《明清苏州农村经济资料》，江苏古籍出版社1988年，第197页。

〔4〕段本洛、单强：《近代江南农村》，江苏人民出版社1994年，第2页。

〔5〕范金民、夏维中：《苏州地区社会经济史》（明清卷），南京大学出版社1993年，第415页。

叶而死,凡三年而盛。又有于仲春择地,种桑之大如臂者,去地二三尺,以刀剔起其皮,取大种桑之枝如箸粗者,削如马耳,插入皮中,乃即包以桑皮,粪土涂之,毋令泄气。滋液既贯,则其叶尤大而厚,且止一二年而盛,皆必月一锄焉。其起翻也须尺许,灌以和水之粪。又遍沃旁地,使及其根之引者,禁损其枝之奋者。桑之下,厥草不留。其壅也,以菜饼,以蚕沙,以稻草之灰,以沟池之泥,田之肥土。初春而修也,去其枝之枯者,干之低小者。蚕之时,其摘也必净。既净,乃剪焉。又必于交凑之处,空其干焉,则来年条滋而叶厚。为桑之害者,有桑牛。寻其穴,桐油灌之即死。或以蒲母草之汁沃之,草之状如竹叶。桑之癞也,亦以草汁沃之。此栽桑之大略也。〔1〕

清乾隆年间,苏州府吴江县农民治蚕的方法:每岁暮春,邑人多治蚕。蚕有节,目其初收也,以衣衾覆之,昼夜程其寒暖之节,不得使过,过则有伤,是为护种。其初生也,则火炙桃叶散其上,候其蠕蠕而动,溅溅而食,然后以鹅羽拂之,是为摊乌。其既食也,乃炽炭于筐下并其四围,挫桑叶如缕者而谨食之。又上下抽番,昼夜巡视。火不可烈,叶不可缺,火烈而叶缺,则蚕饥而伤火,致病之源也。然又不可太缓,缓则有漫漶不齐之患。编秸曰蚕荐,用以围火,恐其气之散也;束秸曰叶墩,用以承刀,恶其声之著也。是为看火。食三四日而眠,眠则擿。眠一两日而起,起则喂,是为初眠。自初而之二,自二而之三,其法尽同,而用力益劳,为务益广,是为出火。盖自此,蚕离于火而叶不资于刀矣。又四五日,为大起。大起则薙,薙则分箔。薙早则足伤,而丝不光莹;薙迟则气蒸,而蚕多湿疾。又六七日为熟巧,为登簇巧,以叶盖曰贴巧,验其犹食者也。簇以槁覆,曰冒山,济其不及者也。风雨而寒,则贮火其下,曰炙山,晴暖则否。三日而辟户曰亮山,五日而去藉曰除托,七日而采茧,为落山矣。方其初收也,亲宾俱绝往来。及落山,乃具牲醴飨神,而速亲宾以观之,名落山酒。自是往来如故云。〔2〕吴江蚕桑一株独秀,到乾隆年间,"丝绵日贵,治蚕利厚,植桑者益多。乡村间殆无旷土,春夏之交,绿阴(荫)弥望,通计一邑,无虑数十万株云"〔3〕。桑叶不但供给当地养蚕,还远销太湖南岸各地。

茶叶也是苏州重要的经济作物,产品主要有虎丘茶、天池茶和碧螺春。碧螺春主要产自自然条件优越的太湖西山、东山丘陵地带,加上精心炒制,康熙年间

---

〔1〕陈和志等:清乾隆《震泽县志》卷二十五《风俗一·生业》,清光绪十九年吴郡徐园圃刻本,第12—13页。

〔2〕陈𦨶纕等:清乾隆《吴江县志》卷三十八《风俗一·生业》,民国石印本,第7页。

〔3〕陈𦨶纕等:清乾隆《吴江县志》卷五《物产》,民国石印本,第32页。

已成名茶。碧螺春产于洞庭东山碧螺峰,"每岁土人持竹筐采归,以供日用,历数十年如是,未见其异也"。康熙年间,按候以采,"而其叶较多,筐不胜贮,因置怀间。茶得热气,异香忽发,采茶者争呼'吓杀人香'。'吓杀人'者,吴中方言也,因遂以名是茶云"。此后,"每值采茶,土人男女长幼,务必沐浴更衣,尽室而往,贮不用筐,悉置怀间。而土人朱正元独精制法,出自其家,尤称妙品。康熙己卯,车驾南巡,幸太湖,巡抚宋荦购此茶以进。上以其名不雅驯,题之曰碧螺春"。[1]

席草是苏州地区特有的商业性农作物。席草的最大种植地是长洲县的浒墅关一带,所产席草供附近几乡妇女织席之用。清初因"其利倍于春熟",吴江县的震泽、平望等地就多"不治春熟而植席草者"。[2]席草出平望、周庄,农夫种之每获厚利;凡虎丘浒墅之席天下所尚其草皆产吴江。[3]可见,种植席草的经济效益相当高。

蔬果花卉是苏州城郊种植最为普遍的经济作物。为满足城市居民和流动人口的需要,乡农因地制宜,精心培植蔬果花木,自明代以来形成了以虎丘、葑门外和远郊的洞庭山为主的花木、果品和水生蔬菜的集中产区,到清中期获得了更大的发展。洞庭东西山产有梅子、李子、桃子、杨梅、枇杷、樱桃、花红、橘子、金橘、枣子、板栗、银杏、石榴、橙子、香橼、葡萄等,其中最为有名的是杨梅、枇杷、银杏、梨和橘等。栽橘一树可值千钱,种上一亩,较之种植其他作物可多获利数倍。水中蔬果则有莼菜、茭白、慈姑、菱藕、芡实、荸荠等。所有这些名优特产都是高度商品化的农作物,绝大部分作为商品投放到市场。吴县光福、洞庭诸山皆遍植果木,"山居者,以树艺为务。光福西北多山,宜植花果杂树。山中人业于此而贩四方者,十有七八。其民勤,间有力之家,亦不废树艺"[4]。而苏州城中"蔬果、鲜鱼诸品应候迭出,市人担卖,四时不绝于市"[5]。虎丘、洞庭、光福一带乡人又多以种花为业。如三月牡丹,苏州城中"无论豪家名族、法院、琳宫、神祠、别观、会馆、义局植之无间,即小小书斋亦必栽种一二墩,以为玩赏",品名不下十余种。艺花者"花时载至山塘花肆求售"。四月有龙爪葱和神仙花,卖者都是虎丘花农,担挑叫卖。九月有菊花,虎丘花农千盎百盂,担入城市,"居人买为瓶洗供赏

[1] 顾禄:《清嘉录》卷三《茶贡》,上海古籍出版社1986年,第62页。
[2] 陈𫋟纕等:清乾隆《吴江县志》卷三十八《风俗一・生业》,民国石印本,第5页。
[3] 陈𫋟纕等:清乾隆《吴江县志》卷五《物产》,民国石印本,第32页。
[4] 徐傅、王镛等:清光绪《光福志》卷一《风俗》,民国十八年苏城毛上珍铅印本,第18页。
[5] 顾禄:《清嘉录》卷四《卖时新》,上海古籍出版社1986年,第72页。

者,或五器七器为一台梗……或于广庭大厦堆垒千百盆”,妆成盆景瓶花。其他如珠兰、茉莉花、玫瑰花、白荷花等,“寒红碎绿,五色鲜浓,四时映照于市”。〔1〕

2. 农产品和经济作物的商品化

清初由于经济作物的推广,城镇居民、手工业者和商人以及农村经济作物栽培区的农民对粮食的需求增加,促进了苏州粮食的商品化。苏州地区交通运输的便捷,使苏州成为粮食的集散地。苏州米市遍布乡镇市场,苏州枫桥米市全国驰名。吴江县黎里镇“每日黎明,乡人咸集,百货贸易,而米及油饼为尤多。舟楫塞港,街道肩摩”〔2〕。同里镇有黍、稷、稻、粱、粟各斗行米牙共72家。〔3〕

棉花的普遍种植带来了苏州农村棉纺织业的发展,促进了棉花的商品化。除了部分产棉区农民自植棉以供纺织之用外,许多农家纺织均须从市场上购买棉花。农家或植棉出售,或买棉纺织,都与棉花市场发生了紧密的联系。太仓州鹤王市是远近闻名的棉花交易市场,“市廛阛溢,远商挟重赀,自杨林塘经达而市之,沃饶甲于境内”;且棉质极佳,“故闽广人贩归其乡者,市题必曰太仓鹤王市棉花。每秋航海来贾于市,无虑数十万金”。〔4〕一季成交额即达几十万两,可见当地棉花商品量之大。

植桑养蚕在苏州地区历史悠久,桑蚕产品的商品化,主要是通过出卖桑叶、养蚕卖丝和出售丝织品实现的。到了采桑叶季节,各地便会出现所谓的“叶市”,即“桑市”。如吴县“桑出东西山,东山尤盛,蚕时设市,湖南(指浙西地区)各乡镇皆来贩鬻”〔5〕。苏州府环湖诸地,乡人还有“卖新丝”之俗,“茧丝既出,各负至城,卖与郡城隍庙前之收丝客。每岁四月始聚市,至晚蚕成而散,谓之‘卖新丝’”〔6〕。

苏州社会经济的发展,人们物质生活水平的提高,有闲阶层以及城镇居民对花、茶等农产品的需求量增加。苏州花市在虎丘花园弄及马营口弄,“每晨晓鸦未啼,乡间花农各以其所艺花果,肩挑筐负而出,坌集于场”〔7〕。先有花贩子和花店选择佳品,买之以求转卖获利,剩下的由花农自己担到城内出售。花农以培育花树为生,有人描写:“苔痕新绿上阶来,红紫偏教隙地栽。四面青山耕织少,

〔1〕顾禄:《吴趋风土录》,见《小方壶斋舆地丛钞》卷一,第六帙,清光绪十七年上海著易堂印行。
〔2〕徐达源:清嘉庆《黎里志》卷二《形胜》,清嘉庆十年吴江徐氏孚远堂刻本,第1页。
〔3〕阎登云、周之桢:清嘉庆《同里志》卷八《物产》,民国六年铅印本,第3页。
〔4〕金鸿等:乾隆《镇洋县志》卷一《封域类·物产》,抄本(苏州大学图书馆藏),第13页。
〔5〕段本洛:《苏南近代社会经济史》,中国商业出版社1997年,第33页。
〔6〕顾禄:《清嘉录》卷四《卖新丝》,上海古籍出版社1986年,第71页。
〔7〕顾禄:《桐桥倚棹录》卷十二《园圃》,上海古籍出版社1980年,第167页。

一年衣食在花开。”〔1〕苏州花农栽培、出售的花卉品类繁多，有梅、杏、桃、兰等95种，草木有翠云草、醒头草、阶沿草、吉祥草、怕羞草、洋千年蒀等6种。树有铁树、棕榈、芭蕉、仙人掌、寿星竹、白竹、方竹、紫竹等8种，另有短松、矮柏、古栓、黄杨等13种盆景。〔2〕

由此可见，苏州辖内各区域均已在不同程度上突破了单一的粮食生产，形成了内容多样的种植业生产结构。由此，清代苏州农村以农业为主兼营其他副业手工业的综合性产业结构，得以进一步优化。〔3〕

三、农副业的商业性推进

农村副业是中国自给自足农业经济结构的一个主要组成部分。商业性农业的发展和农产品商品化的扩大，使农民在种植粮食和经济作物时，还兼营多种副业手工业。“耕渔之外，男妇并工捆屦、擗麻、织布、采石、造器。梓人、甓工、垩石工终年佣外境。”吴县“饶地产，山有松薪，圃有果实，条桑育蚕。四五月间，乡村成市，故赋税易完”。〔4〕吴江、震泽一带，农民业农之外“或捕鱼、采薪、埏埴、担荷，不肯少休”〔5〕。常熟农家“田事少暇，男则捕鱼灌园，女则擗绩纺织”〔6〕。昭文县居民，“农暇则操舟捕鱼；附郭农兼鬻蔬菜，织薄曲为业；傍山农则伐石担樵，皆不专仰食于田……谋生之方不出一途也”〔7〕。由此可以看出，清初的苏州农村，农民经营的农副业除了丝织业、棉纺织业外，还有蔬菜瓜果种植业、花卉栽培业、水产养殖业等多种形式。

1. 棉纺织业

棉花的普遍种植带动了农村棉纺织业的兴起。棉纺织业是苏州重要的家庭手工业，在明代的基础上，苏松等原产棉区提高纺织技术，发展更为迅速。乾隆年间，“江南苏松两郡最为繁庶，而贫乏之民得以俯仰有资者，不在丝而在布。女子七八岁以上即能纺絮，十二三岁即能织布，一日之经营，尽足以供一人之用度

〔1〕 顾禄：《桐桥倚棹录》卷十二《园圃》，上海古籍出版社1980年，第167页。

〔2〕 顾禄：《桐桥倚棹录》卷十二《园圃》，上海古籍出版社1980年，第165页。

〔3〕 范金民、夏维中：《苏州地区社会经济史》（明清卷），南京大学出版社1993年，第412页。

〔4〕 蒋廷锡等：《古今图书集成·职方典》卷六七六《苏州府部·风俗考》，民国二十三年中华书局影印本，第24页。

〔5〕 陈梦雷等：清乾隆《震泽县志》卷二十五《风俗一·生业》，清光绪十九年吴郡徐园圃刻本，第8页。

〔6〕 倪赐纂，苏双翔补纂：《唐市志》卷上《风俗》，抄本，见《中国地方志集成·乡镇志专辑》第9册，江苏古籍出版社1992年，第512页。

〔7〕 劳必达等：清雍正《昭文县志》卷四《风俗》，清雍正九年刻本，第39页。

而有余"〔1〕。乾隆以后,吴县、长洲所产的棉布,"棉纱以经床经之,乃穿筘上机,织成阔者曰大布,狭者曰小布,大抵以筘密、缕匀、色白者为佳。诸乡所出,以长洲县北境相城、冶长泾等处为优,南、北桥次之"〔2〕。吴江黎里"小家妇女多以纺纱为业,衣食皆赖之"〔3〕。元和县周庄镇农村"妇女以木棉花去其核,弹作絮,卷为棉条而纺之。复束成绞,以易于市"〔4〕。常熟农民将棉花"轧而为絮,弹而为棉,纺之成纱,经之上机,织之成布。常、昭两邑岁产布匹,计值五百万贯。通商贩鬻,北至淮、扬,及于山东;南至浙江,及于福建。民生若此利赖,虽棉、稻两丰,不济也"〔5〕。另外一些不产棉的地区,因棉纱、棉布获利甚丰,棉纺织业也迅速发展起来。如吴江平望镇是一个有名的米粮产地和商品流通型市镇,在清前期居然"女工以木棉花织布者,十家有八九,虽殷实者亦习之"〔6〕。吴江同里镇不产棉花,而"在镇在乡,纺纱换花,积少成多,织成棉布,细密者,不减东乡诸处"〔7〕。

2. 丝织产品

随着桑蚕产品的进一步商品化,苏州城乡丝织业加速发展。乾隆年间,苏州"东城比户习织,专其业者,不啻万家"〔8〕。苏州市镇和乡村的家庭丝织业生产更为广泛。如震泽县盛产丝,"西南境所缫丝光白而细,可为纱缎经,俗名经丝,其东境所缫丝稍粗,多用以织绫绸,俗称绸丝"〔9〕。乾隆年间,盛泽已是"居民百倍于昔,绫绸之聚亦且十倍。四方大贾辇金至者无虚日,每日中为市,舟楫塞港,街道肩摩,盖其繁阜喧盛,实为邑中诸镇之第一"〔10〕。震泽镇居民"以农桑为业",多有从事"纺经及织绸者"。纺经以己丝为之,售于牙行,谓之乡经;取丝于行,代纺而受其值,谓之料经。织绸则有力者雇人,贫者多自为之。其花样逐时不同,有专精此者,其受值较多于他工。〔11〕在官营织造的影响下,苏州民间丝织业的技术水平也有很大的提高。乾隆《吴江县志》说当时民间丝织业"奇巧日

〔1〕 尹会一:《敬陈农桑四事疏》,乾隆二年十月初三,见《尹少宰奏议》卷三,商务印书馆铅印本,第13页。

〔2〕 曹允源、李根源:民国《吴县志》卷五十一《物产二》,民国二十二年苏州文新公司铅印本,第15页。

〔3〕 徐达源:清嘉庆《黎里志》卷四《风俗》,清嘉庆十年吴江徐氏孚远堂刻本,第3页。

〔4〕 陶煦:清光绪《周庄镇志》卷一《物产》,清光绪八年元和陶氏仪一堂刻本,第33页。

〔5〕 洪焕椿:《明清苏州农村经济资料》,江苏古籍出版社1988年,第197页。

〔6〕 翁广平:清道光《平望志》卷十二《生业》,清光绪十三年吴江黄兆柽重刻本,第5页。

〔7〕 闫登云、周之桢:清嘉庆《同里志》卷八《物产》,民国六年铅印本,第3页。

〔8〕 李光祚、顾诒禄等:清乾隆《长洲县志》卷十七《物产》,清乾隆十八年刻本,第8页。

〔9〕 陈和志等:清乾隆《震泽县志》卷四《物产》,清光绪十九年吴郡徐元圃刻本,第14页。

〔10〕 陈莫缨等:清乾隆《吴江县志》卷四《镇市村》,民国石印本,第16页。

〔11〕 纪磊、沈眉寿:清道光《震泽镇志》卷二《风俗》,清道光二十四年刻本,第11页。

增,不可殚纪"[1]。

3. 蔬菜瓜果种植业

苏州地区雨量充沛,气候温暖,土壤肥沃,河流湖泊密布,为蔬菜瓜果的生长提供了优越的自然条件,蔬菜瓜果种植业兴起。在苏州近郊各县,据乾隆《苏州府志》和有关县志、镇志记载,其陆生蔬菜有菘菜(即白菜)、菠菜、苔菜、芥菜、萝卜、山药等30余种,水生蔬菜有茭白、荇菜、芹菜、藕、莼菜、慈姑、芡实、菱角、荸荠等近10种,瓜类有黄瓜、生瓜、丝瓜、南瓜、冬瓜、西瓜、香瓜、脆瓜、瓠9种,水果类有樱桃、梅、桃、枇杷、橘、银杏等10余种。在蔬菜瓜果种植的过程中,逐渐形成了一些集中产区和较有特色的苏州特产。苏州葑门外为水生蔬菜的主要产地,出于葑门南塘之藕最佳,"甘嫩白脆,远近争购,与他处所出有别"[2]。苏州洞庭东西山善植荷,夏末秋初所植之荷田一望数十里不绝,为水乡胜景。[3]菱角也是苏州有名的水生作物。菱出长荡。两角曰菱,四角三角曰芰。其叶似荇,花尽合宵开,随日转移。有青、红两种,青者名馄饨菱。[4]菱所在皆有,黎里(镇)湖荡所产尤多。六月花开,满湖皆白,味亦较他处独胜。又有酽红可爱者,特大,味鲜美,曰雁来红,总名红菱。[5]"菱荡,在虎丘后山浜与西郭桥一带。……小者名小白菱。然馄饨菱本荡不多得,以小白菱为多,又小者名沙角菱。七八月间,菱船往来山塘河中叫卖。其整艇采买者,散于各处水果行,鬻于贩客。"[6]苏州还盛产各类水果。据乾隆《吴县志》载,该县的水果品种有樱桃、水蜜桃、枇杷、花红、银杏等10余种。[7]洞庭白沙枇杷为苏州特产水果之一,"津津推密罐,颗颗落金九。此地名偏重,他方未足观","洞庭名果白枇杷,此种山中无几家。厚肉甘香惟(唯)独核,来禽青李未能夸"。[8]光福铜井(坑)杨梅为"吴中名品,配闽之荔枝"[9]。常熟顶山栗味道香甜,有"麝香囊"之称。[10]苏州大面积的果树栽培,显然是为了向市场提供商品,如吴县"光福西北多山,宜植花果杂树,山

[1] 陈奂纕等:清乾隆《吴江县志》卷五《物产》,民国石印本,第34页。
[2] 洪焕椿:《明清苏州农村经济资料》,江苏古籍出版社1988年,第220页。
[3] 雅尔哈善等:清乾隆《苏州府志》卷十二《物产》,清乾隆十三年刻本,第12页。
[4] 陆肇域、任兆麟:清乾隆《虎阜志》卷六《物产》,清乾隆五十七年西溪别墅刻本,第8页。
[5] 徐达源:清嘉庆《黎里志》卷四《物产》,清嘉庆十年吴江徐氏孚远堂刻本,第1页。
[6] 顾禄:《桐桥倚棹录》卷十二《市荡》,上海古籍出版社1980年,第170页。
[7] 姜顺蛟等:清乾隆《吴县志》卷二三《特产》,清乾隆十年刻本,第12页。
[8] 洪焕椿:《明清苏州农村经济资料》,江苏古籍出版社1988年,第222页。
[9] 徐傅、王镛等:清光绪《光福志》卷四《土产》,民国十八年苏城毛上珍铅印本,第2页。
[10] 石韫玉:清道光《苏州府志》卷十八《物产》,清道光四年刻本,第30页。

中人业于此而贩四方者,十有七八”[1]。

4. 水产养殖业

苏州地区河流纵横交错,湖泊棋布,为水产品的养殖和捕捞提供了优越的自然条件,大大促进了渔业生产的发展。苏州水产丰富,鳊鱼、白鱼、鲤鱼、鲫鱼、鲭鱼、鲔鱼、鳜鱼、鲢鱼、银斑、刀鱼、鲎鱼为常品,虾、蟹次之。清康熙三十八年(1699)四月,康熙帝南巡,出胥口,行十余里,渔人献鱼,因命撒网;又亲自下网,获大鱼两尾。皇上大悦,命赏渔人元宝。[2]从事水产捕捞和养殖者遍及苏州各县。据《光福志》载,该地居民“泽居者,以捕鱼为生。吴固泽国,光福又滨太湖,渔者十有三四”[3]。内河湖荡可以苏州近郊之桐桥、长荡渔民为代表,“每出操小舟,以丝结网,截流而渔,俗称‘丝网船’”[4]。在发展捕捞业的同时,水产养殖业也得到迅速发展。如苏州“长荡南北又多蓄鱼池,每岁寒冬起荡,如青鱼、连鱼、鲩鱼等,亦艇载而出,坌集于市,名曰‘起荡鱼’”[5]。“介于阊、齐二门之南北庄基,均以蓄鱼为业……鱼有巨细,以池之大小位置之;时有寒暖,视水之清浊调和之;食有精粗,审鱼之种类饲养之。”[6]水产品主要是商业性生产,捕捞及养殖的水产主要用于出售。苏州虎丘有鱼市,也叫鱼摊。“日过午,集于虎丘山门之大马头、二马头,谓之‘晚鲜’”,其池养者,则于冬季捕捞,用小船运出,“坌集于市”。[7]从事渔业生产,特别是严寒捕鱼,比耕种更为辛苦,但“渔者以船为家,率能致富”[8]。

5. 花卉栽培业

随着苏州社会经济的发展、人民物质生活水平的提高,有闲阶层以及城镇居民对花卉等农产品的需求量增加,促进了花卉栽培业的蓬勃发展。另外,部分花卉也用于制茶和其他食品制作。如顾禄在《清嘉录》中说,苏州市郊的珠兰、茉莉等,“茶叶铺买以为配茶之用者,珠兰辄取其子,号为‘撇梗’;茉莉花则去蒂衡值,号为‘打爪花’。……至于春之玫瑰、膏子花,夏之白荷花,秋之木犀(樨)米,为居人和糖、春膏、酿酒、钓露诸般之需”[9]。苏州地区花卉品种极为丰富,虎

---

[1] 徐傅、王镛等:清光绪《光福志》卷一《风俗》,民国十八年苏城毛上珍铅印本,第18页。
[2] 洪焕椿:《明清苏州农村经济资料》,江苏古籍出版社1988年,第235页。
[3] 徐傅、王镛等:清光绪《光福志》卷一《风俗》,民国十八年苏城毛上珍铅印本,第18页。
[4] 顾禄:《桐桥倚棹录》卷十二《市荡》,上海古籍出版社1980年,第169页。
[5] 顾禄:《桐桥倚棹录》卷十二《市荡》,上海古籍出版社1980年,第169页。
[6] 曹允源、李根源:民国《吴县志》卷五二《风俗一》,民国二十二年苏州文新公司铅印本,第10页。
[7] 顾禄:《桐桥倚棹录》卷十二《市荡》,上海古籍出版社1980年,第169页。
[8] 徐傅、王镛等:清光绪《光福志》卷一《风俗》,民国十八年苏城毛上珍铅印本,第18页。
[9] 顾禄:《清嘉录》卷六《珠兰茉莉花市》,上海古籍出版社1986年,第105页。

丘一带是苏州主要的花卉栽培区。虎丘花农以植花、售花为生,成为花卉的专业经营者,并由此形成一些专业村市。以虎丘为代表的苏州花卉种植者所经营的花卉主要有三类:一是盆景。盆景蓄短松、矮柏、古桧、榆、椿、黄杨、洋枫、冬青、洋松,并有所谓“疙瘩梅”者,咸以错节盘根、苍劲古致为胜。二是各种鲜花。设花场于虎丘花园弄及马营弄口,“每晨晓鸦未啼,乡间花农各以其所艺花果,肩挑筐负而出,坌集于场。先有贩儿以及花树店人择其佳种,鬻之以求善价;馀则花园子人自担于城,半皆遗红剩绿”〔1〕。自乾隆年间以后,冬天也有鲜花上市,“严冬则置窖室,谓之开窖,昼夜炉火不断,专烘碧桃、玉兰、水仙、兰蕙、迎春、郁李、五色牡丹,备士商衙署迎年之玩,俗呼‘窖花’”〔2〕。三是以花草为原料制成的工艺品,总称为“茉莉花篮”,以茉莉、木香、玫瑰、山茶、蜡梅、梅花、桃花等插成,“篮有两种:一为草棕结成,一以秦嘉州溅色牦尾为之。篮腹实以磁盂及琉璃杯,可养鱼、花。……豪民富贾,楚馆秦楼,多争买之”〔3〕。“每值市会,花农又多携篮蝶之属,夕阳将坠,操小艇至山浜或野芳浜画船停泊之处,拦舱揶买。一篮一蝶,动索千钱。”〔4〕除此而外,其时苏州私人花园极盛,其中花草亦多由虎丘人栽培。“郡中人家欲栽种花果,编葺竹屏枳篱者,非虎丘人不工。”〔5〕苏州还是重要的花卉集散地,花卉“其有来自南路者,多售于北客;有来自北省者,多售于南人”,但这些外地花卉也“必经虎丘花农一番培植,而后捆载往来”。〔6〕

6. 其他副业

清初,家畜家禽饲养业在农村经济生活中所占比重日益增加。苏州地区家畜家禽饲养主要有猪、羊、牛、鸡、鸭、鹅等。养牛主要是为了耕田。养猪,除了向市场提供肉类外,还为了积肥。饲养家禽则主要是为了出卖肉、蛋。如吴江“绍兴人多来养鸭,千百为群,收其卵以为利,邑人呼为‘鸭客’。……后皆土人畜之”。饲养家畜家禽,主要是为了出售获取利润,“其羊、豕、鸡、鹅之类,土人亦常畜之,以规微利云”。〔7〕织席业、采石业等其他农村副业也有所发展。在苏州农村“席出虎丘者为佳……昔年环山居民多种莞草,织席为业,四方称‘虎须席’,极为工致,他处所不及也。今种莞草织席者,浒关为甚,然虎丘地名尚有号

〔1〕 顾禄:《桐桥倚棹录》卷十二《园圃》,上海古籍出版社1980年,第167页。
〔2〕 顾禄:《桐桥倚棹录》卷十二《园圃》,上海古籍出版社1980年,第166页。
〔3〕 顾禄:《桐桥倚棹录》卷十二《园圃》,上海古籍出版社1980年,第168—169页。
〔4〕 顾禄:《桐桥倚棹录》卷十二《园圃》,上海古籍出版社1980年,第169页。
〔5〕 顾禄:《桐桥倚棹录》卷十二《园圃》,上海古籍出版社1980年,第167页。
〔6〕 顾禄:《桐桥倚棹录》卷十二《园圃》,上海古籍出版社1980年,第166页。
〔7〕 陈葜纕等:清乾隆《吴江县志》卷三十八《生业》,民国石印本,第9页。

席场弄者"[1]。最初织席业集中于虎丘地区,其"虎须席"名气很大,后来织席业的中心转移到浒墅关,"浒墅乡村妇女织席者十之八九。……席草之肆,席机之匠,惟(唯)浒墅有之。南津、北津、通安等桥,席市每日千百成群,凡四方商贾,皆贩于此"[2]。光福一带妇女"隙时皆织席,较之宁波诸处为上,今称浒关细席者即此"[3]。吴县山地是采石业的中心,"砚石山之西有焦山、金山,山下有村曰石码头。……苏、松、常、镇诸郡凡,石工之需,皆赖于此"[4]。

第四节　手工业的兴盛和资本主义萌芽的生长

一、传统手工业的兴盛

在明代的基础上,清代苏州的手工业生产至康熙、雍正、乾隆年间发展到鼎盛时期。据文献记载,乾隆年间,苏州城中至少有纸业作坊30家、烛业作坊100家、钟表店坊30家、木行94家、"业铜作者数千家"[5]。乾隆二十六年(1761)刊刻的《元和县志》对苏州手工业的发达也有概括性叙述:"吴中男子多工艺事,各有专家,虽寻常器物,出其手制,精工必倍于他所。女子善操作,织纫刺绣,工巧百出,他处效之者,莫能及也。"[6]总体上,清代苏州手工业的行业分布广泛,分工趋于细密,生产规模扩大,技艺日益精湛。[7]

(一) 丝织业

苏州是全国重要的丝织业中心之一。丝织业是苏州手工业的支柱行业,主要分官办手工工场和民间手工业作坊。

官办手工工场以苏州织造局为代表。顺治三年(1646)由督理苏杭织造的陈有明恢复经营苏州织造局,奏请在葑门内带城桥东孔副司巷内,以明朝周奎故宅改建为总织局。"总织局前后二所,大门三间,验缎厅三间,机房一百九十六间,铺机四百五十张,绣缎房五间,局神祠七间,染作房五间,灶厨等房二十余间。四

[1] 顾禄:《桐桥倚棹录》卷十一《工作》,上海古籍出版社1980年,第158页。
[2] 凌寿祺:清道光《浒墅关志》卷十一《物产》,清道光七年刻本,第5页。
[3] 徐傅、王镛等:清光绪《光福志》卷四《土产》,民国十八年苏城毛上珍铅印本,第5页。
[4] 徐傅、王镛等:清光绪《光福志》卷一《风俗》,民国十八年苏城毛上珍铅印本,第18页。
[5] 散见《江苏省明清以来碑刻资料集》和清乾隆《苏州府志》。
[6] 徐治:《元和县志》卷十《风俗》,江苏广陵古籍刻印社1986年影印本,第8页。
[7] 本节主要参照段本洛、张圻福:《苏州手工业史》,江苏古籍出版社1986年,第32—43页。

面围墙一百六十八丈,开沟一带,长四十一丈。厘然成局,灿然可观。"〔1〕顺治四年(1647),织染局在明朝织造局旧址上增建机房、染作、绣匠等房屋89间,称织造北府,俗称北局。苏州织造局开始生产后,"佥报苏、松、常三府巨室,充当机户"〔2〕。"佥报"就是派充,按照派充"缙绅巨室"的不同地区,分设苏州、常州和松江三个织造堂,负责雇募匠役进局织造。各堂分别编设若干号,共达23号,共设花素机450张,工匠1 160名。织染局(北局)分为天、地、元、黄等19号,设花素织机400张,工匠1 170名。〔3〕

在生产方面,苏州织造局最初实行的"佥报巨室,以充机户"制度,是一种承包制度。被派充"机户"的殷实"巨室",是生产中的织造承包人,生产集中在织局,经营由承包人分散进行。督理织造陈有明认为:"局中机杼杂沓,织造浩繁,且匠役千有余名,卯进酉出,若无约束稽查,必致偷安懈怠。"因此设置了各种管理人员:"设所官三员,专司点闸;管事十一名,分头料理;管工十二人,催攒工程;高手十二人,指导织挽。"针对集中生产、分散经营的特点,采取"分别责成"制即责任制。对于派充的管事机户、染作和织匠,分别规定各自在生产上应负的责任:"如经纬不细净,缺乏料作,致误织挽,责在管事。机户颜色不鲜明,责在染房。织造稀松,丈尺短少,错配颜色,责在织匠。"并规定了织挽期限和赏罚办法:"酌量蟒段(缎)、妆花、织金、抹绒、平花等段(缎),定为期限,给以工票,责令依限交纳。"并且逐机查验,"织挽精美者,立赏银牌一面。造作不堪者,责治示惩"。〔4〕苏州织造局实行这一制度,受到苏州富户巨室的强烈反对。顺治八年(1651),苏州织造局暂时停产。顺治十三年(1656)起,开始实行"买丝招匠"制度。〔5〕所谓"买丝招匠",是指由机局预买丝斤,通过领机机户雇募匠役,在局按式织造,缎匹由机户缴予织局。这些被招募的机户和机匠,遂从民间独立手工业者转变为官营手工工场的工匠。

对于丝经整染的加工,苏州织造局实行"承值"制度,就是把丝经的摇纺和整染加工,交由民间机户以"承值"当差的形式加工完成。织造局的丝绒染色,由苏州色绒铺户承值。这种"承值"制度,不是通过劳动力市场的自由招募工匠,

---

〔1〕《苏州织造局图题记》,见苏州博物馆等:《明清苏州工商业碑刻集》,江苏人民出版社1981年,第9页。

〔2〕孙珮:《苏州织造局志》卷一《沿革》,江苏人民出版社1959年,第3页。

〔3〕孙珮:《苏州织造局志》卷四《机张》,江苏人民出版社1959年,第18—22页。

〔4〕陈有明:《织造经制记》,见苏州博物馆等:《明清苏州工商业碑刻集》,江苏人民出版社1981年,第6页。

〔5〕范金民:《衣被天下:明清江南丝绸史研究》,江苏人民出版社2016年,第174页。

而是由官府以超经济的政治权力,强制民间手工业者为织造局当差。苏州织造局用承值当差和招募劳役的方式,把民间整染业和丝经摇纺工匠组织起来,使其成为官营丝织手工工场的场外组成部分。

康熙二十二年(1683),新任苏州织造祁国臣正式规定:"令机匠赴堂领银,赴库领料,以杜所官等役扣克诸弊;亦不许机匠透领经纬,擅行质当,致误上供,历经严禁。"〔1〕这些制度的实行,使苏州民间丝织手工业被控制在织造局手中,在加重民间机户和机工负担的同时,客观上形成了规模庞大的丝织手工工场。这些手工工场内部的劳动分工非常细致,从原料到成品,从摇纺丝经、牵经打线到织挽,整个工序都建立在分工协作的基础上,达到了封建手工业工场的发达阶段,反映出当时社会生产力发展的水平。劳动分工的专门化是提高劳动质量和产品质量的前提,在各个不同工种的协作下,苏州织造局生产的丝绸质量大大超过民间作坊,缎匹生产技术也得到了极大的提高。织造局因为生产皇家贡品,集中了技艺娴熟、水平高超的工匠,又不计生产成本,精益求精,因而新品佳作源源推出。〔2〕据范金民统计,自康熙后期至乾隆时期,也即生产稳定之时,不计各类绣活和其他办差活计,该局大约每年耗银5万两,织造缎匹3 500匹。〔3〕这个数字高于苏州织造局在有清一代的平均产量,也比明代苏州织染局的额定生产量和实际生产量高得多,显示出鼎盛时期的气派。

官营之外,苏州民间丝织业也得到了长足的发展。清政府在康熙、雍正年间实行了一些有利于苏州丝织手工业恢复和发展的政策。康熙以前,赋税除征收粮食以外,还征收丝绢棉布等手工业品。康熙时,赋税开始采取地丁合一制。雍正四年(1726)颁布"摊丁入亩",雍正七年(1729)向来按匠征输的匠班银摊入田亩征输。一般征收钱粮,不再另行征收丝绢棉布。织造局需要的原料也通过市价向丝商购买。清政府的这些政策和措施,"在有田之户所增无几,而手艺贫民受益良多"〔4〕。城市手工丝织业者和从事手工丝织副业农户的生产积极性都有所提高。

丝织品有限市场的存在,对苏州民间丝织手工业的发展也起着一定程度的促进作用。从国内市场来说,江南的绸缎成为官僚、地主的奢侈品,"朝觐、燕飨、

〔1〕孙珮:《苏州织造局志》卷四《机张》,江苏人民出版社1959年,第22页。

〔2〕关于织造局生产的丝织品类和花纹等,详见段本洛、张圻福:《苏州手工业史》,江苏古籍出版社1986年,第24—29页图表。

〔3〕范金民、夏维中:《苏州地区社会经济史》(明清卷),南京大学出版社1993年,第454页。

〔4〕陈和志等:清乾隆《震泽县志》卷十,清光绪十九年吴郡徐元圃刻本,第10页。

祭祀、宾客,非宁绸贡缎,人或目慑之"[1]。从国外市场来说,清朝前期严禁洋船载运丝绸出口。乾隆二十五年(1760)以后,准许由广东和江浙出口一部分丝绸,以交换"洋铜",议定:"每船配搭绸缎三十三卷,分装十六船,每卷照向例计重一百二十斤……应携带五百二十八卷。"[2]以这个定额数目计算,每年输往日本的绸缎总数当在6万斤以上。尽管丝织品对外输出受到严格限制,国内市场也有很大局限,但是国内外市场终究存在着一定的需求量。

另外,官营丝织手工工场对民间丝织手工业的发展也有着促进作用。苏州织造局的机户在完成官府的差役劳动之后,可以自营生计,自产自销。官营丝织手工工场所积累的生产经验和生产技术,也为民间丝织手工业所吸收,提高了民间丝织手工业的技术含量。

正是基于以上原因,清初苏州民间丝织手工业有了很大发展。首先表现在丝织手工业生产的专业区有所扩大。康熙年间,吴县与长洲县治的交叉地区,形成了丝织业的专业区。其次,丝织手工业的分工更加细密,仅与花素缎机业有关的辅助行业,就分为结综掏泛、捶丝、牵经接头、上花四种。再次,除了"家杼轴而户纂组"的自产自销个体小商品生产的机户以外,还出现了称为"经造纱缎帐房"的经营纱缎机业的"铺户"。这类铺户除自行设机雇匠生产外,大多发放经纬给机户,各就机户居处雇工织造。据江苏实业司的《江苏省实业行政报告书》载,从康熙四十一年(1702)至鸦片战争前夕,吴县纱缎业"帐房"开业的计11家,每年绸缎产量达7 164匹。顾禄在记述道光年间太湖地区民间缫丝业的实况时说:"环太湖诸山,乡人比户蚕桑为务","小满乍来,蚕妇煮茧,治车缫丝,昼夜操作……茧丝既出,各负至城,卖与郡城隍庙前之收丝客。每岁四月始聚市,至晚蚕成而散,谓之'卖新丝'"。[3]在官营织造的影响下,苏州民间丝织业的规模有所扩大,技术水平也得以持续提高。

(二)棉纺织业

棉纺织业是苏州又一重要的手工业,明末清初苏松地区棉纺织品的国内市场日渐形成,加之官府对棉布的收购,促进了棉纺织业商品生产和商品流通的扩大,刺激着棉纺织手工业的发展。

---

[1] 莫祥芝等:清同治《上江两县志》卷七《食货考》,清同治十三年刻本,第9页。

[2] 江苏省地方志编纂委员会:《江苏省通志稿·大事志》卷四十五乾隆二,江苏古籍出版社1991年,第703页。

[3] 顾禄:《清嘉录》卷四《小满动三车》《卖新丝》,上海古籍出版社1986年,第70—71页。

踹染业是棉织业的下游加工业,分为染坊与踹坊两部分。染坊负责对棉布进行染色,兼染丝绸。踹坊负责压平、踹光。初时,踹布附属于染坊。康熙以后,踹布从染坊中分离出来,成为专门的行业。随着棉布贸易中心从松江转移到苏州,苏州的踹染业更加兴旺。康熙年间,“苏城内外踹匠,不下万余”,包头“有三百余户”。[1]雍正年间,苏州共有踹坊450多家,踹匠10 900多人。染坊的染色技术也达到了一定的水平。乾隆时,苏州的布号多设在阊门内,踹坊在阊门外上下塘,染坊多在娄门。染坊细分为蓝坊、红坊、漂坊(漂黄糙为白)、杂色坊等,染出的颜色有天青、淡青、月下白、大红、露桃红、黄、绿、黑、紫、古铜、水墨、血牙、驼绒、虾青、佛金面、刮印花、刷印花等众多名目。织造局采办的布匹均在苏州染踹,各省青蓝布匹也在苏州“兑买”。于是,苏州的棉布踹染业随之发达起来。

(三) 造纸业

造纸是中国一项古老的手工业,据从苏州瑞光寺塔发现的北宋佛教经书写本所用经纸证实,北宋时苏州已有造纸手工业作坊,并且出现了能加工高档纸张的手工作坊。到乾隆年间,苏州纸张加工作坊规模日益扩大,分工也渐趋精细。苏州纸张加工作坊的主要任务是对纸进行染色、施放、刷蜡、洒金等。乾隆二十一年(1756)《元长吴三县严禁纸作坊工匠把持停工勒增工价碑》末列名纸坊主计34家;乾隆五十八年(1793)《元长吴三县详定纸匠章程碑》末列三县合郡纸坊计33家,“共有八百余人,悉系江宁、镇江等处人氏”[2],足见苏州造纸加工手工业的繁盛。

作坊内部的劳动分工精细,生产过程已经有专门化的趋势。除经营管理工作以外,生产过程总的分为:“推”“刷”“洒”“梅(染色)”“插”“托”“表”“拖”八道工序。在每种工序中,又分为若干专门的匠作。例如,刷纸工内又分为:“刷砂绿”纸工、“刷玉板笺”纸工、“刷京放凤边灰”纸工和“刷山木红灰”纸工等工种;染色纸工中又分为:“梅本巨红”纸工、“梅顶行高本红”纸工、“梅京放凤边红”纸工、“梅山木红”纸工等工种;洒纸工又分为:“洒南红金”纸工、“洒本笺金”纸工、“洒真本笺金”纸工、“洒金笺金”纸工等工种;表纸工又分为:“表笺色纸拖红”纸工、“表笺色纸坊粘补打杂”纸工、“表笺及山货管作拖胶”纸工等工种。劳动分

---

〔1〕 清康熙五十九年《长洲吴县踹匠条约碑》,见苏州博物馆等:《明清苏州工商业碑刻集》,江苏人民出版社1981年,第68—69页。

〔2〕 清乾隆五十八年《元长吴三县详定纸匠章程碑》,见苏州博物馆等:《明清苏州工商业碑刻集》,江苏人民出版社1981年,第94页。

工的精细正是从简单协作手工业向手工工场过渡的重要标志之一。

二、市镇的发展与专业化格局

在商品经济发展的过程中，苏州地区的市镇自明中后期大批兴起后，到清康雍乾时期进入了新的发展阶段，市镇经济呈现出一派繁荣景象。就数量而言，苏州地区的市镇由明正德、嘉靖年间的64个增加到清乾隆年间的132个，增加了几乎整整1倍。长洲县的蠡口镇、金墅镇、望亭镇；元和县的唯亭镇、徐庄镇、韩镇、章练塘镇；昆山县的千墩镇、吴家桥镇、杨及泾镇；常熟县的大河市、田庄市、范家市、鹿苑镇；昭文县的苏家尖市、陈家市、白茅新市；吴江县的黄溪市等，都是在这个时期新增加的。其中尤以常、昭的增加为多，由明末的9市5镇增加到乾隆时的34市8镇，增加了整整2倍。就规模而言，市升为镇，范围扩大的情形相当普遍，如吴江县的庉村、盛泽、双杨、严墓、檀邱等市，自明末到清前期都上升为镇。〔1〕广大市镇如众星拱月，分布在苏州各地。无论是数量的增加还是规模的扩大，都说明其时苏州市镇经济正处于兴盛时期。

（一）市镇分布不规则

如果根据地方文献所载市镇的方位和间距，绘出苏州市镇的分布示意图，可以发现，除了苏州城周围元和、长洲、吴县外，市镇并不是有规则的均匀分布，而是大体上形成了三个各不相同的分布区域：吴江地区、常熟地区和由嘉定、太仓、昆山三地组成的区域。〔2〕

吴江地区的市镇，基本上分布在水运沿线。在穿越吴江南北的运河沿线分布有：县市、江南市、八斥市、平望镇、黄溪镇和附近的盛泽镇。北边在吴淞江南侧有同里镇、庉村市。中部有黎里镇、芦墟镇和章练塘镇。平望西南沿塘河有梅堰市、双杨市、震泽镇。在平望西南和东南之间还有檀邱市、严墓市、新杭市等。如将吴江、震泽两县分为以平望为中心的三个部分，即平望北运河以西、平望南塘河以西和平望北运河以东，前两个部分由于河塘湖泊大且多，交通极为不便，因此除了边缘有几个大的市镇外，其内部的广大地区几乎没有市镇；而处在与浙江嘉兴、湖州交界处的一个部分，市镇分布最为繁密。这种极不均衡的现象在苏州府乃至整个江南地区的市镇分布中，都是极少见的。

---

〔1〕 范金民、夏维中：《苏州地区社会经济史》（明清卷），南京大学出版社1993年，第433页。
〔2〕 范金民、夏维中：《苏州地区社会经济史》（明清卷），南京大学出版社1993年，第433—435页。

常熟地区的市镇又是另一个极为特殊的例子。常熟市镇的数量在苏州府乃至整个江南地区是最多的,明代万历时为23个,清乾隆时为42个。因其数量多,密度也就冠于全府之首。密度高的同时是规模小。光绪年间,常熟市镇超过1 000户的只有2个,500户以上的只有5个,而100户到300户的有58个,数十户的有9个,300户以下的占了84%。即使名之为镇,也有不少仅在数十户至百余户之间,最小的强芜镇只有40~50户,这在其他地区恐怕只能称为村。常熟市镇规模之小在江南可谓独一无二。分布密度高而规模又十分小,决定了常熟市镇的间距甚短,一般每隔3里或5里,即有一市镇。如清中期的里睦镇,东距何市10里,西距周泾口4里,南距董滨新市4里,北距老吴市10里,东北距归家市4里,西北距陆家市4里,东南距支塘镇10里,西南距沈家市5里。当时该镇与梅李镇、支塘镇和老吴市为昭文东西四大镇。可见大镇之间相距不过10里,小镇之间仅4里,间距远比他地为短。常熟市镇的分布密度高且间距小,与其自然条件较为优越有关。当地"土膏之腴,其禾稼遍野弥望,无尺寸隙","又饶湖陂之利,凡生殖品汇,所以资邑人之食用及运贩而之他方者,殆不可胜数"。[1]在这样的耕植条件下,"民多务本,安土重迁。他邑率事商贩,虞民独依陇亩力作,守丘陇(垄)而不去"[2]。自给自足的农业生产方式,自然不会形成规模庞大的市镇。

南临松江府和濒临长江的嘉定、太仓和昆山地区,市镇的分布格局是另一番景象。这里塘浦河道的分布和流向较为规则,冈身沙地宜于植棉,是著名的棉纺织区,因此塘浦沿岸形成的市镇也大多较为均匀。一般间隔为6里、12里、18里和24里。如乾隆时的南翔镇,东至宝山陈家行,南至上海王庵,西南至纪王庙,北至马陆,皆为12里;西至黄渡,东北至宝山广福,皆为18里;北至嘉定县治,东南至宝山大场镇,皆为24里;西北至方泰镇为20里。其他如方泰镇、真如镇,以及靠近该区域的支塘镇等,与其他市镇的间距类皆如此。

这三个部分的市镇,在同一府的范围内,可见它们的分布既极不平衡,又不规则。各县各乡市镇数量多少不一,规模大小不等,并不存在如人所说的以县治、府治为中心的层层辐射的分布格局,也没有形成等距离分布网络。县治大多不是经济中心,位置又往往偏居一隅,市镇也就不可能以所在县城为中心。吴江的盛泽镇、黎里镇、平望镇等发挥其经济功能,与偏在县境北部的县治实无关系;

〔1〕 郑钟祥等:清光绪《常昭合志稿》卷四十六《物产志》,清光绪三十年活字本,第1页。

〔2〕 郑钟祥等:清光绪《常昭合志稿》卷六《风俗》,清光绪三十年活字本,第3页。

昭文的支塘、梅李,常熟的福山诸镇,并不以县治虞山镇为中心;嘉定的南翔、罗店等镇,经济发展远超县治练祁市。苏州市镇只在它们所在的地区发挥经济辐射的作用,与或近或远的县治、府治关系不大,因此并不呈现出村乡、市镇、县府间进行商品交流的地理层次。苏州市镇如此,他府他县市镇大率如此。这是因为江南市镇的分布既要受到水陆交通线的限制,又要受到各地经济结构的影响,不但各府县之间极不均匀,多寡悬殊,即或一府一县之间也情形各异,很难一概而论,不能用某府某县或某地市镇的分布特征来简单概括整个江南地区市镇的分布状况。要说江南市镇有什么分布特征,那就是它基于各地不同的地理条件、不同的经济结构而呈现出不同的特色。

(二)市镇种类齐全

如将江南市镇分为生产型、流通型和消费型三种类型,则苏州市镇无一或缺。

生产型如长洲的陆墓镇,以烧造砖瓦和织造汗巾出名。吴江的庉村、檀邱市,以铜铁器制造为主;盛泽镇、震泽镇、黄溪市和新杭市是闻名的丝织业市镇。元和的唯亭镇,棉织和编织业均颇为发达。常昭地区的梅李镇、支塘镇、唐市和嘉定、太仓的大部分市镇,都是当地的棉布生产及集散中心。所谓"日出万绸""衣被天下",描绘了这些市镇发达的丝、棉织业生产。

流通型如长洲的浒墅镇、吴县的枫桥市、吴江的平望镇、太仓的刘河镇、常熟的福山镇等,都是转输全国各地货物远近闻名的市镇。它们或通过运河,或通过江海港口,将全国各地的手工业原材料、粮食和土特产品转输入江南,又将江南出产的大宗手工业品,如棉布、丝绸、酒及其他日用品输向全国各地,将江南与全国各个区域市场紧密联系起来,在江南与全国各地的经济交流中起到了重要作用。

消费型如吴江的同里镇、黎里镇,元和的甪直镇、周庄镇,昭文的巴城镇,常熟的虞山镇等,都是风景如画、环境幽雅的市镇。地主文人栖息其间,优游自在。如同里镇,西有庞山湖,南有叶泽湖,东有同里湖,北有九里湖,而"镇包涵于中,古迹胜概,到处皆堪图画"[1]。镇上有曲水流觞等水竹墅十景,或同里八景、续八景,花园别业数以十计。明清两代到嘉庆十五年(1810),该镇即有举人76人、进士29人。又如黎里镇,"土壤之富庶,民居之稠密,于西北可抵大县,于东南则

---

〔1〕 周之桢、阎登云:清嘉庆《同里志》卷一《形胜》,民国六年铅印本,第6页。

中下县或有不及焉"〔1〕,正可谓"廛市蕃阜,土俗淳庞,城远地偏,不当孔道,无兵燹之虞,无淫靡之风"〔2〕的养生胜地。再如为元和和昆山共辖的角直(又名甫里)镇,"家家礼乐,人人诗书,为商为贾,以佃以渔,所谓士夫之薮,稼穑之区"〔3〕,生活条件较为优越。另如交通较为便利,地居苏州东南,为元和、吴江两县共辖的周庄镇,有"小桃源"景象。鸦片战争后,大量地主离开土地移居城镇,这类市镇就是最好的居住场所。

(三) 市镇具备典型专业形态

如以专业来划分,江南最主要的专业市镇有丝织业、棉织业和粮食业三种。这三种行业是江南经济的三大支柱,而这三种专业市镇,苏州都有。

在邻近全国最大的蚕丝业产地湖州府、嘉兴府的地区,苏州有盛泽、震泽、黄溪等丝织业市镇。如盛泽,在明后期,近镇四五十里之间乡民尽逐绫绸之利。康熙时"富商大贾数千里辇万金而来,买者摩肩连(联)袂,如一都会"〔4〕,在苏州府"诸镇中推为第一"〔5〕。到乾隆时,"居民百倍于昔,绫绸之聚亦且十倍"〔6〕,出现了"薄海内外,寒暑衣被之所需,与夫冠婚丧祭黼黻文章之所用,悉萃而取给于(予)区区之一镇,入市交易,日逾万金。人情趋利如鹜,摩肩侧颈,奔走恐后。一岁中率以为常"〔7〕的繁盛景况。当地人甚至自诩为并峙苏杭,热闹等于苏州阊门。安徽、宁绍、山西、陕西、山东等全国各地商人在那里组建会馆。其丝绸贸易的兴盛,实可以傲视湖、嘉两府的濮院镇、菱湖镇和双林镇等丝绸巨镇。清中期的黄溪镇,"为人佣织者立长春、泰安二桥,待人雇织,名曰走桥,又曰找做"〔8〕。这是市镇丝织业资本主义生产关系的萌芽。这种现象仅见于同时期浙江的濮院镇。

棉织业市镇集中在与松江府交界的太仓、嘉定和常熟的部分地区。主要有嘉定的南翔镇、罗店镇、外冈镇、纪王庙镇、娄塘镇、钱门塘市、诸翟镇;太仓的璜泾镇、鹤王市、陆家浜镇;昆山的安亭镇;昭文的支塘镇、梅李镇、里睦镇等。其中

〔1〕 徐达源:《黎里志·洪亮吉序》,清嘉庆十年吴江徐氏孚元堂刻本。
〔2〕 徐达源:《黎里志·凡例》,清嘉庆十年吴江徐氏孚元堂刻本。
〔3〕 陈惟中:《吴郡甫里志》卷一《甫里赋》,抄本,第6页。
〔4〕 陈𫄸等:清乾隆《吴江县志》卷五《物产》,民国石印本,第34页。
〔5〕 钱霑:《吴江县志续编》卷一《市镇四》,清康熙六十年刻本。
〔6〕 陈𫄸等:清乾隆《吴江县志》卷四《镇市村》,民国石印本,第16页。
〔7〕 仲周霈:《盛湖志·跋》,清乾隆三十五年刻本。
〔8〕 钱墀:《黄溪志》卷一《风俗》,清道光十一年亦陶轩刻本,第4页。

如南翔镇，是江南少有的棉布业生产、加工和集散巨镇。南翔四乡农家纺纱织布甚盛，所产扣布“光洁而厚，制衣被耐久，远方珍之。布商各市号俱在镇，鉴择尤精，故里中所织甲一邑”〔1〕。清中期，镇上从事棉布加工的踹坊字号多达10家。这些布店字号大多由徽商经营。经加工后的棉布主要贩至江淮和临清一带出售，营业额居嘉定一县之首，俗有“金南翔”之称。

粮食业市镇主要分布在水运交通要道上。如前述流通型市镇枫桥、平望等，都是江南十分突出的粮食业市镇。当时杭嘉湖及福建部分地区严重缺粮，从长江上游输入的米都要通过枫桥、平望转输。枫桥镇是清前期江南最大的米粮转输中心。乾隆年间，枫桥一带有米行200余家。平望是仅次于枫桥的米粮市镇。不但当地盛产“冬春米”，而且“里中多以贩米为业”，转贩湖广之米，因此一镇“以米业为大宗”，有“小枫桥”之称。他如长洲的黄埭镇、昭文的巴城镇，四乡盛产稻米，镇中米粮交易也极兴盛。其他工商业和消费性市镇，因消费人口众多，米粮业也较兴旺。如吴江的同里镇，四乡产米，商贾四集于镇，镇中专营米业的有“官牙七十二家”。黎里镇中所集“米及油饼为尤多”。丝绸重地盛泽镇，“务米业者，仅居十之二三”，却“自乾嘉至道光年间，米市之集，犹不亚于平望诸镇”。〔2〕棉布业巨镇南翔，在乾隆时“米之上下，动以万计”，搬运米粮的脚夫各分地段，势力甚盛。在罗店镇和梅李镇，米业与棉花业都是最主要的两个行业。可以说，凡是稍具规模、手工业人口和一般居民较为集中的市镇，米业大多较盛。各种专业都有，反映了苏州经济发展的多样化和综合发展水平。

（四）大、中、小市镇并存

苏州市镇除了类型齐全和专业丰富之外，还具有大、中、小并存的特点。特大型市镇有清初已达万户以上、清末达2万余户的盛泽镇；明清末达5万人的罗店镇；明万历时即有东西5里、南北3里规模的南翔镇；乾隆年间达万户的千墩镇、甫里镇。大型市镇有户口在2 000～5 000家的黎里镇、黄溪市、章练塘镇、震泽镇、周庄镇、支塘镇、沙头市、梅李镇、璜泾镇等。中型市镇有千家左右的平望镇、同里镇、芦墟镇、江南市、光福镇、枫桥镇、彭家桥等。其余则是数百户不等的小型市镇。特大、大、中和小各个层次市镇的产生与发展，说明各个县乡经济发展水平有差异，或各有不同的经济特色。苏州市镇又以小型居多，说明该地的经

---

〔1〕 张承先：《南翔镇志》卷一《物产》，民国十三年铅印本，第8页。

〔2〕《盛泽建立米业公所碑记》，见江苏省博物馆：《江苏省明清以来碑刻资料选集》，生活·读书·新知三联书店1959年，第452页。

济活动主要是在“本经济范围”内进行的，较之湖州、嘉兴、松江等严重依赖与外地商品的交换有所不同。这一方面使小农经济的优势得以充分发挥，另一方面也延缓和阻碍了自然经济的分解与商品经济的进一步发展。

(五) 市镇对外联系多样化

市镇是沟通城市与乡村、当地经济与外地经济联系的纽带，它通过对外经济联系而发挥作用。苏州市镇的对外经济联系途径，因所处地理位置、经济结构、种类规模各不相同而呈现出多样化的特点。

位于交通要道的市镇，一般说来，对外经济联系最为直接，范围最广，依赖性最强。前述流通型市镇浒墅、枫桥、平望、福山和刘河诸镇，无不如此。号称“十四省通衢”的浒墅，在鸦片战争前，可说是全国经济的窗口，不但各地的货物，如上江的米粮，东北、华北的棉花、小麦和杂粮，闽广的山地海货，苏杭嘉湖的丝棉织品通过这里销往全国各地，而且本镇周围的农副产品也赖以集散。如当地农村出产草席，“妇女织席者十之八九”，所产杂色相间，品类繁多，镇中就有固定的集市，“每日千百成群，凡四方商贾皆贩于此，而宾旅过关者，亦必买焉”。〔1〕福山镇是江淮豆麦、棉花、海货输入和常熟棉布输出的港口，沟通了常熟与北洋航线的联系。同样地，正因为这类市镇与交通线息息相关，因此一旦运输功能衰落，其对外联系也就相应减弱。太平天国革命前，平望镇所集的当地的冬舂米和上江的白米，皆由各地商贩前去采买，而后来因海运日盛，运河优势丧失，米市散布各处，平望米贩只得运米到各处去贩卖。刘河镇是江南最大的海港，海运商品大多在此集散，“自海关至外口十有余里，商船相接。有四缆停泊者，直至口外四五里”〔2〕。所有这些事例都说明了苏州流通型市镇严重依赖交通线的对外经济联系特色。

棉织业、丝织业等专业市镇，商品生产发达，但生产类型比较单一，生产和人们生活都依赖商品交换，与全国各区域市场都有着相应的联系。一方面，成品要销往全国各地；另一方面，市镇又需从全国各地输入源源不断的原料乃至包括粮食在内的生活必需品。在这类市镇上，商人最为活跃。在南翔，如前所述，布商直接在镇上开设字号，广为收购棉布，经踹染加工后销往全国各地。外冈因产

---

〔1〕 凌寿祺：《浒墅关志》卷十一《物产》，清道光七年刻本，第5页。

〔2〕 金端表：《刘河镇纪略》卷五《盛衰》，见《中国地方志集成·乡镇志专辑》第9册影印本，江苏古籍出版社1992年，第371页。

冈尖布,“以染浅色,鲜妍可爱,他处不及,故苏郡布商多在镇开庄收买”[1]。在诸翟,清中叶苏州“布商先发银于庄,而徐收其布,故布价贵”[2]。唯亭镇的布匹也是由苏州城中的布商前去收买的。在梅李、支塘和唐市等市镇,大多由当地牙人代替布商收买,乡民于清晨将布售给牙人。在盛泽、震泽和黄溪等丝织市镇,外地商人通过设立会馆,收买丝绸,发放丝斤,组织生产。这类市镇的兴衰某种程度上取决于商人的活动,取决于对外流通的渠道是否畅通。布业市镇是“贸易财源赖布商”。丝织业市镇,如黄溪,“凡销绸者曰绸领头,每日收至盛泽、王江泾牙行卖之。花样轻重,必合北客意,否则上庄辄退”[3],生产不但受到销售的限制,而且为购买者的喜好所左右。小生产者日益卷入了商品生产的旋涡而不能自拔。因此,有赖商人组织生产及其收卖活动,形成专业生产市镇对外经济联系的一个特色。当然,这类市镇的兴衰同样要受到交通运输线的影响。如梅李镇就极为典型。该镇在明嘉靖时“居民可二千余家,中有甃衢,浒浦未塞,有通、泰、苏、湖商舶”,而“自浒浦潮淤,海上之贾舶不至;盐铁塘路断,南北之舟楫不来,而镇斯衰矣。赖徐六泾一水犹通,每月之初三、十八,小舟蚁集辐凑(辏),其民治产逐末,俱获赢利”。[4]梅李镇由盛而趋衰,衰而复盛,充分说明了运输线不但是流通型市镇的生命线,而且对生产型市镇也有着重大的影响。

(六)市镇与苏州府城联系密切

由于苏州城是专业生产市镇产品外销的必经之道,又是当时最为发达的工商业城市,丝、棉加工技术远远高于各镇,因此商人大多以苏州城为大本营,而以各市镇为据点,从事组织生产与商品贩运活动。虽然也有在镇上收买丝绸、棉布后不经苏州城而直接运往外地的,但毕竟为数有限。在专业市镇,当地人的较大经营活动也是撇开县治而直接在苏州城进行的。因此,明清时期丝、棉以及其他专业市镇,大多是经由中心城市苏州城与全国建立经济联系的,这不但与杭嘉湖的丝织市镇直接对外联系的途径有别,而且也与当地流通型市镇直接对外的途径有别,显示了苏州地区专业生产市镇由乡村经市镇到城市的渐次递进的三个地理层次。沟通农村与中心城市,联结本区域与其他区域,形成苏州丝、棉等专

〔1〕钱肇然:《续外冈志》卷四《物产》,见《中国地方志集成·乡镇志专辑》第2册,江苏古籍出版社1992年,第916页。

〔2〕沈葵:《紫堤村志》卷二《风俗》,清咸丰六年增修,抄本(上海图书馆藏),第38页。

〔3〕钱墀:《黄溪志》卷一《风俗》,清道光十一年亦陶轩刻本,第4页。

〔4〕黄炳垕:《梅李文献小志稿》(不分卷),见《中国地方志集成·乡镇志专辑》第10册影印本,江苏古籍出版社1992年,第323页。

业市镇对外经济联系的又一特色。

当时常熟民间的日用品多从苏州城贩运而来。康熙时,据县官奏称,"常熟一邑,僻处海隅,地非冲要,从无远商巨艘往来。而民间日用油糖杂货,俱从苏郡搉贩"〔1〕。市镇日用工业品取自苏州,农村所需则就近取之于市镇。即如稍具规模的唐市,在乾隆时,"咸务本,有恒业。农家栽秧戽水,男女杂作,不但操舟馌饷而已。田事稍暇,男则捕鱼灌园,女则擗绩纺织,谋生之方不专仰于田亩。以故即遇俭岁,犹守庐墓,保妻子,不轻去其乡也……乡民为市,黎明而集,日中而散,不过贸易食货"〔2〕。唐市如此,其他数十户、百来户的小小市镇,对外经济联系自然更少。四里一市、五里一镇的分布格局本身就说明这类市镇是区域性小市场的一个个支撑点,是商品经济缓慢发展的产物。这就同流通型和专业型市镇与其他经济区域建立广泛的联系大为不同,构成了苏州市镇对外经济联系的又一个特色。诚然,这类市镇互相之间、与邻府邻县市镇之间,以及与附近城市的经济联系都较为密切,但这恰恰说明,这类市镇的经济活动主要是在"本经济单位"内进行的。

市镇的专业化发展,说明苏州经济发展既有专业性的特点,也有多样化的特色。市镇成为沟通城市与农村、苏州与其他地区经济的桥梁,促进了苏州商品经济和商品流通市场的发育与发展。

三、资本主义萌芽的生长

康熙年间,随着经济的恢复,苏州以丝织业为代表的各项手工业在原来的基础上不断恢复和发展,促进了苏州商品经济的繁盛。乾隆年间,苏州阊门内外"居货山积,行人水流,列肆招牌,灿若云锦"〔3〕。丝织业等各项手工业的发展促进了商品经济的繁荣,进而通过不断积累,形成了商业资本的高度集中,加速了商品经济的持续繁荣,而商品经济的繁荣是封建社会内孕育资本主义萌芽的历史前提。

清初,苏州民间丝织手工业的生产关系相当复杂。雍正十二年(1734)十二月立于元妙观机房殿内的《长洲县永禁机匠叫歇碑》中说:"苏城机户,类多雇人

〔1〕 清康熙二十一年《常熟县蠲免姜笋二税永为遵照施行碑》,见苏州博物馆等:《明清苏州工商业碑刻集》,江苏人民出版社1981年,第246页。

〔2〕 倪赐纂,苏双翔补纂:《唐市志》卷上《风俗》,见《中国地方志集成·乡镇志专辑》第9册影印本,江苏古籍出版社1992年,第512页。

〔3〕 孙嘉淦:《南游记》卷一,清嘉庆十年刻本,第12页。

工织。机户出资经营,机匠计工受值,原属相需,各无异议。"[1]所谓"类多雇人工织",是说苏州机户大多是雇用工匠织造,机户与机匠之间存在"计工受值"的雇佣关系,同时又存在"机户停织,机匠废业"的相互依存关系。这是从字面来解释的,而实际的内容却复杂得多。

"机户"是经营丝织手工业织造户籍的总称。包括两种类型:一类是小机户,俗称"现卖户",是"自购入织丝,又自营机业"[2]的自产自销机户,是个体小商品生产者。这类小机户又分为两种:一种是向丝商零星购入丝经,自设作坊织挽外,还雇佣一个掉经接头的机工,也称作机匠临时帮手;另一种是资本甚微,向丝商"零卖经纬自织",并以家庭成员做辅助劳动,不雇帮手,"早暮拮据以糊其口"。另一类是大机户,在清初时主要是经营纱缎业的铺户。这类铺户包括两种:一种是经营绸缎商业的铺户,称为纱缎庄,属于经营绸缎的纯商业资本;另一种是经营纱缎机业的铺户,是商业资本与产业资本的结合。《长洲县永禁机匠叫歇碑》中说:"至于工价,按件而计,视货物之高下、人工之巧拙为增减,铺匠相安。"这里把"铺"与"匠"对称,所以"铺匠相安"的"铺户"就是大机户。在《长洲县永禁机匠叫歇碑》末列名的何君衡、王奕生、陆恒成、蔡其章等61人,就是属于这种机户。

经营纱缎机业的铺户,从其经营方式上又分为两种:一种是自置织机,开设手工工场雇匠织挽,兼营绸缎商业的纱缎庄。道光二年(1822)六月立的《元和县严禁机匠借端生事倡众停工碑》中说:"机匠王南观等借欲减轻洋价,会聚多人,向轮年机户李升茂庄上滋闹。"[3]所谓"轮年机户",是说李升茂在道光二年轮充丝织业行会的行首;"李升茂庄上",就是李升茂所开设的绸缎庄。机户李升茂开设丝织手工工场兼营绸缎商业。另一种是主要经营绸缎商业兼营纱缎生产。嘉庆以后,这一类大机户称为"经造纱缎帐房",通称"帐房"。少数"帐房"开设工场,自行设机督织;大多数"帐房"是将经纬发放给机匠。上引的《元和县严禁机匠借端生事倡众停工碑》中说:"查民间各机户,将经丝交给机匠工织,行本甚巨,获利甚微。"机匠向"帐房"领取"货具经纬",预支工价定钱。"货具"就是"帐房"须供给的"泛""渠""纤"等机具,"经纬"就是经丝、纬丝等原料。完工

---

〔1〕 清雍正十二年《长洲县永禁机匠叫歇碑》,见苏州博物馆等:《明清苏州工商业碑刻集》,江苏人民出版社1981年,第16页。

〔2〕《苏州市情》,见《东西商报》,商六七,清光绪二十六年,第4页。

〔3〕 清道光二年《元和县严禁机匠借端生事倡众停工碑》,见苏州博物馆等:《明清苏州工商业碑刻集》,江苏人民出版社1981年,第25页。

以后,将产品交回"帐房",按件计算工价,扣除定钱,另付酒资。这是一种加工订货的方式,苏州俗称:揽织或揽机。

机匠分为两类:一类是机工,专以牵经接头为业。《吴门表隐》中记载:"方晓夫,娄门澄泗泾人,以机工接头为业。"另一类是织工,揽织的机匠多为织工。织工又分为:花缎、素缎、纱缎、锦缎四种。"帐房"按照织工的专能,分种类放料。揽织机匠向"帐房"领取"货具经纬"和定钱以后,用自有的织机(俗称机壳),自备梭子、纤筒、竹刀、机剪、拣镊子等工具,有时还需雇佣临时性的辅助工。因为织工所设作坊分为:花、素、纱、锦四类,所谓"工匠各有专能,或素或花,俱以计日受值"[1]。"帐房"与揽织机匠之间形成一种"常主"制。道光二年(1822),元和县机匠张锦天"惯吞经纬",失去信用,就"无人雇织"[2]。揽织机匠与雇佣的掉经接头机工或织挽工也是一种"常主"制。一些无"常主"的机工和织工,分工种和专业,每日黎明立于固定的桥堍等待雇佣,多半是临时性的辅助工。

《元和县严禁机匠借端生事倡众停工碑》中说:"自示之后,各乡匠揽织机只,概向机房殿书立承揽,交户收执。揽机之后,务宜安分工作,克勤克俭,计工受值,不得将货具经纬私行侵蚀,以及硬撮工钱,借词倡众停工。"揽织和雇工都必须通过行会,充分反映了苏州丝织手工业的传统行会手工业特点。元妙观机房殿是丝织业行会的会所,揽织要到机房殿内丝织业行会"书立承揽",表明苏州丝织手工业受到行会的控制。如果突破行会控制,"另投别户",就成为"此种恶习,甚为可恶"。[3]这一方面是为了保护"帐房"的利益,防止机匠"将付织经纬,私行当押,织下纱匹,卖钱侵用";另一方面是为了控制机匠,防止行会外的自由竞争。但是随着商品经济的发展,突破"常主"制,摆脱行会束缚的现象时有发生。所以官府运用政治权力,重申揽织"概向机房殿书立承揽"。雇工除"匠有常主"外,临时性的辅助工黎明立桥堍以待雇,俗称"找叫"。"立桥"待"找叫",要"听候行头分遣"。行头阻碍了织造局对临时工的雇佣,官府一度禁止行头,可是行头改称"呈头",照样支配着临时工的雇佣,后来又恢复称行头。佣工的受雇始终受到行会的约束,所以苏州的丝织手工业工人虽然被剥夺了生产资

---

〔1〕 李光祚、顾诒禄等:清乾隆《长洲县志》卷十七《物产》,清乾隆十八年刻本,第8页。

〔2〕 清道光二年《元和县严禁机匠借端生事倡众停工碑》,见苏州博物馆等:《明清苏州工商业碑刻集》,江苏人民出版社1981年,第25页。

〔3〕 清道光二年《元和县严禁机匠借端生事倡众停工碑》,见苏州博物馆等:《明清苏州工商业碑刻集》,江苏人民出版社1981年,第25页。

料,成为劳动力的出卖者,但是在行会的束缚下没有出卖劳动力的自由,不能成为劳动力的自由出卖者,劳动力没有真正商品化。揽织机匠向"帐房"揽织,受到行会的控制,使"帐房"与揽织机匠之间也没有完全形成金钱货币关系。无论是"帐房"与揽织机匠之间,还是揽织机匠与机工或织挽工之间,都尚未完全构成劳动对资本的隶属关系,所以苏州丝织手工业明显地表现出传统行会手工业的浓厚色彩。在这里商业资本从流通过程介入生产过程,通过组织生产支配着丝织手工业,商业资本转化为工业资本,二者建立了不可分割的联系。

所以在清初,苏州丝织手工业中明显地孕育着资本主义生产关系的萌芽。之所以称为"萌芽",是因为资本主义生产关系最初的出现,是微弱的,发展缓慢;之所以加上"孕育",是因为资本主义萌芽覆盖着封建的土壤,还不能冲破封建行会制度的网罗,无力摆脱官营手工工场的束缚,去吸取发育成长的雨露和阳光。尽管苏州丝织手工业分工细密,技术进步,但仍然不能改变行会手工业的性质。

第五节　商业的繁荣与《姑苏繁华图》

一、商业的繁荣

苏州在康熙时期已发展成为天下"四聚"之一[1],"为东南一大都会,商贾辐辏,百货骈阗"[2]。苏州商业的繁荣,在顾震涛《吴门表隐附集》中有较详细的记述,著名的商店以招牌、地名和人名为标志者有53处。经营米粮的"娄齐各行在迎春坊,葑门行在望汛桥,阊门行在白姆桥及铁岭关"。玄妙观是流动商贩与群众文艺的活动中心,附近的"茶坊、酒肆及小食店,门市如云"。[3]

(一)苏州商业繁荣的原因和条件

首先,苏州地处江南经济发达的地区,土壤肥沃,河网密布,自然资源丰富,农业产量较高,如水稻亩产可达两三石。桑、棉种植普遍,产量也高于其他地区。丰富的经济作物产品,为手工业发展提供了良好的条件。经济繁荣,工商业发

〔1〕本目内容主要参照陈学文:《明清时期的苏州商业——兼论封建后期商业资本的作用》,见《苏州大学学报》1988年第2期。

〔2〕清乾隆二十七年《陕西会馆碑记》,见苏州博物馆等:《明清苏州工商业碑刻集》,江苏人民出版社1981年,第331页。

〔3〕顾禄:《清嘉录》卷一《新年》,上海古籍出版社1986年,第11页。

达,农产品商品化程度较高,与市场联系密切,就为商业发展奠定了良好的基础,成为苏州地区商业繁荣的首要条件。

其次,手工业发达,手工业产品种类丰富。清代,苏州地区的丝绸和棉布生产居国内前列。丝绸和棉布需要通过商品交换求得发展,同时也提供了商品交换的物质条件。例如,盛泽既是丝绸生产的基地,也是丝绸出售的基地,自然就成了吴江县丝绸贸易的中心,吸引了全国各地商人来此采购丝绸。枫桥的米市场、浒墅关的草席市场,以及一些充当布、绸等商品中转市镇的形成,莫不与当地手工业商品生产的发展有密切的关联。苏州不仅是苏南地区的商品贸易中心,而且是江南乃至全国的商品交易中心。苏作技艺和制品已在全国独居鳌头,左右着当时全国的社会风尚。苏作饰品的审美标准又推动着当地手工业的发展。这足以说明商品交换的发展推动着商品生产的发展,消费可以反作用于生产。苏州正是在商品生产与商品交换中不断推进手工业技术的进步和经营规模的扩大。

再次,四通八达的交通条件。苏州商业的发展有赖于便利的交通。苏州毗邻杭嘉湖、松常镇、南京等经济比较发达的地区,便利的水陆交通,促进了与各地的商品交换,"南达浙闽,北接齐豫,渡江而西,走皖鄂,逾彭蠡,引楚蜀岭南"〔1〕。在近代铁路与海轮未发达之前,陆运与河、湖水运是城市经济发展的重要条件之一。苏州的繁荣更是仰仗于陆运、水运之便利。

最后,重视"商"而轻视"农"和"儒"的观念变化。由于商品经济较为发达,人们对物质财富或货币的追求远远超过了对功名的追求。于是,苏州地区的商人从原来积累了钱财就购买土地,商业资本转向土地经营,逐渐转变为投资于工商业。苏州洞庭商帮素以善经商著名,震泽县人也"多以贸迁为业,往来楚蜀,经年不返,习以为常"〔2〕。这一观念的变化使苏州的一些居民开始鄙视农业,向往商业谋生,这种情形在商业发达地区表现得尤为明显。这一方面是商品经济发展在思想意识上的反映,另一方面重商意识又助推了商业的发展。一些有学识、有地位的士子学人亦弃儒经商,或既官又商,他们从商对于经商之道当然容易掌握,更能推动商业的发展,这种反作用也不可轻视。

苏州商业是在江南地区农业商品经济和手工业商品生产共同发展的基础上形成的。丰富的农产品和手工业产品,尤其是丝绸、棉布,助推了产品流通的发

---

〔1〕 清光绪十五年《武安会馆碑记》,见苏州博物馆等:《明清苏州工商业碑刻集》,江苏人民出版社1981年,第364—365页。

〔2〕 陈和志等:清乾隆《震泽县志》卷二十五《生业》,清光绪十九年吴郡徐元圃刻本,第81页。

展,进而加速了产品交换,再加上便利的交通,打开了商品流通的渠道。伴随着商品经济的不断发展,传统重本轻末的观念遭到冲击,功利性的重商思潮开始出现,固有的价值观念发生了改变,从事商业的人群日益增多,又继续推动了苏州地区的商业发展。

(二)苏州商业繁荣的表现形式

一是以丝绸和棉布贸易为中心的商业经济。苏州是著名的工商业城市,以纺织业商品生产与交换为主体,形成了工商业经济体系。丝织品种有锦(著名品种有海马、云鹤、宝相花、方胜等)、纻丝、罗、纱、绫、绢等。棉布生产集中于阊门外上下塘一带,产品有木棉布、苎布、缣丝布、棋花布、飞花布、黄草布等。丝绸和棉布的贸易也多集中于金门与阊门一带,“金阊市肆,绸缎与布皆列字号,商布业最巨”〔1〕。

苏州城市经济的发展与繁荣有赖于丝绸和棉布的产销,苏州地区生产的大量纺织品则依靠各地来苏的客商与本地商人将其贩销到全国。根据有关资料统计,苏州城内康熙时有棉布商店 76 家,苏绣商店 108 家,经营丝绸的商店就更多了。

当时,苏州丝绸商店有几种形式,一种是收购与零售相结合,一种是收购与批发相结合,再一种是自产自销,店主是商人兼作坊(或工场)主。丝绸商的形式更多,有一种是居间商人,不需开店设铺,只需熟悉行情,接受外地丝绸商的订货款,然后将款分给小生产者做垫支资本,到期收回产品转给外地丝绸商,从中取利。此外,其他行业商店也很多,如粮食店也是较大的行业,还有金珠铺 79 家,康熙时木商有 132 家,同治时银楼有 119 家。随着商业的发展,城市居民生活多依靠市场供应,饮食和服务性行业也随之发展,与市场关系日趋密切。茶馆业是城市生活中不可少的,“吴中无业资生之人,开设茶坊聚四方游手闲谈”〔2〕。茶坊不仅是人们休憩娱乐的场所,而且是洽谈商务、交换商业信息的地方。

二是以苏州城为中心,汇聚各地客商的长途返销经济。苏州城市人口中商人占了很大比例,发达的商品生产吸引了各地客商到此经商,所以《嘉应会馆碑记》曰:“姑苏为东南一大都会,五方商贾辐辏云集。百货充盈,交易得所。”如著名的徽商大量侨居苏州,“今则徽之富民,尽家于仪、扬、苏、松、淮安、芜湖、杭、

---

〔1〕 曹允源、李根源:民国《吴县志》卷五十二《风俗》,民国二十二年苏州文新公司铅印本,第5 页。

〔2〕 李光祚、顾诒禄等:清乾隆《长洲县志》卷十一《风俗》,清乾隆十八年刻本,第 4 页。

湖诸郡”。如蜡烛业店铺,道光年间有100多家,多为绍兴人开设;煤炭铺行多为宁绍商人开设;烟店多为河南或福建商人开设;晋商则多经营钱业;经营粮食业大多是湖南或安徽商人。“酱坊一业,共有徽、苏、宁、绍四帮,计共八十六家。”[1]

作为商品生产和流通高度发达的城市,苏州不但吸引着国内各地的客商,而且与海外的经济联系也很频繁。“苏州为东南一大都会,商贾辐辏,百货骈阗。上自帝京,远连交广,以及海外诸洋,梯航毕至。”[2]康熙二十二年(1683),清政府统一台湾之后,次年开放海禁,设立了江、浙、闽、粤四海关,管理对外贸易事务。民间贸易自此取得了合法地位,苏州对海外各地的贸易更是盛况空前。大量从苏州起航或者运载苏州出产货物的船只往来于日本、东南亚,甚至欧洲。通过这些船只,苏州向海外各国输出的商品无所不包。仅输向日本的,就有生丝、丝绸、棉布、书籍、纸、药材、颜料、糖、皮革、矿物、瓷器、金银铜铁器和木器等70余种。甚至属于违禁品的米粮,从长江上中游输入苏州后,也有部分被偷运出海,以致地方官抱怨,“时有商贩偷运米谷出洋,以图厚利”[3],朝廷一再重申禁令,也难奏效。任何经济活动都不是单向性的。苏州既向海外各国输出各种名优特产品,又将大量洋货如哔叽、布、刀、硫黄、铜、苏木、檀金、各色宝石、海鲜,以及巨额硬通货如金、银、银圆等输回苏州,对社会经济和人民生活产生了极大影响。清中期的苏州,可谓洋货充斥街市。南濠街就是海外百货荟萃之地,有专门出售洋货的店铺。乾隆时的《姑苏繁华图》中,就绘有两家“洋货行”,西洋印花布、各色衫裙和五色鬼子兰干(“兰干”即纺织品)等舶来品,在苏州的青楼、戏馆中被视为常物,日用必不可少。来自日本等国的海鲜更是长年不断。专门经营洋货的商人颇为活跃。嘉庆年间,洋货同业联合起来在梵门里萧家园建立了咏勤公所,以后规模不断扩大。

三是以商会和会馆为中心的商人集团。在经营丝绸生产与销售中,一些工商业户发财致富,为了保护既得利益,巩固自己的经济地位,尤其是侨居苏州的客商,以行业或地域来组织会馆(公所),形成了商人集团。会馆或公所最早创办于明万历年间,到清乾隆时达到高峰。据碑刻资料的统计有90多所会馆,正

---

〔1〕 清同治十二年《苏州府为酱坊业创建公所禁止官酱店铺营私碑》,见苏州博物馆等:《明清苏州工商业碑刻集》,江苏人民出版社1981年,第260页。

〔2〕 清乾隆二十七年《陕西会馆碑记》,见苏州博物馆等:《明清苏州工商业碑刻集》,江苏人民出版社1981年,第331页。

〔3〕《宫中档乾隆朝奏折》第1辑,第466、478页,转引自范金民、夏维中:《苏州地区社会经济史》(明清卷),南京大学出版社1993年,第512页。

反映了这段时间苏州工商业日趋繁荣。会馆的类型不同,最多的还是商业会馆。至于以地名来命名的会馆,往往是跨行业的具有若干同乡会色彩的地域性组织。因为一个地区的人携亲带友,从事同一行业者较多,如绍兴的蜡烛行、山西晋商的钱业,以及由杭州籍26家绸缎商组建的钱江会馆。这种会馆兼做一些社会慈善事业,以保护同乡的利益。会馆(公所)是商品经济发展到一定水平的产物,它一方面对商品经济发展起到了促进作用,另一方面又限制了商品经济向更高层次发展。它有助于保护商人集团利益,如防止竞争,采用公平的度量衡。以枣业为例,“凡枣客载货到苏,许有枣帖官牙,领用会馆烙印官斛,公平出入。毋许妄用私秤,欺骗病商”〔1〕。也便于客商运货存货。乾隆十四年(1749),《吴县永禁官占钱江会馆碑》所示:“商贾捐资建设会馆,所以便往还而通贸易。或货存于斯,或客栖于斯,诚为集商经营交易时不可缺少之所。”这种会馆即有促进商业发展的作用。会馆的建立是适应了工商业发展的需要,同时也是苏州商业繁荣的一种表现。

四是以苏州府城为中心的密集的商业市场网络。苏州位于太湖沿岸,是京杭运河线上的一个重要交通枢纽,是富饶的江南经济区商品集散地之一。自明清以来,由于江南商品经济的发展,以苏、杭为中心形成了江、浙两个经济中心,苏州是苏南的经济中心。在苏州的周围形成了繁密的市场网络,即有一大批卫星市镇拱卫在四周。这些市镇群体既是商品生产的手工业专业市镇,又是商品交换的商业专业市镇。以苏州为中心向四周辐射,连接着广大农村,促进了城乡经济的交流,从而推进了这一地区经济的发展与全国各地经济的横向联系。苏州一府,乾隆时有61个镇,59个市。〔2〕这些苏州府城的卫星市镇,有的是手工业专业市镇,有的是商业专业市镇。数十乃至上百个大小市镇拱聚于苏州城周围,形成了一个商品销售市场网络。这个网络的密疏程度与市镇分布密度成正比,比附近的经济发达区域松江府和湖州府密集得多,呈现了苏州府商品经济发展的水平。

商业的发展推进了城市经济的发展。如果说丝织手工业是苏州城市经济发展的基础,那么繁荣的商业则是苏州城市经济得以持续发展的有力杠杆,甚至可将商业的繁荣视为苏州城市经济发展的标志。

---

〔1〕 清嘉庆十八年《元长吴三县饬示枣帖牙户概行颁用会馆烙印官斛碑》,见苏州博物馆等:《明清苏州工商业碑刻集》,江苏人民出版社1981年,第252页。

〔2〕 刘石吉:《明清时代江南市镇之数量分析》,台湾《思与言》第16卷第2期,1978年7月。

(三)苏州商业繁荣与资本主义萌芽

苏州的蜡烛、锡箔业等铺户雇佣一些工匠开设作坊,一边从事商品生产,一边自己销售作坊中生产的商品,通常采用前店后坊的经营方式。这种铺户具有商人与作坊主两种身份。同时,一些拥有较多资金的商人自己直接经营生产,获取利润,如苏布业生产中的那种"字号"即是,"苏布名称四方,习是业者,在阊门外上下塘,谓之字号,漂布、染布、看布、行布各有其人。一字号常数十家,赖以举火"〔1〕。这种开设字号的商人将资金投入生产领域,直接进行商品生产,这是一种与产业资本相结合的生产形式。在棉布生产中,染色后还需经过砑光的加工程序,于是有一些"包头"或"作头",自备生产工具与场地,从布商处领得布匹,雇用踹工进行砑光,从中获取利润。这种"包头"或"作头"是居于商人与工匠之间的作坊主或居间商,他们受制于大布商。康熙九年(1670)政府立碑:"嗣后一切踹工人等,应听作头稽查,作头应听商家约束。"〔2〕在这种商业资本与产业资本结合生产的过程中,作头与雇工之间的关系,仅仅是货币雇佣关系,已具有若干资本主义萌芽的性质。

商人在长期经商的过程中积累了丰富的经验,采用类似近代的管理与经营方式,以求得更高的经济效益。"苏州皋桥西偏,有孙春阳南货铺,天下闻名。……案春阳,宁波人。……始来吴门,开一小铺,在今吴趋坊北口。……其为铺也。如州县署,亦有六房,曰南北货房、海货房、腌腊房、酱货房、蜜饯房、蜡烛房。售者由柜上给钱,取一票,自往各房发货,而管总者掌其纲,一日一小结,一年一大结。自明至今(道光——引者注)已二百三四十年,子孙尚食其利。……其店规之严,选制之精,合郡无有也。"〔3〕这个商店分工细密,配合默契,结账付款后凭票取货,使货、款分开,避免差错。尤其值得注意的是其货品除了从各地采购外,"选制之精"的货品当是自己生产制作的,这也是商业资本与产业资本相结合的表现。

从上述可见,苏州商业经济的发展已为资本主义萌芽创造了某些有利条件,商业资本已逐渐摆脱了传统的向土地转化,而直接转向生产,走向与产业资本相结合的道路。商人经营手工业生产时亦采用雇佣制的作坊或工场手工业生产方

---

〔1〕李光祚、顾诒禄等:清乾隆《长洲县志》卷十一《风俗》,清乾隆十八年刻本,第5页。

〔2〕清康熙九年《苏州府为核定踹匠工价严禁恃强生事碑》,见苏州博物馆等:《明清苏州工商业碑刻集》,江苏人民出版社1981年,第54页。

〔3〕钱泳:《履园丛话·杂记下·孙春阳》,清同治刻本,第9页。

式,在经商管理上相应地采用分工协作的方式。这些无疑更能推进苏州商业的发展,促进城市经济的繁荣。

(四) 苏州商业与服务业、金融业

1. 服务业

清前期,苏州的工商业发展迅速,都市规模和繁华程度远超往昔。城居人口和流动人口膨胀,城市生活节奏加快,社会环境相对安定,人民生活有所改善,社会习尚愈益奢靡。正是在这种社会背景和客观条件下,苏州的服务行业获得了前所未有的发展,其行业之多,形式之繁,设施之齐全,条件之优越,堪称一流。服务行业在一定程度上折射出城市生活的风貌,反映出社会经济的发展水平。[1]

(1) 酒店住宿业。豪富巨商斗富摆阔,工商人士洽谈生意,市井小民交流见闻,乃至贩布卖浆者歇脚小憩,都离不开酒楼与茶坊。顾禄《吴趋风土记》载:端午节"百工亦各辍所业,群入酒肆哄饮,名曰白赏节"。顾震涛《吴门表隐》附集载:"米业晨集茶肆,通交易,名茶会。娄齐各行在迎春坊,葑门行在望汛桥,阊门行在白姆桥及铁岭关。"观此二例,可知酒楼、茶坊与工商业的关系。酒楼、茶肆在喧闹声中拔地而起,林立于苏州城镇。沈朝初《忆江南》词云:"苏州好,酒肆半朱楼,迟日芳樽开槛畔,月明灯火照街头。雅坐列珍羞(馐)。"如斟酌桥旁三山馆,清初由赵姓创立,原名白堤老店,"有往来过客道经虎丘者,设遇风雨,不及入城,即止宿于是","烹饪之技,为时所称。遂改置凉亭暖阁,游者多聚饮于其家"。引善桥旁的山景园酒楼,疏泉叠石,具林亭之胜,以美酒、佳肴、贵具见长。这两座酒楼筑在虎丘山下,"址连塔影,点缀溪山景致……且地当孔道,为宴会祖饯,春秋览古,尤便驻足",都兼具食宿功能,承办宴会,与现代高档饭店酒楼功能无异。三山馆酒楼所卖满汉大菜及汤炒小吃多达 149 种。一家酒楼菜肴如此丰富,名堂如此繁多,苏州一城之盛况更可想见。仅仅虎丘一地,就有茶坊十余处,而且都"筑危楼杰阁,妆点书画,以迎游客"。[2]这种风景优美的茶室与闹市中的茶肆自是不同,主要为游客服务。玄妙观内的各处茶坊,大多是市民闲聊娱乐之处。茶坊兼卖吃食,尤以悦来斋的茶食更为有名。一到三伏天,茶肆还兼卖金银花、菊花汤冷饮,谓之双花,用以去暑。

---

〔1〕 本节主要参照范金民、夏维中:《苏州地区社会经济史》(明清卷),南京大学出版社 1993 年,第 474 页。

〔2〕 顾禄:《桐桥倚棹录》卷十《市廛》,上海古籍出版社 1980 年,第 145—146 页。

(2)饮食行业。苏州小吃,名扬天下。小吃店、熟食店到处都是。乾隆《吴县志》说,吴中食物有因时而名者,有因地而名者,有因人而名者。乾隆时薰腊之业,又以陆稿荐出名,其用积年老汁薰烧,盛行京师。一年四季的时令吉庆节候,也是各色副食品斗奇争巧的时候。正月初一至月半,城中玄妙观,游人云集,店家支布幕为庐,纷陈小吃。各地"茶坊酒肆及小食店,门市如云……托盘供买食品者,亦所在成市"。春暖季节,风景胜地,"随处各有买卖赶趁,香糖果饼皆可入口"。端午日,龙舟竞渡,"土人供买耍货、食品,所在成市"。三伏天,"街坊叫卖凉粉、鲜果、瓜、藕、芥辣、索粉,皆爽口之物","早晚卖者则有臊子面,以猪肉切成小方块,为浇头,又谓之卤子肉面,配以黄鳝丝,俗呼鳝鸳鸯","面肆添卖半汤大面"。冬至日,"家无大小必市食物以享先"。时近年关,小民所需年糕"皆买诸市。春前一二十日,糕肆门市如云"。[1]过年时,更是熟食店等生意最为红火之时。由上可见,苏州的副食品已十分注重质量,保持店号信誉,形成字号、地望、节令等方面的特色。

(3)生活服务业。苏州的澡堂,当地又称混堂或浴堂。苏州澡堂根据不同的服务对象,制定不同的价格,分为三种:一种是砌石为池,屋顶砌成团瓢状,池后为巨釜,外形似池,辘轱引水,穴壁而贮,一人专执炊火,池水相通,逐渐加温。这种澡堂称为馒头顶混堂,最为低级,价也便宜,一钱银子可洗一池人,往往是负贩者、屠沽者、有疡者的洗澡处。第二种是白石砌池,覆以屋顶,号称清泉,是普通市民的洗澡处。第三种是版夹为室,室置一盆,两旁排列,下穿地弄,墙外举火,而火通于弄,下帷盘礴,价格较贵,每人需七分,但即使霜晨冰夕,暖和春融,较有身份和阔绰的人通常入洗。澡堂分类适合社会各个阶层的需要和经济承受能力,反映了苏州服务设施之齐全及其服务之周到。

(4)娱乐行业。苏州经济发展后,人们对精神消费有了新的要求。当地流行的戏曲,主要为昆曲、弹词和评话,外地的梆子、弦索和秦腔等也一度较受欢迎。乾隆后期,活跃在苏州的各地戏班有湖广小班、杭州瑞宁班、浙江家华班等70余个,地域广达10余个省份。这些戏班大者有戏馆,可招揽观众,也可应请外出,可在官宦豪富家清唱,也可在公共场所聚演。戏文故事多系谈忠说孝、劝人为善、因果报应之类。规模大的戏馆,还可备办酒宴,"当开席时,哗然杂沓,上下千百人,一时齐集,真所谓酒池肉林,饮食如流者也"[2]。

---

〔1〕顾禄:《清嘉录》卷十二《年糕》,上海古籍出版社1986年,第167页。

〔2〕钱泳:《履园丛话》卷七《臆论·骄奢》,清同治刻本,第19页。

综上所述,清前期的苏州,举凡吃、住、行、玩,都有相应为之提供服务的行业和配套设施。达官富豪可以在那人间天堂里尽情享受,技艺百工可以在那里谋生觅食。在这些服务行业中,有不少是为奢侈性消费服务的。奢侈性消费客观上增加了那些具有一技之长的贫困下户及无业游民的谋生途径。顾公燮说:"以吾苏郡而论,洋货、皮货、衣饰、金玉、珠宝、参药诸铺,戏园、游船、酒肆、茶座,如山如林,不知几千万人。有千万人之奢华,即有千万人之生理。若欲变千万人之奢华而返于淳,必将使千万人之生理亦几于绝。"[1]此种情形正说明随着商品经济的发展,工商百业的繁荣,社会各界对生活的不断追求,各种社会服务行业迅速发展起来。这就是清前期苏州服务行业兴盛的客观前提。

2. 金融业

随着工商业的兴盛和商品经济的进一步发展,与工商业发展密切相关的金融业亦获得了迅速发展。苏州银钱兑换活动频繁,数额巨大。大宗贸易的大笔金额往来,市场行情的朝夕涨落,都需要有相应的金融机构为之服务,经营兑换业务、兼营存放款业务的钱庄因而丛聚于城中。苏州所属市镇乡村,商品化程度高,贫富分化现象严重,广大贫困的农民、城市手工业者,以及小商小贩,迫于生计,往往将生产资料和必要的生活资料典押出去,从事质当业务的典铺因而遍布苏州城乡广大地区。钱庄与典铺成为清代苏州金融业繁荣发展的最佳例证。

清前期苏州钱业的发展迅速,具体表现为两个方面:

一是数量惊人。经营钱业的大多是山西商人。明末清初苏州城中已多山西商人。康熙帝第一次南巡后说:"朕行历吴越州郡,察其市肆贸迁,多系晋省之人。而土著者盖寡。"[2]按照康熙帝的说法,苏州城似乎成了晋商的天下。这些晋商基本上都与钱业有关。《山西会馆钱行众商捐款人姓名碑》载,自乾隆三十一年到四十一年(1766—1776),十年之间,定阳公利钱行众商按分抽厘银1 098两。此行大概只是众家钱行的总称。乾隆四十二年(1777),它名下就分列了钱庄74家。此外,在同年代的另一块捐厘碑中,又记载了与上述名称完全不同的钱庄59家,以及捐银2 181两的联义会众商,可见当时苏州城中钱庄晋商多达130余家。在另一块《应垫捐输碑》中,又可见到与乾隆三十一年(1766)后10年中名称不同的字号30余家。这或许可以说明晋商钱庄很少有年份久远者,而且变易主人情形相当突出,或者是远远不止上述130余家。两种可能看来都是存

[1] 顾公燮:《消夏闲记摘抄》卷上,民国十三年铅印本。

[2] 《圣祖实录》,清康熙二十八年正月至二月,见《清实录》第5册,中华书局1986年,第522页。

在的,否则几十家钱庄不会在一年之中全部消失。这么多钱庄集中在一个城市,还是很少见的。

二是经营方式有所变化。钱庄的业务原来只是从事银两和制钱的兑换。因此清初人习惯把钱庄称为"卖钱之经纪铺"。乾隆十年(1745),江苏巡抚陈大受在上奏中称,当地"兑钱虽有经纪名色,出入悉照时价,不能意为高下"〔1〕。可见,其时钱庄仍然只经营银钱兑换。到乾隆中期,苏州地区的钱庄已突破了单纯兑换业的范围,而兼营借贷活动的存放款业务。如在常熟地区,乾隆四十年(1775)便已"广用钱票"。始用到广用有一个过程,可见乾隆中期钱票已在苏州使用和流通了。到乾隆、嘉庆之交,钱铺用票之风盛行。常熟人郑光祖说:"我邑常昭城中钱铺用票,十千百千,只以片纸书数,即可通用,辗转相受,穷年不向本铺点取,日积而多,存贮盈万,该铺以此钱营谋生息……若乡镇店口,多小本经营,艳钱铺之射利,竞出百文钱小票通用。"〔2〕钱铺经营性质的变化,业务范围的扩大,表明它在影响人民生活方面发挥了更大的作用。

康雍乾时期,苏州的典当业就其发展情形而言,具有如下几个特点:

一是分布广泛。典当业主要分布在广大的中小城市、市镇和乡村,特别是在市镇,一般都有典铺开张。如在吴江县,沈瓒《近事丛残》刘公筑塘条中记有徽州典铺的故事。在平望镇,康熙时休宁人汪匡汉开张典业。在常熟,"其阛阓之贾客典商,多非土著"〔3〕。非为土著,即多为徽商。在该县绿溪镇,徽人程文栩、吴赞皇通过经营典铺而致富,并参与当地的善举活动。在昭文县支塘镇,也多典铺。由这些事例可见,凡是农村家庭手工业副业比较发达、商品贸易较为兴旺的地区,典当业都会应运而生。

二是数量增加。这个时期,苏州地区的典铺数量大为增加。常熟典铺的发展情形极具典型性。顺治年间,该县有典铺18家,康熙二十年(1681)至少达37家,乾隆初年已增至79家。乾隆初年,苏州府属各县的典铺数为:吴县137户,长洲80户,元和73户,昆山15户,新阳6户,常熟35户,昭文44户,吴江63户,震泽36户,共为489户。地方文献表明,这是苏州典铺最多的时期。典铺数量的前后变化以及相对集中于苏州附郭3县和市镇经济与农村交易活动兴盛的吴江、常熟地区,说明典铺的发展与社会经济的发展程度是一致的。

---

〔1〕《高宗实录》,清乾隆十年正月上,见《清实录》第12册,中华书局1986年,第4页。

〔2〕郑光祖:《(醒世)一斑录》卷二《人事》,清道光三十年刻本,第3页。

〔3〕钱陆灿等:清康熙《常熟县志》卷九《风俗》,清康熙二十六年刻本,见《中国地方志集成·江苏府县志辑》第21册,江苏古籍出版社1991年,第165页。

三是规模扩大。关于苏州典铺,《豆棚闲话》称:苏州“是个货物码头,市井热闹,人烟凑集,开典铺的甚多”,而且三千两银只能开个小典,至少需万两银子方能像个样子。雍正时,昆山典商江正泰铺内失火,烧去贮包当楼18间,尚有旁楼12间未烧。可见规模相当宏大。徽州歙县巨富许氏,质库多达40余所,江浙间在在有之,掌柜伙计等管理人员近2 000人,资本达数百万两,典铺规模当也不小。

除了典当和钱庄以外,标志这个时期苏州金融业发展的另一个方面是会票的使用。康熙初年,太仓人陆世仪记述苏州地区的缙绅与旅京的商人之间常从苏州向北京拨兑银钱的事例说:“今人家多有移重资至京师者,以道路不便,委钱于京师富商之家,取票至京师取值,谓之会票。此即飞钱之遗意。”〔1〕这是目前所知反映清初汇兑活动的最早记述。此后,在商业活动中会票屡见使用。如在乾隆四十三年(1778)发生的高朴私鬻玉石案中,走私者出售玉石后,除了现银外,“张莺经手交付会票四纸,共银一万一千七百九十两,会到京中声闻银号等店兑付”〔2〕。由此可见,清前期苏州虽不一定有专业的汇兑机构,但钱庄、银号兼营汇兑,利用汇票结算不同地区商业或私人借贷账务的情形,大概已较为常见。

清前期苏州金融业的发展,从总体上看是适应经济发展需要的,方便了人们之间的经济往来,有利于商业活动的开展和商品经济的发展。典铺接受典押物,“衡子母之微利,实以通民须之缓急。原系便民,非厉民也”〔3〕。民间“凡遇钱粮急迫,一时无措,惟向典铺质银。下而肩挑负贩之徒,鳏寡孤独之辈,等钱一百、五十,以图糊口,取之最便”〔4〕。由于典铺的存在,民间在需用匮乏和青黄不接之时,将零星花布米麦之类质当以解燃眉之急,一般典铺按规定的三分起息,较之放私债者的印子钱、鞭子钱的翻倍利息要低得多。只要利息不重,对于小生产者维持简单再生产是有一定好处的。民间将农副产品在上市时质当,还有防止谷贱伤农的一面。所以乾隆十二年(1747)有人提出禁止当米、当丝时,方观承就认为“蚕丝之新出者价必贱,故亦以典当为待价缓售之计”,主张“嗣后定限米在十石以下、丝在十斤以下,仍准民间典当”。〔5〕农民米、麦出市时质当,

---

〔1〕 陆世仪:《论钱币》,见贺长龄:《皇朝经世文编》卷五十二《户政》,清光绪十二年思补楼石印本,第11页。

〔2〕 故宫博物院文献馆:《史料旬刊》第19期,民国十九至二十年铅印本。

〔3〕 清顺治十三年《常熟县给帖勒石永禁借端衅扰典铺碑》,见苏州博物馆等:《明清苏州工商业碑刻集》,江苏人民出版社1981年,第185页。

〔4〕 清康熙四十二年《常熟县议定典铺取息等事理碑》,见苏州博物馆等:《明清苏州工商业碑刻集》,江苏人民出版社1981年,第188页。

〔5〕 方观承:《方恪敏公奏议》卷二《请分别示禁民间当米当丝》,清咸丰元年刻本,第5页。

青黄不接时取出,扣除利息,要比贱售贵籴合算,故典当成了贫民生活的一部分。钱庄为工商业者兑换银钱,甚至汇兑货款、聚集资金,与人们生活息息相关,极大地影响了工商业的发展。会票的较早出现和飞钱的广泛使用,本身就是商品经济发展到一定阶段的产物。因此,钱庄、银号在工商业发达的苏州城中最为集中,体现了金融业在苏州经济发展和对外经济贸易中的重要作用。

二、商业会馆与公所的繁兴〔1〕

随着商品经济的发展,汇集苏州的各地工商业者纷纷建立工商业组织——会馆和公所。学界对于苏州会馆和公所的研究已经取得了较多成果,现列出鸦片战争前苏州的会馆和公所数目,以供参考。

表 1-4 鸦片战争前苏州会馆一览表〔2〕

会馆名称	地址	建置人	始建年代
岭南会馆	阊门外山塘桥	广东广州仕商	万历年间
潮州会馆	阊门外上塘街	广东潮州商	清初建于北濠 康熙四十七年(1708)迁此
东官会馆 (后改宝安会馆)	岭南会馆东	广东东莞商	天启五年(1625)始建 康熙十六年(1677)改建
冈州会馆	宝安会馆东	广东新会商	康熙十七年(1678)
嘉应会馆	胥门外枣市街	广东嘉应府仕商	嘉庆十七年(1812)
三山会馆	万年桥大街	福建福州仕商	万历年间
漳州会馆	阊门外南濠街	福建漳州商	康熙三十六年(1697)
邵武会馆	阊门外南濠街	福建邵武仕商	康熙五十六年(1717)
汀州会馆	阊门外上塘街	福建汀州纸商	康熙五十七年(1718)
兴安会馆 (仙城会馆)	阊门外南濠街	福建兴化仕商	康熙年间
泉州会馆 (宛陵会馆)	阊门外张家花园南	福建泉州仕商	康熙年间
延建会馆 (延宁会馆)	曹家巷	福建延平、建宁仕商	雍正十一年(1733)

〔1〕本节主要参照范金民、夏维中:《苏州地区社会经济史》(明清卷),南京大学出版社 1993 年,第 485—492 页。

〔2〕本表转引自范金民、夏维中:《苏州地区社会经济史》(明清卷),南京大学出版社 1993 年,第 485—487 页。

（续表）

会馆名称	地址	建置人	始建年代
全晋会馆（白石会馆）	山塘半塘桥	山西钱商	乾隆三十年(1765)
翼城会馆（老山西会馆）	小武当山西	山西翼城商	
山西会馆	吴江盛泽大饱圩	山西商	
任城会馆	吴江盛泽西肠圩	山西任城商	
陕西会馆（全秦会馆）	山塘街毛家桥西	陕西西安商	乾隆六年(1741)
华阳会馆	吴江盛泽西肠圩	陕西华阳商	
武林会馆	宝林寺前	浙江杭州商	乾隆初年
金华会馆	南濠大街	浙江金华商	乾隆十五年(1750)
浙宁会馆	南濠大街王家巷内	浙江宁波商	乾隆以前
钱江会馆	桃花坞大街	杭州绸缎商	乾隆二十三年(1758)
吴兴会馆	曹家巷	浙江湖州仕商	乾隆五十四年(1789)
东岳会馆	阊门外三六湾	浙江绍兴蜡烛商	嘉庆年间
浙绍会馆	盘门新桥巷	浙江绍兴商	
宁绍会馆	吴江盛泽西肠圩	浙江宁波绍兴商	
宁绍会馆	常熟虞山镇	浙江宁波绍兴商	乾隆五十七年(1792)
东齐会馆	全秦会馆西	山东登、青、胶等商	康熙二十年(1681)
济东会馆	吴江盛泽大适圩	山东济南商	嘉庆年间
济宁会馆	吴江盛泽西肠圩	山东济宁商	
徽郡会馆	镇抚司前	安徽徽州纸、油、枣商	乾隆三十八年(1773)
新安会馆	阊门外上塘街	安徽徽州商	
宣州会馆	吴殿直巷	安徽宁国仕商	乾隆初
徽宁会馆	吴江盛泽	安徽徽州宁国商	乾隆三年(1738)
中州会馆	天启桥西	河南商	
洞庭会馆	枫桥	江苏洞庭商	康熙年间
大兴会馆	娄门外东汇	江苏木商	康熙十九年(1680)
高宝会馆（江淮会馆）	阊门外潭子里	江苏海州等商	康熙五十七年(1718)
毗陵会馆	山塘莲花斗	江苏常州猪商	乾隆二十七年(1762)

(续表)

会馆名称	地址	建置人	始建年代
仙翁会馆	河沿街长弄	江苏苏州纸商	乾隆五十八年(1793)
枣业会馆	胥门外枣市桥	江苏苏州枣商	嘉庆十八年(1813)
江鲁会馆		山东、江苏苏北商	乾隆四十六年(1781)
江西会馆	留园五福路	江西仕商	康熙二十三年(1684)

上列会馆表明,鸦片战争前苏州共建有43所会馆,外加建立于同治九年(1870)的湖南会馆,光绪五年(1879)的江宁(元宁)会馆、八年(1882)的两广会馆、十年(1884)的湖北会馆、十二年(1886)的武安会馆、十三年(1887)的八旗奉直会馆和三十一年(1905)的全浙会馆,苏州共有50所会馆。在地方性城市中,建有这么多会馆,可以说是绝无仅有的。以时代论,会馆最早出现在明万历年间,而大量建立是在清朝。具体而言,建于明代者3所,康熙时12所,雍正时1所,乾隆时14所,嘉庆时4所,不明年代者9所。可见,康雍乾时期是苏州会馆建立的高峰,嘉道以后很少再有工商性会馆的建立。外地人在苏州建立的会馆,以地域论,浙江最多,为9所;福建第二,为7所;江苏第三,为6所;广东第四,为5所;安徽与山西并列第五,为4所;其余依次为山东3所,陕西2所,山东与江苏合建者1所,江西、河南各1所。浙江、江苏以地理之便,福建、广东经商者多,故在苏州建立会馆较多。

会馆有专门的管理人员、固定的场所和稳定的经费来源,从而保证了其正常的管理与运作。会馆事务负责人员通常称为董事,也有司事、总理、首事等称谓。人数不等,一般为1人,也有多至数人甚或数十人者,如苏州徽郡会馆就有首事2人、捐首1人、董事20人。会馆的建筑无论大小,一般都设有戏台、接待宾客及宴会的大厅、供来人栖息的厢房、放置货物的仓库等,规模之大小,由财力而定。会馆的经费来源主要是会馆成员的捐助金,有的是自愿捐助,称为"乐输";有的是从各成员的货物中按规定抽取银钱,称为"捐厘"。如全晋会馆之建造,既有捐厘,又有乐输。"盖从货捐厘,从银起厘,取于人者无多,则人咸乐为捐输","捐输弗绝,绵绵常济"。[1]苏州的会馆就捐资情形看,主要有两种类型。一类由外地仕商共建,以广东、福建、山西等省域的会馆最为突出。江西会馆就是江西省的官商集资创建的。嘉庆元年(1796)《重修江西会馆乐输芳名碑》记载:

---

〔1〕 清乾隆四十二年《全晋会馆众商捐厘碑》,见苏州博物馆等:《明清苏州工商业碑刻集》,江苏人民出版社1981年,第335页。

“我乡官于斯、客于斯者,咸捐资斧,踊跃相从。”另一类由商人建立,这类会馆最为普遍、数量最多。由于苏州是一个工商业城市,外地人在苏州主要是为了开展工商活动,或多或少与工商有联系,因此这两类会馆并无截然界限。仕商合建的会馆以商业活动为主体,而商业会馆也接纳非经商的同乡人。

此外,还有如下几种特殊情形。由手工业者建立的会馆如东越会馆,就是由绍兴蜡烛生产者建立的。但由于在苏州的外籍商人的行业色彩很浓,一地的商人大多以经营某个行业为特色,而且生产往往兼营销售,因此东越会馆实际上也可视为地域性的商业会馆。

苏州的会馆除有明显的地域性外,其行业性特点也较明显,不少会馆实际上就是某地商人的行业组织,或者说,一地的商人是以经营某种或几种行业为主的。在苏州,安徽商人主要经营布业、木业、丝绸业、粮食业和典当业。浙江商人主要经营丝绸业、烛业、煤炭业、书籍纸业和锡箔业,上述东越会馆就是绍兴的蜡烛业工商业者建立的。福建和广东商人主要经营棉布业、米粮业、南货业和花果业。山西商人主要经营钱业和皮毛业,乾隆年间的山西会馆就是由山西钱业商人建立的。陕西商人主要经营布业和丝绸业,盛泽镇上的华阳会馆是该地的丝绸商人建立的。山东和河南商人主要经营丝绸业,盛泽镇上康熙年间的济宁会馆和嘉庆年间的济东会馆分别是由山东济宁和济南的丝绸商人建立的,光绪年间的武安会馆是由河北武安丝绸商建立的。江西商人经营各类杂货。两湖商人主要经营粮食业。江苏商人主要经营粮食业、布匹业、丝绸业和猪业,乾隆年间的毗陵会馆是由常州的猪肉商人建立的。由表 1-4 可知,由于各地商人经营的行业各有特色,因此这类会馆甚多。

苏州的会馆就其设置目的或作用来看,是外地人在苏州联络乡情和举办会议事务的公共场所,提供善举的公益机构。潮州会馆创立时声明,会馆之设,“凡吾郡士商往来吴下,懋迁交易者,群萃而憩游燕息其中”〔1〕。江西会馆也是为了“乡人亦时借以叙桑梓之谊”〔2〕而设立的。会馆都把办理善举,即救济事业放在相当重要的地位。加入会馆的工商业者,共同集资为会馆积累资金。这些资金中的相当大部分用于救济本行业中的贫病无依、失业以及死亡者。会馆解决他们生养死葬的困难,对失业的给以救济,对老年不能做工的给以回家的路费,

---

〔1〕 清乾隆四十九年《潮州会馆碑记》,见苏州博物馆等:《明清苏州工商业碑刻集》,江苏人民出版社 1981 年,第 344 页。

〔2〕 清嘉庆元年《重修江西会馆乐输芳名碑》,见苏州博物馆等:《明清苏州工商业碑刻集》,江苏人民出版社 1981 年,第 345 页。

或者因病延医,由会馆供应汤药。许多会馆还设有义冢,埋葬无依无靠的死者。有的会馆还设有义学,让本地域从商的贫寒子弟能有读书识字的机会。这些善举的目的是维护同地域工商业者的利益,增加对内的向心力和对外的竞争力,以便在日益激烈的工商业竞争中立于不败之地。因此,会馆既是工商业发展的产物,又有利于工商业的开展,会馆建筑的宏伟,与苏州工商业经济发展的速度相一致。会馆数量的众多,说明清前期苏州与全国各地的经济联系十分密切,苏州经济的发展已不可能局限在本地区范围内,而需要依赖于与全国各经济区域的交流。

鸦片战争前后,随着商品经济竞争的更加激烈,必须以行业统一行动来对付外来力量的竞争和各种超经济力量的干预,由此地域性的会馆或过渡为公所,或融合到各行业的公所中去。清末,更合并为各自的同业公会。由会馆到公所到同业公会的发展,大体显示了苏州工商业组织的演变脉络,反映了苏州工商业经济的发展过程。

会馆后来逐步演变为公所。二者之间最主要的区别是:会馆以同乡为主,具有明显的地域性特点;公所则以同业为主,有行业的特点。公所往往是按行业建立起来的,有外地商人建立的,有本地商人建立的;还有按同籍的同一行业组成的,有的为商业行帮,有的为手工业作坊,也有的由工匠们所组成。公所更是同行业中办理善举、议定行业条规章程、实施行业管理的组织机构。办理同业善举是公所的重要职能之一。公所还通过由行业同人议定的行业条规章程,包括开业、停业、经营范围、经营方式、雇工、授徒、工资福利、集体事业、经费等行业同人必须共同遵守的规则,从而实施对行业的管理。凡行业中的重大事务,公所都会及时召开会议磋商调解。

表1-5　鸦片战争前苏州公所一览表〔1〕

公所名称	地址	行业	始建年代
崇德公所	尚义桥	印书	康熙十年(1671)
梨园公所	镇抚司前	昆弋腔	雍正十二年(1734)
剞劂公所	教场南	刻字	乾隆四年(1739)
面业公所		面	乾隆二十二年(1757)

〔1〕本表引自范金民、夏维中:《苏州地区社会经济史》(明清卷),南京大学出版社1993年,第488—489页。

（续表）

公所名称	地址	行业	始建年代
成衣公所	九胜巷	成衣	乾隆四十五年(1780)
菜业公所	宫巷(后迁东美巷)		乾隆四十五年(1780)
磨坊公所	小武当山		乾隆五十五年(1780)
花商公所	山塘街下塘	花铺	乾隆年间
集庆公所		炉饼	乾隆年间
江镇公所（整容公所）	马医科巷	剃头	乾隆年间
圆金公所	蒲林巷	圆金	嘉庆五年(1800)
时人公所	四摆渡东山庙南	煤炭树柴船	嘉庆十四年(1809)
小木公所	憩桥巷	小木	嘉庆十五年(1810)
南枣公所	枣市街	南枣橙橘	嘉庆十七年(1812)
玉业公所	石塔头宝珠庵内	琢玉	嘉庆二十五年(1820)
庖人公所	宫巷中	庖厨	嘉庆年间
光裕公所	第一天门	弹词评话	嘉庆年间
永宁公所（允金公所）	隆兴桥	硝皮	嘉庆年间
咏勤公所	梵门里萧家园	洋货	嘉庆年间
膳业公所	金姆桥东高冈上	饭业	道光初年
丽泽公所	刘家浜	金箔	道光初年
云锦公所	祥符寺巷	纱缎帐房	道光二年(1822)
七襄公所	文衙弄	绸缎	道光五年(1825)
水炉公所	西北街石皮弄	水炉	道光十一年(1831)
新安公所		布店字号	道光十二年(1832)
尚始公所	四摆渡官弄堂	土布店铺	道光十二年(1832)
嘉凝公所	合村坊巷	金线	道光十四年(1834)
咸庆公所		瓜帽业	道光十六年(1836)
承善公所	郡庙神道街	装修置器业	道光十七年(1837)
性善公所	斑竹巷	漆作	道光十七年(1837)
茶礼公所	社坛巷	礼茶	道光十七年(1837)
明瓦公所	东海岛一弄	明瓦业	道光二十年(1841)
永和公所	盘门城桥北下岸	木柴	道光二十年(1841)

表1-5中的公所表明，苏州的公所最早出现在康熙年间，乾隆末年已有较多数量，到鸦片战争爆发前，已达33所，占苏州140余公所的四分之一，但大部分公所要到鸦片战争后才产生。可见会馆建立衰落之际，正是公所兴起之时，时间上正好前后继起。这说明如以乾隆末年为限，苏州的工商业者在前以地域为主，在后则以行业为主。因此，在这里仅论述有关地域特色的会馆。

公所运营机制大致与会馆相同，但更为复杂。公所内部实行董事负责制。一般来说，每个公所都设有董事，或称司事、经董等，人数不等，由选举产生。由于公所为行业组织，而同行之组成，既有地域的差别，又有行业内部分工的不同，还有成员身份的差异，从而出现公所内部分别管理的情况，如苏州漆作业的性善公所，下分仁、义、礼、智、信五个部分，各有司事若干名。作为行业的办公议事之地，公所的房屋建筑不同于会馆追求宏阔壮观，而是求其实用。如性善公所系由吕松年购得"孙姓平房一所，计共十三间"，捐助于公所。[1]公所的经费，有的来自成员的捐助，如道光二十四年（1844），绅商胡寿康、张如松拟创绸缎同业公所，"率先各垫五百金"，"吴中绸缎同业者，咸量力亦各垫多金，购营公所，名曰'七襄'"。[2]

清代会馆、公所的建立与发展，表明苏州作为中国最重要的商业中心之一，与全国各地的经济联系十分密切。随着商品经济的发展和商品竞争的加剧，清末苏州商务总会建立后，会馆、公所大多作为行帮的代表参加商会，成为商会的基础，并逐步转化为资本主义的同业公会。

三、《姑苏繁华图》

《姑苏繁华图》又称《盛世滋生图》，作者徐扬，字云亭，苏州吴县人，监生。乾隆十六年（1751），乾隆帝第一次南巡，徐扬进献画册，被录用为宫廷画院供奉，乾隆十八年（1753）又钦赐举人。乾隆二十四年（1759），即乾隆帝第二次南巡之后，徐扬有感于清朝"亘古未有"的盛世繁华，创作了这幅著名的长卷画作。《姑苏繁华图》，全长1 241厘米，画心高39厘米。展开画卷，自苏州西部著名景点灵岩山起，到虎丘为止，徐扬重点描绘了一村（灵岩山前）、一镇（木渎）、一城（苏州）、一街（山塘）的景物，这一路线可以说集中了苏州最具代表性的自然景

---

〔1〕 清道光二十九年《吴县为吕松年捐置房屋永为性善公产给示杜扰碑》，见苏州博物馆等：《明清苏州工商业碑刻集》，江苏人民出版社1981年，第148页。

〔2〕 清道光二十七年《七襄公所碑记》，见苏州博物馆等：《明清苏州工商业碑刻集》，江苏人民出版社1981年，第28页。

点和最繁华的商业中心,同时也是乾隆帝南巡驻跸的主要地点。

《姑苏繁华图》开卷是苏州优美的村郊景色,首先映入眼帘的是灵岩山。灵岩山为吴中胜地,风景优美,旧有“十二奇石”或“十八奇石”之说,灵岩山也因灵岩塔前有一块“灵芝石”而得名。相传吴王夫差在山巅建造园囿“馆娃宫”,由山脚可以沿一条主要步道行至山顶。在传统的图像中,灵岩山经常以整座山入画,山坡上的步道、山顶的古迹也隐约可见。在《姑苏繁华图》中,徐扬只描绘了山的下半部,山顶的名胜古迹并未入画。虽然舍弃了山顶的古迹建筑,但沿着山坡步道的两座亭子、山脚处的两层居室以及步道上的行人却显得特别清楚,前景的房楼可能是苏州著名诗人沈德潜的别业书楼。山坡上沿着步道明显可见的两座亭子,是为了乾隆帝第一次南巡才特地从落红亭、迎笑亭改名的迎晖亭与松啸亭。[1]

灵岩山向东为木渎镇,木渎镇位于苏州西南30里,是南宋以来的著名古镇。木渎早在北宋时期就设为镇,“为吴邑首镇”[2],明清时期日臻繁荣。据统计,乾隆年间,苏州吴县、长洲、元和三县市镇数量达25个。[3]除了繁华的市镇场景外,木渎镇人文荟萃,为当时很多文人雅士居留之所。例如,《姑苏繁华图》中描绘的遂初园,就是乾隆时著名的藏书世家吴氏的园子。园主吴铨,字容斋,康熙末年任吉安知府,归田后筑此园。吴铨之孙吴泰来,乾隆二十五年(1760)考中进士,后与钱大昕、曹虎臣、王昶、赵文哲、王鸣盛、黄文莲六人并称“吴中七子”。徐扬还描绘了社仓、法云庵等名胜古迹,在《姑苏繁华图》中木渎镇就占据了五分之一的篇幅。

《姑苏繁华图》接着展开的是苏州西郊的自然景观,包括上方山、石湖、横山、狮山与何山。石湖位于苏州城外西南郊,主要景点有湖心亭与石佛寺。据同治《苏州府志》载,湖心亭是乾隆二十二年(1757)地方官员为了迎接乾隆皇帝第二次南巡所建。[4]石佛寺位于石湖的西岸,与行春桥相连,南巡前就已存在数百年,但地方政府为了南巡特地加以修饰。在石湖四周还描绘了渔民打鱼的场景,由此可见,渔业是该地最重要的民生活动。狮、何两山图的前景是春台戏,这是当地为了祈求丰收,春天在田地附近搭建的戏台表演。春台戏旁飞动的旗子上

[1] 马雅贞:《中介于地方与中央之间:〈盛世滋生图〉的双重性格》,见《美术史研究集刊》第24期,2008年,第293—294页。

[2] 张郁文:《木渎小志》卷一《区域》,民国十年苏州华兴印书局铅印本,见《中国地方志集成·乡镇志专辑》第7册,江苏古籍出版社1992年,第464页。

[3] 刘石吉:《明清时代江南市镇研究》,中国社会科学出版社1987年,第142页。

[4] 苏州市城建档案馆:《姑苏繁华图》,文物出版社1999年,第88页。

写着“恭谢皇恩”，原来祈求农业丰收的谢神戏台因此成了与南巡有关的活动。

《姑苏繁华图》的中心是苏州城主要的商业区，沿着胥河从胥门到阊门的西面城墙。苏州自明代中期起即以工商业发达著称于世，东半城以丝织等手工业生产发达著称，西半城以商品流通、商业贸易著称。西半城尤以胥门至阊门之间最为繁盛热闹，直到明末，为“两京各省商贾所集之处”；上塘、南濠则“为市尤繁盛”。[1]入清后，阊胥之间、南濠山塘一路，市肆更加繁盛。

《姑苏繁华图》最后的一段自山塘始至虎丘终。与阊胥之间的繁华景象不同，从山塘到虎丘一街要显得冷清许多，呈现出自然的山水风光。山塘街两旁分布着第宅园林，其中有陆龟蒙寓舍，顾苓的云阳草堂，吴一鹏的玉涵堂、真趣园，王穉登寓舍，陆广明及其弟仲和宅，一代名姝董小宛宅等，住宅与零星点缀的树木相互映衬，显得十分幽静。虎丘是苏州山林景色最著者，丘壑雄奇，林泉清幽，有“虎丘于诸山中最小，而名胜特著”之美誉。康、乾两帝十二次南巡，每次都会游览虎丘，赋诗题咏。由图观之，虎丘寺之殿宇建筑尽在画中。自下而上有正山门、二山门、五十三参、三山门、大雄宝殿、千佛阁、伽蓝殿、最高处云岩寺塔，整个虎丘漂浮于烟云之上，犹如置身于云雾间的宫殿。[2]

据学者统计，《姑苏繁华图》画面有熙来攘往的各色人物12 000多人，各色房屋建筑2 140余栋，河道中的官船、货船、客船、杂货船、画船、木簰、竹筏等约400条，街道店肆林立，市招高扬，有260余家，各式桥梁50余座，文化场景10余处。在纷繁错杂的店铺中，丝绸店铺14家，棉花棉布业23家，染料染业4家，蜡烛业5家，酒业4家，凉席业6家，油漆漆器业5家，铜铁锡器业5家，金银首饰珠宝玉器业8家，衣服鞋帽手巾业14家，图书字画文化用品业10家，灯笼业5家，竹器业4家，窑器瓷器业7家，粮食业16家，钱庄典当业14家，酒店饭馆小吃等饮食副食业31家，医药业13家，烟草业7家，南货业5家，洋货业2家，油盐糖杂货业17家，酱菜业5家，柴炭行3家，皮货行1家，麻行1家，猪行1家，果品业2家，乐器业1家，扇子铺2家，船行3家，茶室6家，澡堂1家，花木业2家，客栈3家，其他行业11家。浙江巡抚纳兰常安对苏州商业中心南濠街商品种类之繁富新奇感触极深，他说：“南廒在苏城阊门外，为水陆冲要之区，凡南北舟车，

---

〔1〕 王鏊等：明正德《姑苏志》卷十八《乡都》，明正德刻本，见《天一阁藏明代方志选刊续编》第12册，上海书店1990年，第80页。

〔2〕 范金民：《江南社会经济研究》(明清卷)，中国农业出版社2006年，第1035—1064页；马雅贞：《中介于地方与中央之间：〈盛世滋生图〉的双重性格》，见《美术史研究集刊》第24期，2008年，第299页。

外洋商贩,莫不毕集于此。居民稠密,街弄逼隘,客货一到,行人几不能掉臂……近人以苏杭并称为繁华之郡,而不知杭人不善营运,又僻在东隅。凡自四远贩运以至者,抵杭停泊,必卸而运苏,开封出售,转发于杭。即如嘉、湖产丝,而绸缎纱绫,于苏大备,价颇不昂。若赴所出之地购之,价反增重,货且不美。"[1]可以肯定地说:"清前期的苏州,是少数几个云集全国乃至外洋货物的商品中心,全国著名的丝绸生产、加工和销售中心,全国最大和最为集中的棉布加工和批销中心,江南地区最大的粮食消费和转输中心,全国少见的金融流通中心、刻书印书中心,颇为发达的金银首饰、铜铁器以及玉器漆器加工中心,开风气之先和领导潮流的服饰鞋帽中心,独步全国的美味美食饮食中心,设施齐备、服务周到的生活中心,交通便利的运输中心。"[2]

徐扬绘制《姑苏繁华图》的时代,正是苏州商业和文化高度发达的时期。徐扬用他准确而细腻的画笔实录了苏州的盛世风光,不仅有苏州城内的喧阗市肆,还有城外的秀美景色,同时将代表苏州文化的科举教育、戏曲丝竹、婚礼习俗、园林艺术等丰富内容无不尽情展示出来。具体的图画场景有山川、城郭、街巷、桥梁、河道、码头、寺院、庙坛、衙署、民居、店面,有舟楫、学塾、戏台、招牌,还有婚娶、宴饮、雅集、授业、科考、出巡、演艺、田作、买卖、渔罟、造屋以及命相、测字、化缘等场面,是苏州作为江南地区经济、政治、文化中心的一个真实的再现。

---

〔1〕 纳兰常安:《宦游笔记》卷十八《江南》三,转引自范金民:《江南社会经济研究》(明清卷),中国农业出版社2006年,第1039页。

〔2〕 范金民:《江南社会经济研究》(明清卷),中国农业出版社2006年,第1064页。

◎第二章　衰退与剧变（嘉庆至同治初年）◎

嘉庆时期，清王朝由盛转衰，至道光时期已是危机四起。道光二十年（1840）爆发中英鸦片战争，其后又签订了一系列不平等条约。咸丰三年（1853）太平天国定都天京（今南京），咸丰十年（1860）太平天国占领苏州并建立苏福省，同治二年（1863）十月末淮军攻占苏州而恢复了清王朝在苏州的统治，这些重大的历史事件，极大地改变了苏州的历史进程，苏州的发展步入由盛转衰的中落时期。

第一节　社会经济渐趋衰落

一、水、旱灾害频仍

苏州位于长江下游太湖流域的核心地带，地势低洼，平均海拔仅三至五米，河道密布，素称水乡泽国。周边地区除有太湖（约占三分之二的面积）外，还有石湖、独墅湖、黄天荡、金鸡湖、阳澄湖等较大湖泊，运河、胥江、娄江、吴淞江、刘河、白茆等河流密布。长期以来，太湖流域水利的根本问题，是保障太湖泄水通畅。太湖水由苏松通江海，一旦暴雨台风，泄水不畅，苏松大部分地区辄遭水患。自宋以来，苏松地区低地开发，修筑了大量圩田，而其耕作丰歉与水利设施的兴废密切相关。倘若失去农田水利的保障，苏松等太湖流域农业高产、经济繁庶，以及国家的高额赋税等，就将化为泡影。

清代嘉庆至咸丰年间，是中国自然灾害频发的历史时期，中国进入了一个“灾害群发期”〔1〕。自嘉庆二十五年（1820）开始，全国气温普遍转冷，同时涝灾和雹灾开始增多，并一直持续到19世纪末，尤其在19世纪30—50年代，农业收成因此大幅下跌。这一时期的灾害群发，对中国近代社会经济发展的影响甚巨，

〔1〕 夏明方：《从清末灾害群发期看中国早期现代化的历史条件——灾荒与洋务运动研究之一》，见《清史研究》1998年第1期。

乃至对政治进程走向都有影响。[1]“1796—1850 年间，清政府因气候灾害而逐年赈济和减免税收的县次与各年全国各地爆发的农民起义的次数有着密切的对应关系，相关系数是0.56。”[2]就苏州而言，道光三年(1823)、十三年(1933)和二十九年(1849)三次水灾与“道光萧条”以及江南地区经济衰退之间有着密切的关系。李鸿章在《请减苏松太浮粮疏》中论及当时苏州的形势，曾说：“至道光癸未大水，元气顿耗，商利减而农利从之。于是，民渐自富而之贫。然犹勉强支持者十年。迨癸巳大水而后，始无岁不荒，无县不缓。以国家蠲减旷典，遂为年例。夫癸巳以前，一二十年而一歉。癸巳以后，则无年不歉，且邻境皆不歉，而苏松太独歉！”[3]由此可见，道光年间的自然灾害对清后期苏州经济，包括商业经济和农业经济，产生了严重的影响，自此之后苏州社会经济从繁盛逐渐下行，走上了衰落的道路。

《清代长江流域西南国际河流洪涝档案史料》根据朱批奏折和军机处录副汇编，按照县份记录了清代长江流域每县有灾荒记录的年份及其记录条数。赵思渊先生将乾隆元年(1736)至宣统三年(1911)苏州府所属各厅县的洪涝记录条数进行统计，根据这些记录来考察这一时期苏州的灾害情况。

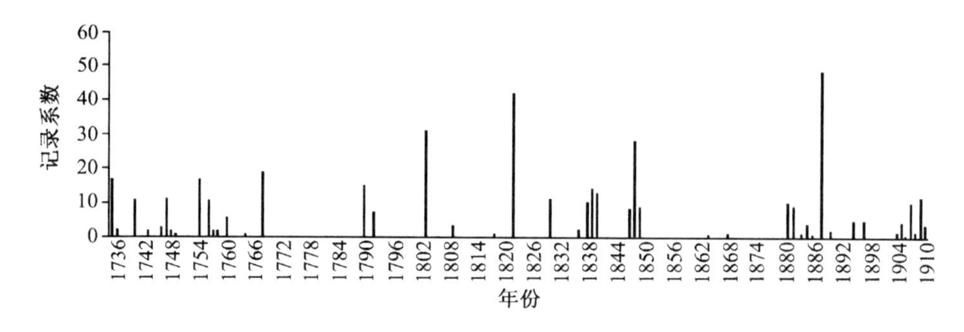

图 2-1　清代苏州灾荒频度图[4]

根据图2-1　单一年份记录条数最多的是光绪十五年(1889)，达48次。其次是道光三年“癸未大水”，达42次。而嘉庆二十五年至道光三十年(1820—

〔1〕 赵思渊：《道光朝苏州荒政之演变：丰备义仓的成立及其与赋税问题的关系》，见《清史研究》2013年第2期。

〔2〕 葛全胜、王维强：《人口压力、气候变化与太平天国运动》，见《地理研究》1995年第4期。

〔3〕 冯桂芬：《请减苏松太浮粮疏》，见葛士濬：《皇朝经世文续编》卷三十一《户政八》，清光绪十四年图书集成局铅印本，第7页。

〔4〕 赵思渊：《道光朝苏州荒政之演变：丰备义仓的成立及其与赋税问题的关系》，见《清史研究》2013年第2期。

1850)则是出现灾荒记录年份最多的时段。

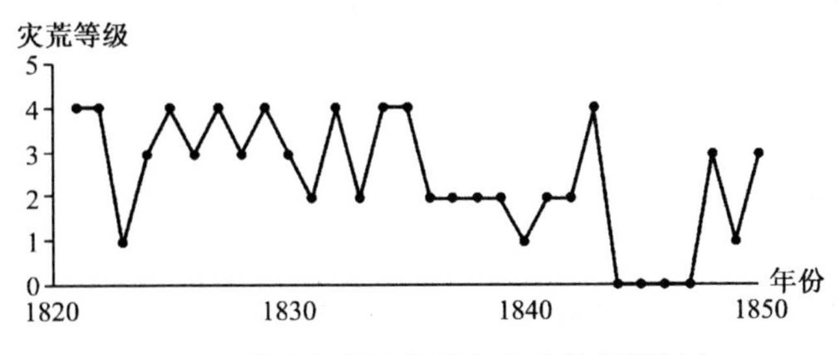

图 2-2　道光年间苏州历年灾荒等级图〔1〕

赵思渊先生根据《中国近五百年来旱涝分布图集》对苏州站点统计所作《道光时期苏州历年灾荒等级图》,可以看到,虽然经历了道光三年(1823)的大水,但之后直到道光十一年(1831),灾害等级在正常至偏旱之间。从道光十二年(1832)开始在偏旱与偏涝之间反复波动,在道光十六年(1836)至道光十八年(1838)间连续偏涝。由此可见,道光年间苏州的气候条件除了道光三年的"癸未大水"之外,始终处于高频度、低烈度的水旱灾害交替出现的状况之下。

对于这一时期苏州的自然条件,时人亦多有记录。据常熟人郑光祖著于道光年间的《一斑录》记载:"历稽遇大水者,顺治八年,康熙四年、九年与十七、十九、四十一、四十七、五十四等年,雍正元年、四年、十年。虽皆可考,均不知其详。乾隆三十四年、四十二年,水亦大而不至太甚。"嘉庆九年(1804),"雨大且多"。而"数十年来,大水无过道光三年"。〔2〕

造成水灾的原因,如道光三年苏松等属雨水成灾,当时经由两江总督孙玉庭、江苏巡抚韩文绮查明,系吴淞江等处淤塞所致。"江苏泽国也,而水利湮废且数十百年。嘉庆甲子大水,江浙两省会议疏浚者,累年竟无成说。道光癸未,水尤甚,苏、松、常、镇、太、杭、嘉、湖八府州被灾,为雍正乙巳以后所未有。其明年,议者以为太湖之源来自湖州七十三溇、宜兴百渎者,半就湮。其委归于元和宝带桥、吴江垂虹桥者,半就塞。两省会同勘估疏浚,而尾闾之吴淞江则估而未办。刘河、白茆塘并未议及。"〔3〕

---

〔1〕 赵思渊:《道光朝苏州荒政之演变:丰备义仓的成立及其与赋税问题的关系》,见《清史研究》2013 年第 2 期。

〔2〕 郑光祖:《一斑录》之《杂述二·大水》,清道光三十年刻本,第 19—20 页。

〔3〕 包世臣:《江苏水利略说代陈玉生承宣》,见《安吴四种》卷七,《近代中国史料丛刊》第 30 辑第 294 册,台北:文海出版社 1966 年,第 473 页。

同样,据冯贤亮先生研究[1],江南旱情的出现一般在夏秋两季,有清一代发生过的旱灾至少有14次,其中嘉庆十九年(1814)、道光十五年(1835)和咸丰六年(1856)这三次大旱均在地方文献中有显著的反映,严重影响了苏州以及江南地区社会经济的正常运转。同治十二年(1873),嘉兴知府宗源瀚上报:"乾隆、嘉庆、道光、咸丰以来,除道光初年及二十九年两次大水外,其余乾隆乙巳(五十年)、乙酉(五十四年),嘉庆甲戌(十九年)、乙卯(二十四年),咸丰丙辰(六年),无不大旱。"[2]咸丰六年(1856)特大旱灾的情形,嘉定人王如润是如此记录的:"是年之苦亢旱,春间无大雨,黄梅又不雨,河水尽竭。余家太仓,航船不能通,停止二十余日。自七月十六日有潮水进内河,方能通。是年之旱,同于嘉庆十九年,而米价自二十八文长至三十八文。"[3]从总体上看,江南地区咸丰六年与嘉庆十九年的干旱大致相同。参考苏州各府县方志,各地大致情形为:苏州府六月旱;常熟县,夏大旱;昆山县,夏大旱,河港多涸,诸河步行可通,农民戽水甚艰;太仓州,大旱,大疫;吴江县,大旱;吴县,夏大旱。[4]

因此,嘉道咸期间苏州本地的大水与旱灾严重影响了农业生产,而之所以产生如此严重的影响,究其原因,除了无法控制的自然气候原因之外,更为严重的是太湖水利工程年久失修,各条支流无法对流域内的水利进行调节,导致农田大面积歉收,进而影响到社会其他经济领域。

二、城市经济地位的下降

清代前期以来,苏州凭借地理位置和自然条件的优越,确立了全国经济最为发达地区的核心城市位置。从宏观地理位置上看,"长江绕于西北,大海环于东南,苏为郡,奥区耳。山海所产之珍奇,外国所通之货贝,四方往来,千万里之商贾,骈肩辐辏"[5]。苏州经南北大运河与全国各地联通,又通过运河与刘河,与中国的黄金水道长江相连。溯江往西可以到达安徽、湖北,直通四川;经过运河可以北上山东、河南,直达北京;经运河南下至杭州,进而可南连广州。如此优越的地理位置和便利的水运航道,成为苏州得以保持长久繁荣的重要因素。然而,

---

〔1〕冯贤亮:《咸丰六年江南大旱与社会应对》,见《社会科学》2006年第7期。

〔2〕宗源瀚:《开掘虹桥、斜桥堰通泖济旱禀牍》,见清代佚名:《浙西横桥堰水利记》,清光绪二十四年刻本。

〔3〕王汝润:《馥芬居日记》,见《清代日记汇抄》,上海人民出版社1982年,第190页。

〔4〕冯贤亮:《咸丰六年江南大旱与社会应对》,见《社会科学》2006年第7期。

〔5〕沈寓:《治苏》,见贺长龄:《皇朝经世文编》卷二十三《吏政九》,清光绪十二年思补楼石印本,第59页。

进入清代中期,苏州地区经受了连年的水旱灾害,区域内的水陆交通受到了严重的破坏。上海开埠后的发展及其区位优势对周边城市造成的吸附作用,也使苏州作为长江三角洲地区核心城市的地位开始下降。

(一)运河体系瓦解,苏州逐渐失去交通优势地位

自隋朝开凿大运河直至清末,大运河都是苏州兴盛发展的命脉所在。"南海百蛮之入贡者,南方数百郡之求仕者,与夫工艺贸易之趋北者,今日杭州明日而苏。天使之驰驿而来者,北方中原士大夫之仕于南者,东辽西域幽朔之浮淮越江者,今日苏而明杭。是故苏为孔道。"〔1〕正是由于苏州城市发展对大运河的依赖,一旦大运河交通运输出现问题,便会严重影响苏州的经济与发展。

大运河在镇江与长江交汇,是苏州从长江中上游输入粮食,输出丝、棉织品的最主要通道。由于镇江地段运河地势较高,不易蓄水,经常出现断航现象。如道光四年(1824),丹徒、丹阳一带运河严重不畅,造成"堵塞坝外的米船,不下千号","客贩来船,未能络绎前进"的情况。〔2〕浏河是太湖入海的重要干道,也是苏州与长江沟通的另一条水上交通要道,浏河港则是苏州通江入海的主要门户,宋元时期中国与日本等国的交往、元代大规模的海运、明初郑和下西洋,都以此为出发地。明代后期,浏河港仍被称为"天下第一码头"。但入清以后,浏河港屡兴屡废,终于因水利不兴,淤塞越来越严重,原来停泊浏河港的船只都转往上海。乾隆末年,浏河"河口陡涨横沙,巨艘不能收口,商贾鲜至,阛阓萧条"〔3〕,以致"南北商人皆席卷而去"〔4〕。

大运河向来水源不丰,常年从黄河引水,但是黄河泥沙逐年累积,并流入大运河,造成大运河河道泥沙淤积,成为大运河交通运输的最大隐患。道光初年,大运河已经是"底高一丈数尺,两滩积淤宽厚"〔5〕。不过,清政府从严查海禁、保证内河运输的角度考虑,仍然不同意开放海运。道光二年(1822),浙江巡抚帅承瀛提出,浙省温州土产粗茶,向由平阳江口出海,进乍浦口,运赴苏州。定海县岁产春茶,亦由海运至乍浦,转售苏州。但是,因为严禁海运,所有运茶船只均

---

〔1〕 方回:《姑苏驿记》,见钱穀:《吴都文粹续集》卷十一,《四库全书》第1385册,第272页。

〔2〕《重订江苏海运全案》,转引自范金民、夏维中:《苏州地区社会经济史》,南京大学出版社1993年,第561页。

〔3〕 王祖畬:民国《镇洋县志》卷二《营建》,民国七年刻本,第13页。

〔4〕 金端表:《刘河镇纪略》卷四,见《中国地方志集成·乡镇志专辑》第9册,江苏古籍出版社1992年,第373页。

〔5〕 赵尔巽等:《河渠志二》,见《清史稿》第13册,中华书局1976年,第3786页。

须从内河输送,盘费浩繁,未免生计维艰,恳请仍由海道贩运。道光帝认为,“浙省毗连闽粤,洋面辽阔,稽察(查)难周。虽据该抚奏称,提验查对,各口岸均有稽核,恐日久懈弛茶船出口后,该商民等贪图厚利,任意驶赴南洋,私售外夷。并守口员弁得规徇纵,任令携带违禁货物,致滋偷漏,其流弊实不可胜言”。所以下令海运之法断不可行,“温州、定海各茶船,仍著由内河行走。以昭禁令而重海防”。[1]道光四年(1824),由于“江南省苏州、松江、常州三府,太仓一州,与浙江省杭州、嘉兴、湖州三府,均系水乡。近来各处河道多有垫淤,海口未能畅达,兼以塘闸损废。偶遇异涨,时有泛溢”[2]。道光帝委派时任江苏按察使的林则徐专办江苏、浙江两地水利修治,希望可以继续保证大运河交通运输的畅通。

道光五年(1825),黄河泛滥,夺淮入海,从黄河到长江一线的运河全被泥沙淤成平地,漕运、盐运被迫中断,江南的粮食不能及时运往京城,清政府不得不重新开始考虑漕粮改由海运的计划。道光七年(1827)六月,曾任江苏巡抚、江南河道总督的蒋攸铦提出,“近年河底逐渐淤高,清水不能畅出,以致漕运阻滞。琦善等请开王营减坝,办理不善,仍未能如法通漕。本年倒塘灌运,未可常恃。来年重运,亟应预为筹计”。请求朝廷准予开通海运,道光帝认为这是有备无患的提议,批准了相关请求,允许“所有江苏省来年新漕,除江宁、扬州、淮安、徐州、通海等四府二州,照旧各归本帮兑收转运外,其苏州、松江、常州、镇江、太仓等四府一州,仍雇用海船运赴天津”。同时,强调“海运本非良策,朕所以勉从所请者,原以河漕不能兼办,腾出河身,俾去其受病之源,用复以清刷黄之旧”,要求各地官员“实力讲求,疏淤导滞。务令黄水落低,清水畅出”[3],以便日后重新恢复内河漕运。

但是,运河的状况日益恶化,运输通航能力逐渐走上了不可恢复的道路,加之海运优势愈发明显,漕运被海运代替已经成为大势所趋。咸丰元年(1851)九月,户部尚书孙瑞珍提出“将来岁苏州、松江、太仓三属新漕照案改由海运,计节省之项,可补库储”。同时,两江总督陆建瀛和江苏巡抚杨文定联名上奏,请求筹办海运。清政府正式同意“所有来年苏州、松江、常州、镇江、太仓五府州漕白粮米,著准其一律改由海运”[4]。至此,清政府正式采用海运代替了几百年来的内河漕粮运输,苏州赖以繁荣发展的内河交通运输优势荡然无存。此时,尽管漕运

〔1〕《宣宗成皇帝实录》,清道光二年八月上,《清实录》第33册,中华书局1986年,第707页。
〔2〕《宣宗成皇帝实录》,清道光四年闰七月,《清实录》第34册,中华书局1986年,第146页。
〔3〕《宣宗成皇帝实录》,清道光七年六月,《清实录》第34册,中华书局1986年,第1021页。
〔4〕《文宗显皇帝实录》,清咸丰元年九月下,《清实录》第40册,中华书局1986年,第609页。

体系尚未完全解体,但海运取代河运已经是大势所趋,运河丧失漕运功能而出现衰落的命运已不可避免。从此,运河不再发挥南北经济联系的内河航道主干道的作用。清末,随着铁路运输的兴起,运河运输体系彻底解体。

时人卫荣光曾对河运转为海运的过程有一概括性的论述:"道光季年,海运费省而运疾,上下咸以为便,而犹河海并运也。至粤匪肆扰、中外互市以来,宸谟远布,海运专行,而河运遂废。江南之由河运者不过江、安数万石而已。海运踵行之后,已三十余年,功效大著,火轮骠迅,与沙卫船分成揽运,尤开亘古未有之奇,此变则通之候欤。"〔1〕运河运输功能的丧失,致使运河沿岸的苏州在之后的命运出现转折。

(二) 上海开埠,苏州逐步失去区域中心城市的地位

道光二十三年(1843),根据《南京条约》和《五口通商章程》的规定,上海正式开埠。上海开埠以后,逐渐发展成为江南区域的工业、商业、贸易和金融中心,苏州的区域经济中心地位逐渐被取代。

开埠前的上海,为松江府属县,以盛产豆、麦和棉花而闻名,所产的棉布在江南区域经济中占有一定位置,但是各项经济指标均无法与苏州相比,在经济十分发达的长江三角洲地区,上海不过是其中的一个"壮县"〔2〕。就在上海开埠前的道光十八年(1838),由于上海"滨(濒)临海口,向有闽、粤奸商,雇驾洋船,就广东口外夷船,贩买(卖)呢羽杂货并鸦片烟土,由海路运至上海县入口,转贩苏州省城并太仓、通州各路;而大分则归苏州,由苏州分销全省,及邻境之安徽、山东、浙江等处地方。江苏省外州县民,间设有信船、带货船各数只,轮日赴苏递送书信……是以各县买烟价银,由信货船汇总,有数可稽"〔3〕。这段话虽然是说明当时鸦片在上海及苏州等地的走私情况,但清晰地勾勒出开埠前长江三角洲以苏州为中心的区域性商业活动网络结构图。这一时期,西方商品及其他南洋、闽广杂货由上海进口以后,通过内河商务船运销苏州,然后再从苏州转销全国各地。也就是说,长江三角洲地区商业物流之进出,仍主要以苏州为目的地和转运中心,上海仅为苏州转运商品的港口城市,城市地位位居苏州之后。这一局面至

〔1〕《重订江苏海运全案(原编)·卫荣光序》,转引自范金民、夏维中:《苏州地区社会经济史》(明清卷),南京大学出版社1993年,第560页。

〔2〕 何一民:《中国传统工商业城市在近代的衰落——以苏州、杭州、扬州为例》,见《西南民族大学学报》2007年第4期。

〔3〕 聂宝璋:《中国近代航运史资料》第1辑,上海人民出版社1983年,第67—68页。

上海开埠后的一二十年之内基本未发生重大变化。

但是,上海具有的天然优势,注定了它在新时代来临之时将要成为举足轻重的中心城市。上海位于长江三角洲和整个长江流域的出海口,是进入长江的门户,又处于中国南北海岸线的居中位置,面向海上商路又拥有广阔的经济腹地,这是中国其他任何一个港口都无法匹敌的。上海被开放为通商口岸,正是基于它在地理上具有的优越条件。正如英国人福钧所说:"就我所熟悉的地方而论,没有别的市镇具有象(像)上海所有的那样有利条件。上海是中华帝国的大门,广大的土产贸易市场。……内地交通运输便利,世界上没有什么地方比得上它。……不容置疑,在几年内,它非但将与广州相匹敌,而且将成为一个具有更加重要地位的城市。"[1]与此同时,苏州的地域区位优势则随之下降。"苏州作为中心城市的发展已臻于极限,特别是它作为内陆城市,运河交通运输所能承担的物流水平已达极致。"[2]甚至在城市技能方面也呈现出衰微的端倪。其中,最为典型的便是枫桥。枫桥在有清一代曾是全国最大的米市,但是,随着长江中上游的运粮船只沿海直下上海,上海取代苏州成为全国米谷的集散地,而枫桥则不复昔日的繁荣。咸丰年间,太平天国战争的破坏更是雪上加霜,致使苏州商业元气大伤,以消费为主的工商业发展模式遭受沉重打击,经济腹地渐趋缩小,商业地位一落千丈,长江三角洲中心城市已经明显从苏州向上海转移。

三、畸形消费与衰世征兆

明清以来,苏州作为全国的富庶之区,历来是全国时尚走势的风向标,经过乾隆鼎盛之后,风气之奢日盛一日。繁华的社会经济与日益追求奢靡的社会风气相互作用,逐渐将苏州地区的经济形态引上了歧途。

林则徐在道光三年(1823)七月《致杨国翰》的书信中曾痛斥风气之弊:"吴中有不治之症二:在官曰疲,在民曰奢。即如游手好闲之民,本业不恒,日用无节,包揽使船,开设烟馆,要结胥役,把持地方。渐渍既非一朝,翦(剪)除势难净尽。惟有将积查有名之棍,密访严拿,期于闾阎稍靖。而此辈窥伺甚工,趋避甚巧,一人耳目断不能周,要在州县官实力奉行,以安良除莠为务,乃有实际耳。"[3]

道光五年(1825)六月,陶澍赴苏接任江苏巡抚一职,到达苏州后,向皇帝汇

〔1〕 福钧:《中国、印度茶乡之行》第1卷,转引自罗兹·墨菲:《上海——现代中国的钥匙》,上海人民出版社1986年,第81—82页。

〔2〕 龙登高:《江南市场史:十一至十九世纪的变迁》,清华大学出版社2003年,第42页。

〔3〕 范金民、夏维中:《苏州地区社会经济史》(明清卷),南京大学出版社1993年,第547页。

报地方情形,曾对地方风俗做过这样的描述:“臣往来淮、扬及江、镇、苏、常一带,闾阎非不稠密,民物非不安恬。然淮、扬被水之后,民气未舒。江、镇、苏、常等处小民生计,外虽见其有余,内实形其不足。衣冠文物,灿然可观,而浮靡之余,渐流诈伪,以致市井讹骗,则有搭台之目;生监把持,则有破靴之称。良楛难齐,日滋狱讼,此民风不可不亟整顿者也。”[1]

社会生活方式由俭朴向奢靡转变,更多的是基于当时的社会经济发展水平。因此,当社会经济水平有较大恢复时,社会风气的改变必然要发生,这也是中国封建社会后期社会发展衍变之规律。这种风气之变,必然首先发生于城市,而城市风气之变,也必然首先来自城市上层居民。清代苏州地区地主移居城市的倾向十分明显,城居地主的比重越来越大。这些地主把从农村收缴来的大量地租输入城市,其中有相当一部分被用于生活消费或挥霍。而苏州城历来为江南最理想的寄生之地,不仅本地区地主官僚纷纷进城定居,更有大量的外地地主绅士客居于此。同时,由于苏州自很早以来就是江南地区甚至是全国范围内的商贸中心,因此吸引了相当数量的富商大贾,这些人也是苏州城市上层居民中的一大部分。城市风气的奢靡,正是由这些居民首先启动的,所谓骄奢淫逸、穷奢极欲的腐朽生活,一般也是专指这些上层居民的。这一阶层在衣食住行、文化生活方面的消费水平,是一般民众难望其项背的。

上层城市居民的这种消费模式和消费心理,必然对其他城市阶层产生影响,从而引起城市消费转向奢靡和享乐,而城市生活方式的改变,又必然会对周边乡村地区产生影响。城乡社会风气由此而发生急剧改变,形成了俗尚奢靡的风气。苏州不仅是富室豪门的销金之窟,“最是红尘中一二等富贵风流之地”,即使是一般城市居民,也多追求奢靡的生活方式。苏州城中也形成了一套完整的适合中下层居民生活水平的娱乐场所,井里之间,茶坊酒肆星列,家无斗储而被服必期华鲜,饮食靡甘而嫌淡泊,其他如庙会、戏曲、说书等,也十分兴盛。城乡庙会在清代就十分繁荣,成为当地民众一个十分重要的消费、娱乐场所。[2]

城市社会风气的改变,以及随之而来的消费模式的改变,也促进了城市服务业的发展和繁荣。大量的低层民众从事服务行业,在戏馆、游船、赌场、青楼处就业等,藉此为生。对于风俗崇奢与小民生计之间相互依赖的矛盾现象,当时就有许多不同的看法。有些人认为,必须去奢从俭,扭转奢靡的社会风气和习俗;而

---

〔1〕 陶澍:《抵苏后陈奏地方情形折子》,见《陶文毅公全集》卷四,清道光二十年刻本,第30—31页。
〔2〕 潘国英:《明清苏州地区庙会研究》,南京大学1990年硕士学位论文。

有人却从小民生计的角度出发,对此持反对意见。如乾隆《吴县志·风俗》就称:“议吴俗者皆病其奢,而不知吴民之奢亦穷民之所藉以生也。国家太平日久,休养生息之众,人民户口百倍于前,地无不耕之土。……盖人满之患至斯极矣。向者一钱之物,今或数十钱而未得,而钱亦日贵。经营货殖者,术无不至而利日以微。古之游民者,舍业而嬉,故可驱而返之四民之内。今之为游民者,无业可入,则恐流入于匪类之中。幸有豪奢之家驱使之、役用之,挥金钱以为宴乐游冶之费,而百工技能皆可致其用,以取其财,即游民亦得沾其余润以丐其生。此虽非根本之图,亦一补救之术也。”〔1〕

后来的钱泳也从安顿穷人的角度论述了这一主张:“治国之道,第一要务在安顿穷人。昔陈文恭公宏谋抚吴,禁妇女入寺烧香,三春游屐寥寥,舆夫、舟子、肩挑之辈无以谋生,物议哗然,由是弛禁。胡公文伯为苏藩,禁开戏馆,怨声载道。金阊商贾云集,晏(宴)会无时,戏馆酒馆凡数十处,每日演剧,养活小民不下数万人。此原非犯法事,禁之何益于治……由此推之,苏郡五方杂处,如寺院……皆穷人之大养济院,一旦令其改业,则必至流为游棍,为乞丐,为盗贼,害无底止,不如听之……‘人言荡子销金窟,我道贫民觅食乡。’真仁者之言也。”〔2〕

其实,城市消费发展的必然结果之一,就是消费服务行业的发展和繁荣,从而为社会提供了这一行业的就业机会。这本是不作为奇的问题。问题倒是在于这种消费结构的不合理性和社会消费行为中存在的腐朽颓废因素。现代社会学理论认为,消费结构是指人们实际消费的各种生活资料数量的比例关系,生活资料的消费活动又具有多层次的特点,依次主要有生存资料的消费、发展资料的消费和享受资料的消费等。这三者之间的比例关系是否合理,不仅仅是消费本身的问题,同时也涉及社会经济发展的问题;而且,整个消费类支用是否合理,同样也能对社会经济的发展产生深远影响。

消费结构的实际形态,最终取决于一定的社会生产水平,即社会能提供给人们物质、文化等消费需求的实际满足程度。由于苏州等地区的社会生产力发展水平要高于其他地区,因此,其整个消费水平,特别是城市消费水平,也要高于其他地区,即生存资料消费在总消费量中的比例要略低于其他地区,而享受资料之类的消费要相对高于其他地区。这也是该地区社会生活明显带有奢靡色彩的原因。自城市以至市镇上较多的戏馆、茶坊、酒楼等消费场所,以及以各种形式存

〔1〕 姜顺蛟等:清乾隆《吴县志》卷二十四《风俗》,清乾隆十年刻本。
〔2〕 钱泳:《履园丛话》卷一《旧闻·安顿穷人》,清同治刻本,第29—30页。

在的庙会之类的活动消费地点,都是消费水平发展到一定程度时的必然产物,而且也是社会群体内部或之间用以打发闲暇时间、进行娱乐活动、交流社会信息、联络思想感情的公共活动场所,能满足各种层次的社会需求。说到底,是苏州地区社会经济较高的发展水平决定了较高的消费水平。

但是,在揭示苏州等地区消费水平之所以高于其他地区的原因时,还应清醒地认识到其存在的腐朽倾向。就总体上说,整个苏州地区特别是城镇消费结构中,享受资料的消费比重过高,甚至在社会风尚以及奢靡消费意识的引导下,这种比重大大超过了其应该占有的水平,其结果必然是导致发展资料的消费比重大大降低,严重影响了该地区社会经济的进一步发展。至嘉道年间,整个消费的不正当程度越来越严重,鸦片消费即其明证。

嘉道时期,苏州地区的鸦片已然十分泛滥。如史料所载,道光十八年九月,"苏州府属小潭子地方。有贩烟匪徒王阿喜等十二名,在彼窝贩。经前任武进县知县署苏州府管粮通判吴时行带领兵役,拶获烟土六千余两"[1]。同年十月,御史狄听上奏称,苏州已经成为鸦片走私贸易的集散地,"凡外县买食鸦片烟者,俱托该船代购。大县每日计销银五六百两,小县每日计银三四百两等语"。清政府要求苏州各级官员"原应不分畛域,认真缉拏。况上海为江苏所属,责有攸归。著陶澍、陈銮即遴派干练文武员弁,自苏州至上海一带,设法侦察,跟踪密缉。傥经拿获奸商到案,即根究伙党多寡,分路堵拿,勿任丝毫偷漏"。陶澍等地方官员严格盘查,"复于苏州、扬州、江宁等府属盘获贩卖窝顿各犯,共计烟土一万六千余两,并谕令海船缴出烟土四万一千余两"。[2]道光十九年(1839)十月,在苏州朱家庄查获妇人所开设茶馆,"其中设有烟具,招集吸食,并与贼匪结连,窝藏赃物"[3]。如此严格的查禁力度和查获如此大量的鸦片,既反映了陶澍等地方官员查禁鸦片的决心和力度,也反映出苏州本地鸦片泛滥程度之深,已经深深地影响到普通百姓的日常生活。

林则徐在说明苏州经济遭受鸦片的影响时,曾经指出:"苏州之南濠……近来各种货物销路皆疲。凡二三十年以前,某货约有万金交易者,今只剩得半之数。问其一半售于何货,则一言以蔽之曰:鸦片而已矣!"[4]直到道光十八年

---

〔1〕《宣宗成皇帝实录》,清道光十八年九月,《清实录》第37册,中华书局1986年,第893页。

〔2〕《宣宗成皇帝实录》,清道光十八年十月,《清实录》第37册,中华书局1986年,第909—910页。

〔3〕《宣宗成皇帝实录》,清道光十九年十月,《清实录》第37册,中华书局1986年,第1141页。

〔4〕齐思和、林树惠等:《中国近代史资料丛刊·鸦片战争》第2册,上海人民出版社2000年,第121页。

(1838)清政府开始严禁鸦片前后,苏州已经成为鸦片走私和消费的重灾区。

从各阶层的消费而言,嘉道时期苏州地区的消费结构也表现出强烈的腐朽性。城市富室豪商是当时社会财富的主要拥有者,他们一方面利用最传统最腐朽的手段,攫取地租和商利,聚积于城市,大量用于消费,因此他们的高消费是以广大下层民众的贫困化为前提的,所以城市的高消费是以乡村的贫困化为前提的,带有强烈的剥削性,也必然导致社会矛盾的激化以及社会冲突的加剧。另一方面,这些大量社会财富的拥有者,把大量的资金用于享乐资料的消费,而发展资料之类消费的比重愈来愈低。而且大量财富被用于享乐消费的直接和严重后果,就是用于再生产投资的资金匮乏,从而使社会生产始终处于低水平徘徊。这种腐朽的生活方式带有强烈的末世风格,特别是当社会出现严重动乱之时,此种过度的享乐消费模式一旦遭受冲击,将迅速崩溃,并且很难在短时间内恢复,这也造成了太平天国战争之后,苏州地区社会经济的全面衰落。

第二节 危机四伏的政局

一、吏治腐败与社会矛盾加剧

(一)嘉道年间的吏治腐败

吏治腐败的不可控制往往是王朝衰落在政治上最为典型的反映。乾隆朝后期,清政府的吏治腐败已经十分严重,根据目前保存下来的档案文献,乾隆朝的腐败案件不仅数量多,而且涉案数额十分巨大;贪污官吏不仅数量多,而且贪污手段更为多样。仅就贪污数额而言,"初以千百计者,俄而非万不交注矣,俄而万且以数计矣,俄以数十万计,或百万计矣"[1]。至于嘉道年间,官场腐败之程度已到了令人发指的地步。嘉庆帝虽然惩治了和珅等著名的贪官,但是并没能扭转腐败的风气,吏治腐败已然是积重难返,从而对社会经济造成了严重后果。苏州素为全国富庶之地,自然就成为各级贪官的垂涎之地,贪官酷吏利用手中特权,盘剥小民,严重摧残了本地区的经济发展。如嘉庆年间,昭文县民人吴道昌呈控该县浮收漕粮,经查属实,审出该县记书姚士林加找米石实情,该县知县刘嘉谷以渎职罪被撤职。

道光十五年(1835),又有人控告浒墅关积弊。浒墅关为江南首关,与地区经济关系密切,地位冲要。而在这样一个朝廷重关,舞弊行为竟然明目张胆,十分

---

〔1〕 章学诚:《章学诚遗书》,文物出版社1985年,第328页。

狷獗。“浒墅关为通商要道,向有标礼,并查船谢仪,及上派、下派、押差、渡夫、拨单、交称、接筹等项名。叠经饬禁,并未革除。近有丈量科蠹吏沈培,本系该关附近著名地棍,迨充丈量,遂勾通内外,无弊不作。因该关向有罚科一项,其所罚银两,向以一半分给丈量等,为贴补饭食之需;一半留为织造办公之用。此例原为偷漏商人而设,近来商船到关者众,丈量悉听沈培主持,无论果否漏税,任意丈量,指为以多报少,无船不罚,无罚不多,有不行者辄行锁系。因罚科一项,并无印票,仅有大关佥单,不过以微末委员标明所罚数目,佥单又随发随缴,商人无凭控诉,且以少罚多,并无底册,不畏稽查,遂致恣其勒索。其商贾之狡黠者,多给使费,不但可免重罚,即应完之正课,亦可以多报少,其良善者不但货物少而丈量多,重罚且随其后。商情畏罚,贪利良善者无不习为狡黠,偷漏不可胜言,亏额税之课银,肥吏胥之囊橐。”〔1〕

官场腐败还表现在会计账目的混乱不清。如州县官员在任期交接时,接任官员本应当面核对会计前任钱粮账目,若有亏空,应上参追赔。但江苏官场长期以来就难以做到这一点。道光初年,巡抚林则徐对此就深有体会,并曾严令禁止:“照得各州县钱粮交待(代),例应依限盘收,结报清楚。如前任官实有亏缺不清,应于限内指款,揭请参追。逾限不报,即系易结不结,前后任均干参处,例议綦(甚)严。乃苏省各属交待(代),往往延至例限将逾,率凭监盘说合担认,私议流摊,以垫抵交,而其所垫之款,半属虚悬无著。积习相沿,牢不可破,实堪愤恨!”〔2〕

即便是用于赈济灾区的钱粮,也往往被贪污挪用。道光十一年至十四年(1831—1834),苏州地区连被水患,朝廷专拨钱粮赈饥救灾,地方胥吏竟然从中获利,中饱私囊。金应麟曾揭露赈灾中存在的严重弊端:“被灾地方,穷民最苦而豪棍最强,富户最忧而胥吏最乐。有搀(掺)和糠秕、短缺升斗、私饱己橐者;有派累商人,抑勒铺户令其帮助者;有将乡绅家丁、佃户混入丁册,希图冒领者;有将本署贴写、皂班列名影射者;有将已故流民、乞丐入册分肥者;有将纸张、饭食、车马派累保正作为摊捐者;有将经纪贸易人等捏作饥民代为支领者。甚至将已经报荒之地水退不准耕作,以待州县履勘,名曰指荒地亩。……册籍付之粮吏,银米委之劣衿,今岁已赈,明岁复然,真正饥民全无实惠。”〔3〕

---

〔1〕 刘锦藻:《清朝续文献通考》卷二十九《征榷》一,见《万有文库》第2集,商务印书馆1936年,考7814。

〔2〕 林则徐:《通饬交待札》,见《林则徐全集》第5册《文录》,海峡文艺出版社2002年,第47页。

〔3〕 林则徐:《复奏查办灾赈情形折》,见《林则徐全集》第1册《奏折》,海峡文艺出版社2002年,第316页。

（二）嘉道年间社会矛盾的加剧

嘉道年间，苏州地区的社会矛盾已相当激化，持续增长的人口，不断加剧经济资源的紧张，而大部分人口的生计已经接近于最低的生存线，社会经济已变得相当脆弱。连年不断的灾荒，更使得这一地区的社会经济屡受重创。而社会财富分配的极端不公平，封建政府对这一地区超限度的经济攫取，以及具体行政运作中的腐败行为等，更是导致社会不稳定的最为重要和直接的原因。在这种形势下，嘉道时期苏州地区的社会矛盾已相当激化，社会冲突也日甚一日，在广大的农村地区，以抗租为主的斗争不断加剧，而在城市之中，手工业者也通过种种手段进行反抗活动。

由于人口的激增，苏州地区的人均耕地面积不断下降。乾隆中期，人均耕地大概还有2亩，但至嘉庆年间，据官方的人口土地统计资料推算，人均耕地仅1亩左右。在以农业为主要产业的传统社会中，作为最基本的生产资料即土地与人口之间的比例，已达到甚至超过了极限。该地区的农业、手工业生产已强烈地受到边际报酬递减规律的作用，从而陷入危机，绝大部分人口的生计已接近基本生存线，农村陷入了普遍的贫困化之中。

农村的这种危机，由于当时社会财富的不合理分配而日益加剧，本已地少人多的苏州地区，其土地的紧张程度，由于达官富户的集聚，而更为严重。他们垂涎于苏州地区的土地，因为这一地区土地肥沃，物产丰富，土地的收益要高于其他地区。而商品经济的冲击，土地流速的加快，小农经济的不断破产，又为他们提供了兼并土地的条件。因此，自康熙以来，这一地区的土地兼并就一直十分盛行，至乾隆年间已相当激烈。到嘉道年间，土地兼并之风愈演愈烈，土地集中之势已不可逆转。吴江地主沈懋德竟“有田万余亩”。曾有人这样描述当时苏州地区土地占有的情况：“有以万计者，有以千计者，有分列数县版图者。”〔1〕

人口压力下的佃农经济本已十分脆弱，频繁的自然灾害更是雪上加霜，直接导致了许多佃户的破产。更为严重的是，豪强之专横、私租之烦苛，佃户之冤抑、追租之酷烈等社会经济因素，加剧了佃户经济的危机。正如张海珊在嘉庆年间所指出的那样：“今苏松土狭人稠，一夫耕不能十亩，又大抵分佃豪户之田。一家八口，除纳豪户租，仅得半，他无所资焉。而于是下户困，困则不能不抗租。”〔2〕

---

〔1〕 冯桂芬等：清同治《苏州府志》卷十三《田赋三》，清光绪七年江苏书局刻本，第29页。

〔2〕 张海珊：《甲子救荒私议》，见贺长龄：《皇朝经世文编》卷四十三《户政》十八《荒政》三，清光绪十二年思补楼石印本，第8页。

苏州地区的抗租斗争有着相当长的历史。大概自康熙以来,抗租已成为该地区的积习。到了乾隆年间,抗租斗争已具有相当的普遍性。为了遏止抗租风潮,朝廷多次干预,予以弹压。乾隆时期,苏州府长洲、吴县、元和等县业户呈请地方政府制定条例出面禁约,而历任巡抚等官员也无不以此为己任。如乾隆时期担任江苏巡抚的陈宏谋,曾发布《业佃公平收租示》,遍晓城乡。但是,尽管朝廷屡经禁约惩创,不得含糊宽纵,但抗租之风总未尽革,至嘉道年间更呈愈演愈烈之势,成为当时社会冲突的主要形式。

从现存道光十四年(1834)《苏州府严禁佃农结党抗租碑》中,可以清楚地看到当时该地区的抗租风潮和著名大案。其中还有有关当时佃户抗租的主要手段,"乃日见城厢内外之以抗租枷视者,相望于途,未尝不恻然在念。乃至细查原案,访察原由,始知顽佃积惯吞租,几成痼习。诱其荡耗者,有秤谷当谷逞其凶横者,或殴业殴差,甘受拘押者,恃索饭钱,曾退田者,仍然霸种。伎俩百出,刁益生刁。……偶有物故及病危之人,即更借此生波,架以人命重情,通信值日县差及总保等,多方恐吓诈索。不遂所欲,混控到官。追至验明无事,而无辜之累已极。又或一面纠众寻殴业主,抢毁房屋,百端吵扰。中人之产,顿之荡然。纵使控官究追,已属无及。是以刁顽佃属之效尤者,往往永不还租"〔1〕。

道光末年和咸丰初年,苏州地区连续发生抗租大案。如道光二十六年(1846),昭文县小户佃农统一行动,袭击士绅胥吏,要求减让租价。咸丰三年(1853),吴江黎里镇72厅佃农在汤字坪佃农陆孝忠联合下,自定租额每亩5斗5升,强制地主进行减租,捣毁拒不减租地主的家宅、仓库,最后还与官兵发生了冲突。

嘉道年间,社会经济的衰敝同样也困扰着苏州城市手工业、商业的发展和生存。物价飞涨、水旱异常、官府胥吏的侵扰、业主高利贷剥削的残酷,诸如种种,使城市手工业者陷入困境,生产处境日益恶化,生活水平急剧下降,由此导致了冲突的加剧。《吴门表隐·附集》曾记述道光中期以后苏州城中丝织业工匠的困境:"吴门首重机业,城东比户皆然,道光十六年后,丝损停工,匠户嗷嗷莫济,死于沟壑,惨不忍言。郡绅潘筠浩……倡捐,邱福淳、包汝霖等呈官设局调济(剂),诚盛举也。始于戊戌(1838)秋,终于己亥夏,统计二百六十日,所恤机匠共三千六百余口,共縻制钱一千万有奇。……此举责成经造纱缎帐房秉公开呈

〔1〕江苏省博物馆:《江苏省明清以来碑刻资料选集》,生活·读书·新知三联书店1959年,第437页。

机匠户口,并不劝助分毫。局停后,尚有极苦匠户,绅善复捐,续济一二,以待接手,且呈官立案时,禀明专救善良。嗣后倡众叫歇停工,永禁严究。”

至嘉道年间,苏州城市丝织业已相当凋敝,织工生活困难,经常为工价而与业主发生冲突,叫歇罢工。道光二年(1822),元和县所立《严禁机匠借端生事倡众停工碑》的碑文记载了当时丝织业中的冲突:“查民间各机户,将经丝交给机匠工织,行本甚巨,获利甚微。每有匪匠,勒加工价。稍不遂欲,即以停工为挟制,以侵蚀为利薮。甚将付织经纬,私行当押;织下纱匹,卖钱侵用。稍向理论,即倡众歇诈,另投别户。此种恶习,甚为可恶。”[1]像丝织业中的这种情形,在其他行业中也普遍存在。如道光十七年(1837),苏州造箔工匠倡众停工,要求加价。道光六年(1826),苏州烛匠停工,向各店敛钱逞凶。道光五年(1825),有踹匠讹诈各坊户,散发传单,勒令停工毁物。类似的记载很多。总之,在嘉道年间,苏州城中手工业者的反抗斗争较之以前更加经常化、普遍化,社会矛盾空前加剧。

二、鸦片战争和太平天国定都南京的冲击与影响

(一)鸦片战争对苏州的影响

道光元年(1821)以来,鸦片问题已经成为关系清政府国计民生的大问题。鸦片对吸食者身心的危害,对国家白银大量外流造成的经济秩序动荡,以及与之相关的吏治腐败,已经严重影响了整个中国社会的稳定。于是,道光帝决心禁绝鸦片。道光十八年(1838),曾任江苏巡抚的林则徐在广州虎门销烟,英国政府以此为借口,对华发动了第一次鸦片战争。咸丰八年(1858),英法两国又发动了第二次鸦片战争。两次鸦片战争均对苏州产生了一定的影响。

道光二十年(1840),第一次鸦片战争爆发,英国舰队攻击广州之后,迅速北上直抵天津,同时占据定海,苏州震动。十二月,道光帝要求江苏巡抚裕谦派员固守海口,控制上海崇明,探明英国军队的目标,“或往苏州,或赴上海宝山,相机妥办”,并要求“严饬沿海弁兵,随时侦探,加意巡防。瞭见夷船踪影,应行开放枪炮,必度其地势远近,足以相及,方可合力轰击。傥竟进口登岸,即四面堵截,痛加剿洗。查有通夷汉奸,导引路径,接济水米,严拿务获,尽法惩办”。[2]

道光二十一年(1841)三月,苏州地区已经着手加强战备,“该省海防紧要,

---

〔1〕 清道光二年《元和县严禁机匠借端生事倡众停工碑》,见苏州博物馆等:《明清苏州工商业碑刻集》,江苏人民出版社1981年,第25页。

〔2〕《宣宗成皇帝实录》,清道光二十年十二月下,《清实录》第38册,中华书局1986年,第227页。

铸炮不容稍迟。既由苏州省局拨解洋铜十二万斤。即应赶紧开铸"[1]。十月，英国军队北上攻击厦门，进入浙江后，先后占领定海与宁波。苏州全面戒备，"续调官兵，添设炮位。川沙等各厅州县均已团练乡勇雇募渔船。上海扼要处所，练有精壮义勇，并快船、海燕子船、沙船多只，排列堵御，预备凿沉拦阻"。同时，为了全面协调江浙地区的战备事宜，决定于苏州设立军需总局。"历次奉拨军需银两，均在苏局存贮。兵粮炮械，分头采制。苏省办理兵差，不得支销浙省军需。苏局备办米粮器物，由苏运杭。"苏州成为江浙地区应对战争的核心城市。十一月，道光帝确定"准其于浙省设立前路粮台，苏省设立后路粮台。大兵在嘉兴以北，即由江苏支应；在嘉兴以南，即由浙江支应。以后应用各物仍由两局分办。所有浙江前路粮台，即著卞士云会同藩司常恒昌、臬司蒋文庆督同办理。苏州后路粮台，即著孙善宝会同程矞采、黄恩彤督同办理"。[2]

道光二十二年(1942)五月，英军放弃宁波，集中兵力北犯。十八日，攻陷浙江平湖乍浦镇。六月十六日发起吴淞之战，江南提督陈化成战死。此后，英援军相继到达长江口外，溯长江上犯。七月二十一日，攻陷镇江。八月四日，英舰进逼南京下关江面，扬言进攻南京城。在英军坚船利炮的威慑之下，清朝钦差大臣耆英、伊里布与英军议和，签订了《中英南京条约》。在此期间，道光帝要求坚守吴淞口，并在英军攻陷宝山、逼近上海之时，要求各路大军回防省城苏州。英军攻占吴淞、宝山、上海后，曾驾舢舨船从苏州河窜至无锡、江阴一带骚扰，当地民众进行了抗击。据《中西纪事》记载："按夷人自陷宝山、上海，驾三板舟游奕(弋)于内地，被沿江士民之狙杀者不少。故无锡、江阴一带，经团练之乡兵，驱逐出境，始由福山放洋，闯入大江。"[3]道光二十二年五月十四日(1842年6月22日)，英军兵船3条，企图进犯苏州，"驶至横潦泾，掳民人王在坤，使为导引"。王在坤机智地将侵略者引至浅水的泖湖，使英军兵轮"为水草所绞"，不能继续西上，无法进犯苏州。[4]后来英军侵犯无锡皋桥，恣意淫掠，皋桥民众诱敌深入，将敌围困，"击杀者无数，嗣后英夷遂不敢上岸"[5]。

---

〔1〕《宣宗成皇帝实录》，清道光二十一年三月下，《清实录》第38册，中华书局1986年，第312页。

〔2〕《宣宗成皇帝实录》，清道光二十一年十一月上，《清实录》第38册，中华书局1986年，第522页。

〔3〕中国科学院上海历史研究所筹备委员会：《鸦片战争末期英军在长江下游的侵略罪行》，上海人民出版社1958年，第356页。

〔4〕中国史学会：《鸦片战争》第3册，神州国光社1954年，第97页。

〔5〕中国科学院上海历史研究所筹备委员会：《鸦片战争末期英军在长江下游的侵略罪行》，上海人民出版社1958年，第357页。

第一次鸦片战争后，西方资本主义国家相继侵入中国。但是，他们并不满足已经取得的特权和利益，蓄意加紧侵犯中国主权，进行经济掠夺。咸丰四年（1854），《中英南京条约》届满12年。英国曲解中美《望厦条约》关于12年后贸易及海面各款稍可变更的规定，援引最惠国待遇，向清政府提出全面修改《中英南京条约》的要求。清政府表示拒绝，交涉没有结果。咸丰六年（1856），《望厦条约》届满12年。美国在英、法的支持下，再次提出全面修改条约的要求，但仍被清政府拒绝。于是，英、法两国相继借口"亚罗号事件"和"马神甫事件"对中国发动了一场新的侵略战争。

咸丰八年（1858）正月，英法军队在占领广州之后，急于同清中央政府直接对话，以便获取更大的利益。于是，英、法、美、俄等四国公使，"现又来沪投递照会，并言欲赴天津"。清政府坚持对外事务由广东专办，认为"该夷酋等竟不候查办，前来苏州投递照会，并有照会大学士裕诚公文。种种哓渎，皆系一面之词，出乎情理之外"。要求江苏巡抚何桂清前往接洽，"逐层详加开导，谕以上海本非筹办夷务之地，中国自有专办夷务之人。俾该夷驶回广东，听候黄宗汉秉公查办"。[1]二月，时任两广总督兼通商大臣的黄宗汉从苏州出发南下，打算代表中央政府与英、法等国交涉。但是，英、法、俄等国相继派遣军舰抵达上海，根据署两江总督、江苏巡抚赵德辙报告，西方各国的外交人员"拟往昆山相见，而该夷已由泖湖径赴苏州"。清政府立即下令，"此后夷人有投递文书、求见官长等事，务于上海守候。由该道等指示程途，毋许自行闯入内地。至黄浦江内渡船，亦应预为晓谕，加之约束，消患未萌"。如果发生上海被攻占的严重态势，则可以"于昆山内河沉船下石，以防夷船内窜"。[2]此时，面对英、法等国的强势逼人，清政府要求江苏本地官员"参酌办理，朕亦不为遥制"。最为主要的原因是"现在中原多事，兵饷两亏"。此时的上海正是整个清王朝保证海运通畅的重要战略要地，因此"固以息事为宜"。[3]而所谓"中原多事，兵饷两亏"指的就是太平天国农民运动对清王朝的严重打击。

（二）太平天国定都南京对苏州的影响

道光三十年十二月（1851年1月）末，洪秀全等人在广西桂平金田村领导太平天国起义，咸丰三年（1853）三月，太平军占领南京，并定都于此，建立太平天

〔1〕《文宗显皇帝实录》，清咸丰八年正月下，《清实录》第43册，中华书局1986年，第775页。
〔2〕《文宗显皇帝实录》，清咸丰八年五月中，《清实录》第43册，中华书局1986年，第946页。
〔3〕《文宗显皇帝实录》，清咸丰八年二月下，《清实录》第43册，中华书局1986年，第802页。

国政权。清政府建立江南、江北大营围攻南京。同时,为了迅速平定太平天国,在应对举措方面,清政府首先在苏州设立了军需总局,负责江苏全省的军事后勤。其次,为了弥补军力的不足,苏州各地相继招募乡勇,准备对抗太平军,不曾想到这些乡勇却成了太平军的引路人。

咸丰三年(1853)四月,清政府根据江苏地方官的请求,筹划于苏州设立军需总局,将原本属于军队管理的军粮以及“所有各省饷银,均解交苏州存积转运,俾得源源接济。并著另派道府大员,及酌留江西熟手数员,接办随营支放”。虽然,之后考虑到管理人手缺乏、战事吃紧等原因,暂时未将军需总局移至苏州。但是,作为江南、江北大营的主要后勤基地,苏州承担起军队所需之火药、铅弹以及水路运输舰艇的筹备工作。“水师制胜,火器为先。现当围攻瓜州吃紧之际,各艇船火药、铅弹将次用竣,设有缺乏,必致贻误事(时)机。著怡良、许乃钊迅饬苏州总局委员,将应用一切火器,宽为预备,赶紧运赴京口粮台,以便随时接济。”〔1〕

清廷自从掌握了全国的统治权,为了配合八旗和绿营对地方的弹压,在全国实行保甲制度,各地相应地组织了数量不一的地方武装,被笼统地称为乡勇或团练。这种武装在清朝成立之初,主要功能仅局限在维持地方治安、协助官府缉捕盗贼上,从未参加过大规模的军事战斗,“向来平定准夷、回部及大小金川,皆系调派八旗劲旅及绿营兵丁克敌致果,从未有雇募乡勇之事”〔2〕。然而,随着八旗和绿营部队战斗力的下降,在乾隆末年征讨台湾林爽文起义和嘉庆初年镇压贵州苗民起义时,地方武装已经开始承担更为重要的军事职能,特别是在嘉庆年间镇压白莲教起义的过程中,地方乡勇部队的大量使用,标志着清王朝的经制兵种已经不能独立完成作战任务,地方武装成为不可或缺的战斗单位。

咸丰初年,面对势如破竹的太平军攻势,咸丰帝“因思嘉庆年间川楚教匪蔓延数载,嗣行坚壁清野之法,令民团练保卫,旋就荡平”,便于咸丰三年正月初八正式颁布上谕,要求各地“督抚分饬所属,各就地方情形妥筹办理”。对于团练办理的各项要素,咸丰帝明确提出要求:“各处乡村良民多而莠民少,若得公正绅耆董理其事,自不致别滋流弊,即地方间有土匪一经约束亦将去邪归正,共保乡闾。惟在良有司素得民心,必可收众志成城之效。……(团练)无事则各安生业,有事则互卫身家,一切经费均归绅耆掌管,不假胥吏之手。所有团练壮丁亦不得违行征调,各团中如有捐资倡助或杀贼自效者……据实奏闻,朕必立加

〔1〕《文宗显皇帝实录》,清咸丰四年二月中,《清实录》第42册,中华书局1986年,第86页。
〔2〕《文宗显皇帝实录》,清嘉庆五年六月上,《清实录》第28册,中华书局1986年,第924页。

奖叙。"[1]

由此可知,咸丰帝要求乡勇团练等地方武装的办理过程中,必须保证由地方士绅作为领导,地方官员加以监督,办理经费由当地筹集并自行管理。团练的成员不但可以组织地方民众,而且允许收纳各地愿意对抗太平军的土匪加入。同时,地方团练只应以保护本乡为主要目的,不得随意自行出境作战。对勇于作战和自愿出资的地方人士,清政府将大力奖赏。正是在咸丰帝的大力提倡之下,当太平军逼近苏州之时,苏州各地不断出现各种形式的地方武装,对时局变化产生了重要的影响。

咸丰初年,苏州城内招募编成的乡勇已有多支,其中"长洲县知县李翰文、元和县知县冯树勋等招募广勇",多由广州和潮州籍人士编成,被称为广勇或者潮勇。他们主要聚集于"苏州阊门外、岭南会馆左右。……盘踞把持,居民行旅受其鱼肉。惠、潮无赖之徒由海至苏,日聚日多,人心震动"。清政府特别任命原闽浙总督颜伯焘负责管理,"该革员籍隶广东,现在流寓苏州。如果能劝导潮勇,使不为匪。著即饬令会同地方官妥为约束,设法办理。能令其由海道回籍,毋使日久盘踞,方为妥善。惟该勇犷悍性成,趋利如骛,尤不可有名无实,任其暂时避匿,去而复来,徒滋糜(靡)费。并著于沿海要口严密稽查,杜其来路。其分配各营之勇,务须严饬将弁,妥为钤束"[2]。

此时的潮勇已经失去了原先招募防御太平军进攻的本意,反而渐成尾大不掉之势,"广东潮州等处莠民,以投充壮勇为名,散处苏州城外。其犷悍不法之徒,竟敢持械行劫,盗案叠(迭)出。迨地方兵役缉拿,辄复逞凶拒捕"。咸丰六年(1856)八月十五日夜,江苏巡抚薛焕带兵清理潮勇,"先后拿获匪犯郑阿层等一百九十余名,并起获军械赃物无算,与各事主报案相符,提讯该匪等,供认不讳"。[3]经过如此严厉的镇压,原本可以扫除隐患,但是清政府考虑到,"现在逼近贼氛,尤应预为严防。即如杭郡之变,系李定太、缪梓所带之勇,勾结开城。前车可鉴"[4]。继续从严查办,严禁招募,并设法遣散。然而,苏州城的局面已经完全脱离清政府的掌控。咸丰十年(1860)四月初四,太平军正是从广勇、潮勇盘踞的阊门攻入苏州城,在此期间广勇和潮勇于各处制造混乱,甚至担任向导引领太平军进城。这些虽为"前车之鉴",但终究成了苏州城噩梦的开始。

---

[1] 《文宗显皇帝实录》,清咸丰三年正月上,《清实录》第41册,中华书局1986年,第10页。

[2] 《文宗显皇帝实录》,清咸丰五年十月上,《清实录》第42册,中华书局1986年,第1005页。

[3] 《文宗显皇帝实录》,清咸丰六年九月上,《清实录》第43册,中华书局1986年,第268—269页。

[4] 《文宗显皇帝实录》,清咸丰十年闰三月下,《清实录》第44册,中华书局1986年,第626—627页。

第三节　太平天国时期的苏福省与苏州郡

一、苏福省的建立与政治状况

(一)苏福省的建立

1. 太平军攻取苏州

咸丰十年闰三月十五日(1860年5月5日),太平军击溃天京城外的江南大营。江南大营主帅和春与张国梁率部溃退丹阳一带。太平军军威重振,东线军事形势好转。太平天国干王洪仁玕主张乘胜东征苏、常,并攻取上海。太平天国忠王李秀成也认为,应"率师下扫苏、杭、常、镇,冀图开疆拓土而环宇肃菁(清)"[1]。太平天国当局决策挥师东征。

闰三月二十九日(5月19日),东征太平军击毙张国梁,攻克丹阳,疾趋常州。四月初三(5月23日),两江总督何桂清弃常州逃奔苏州。"徐巡抚有壬不纳,乃退往常熟"[2],旋去上海。和春从丹阳逃常州再奔苏州,徐有壬依然闭城不纳。和春在浒墅关自缢身亡。四月初四(5月24日)下午,总兵马德昭逃至苏州。

江苏巡抚徐有壬决意死守苏州。此前,因苏州"所存兵勇仅一千余名",便"添雇壮丁一万二千余名,分布城厢内外,会同团练按段巡防"。[3]马德昭到苏州后,徐有壬即令马德昭布置城防。马德昭提出焚毁沿城民房,以免太平军利用民房接近城墙。"徐抚遂出三令箭与之,首令居民装裹,次令移徙,三令纵火。马部兵以三令一时出,顷刻火光烛天。徐率僚属登城坐观,署臬司苏府朱钧痛哭下城。城外遂大乱,广、潮诸人尽起,溃勇亦大至,纵横劫掠,号哭之声震天,自山塘至南濠,半成灰烬。"[4]阊门外向来万商云集,市肆繁盛,商民未及装裹迁徙,清军、广勇大肆洗劫。

---

〔1〕《忠王李秀成给定天豫康玉吉谆谕》,见太平天国历史博物馆:《太平天国文书汇编》,中华书局1979年,第185页。

〔2〕杜文澜:《平定粤匪纪略》,见太平天国历史博物馆:《太平天国资料汇编》,中华书局1980年,第150页。

〔3〕奕䜣等:《钦定剿平粤匪方略》卷二三八,第19页,见《续修四库全书》第408册,上海古籍出版社2003年,第573页。

〔4〕《能静居士日记》咸丰十年四月初七条,见罗尔纲、王庆成:《太平天国(七)》,广西师范大学出版社2004年,第57页。

关于苏州历史上的这一浩劫,时人多有记载。蓼村遁客记载:(初四),"夜火起,火光烛天,延烧十二时,南、北两濠鱼鳞万瓦,尽为灰烬。居人挈资携襆(幞),鸟逐麇走,儿啼女哭,彻夜不绝。放火之由,或云提台马德钊(昭)假抚军徐有壬令"[1]放火。李寿龄诗云:"溃军十万仓皇来,三日城门扃不开。抚军下令烧民屋,城外万户成寒灰。"[2]佚名记载:"阊、胥二门外民房焚掠殆尽,火三日不绝。"[3]另据戴熙《吴门被难记略》记:"四月朔,总督何由常退苏,巡抚徐不纳,遂有大营不支紧报。初三,有败勇无算,或步或舟进浒关,临城,阊、胥两门遂闭。初四晨,阖城顷刻罢市,居民望东而走者填街塞巷。申刻,得抚宪令,沿城房屋限日拆毁,行坚壁清野法,令未行。晚有马总镇者,登城纵火,阊、胥两门外烈焰四起,抢掠大乱,连烧十里许,三昼夜不熄。"[4]

四月初六(5月26日),和春的尸首抬进苏州城,败兵溃卒数万接踵而至,风声鹤唳,草木皆兵,民众纷纷"逃难"。四月初十(5月30日),李秀成军攻克无锡。四月十一日(5月31日),清大营兵勇从无锡退至苏州。太平军前锋抵达苏州,攻扑阊门。徐有壬领兵出城接仗,署理布政使蔡映斗亦督率炮船夹击。据李秀成自述:"初到阊门,将分困各门",看到阊门街坊、村落百姓"多有来迎,街上铺店民房门首具(俱)贴字样云:同心杀尽张、和两帅官兵。民杀此官兵者,因将丹阳之下到苏州水陆民财概被其兵抢掳,故恨而杀也"。[5]

四月十二日(6月1日),张玉良仅收集兵勇2 000人,另有张玉良和马德昭的亲兵小队总共不到600人。张玉良调马德昭守盘门,游击王万钊守阊门与胥门之间地段,候补道员李绍熙(又名李文炳)守阊门,都司郑国魁守胥门,苏州本城抚标守齐门。[6]徐有壬急令上海道吴煦向外国侵略者乞援,并称"如果藉其兵力,转危为安,我国图报,唯力是视"[7]。入夜,徐有壬带兵登陴固守,饬令蔡映斗带领勇丁入城巡防。

四月十三日(6月2日)黎明,太平军向阊门、胥门发动攻势,并分兵突然向西南方向机动,欲绕道葑、盘各门,抄袭清军后路。张玉良即赴葑门。此时,候补

---

〔1〕 蓼村遁客:《虎窟纪略》,见《太平天国史料专辑》,上海古籍出版社1979年,第13页。

〔2〕《姑苏哀》,见李寿龄:《匏斋遗稿》卷三,清光绪刻本,第6页。转引自董蔡时:《太平天国在苏州》,江苏人民出版社1981年,第43页。

〔3〕 佚名:《东南纪略》,见中国史学会:《太平天国(五)》,神州国光社1952年,第236页。

〔4〕 戴熙:《吴门被难记略》,见罗尔纲、王庆成:《太平天国(四)》,广西大学出版社2004年,第396页。

〔5〕《李秀成自述》,见太平天国历史博物馆:《太平天国文书汇编》,中华书局1979年,第509—510页。

〔6〕 崔之清:《太平天国战争全史》第3卷,南京大学出版社2002年,第2092页。

〔7〕 静吾等:《吴煦档案中的太平天国资料选辑》,三联书店1985年,第45—46页。

道员李绍熙、候补知府何信义在阊门、胥门开门迎降。太平军从阊门、胥门入城，守城兵勇从葑门、娄门出逃。蔡映斗带领勇丁巡防至葑门一带，遇太平军巷战，蔡映斗左腿被刺，跌落下马，被参将罗大春救护出城，逃往上海。[1]张玉良冲至胥门，与马德昭会合，逃往杭州。[2]城破后，巡抚徐有壬朝服赴署内清德堂投池自尽。[3]署按察使粮道朱钧“匿漆工家，冀贼即退，至第三日至郡庙东磨坊弄，自沉井中而死”[4]。吴县知县沈锡华逃往城西横泾，元和县知县冯树勋不知所终。长洲县知县李翰文先已卷走公帑银二万两，逃之夭夭。布政使薛焕先由常州派驻上海。署苏州府知府吴云，先期奉巡抚委札，持令箭赴上海商借援师，免于难。同日，太平军克复江阴。

由于清军投降献城，太平军进入苏州未遇太多抵抗，苏州城内未遭太大的破坏。太平军立即着手建立政权，不久成立了以苏州为省垣的苏福省。

2. 苏福省建立

考定苏福省建省时间，一般都引证龚又村《自怡日记》和太平天国文书《幼主诏李秀成》。《自怡日记》咸丰十年四月十二日记：“是日辰刻，潮勇逃兵引长发贼抵城……涌进阊门，城遂失陷。……贼据城后，遍构城廓(郭)，改苏郡为苏福省。”[5]据此，苏福省建省时间应为太平军占领苏州的当天(咸丰十年四月十三日，1860年6月2日)。值得注意的是，日记有两点可疑之处。第一，太平军既没有也不可能在入城当天便“遍构城廓(郭)”，实际上如当时人所记载，“城初陷，贼不留宿，向暮……而出”[6]。城中秩序未定，遑论遍构城廓(郭)。第二，日记将太平军入城时间记为咸丰十年四月十二日，错记一日。这两处疑点表明这些内容似乎是日后补记的，降低了史料的可信度，难以据此确定苏福省建省的具体的或较为具体的时间。

《幼主诏李秀成》是太平天国官方文件。这件诏旨称赞“富庶之区首苏福，

---

〔1〕 李鸿章：《蔡映斗从重拟罪折》，见顾廷龙、戴逸：《李鸿章全集·奏议一》，安徽教育出版社2008年，第186页。

〔2〕 崔之清：《太平天国战争全史》第3卷，南京大学出版社2002年，第2093页。

〔3〕 另据李鸿章奏，徐震燿禀称：当太平军攻至抚署时，其父徐有壬“力不能御，被刀刺帽将堕，尚手自整冠，抗声大骂，立时遇害”。见李鸿章：《前抚徐有壬请建专祠片》，顾廷龙、戴逸：《李鸿章全集·奏议一》，安徽教育出版社2008年，第455页。

〔4〕 沧浪钓徒：《劫余灰录》，见太平天国历史博物馆：《太平天国史料丛编简辑》第2册，中华书局1962年，第156页。

〔5〕 龚又村：《自怡日记》，见太平天国历史博物馆：《太平天国史料丛编简辑》第4册，中华书局1963年，第347页。

〔6〕 潘钟瑞：《苏台麋鹿记》，见中国史学会：《太平天国(五)》，神州国光社1952年，第274页。

陪辅京都军用丰”。该文件于太平天国庚申十年六月十九日从天京发往苏州。按:太平天国庚申十年六月十九日,即旧历咸丰十年六月十二日,即公历1860年7月29日。由此可以确定苏福省建省不晚于1860年7月29日。

另据1860年8月11日英文周报《北华捷报》(*North China Herald*)英国传教士艾约瑟(J. Edkins)等撰文称,他应洪仁玕的邀请,从上海到苏州。洪仁玕则从天京赶到苏州与艾约瑟会晤。8月2日,洪仁玕在会谈中说:“由于征服江苏省(将来称为‘苏福’)的成功,近来忠王势力大增。”[1]由此可见,洪仁玕离开天京时,知道将要建立苏福省。换言之,洪仁玕离开天京时,太平天国尚未建立苏福省,苏福省建立是在洪仁玕离开天京之后。

再据太平天国庚申十年五月二十五日《京畿统管李春发为报干王洪仁玕来苏省事上忠王李秀成禀报》,内称:“刻下干王业已奏蒙真圣主旨准,下游前来苏省……干王宝驾拟于二十七日由京起程。”[2]天历庚申十年五月二十七日为公历1860年7月6日,是日为洪仁玕离开天京的时间。据此可以确定:太平天国建立苏福省是7月6日至7月29日之间的事。简言之,苏福省建省时间是1860年7月。

(二)苏福省政区及职官

1.苏福省辖地

苏州原为清江苏省省垣。明代,直隶于南京的地区(即后来分治的江苏、安徽两省地区)称为南京,又称南直隶。清初,改置江南省。康熙六年(1667),分置江苏、安徽两省,江苏布政使驻苏州,统江宁、苏州、常州、松江、镇江、扬州、淮安七府及徐州直隶州。乾隆二十五年(1760),江苏省增设江宁布政使,驻江宁,统江宁、淮安、徐州、扬州四府及通州、海州二直隶州。江苏布政使仍驻苏州,统镇江、常州、苏州、松江四府及太仓直隶州。

太平军占领苏州后,苏州成为苏福省省垣。关于苏福省辖区,史学界有不同说法。有的认为:“苏福省基本上包括常州以东的苏南地区,辖有常州郡、松江郡、太仓郡和苏州郡”,“原江苏省属的镇江府可能属于太平天国的江南省或苏

---

〔1〕 A Report by J. Edkins. P. Clarke and J. S. Gregory: Western Reports on the Taiping, Canberra: Australian National University Press, 1982, P. 245.

〔2〕《京畿统管李春发为报干王洪仁玕来苏省事上忠王李秀成禀报》,见太平天国历史博物馆:《太平天国文书汇编》,中华书局1979年,第233页。

福省”。[1]有的认为,苏福省辖苏州、松江、太仓、常州,比江苏布政使的辖地少一镇江府。有的认为,苏福省的范围是,“以苏州为省会,属县有长洲、元和、吴县、常熟、昭文、镇洋、太仓、松江、青浦、昆山、新阳、武进、阳湖、无锡、金匮、丹阳、溧阳。其中西部之丹阳、溧阳、武进、阳湖、无锡、金匮有时又与‘天京省’(又称‘江南省’)交叉”[2]。实际上,苏福省的辖地就是原清江苏布政使的辖地即镇江、常州、苏州、松江四府及太仓直隶州。太平天国将清朝地方省、道、府、县四级行政机构改为省、郡、县三级,则苏福省辖地为镇江、常州、苏州、松江、太仓五郡。理由如下:

(1) 太平天国的行政区划一般都沿袭清制,苏福省辖地实际上沿袭江苏布政使辖地。

(2) 干王洪仁玕与英国传教士艾约瑟的谈话明确说明“江苏省”将称为“苏福省”。这里的“江苏省”即清江苏布政使的辖地。

(3) 太平天国兵册中登录的太平军官兵籍贯,基本体现了苏福省辖地范围。[3]如隶于苏福省下的有苏福省长洲县、苏福省吴县、苏福省元和县;有苏福省常州郡武进县、苏福省常州郡阳湖县;还有苏福省镇江郡溧阳县、苏福省镇江郡丹阳县等。太平天国门牌有的写有“苏福省苏州郡长洲县”。太平天国上、下忙执照有的写有“苏福省松江郡菁浦县”字样。由此可见,自镇江郡(含镇江郡)以东的苏南地区(镇、常、苏、松、太)均应为苏福省辖地。

(4) 镇江是否隶属于苏福省,这是有争议的,这个问题也是苏福省辖地问题的难点。否定镇江郡属于苏福省的论据是,兵册中多有“江南省镇江郡”某某县字样,镇江属江南省而非苏福省。但同一份兵册中也有“江南省常州郡”某某县字样。太平天国在常熟发的“圣牌”、在苏州发的“门牌”甚至有“江南苏福省苏州郡”字样。这类写法不合规范,不足为据。

有的学者认为,1857 年年底以后,镇江一直在清军统治之下,因此实际上不存在镇江郡隶属苏福省的问题,苏福省辖地比清江苏布政使的辖地少一镇江府。这种观点的理由也是不充分的。如果因为镇江在清军统治之下就不算隶属于苏福省,那么,按照同样的标准,松江也不能算隶属于苏福省。太平军仅仅在 1860 年 7 月和 8 月曾经两度占领松江,为时一共只有 20 天。类似情况绝非少数。

---

[1] 董蔡时:《太平天国在苏州》,江苏人民出版社 1981 年,第 54—55 页。

[2] 王文清、沈嘉荣:《江苏史纲·近代卷》,江苏古籍出版社 1993 年,第 66—67 页。

[3] 《兵册、馆衔名册和家册》,见太平天国历史博物馆:《太平天国文书汇编》,中华书局 1979 年,第 343—405 页。

（5）据《李秀成自述》，苏州、无锡失守后，李秀成回到天京。他说，其时“稣（苏）省独有丹阳、常州、金坛、溧阳、宜兴而已”[1]，苏福省其余郡县均已被清军所占。按常州、宜兴属常州郡，丹阳、金坛、溧阳则属镇江郡。镇江郡共辖四县，李秀成未提及者唯丹徒县。李秀成是太平天国晚期最重要的太平军将领、苏福省的最高长官，他的话涉及苏福省辖地，自然具有毋庸置疑的权威性，苏福省辖地应该包括镇江郡。

2．苏州郡及属县职官

苏州郡的辖区基本沿袭清苏州府辖区，统长洲县、吴县、元和县、常熟县、昭文县（雍正二年析常熟为常、昭二县，同城而治）、昆山县、新阳县（雍正二年析昆山为昆、新二县，同城而治）、吴江县、震泽县（雍正二年析吴江为江、震二县，同城而治）、东山县（原太湖厅、治所设洞庭东山，太平天国改为东山县）。

按照太平天国的政治制度，地方行政郡、县两级的地方官为守土官，县以下行政为乡官制。郡设总制一人，县设监军一人，皆由中央政府任命，管理地方政务。从苏福省的情况看，监军大多委派本县民人充任。由于处在战争时期，苏福省各城均设佐将，由太平军将领充任。有的地方设佐将两人分管军民事务，如常熟、昭文等。有的地方设佐将一人，综理军民事务，如长洲县等。

现据所能找到的、可引以为据的历史资料[2]，列太平天国苏州郡及属县职官表2-1、表2-2、表2-3：

表2-1　太平天国苏福省苏州郡及属县佐将一览表

郡、县名	佐将姓名、职、爵	在任时间	备注
苏州郡	求天义陈坤书	1860年秋—1862年春	主军务，后封护王
	左同检熊万荃	1860年6月—1862年	主民务
	逢天安刘肇均	1860年6月—1862年	主民务，后封凛王
	勋天义兼苏福省文将帅汪宏建	1862年—1863年	主民务
	慕王谭绍光	1862年秋—1863年12月	主军务
长洲县	李姓	1860年6月—？	
	廷天安黄姓	1862年前后	办理长洲军民事务

[1] 罗尔纲：《李秀成自述原稿注》，中华书局1982年，第307页。

[2] 潘钟瑞：《苏台麋鹿记》、蓼村遁客：《虎窟纪略》、佚名：《避难纪略》、龚又村：《自怡日记》《太平天国文书汇编》等。

(续表)

郡、县名	佐将姓名、职、爵	在任时间	备注
吴县	汪姓	1860年6月—?	
	勋天福某	1861年前后	
	李善交	1863年4月前后	文将帅李文炳之侄
元和县	超天燕胡王衡	1860年6月—?	
	约天燕某	1863年春—?	
常熟县 昭文县	定南主将黄文金	1860年9月—10月	后封堵王
	慷天燕钱桂仁	1860年10月—1863年1月	主民务,后封比王
	详天燕侯裕田	1860年10月—1862年3月	主军务
	黄天安伍姓	1862年3月—8月	接替侯裕田
昆山县 新阳县	文将帅李文炳	1860年夏—1862年春	原清候补道,6月2日开城门迎太平军入城
吴江县	颛姓	1860年夏—9月	
震泽县	懋天福萧朝兴	1860年9月—1862年8月	
	水师天军主将冀天义程姓	1862年8月—1863年7月	
	扬王李明成	1863年7月	
东山县			

表2-2　太平天国苏福省苏州郡总制一览表

郡名	总制姓名	在任时间	备注
苏州郡	何信义	1860年6月—?	原清候补知府,6月2日开城门迎太平军。1861年2月调浙江,后任浙江天省文将帅
	姚元璋	?—1861年夏	原为清候补知县

表2-3　太平天国苏福省苏州郡属县监军一览表

县名	监军姓名	在任时间	备注
长洲县	杨姓	1860年秋	
	吴省秋	1862年	
吴县	李善交	1860年6月—1863年4月	原名君山,1863年4月改任佐将
	刘春涛	1863年4月—?	此前任香山、光福乡官局军帅

（续表）

县名	监军姓名	在任时间	备注
元和县	章宝庆	？—1861 年 6 月	原名张应显，原清军千总
常熟县	汪胜明	1860 年秋—1862 年	篾匠
昭文县	朱姓		
	钱伍卿	？一 1862 年 4 月	士绅
	方姓	？一 1863 年 1 月	
昆山县			
新阳县			
吴江县	钟志成	1860 年秋—1863 年 7 月	贫苦知识分子
震泽县			
东山县			

县以下城乡普遍建立各级基层政权。按照《天朝田亩制度》的规定，每五家为一伍，设伍长一人；每五伍为一两，设两司马一人；每四两为一卒，设卒长一人；每五卒为一旅，设旅帅一人；每五旅为一师，设师帅一人；每五师为一军，设军帅一人。从两司马至军帅，均由当地人充任，称为乡官。乡官设局办公，称为乡官局。就苏州城区而言，起初，按六城门分段各设立军帅局，军帅由当地耆老推举，如葑门军帅局，由西十郎巷的吴心香负责。玄妙观钱某自荐："苏城地面辽阔，请另设城心一局。"〔1〕即由钱某主持。这样，整个苏州城区共设立七个军帅局，成为太平天国在苏州城区的基层政权机构。

苏州城区以外，也普遍建立了这样的基层政权机构。如咸丰十年八月（1860 年 9 月），"吴县伪军帅三人，许玉庭而外，横泾一路庄时龙为之，香山、光福一路刘春涛为之"〔2〕。同治元年四月（1862 年 5 月），许玉庭死，赵雪堂继任。同治二年正月（1863 年 2、3 月），赵雪堂辞去，陈尔炽继任。又如，咸丰十一年六月（1861 年 7 月），新郭土地庙设三军帅局，师帅钟智朗接总理三军帅印。元和用

〔1〕 潘钟瑞：《苏台麋鹿记》，见中国史学会：《太平天国（五）》，神州国光社 1952 年，第 275 页。
〔2〕 蓼村遁客：《虎窟纪略》，见《太平天国史料专辑》，上海古籍出版社 1979 年，第 25 页。

直师帅为沈姓郎中,唯亭师帅为郑姓郎中。[1]再如,常熟地方“富户严逸耕为昭文县后营伪军帅,姜振之为副……金云台、潘竹斋、梅利川、徐增、李康等五人为统下师帅。又择各乡多田翁为旅帅、百长、司马、伍长各伪职。……是时,常熟伪军帅六人、昭文四人。两邑大小乡官,约共二千有零”[2]。

由于军事需要,苏福省在各县设立佐将,掌握军、政大权,各乡镇也设立馆子,由太平军低级将领充任馆主,掌握一军或数军的军、政权力。从监军到各级基层政权的乡官均受将领的节制。[3]

3. 科举

科举是太平天国网罗人才、充实各级政权组织的重要途径。太平天国的科举考试“自癸好开科”,前期的考试制度为三级考试制度,即县试、省试和京试。据《贼情汇纂》载,太平天国前期,“会试元甲三人,取中者为状元、榜眼、探花,封伪指挥职。次甲无定数,取中者为翰林,封伪将军职。三甲亦无定数,取中者为进士,封伪总制职。先是贼定伪例:试取壹等为军帅,二等师帅,三等旅帅,后乃易之”[4]。

太平天国后期,考试制度更趋完备,并积极鼓励知识分子和有才之士参加科举考试。太平天国地方当局“闻村镇有读书人,必须设法往劝,代为报名,至期引入城中”参加考试。凡应考者均由当局供应膳宿;赴京试者,由地方当局供给旅费。天历己未九年(咸丰九年,1859年),洪仁玕奉命总管科举考试兼任文衡正总裁,陈玉成为副总裁,颁布《钦定士阶条例》,规定科举考试为乡、县、郡、省、京五级考试,分别由军帅、监军、总制、提学官与提考官及文衡总裁等主考。详见表2-4:

表2-4　太平天国科举考试一览表

试级	考期	典试官	录取者	录取者称谓		职同
				文	武	
乡	每年二月	军帅	首一名	信士	艺士	伍长
县	每年三月	监军	首二名	秀士	英士	两司马

[1] 杨引传:《野烟录》,见太平天国历史博物馆:《太平天国史料丛编简辑》第2册,中华书局1962年,第175页。

[2] 汤氏:《鳅闻日记》,见罗尔纲、王庆成:《太平天国(六)》,广西师范大学出版社2004年,第338页。

[3] 董蔡时:《太平天国在苏州》,江苏人民出版社1981年,第181页。

[4] 张德坚:《贼情汇纂》,见中国史学会:《太平天国(三)》,神州国光社1952年,第112页。

（续表）

试级	考期	典试官	录取者	录取者称谓		职同
				文	武	
郡	每年四月	总制	首二名	贤士	能士	卒长
	每年五月	钦遣提学官	十名取一	俊士	毅士	旅帅
	每六年一次 （荣、酉）五月		五十名取一	杰士		师帅
省	每三年一次 （子、午、荣、酉）七月	钦遣提考官	若干名	（博士） 约士	猛士	
京	每三年一次 （辰、戌、好、未）九月	文衡正总裁	三甲其余	达士	壮士	军帅
			三甲头名	会元		监军
			二甲其余	国士	威士	总制
			二甲头名	传胪		将军
			一甲三名	状元、榜眼、探花		指挥

注：据《钦定士阶条例》相关内容制。[1]表中考期为太平天国天历纪年。

太平天国定都天京后，废除以四书五经为考试内容，改以太平天国颁行官书如《旧遗诏圣书》《新遗诏圣书》等为考试内容，并根据实际需要加试策论。据《虎窟纪略》《自怡日记》《吴江庚辛纪事》等苏州地方文献资料记载，咸丰十年至同治元年间苏福省省、郡、县各级考试试题举例如下：

咸丰十年（1860）苏福省省试，头场头题：同顶天父天兄纲常。二题：禾王作主救人善。三题：能正天所视。诗题：一统山河乐太平。二场策题：治兵安民策。论题：真道根据唯一正。诗题：万郭来朝。[2]咸丰十一年六月（1861 年 7 月）苏福省省试，题为：天父有主张，天兄有担当，积善之家必有余庆论。策论：诛残妖以安善良策。复试题：颁行天历富国强民策。[3]

咸丰十一年三月（1861 年 4 月）苏州郡试，“文题：能救人灵享福无穷。策论题：坚耐心肠，倍加研炼。诗题：师克在和”[4]。

咸丰十一年三月（1861 年 4 月）吴县县试，“题：真道岂与世道同。次题：道之大原出于天。诗题：万国来朝”[5]。江震县试，“头题：真道未知须省悟。二题：大

[1] 《钦定士阶条例》，见太平天国历史博物馆：《太平天国印书》，江苏人民出版社 1979 年，第 748 页。

[2] 知非：《吴江庚辛纪事》，见《近代史资料》1955 年第 1 期。

[3] 龚又村：《粤匪陷虞实录》辛酉六月初六条，转引自董蔡时：《太平天国在苏州》，江苏人民出版社 1981 年，第 97 页。

[4] 蓼村遁客：《虎窟纪略》，见《太平天国史料专辑》，上海古籍出版社 1979 年，第 33 页。

[5] 蓼村遁客：《虎窟纪略》，见《太平天国史料专辑》，上海古籍出版社 1979 年，第 33 页。

孝终身继有虞。三题:四海一家尽兄弟。诗题:万姓安居享太平”。“复试,题目:孝弟力田论治安策。”[1]常昭县试,题为:足食足兵。赋得偃武修文,得修字。昭文题:先之劳之,赋得礼门义路,得□字。[2]同治元年三月(1862年4月)常昭县试,常熟题为:赦小过举贤才。昭文题为:知我者其天乎。策论为:广大无边。[3]另据《避难纪略》载:题为:“天父原来有主张,磨来磨去试心肠。”[4]

文科之外,另有武科。武科县试考武学一场,试马箭3枝,步箭5枝,及弓、刀、石技勇,复试时,步箭5技,取列首2名称英士,监军颁给英士凭照,职同两司马。武秀才中有英士、猛士、壮士、威士之分。县试后到苏州省试。如辛酉十一年,吴江选拔30名武童生赴苏州参加省试。

太平天国地方政权多次开科取士。如咸丰十年八月(1860年9月)苏福省省试,吴江同里镇“赴试者四人,先到江城,次到省”。同里镇录取为新科博士的有钟志成、计吟香、任小宝。钟志成被委任为吴江县监军,“位在军帅之上,往来苏城、江城,颇见信任”[5]。又如,咸丰十一年三月(1861年4月),常熟县试,“试士多贡、监生员,共一百四人”。咸丰十一年六月(1861年7月)苏福省省试,常熟“中式者三十三人,遗一人。分博士、约士、俊士等第。旧识胡少卿(国治)为博士,即举人。黄秀山(绣珊)为杰士,如廪生”[6]。另据佚名:《避难纪略》,常熟“考试之人……通文墨者亦应之,甚有生员、廪生亦应之,如钱竹[筑]溪……竟以得取莠士(秀士)、博士为荣”。钱筑溪,“名敦钧,住南门外关帝庙弄,咸丰元年清宗师科试案首,后应贼试取伪莠士(秀士)、伪博士”。[7]

(三)苏州郡政治状况

1. 社会秩序的恢复与重建

毋庸讳言,战争对社会经济造成了极为严重的破坏。对此,当时途经苏州的容闳有这样的记载:“从苏州开始就沿大运河而上。……围绕运河的那些城市,

---

[1] 知非:《吴江庚辛纪事》,见《近代史资料》1955年第1期。

[2] 龚又村:《自怡日记》,见太平天国历史博物馆:《太平天国史料丛编简辑》第4册,中华书局1963年,第393页。

[3] 龚又村:《自怡日记》,见太平天国历史博物馆:《太平天国史料丛编简辑》第4册,中华书局1963年,第437页。

[4] 佚名:《避难纪略》,见《太平天国史料专辑》,上海古籍出版社1979年,第62页。

[5] 知非:《吴江庚辛纪事》,见《近代史资料》1955年第1期。

[6] 龚又村:《自怡日记》,见太平天国历史博物馆:《太平天国史料丛编简辑》第4册,中华书局1963年,第393、400页。

[7] 佚名:《避难纪略》,见《太平天国史料专辑》,上海古籍出版社1979年,第62页。

它们之间的乡村，似乎久经废弃，野草丛生，没有任何庄稼。”容闳就此评说：“在苏州及沿运河两岸我们所见到的残破景象，其原因之一是张玉良的队伍撤退时所造成的，其次是当地土匪烧杀掳掠所致，另外太平军自身也有一部分责任。”“一个不明情况的旅客，自然会把这一切都归罪于太平军。其实官军作为交战的一方，对此同样负有责任。我们在大路上所遇到的叛军，总的说来是很有礼貌的，并且尽力设法保护人民，以取得他们的信任。凡烧杀掳掠及虐待百姓等行为，都处以死刑。”忠王李秀成在苏州时，曾尽力禁止纵火，对积极镇压此种罪行者，都用金钱或晋升的办法来嘉奖。他公布三条法令：（1）兵士不得杀害百姓；（2）禁止屠宰牛羊；（3）禁止焚烧房舍。他到无锡后，曾有一地方官因纵匪焚烧房屋而被杀头。〔1〕

太平军占领苏州后，当局即竭力恢复与重建社会秩序。

（1）安抚百姓。太平军占领苏州后，李秀成立即布告安民，申明军纪，并望民众“递册投诚”，“归农乐业”。布告称：“本藩恭逢天命，统师克复苏城。现下城池已克，急于拯济苍生。除经严禁兵士，不准下乡等情。为此恺切先谕，劝尔百姓安心。不必徘徊瞻望，毋庸胆怯心惊。照常归农乐业，适彼乐土居民。绅董可速出首，来城递册投诚。自无流离失所，永为天国良民。因有官兵来往，尔民导引须勤。军民各不相扰，各宜一体凛遵。”〔2〕

布告发出后，民众仍迟迟“不服抚恤”，“出示招抚，民俱不归”，有些甚至“抢掳到我城边”，“连乱十余日”。李秀成说：“我将欲出兵杀尽，我万不从。”“后见势不得已，克城未得安民，后我亲身带数十舟直入民间，乡内四处子民，手执器械，将我一人困在于内，随往文武人人失色。我舍死一命来抚苏民，矛枪一（指）我杀命，我并不回手，将理说由（明），民心顺服，各方息手，将器械收。三日将元和之民先抚，自举安起，七日将元和、吴县、长洲安清平服，以近及远，县县皆从，不战自抚。”〔3〕

李秀成除了亲自去乡间与百姓对话外，还采取措施，照顾百姓生计。考虑到省垣附近百姓“亦有安好亦有未安好，外尚有难民，当即发粮发饷，以救其寒，各门外百姓无本为业，亦计给其资，发去铜钱十余万串，难民每日施粥饭救人。稣（苏）州百姓应纳粮税并未足收，田亩亦是听其造纳，并不深追。是以稣（苏）省

〔1〕容闳：《西学东渐记》，湖南人民出版社1981年，第54页。

〔2〕《忠王李秀成命苏郡四乡百姓举官造册谆谕》，见太平天国历史博物馆：《太平天国文书汇编》，中华书局1979年，第121—122页。

〔3〕《李秀成自述》，见太平天国历史博物馆：《太平天国文书汇编》，中华书局1979年，第510页。

百姓之念我也”[1]。

(2) 清查户口,编发门牌。李秀成在布告中说:“不举官则民事无人办理,不造册则户口无从核查,何以为安抚之地”,谕令苏郡四乡百姓“一面开造民册,一面将所举之人,令其概行来城,听候补派。兹并将册式粘后,限五日内照样造齐,呈送阊门外总局查核,以便给发门牌,则尔民得安堵之常,本藩亦慰抚绥之念”。[2]

苏州郡其他县份情况类此。如太平军攻克吴江、震泽后,即下令“各墟造册之户,并家口填明呈送,以给门牌,设立师帅、旅帅”[3]。吴江同里,门牌捐数一般为300~500文,富户则达1 000文左右。[4]震泽一带“每户一牌完米一石五斗,银八百文,加耗二百文。贫户无力完者,有力者倍完以足之。不肯者拘人封房”[5]。殷实之家的门牌捐有时比一般居民户高达几十倍。再如,太平军占领常熟、昭文后,在支塘出示,“急送人丁册,即给门牌安居乐业,照常耕贾”[6],“有门牌者不用避走”[7]。于是户户悬挂门牌。领门牌需缴纳捐税,“按户缴费”,其数额无统一标准,视“量力多寡,并无板数”[8]。

(3) 遣返、任用归附官员。遣返、任用归附清朝官员是李秀成一贯执行的政策与措施。李秀成政策的一贯性,如其布告宣称:“凡所经过之地,其于投诚之百姓则抚之安之,其于归降之勇目则爵之禄之。”“或率众投诚,或开城纳款,固可不失其官职。”[9]李秀成自述称:“自我收得苏城,兵得五六万众,未杀一人,清朝文武候补大员无数,满将多员,俱未伤害,各欲回家,盘川无,我给其资,派舟其往……各散回家,亦有多回北京。”[10]这里说到的数字涉嫌夸大,但李秀成之所作所为是不争之事实。例如,李文炳为原清候补道,四月十三日(6月2日)开苏

---

[1] 《李秀成自述》,见太平天国历史博物馆:《太平天国文书汇编》,中华书局1979年,第512页。

[2] 《忠王李秀成命苏郡四乡百姓举官造册谆谕》,见太平天国历史博物馆:《太平天国文书汇编》,中华书局1979年,第122页。

[3] 知非:《吴江庚辛纪事》,见《近代史资料》1955年第1期。

[4] 知非:《吴江庚辛纪事》,见《近代史资料》1955年第1期。

[5] 倦圃野老:《庚癸记略》,见中国科学院历史研究所第三所近代史资料编辑部:《太平天国资料》,科学出版社1959年,第100页。

[6] 柯悟迟:《漏网喁鱼集》,中华书局1956年,第48页。

[7] 佚名:《庚申避难日记》,见太平天国历史博物馆:《太平天国史料丛编简辑》第4册,中华书局1963年,第490页。

[8] 顾汝钰:《海虞贼乱志》,见中国史学会:《太平天国(五)》,神州国光社1952年,第368页。

[9] 《忠王李秀成告上海松江人民、清朝兵勇及外国侵略者谆谕》《忠王李秀成给清朝修补道总理湖州团防赵景贤谆谕》,见太平天国历史博物馆:《太平天国文书汇编》,中华书局1979年,第155页。

[10] 罗尔纲:《李秀成自述原稿注》,中华书局1982年,第209页。

州城门迎太平军入城。李秀成委以重任，自 1860 年夏至 1862 年春任昆新文将帅。何信义为原清候补知府，四月十三日（6 月 2 日）与李文炳等开城门迎太平军入城。自咸丰十年四月（1860 年 6 月）至咸丰十一年正月（1861 年 2 月）任苏州郡总制。咸丰十一年正月（1861 年 2 月）调浙江，后任浙江天省文将帅。姚元璋为原清候补知县，自咸丰十一年正月（1861 年 2 月）至咸丰十一年（1861）夏任苏州郡总制。章宝庆原名张应显，原清军千总，投降太平军后曾于咸丰十年四月（1860 年 6 月）任元和县监军。

（4）招抚和剿灭枪匪、团练。“所谓枪匪者，大抵吴江人居多，专以聚赌为事。每在各处乡镇设博场，且演戏。其在江湖抢劫之事，时时有之。而在里中，尚不至杀人放火。船制甚小，每船二人，前一人持枪，后一人摇橹。其捷者八动橹之顷，可放三枪，聚党成群，盈千累百。虽投顺发贼，而不甚服发贼管辖。”〔1〕

枪匪活动于江浙一带由来已久。“方己未夏秋之间，江南徐抚军有壬，会同浙江徐方伯宗干、段观察光清合禁苏、淞（松）、嘉、湖四府赌棍及枪船等赌魁。如费玉、卜小二、沙哥、沈三、沈牌士、钱蓉庄等，皆出示缉获，其意在于靖内乱，而不知豺狼当道，反问狐狸，不足以靖乱，适足以构怨而已。”

太平军占领苏州后，对枪匪先以招抚利用为主，如时人所说：“枪船者长毛之羽翼……长毛不习地利，而枪船习地利也。”“其出城打先锋也，必以枪船之人为向导；其分馆设卡也，必以枪船为护卫。而贼众日坐枪船，分道四出，往来各镇，乡邑小路间无不备悉，盖贼方欲得枪船之力而用之，故（姑）且纵之。”〔2〕当时，枪船头目中臭名昭著的有费玉、孙姓、卜小二、沈三等。沙哥一股已在太平军由苏州进军浙江时被歼灭。费玉、卜小二、沈三等被招抚。

但是，枪船为害地方，也危及太平军的统治。同治元年六月（1862 年 7 月），李秀成奉天王令“欲救南京，而恐枪船之蹑其后也。于是发令于六月十三日（7 月 9 日）分兵各路擒获，凡苏、松、嘉、湖无不克期会同”作战，围剿枪船。当时在浙江秀水濮院镇的沈梓记载其见闻：“自陡门而吾镇、桐乡、屠甸市、庙牌卡等处无不会齐拿获，庙牌杀十四人，吾镇杀三人，陡门杀二十余人，凡街上见著花青绵绸短衫裤以及黄黑柿漆绸短衫裤无不拿获，各处赌场皆散，赌局中人皆逃匿，民间装枪船逃难者各沉船水中，至十四五犹有长毛至各处乡间查拿小船者。盖自

〔1〕 杨引传：《野烟录》，见太平天国历史博物馆：《太平天国史料丛编简辑》第 2 册，中华书局 1962 年，第 176 页。

〔2〕 沈梓：《避寇日记》，见太平天国历史博物馆：《太平天国史料丛编简辑》第 4 册，中华书局 1962 年，第 174—175 页。

是赌局豪横之风始息。”太平军剿灭枪船战绩可观,沈梓感叹:“枪船竟为所制。”并说:“徐抚军合两浙官员禁除赌匪,穷年累月而不得,而伪忠王以一土寇之号令一朝灭之而肃清。我朝大僚之与逆贼才智不相及且如此。”[1]

团练是严重威胁苏福省太平军统治的另一大武装势力。

咸丰十年五月二十九日(1860 年 7 月 17 日),清政府准大学士彭蕴章、詹事殷兆镛奏,以在籍内阁学士庞钟璐为江南督办团练大臣,潘曾玮、杨振甫等为团练大臣帮办。当时,苏州及周边地区的团练武装主要有江阴县筑塘的王元昌部,长洲县黄桥马善部,长洲、常熟、金匮三县交界地区金匮县属荡口镇华翼纶部,长洲县东永昌的徐少蘧部,元和县周庄镇费秀元所部由枪匪改编的团练,以及光福、东渚、横金(泾)、香山、木渎等地的许继、徐则、钱京昌等部团练。这些团练多互通声气,尊庞钟璐为首领,严重威胁苏福省太平军的统治。对于这些团练武装,太平军剿抚并用,并最终予以消灭。

长洲县黄桥团练头子马善一再率领练勇抗击太平军。五月初一(6 月 19 日),太平军往攻,马善率众顽抗,被当场击毙,黄桥团练被彻底歼灭。

四月(6 月),太平军到苏州城西的横塘、木渎、光福一带,团练鸣锣聚众,四起攻击。自五月初一(6 月 19 日)起,香山、横金(泾)各路团练突然冲过横塘,直逼城下,筑土城于行春桥。五月初九(6 月 27 日),太平军大队分左右翼下乡,与行春桥、木渎、胥口团练接仗。团练“旋被围裹,纷纷败回木渎”。太平军剿杀团练“三千余名”,击毙许继等头目。[2]

在太平军进攻常昭之前,王元昌曾率领筑塘团练袭击江阴县城受挫。八月(9 月)中旬,太平军从锡金、江阴进攻常昭。八月初二(9 月 16 日),太平军攻克常昭,歼灭练勇无数。庞钟璐等遁逃上海;王元昌鼠窜靖江。

苏州及周边地区的团练武装尤以东永昌徐少蘧部实力最强,徐家团练拥有枪船五百余条,练勇一千多名,连同扩充的团练,“闻警出战者又不下万余人”[3]。在太平军攻克常昭、庞钟璐逃亡上海后,费秀元、徐少蘧先后被迫接受招抚。不久徐少蘧又与常昭钱桂仁、骆国忠等密谋叛变。同治元年十一月上旬(1862 年 12 月下旬),徐少蘧到常熟城中,与钱桂仁、骆国忠等会商谋叛部署,并于十一月十四日(1863 年 1 月 3 日)到苏州城中活动。慕王谭绍光抓准时机,逮

[1] 沈梓:《避寇日记》,见太平天国历史博物馆:《太平天国史料丛编简辑》第 4 册,中华书局 1962 年,第 176 页。

[2] 蓼村遁客:《虎窟纪略》,见《太平天国史料专辑》,上海古籍出版社 1979 年,第 21 页。

[3] 徐佩瑞:《双鲤编》,见《近代史资料》1964 年总第 34 号,第 74 页。

捕徐少蘧。十二月初二(1 月 20 日),李秀成命令慕王谭绍光统率太平军北上进攻常昭叛军。徐家团练发现大队太平军北上,随即阻击,被击退。初四(1 月 22 日),听王陈炳文率杭州太平军前来增援,直捣东永昌团练局,彻底击溃了徐家团练。

2. 社会矛盾与统治危机

(1) 太平军将领与地方郡县、乡官的腐败。这样的事例屡见于史料记载,如常昭地方,常熟谢家桥军帅归二,“家本殷实,腴田千顷,而性甚贪酷,悭鄙成癖。……召属下重征厚敛,勒索十万浮余,自谓无枉乡官之名”。“百姓怨毒已深,群起攻之。数千农民,黎明骤至,围其住宅,纵火烧完……归二逃不出门,同手下人烧死屋内。”〔1〕常昭佐将钱桂仁积聚了大量私财,后为部将骆国忠所侵占。〔2〕又如吴江地方,监军钟志成占有同里镇富户金姓的“市屋十余处,每月租钱三四千……分授诸儿”〔3〕。吴江盛泽太平军耕天福汪心耕奉令“总办各处厘卡,每月包解军饷,议定银数……余下者悉饱私囊。自咸丰十年七月起至同治元年八月止,两年有余,获银数十万”。另有锡天福沈枝珊,分管茅塘卡、七里塘卡等多处税卡,“各卡每日收至四五百金”,汇解太平军当局者“不过十之二三,已能足额,余尽入己”。“两年以来,管卡派捐,攫获不赀,遣其兄沈栗甫到上海开绸缎铺。其妾弟龚阿七……亦到上海开鹤年长棺木店,以便银洋往来。每月在湖丝局汇银到夷场王永义行内,俱用吴兴图记,存王永义西庄者十二万余两,又存王铁仙处五万两运贩东洋账。……又以二万两开慎号南货行于东市。”〔4〕

(2) 军政当局扰民“害民”。李秀成在其自述中多次说到陈坤书扰民的事。如咸丰十一年(1861),“那时我上江西、湖北招兵之时,将苏州、浙江嘉兴军务、民务安妥交陈坤书,我方而去。后十二年回到苏省,民已失散,房屋被拆不堪,良民流涕来禀”。“苏省之民又被陈坤书扰坏。后我回省,贴出为民之钱米,用去甚多,各铺户穷家不能度日者,俱给本钱,田家未种,速令开耕,发本其用,苦种之家,无不发粮。当三月之后,我在省时,斯民概安。仍然照旧发米二万余担,发钱十万余千。发此钱米之后,百姓安居乐业。后丰足之时,各民愿仍将此本归还,我并不追问,其自肯还我也。后又将郡县百姓民粮、各卡之税,轻收以酹民苦。”

---

〔1〕 汤氏:《鳅闻日记》,见罗尔纲、王庆成:《太平天国(六)》,广西师范大学出版社 2004 年,第 355 页。

〔2〕 谭嘘云:《守虞日记》,见中国史学会:《太平天国(五)》,神州国光社 1952 年,第 403 页。

〔3〕 倦圃野老:《庚癸纪略》,见中国科学院历史研究所第三所近代史资料编辑部:《太平天国资料》,科学出版社 1959 年,第 102 页。

〔4〕 鹤樵居士:《盛川稗乘》,见太平天国历史博物馆:《太平天国史料丛编简辑》第 2 册,中华书局 1962 年,第 186、191 页。

“后坏民是陈坤书、洪春元之害。……害百姓者,是此等之人也。南北两岸其害过之处所,我无不差官司前去复安,给粮给种,招民给本钱而救民命。……前起义到此,并未有害民之事,天下可知。害民者,实这等人害也。”〔1〕

另据记载,同治元年十二月初三(1863 年 1 月 21 日),“天将拥众出铜坑,所过石码头、善人桥、光福等处,大肆淫掠,木渎掳人及船无算,忠酋杀贼三十余人”〔2〕。

此外,苏福省当局通过“打先锋”“进贡”“大捐”等方式筹集饷费。在常熟,太平军当局将“翁、庞、杨、王诸宦注明原籍田尽入公”。〔3〕在吴江,太平军当局“请董事十四家借捐军饷,每家八十千,有潘姓不肯捐,拘人管押,三日后解吴江责三百板,讲归结,捐钱八十千,罚钱八十千,又费了三千洋释放”〔4〕。

(3) 民众与军政当局的矛盾与冲突。咸丰十一年二月(1861 年 3 月),常熟“东西两路人民恨浮收勒捐,拆毁馆局,捉打乡官,各处效尤,纷纷起事”〔5〕。四月(5 月),常昭地方“局董俞儒卿被戕投水,收过租米之局,众佃竞欲索还,于十三日赴俞局哄闹,几欲焚劫”〔6〕。又如,同治二年十一月二十七日(1863 年 1 月 16 日),吴江县的北观设收租局,吴江佐将水师天军主将冀天义程某“令每亩收租息米三斗”,董事十余人“襄其事,三限已过,并无还者。十二月二十一日(2 月 8 日)忽有楝花塘农民百余哄入局,将襄理者十余人又擒去,殴打窘辱”。〔7〕

由于种种原因,军政当局扰民、“害民”行为禁而不绝,民众与军政当局的矛盾冲突频发,这些都严重动摇了苏福省太平军当局的统治基础。

(四) 苏州城掠影

1. 城墙

太平军抵苏前,清军已将阊门、胥门、齐门的吊桥撤去,太平军遂搭造浮桥。太平军还改筑了葑门之旱城门,拆掉了原来的石吊桥。〔8〕太平军又将苏州城六

---

〔1〕《李秀成自述》,见太平天国历史博物馆:《太平天国文书汇编》,中华书局 1979 年,第 522、499 页。

〔2〕蓼村遁客:《虎窟纪略》,见《太平天国史料专辑》,上海古籍出版社 1979 年,第 45 页。

〔3〕龚又村:《自怡日记》,见太平天国历史博物馆:《太平天国史料丛编简辑》第 4 册,中华书局 1963 年,第 418 页。

〔4〕知非:《吴江庚辛纪事》,见《近代史资料》1955 年 1 期。

〔5〕汤氏:《鳅闻日记》,见罗尔纲、王庆成:《太平天国(六)》,广西师范大学出版社 2004 年,第 345 页。

〔6〕龚又村:《自怡日记》,见太平天国历史博物馆:《太平天国史料丛编简辑》第 4 册,中华书局 1963 年,第 397 页。

〔7〕倦圃野老:《庚癸纪略》,见中国科学院历史研究所第三所近代史资料编辑部:《太平天国资料》,科学出版社 1959 年,第 106 页。

〔8〕蒋寅生:《寅生日录》,见《太平天国史料专辑》,上海古籍出版社 1979 年,第 438 页。

门改了名称。阊门改称大西门,胥门改称小西门,娄门改称大东门,葑门改称小东门,齐门改称北门,盘门改称南门。城墙"雉堞则一律砌平,外加垩白,内如短垣,仅留炮口之地"。初入城时,城上每隔数百步"搭盖芦篷一座,外幂以布"。后又"造瓦屋如长廊"以备守望。[1]至同治元年七月(1862 年 8 月),为加强防御,又"雇民浚城濠,城加高五尺,上设谯楼、走廊"[2]。另据王步青著《见闻录》,"又加造城垣,高数尺,改城皆右旋,城门皆左向。取民舍木材,环架长屋于城陴,以蔽风雨。六门周围,一色黑瓦,城影如蟠龙"[3]。"苏城六门,贼以石替砖,俨然一小石头城矣,倍觉坚固。缘堞建屋,绕城三十余里之长,莫不联络。"[4]

2. 府宅

太平军住屋称"打馆",占领苏州后,多在"大家第宅"居住。馆有馆条,书各居住者姓氏身份,例有"忠殿九门御林真忠垫天豫黄馆"等。据《虎窟纪略》载,城中太平军馆"约有三千"。每馆约住十至数十人不等,为便于守城和出征,太平军打馆又多依城门左近,城心较少。由于苏州是苏福省垣,许多太平军高级将领居住城中。其时,任蒋桥存诚堂是主持苏州民务的左同检熊万荃的府宅。南北两显子巷是听王陈炳文(后镇守杭州)的王府。钮家巷留余堂原为"相府",因为英王陈玉成将至苏州,该处"内外洒扫,大门尽用黄缎裱糊,预备迎接",遂为英王府。忠王府则"以复园吴宅东拓于潘(潘爱轩宅),西拓于汪(汪硕甫宅),兼而并之"。忠王部属多"就近居住,大小等差,鳞次排列,占满一条北街"。自北迤西至桃花坞,又有太平军将领府宅四五处。

3. 望楼

太平军将领府宅前多建望楼,"以巨木四支撑为架,上铺以板,缘梯而登为第一层……凡四五层不等。昼则立旗,夜则悬灯……若三旗昼挥,三灯夜灿,则军情紧急矣"[5]。城中最高的望楼在玄妙观,后殿之弥罗阁"本三层,已见高峻",再立一台(跨脊更起两层),"愈见矗直。登台四望,目穷城外十余里"。[6]

当时文人李光霁记其苏州之行,在《劫余杂识》中写道:穿桃花坞,"登北寺

---

〔1〕 潘钟瑞:《苏台麋鹿记》,见中国史学会:《太平天国(五)》,神州国光社 1952 年,第 277 页。

〔2〕 蓼村遁客:《虎窟纪略》,见《太平天国史料专辑》,上海古籍出版社 1979 年,第 42 页。

〔3〕 王步青:《见闻录》,见《太平天国史料专辑》,上海古籍出版社 1979 年,第 540 页。

〔4〕 沧浪钓徒:《劫余灰录》,见太平天国历史博物馆:《太平天国史料丛编简辑》第 2 册,中华书局 1962 年,第 150 页。

〔5〕 潘钟瑞:《苏台麋鹿记》,见中国史学会:《太平天国(五)》,神州国光社 1952 年,第 274 页。

〔6〕 王步青:《见闻录》,见《太平天国史料专辑》,上海古籍出版社 1979 年,第 540 页。

浮图(屠),遥望烽火台矗立如林,沿途贼卡鳞次,慕龙街、临顿路等处,马步奔驰,男女杂沓,但见红云满目”[1]。咸丰十年五月(1860 年 6 月)下旬就到苏州活动的西方传教士这样报道:“苏州城内比我们所预料的要清洁得多。……我们看到的士兵都是身体强壮、精神旺盛的人,他们在外表上要比清军的兵勇高明得多。”[2]苏州城历来示人以典雅、秀逸,而太平天国时期的苏州城则以军事为主要功能,成为太平天国的军事重镇。

4. 人口

苏州素以繁华著称于世。在英国记者安德鲁·威尔逊(Andrew Wilson)笔下,当时,包括“大量流动人口,据估计苏州约有居民二百万”[3]。按:据同治《苏州府志》,道光十年(1830),苏州府人口为 340 余万;同治四年(1865),苏州府人口不足 130 万。威尔逊的估计数字若指苏州府人口则大体近似,若指苏州城区(包括近郊),则过分夸张。苏州城区人口,在道咸年间估计为数十万人。事实上,由于种种原因,太平军入城前,苏州城区人口已经锐减。

其一,由于清朝官府的屠杀。《北华捷报》咸丰十年五月二十六日(1860 年 7 月 14 日)载文称:“只要叛军(按:指太平军)快到一个地方的消息一经传出,地方官员便喜欢运用砍头的方法。以这种办法在苏州杀掉的人,为数的确很大。”

其二,由于恐惧而自杀。由于清方的宣传,“叛军部队的逼近,每每在城市内成为阴郁恐慌的征兆……自杀的事情怪不得很多”。福斯特(L. S. Foster)著《在华五十年》说:“太平军占领苏州之后,八万居民寻了短见。”[4]福斯特的说法肯定是有问题的。《北华捷报》登载的文章就曾谴责某些人“特别喜欢报道叛军如何进行大屠杀与造成大流血的事件”。传教士艾约瑟做了比较客观的报告,他说:“人们有过许多关于‘长毛叛军’残酷行为的传说,但这种指责是虚构的……许多纵火焚烧的事情,是在叛军到达以前清军干的。自杀的事情也比屠杀多得多。……如所周知,他们曾多次设法拯救跳河投江的男女,都足以证明他们并不

---

〔1〕 李光霁:《劫余杂识》,见中国史学会:《太平天国(五)》,神州国光社 1952 年,第 316 页。

〔2〕 译文见马博庵译:《外国传教士访问苏州太平军》,见北京太平天国史研究会:《太平天国史译丛》第 2 辑,中华书局 1983 年,第 100 页。其中日期翻译错误,这一批外国传教士访问苏州太平军应为 6 月下旬,不可能在 5 月。

〔3〕 安德鲁·威尔逊:《常胜军:戈登在华战绩和镇压太平天国叛乱史》,雍家源译,见北京太平天国历史研究会:《太平天国史译丛》第 3 辑,中华书局 1985 年,第 171 页。

〔4〕 福斯特:《在华五十年》,见杜文凯:《清代西人见闻录》,中国人民大学出版社 1985 年,第 172 页。

是残暴的匪兵,像传说的那样。按照极其严格的意义来说,他们确是革命者。"[1]艾约瑟的话并非空穴来风。据汪德门《庚申殉难日记》载,太平军入城之后,汪德门的侄子汪侣梅"出门被拉扛抬物件,乘间投河,毛贼救免之。晚间,在太子码头投河,仍为救起,已三次不死"[2]。

关于战争所造成的破坏,太平军将领有过中肯的说明,"其故有三:一为张玉良军队败退时所焚烧,一为土匪所抢掠,一则太平军所自毁也"。容闳认为:"旅行过此者,设不知其中真象(相),必且以是归咎于太平军之残暴。殊不知官军之残暴,实无以愈于太平军。以予(余)等沿途所见,太平军之对于人民,皆甚和平,又能竭力保护,以收拾人心。其有焚掠肆虐者,施以极严之军法。""忠王在苏州时……下令三通:一不许杀平民,二不许妄杀牛羊,三不许纵烧民居。有犯其一者,杀无赦。"[3]

其三,由于战乱而逃难。太平军入城前十余日,苏州即有人离城逃难。如吴大澂日记咸丰十年四月初一(1860 年 5 月 21 日)记:"午后闻常州警信,何宫保(按:即两江总督何桂清,时驻节常州)有欲退省垣之信,人心惊慌,外祖将眷属徙至太仓,是夜登舟。"四月初五(5 月 25 日)记:"连日城内居民闻警迁乡者,接踵而出娄、齐两门,肩摩毂击,城门拥挤,几至不能容足。"初六(26 日)记:"至早自娄门放舟,一路塘岸难民络绎不绝。"[4]逃难人数之多,于此可见一斑。

其四,城区居民移住城外。因为处于战争时期,太平军将领认为:"战争时军民必分处……中国亘古以来,无论何代,依向来之习惯,凡遇战争时,人民必退处田野,军士则驻守城中,所谓攻城略地,能攻克一城,则城外之地垂(唾)手得也。"[5]太平军以苏州城为据点,大量驻军,在城区取消商业,势必影响居民生活;军民杂处,又难免军队滋扰百姓,遂动员城区居民移住城外。并规定:凡"出城住定每口给米五升,俾度四五日。于四五日内,各谋生业,开出铺面。无资本者,具呈请领本钱,或呈明何业认领何等货物,仍估定货价,于售货后缴还钱七成,息三成,俾其永远藉以运转"。此后,城中居民出城者渐多,太平军如约发给资本,以便迁居者开设各种店铺。于是,在清军焚毁之后,山塘街又蔚然而成集

〔1〕 英文原文见 North China Herald, 7 July, 1860。

〔2〕 汪德门:《庚申殉难日记》,见《太平天国史料专辑》,上海古籍出版社 1979 年,第 2 页。

〔3〕 容闳:《西学东渐记》,湖南人民出版社 1981 年,第 52—54 页。

〔4〕 吴大澂:《吴清卿太史日记》,见中国史学会:《太平天国(五)》,神州国光社 1952 年,第 327—328 页。

〔5〕 容闳:《西学东渐记》,湖南人民出版社 1981 年,第 54 页。

市,“名为买卖街”[1]。

太平军占领苏州后,在城乡普遍设立了乡官局,城区共设七局。乡官局首先办的事情就是分查户口,编造清册。约在咸丰十年五月(1860 年 7 月初左右)“七局送册,合计尚有八万三千余口许”[2]。这个统计数字是可信的。可资佐证者,《劫余杂识》记:“盖一苏城已不过十余万人矣”,其中包括太平军精兵一两万人和其他老弱脾尾。[3]另据艾约瑟在咸丰十年五月(1860 年 7 月)初的报告,“城内叛军的人数不会少于三万”。根据这些材料可以断言,咸丰十年五月(1860 年 6、7 月间),苏州城区居民为 8.3 万余人,加上驻城太平军及其眷属,城区人口为 10 余万。

太平军占领苏州期间,“以苏城为屯驻”,出征班师,军队大规模频繁调动,流动性极大,很难精确考定。大体上说,相对稳定的城区人口为 10 余万,加上频繁调动之太平军,城区人口一般在 20 万上下。另据李鸿章奏报,至同治二年十月(1863 年 12 月)淮军攻占苏州时,“官军入城查探,降众实有二十余万,其精壮者不下十万”[4]。可资佐证。

二、苏福省的经济状况

(一) 农业

1. 重视和保护农业生产

为了安抚地方与征收田赋,苏福省当局重视并注意保护农业生产。例如,当局重视保护耕牛,据记载,李秀成还下令:“牛用耕田,有宰食者杀无赦。”当局还在苏州“各城门令人巡察,见贼众牵牛而入者,抽刀断鞅俾逸去”[5]。又如,向穷苦农家提供帮助,“田家未种,速令开耕,发本其用,苦种之家无不发粮”。再如,重视修建海塘,天历十二年十月初十(同治元年十月初一,1862 年 11 月 22 日)汪谕徐少蘧:“派在苏省应修海工,至今未能兴作,实缘经费未到,无所措手耳。……趁此农务余闲,正好举办。……”[6]同治元年正月十四日(1862 年 2 月 12 日),

---

[1] 潘钟瑞:《苏台麋鹿记》,见中国史学会:《太平天国(五)》,神州国光社 1952 年,第 274 页。

[2] 潘钟瑞:《苏台麋鹿记》,见中国史学会:《太平天国(五)》,神州国光社 1952 年,第 275 页。

[3] 李光霁:《劫余杂识》,见中国史学会:《太平天国(五)》,神州国光社 1952 年,第 316 页。

[4] 李鸿章:《骈诛八降酋片》,见顾廷龙、戴逸:《李鸿章全集·奏议一》,安徽教育出版社 2008 年,第 393 页。

[5] 潘钟瑞:《苏台麋鹿记》,见中国史学会:《太平天国(五)》,神州国光社 1952 年,第 276 页。

[6] 太平天国历史博物馆:《太平天国文书汇编》,中华书局 1979 年,第 212 页。

“伪监军令伪董事十人督理修塘,每一师出夫五十名,每一户出夫一名,七日一交班。于贼之正月初八日动工。”“十八日,督理修塘伪董事十人至江开工,自夹浦桥起.至瓮金桥止,计程五十里,各派地段。居停薪水,该地伪旅帅供给。”[1]

2. 减赋纾困

苏福省当局采取减赋纾困的政策与措施。太平军占领苏州后不久,天王即发布《谕苏省及所属郡县四民诏》。诏书称:“朕览秀胞本奏,历述苏省所属郡县新附四民,前经胡妖抽捐抽税,竭尽尔等脂膏,厚敛重征,同天打斗。……朕格外体恤民艰,于尔民应征钱漕正款,令该地佐将酌减若干。尔庶民得薄一分赋税,即宽出无限生机。”[2]苏州博物馆藏有太平天国在东珊(山)县启征地丁银的两件“执照”。一为东山监军于咸丰十一年(1861)颁给廿六都一图花户杨伦珊的上忙地丁银“完纳执照”;一为同治元年(1862)颁给廿六都二图花户杨治张完纳上忙地丁银的执照。两张执照均有“奉令减免一成,遵照九成完纳”的印文。[3]这两件执照证明了太平天国“薄一分赋税”政策的切实执行。

另据天历十二年五月十七日(同治元年六月初三,1862年6月29日)李秀成给苏福省文将帅总理民务汪宏建的谕令,在减赋的前提下,李秀成还能体恤民艰。谕称:“田凭银两,虽据各县呈缴,尚未齐备。现下上忙业已开征,海塘又复需用。节次谕催,未能应手。连日接获各县佐将禀报,转据乡官子民禀称:‘谕办各项钱粮,迩来竭力赞催,无如民力不逮,且追呼之苦,不堪言状,恳求铺派’等情前来。……查本年二麦虽丰,蚕桑欠旺。若令一律呈缴,势难兼顾。且近来米价昂贵,民力未纾,殊堪悯恻。……今酌议仍责成各佐将,先办田凭,次征上忙,再追海塘经费,次第举行,以纾民力。”[4]

当时,苏州阊门外建有汉白玉牌坊,额题曰“民不能忘”。据沧浪钓徒记载,攻复苏州后,“李少荃宫保问:‘阊门外白石牌坊何以建于伪忠王耶?’民以减粮对。皆军、旅、师帅捐建者”。在清朝统治下,“赋莫重于江苏省,而松江一府之粮尚重于福建全省之粮,屡奏屡格”。[5]两相比较,“民不能忘”“白石牌坊建于

[1] 倦圃野老:《庚癸纪略》,见罗尔纲、王庆成:《太平天国(五)》,广西师范大学出版社2004年,第320页。

[2] 太平天国历史博物馆:《太平天国文书汇编》,中华书局1979年,第52页。

[3]《东山监军颁给廿六都一图花户杨伦珊完纳上忙地丁银完纳执照》《颁给廿六都二图花户杨治张完纳上忙地丁银完纳执照》,苏州博物馆藏。

[4] 太平天国历史博物馆:《太平天国文书汇编》,中华书局1979年,第206页。

[5] 沧浪钓徒:《劫余灰录》,见太平天国历史博物馆:《太平天国史料丛编简辑》第2册,中华书局1962年,第149页。

忠王”就不足为怪了。

3. 征赋措施

苏福省当局根据各处情况的不同,因地因时制宜,大体上采取了以下几种征赋措施。

其一,业主完粮。即颁发田凭,“按照天朝定制完纳粮米”。咸丰十一年(1861)后,太平天国在苏福省和浙江天省许多地方颁发田凭,吴江颁发田凭稍晚。据倦圃野老《庚癸纪略》载:同治元年三月二十七日(1862年4月25日),“伪监军(即钟志成)提各乡卒长给田凭,每亩钱三百六十”;又称:“领凭后租田概作自产,农民窃喜,陆续完纳。”[1]实际上,这条史料不过载明了这样的历史事实:在太平天国颁发田凭时,个别地方的一些农民,由于种种原因而得以冒领田凭,把租田变为自份田产。

其二,地主领取“租凭”收租完粮。业主完粮中有一种特殊情况,即让地主领取“租凭”收租完粮。据《柳兆薰日记》载:咸丰十年十一月二十二日(1861年1月2日),柳兆薰“命相好至局(指芦墟乡官局)领照凭”,三日后,“嘱相好开船收租”。十二月十四日(1月4日),“到芦局完粮”。[2]咸丰十一年二月初三(1861年3月13日)又记:“莘塔局收租,要讨租凭。”二月十四日(3月24日)记:“北舍(厍)局又以租凭来嬲。”[3]常熟地方似乎也有类似的情况,如《庚申避难日记》载:咸丰十一年十月(1861年11月)中旬,“长毛同司马、百长下乡写田亩册,限期收租,要业户领凭收租……不领凭收租者,其田充公”[4]。很清楚,这些也表明太平天国承认封建土地关系。

其三,佃户代地主完粮。据《吴江庚辛纪事》咸丰十年十一月初旬(1860年12月中旬)记:同里地方“办理预完粮米,师帅名下各旅帅所属乡村,照田完纳,每亩约出米一斗四五升”[5]。又据《柳兆薰日记》咸丰十年十一月二十三日(1861年1月3日)记:吴江、北舍(厍)、莘塔“着佃办粮”[6]。着佃办粮,照田完纳,就是让佃户代为缴纳田赋。太平天国所以采取这项措施,或因“业主迁避他

[1] 倦圃野老:《庚癸纪略》,见中国科学院历史研究所第三所、近代史资料编辑部:《太平天国资料》,科学出版社1959年,第104页。

[2] 《柳兆薰日记》,见《太平天国史料专辑》,上海古籍出版社1979年,第156、157、161页。

[3] 《柳兆薰日记》,见《太平天国史料专辑》,上海古籍出版社1979年,第170、171页。

[4] 佚名:《庚申避难日记》,见太平天国历史博物馆:《太平天国史料丛编简辑》第4册,中华书局1963年,第514页。

[5] 知非:《吴江庚辛纪事》,见《近代史资料》1955年第1期。

[6] 《柳兆薰日记》,见《太平天国史料专辑》,上海古籍出版社1979年,第156页。

方”,或因地主拒不认田报明田数,或因田册损毁,太平天国地方当局一时无法向地主征赋,令“佃户代缴”。[1]又明文规定“姑着各佃户代完地粮,俟业户归来,照租额算找”[2]。可见,太平天国的这项措施是以承认封建土地关系为前提的,佃户完粮不过是“代缴”,土地所有权并未变更。

其四,租粮公收。即设“租粮公收局”,按照先粮后租的原则征赋办租。据柳兆薰咸丰十年十一月初二(1860年12月13日)记,吴江“盛川(盛泽)章程,每亩每月收钱一百十文,闸收十个月,除完粮、局费外,给还业主”。十一月二十一日(1月1日)记,吴江“黎局(即黎里乡官局)租粮(四斗半)公收,局中人作(做)主,业主须俟粮务开销有余,方始去领”[3]。太平天国地方当局允许地主在太平军征足田赋后领取田租,同样表明太平天国承认旧有的封建土地关系。

4. 农业状况

由于受到战争与动乱影响的程度不同,以及受灾情况等不同,苏州郡和苏福省各地的农业状况呈现光影斑驳的图卷。有些地方一片荒芜,有些地方农业状况较好,如甪直文人所说,太平军进军“东南以来,田畴之荒芜,固不可胜计。吾里本水乡,农人恃家家有船,平居则耕种,闻警则全家登船,各撑篙摇橹,星飞雨散。且熟于港之通塞、途之曲折,故三时之务不废也”[4]。其他类似记载也不少,如天历十一年九月十四日(咸丰十一年九月二十一日,1861年10月24日)济天义委办锡金在城赋租总局经董薛知照称:兹届年岁丰稔,新谷现在登场。[5]又如,天历十二年九月(同治元年闰八月,1862年10月)廷天安黄札:“本年长邑境内,几至旱荒……芒种后甘霖叠沛,入秋以来雨阳时若,高低田亩一律丰稔。”[6]当时人说,苏州郡和苏福省的不少地方,太平军“既设乡官以收粮,又立卡以收税,而民尚不甚病者,五谷丰而百货萃也”[7]。

---

〔1〕蓼村遁客:《虎窟纪略》,见《太平天国史料专辑》,上海古籍出版社1979年,第42页。

〔2〕《廷天安办理长洲军民事务黄酌定还租以抒佃力告示》,见太平天国历史博物馆:《太平天国文书汇编》,中华书局1979年,第145页。

〔3〕《柳兆薰日记》,见《太平天国史料专辑》,上海古籍出版社1979年,第152、156页。

〔4〕杨引传:《野烟录》,见太平天国历史博物馆:《太平天国史料丛编简辑》第2册,中华书局1962年,第178页。

〔5〕太平天国历史博物馆:《太平天国文书汇编》,中华书局1979年,第134页。

〔6〕太平天国历史博物馆:《太平天国文书汇编》,中华书局1979年,第209页。

〔7〕杨引传:《野烟录》,见太平天国历史博物馆:《太平天国史料丛编简辑》第2册,中华书局1962年,第177页。

(二)商业与外贸

1. 城乡商贸

因为处在战争时期,太平军在苏州城内取消商业,这会影响居民生活。太平军苏州当局动员城区居民移居城外,经营商业。并规定:凡“出城住定每口给米五升,俾度四五日。于四五日内,各谋生业,开出铺面。无资本者,具呈请领本钱,或呈明何业认领何等货物,仍估定货价,于售货后缴还钱七成,留三成,俾其永远藉以运转”。此后,城中居民出城者渐多,太平军当局如约发给资本,以便迁居者开设各种店铺。于是,在清军焚毁之后,山塘街又蔚然成集,“名为买卖街”〔1〕。阊门外有买卖街三处,“虎丘为甚,食物俱全……大致贸易俱有倍利,故趋之若鹜”〔2〕。

在某些地方,太平天国当局在城区也采取一些措施以恢复商业。如常昭,由当局在城区开设商店,“开市颇盛,牌署天朝,掌柜者俱土人”〔3〕。

在各乡镇经商,“店家必有伪凭方得开张,曰商凭。每张索钱数千,小或数百文,上书某人开张某店者”。例如,吴江县黎里镇上就有同福、泷泉、畅厅、雪馆、聚仙等茶馆,茶馆里有评弹演唱。镇上还有德泰米行、山货店、松庆酒店、谦吉腌货店、叙隆面店等。〔4〕

一些特殊的商业门类则有相应的规定和管理措施。如食盐买卖通过盐行、盐公所进行。据载,“民间食盐向由公堂发卖,以有盐课上供故也。贼至后,沿海私贩甚多,而贼亦有伪税,各海口设立盐行,每担抽钱数百文,且又强卖土人,按图分人口造册核数,有增无减。其不纳伪税而潜相贩卖者,辄受害”〔5〕。同治元年闰八月(1862 年 10 月),苏州“设盐公所,凡卖盐者须至贼所用凭,盐价立时昂贵”〔6〕。

又如生丝市场,设立“丝捐局”管理,以紧邻盛泽的南浔为例,镇西栅设分卡征税。另设官丝行四家,西栅为庄恒庆、李恒鼎,北栅为吴晋昌,南栅为卜同昌。各丝行须经官丝行保结后方可营业。丝包 80 斤,捐洋 16 元,外加零费 8 元。丝

---

〔1〕 潘钟瑞:《苏台麋鹿记》,见中国史学会:《太平天国(五)》,神州国光社 1952 年,第 274 页。

〔2〕 潘钟瑞:《苏台麋鹿记》,见中国史学会:《太平天国(五)》,神州国光社 1952 年,第 300 页。

〔3〕 龚又村:《自怡日记》,见太平天国历史博物馆:《太平天国史料丛编简辑》第 4 册,中华书局 1963 年,第 397 页。

〔4〕《黄熙龄日记》,转引自董蔡时:《太平天国在苏州》,江苏人民出版社 1981 年,第 107 页。

〔5〕 佚名:《避难纪略》,见《太平天国史料专辑》,上海古籍出版社 1979 年,第 70 页。

〔6〕 蓼村遁客:《虎窟纪略》,见《太平天国史料专辑》,上海古籍出版社 1979 年,第 43 页。

行每日买丝斤数、所捐洋数,由太平军将领逐日查明登记。[1]

苏福省建立后,在与上海毗邻的一些水陆交通要道建立郡、县两级海关榷税。

苏福省与苏州郡所辖海关主要有芦墟关、夹浦关等,管关人员为苏福省直接派遣的高级官吏。芦墟关设于咸丰十年十月十六日(1860年11月28日),是太平天国设在苏福省吴江县的水陆交通驿站,乃军事、贸易的咽喉,“凡往来上海的船货,皆在此验货完税”[2]。据《柳兆薰日记》载,“芦川南栅已设关,利获千金,才三日耳”[3]。可见当时对外贸易相当繁忙。呤唎首次去苏州即通过此卡,对芦墟关有详细记载:“离上海有六十英里的水路。此处似有各色大宗贸易。运丝船、乡下船和上海船都停泊在村外,为数很多,全都满载货物……村里太平军很少;有六七名兵士划着船把一名长官送到我们这里。”[4]宿卫天军主将谭绍光发商民芦墟关卡票。“卡票”又称“关票”,是商人通过关卡缴纳税款的收据。卡票注明“管卡官兵”向商民征收商税,应“照例抽收,毋许浮滥多索”。[5]

县辖海关有常熟白茆口卡、龙王庙卡、徐六泾税卡等。地方绅士曾含章在《避难记略》中提到,“白茆口设立伪关,曰白宝关。徐陆(六)泾、浒浦、福山各海口皆有伪关。百货进出,亦须完税”[6]。咸丰十年十一月(1860年12月),“白茆口龙王庙设关收税”[7];咸丰十一年三月(1861年4月),“白茆口添设旱卡,车担往来,皆要抽税”[8]。徐六泾税卡与白茆口税卡同期设立。“徐六泾港生意极盛,河海各船稠密”,“港内设苏关,外口设海关,完税抽厘”。[9]白茆口和徐六泾两税卡主要管理苏州长江一线往来上海的贸易运输。

咸丰十年八月初一(1860年9月15日),上海《北华捷报》的一则新闻报道称:“叛军已在苏州设置关卡,征收运来上海丝绸等货物的捐税。属于英国人的空船,每艘须付税二十五两。我们相信,叛军征收丝税是每包六两。凡是付过税

---

〔1〕《吴焦生杂忆》,见周庆云:《南浔镇志》卷四十五,民国十一年刻本,第11页。

〔2〕《芦墟关卡票》,见《近代史资料》1955年第3期。

〔3〕柳兆薰:《柳兆薰日记》,见《太平天国史料专辑》,上海古籍出版社1979年,第150页。

〔4〕[英]呤唎:《太平天国革命亲历记》,王维周译,上海古籍出版社1985年,第47页。

〔5〕《宿卫天军主将谭绍光发商民芦墟关卡票》,见魏正瑾、易家胜:《天国春秋——太平天国历史图录》,文物出版社2002年,第180页。

〔6〕佚名:《避难纪略》,见《太平天国史料专辑》,上海古籍出版社1979年,第61页。

〔7〕柯悟迟、陆筠:《漏网喁鱼集》,中华书局1959年,第50页。

〔8〕柯悟迟、陆筠:《漏网喁鱼集》,中华书局1959年,第52页。

〔9〕柯悟迟、陆筠:《漏网喁鱼集》,中华书局1959年,第57页。

款的货单都盖上红印。”[1]另据曾任副领事的英国人福礼赐的报告，他们到苏州时，太平军向“每只船收取五两银子的税”[2]。

太平军当局“又于各镇设立卡房，商贾过卡，皆须完税。若在他镇完过者，取照票钱数十文，于伪税票上加一伪印。若隔县便不能照票，又须完税矣”[3]。

太平天国铸有自己的钱币，“前面太平天国四字，后面圣宝二字，或在孔之上下，或在孔之左右，无定式也”[4]。据记载，自同治元年(1862)夏，苏福省市面上出现太平天国钱币。同治二年三月记，去年夏有太平天国钱行用。[5]自夏至秋，太平天国钱甚多。但也有记载称：“其钱文曰‘太平天国圣宝’，偶一见之。”[6]商贸往来仍以贵金属与清朝制钱为主。《避难纪略》称：“每金一两，兑制钱二十七、八千文至三十千文。宝银每两兑制钱一千七、八百文，若元丝等亦随宝银递降，最折色者银首饰，每两兑制钱七、八百文至一千二、三百文，盖刁商乘人之急，每以纹银而作五色、六色收去，私铸元宝用者，所以近年新宝最多。”[7]

由于受到战争与动乱的影响程度的不同，苏州郡和苏福省各地的商贸状况也同样呈现为光影斑驳的图卷。在苏州，如前所述，阊门外又恢复了商业繁荣。“百货云屯，盛于未乱时倍蓰。”买卖街开设后，生意兴隆，城中太平军各馆“竞出争买”，各乡“船来日多，售亦日盛，乡民过午，满载而归，奚止利市三倍”。[8]

太平军“踞城后，陆续驱民出城，散居各乡，故乡镇之买卖转盛”[9]。又因太平军征战沪、浙，“而近苏各乡稍得休息”。如苏州甪直“遂晏然，市肆尤热闹。苏城人之避难者，往往有既出贼境，而仍搬来六直居住，房租昂贵，物价俱腾跃。米每升须六七十文，极贵至九十余文。肉每斤须三百文。他物亦较平时加倍，而人不以为忧者，五方之人杂处，泉布流通，蚁慕蝇营，谋生各遂。即贫媪窭儿，在

---

[1] 上海社会科学院历史研究所：《太平军在上海——〈北华捷报〉选译》，上海人民出版社1983年，第161页。

[2] 《福礼赐的报告》，见罗尔纲、王庆成：《太平天国(九)》，广西师范大学出版社2004年，第341页。

[3] 佚名：《避难纪略》，见《太平天国史料专辑》，上海古籍出版社1979年，第61页。

[4] 佚名：《避难纪略》，见《太平天国史料专辑》，上海古籍出版社1979年，第64页。

[5] 佚名：《庚申避难日记》，见太平天国历史博物馆：《太平天国史料丛编简辑》第4册，中华书局1963年，第556页。

[6] 杨引传：《野烟录》，见太平天国历史博物馆：《太平天国史料丛编简辑》第2册，中华书局1962年，第177页。

[7] 佚名：《避难纪略》，见《太平天国史料专辑》，上海古籍出版社1979年，第67页。

[8] 中国史学会：《太平天国(五)》，神州国光社1954年，第300页。

[9] 杨引传：《野烟录》，见太平天国历史博物馆：《太平天国史料丛编简辑》第2册，中华书局1962年，第175页。

茶坊酒肆卖瓜子等物,亦不难日获数百钱。农不废耕,米麦俱得善价”〔1〕。

苏州郡所辖各县也多有商业繁盛之处。如吴江,同里镇“市上热闹,生意繁盛,较平时数倍”〔2〕。黎里镇上有同福、泷泉、畅厅、雪馆、聚仙等茶馆,茶馆里有评弹演唱。镇上还有德泰米行、山货店、松庆酒店、谦吉腌货店、叙隆面店等。〔3〕

2. 生丝与茶叶外贸

尽管太平天国基于宗教理念并不主张发展商业,而实际需要却造成太平天国自始至终鼓励对外贸易。杨秀清在答英国人的问题时说:“平定时不惟英国通商,万国皆通商,天下之内皆兄弟也。立埠之事,候后方定。”〔4〕

“有人说太平军敌视外国人,反对做生意,在英国流行的见解中再没有比这更荒谬的了。事实是,他们曾经打算占据一个出海港口以便对出口生丝课税,但是没有成功。虽然如此,事实证明他们仍然爱护并鼓励生丝贸易(丝产区完全在他们手里)。”〔5〕

太平军对生丝贸易的重视——“我们深信,上次忠王莫明其妙地从上海撤退,就是出于对开展生丝贸易的期望,而太平军不顾白人对他们的严重挑衅而单方面对白种人表示尊重,也完全是为了防止对生丝贸易产生任何不利影响,他们正期望开展这种贸易。”“大家都可以看到,尽管关于太平军的警报在伦敦引起了生丝市场价格的上涨,但是在上海却从来没有人担心生丝的供应会中断,没有为此而引起过任何不安。此外,我们还从其他来源得知,以前在上海就可以得到太平军的护照,持有这种护照就可以绝对安全地进入丝产区……现在……外国人可以而且确实已经有人携带现银完全平安地进入了丝产区;在那里购得了生丝,又运回了上海。”〔6〕据史料记载,当时到苏州贸易的外商不在少数。如《庚申殉难日记》载:咸丰十年六月初四(1860 年 7 月 21 日),“闻有通事三人,夷人两个,往熊馆。熊贼不在城外,馆内人同去窥视。据云为生意,须面见。有船数十号在码头”。初十(27 日),“六门俱有夷人,且有官兵,行贩不能近城,须至虎

---

〔1〕 杨引传:《野烟录》,见太平天国历史博物馆:《太平天国史料丛编简辑》第 2 册,中华书局 1962 年,第 176 页。

〔2〕 知非:《吴江庚辛纪事》,见《近代史资料》1955 年第 1 期。

〔3〕《黄熙龄日记》,转引自董蔡时:《太平天国在苏州》,江苏人民出版社 1981 年,第 107 页。

〔4〕 太平天国历史博物馆:《太平天国文书汇编》,中华书局 1979 年,第 300 页。

〔5〕[英]塞克斯:《太平天国问题通讯》,梁从诫译,见北京太平天国历史研究会:《太平天国史译丛》第 1 辑,中华书局 1981 年,第 105 页。

〔6〕[英]塞克斯:《太平天国问题通讯》,梁从诫译,见北京太平天国历史研究会:《太平天国史译丛》第 1 辑,中华书局 1981 年,第 90 页。

阜后山交易”。[1]

苏福省建立以后，由于太平天国鼓励对外贸易，尽管战事频仍，生丝的出口仍有相当程度的增长。咸丰十一年六月（1861 年 7 月），普鲁斯在给罗塞尔的信中说：“自 1860 年 6 月至 1861 年 6 月间，丝的出口虽处此不利情况下，总数仍达 85 000 包。”[2]同治元年六月（1862 年 7 月），士迪佛立在给英国陆军大臣的公文中说：“为了进行贸易继续前往叛军辖区的欧洲人均受到有礼的接待。最近两周内，大量的丝运到了上海，贸易似乎处于兴旺状态。”[3]

据呤唎统计，在太平军占领丝产地之前的咸丰八年至九年间（1858—1859 年），生丝出口总额为 81 136 包；咸丰九年至十年间（1859—1860 年），生丝出口总额为 69 137 包。苏福省建立和太平军占领浙北地区后，生丝出口总额不减反增：咸丰十年至十一年间（1860—1861 年）为 88 745 包；咸丰十一年至同治元年间（1861—1862 年）为 73 322 包；同治元年至二年间（1862—1863 年）为 83 264 包。

此外，茶叶的出口也出现同样的情况。咸丰八年至九年间（1858—1859 年）为 65 789 792 磅；咸丰九年至十年间（1859—1860 年）为 85 938 493 磅。而咸丰十年至十一年间（1860—1861 年）为 87 220 754 磅；咸丰十一年至同治元年间（1861—1862 年）为 107 351 649 磅；同治元年至二年间（1862—1863 年）为 118 692 138 磅。

（三）军火贸易与修造

中国工业化过程的起点是 19 世纪 60 年代，其主要历史背景则是 19 世纪 40 年代的鸦片战争与 50—60 年代的太平天国运动。鸦片战争使中国人接触了西方的坚船利炮和西方文明，但当时给中国人印象最深的还不是西方文明，而是西方的近代武器。太平天国战争推动了交战双方从向外国购买近代武器，到制造近代武器，特别是使用机器生产近代武器。咸丰十年闰三月（1860 年 5 月），太平军决定东征苏、常、上海，其直接军事目标之一，就是购买 20 艘近代海军舰艇，使太平军水师现代化。因列强的阻挠，太平军未能攻克上海，建立现代海军的目标没有实现。

太平军占领苏州后，由于接近上海，方便了与洋人的贸易，太平军当局尤为

[1] 汪德门：《庚申殉难日记》，见《太平天国史料专辑》，上海古籍出版社 1979 年，第 9—10 页。
[2] ［英］呤唎：《太平天国革命亲历记》，王维周译，中华书局 1961 年，第 328 页。
[3] ［英］呤唎：《太平天国革命亲历记》，王维周译，中华书局 1961 年，第 430 页。

重视军火贸易。五月(7月),曾有外国黑人商贩在吴江居住10多天,将4门大炮、6大桶火药、8支5尺长洋枪价值银万余两的军火卖给太平军,不久又将载来的两船火药枪炮赴苏州售卖。[1]同年,清军在黄渡以东堵截了3条在青浦将"枪药济匪"后空船东返的外国商船,迫其返回原路。[2]六月(8月)《北华捷报》报道,当时上海一些有身份的外国人将以鼻烟名义包装的火药及其他武器在"黄浦江与苏州河上游各地向叛军出售"[3]。咸丰十一年九月(1861年10月),忠王李秀成令周庄、陈墓各乡官,"赴沪采办洋枪一千杆,铜帽二十万,大红绉二百匹"[4],以为军用。同治元年正月(1862年2月),驻守南汇的太平军首领里天福徐某曾派三名太平军携洋银1 400元到松江购买洋枪火药。[5]同治二年七月(1863年8月),原常胜军领队白齐文投奔太平军后,慕王谭绍光曾派他赴上海购买洋枪军火,并示意他能买到多少枪支,就让他带多少部队。[6]苏福省太平军与外国的军火贸易路线主要有:(1)上海至吴江水路;(2)上海—青浦—沈韩泾—高店—苏州葑门水路;(3)上海—青浦—朱家角—滕村—高店—苏州葑门水路;(4)上海—青浦—拓华寺—斜塘镇—苏州葑门水路;(5)南黄浦—闵港—金泽—莘塔—同里—苏州;(6)上海—青浦—曹滕桥—昆山—苏州;(7)黄渡—昆山—唯亭—苏州。[7]

太平天国通过各种途径从外国商贩那里购得的军火种类繁多,包括各种枪炮及军械配件、兵船、弹药等。数量也是惊人的。如同治元年三月(1862年4月),上海一家洋行一个月之内就卖给太平军步枪3 046支、野炮795尊、火药484桶(即10 947磅)、子弹18 000发、炮盖450多万个。据曾投归太平军的美国人马惇估计,苏州太平军中有3万支外国枪,四分之一的兵士配有步枪和来复枪,忠王李秀成的1 000名卫队则全部配备来复枪。[8]水陆交通的发达,大大便利了军火贩运,使苏福省境内的军火贸易成为太平天国后期的主要军火补给地。

---

〔1〕太平天国历史博物馆:《吴煦档案选编》第1辑,江苏人民出版社1983年,第362页。

〔2〕太平天国历史博物馆:《吴煦档案选编》第1辑,江苏人民出版社1983年,第426页。

〔3〕上海社会科学院历史研究所:《太平军在上海——〈北华捷报选译〉》,上海人民出版社1983年,第142页。

〔4〕太平天国历史博物馆:《吴煦档案选编》第2辑,江苏人民出版社1983年,第126页。

〔5〕太平天国史学会:《太平天国(六)》,神州国光社1952年,第490页。

〔6〕王崇武、黎世清译:《太平天国史料译丛》第1辑,神州国光社1954年,第66页。

〔7〕参见许金芳:《太平天国对外军火贸易的探讨》,见《安徽史学》1993年第2期。

〔8〕王崇武、黎世清译:《太平天国史料译丛》第1辑,神州国光社1954年,第73页。

军火贸易增加了太平军的现代武器装备,同时提高了训练水平。在苏州的李秀成部已拥有较多的洋枪洋炮。同治二年(1863),美国人白齐文带了一批洋人投奔苏州太平军,并训练太平军使用洋枪、洋炮,使太平军受到西方现代化军事训练。据史料记载,白齐文"在苏州统率九十至一百个欧洲人和太平军一营,约一千人"〔1〕。白齐文部下马惇说:"苏州城中可能有三万支外国枪,叛军中四分之一的兵士佩带步枪和来福(复)枪,忠王的一千名卫队完全佩来福(复)枪。"〔2〕据白齐文另一部下钟思说:"苏州叛军挑选了两千人交给我们训练,但由于外国军官太少,只训练了一千人。"〔3〕

因为太平军中使用洋枪、洋炮的数量与日俱增,苏州太平军的兵册记事簿中有"双响洋炮一条交洋炮官修整"〔4〕的记载。《太平天国革命亲历记》中也记载了"一个一直在苏州从事于制造枪炮弹药和其他重要工作的(外籍)汽轮机师"〔5〕。既然太平军的部队编制中有专门修理洋枪、洋炮的洋炮官,更应有规模或大或小的修械所。事实也正是这样。如苏州马大箓巷有太平军军械所。另据记载,当时昆山"城内有制造大炮、炮弹和开花弹的军火厂,由两个英国人经营"。正因为如此,英国史学家认为,"昆山对太平军斗争事业的重要性,是决不会估计过高的"〔6〕。同治二年四月(1863 年 5 月),洋枪队与清军攻陷昆山。这使太平军遭受巨大损失。董蔡时先生这样评论:"从十九世纪六十年代开始,太平天国内部也已经开始了'洋务运动'。"〔7〕而这恰恰是从苏州开始的。太平天国的失败使太平天国的早期现代化止于青萍之末。

三、苏州郡及苏福省战事

苏福省战事从咸丰十年四月(1860 年 6 月)太平军占领苏州至同治三年四月(1864 年 5 月)清军攻克常州、丹阳,大致可以分为四个阶段:自从咸丰十年四月(1860 年 6 月)太平军攻取苏州至同治元年十二月(1863 年 1 月)太平军进攻

---

〔1〕[英]呤唎:《太平天国革命亲历记》,王维周译,上海古籍出版社 1985 年,第 528 页。

〔2〕《马惇的〈自愿陈述书〉》,见王崇武、黎世清译:《太平天国史料译丛》第 1 辑,神州国光社 1954 年,第 73 页。

〔3〕《钟思的〈自愿陈述书〉》,见王崇武、黎世清译:《太平天国史料译丛》第 1 辑,神州国光社 1954 年,第 66 页。

〔4〕金毓黻、田余庆等:《太平天国史料》,中华书局 1959 年,第 197 页。

〔5〕[英]呤唎:《太平天国革命亲历记》,王维周译,上海古籍出版社 1985 年,第 557 页。

〔6〕[英]安德鲁·威尔逊:《"常胜军":戈登在华战绩和镇压太平天国叛乱史(选译)》,雍家源译,见北京太平天国历史研究会:《太平天国史译丛》第 3 辑,中华书局 1985 年,第 247 页。

〔7〕董蔡时:《曾国藩评传》,苏州大学出版社 1996 年,第 331 页。

上海战役结束及清军反攻为第一阶段。自同治元年十二月(1863 年 1 月)清军攻占常、昭至同治二年八月(1863 年 9 月)清军兵临苏州城下为第二阶段。自同治二年八月(1863 年 9 月)至同治二年十月(1863 年 12 月)清军攻克苏州为第三阶段。自同治二年十一月(1863 年 12 月)清军攻克锡、金至同治三年四月(1864 年 5 月)清军攻克常州、丹阳为第四阶段。

(一)第一阶段(咸丰十年四月—同治元年十二月;1860 年 6 月—1863 年 1 月)主要战事

这一阶段,太平军在攻占苏州后,乘胜追击,迅速扩大战果,并向上海进军。第一次进攻上海因洪秀全调李秀成西进援救安庆,未能成功。第二次进攻上海之役,太平军与英、法侵略军、淮军及常胜军作战,战事激烈,太平军曾取得辉煌战果,终因天京危急,李秀成再次奉调西进援救天京作罢。战局突变,攻守易位。

1. 苏州郡属县及太仓郡的攻克

(1) 攻克江、震。李秀成派求天义陈坤书、朗天义陈炳文统军自苏州南下,于四月二十四日(6 月 13 日)攻克吴江、震泽。防守平望之清军张景渠部行抵嘉兴,驻扎平望之炮船已闻警退回,张景渠又督率前往。清军江长贵部已抵吴江,因无援应,折回杭州。陈坤书等于四月二十五日(6 月 14 日)克平望镇。五月二十五日(7 月 13 日),主办湖州城守事宜的在籍知府(一作道员)赵景贤派都司李楚材等进扑并攻下平望。六月初五(7 月 22 日),太平军反攻再占平望。[1]

(2) 攻克昆、新。四月二十六日(6 月 15 日),李秀成令宿卫军大佐将陆顺德、荷天安麦冬良等军攻克昆山、新阳。[2]

(3) 攻占太仓。四月二十八日(6 月 17 日),太平军克太仓州(包括镇洋县,今太仓县)。[3]五月初八(6 月 26 日)退出西去,清军攻复太仓。数日后,清署理布政使蔡映斗及署知州杨锡祺、参将富安由上海率兵数百人入城防守。嘉定太平军自八月初二(9 月 16 日)起再攻太仓州,富安督军出城抗拒,蔡映斗等登城守御。次日,太平军击毙都司邓应魁。八月初四(9 月 18 日),又击毙前署镇洋县知县吴埰。八月十四日(9 月 28 日),太平军“大股直扑西水关、小西门等处”,

---

〔1〕 瑞昌、王有龄奏,奕䜣等撰:《钦定剿平粤匪方略》,上海古籍出版社 2003 年,卷二四五,第 8 页;卷二四七,第 5 页。

〔2〕 李铭皖、冯桂芬:清同治《苏州府志》卷二十八《军制》,清光绪九年刻本;金吴澜、李福沂:清光绪《昆新两县续修合志》卷五十一《纪兵》,清光绪六年刻本。

〔3〕 薛焕奏,奕䜣等撰:《钦定剿平粤匪方略》,见《续修四库全书》卷二四三,上海古籍出版社 2003 年,第 1 页。

分兵一支“由大南门登城而上”,再克太仓。[1]

(4)攻克常、昭。七月初,江阴太平军连日东进。清团练大臣庞钟璐在长寿、章卿等处部署兵勇防堵。七月初五(8月21日),太平军出其不意,“由踞龙山抄入”,攻下杨厍镇(今张家港市)。[2]七月二十四日(9月9日),江阴太平军冲入常熟西乡,昆山太平军又扑东乡,“嗣后,东西两路无日不战”。八月初一(9月15日),太平军大举进攻,江阴太平军“数万由顾山直扑王庄,团勇众寡不敌,致被冲散”。太平军乃“分西、北两路猛扑常、昭”。常熟“城垣环山,外高于内”。八月初二(9月16日),太平军“由山腰攀城而入”,占领常熟,庞钟璐逃往崇明。[3]

(5)攻占东山。太平军占领苏州后,曾多次进窥太湖东山、西山,均被清副将王之敬击退。咸丰十一年正月二十八日(1861年3月23日),太平军集结水师船只数十号,“进泊西山角头镇等处”。次日,又有船只数十号增援,并于当夜发起猛攻。王之敬分拨炮船“抵御东山前后”。太平军“绕扑山前,其时山后之船接应不及,王之敬亲督炮船”力战,“身被数伤,不知下落”。太平军蜂拥登岸,占领东山。[4]

2. 第一次进攻上海(咸丰十年五月—七月;1860年7月—8月)

苏州郡底定后,五月初五(6月23日),太平军克嘉定县,五月初八(6月26日)撤退。五月十三日(7月1日),宿卫军大佐将陆顺德、荷天安麦冬良等攻克松江府。[5]上海震动。李秀成令陆顺德等进取上海,并称上海有两粤兵勇三千余人密约投诚。[6]陆顺德等仅留老弱数百人在松江,统军于五月二十七日(7月15日)进袭上海,到达七宝镇。

华尔侦知太平军在松江并不设防,率洋枪队及水陆勇丁数百人于五月二十七日(7月15日)深夜潜入松江,留守太平军老弱数百人无法抵抗,弃城而走,松

---

〔1〕薛焕奏,奕䜣等撰:《钦定剿平粤匪方略》,见《续修四库全书》,上海古籍出版社2003年,卷二五〇,第18页;卷二五一,第16页。

〔2〕庞钟璐奏,奕䜣等撰:《钦定剿平粤匪方略》,见《续修四库全书》卷二四八,上海古籍出版社2003年,第1页。

〔3〕薛焕奏,奕䜣等撰:《钦定剿平粤匪方略》,见《续修四库全书》卷二五〇,上海古籍出版社2003年,第17页。

〔4〕王有龄奏,奕䜣等撰:《钦定剿平粤匪方略》,见《续修四库全书》卷二六一,上海古籍出版社2003年,第14页。

〔5〕薛焕奏,奕䜣等撰:《钦定剿平粤匪方略》,见《续修四库全书》卷二四四,上海古籍出版社2003年,第5页。

〔6〕《忠王李秀成给宿卫军大佐将陆顺德、荷天安、麦冬良谆谕》,见太平天国历史博物馆:《太平天国文书汇编》,中华书局1979年,第186页。

江轻易失守。[1]

陆顺德等闻松江失守，恐后路被截，便从七宝退回泗泾，六月初五(7月22日)再克嘉定县，进驻南翔镇。清将领薛焕向曾国藩、瑞昌、王有龄等请援。陆顺德乃请李秀成攻太仓州，顺攻宝山，由宝山进攻上海，再打松江。[2]此时，清候补知府吴云率参将李恒嵩部约万人及华尔洋枪队于六月十三日(7月30日)进攻青浦。青浦太平军守将周文嘉守城御敌，一面向李秀成告急请援。李秀成决定亲统大军赴援，并即乘势往攻上海。出师之前，再颁谆谕，嘱上海"各乡各镇子民前来苏郡输忱"，"作速投诚，以归真道"。[3]六月十六日(8月2日)双方在青浦县接战，太平军大败清军，重创洋枪队，击伤华尔，俘炮船多条。[4]六月二十三日(8月9日)，华尔等再扑青浦，又败。太平军击毙洋兵百余人，缴获不少枪炮。[5]六月二十六日(8月12日)，太平军再克松江。

六月三十日(8月16日)，李秀成偕洪仁玕统军自松江进攻上海，占领泗泾镇，次日进至七堡(宝)、蟠龙、虹桥、法华镇等处。[6]七月初二(8月18日)，李秀成再次致函上海各国公使，敦请各国侨民悬挂黄旗，以便保护。各国公使置之不理。李秀成率军进至徐家汇，占领罗家湾(今卢家湾)，法军25人即行撤退。李秀成以天主教堂为司令部。又对全军发布通告，严申军令，"外人与天朝臣民同拜上帝，同敬耶稣，应视若兄弟(或属兄弟一体)"，对于外人财产、房屋等务须切实保护。[7]同日，李秀成率部将蔡元隆、郜永宽等统军击退九里桥之清军，逼近上海西门、南门，此时，太平军遭到英法联军炮击，便停止进攻。夜间，分军转向城东。七月初三(8月19日)，李秀成再次致函英、法等公使，表示太平军将不占领丝茶出产之城邑，以免妨碍外人通商，但须以外人不许清军以上海为招兵及

---

〔1〕吴云:《致冯林一宫允桂芬书》,《两罍轩尺牍》,见罗尔纲、王庆成:《太平天国(八)》,广西师范大学出版社2004年,第306页。

〔2〕《忠王李秀成给宿卫军大佐将陆顺德谆谕》,见太平天国历史博物馆:《太平天国文书汇编》,中华书局1979年,第187页。

〔3〕《忠王李秀成给上海百姓谆谕》,见太平天国历史博物馆:《太平天国文书汇编》,中华书局1979年,第124页。

〔4〕薛焕奏,奕䜣等撰:《钦定剿平粤匪方略》,见《续修四库全书》卷二四七,上海古籍出版社2003年,第8页。

〔5〕薛焕奏,奕䜣等撰:《钦定剿平粤匪方略》,见《续修四库全书》卷二四七,上海古籍出版社2003年,第8页。

〔6〕薛焕奏,奕䜣等撰:《钦定剿平粤匪方略》,见《续修四库全书》卷二四七,上海古籍出版社2003年,第26页。

〔7〕《忠王李秀成在徐家汇天主堂发帖的布告》,见北京太平天国历史研究会:《太平天国史译丛》第2辑,中华书局1983年,第5页。

征集之兵站为条件。英、法等公使未予答复。太平军三面进攻上海,逼近法租界,焚毁江海关。七月初四,太平军逼近英租界,遭到黄浦江中英军"火轮船连放大炮",太平军伤亡多人,李秀成面颊受伤。而欲投诚太平军之两粤兵勇已被清将领薛焕斩杀,内应无望。嘉兴又受清军攻击,迭来请援。七月初五(8 月 12 日),太平军撤退,上海解围。〔1〕同日,李秀成又致书英、美、葡等国领事,痛斥各国"存心欺骗,背弃前约"〔2〕。

3. 第二次进攻上海(咸丰十一年十二月—同治元年五月;1862 年 1 月—6 月)

战役伊始,太平军攻势凌厉。咸丰十一年十二月初十(1862 年 1 月 9 日),苏州太平军由逢天义刘肇均率领,经嘉定趋宝山。十二月十三日(1 月 12 日),太平军一部由乍浦经海棠直趋奉贤。十二月十四日(1 月 13 日),太平军另一部接近上海英租界,因敌方已戒备,转而进攻上海西北。十二月十五日(1 月 14 日),太平军攻克奉贤南桥镇。十二月十七日(1 月 16 日),克奉贤,再攻萧塘。十二月十八日(1 月 17 日),慕王谭绍光、纳王郜永宽等率主力进攻吴淞,占领高桥,逼近宝山、上海。十二月二十二日(1 月 21 日),川沙太平军占领周浦。浦东大部分地区为太平军所有。十二月二十四日(1 月 23 日),太平军进抵白莲泾口,与上海城区隔黄浦江相望。

此时,清军已加强了上海的防守。十二月十三日(1 月 12 日),英国驻沪领事麦华陀、法国驻沪领事爱棠、外侨义勇队司令韦伯及上海道台吴煦等在英国领事馆会商上海防务。次日,吴煦等组织了会防局(即会防公所,又称上海会防局),由候补直隶州知州应宝时、补用道候补知府吴云、潘曾玮、顾文彬主持。同治元年正月初十(1862 年 2 月 8 日),清政府同意"借师助剿"。

当时,在上海的英、法军队约有 2 000 人。正月十五日(2 月 13 日),英国水师提督何伯、陆军上校穆迪(Moody),法国海军少将卜罗德、陆军上校戴诺格(Theologue),法国领事爱棠就上海防务决定:美国租界、英国租界、上海城北门及其附近城墙由英军防守。法国租界、上海县城及董家渡近郊由法军防守。基于列强对通商口岸范围的曲解,正月二十四日(2 月 22 日),何伯向普鲁斯提出,让英法联军肃清上海四周乡村的太平军势力,在穿越距离大约 30 英里的城镇建

〔1〕 薛焕奏,奕䜣等撰:《钦定剿平粤匪方略》,见《续修四库全书》卷二四八,上海古籍出版社 2003 年,第 22 页。

〔2〕《忠王李秀成致英、美、葡三国领事书》,见北京太平天国历史研究会:《太平天国史译丛》第 2 辑,中华书局 1983 年,第 6 页。

立一道防线。这些城镇包括嘉定、青浦、奉贤、松江等处。[1]普鲁斯认为,这个计划在英国“政府的意图范围之内”[2]。

正月二十六日(2月24日),太平军与清军在高桥发生激战。英国水师提督何伯与法国水师提督卜罗德率英军、法军列阵于高桥镇之西路,由华尔常胜军发动进攻。太平军吉庆元等部节节抵抗,鏖战多时,最终弃镇向东南退却。正月三十日(2月28日),英国水师提督何伯与法国水师提督卜罗德率英军、法军与华尔常胜军进扑萧塘,太平军击伤华尔和白齐文,最终撤离萧塘。二月十二日(3月12日),华尔常胜军与清军李恒嵩部在泗泾击败由青浦来攻泗泾之太平军。二月十六日(3月16日),青浦太平军屯扎凤凰山一带,并分布于上海周围法华、虹桥、徐家汇等地,距上海仅10余里。

三月初五(4月3日),何伯、士迪佛立与卜罗德率英、法军队并约同刚到上海的俄军数十人由上海到七宝。三月初六(4月4日),华尔常胜军也从松江赶到七宝,联合进攻王家寺太平军。此役,太平军击伤何伯。三月二十九日(4月27日),英法联军及华尔常胜军3 800余人携炮30门进犯南翔,被李秀成击败。四月初一(4月29日),英法联军等再犯南翔,李秀成太平军失利。南翔失守,英法联军等追至嘉定。在此期间,三月初十(4月8日),李鸿章率淮军到达上海,扎营上海城南。

此后,是太平军第二次进攻上海之役战事最为激烈的时期。

四月十九日(5月17日),在奉贤南桥太平军顽强抵抗英法联军的攻击,击毙法国水师提督卜罗德。同日,太平军强力反攻。李秀成率太平军精锐部队万余人从苏州增援前线,在太仓踏平清军营垒30余座,全歼清军李庆琛部5 000人,接着乘胜克复嘉定。五月十三日(6月9日),谭绍光、陈炳文等又攻克青浦,俘获驻守青浦的常胜军副领队法尔思德。太平军乘胜进围松江。五月二十一日(6月17日),陈炳文、郜永宽等率部进至法华、徐家汇、九里桥一线,再次逼近上海。

至此,太平军在战场上又掌握了主动,战绩辉煌。李鸿章在奏报中说:“嘉城复失,逆焰大张。西兵为贼众所慑,从此不肯出击。”[3]左宗棠在给曾国藩的信中也说:“青浦、嘉定二处,发逆麇至,夷兵遽遁。夷人之畏长毛,亦与我同,委而

---

〔1〕参见王国平:《太平天国史论》,苏州大学出版社2011年,第118页。

〔2〕Further Papers Relating to the Rebellion in China. 转引自茅家琦:《太平天国对外关系史》,人民出版社1984年,第259页。

〔3〕李鸿章:《西兵退出嘉定折》,见顾廷龙、戴逸:《李鸿章全集・奏议(一)》,安徽教育出版社2008年,第21页。

去之,真情毕露。"〔1〕

由于此时曾国荃湘军驻扎雨花台,逼攻天京。天王急催李秀成赴援。五月二十一日(6月17日),李秀成不得不下令撤松江围,将主力撤回苏州。留慕王谭绍光率少数部队驻守上海前线。太平军的攻势作战至此画上句号。此后,太平军虽曾不断向上海方向游击,但已是强弩之末,对战局没有太多的补益。

第二次进攻上海之役结束后,6月下旬与8月上旬,李秀成两次召集谭绍光、陈炳文、郜永宽等商讨救援天京,自此,苏州等地太平军陆续回救天京。七月十五日(8月10日),常胜军及清军程学启部攻陷青浦。八月二十一日(9月14日),李秀成亲自统率郜永宽等部从苏州出发,援救天京,由慕王谭绍光接管苏福省军民政务。九月初二(10月24日),嘉定失守。

(二)第二阶段(同治元年十一月—同治二年八月;1863年1月—1863年9月)主要战事

李秀成亲率援军离苏赴京,极大地削弱了苏福省的政治军事力量,苏福省的军事形势自此由盛转衰。清军进一步展开攻势,苏州郡所辖之常昭、昆新、江震及太仓、江阴等郡县接连失守。

1. 常、昭失守(同治元年十一月二十八日;1863年1月17日)

同治元年(1862)年末,苏州左同检熊万荃、昆山文将帅李文炳、常熟受天天军主将钱桂仁及永昌团总徐佩瑗等曾密约乘李秀成在杭州、陈坤书离苏州之机会,于十一月二十九日(1863年1月18日)在苏州、昆山、常熟同时叛变。后侦知李秀成即将由天京回苏州,改为提前于十一月二十六日(1月15日)举事。因苏福省佐将陈坤书得到谋叛的情报后已采取应变措施,李秀成也于十一月二十二日(1月11日)自天京回抵苏州,叛将未敢举发。而钱桂仁及其部将骆国忠等再向李鸿章部水师游击周兴隆约降,并约太仓守将佐将钱寿仁、永昌团总徐佩瑗同时并举。李鸿章派周兴隆改装入常熟城,密约于十二月初一(1月19日)以常熟降清,并约攻太仓与钱桂仁相接应。

李秀成回苏州后,钱桂仁借口为李秀成拜寿,赶往苏州,窥测风声,并阴谋诱骗李秀成到常、昭视察石城,刺杀李秀成并发动叛变。而骆国忠欲争首功,提前于十一月二十八日(1月17日)围杀两广籍太平军将士,下令全城剃发降清。十

〔1〕 曾国藩:《议复调印度兵助剿折》,见李瀚章:《曾文正公全集》卷十九,清光绪二年传忠书局刻本,第34页。

一月二十九日(1 月 18 日),骆国忠并与福山叛将里应外合,攻陷福山。

骆国忠叛降后,李秀成即督慕王谭绍光、潮王黄子隆等统军往攻常熟。十二月初六(1 月 24 日),太平军击溃永昌团练,直抵常熟城下。江阴、无锡太平军也分军助攻。李鸿章则派常胜军 500 名坐轮船自松江驶往福山。此时,太平军收复福山,十二月十七日(2 月 4 日),常胜军至福山受阻。同治二年正月初五(1863 年 2 月 22 日),李秀成督谭绍光、陈炳文等攻陷常熟大北门、西门外敌营[1],但未能破城。战后,李秀成即西去。正月中旬(3 月上旬),双方在福山一带多次交战。正月二十八日(3 月 17 日)太平军轰倒常熟东门城墙两三丈,仍未能破城。

自二月初五(3 月 23 日)起,清淮军及常胜军连日围攻福山石城,戈登亦抵福山助攻。二月十八日(4 月 5 日),常胜军以大炮轰击福山石城,港东城墙被毁数尺,常胜军爬墙而上,福山石城陷落。二月十九日(4 月 6 日),常熟守军出城接战,太平军孝天义朱衣点被掳,慕王谭绍光撤围而去。此役历时 70 余日,太平军未能收复常、昭。

2. 太仓失守

当太平军讨伐常、昭之际,李秀成即遣会王蔡元隆入守太仓。同治元年十二月二十七日(1862 年 2 月 14 日),奥伦统常胜军会总兵程学启、郭松林进攻太仓,会王蔡元隆将其击败,常胜军伤亡数百人。次日又击退程学启等之进扑。

同治二年三月(1863 年 4 月),蔡元隆诈降。三月初九(4 月 26 日),淮军统领李鹤章、总兵程学启率军受降。太平军突然从东门、南门出兵攻击,击退李鹤章部,并枪伤李鹤章。太平军另从南门、西门出队,得昆山援军助战,攻打程学启部。三月十一日(4 月 28 日),蔡元隆再攻娄塘,李鸿章调戈登常胜军赴援。次日,太平军进扎太仓西门,清军欧阳利见带淮扬水师同扎西门大河。三月十四日(5 月 1 日),太平军以炮船 30 余号堵截河口,被程学启统水陆军击败。三月十五日(5 月 2 日),戈登以大炮连续轰击西门,轰裂城墙十余丈,清军蜂拥入城,太平军巷战不胜,被杀甚众,蔡元隆率太平军由北门突围而走,太仓陷落。[2]

---

〔1〕 李鸿章:《进攻太仓援剿福山折》,见顾廷龙、戴逸:《李鸿章全集・奏议(一)》,安徽教育出版社 2008 年,第 200 页。

〔2〕 李鸿章:《克复太仓州折》,见顾廷龙、戴逸:《李鸿章全集・奏议(一)》,安徽教育出版社 2008 年,第 236 页。

3．昆、新失守

清军攻占太仓后,李鸿章令程学启、戈登进攻昆山。程学启于三月十七日(5月4日)进逼昆山县东门,跨河立营,进攻两日。太平军守将凛王刘肇钧、朝将夏天义将其击退。四月初二(5月19日)清军副将刘士奇移扎北门月河桥,程学启率水陆军护卫。太平军守军出攻,不胜,旋退回城。四月初三(5月20日),程学启逼攻昆山城根,城上太平军炮子如雨,使清军不能仰视。太平军出南门欲袭清军后方,旋败退。慕王谭绍光、来王陆顺德率大军援昆山。四月初七(5月24日),太平军万余人由南门绕东门,至青阳江一带。程学启派洋枪队会同水师抗击。太平军仍由南门回城,又从北门出军,欲于清军刘士奇营右建营,接战后退回城中。四月初八(5月25日),太平军拱王杨张安由北门搭造浮桥,抵清营之前。四月初九(5月26日),又由南北两门出军万余人逼攻清营,酣战四时,死伤颇众,旋退回城。李鹤章守太仓,分九营驻毛家市桥、杜家桥、双凤镇,以为犄角。

四月初七(5月24日),太平军四王率大军欲攻太仓,以解昆山之围,无功而退。四月初九(5月26日),慕王及湘王黄子澄率大军再攻双凤镇,大战多时,亦不胜,退回昆山,在北门外扎营20余座。戈登率常胜军于四月初十(5月27日)抵达昆山。[1]四月十一日(5月28日),程学启派参将周良才袭昆山之后路,至更楼桥,派道员符信、副将刘士奇等兵分两路攻北门外太平军援军营垒,自督亲兵继之,戈登派常胜军400名助攻,太平军北门外营垒24座被毁。昆山西为阳澄湖,北为巴城湖,南为青阳江,非可涉而过。由陆路通苏州必经正义镇,若得其地,则昆山后援绝而军心将动摇。

四月十三日(5月30日),程学启派郭松林、郑国魁等统水陆师往攻正义镇,亲自督带洋枪队居中策应,总兵戈登、副将李恒嵩乘轮船带枪队助攻,正义镇即为清军所夺。慕王知归路已断,两度出城力战,不胜。程学启命水陆攻城,昆山县遂于四月十四日(5月31日)黎明陷落,慕王由阳澄湖退回苏州。据李鸿章奏报:太平军被俘7 000余人,死亡3万人。[2]

4．江、震失陷

吴江太平军分兵驻扎花泾港、同里等处,互为犄角。清军自昆山南下,经淀山湖往攻吴江。六月十一日(7月26日),程学启部先至九里湖,戈登等率常胜

---

〔1〕 李鸿章:《太仓获胜折》,见顾廷龙、戴逸:《李鸿章全集·奏议(一)》,安徽教育出版社2008年,第274页。

〔2〕 李鸿章:《克复昆新折》,见顾廷龙、戴逸:《李鸿章全集·奏议(一)》,安徽教育出版社2008年,第281页。

军紧随其后。六月十二日(7月27日),程学启、戈登等攻陷花泾港夹浦石垒。苏州太平军则经宝带桥南援吴江,遭清军阻击而撤退。六月十三日(7月28日),程学启部攻占同里,吴江被围。谭绍光又统大军由尹山桥反攻花泾港,不胜。戈登等攻毁吴江北门外营垒。六月十四日(7月29日),戈登、程学启进扑吴江县城,太平军秦姓、杨姓等守将开门投降,扬王李明成开南门出走,江、震失守。

5. 江阴失守

江阴县属之杨库城(今张家港市),离江阴、常熟各五六十里,为沿江著名险要之城,有太平军2 000余人据守。清廷署提督黄翼升及补用总兵刘铭传等自四月十六日(6月2日)起即谋进攻。四月二十一日(6月7日),刘营教习法人毕乃尔、吕加等用洋炮轰倒东北炮台丈余。次日,又轰倒北门月城数丈,清军冲扑登城。太平军守将钿天燕李天得、锭天豫刘泰生各带洋枪队百余人抵住缺口,击毙清兵多名。后李天得、刘泰生皆阵亡,清军拥入,城乃不守,主将赵向林被俘。〔1〕

太平军于江阴县东门外立营三座,南门外两座,北门外一座,离西门10里亦设营垒,广王李恺顺守城。清军补用总兵刘铭传派军于七月初六(8月19日)进扎黄山港,令周盛波统3营扎离江阴10里之长山。太平军江阴守军一度出攻。黄翼升派候补总兵赖荣光等统水师相攻,太平军以枪击杀之,并枪伤游击龙玉麟,龙玉麟旋即死亡。刘铭传令诸军自七月初九(8月22日)至七月十二日(8月25日)滚营前进,紧逼城根。太平军守军力拒,但未能将清军击退,东门、北门外营垒被毁。〔2〕护王陈坤书统军自常州赴援,于七月十三日(8月26日)至离杨库10里之塘溪。清军总兵刘铭传、副将周盛波于次日攻江阴东门、北门。太平军守军将其击退。七月十五日(8月28日),武王汪有维增援江阴。七月十六日(8月29日),太平军守军出城攻敌,护王、齐王、区王等袭攻清军后方,不胜。七月十八日(8月31日),清军李鹤章赴前敌。太平军潮王黄子隆也自无锡援江阴。李鹤章调副将张树珊、总兵郭松林等军赴前敌。太平军护王等援军西自江边,东至山口,沿河扎木城十余里,石营、土垒、木卡大小百余座。李鹤章等商定,以郭松林督同张树珊等由山背绕攻援军之后,刘铭传督所部靠山脚直攻中路,周盛波等由城旁横攻右路,又派军至城西牵制无锡太平军援军。七月二十九日(9

〔1〕李鸿章:《克复江阴县属之杨库汛折》,见顾廷龙、戴逸:《李鸿章全集·奏议(一)》,安徽教育出版社2008年,第288页。

〔2〕李鸿章:《进逼苏城并江阴获胜折》,见顾廷龙、戴逸:《李鸿章全集·奏议(一)》,安徽教育出版社2008年,第329页。

月11日),清军数路并扑,接战多时,太平军援军失利,沿河石营、土垒皆被攻陷,南门外辎重船被焚200余条,城西石营亦被攻破。八月初一(9月12日),清军水陆两军分攻各门,城垛望楼大多塌毁。广王李恺顺及薰王奉李秀成命死守。忽有叛军愿为内应,约清军登城。八月初二(9月13日)夜三鼓,清军缘梯而登,太平军更棚火起,喊声大震。太平军守军巷战失利,由北门冲出,江阴县遂陷落。[1]

(三)第三阶段(同治二年八月—同治二年十月;1863年9月—1863年12月)主要战事

1. 清军攻克、收复苏州

清将程学启攻陷昆山后,同治二年四月中旬(1963年6月上旬),进扎苏州东北之岘子山、唯亭、界浦等处,距苏州娄门20里左右。[2]四月十九日(6月5日),太平军慕王谭绍光率军十万众、炮船200条抵苏,“缮兵积粟,列栅闭城,为死守计”[3]。七月中旬(8月下旬),程学启部由唯亭拔营进扎外跨塘、凤凰颈、唐家浜等处,水师进扎金鸡湖、独墅湖等处,围逼苏州娄门、葑门,相距数里。[4]

八月初四(9月16日),程学启商调诸军,滚营前进,扎营永安桥,直逼苏州城根。太平军2万余人从娄门、葑门、齐门出击,并有西人百余以炸炮击敌,但未能击退清军。八月初十(9月22日),戈登率常胜军抵外跨塘。由于娄门、葑门外太平军筑有坚固的石垒,并置大炮、炸炮数尊,炮火猛烈。戈登与程学启等遂于八月十六日(9月28日)会师于黄天荡,转攻苏州东南宝带桥太平军营垒。法国参将庞发率洋枪队400人助攻。宝带桥东面太平军之土营先被攻破,接着西面之石营也被攻落,清军直抵盘门城根。李秀成率军由盘门、胥门出城反攻,鏖战至晚收兵。[5]八月十九日(10月1日),李秀成统慕王谭绍光等再攻宝带桥,太平军“排列数层,前有洋枪数千支,更番替换,拼死鏖战”,八个时辰,不胜而退。八月二十六日(10月8日),李秀成军又出阊门、齐门击敌,不胜。九月初二(10月14日),慕王统军

---

〔1〕 李鸿章:《克复江阴折》,见顾廷龙、戴逸:《李鸿章全集·奏议(一)》,安徽教育出版社2008年,第339页。

〔2〕 李鸿章:《分路规取苏州折》,见顾廷龙、戴逸:《李鸿章全集·奏议(一)》,安徽教育出版社2008年,第294页。

〔3〕 蓼村遁客:《虎窟纪略》,见《太平天国史料专辑》,上海古籍出版社1979年,第49页。

〔4〕 李鸿章:《进逼苏州并江阴获胜折》,见顾廷龙、戴逸:《李鸿章全集·奏议(一)》,安徽教育出版社2008年,第328页。

〔5〕 李鸿章:《进攻苏城克宝带桥石垒折》,见顾廷龙、戴逸:《李鸿章全集·奏议(一)》,安徽教育出版社2008年,第344—345页。

由齐、娄、葑三门出击,“约四五万众,炮子有重六十余斤者,开花子亦多”,重伤清军副将宋有胜、游击吕正清。清淮军力战,逼太平军退回护城河边。[1]

苏州东南宝带桥之西五里之五龙桥为苏州出入太湖的锁钥,太平军筑坚垒六座,凭河死守。九月十一日(10月23日)夜,程学启统水陆两军由宝带桥、戈登率常胜军由鲇鱼口、李朝斌水师经澹台湖会攻。次日接战,太平军诸垒皆陷,五龙桥失守。

浒墅关为苏州阊门通无锡的大道,太平军由来王陆顺得防守。十月初九(11月19日),戈登率常胜军先往,程学启由黄埭进,张左右翼,自当中路,黄翼升等水师助之。王瓜泾口太平军营垒6座被戈登攻破,观音庙营垒4座又被程学启攻毁,清军会师关口。太平军来王督军拒之,浒墅关营垒5座不久又被攻落。虎丘守军亦相机撤退。十月十二日(11月22日),李秀成派军由无锡回攻,与程学启等作战,败退。[2]

自淮军与常胜军进扎永安桥,苏州娄门之路断;进扎宝带桥,葑门之路断;五龙桥垒陷,盘门出太湖之路断;至浒墅关失守,阊门通无锡之路又断。苏州对外交通完全断绝,太平军只能退守城外之长墙。

自胥门、盘门至娄门外,环苏州城垣大河纵横。太平军凭河筑长墙,长墙内遍构石垒、土营,其中尤以娄门外长墙石垒既高且固。太平军据此与清军程学启部夹河对垒逾两月,屡次击退清军。十月十六日(11月26日)深夜,程学启、戈登指挥各营搭浮桥猛攻,太平军守军英勇抵御,将清军击败。十九日(29日)凌晨,李秀成由望亭绕灵岩木渎入城助守。戈登集炸炮20余门猛轰长墙,程学启率所部沿南岸进扑,戈登率常胜军沿北岸进扑,李鸿章在高处督战。自辰至午,长墙倒塌10余处,太平军守军伤亡甚重。李秀成、谭绍光率万人出娄门拒战,终以炮火不敌,娄门一带营垒20余座次第被毁,清军伤亡500余人。李秀成率军回城。清将黄翼升率水师来攻齐门外营垒,太平军守军不敌亦退入城中。清军李朝斌部水师及总兵杨鼎勋等再度攻毁盘门外太平军营垒。至此,清军已在苏州东、南、北三面直抵城下。

鉴于苏州已不可守,李秀成提议弃守转移,谭绍光则主张坚守,纳王郜永宽、康王汪安钧等已暗中与程学启、戈登洽降。李秀成明知“郜永宽等这班之人,久

---

〔1〕 李鸿章:《近日苏州吴江军情片》,见顾廷龙、戴逸:《李鸿章全集・奏议(一)》,安徽教育出版社2008年,第354页。

〔2〕 李鸿章:《攻克浒关虎丘贼营折》,见顾廷龙、戴逸:《李鸿章全集・奏议(一)》,安徽教育出版社2008年,第373页。

悉其有投大清之意,虽悉其为,我亦不罪”[1]。

十月二十一日(12 月 1 日)凌晨,李秀成离苏州回救天京,由谭绍光主持军事。

2. 降将献城

十月二十四日(12 月 4 日),纳王郜永宽、康王汪安钧、比王伍贵文、宁王周文嘉和汪有为等四天将合谋杀害谭绍光,开城降清。关于纳王郜永宽刺杀谭绍光事,李鸿章在《克复苏州折》中称:“午刻,慕逆传令各伪王上城堵御,正在对众指挥,郜云官(永宽)商令伪天将汪有为出其不意立拔腰刀刺杀之。”[2]

戈登的说法与李鸿章不同。戈登在一封信中提到,据两个从苏州城里出来的法国人说:“当天下午二时,所有首领在慕王府聚集,用餐后,进行了祈祷,走入一间大厅,各人穿上朝服,戴上朝冠,慕王入座,开始发言。他说到他们的困难,详述广西人和广东人的忠心。其他诸王反唇相答,争论越来越激烈,康王站起身来,脱去朝服。慕王问他要干什么,这时康王蓦地抽出匕首,刺入慕王颈项。慕王立即倒在座位前面的台案上,其他各王抓住了他,在门口把他的头砍下来了。然后,他们骑马驰返他们自己队伍的驻扎地。”[3]参与其事之诸王与天将为:纳王郜永宽,比王伍贵文,康王汪安钧,宁王周文嘉,天将范启发、张大洲、汪怀武、汪有为等 8 人。

当夜,郜永宽等献齐门迎降,淮军程学启部郑国魁等二营先行入城。次日清晨,郜永宽等将慕王首级献于李鸿章。程学启入城,派军进驻娄、齐、葑、盘各门。

十月二十六日(12 月 6 日),李鸿章与淮军大肆杀降。据李鸿章奏,李“传令该酋等八人来营谒见,讵郜云官(永宽)并未剃发。维时忠逆李秀成尚在望亭,距苏甚近,郜云官等皆系忠逆党羽,诚恐复生他变,不如立断当几,登时将该伪王、天将等骈诛,派程学启督队入城捕搜逆党”[4]。另据记载,郜永宽等去谒见李鸿章,“李公因留与宴,即帐中南向设席,八降酋各占一座,从官咸侍左右。甫就席,有军官自外入,投牒李公,李公就牒出。酒行,旋有武弁八人,各手一冠,皆红顶花翎,膝席前,请大人升冠。降酋不知其计也,意扬扬得甚,起立,自解其额上黄巾,手冠者侍其侧,从官尽起,目注之。转瞬间,八降酋之头血淋漓,皆在武

---

〔1〕《李秀成自述》,见太平天国历史博物馆:《太平天国文书汇编》,中华书局 1979 年,第 530 页。

〔2〕李鸿章:《克复苏州折》,见顾廷龙、戴逸:《李鸿章全集·奏议(一)》,安徽教育出版社 2008 年,第 387 页。

〔3〕[英]呤唎:《太平天国革命亲历记》,王维周译,中华书局 1961 年,第 593 页。

〔4〕李鸿章:《骈诛八降酋片》,见顾廷龙、戴逸:《李鸿章全集·奏议(一)》,安徽教育出版社 2008 年,第 393 页。

弁之手"〔1〕。

李鸿章诱杀降将后,开始血腥屠杀太平军将士,只有少数兵士逃离苏州。《中国之友报》副主笔以清军杀降后在苏州的见闻所写的《苏州旅行记》,翔实记载了当时的一些情况。他说:十一月十一日(12月21日),"我们十分惊讶地听说'刑场'正好就在'双塔寺'的庭院,不幸的太平军由于相信了他们的卑鄙敌人的信誓而在此丧命,我们决定往该处一行……庭院约半英亩左右,我们见到庭院地上浸透人类鲜血!屠杀的二十天以后,抛满尸体的河道仍旧水带红色,马加尼医生的部下军官可以为此作证。地下三英尺深都浸染了鲜血……中国人告诉我们说,太平军三万曾被押至此处屠场处死。我们掌握了充分的证据,知道被杀数目甚巨,我们掌握有一个欧洲见证人的证据,他曾亲眼见到这条河中弃满被斩首的太平军尸身,清朝官吏不得不雇用船夫用篙钩把尸体推到城外的大河里去,以疏通河道"〔2〕。

(四)第四阶段(同治二年十月—同治三年四月;1863年12月—1864年5月)主要战事

这一阶段,清军完全攻复太平天国苏福省西线郡县。

1. 锡、金失守

苏州失守前,清军已进逼无锡。苏州失守后,李秀成约同常州守将陈坤书等增援无锡。同治二年十月二十六日(1863年12月6日),李秀成率2万余人攻万寿桥清军,"并恃洋人所抢飞而复来小轮船,往来冲击",终未能攻破万寿桥清军营垒,无奈退往常州。同日,新安、望亭太平军营垒却为清军郭松林攻破。清军兵临无锡城下,张树声围东门,郭松林进扎南门,周盛波移扎北门,黄中元绕围西南,无锡合围。〔3〕无锡太平军守将潮王黄子隆率众数万死守,并傍运河围筑土城。十一月初二(12月12日),东门、北门、南门土营分别被张树声、周盛波、郭松林等攻破,接着东门土城、西南二营又被攻破。清军四面竖梯爬城,太平军聚于东西城头抵抗。清军旋即下城巷战。太平军守将黄子隆率五六千人出北门,被周盛波击败,转由西门而走,往来冲突,未能突围被俘。守军多被俘被杀,少数

〔1〕王德森:《岁寒文稿》卷四,第16页,转引自董蔡时:《太平天国在苏州》,江苏人民出版社1981年,第234页。

〔2〕[英]呤唎:《太平天国革命亲历记》,王维周译,中华书局1961年,第603—604页。

〔3〕李鸿章:《无锡合围折》,见顾廷龙、戴逸:《李鸿章全集·奏议(一)》,安徽教育出版社2008年,第393页。

退往常州。[1]

2. 宜兴失守

同治二年十二月二十九日(1863 年 2 月 6 日),戈登在苏州晤李鸿章,表示愿率常胜军进攻宜兴。同治三年正月十三日(1864 年 2 月 20 日),常胜军由昆山抵达苏州。淮军郭松林、杨鼎勋等部水陆师与其会师,诸军先后进扎和桥。正月十九日(2 月 26 日),郭松林等带队至北门外,太平军守将首王范汝增率军出攻,击伤郭松林及记名提督滕嗣武。正月二十一日(2 月 28 日),戈登、李恒嵩由河东进,郭松林等由河西进,水师逆流而上。正月二十二日(2 月 29 日),清军各路进屯三里桥。是夜,戈登、李恒嵩、曹仁美等攻东门外太平军营垒,郭松林等分攻上湖桥及西门外,并截溧阳县援军。正月二十四日(3 月 1 日),东门及上湖桥营俱被攻破。太平军戴王黄呈忠率大队自湖州府来援,接战失利。是夜,常胜军、淮军各部分攻各城门,水师开炮协助。太平军守军不敌,部分守军开西门出走。正月二十四日(3 月 2 日)晨,宜兴、荆溪县陷落。[2]

3. 溧阳失守

清将郭松林于正月二十七日(3 月 5 日)自宜兴拔队进扑张渚,次日,张渚营垒皆陷。正月二十九日(3 月 7 日),戈登由徐舍进扑,太平军侍王李世贤败退溧阳县,欲入城,而城中守将吴人杰、梁伯和叛变,闭门不纳。二月初一(3 月 8 日),吴人杰等剃发降敌,次日溧阳陷落。[3]

4. 句容失守

湘军鲍超部为支援淮军作战,从天京外围往攻句容。太平军句容守将方海宗约金坛、宝堰一带太平军协力防守。三月初六(4 月 11 日),鲍超部行至句容所属之塔岗,距城仅 10 里。方海宗乘湘军修筑营垒之机,出动三四万兵力,密布山冈,发动攻击。鲍超分军三路对抗,鏖战数时,鲍超部马队分两路抄太平军之后,太平军且战且退回城,附城四垒失陷。鲍超军乃彻夜环攻,四鼓之后,太平军守将翟本邦等叛变,东城“火光烛天”。方海宗等启南门撤走,湘军于三月初七(4 月 12 日)黎明收复句容。[4]

---

[1] 李鸿章:《克复无锡金匮折》,见顾廷龙、戴逸:《李鸿章全集 · 奏议(一)》,安徽教育出版社 2008 年,第 396 页。

[2] 李鸿章:《克复宜兴荆溪县城折》,见顾廷龙、戴逸:《李鸿章全集 · 奏议(一)》,安徽教育出版社 2008 年,第 443 页。

[3] 李鸿章:《收复溧阳并江常锡次第解围折》,见顾廷龙、戴逸:《李鸿章全集 · 奏议(一)》,安徽教育出版社 2008 年,第 450 页。

[4] 曾国藩奏,奕䜣等撰:《钦定剿平粤匪方略》卷三七〇,上海古籍出版社 2003 年,第 4 页。

5. 金坛失守

二月十四日(3月21日),戈登曾率常胜军发炮攻城,太平军多次击溃冲锋队。"亲临前线参加进攻的戈登总兵本人也腿上中弹……流血过多,晕倒在地",被抬回船上。"在此次没有取胜的进攻战中,士兵伤亡不下百人,有军官十五名受伤,泰特少校(Major Taite)和班宁上尉(captain Banning)两人阵亡。"受伤军官中包括重要将领克限木少校、柏朗少校。"由于身边再也没有什么生力军可调来发动进攻了,戈登总兵决定下令部队后撤"。[1]未能攻占金坛。

三月初七(4月12日),鲍超率湘军进攻金坛。太平军守将盛明文剃发叛降。鲍超派军一营入城,因过分敲诈勒索,盛明文被激怒,闭城尽杀该营官兵。鲍超乃督军攻城。旋奉曾国藩令力保东坝,遂退向句容。为防太平军追击,鲍超在茅山设伏。三月二十日(4月25日),盛明文率大队追击,中伏战败,不敢入城,城内守军亦启南门出走,湘军占领金坛。[2]

6. 常州失守

苏州失陷后,太平军护王陈坤书等多次与清军交战,未能扭转战场形势。陈坤书与常州守军在城西北、西南、分两路列营20余里。三月十四日(4月19日),西北之六营被刘铭传攻破。三月十七日(4月22日),西南、西北诸垒皆被刘铭传、郭松林、杨鼎勋、王东华等攻陷。三月二十一日(4月26日),刘士奇等炮攻常州府小南门,戈登炮攻大南门,刘铭传炮攻北门,日夜不息。次日各将城垣轰塌数十丈,陈坤书亲自率众抵堵大南门缺口,志王与费姓天将分别抵堵小南门与北门缺口,"随坍随堵,随死随上"。清军屡次扑过城壕抢登,均被城头太平军将士砖石、枪矛、药桶击回。清军伤亡颇多,常胜军外国弁目亦伤亡10名,终不能登城。太平军守军亦伤亡惨重。常胜军与淮军炮弹用完,李鸿章催苏州洋炮局赶制。又因天阴雨,战事稍息。[3]

四月初五(5月10日),雨稍止,戈登等炮队猛轰城垣,这一天常胜军伤亡1 000余人。至次日午刻,南门旧缺口被轰塌数十丈,北门及东南角各陷十余丈。太平军守军来不及堵筑,以人塞缺,旋死旋集。终以缺口太大,清军炮火太猛,守军难以立足。未时,清军登城,又于城上激战。太平军守军不敌。陈坤书率军巷

---

〔1〕[英]安德鲁·威尔逊:《"常胜军":戈登在华战绩和镇压太平天国叛乱史(选译)》,雍家源译,见北京太平天国史研究会:《太平天国史译丛》第3辑,中华书局1985年,第289页。

〔2〕曾国藩奏,奕䜣等撰:《钦定剿平粤匪方略》卷三七二,上海古籍出版社2003年,第21页。

〔3〕李鸿章:《常州近日军情片》,见顾廷龙、戴逸:《李鸿章全集·奏议(一)》,安徽教育出版社2008年,第481页。

战,渐退至护王府,以枪炮对击。清军重重包围,陈坤书被俘,被凌迟处死。守军死亡甚众,男女老幼降者亦数万人。常州郡陷落。[1]

7. 丹阳失守

自三月(4 月)起,丹阳太平军守军先后在丹阳西门一带及黄墟村、禹王庙、西瓜山下等地与清军鏖战。三月二十四日(4 月 29 日),清军攻抵丹阳北门,太平军由东、北两门出攻失利。三月二十六日(5 月 1 日),清军分三路进扑,太平军亦分三路应战,击毙清军参将李庆园。四月初三(5 月 8 日),太平军守军又数度出御清军詹启纶、张文德等部。四月初八(5 月 13 日),清军詹启纶等部进扑丹阳东北,张文德等部进扑西南。太平军守军黄先知、杜玉成等叛变内应,清军攻入城内。太平军守将然王陈时永、来王赖桂芳等率众巷战。然王受伤倒地,被叛徒斩首,赖桂芳等被俘,丹阳陷落。[2]

---

〔1〕 李鸿章:《克复常州折》,见顾廷龙、戴逸:《李鸿章全集·奏议(一)》,安徽教育出版社 2008 年,第 488 页。

〔2〕 李鸿章:《丹阳克复派兵接守句容东坝折》,见顾廷龙、戴逸:《李鸿章全集·奏议(一)》,安徽教育出版社 2008 年,第 496 页。

◎第三章　变革与转型(同治初年至宣统年间)◎

第一节　农村租佃关系的变化

一、永佃制的发展

永佃制是封建土地所有制的一种租佃关系,在苏州地区发展得比较完备和典型。何谓永佃制?光绪初年江苏元和县周庄镇(今昆山市周庄镇)的陶煦在《租覈》中说:"吴农佃人之田者,十八九皆所谓租田,然非若古之所谓租及他处之所谓租也。俗有田底、田面之称。田面者佃农之所有,田主只有田底而已,盖与佃农各有其半,故田主虽易,而佃农不易;佃农或易,而田主亦不与。"〔1〕佃农之田面权,可以传之子孙。占有田面之佃农,貌似可以永远佃种该项土地,故美其名曰永佃权。这种租佃制度,称为永佃制。永佃制下的土地权,分为田面权与田底权,田面权是土地的使用权,田底权是土地的所有权,亦即产权。田主既然拥有田底权即产权,故与政府发生关系,负责交粮纳赋。拥有田面权的佃农,则须每年按时向地主缴纳租米。田主对土地的所有权只限于田底,佃农则对田面有永久的占有权。田主不能任意撤佃,也不能收回自种;而佃农则可以转让、抵押或出卖田面权。永佃制并没有改变或突破土地的封建所有制性质,但佃农对土地有较大的支配权,在农业生产活动中有较多的独立性,这有利于农业生产的发展。

苏州永佃制始于何时?范金民先生认为,随着农产品商品化的发展和佃农经济独立性的提高,苏州地区的永佃制和田底权与田面权的分离至迟在明代中叶就已产生。〔2〕董蔡时先生则认为,史学界对永佃制起源这个问题的认识有一个历史过程,最初认为永佃制是太平天国失败后的产物,后来根据史料《方有兴

〔1〕 陶煦:《租覈》,苏州观前利苏文记印书社民国铅印本,第1页。

〔2〕 范金民:《清前期苏州农业经济的特色》,见《中国农史》1993年第1期。

永远绝擘田面文契》、李华标点的《江苏山阳县收租全案》及《地主剥削形态》等研究推测，认为苏州地区永佃制的出现，很可能远在顺治年间。[1]

清初苏州土地底、面分离的现象已经较为明显。康熙初年，长洲县下二十一都三图、二十图和四十八都三十图3个图底、面未分或合一的田地仅占4.5%，而底、面分离的田地则高达95.5%。[2]乾隆《吴郡甫里志》说："土著安业者田不满百亩，余皆佃农也。"[3]乾隆五十三年(1788)，苏州府议定征租规条中云："佃户揽种包租田地，向有取用顶首等名目钱文，名为田面。其有是田者，率多出资顶首，私相授受。由是佃户据为己有，业户不能自主。即欲退佃另招，而顶首不清，势将无人接种，往往竟自荒废。"[4]同治四年(1865)，苏州大地主徐佩瑀代佃户郑银福递呈长洲县衙门的呈文中说："佃户朱万丰耕种徐姓业田田面五亩已经多年，到了咸丰九年(1859)，朱姓将此田面转典于民父郑春帆耕种。其后，民父身死，民因无力耕种，将此田面退还朱万丰。同治元年(1862)，朱姓又将此五亩田面转典于杨三和耕种，其后杨姓又退田面。民实系无力耕种，此项田面应由朱万丰继续佃种交租，与民无涉。"[5]光绪年间的陶煦在《租覈》中说：吴中"凡农人自有而自耕者，无底、面之别，则曰'起种田'，亦曰'自田'。然十不及一二也，外此，则皆租田也。租田又有所谓田面者。起种田或力不能自耕，则出赁于人，亦必人顶首钱若干，谓之顶去田面，然后按额征租"[6]。陶煦认为，在苏州全部田地中不分底田的"自田"或"起种田"占10%左右，而田底、田面相分离的"租田"占90%；"自田"或"起种田"也可能出租予他人，按额征租。而且，苏州佃农以田面为恒产："至于田，则城市之人皆以田连底、面者为滑田，鄙弃不取，而一取买田底，以田面听佃者自有之。盖佃者无田面为之系累，则有田者虽或侵刻之，将今岁受困，来年而易主矣。惟以其田面为恒产所在，故虽厚其租额，高其折价，迫其限日，酷烈其折辱敲吸之端，而一身之所事畜，子孙之所倚赖，不能舍而之他。甚者，有田之家，或强夺佃者之田面以抵其租，而转以售于人。彼佃者虽无如何，亦终惓惓不忍去也。"[7]可以看出，苏州地区田底、田面相分离，在当时是非常普遍的现象，佃户一般都享有永远耕种的权利。

---

〔1〕董蔡时：《永佃制研究》，见《苏州大学学报》1995年第2期。
〔2〕章有义：《康熙初年江苏长洲三册鱼鳞簿所见》，见《中国经济史研究》1988年第4期。
〔3〕彭方周：乾隆《吴郡甫里志》卷五《风俗》，清乾隆三十年刻本，第1页。
〔4〕李程儒：《江苏山阳收租全案》附《江南征租原案规条》，《清史资料》第2辑，中华书局1981年。
〔5〕段本洛、单强：《近代江南农村》，江苏人民出版社1994年，第144页。
〔6〕陶煦：《租覈》，苏州观前利苏文记印书社民国铅印本，第11页。
〔7〕陶煦：《租覈》，苏州观前利苏文记印书社民国铅印本，第11页。

由于太平天国农民战争的影响,农民对地主的反抗意识有所增长,地主对农民的强制力有所削弱,主、佃之间的支配关系难以恢复原样。此外,土地大量荒芜,佃农流动频繁,地主招佃为难,不得不对其支配佃农的形式做某些调整,以解决劳力缺乏、地租无收的严重问题。所有这些因素加在一起,就促进了永佃制的发展。太平天国农民战争失败后,苏州地区大批逃亡在外的地主和官僚纷纷回苏,重新收回自己的田地,并企图恢复和维持以前对佃农的支配关系。但经历过农民战争洗礼的佃农,比以前有了更多的斗争意志和反抗精神,地主对农民的强制租佃关系呈现出松弛的趋势。在农民起义失败后,苏州和苏南其他地区一样,人口锐减,劳力紧缺,田地荒芜,佃农流动频繁,使地主和官府的招佃招垦十分困难,而佃农则因地多人少,可以择主而佃,择地而耕。昆山县在太平天国起义失败 20 年后,"本籍以及招徕农民,尚不及从前十分之六"〔1〕。新阳县竟至 30 年后,"尚有荒芜额田约十万亩,无人耕种"〔2〕。同治八年(1869),清政府负责招垦荒田的马新贻在奏折中说到苏州垦复耕地的情况:"即现在成熟启征之田,大抵皆同治五年江北水灾,饥民逃荒南来,经业主给以牛、种开垦者居多。此等灾民,原籍本有田可种,而江南熟田均经开征,即科则无考之处亦经权办抵征。赋出于租,租出于佃。开荒之人,因利息无多,往往弃田而归,业主莫可如何,以致已熟田地,复又抛荒者,不一而足。"〔3〕针对这种情况,地主不得不对其支配佃农的形式做某些调整,以解决劳力缺乏、地租无收的严重问题,这就促成了苏州地区永佃制的发展和扩大。

永佃制的基本特征是土地的所有权和使用权永久分离。在永佃制下,土地被分为"田底""田面"两部分。地主对田底拥有所有权,佃农则对田面有永久的占有权。地主不能任意撤佃,也不能收回自种,更不能随意干预佃农的生产活动;而佃农则可以转让、抵押或出卖佃权(田面)。永佃制下的佃农有了较多的人身自由和对土地较多的支配权,因而在生产活动上有较大的独立性,如在苏州府,凡属永佃田,"田中事,田主一切不问,皆佃农任之"〔4〕。永佃制消除了地主随意增租和夺佃的威胁,佃农取得的田面权具有相对的独立性,在缴纳了定额租赋后,余额归自己支配,生产积极性有所提高,同时把能够利用的生产资料相对

〔1〕 李福沂、汪堃等:清光绪《昆新两县续修合志·序文》,清光绪六年刻本。

〔2〕 刘坤一:《招垦苏州府属新阳县境荒田疏》,见王延熙、王树敏:《皇朝道咸同光奏议》卷二十九,清光绪二十八年上海久敬斋石印本,第 24 页。

〔3〕 马新贻:《招垦荒田的酌议办理章程折》,见《马端敏公奏议》卷七,清光绪二十年闽浙督署校刻本,第 50 页。

〔4〕 陶煦:《租覈》,苏州观前利苏文记印书社民国铅印本,第 1 页。

稳定下来,以利于投资施肥,改良土壤,精耕细作,加强管理,争取纳租之后多有剩余,这就刺激了苏州地区农业生产力的发展。

当然,永佃权或田面权只是一种耕作权或使用权,没有构成土地所有权,因此,田面权并没有改变或突破土地的封建所有制性质。首先,永佃制把佃农拴缚在土地上,佃农要付出相当代价才能取得永佃权。佃农取得永佃权后,往往不愿随便离开土地,致使子孙世世都被拴缚在土地上永为佃户,不得不忍受地主的残酷剥削。其次,在永佃制下,佃农受到的封建剥削并未减轻。苏州地区地租多用折价,即佃农缴纳租米时,必须缴纳货币。光绪九年(1883)"计一亩之田须纳麦租二三斗,谷租米一石四五斗"[1],同年折租价目一般为每石"折收一千九百至二千五百文不等"[2]。当年糙粳米价最高每石不超过银圆二元一角左右,每元兑制钱一千零七十五文,则一石租米的折价实际竟达一石二三斗至一石四五斗。在苏州地区的吴县、元和等地,地租"多有一石五六斗额"[3]。当时苏南地区每亩田的收获量,一般在二石左右,瘠田只有一石二三斗,荡田则完全靠天,碰到内涝颗粒无收,而地租额高达一石五六斗,最低也要八斗;地租剥削率占收获量的百分之五六十至七八十。除掉肥料、种子、农具修理、折旧以及杂项支出的费用外,"使更高其折租之价,杂征以催甲诸费,则并其工食而亦所余无几矣"[4]。如果再加上佃农承种土地前已经投入一部分资金以取得田面权,那么剥削是极为苛重的。再次,地主握有土地的所有权(田底),一旦地租收入受到影响,佃农的田面权就有被剥夺的危险。在苏州地区,佃农丧失田面权的事例是经常发生的,"有田之家,或强夺佃农之田而以抵其租,而转以售于人"[5]。还有些地主,当佃农欠租时,"更逮及佃农之伯叔兄弟,稍有生计而柔懦者,责之代偿;或不然则以所欠缺之租数,强作田面之价,竟夺而别售他人以佃之;再不然则择土豪而减价售之,或择善堂之有势力者而助之,而田主之过户易券、司租者之汇租,均责令佃农偿之"[6]。也就是说,在封建地主掌握着土地所有权的情况下,佃农的田面权是得不到真正保障的,永佃制改变不了佃农依然被剥削的事实。

---

〔1〕《申报》,清光绪九年八月初七。

〔2〕《申报》,清光绪九年十一月二十一日。

〔3〕王炳燮:《毋自欺室文集》卷六,《与冯景亭丈》,清光绪十一年刻本,第33—34页。

〔4〕陶煦:《租覈》,苏州观前利苏文记印书社民国铅印本,第19页。

〔5〕陶煦:《租覈》,苏州观前利苏文记印书社民国铅印本,第11页。

〔6〕陶煦:《租覈》,苏州观前利苏文记印书社民国铅印本,第3页。

二、收租机构的设立

清朝后期,苏州地主阶级在收租方式上也发生了一些变化,出现了从个体收租向机构收租转变的现象。这种专门收租的机构,有“租栈”“仓厅”“收租局”“催租局”“收租总局”等形形色色的名称。

清代后期苏州收租机构的渊源可以上溯到北宋范仲淹。范仲淹变通大宗之法,以新的宗族组织原则重建了范氏宗族组织。与此同时,为从经济上支撑之,又在苏州长、元、吴三县购置一千亩土地作为范氏义田,并建义庄,收租贮入,从而创立了族田。族田由“诸房出子弟一名管勾”,掌管租米之催收发放。这是收租机构的雏形。至明清时期,族田管理机构日臻完善。从义庄建筑的布局来看,族田管理机构同时也是收租机构。义庄建筑通常由祠堂、义塾和收租设施构成。收租设施包括收租院落、账房、仓房等。各义庄在总理庄务和监察庄务的领导层之下均设一具体办事班子。其中办事人员分会计、催租两部分。一般会计常设两人,一人管出,一人管入。催租常设一至四人。这种隶属于宗族与族田管理机构合一的收租机构,可称作族办收租机构,这在清中后期“义庄林立”的苏州等江南地区是一种普遍的现象。

19 世纪 60 年代以后,在太平天国苏福省普遍出现了“租息局”这一收租机构。咸丰十年(1860)年底,长洲、吴江、常熟等地开始设局收租。常熟称“租粮局”“租局”,吴江称“收租息局”,统称为“租息局”。

同治二年(1863),清政府要征收大量军费、政费,作为镇压太平天国农民运动的开支,以冯桂芬、潘曾玮、潘遵祁、顾文彬为代表的苏州官僚地主势力,提议创设“收租局”,言明:收租事务如果能够顺利完成,在租额项下,可以抽出一定的数字贴补官用。清朝政府同意了这个办法,并且指派官吏专门主持收租局,掌管收租事务。官府同时下令造业佃清册,命业主将佃户、田亩报明备案,随给收租三联单,一存官,一存业主,一存佃户。一半着“经地”(经造、地保)直接向佃户收取,充作军饷;一半由业主自行收取,“此恐业主全行自收而不首缴军饷也”。十月,苏州城内及各图地方皆设收租局。次年春,常熟等地亦设局多处,各业户将租簿交局,由县衙委闲员管理局务,公收公捐。[1]从此,“租事皆联官为声气,控诉比责,不必庭质,隶役提摄,不必签票,一任有田者之所欲为”[2]。

---

〔1〕 段本洛、单强:《近代江南农村》,江苏人民出版社 1994 年,第 155 页。

〔2〕 陶煦:《租覈》,苏州观前利苏文记印书社民国铅印本,第 12 页。

后来"收租局"取消,在城地主遂自设"租栈",自设监牢,农民称之为"人房"。据记载:民国前期,苏州租栈达数百家,除田数较少的田栈由地主自己处理外,租田达两三千亩者都专设账席。因此账席人数众多,成为专业。[1]租栈是地主收租的机构,也是支撑永佃制下地主经济的重要支柱。租栈除总揽人事大权的栈主外,聘用不同职责的管事"先生",或是分掌会计,或是分管田籍,或是负责催收米等。租栈的组织机构如下:

栈主:地主本人即栈主,掌握租栈的人事大权,租栈中一切工作人员都由栈主雇佣或解雇,所有工作人员都在栈主的指挥下工作。栈主下设有账房,账房中分设管事人员,代表栈主经理账目、田籍、收租与追租等事务。

账房:指负责管理地主租务的代理人。由于苏州的土地分割得十分零碎,拥有成百上千亩土地的城居地主,根本无法指认其占有土地的详细地址。因之,栈主设立账房,专门负责登记所有田亩分布的县、乡、都、图,以及每块土地的详细地址与佃农姓名,并保管所有田亩的执业印单(俗称田单或单子)等。

司账:专司记录账房中的银钱出入与租米的进出等。规模小的租栈,司账大多由总账兼理。

"知数先生":也称账席。苏州地区买卖田亩的"经账",有别具一格的花字,通称"花数"。这种"花数",非一般读书识字者所能辨认,有一种人经过学艺,能辨认"花数",故称"知数先生"。买卖田亩的"经账",载有田亩的面积、都图坐落、佃户与催甲姓名以及租额等。"知数"谙熟他所分管田亩的好坏,每块田亩的价格、租额与佃农等,他的主要任务是负责收租、追租。租栈中雇用"知数先生"的多少,视租栈管理土地的多寡而定。

催甲:负责一定数量田亩的收租、催租事宜,主要由栈主雇佣田亩所在地的"地头蛇"充任。"催甲"的报酬例由佃户负担,在交租时额外收取,每石四升,称为"力米"。管理田亩多的称为"大头催甲",如果照顾不及,往往雇用伙计数名协助管理。"催甲"总是倚仗业主的权势,狐假虎威,剥削佃农,无恶不作,民间有"佃户胼手胝足,'催甲'买田造屋"的哀叹。

粮差:是县署专司催粮的差役,俗称"漕头",每县十余名,每人分管若干都、图。租差:是粮差的伙计,实际上是由租栈栈主推荐给粮差的。所以,租差不是"官差",而是"私差"。但是,租差利用佃农不懂官事,总是以"官差"自居,在收

〔1〕尤建霞:《苏州的地主与农民》,见政协苏州市委员会文史资料委员会:《苏州文史资料》第1—5合辑,内部出版,1990年,第348—349页。

租、追租时,狐假虎威,欺压农民。

地主利用租栈收租,一般来说有两条途径,其一是由佃户把地租(一般来说是谷物或货币)交至租栈,由账房先生监视过秤过斛后,囤积一处,等到完全收完后,再雇工挑到地主家中或自己备船运回。对远道送租来租栈的佃户,可以得到相应的优惠。其二是地主备船下乡收租,收租船浙江称为"租船",江苏苏州称为"账船",在苏州还有比较著名的"四大船"。[1]由于佃户送租到租栈和租栈派船收租所受的待遇不同,所以许多佃户宁可上门交租,也不愿由租船收租。

地主通过租栈收租都有一定的程序,并不是无目的、随意的下乡扰民。一般都有一定的期限,在期限内交租可享受一定的优惠,超过期限,才进入追租或催租阶段。地主开始收租之日,称为"开仓"。先是由租栈向政府领取保障收租的布告,内容主要是"粮从租出,租由佃完",如有荒灾减免的规定也做出说明。收租前,由催甲散发"租由",通知交租日期和地点,同时载明租田面积和应交租额。收租惯例,以一月为限。开仓后十日称头限,其次十日称二限,再后十日称三限。如在开仓前三日内缴租者,称为"赶飞限"。头限期内,每石减收一斗,实收九斗;二限减收七升,实收九斗三升;三限减收五升,实收九斗五升。飞限则按头限减收一斗外,每石又减让"折价"一角。三限过后,则进入追租阶段。

到了追租阶段,暴力收租的色彩就凸显出来。地主填写预先由县府领来的提单,交给租差传提,租差则把欠租佃农强行送到县府设置的临时机构予以拘押,直到交清租款或至旧历年底,才能恢复自由。欠租佃农,轻则被抢走家里值钱的物品,重则被拘入狱。有时直至农忙时期,县政府的牢房里还关着上百个无力交租的农民。[2]《苏南土地改革文献》中也有记载:宣统三年(1911)后,清末设置的"简房"被取消,转由县署第二科办理,各乡成立催租委员会,由县府派催租委员,有规定租额、捕关吊打的特权,地主依托乡政府,派商团或自卫队捕吊农民。[3]

事实上,在收租的二限期间,租栈已先通过县署书办叫作"承行"的指定粮差,向县衙领取开出的空白拘人牌票,到租栈去接受栈主开出的欠租佃户姓名(这一欠租佃户名单,俗称"切脚"),然后粮差将欠租佃户姓名填入早先向县衙领来的牌票。三限一过,粮差即将拘人牌票发交有关租差,会同"知数"与催甲向有关佃户追催田租,追催无着则根据牌票拘捕佃农,交与粮差;粮差再将被拘

---

〔1〕《苏州地主对农民的最后一次欺骗》,见政协苏州市委员会文史资料委员会:《苏州文史资料》第1—5合辑,内部出版,1990年,第357—359页。

〔2〕行政院农村复兴委员会:《江苏省农村调查》,商务印书馆1935年,附录第83页。

〔3〕中国共产党苏南区委员会农村工作委员会:《苏南土地改革文献》,内部印行,1952年,第563页。

佃农转交“经漕”(粮差管辖的催粮人员)看管,甚至直接送去县城内由县衙临时设置的追租机构——追租局拘押。追租局对在押佃农用刑甚酷,一切处理听命于地主。租栈收租没有官府的支持是寸步难行的。地主有权擅自拘捕欠租的佃农,也有权把欠租的佃农关进“人房”。因此,租栈不仅是地主阶级自己组织的收租机构,实质上已成为统治阶级压榨农民的主要工具。

三、地租形态的变化

地租是土地所有者凭借土地所有权将土地转给他人使用而获得的收入。封建地租是在封建制度下,地主阶级占有大量土地,交由农民耕种,向农民收取地租。鸦片战争以后,特别是太平天国农民战争后,苏州地区的租佃关系发生了显著的变化,封建地租形态也有了一些新的变化,但地主对农民的地租剥削依然沉重。

清初,清政府对缙绅地主加以限制和约束,如严禁他们受人投献产业人口,禁止使用暴力兼并土地,缩小在赋役上的优免范围,不许诡寄田亩和包揽拖欠钱粮等。因此,包括苏州在内的江南地区,封建大土地所有制大为削弱,庶民地主阶层得以扩大,农民的小土地所有制也有所发展,自耕农阶层广泛存在。地主对佃农的人身控制程度减弱。当时的地租主要是正租,多为实物租,其数额占全部收获量的50%以上。此外,还有如“轿钱”“折饭”等各种名目的附加地租和押租及年节礼等。

以乾隆时期苏州府儒林六都为例,该地自然条件优越,旱涝保收,亩产稻谷为二石二斗至三石,“刈稻之后又得广种菜麦,以为春熟”,号称两熟田,其地下等田“亦足当它都之上产”。所以租额也特别高,最低者一石四斗,最高者二石。[1]

丰年实物地租率仅能反映某些年份的地租剥削程度,不能代表普通年成实物地租率。《儒林六都志》说:“租额既定,丰年所还必足其额,其次则视年之高下、人之劳逸而酌减之,谓之‘饶头’。”[2]陶煦也谈到:“吴农佃人之田者十八九,皆所谓租田。……一岁仅恃秋禾一熟耳。秋禾亩不过收三石,少者止一石有余,而私租竟有一石五斗之额。然此犹虚额,例以八折算之,小歉则再减。”[3]可以看出,地租中有虚租和实租之分,虚租为原定需缴纳的租额,实租为根据当

---

〔1〕 孙阳顾纂,曹翠亭增纂:《儒林六都志》上卷《土田》,民国抄本,第2—3页。

〔2〕 孙阳顾纂,曹翠亭增纂:《儒林六都志》上卷《土田》,民国抄本,第3页。

〔3〕 陶煦:清光绪《周庄镇志》卷四《风俗》,清光绪八年元和陶氏仪一堂刻本,第1—2页。

年收成情况,酌情折算实际缴纳的租额。在苏州地区,虚租为每亩1.5石,实际交租时“例以八折算之”,即实租为1.2石,是虚租的80%。

太平天国运动失败后,苏州地区土地日益集中于豪绅地主手中。同治、光绪年间,常熟县拥有良田万亩的即有绍兴籍孙姓。〔1〕光绪后期,昆山县各类农户的比重是,自耕农占26%,半自耕农占16.6%,佃农占57.4%。〔2〕由此推算,地主占有的土地比重在70%左右。

此外,地主迁居城镇的风气越来越普遍。太平天国农民起义期间,苏州地主豪绅逃往上海或其他城市,起义失败后,他们之中有的因经营商业,有的因留恋和羡慕城市的奢靡生活,有的因宅第被占被毁,相继迁居城市。苏州地区的豪绅巨室“皆在城中,无有思乡者”〔3〕。地主在城镇经商或迁居城市,当然不能像过去那样直接干预佃农的生产经营。苏州地区的城市地主“皆以田连底面者为滑田,鄙弃不取,而一取买田底,以田面听佃者自有之”〔4〕。地主居城后对田中事“一切不问,皆佃农任之”〔5〕,削弱了地主对佃户的人身控制,使佃户在生产上享有更大的独立性,更重要的是,地主经商和居城风气的普遍化,使地主在商业活动和日常生活上对货币的需求量不断增加,从而引起地租形态的变化,开始出现了实物地租向货币地租的转化。如苏州城市地主收租,太平天国战争前“均斛收本色”,太平天国失败后则令佃户“一律完缴折色”。〔6〕苏州府属其他地方的地租,过去全部交米,太平天国战争后则“或交米,或交钱,或钱米与其他杂物并交”,或秋熟纳谷,春熟纳钱。〔7〕松江、太仓地区的地租,虽然总的来说还是“输米多,输钱少”,但钱租和折租的比重也在不断提高。〔8〕总体上,苏州农村仍以实物地租为主,货币地租和折租在整个地租形态中不占优势,但已经有了比较明显的发展。无论官田、民田,都有相当数量的实物地租改为货币地租,或者是实物地租和货币地租并存,而以后者作为补充形态,或者是额以实物,收以折价,而折租实际上是实物地租向货币地租转化的一种过渡形态。

---

〔1〕朱孟谋:《常熟的封建地主》,见中国人民政治协商会议江苏省常熟市委员会文史资料研究委员会:《文史资料辑存》第5辑,1964年,第41页。

〔2〕乔启明:《江苏昆山南通安徽宿县农佃制度之比较及其改良农佃问题之建议》,第9页,见金陵大学农林科《农林丛刊》第49号,1931年7月刊印。

〔3〕《申报》,清光绪九年八月初七。

〔4〕陶煦:《租覈》,苏州观前利苏文记印书社民国铅印本,第11页。

〔5〕陶煦:《租覈》,苏州观前利苏文记印书社民国铅印本,第1页。

〔6〕《申报》,清光绪十年九月初十。

〔7〕《字林沪报》,清光绪十一年十一月十四日。

〔8〕《字林沪报》,清光绪十一年十一月十四日。

地租形态的变化并没有减轻地主对农民的剥削,反而有加重的趋势。地主采用大斛收租、提高地租折价、增加押租和转嫁田赋等手法,加重对佃农的剥削。[1]

第一,大斛收租。许多地主都备有租斛和粜斛两种计斛,前大后小。收租用大斛,粜米用小斛。苏州府"租斛,亦必以一石二三斗作一石"[2]。有的租斛竟比漕斛大三分之一乃至一半以上。[3]光绪六年(1880)秋,苏州娄门外永仓发生佃户控告业主的案例,起因即该地主以大斛收租。"苏州娄门外永仓某绅,家有良田万亩,均在附近一带。……本岁收成因虫伤枯萎,佃户皆由业主酌量减让。讵该绅方以米价大贱,忧形于色。该处素本收米,某绅乃自置巨斛,每斛五斗,须盛六斗有余方满,因之众农佃心殊不甘,啧有烦言。有甲乙某佃,素本刁横,纠众至该栈完租,以斛石不符,竟将巨斛抢夺入城。及至某绅诉县控提,该农佃已将米斛呈府,亦具禀词控告,并控藩署。"[4]早在同治五年(1866)减租时,官府就规定:"凡租斛一以监司之铁斛为准,下颁格式,立有公所,俾收租者各领准斛,每隔一年,送公所校准。"[5]

第二,提高地租折价。如果地租是采取折租的形态,地主则肆意提高折价。折租使用的货币从制钱变为洋元,虽然佃户大多用洋元纳租,但折价的标准仍旧是制钱。因此,"佃户赴栈完租,高其米价,短其洋价,若交现钱,则出串通盘,提拣亏缺,种种留难"[6]。由于佃农缴纳的折租是按名义上市场的米价而定的,故地主一般都有意抬高米价。实际上,每当佃农粜米完租时节,因市场供过于求,米价均低于平时。佃农售米所得为银圆,地主折价标准是名义上的铜钱与银圆比率,故又抬高制钱价格,抑抵银圆价格。"乡民载米出粜,持洋完租,以洋作钱,三过其门,吃亏不少,大都挖肉补疮。"[7]在折租制下,农民完纳一石地租,须费一石二三斗至四五斗,甚至"须得一石六七斗方能符额足数"。

第三,增加押租。19世纪60年代以后,苏州押租之风日盛。押租的轻重视土质优劣、税额多寡和佃农对土地的需求程度为转移,一般不低于一年的地租总额,甚至超过地租的好几倍。据时人记载,光绪四年(1878)常熟县的每亩押租

---

〔1〕段本洛、单强:《近代江南农村》,江苏人民出版社1994年,第169—172页。

〔2〕陶煦:《租覈》,苏州观前利苏文记印书社民国铅印本,第2页。

〔3〕陶煦:清光绪《周庄镇志》卷四《风俗》,清光绪八年元和陶氏仪一堂刻本,第3页。

〔4〕《申报》,清光绪六年十月二十九日。

〔5〕曹允源、李根源:《吴县志》卷四四《田赋》,民国二十二年苏州文新公司铅印本,第36页。

〔6〕《申报》,清光绪三年十二月初五。

〔7〕《申报》,清光绪九年十二月二十八日。

约5元,地租每亩450文,折合银钱0.41元,押租为地租的12倍之多。[1]地主通过索取押税,不但收回了出租土地的相当一部分价格,保证了地租收入,而且为提高佃农的劳动强度、增加地租收入创造了条件。在有押租的租佃契约中,通常都要写上"欠租不缴,任凭扣押另佃"之类的条文,有的还进一步规定:"尽力耘壅,及时粪溉,如有荒芜,照数赔租"[2]。为了防止地主扣吞押租,佃农就必须付出更大的代价,增加农业投入,为地主提供源源不断的地租。

第四,转嫁田赋。地主向封建政府缴纳的田赋,是地租在地主阶级内部的再分配。地主将田赋转嫁给佃农负担,无形中增大了地租的所得,而对佃农来说则无异于地租的加重。常熟、昭文、昆山、新阳等地,都存在着佃户完粮的事例。太平天国失败后,因"业户远徙来归,或本系客户,恐其延宕",在昆山、新阳两县"创为著佃完纳之法"。官府征粮,"著保向佃户扣除,每乡各拨差役坐图收缴"。[3]苏州等地则是租户与业主"各半完粮"[4]。某还乡地主同治五年(1866)订立的佃契规定:稻麦两季对半分收,田赋由佃户报册,而由业主完纳。同治八年(1869),所有佃户都另换佃约,田赋亦改由佃户负担,地主只收一季租米。[5]佃户完纳田赋以后,理应减轻地租负担,但事实并非如此。例如在昆山、新阳一带,佃农"历年完清而不给一串者,佃户不敢向彼索串"[6],以致佃户无法凭串向地主要求扣减地租,又难免差役借端重征,经济上遭受双重剥削。

据《租覈》作者陶煦的估计,19世纪80年代初,苏州一户租田10亩而拥有田面权的佃农,春秋两季农产总值61 000文,扣除地租25 800文,下余35 200文,而生产资料和工食费分别需8 200文和33 200文,两项合计41 000文,收支相抵,净亏6 200文。支出项目中尚未包括佃户所交的田赋和各种浮收。姑且按照这些显然偏低的数字计算,剩余劳动不过59%,地租相当于剩余劳动的132%,侵及必要劳动的19%。[7]这是相对生产规模较大、经济条件较好而地租率又不算太高(50%)的佃农,即便如此,地租已经大大超出了佃农实际负担能力,造成严重的收支不敷。对于那些生产规模更小、经济条件更差、租率更高的

[1] 严中平:《中国近代经济史1840—1894》上册,人民出版社2012年,第970页。

[2] 黄伯禄:《关于中国财产的技术概念》,引自严中平:《中国近代经济史1840—1894》上册,人民出版社2012年,第972页。

[3] 李传元、连德英:民国《昆新两县续补合志》卷十八,民国十二年刻本,第17—18页。

[4] 《申报》,清光绪九年八月初七。

[5] 李文治:《中国近代农业史资料》第1辑,生活·读书·新知三联书店1957年,第261—262页。

[6] 李传元、连德英:民国《昆新两县续补合志》卷十八,民国十二年刻本,第18页。

[7] 陶煦:《租覈》,苏州观前利苏文记印书社民国铅印本,第6页。

佃农来说，地租有时几乎囊括佃农的全部农业收入，完租之外，“食用所需，几无升斗以余妇子”，甚至“颗粒无留，莫谋卒岁”。[1]太仓佃农往往“偿债还租，竭其所入”[2]。苏州佃农除苦力田事外，“其在暇日，或捆履，或陶索，或赁舂，或佣贩，或撷野菜以市，或拾人畜之遗以粪壅”，再加以妇女出外做工，“以贴补男子之坐食”，无不“极治生之事”。[3]尽管如此，仍终年不得温饱，有时就连这一点维持生存的副业收入也有被地主夺走的危险。如苏州一些“穷以无告”的佃农，连鸡鸭土布也被地主夺去抵租，地主家中因此而“积布累累”，佃农家里则被弄得“盖藏已罄，杼轴皆空”，迫不得已变卖家什，甚至卖儿鬻女以抵租米。“农具尽而质田器，田器尽而卖黄犊，物用皆尽而鬻子女”[4]，弄得倾家荡产，妻离子散，而地主“犹催租不贷”[5]。正如当时报刊上所描述的：“仓廪嗟无斗粒余，那堪门外又催捕，佃人已借明年粟，田主犹征去年租！”[6]

沉重的地租剥削阻碍了农业生产力的提高，加剧了农业生产的衰退和凋敝。地主和农民之间的矛盾越来越尖锐，必然激起广大农民的反抗。在苏州地区，佃农的抗租一直延续到民国时期。

第二节　苏州洋炮局的创办与苏州开埠

一、苏州洋炮局的创办与现代化发轫

19 世纪 60 年代，清政府面临一系列的内忧外患。一批有识之士主张利用西方先进生产技术，尤其是先进的军事工业技术，创办近代军事工厂，以达到富国强兵、摆脱困境、维护清朝统治之目的，进而发展中国资本主义工商业，洋务运动由此兴起。苏州是中国最早兴办洋务企业的地区之一。同治三年(1864)一月，江苏巡抚李鸿章将上海洋炮局移驻苏州，位于太平天国纳王府，从英国购买机器设备，建立苏州洋炮局，成为苏州也是中国第一家机械化兵工厂。

苏州洋炮局的前身是淞江洋炮局，即上海洋炮局。淞江洋炮局是中国出现

[1]《申报》，清光绪九年八月初七。
[2]《申报》，清光绪九年十月二十一日。
[3] 陶煦：《租覈》，苏州观前利苏文记印书社民国铅印本，第 18 页。
[4] 陶煦：清光绪《周庄镇志》卷四《风俗》，清光绪八年元和陶氏仪一堂刻本，第 2 页。
[5]《字林沪报》，清光绪九年十二月二十四日。
[6]《申报》，清光绪二年二月二十九日。

的较早的近代兵工厂,是中国近代军事工业兴起的源头之一。同治元年(1862),江苏巡抚李鸿章根据同治皇帝的旨意,采纳了英国人马格里的建议,在上海松江地区的一座庙宇里创建淞江洋炮局,仿造外国军火。淞江洋炮局是一个手工作坊型的小型军火工厂,规模不大,设备简陋,没有必需的机器设备,只有一些锉刀之类的简单工具,生产方式完全是手工操作,产品只限于开花炮弹和引信。淞江洋炮局有50多名工人,大部分是淮军中的士兵,也有一些是从社会上招来的技术工人,生产经营的经费直接由淮军的军费中支出,生产的军火也多供淮军使用,并不作为商品出售,所以淞江洋炮局不具备资本主义性质,最多只是近代军事工业的雏形。

同治二年十一月二十八日(1863年12月4日),李鸿章率淮军从太平军手中夺回苏州,江苏巡抚衙门移驻苏州,将淞江洋炮局的人员和设备也随军迁到苏州,在太平天国纳王府第(今桃花坞大街89号)筹建苏州洋炮局,购买英国"阿思本舰队"的"水上兵工厂"的机器设备,改善生产条件,逐步扩大生产规模,使生产方式发生了根本的变化。

阿思本舰队,也称英中联合舰队,是清朝同治年间,由清政府委任英国人成立的一支海军,舰队由英国海军上校舍纳德·阿思本(Sherard Osborne)为司令,船上600名军官及水手都从英国招募。阿思本舰队造舰武器总经费计80万两白银,共有七艘兵舰、一艘趸船,有为兵舰制造及修理武器的机械设备,这些设备被称为"水上兵工厂"。该舰队在同治二年(1863)7月到达上海,但由于舰队的司令和清政府对指挥权、用人及花费等方面皆存在严重分歧,最终双方解除合约,舰队解散,各军舰由阿思本带回伦敦进行拍卖。

同治三年(1864)年初,当舰队准备撤回英国时,在李鸿章的授意下,由马格里出面用白银4 944两买下了英国阿思本舰队的"水上兵工厂"的部分机械设备,其中有蒸汽锅炉、化铁炉、铁水包、车床、铣床、磨床等,这些机械设备被全部用于装备苏州洋炮局,使其初步摆脱了手工操作而进入机器制作阶段。中国第一个机械化兵工厂就这样建立起来了。

苏州洋炮局的生产规模不是很大,但这是第一个引进英国技术的兵工厂,以蒸汽锅炉为动力的机械设备,在当时还是比较先进的。李鸿章是这样描述机器运转情况的:"敝处顷购有西人汽炉,镟木、打眼、铰螺旋、铸弹诸机器,皆绾于汽炉,中盛水而下炽炭,水沸气满,开窍由铜喉达入气筒。筒中络一铁柱,随气升降俯仰,拨动铁轮,轮绾皮带,击绕轴心,彼此连缀,轮旋则带旋,带旋则机动,仅资人力之发纵，不靠人力之运动也。”[1]后苏州洋炮局的规模有所扩大。同治三年(1864)，李鸿章上奏说：“缘臣军先后购觅西洋炸炮，每月操练攻剿，需用炸弹甚多，不能不添设制造局分济应用，现计开炸弹三局，一为西洋机器局，派英国人马格里雇洋匠数名，照料铁炉机器，又派直隶知州刘佐禹选募中国各色工匠，帮同工作；一为副将韩殿甲之局；一为苏松太道丁日昌之局，皆不雇佣洋人，但选中国工匠，仿照外洋做法。”[2]不管是苏州洋炮局的三个分局，还是苏州洋炮局的三个车间[3]，从规模上讲苏州洋炮局无疑比刚建立时扩大了许多。苏州洋炮局由英国人马格里、清朝官员刘佐禹负责全局事务，雇佣了四五名外国匠人，每月工资多者三百圆，少者一百余圆；中国工匠五六十人，每月工资多者三十圆，少者七八圆不等。其生产的枪弹和炮弹的质量与数量也达到了一定水平，制造的大小炸炮的炮弹是通用的，每月可生产四千余个。除此之外，还制造了几种迫击炮弹，还有可能制造步枪和雷管。《北华捷报》曾发表有关苏州洋炮局的评论说：“……现在李抚台所统率的军队，绝大部分的军火是由苏州兵工厂供给的。在阿思本舰队拂然回航的时候，马格里获得了从英国带来为供应中国舰队军火的一部分机器。他把这部分机器很好地安装了起来。现在每星期可以出产1 500发到2 000发的枪弹和炮弹。除了炮弹、药引及自来火之外，还造了几种迫击炮弹，不久的将来就要有毛瑟枪和钢帽加在产品的单子上了。这种工厂对于本省的贡献是难以估计的……”[4]

苏州洋炮局除了制造军火炮弹之外，还根据清政府的指示，培训火器营官兵，学习制造洋枪洋炮技术，培养了一些技术人才。恭亲王奕䜣在同治三年(1864)四月二十八日给皇帝的奏章里就建议在曾经学习研究制造军火的兵弁中“拣派心灵手敏之武弁八名、兵丁四十名，发往江苏，交巡抚李鸿章差委，专令学习外洋炸炮炸弹及各种军火器与制器之器”，同治帝当时也“谕令火器营照总理衙门所请派矣”。[5]李鸿章在以后的多次奏本中明确提到有48名官兵被派到苏州，分派到苏州洋炮局各局学习制造军火技术，而且已学会制造开花炮弹，并请朝廷增加薪水、提升官职等加以奖励。

---

〔1〕 清同治朝《筹办夷务始末》卷二十五，第7页，转引自夏东元：《洋务运动史》，华东师范大学出版社1992年，第75页。

〔2〕 顾廷龙、戴逸：《李鸿章全集·奏议(一)》，安徽教育出版社2008年，第544页。

〔3〕 夏东元先生认为，“三局”实为苏州洋炮局的三个车间。见夏东元：《洋务运动史》，华东师范大学出版社1992年，第75页。

〔4〕《北华捷报》1864年4月22日。

〔5〕 参见《江苏近代兵工史略》，见《江苏文史资料》第28辑，1989年内部印行，第23—24页。

同治四年(1865)夏,李鸿章升任两江总督,到南京就任时,将苏州洋炮局整体搬迁到南京,并以此为基础建立了金陵机器制造局。苏州洋炮局自同治三年(1864)初创立,到同治四年(1865)夏结束,历时一年半,完成了它的历史使命。

苏州洋炮局的管理方式仍沿用过去手工作坊的管理方法,生产的产品不核算成本,直接分配给军队使用,没有内部积累转化的扩大再生产,生产物资实报实销,资金全由国库开支,所以它只是一家官办兵工厂。当然我们也不能用现在的标准来要求它,不管最初成立的目的和宗旨是什么,它却在不经意中成为机器生产的开拓者,成为旧生产方式的突破口。正如张海林先生所言:从机器生产这一角度来讲,它对苏州乃至全国都具有经济发展的历史指向意义,它标志着苏州近代工业的诞生,为苏州传统经济的涅槃更新指明了突破的方向。〔1〕

二、苏州开埠与租界、通商场的产生

光绪二十年六月二十三日(1894年7月25日),中日甲午战争爆发,战争历时9个月,中国战败。光绪二十一年三月二十三日(1895年4月17日),清政府迫于日本军国主义的军事压力,签订了丧权辱国的不平等条约——《马关条约》,其中规定:在中国已开通商口岸之外,开放重庆、沙市、苏州、杭州四处为通商口岸,允许日本在中国通商口岸任便设立领事馆和工厂及输入各种机器。

《马关条约》签订后,署理两江总督张之洞着手部署在苏州开辟租界。他对驻节苏州的江苏巡抚奎俊提出三项要求:"苏州将设租界,通商制造,我宜急筹取益防损之道,早占先著。预留水道、畅道运货利便之处,利我工商,一也。指定各国界址,杜彼妄求,二也。将界外之地先行占定,限其界址,免其将来推广无穷,三也。至购地所需,当酌筹官款,将来不患无盈余。然而须有详图,方能酌定何处留为我用,何处可与某国。请公督饬藩司速委妥员会同首府县,将拟设租界及附近处所详细履勘,筹议紧要地段,何处绅民已购,何处未购,何处应归官留地,速绘具图说,以便商酌一切办法。"〔2〕张之洞要求苏州地方官员尽早行动,力争赶在日方人员抵苏之前,划定界址,以堵塞后患。此后,中日双方开始了划定租界界址的谈判。

(一)日本专管租界

光绪二十一年九月(1895年10月),中日开始苏州开埠交涉谈判。光绪皇

〔1〕张海林:《苏州早期城市现代化研究》,南京大学出版社1999年,第49页。

〔2〕苑书义等:《张之洞全集》,河北人民出版社1998年,第6540页。

帝谕令李鸿章、王文韶为议约全权大臣,要求本着"力图补救,总期争得一分,即有一分之益"[1]的原则,商讨对《马关条约》的"补救"办法。参与谈判的日方代表为驻上海总领事珍田舍己,中方代表为苏松督粮道陆元鼎及罗嘉杰、杨枢、朱之榛、刘庆汾等人。双方围绕租界的"性质""界址"以及"沿河十丈官路的管辖权"展开谈判。

1. 租界的设立

鸦片战争后,中国各口岸被迫向列强开放,设立通商口岸有广州、上海与宁波三种模式。广州模式的特点是由中国方面在通商口岸划出部分土地,交由洋人租用,华人不得杂居。在此区域内,列强有行政、司法、征税等权力,独立于中国行政、法律系统之外,成为"国中之国"。上海模式除允许华人居住外,大致与广州相同。以上两种模式当时统称为"租界"。第三种是宁波模式。道光二十三年(1843),宁波通商场建立,其特点是,虽划出部分土地由洋人租用,但各项权力均归中国自主,称为"通商场"。光绪二十一年七月九日(1895年8月28日),张之洞向光绪皇帝提出苏州、杭州等新增通商口岸因地处内地,应比照《宁波章程》,"不设租界名目,但指定地段纵横四至,名为通商场。其地方人民管辖之权,仍归中国。其巡捕、缉匪、修路,一切俱由该地方出资募人办理"。"不准日本人自设巡捕,以免侵我辖地之权。"[2]光绪二十一年(1895)夏,日本根据《马关条约》提出在新辟的苏州等四个通商口岸开辟专管租界时,各口岸的地方官员可参照《宁波章程》,为苏州、杭州、沙市等地开辟通商口岸提供参考。甲午战争后,日本侵略中国的野心愈来愈大,为得到更多的权利,日本在与中国洽谈租界地址的早期,不明确反对宁波模式。但界址一旦划定,日方马上表示不愿按照中方方案,要求中方让出其租界内的巡捕、工程等权力。相反,日方想在整个租界区内独占一块,专界专管,既可独得许多商业利益,又可与欧美诸国相抗衡。

光绪二十二年(1896)初,中日就租界性质问题进行谈判。参与谈判的中方代表黄遵宪拟写《酌拟苏州通商场与日本国会订章程》,其中对日本苏州租界的性质做了规定:在租界内居住需缴纳中国地租、地方税及巡捕费等项,居住界内日本人归日方管理,其他无约之国及内地华人由中方管辖。但日方以《马关条约》为由,坚决要求在苏州设立"专管租界",对此中方据理反驳。经过双方磋商,光绪二十二年三月二日(1896年4月14日),最终拟定《钦差南洋通商大臣

---

[1] 王彦威、王亮:《清季外交史料》卷一一六,台湾文海出版社1985年,第18—19页。
[2] 王彦威、王亮:《清季外交史料》卷一一七,台湾文海出版社1985年,第7页。

两江总督部堂刘(坤一)、钦命兵部侍郎江苏巡抚部院赵(舒翘)会札专派黄道遵宪与日领荒川拟议办法六条》(以下简称《办法六条》)〔1〕,主要内容是租界内的道路、桥梁、沟渠、码头等设施的费用由中方承担,管理权也归中方所有,相关维修费用可向居住各户收取,租界内的华人仍由中国官员管辖。但是如果日后商务繁荣,经过两国政府的协商,日本可以在这个区域划出专界,并将道路编入界内,待划作专管租界后,则不允许中国人杂居其中。此外,还规定了日本商民租赁土地的期限不能超过10年,在10年之内,可由日本人随时租赁;10年后,可由业主随便租给华人或其他国家人员居住。此条在一定程度上抑制了外国人在租界内土地使用的永租权。对于这份《办法六条》,张之洞认为其“似多未妥,必宜更正,关系非轻”〔2〕。其中租界的马路、捕房建筑费用等应参考此前上海租界的做法,采用“收捐”的方式;对于允许日方日后成立专管租界则与中方历来的主张相背离,他要求加以改动。日方则因未能满足日本设立专管租界的要求表示不满意、不接受。于是,日方一方面继续向中国施压,另一方面提出以日商向中国缴纳10%的内地制造税为代价,换取清政府放弃关于苏、杭等地租界采取宁波模式的要求,诱使清政府同意日本在苏、杭等地设立专管租界。光绪二十二年九月十三日(1896年10月19日),清政府在日本的威胁利诱下,不顾张之洞等人的反对,与日本签订《通商口岸日本租界专条四款》,又名《公立文凭》。其中第1款规定:“添设通商口岸,专为日本商民妥定租界,其管理道路以及稽查地面之权,专属该国领事。”〔3〕日本在苏、杭所开租界的方式由此而定。日本通过《公立文凭》取得了在苏州开辟专属租界的权利。

2. 界址的议定

中日苏州租界界址谈判几经周折。光绪二十一年六月八日(1895年7月29日),苏州地方官员打算将“附城一带空地”即盘门外之地划为租界。但张之洞觉得盘门外“距城止三里,未免太近”,不同意这一选址,主张选择距城六里的澹台湖以南地区为租界。〔4〕10月中下旬,日本代表珍田舍己抵苏,提出将日租界设于阊门外,尤其是南濠等处。张之洞坚持认为,租界切不可“在附郭一带”,而应在距城六里的“宝带桥东南”,即“澹台湖以南”,不允许日本随意选择租界地

〔1〕 中国第二历史档案馆(南京)全宗号六七九(2)1822卷。
〔2〕 苑书义等:《张之洞全集》,河北人民出版社1998年,第6950页。
〔3〕 王铁崖:《中外旧约章汇编》第1册,生活·读书·新知三联书店1957年,第685—686页。
〔4〕 苑书义等:《张之洞全集》,河北人民出版社1998年,第6596—6598页。

点,日本租界地点以先前议定宝带桥东南为妥。[1]日方继而提出可以放弃阊门外之地,改设租界于胥门至兴龙桥地段,即胥门至盘门间的苏州西南郊。[2]日方甚至愿意将租界内的巡捕权归中国,而求得中方改变将租界设在离城太远、不便交易的宝带桥的主张。张之洞列举胥、盘之间仍距城太近,且有神祇,不能辟为租界等原因,认为日方此议仍然不妥,提议以"宝带桥北河西(灯草桥一带——作者注)原拟华商自用之地"作为租界。[3]此后,中方曾做出让步,提出将宝带桥北河西至灯草桥地域向北延伸,直至觅渡桥(又作"密渡桥""密度桥")。光绪二十一年十月一日(1895 年 11 月 17 日),张之洞指示江苏巡抚赵舒翘等人:租界"西起相王庙迤南之华商公司界外,东至密渡桥广三里半,北起密渡桥,南至灯草桥,长一里,为地已甚不小,各国行栈皆能容纳。若灯草桥又南拓至宝带桥,长约千丈,几及六里矣。再以北起密渡桥,合计则将七里矣。横广三里半,纵长七里,是积方二十里有奇矣。从来无如此宽大租界。汉口新议定给德国租界长三百余丈,广百余丈,彼已欣然。闻苏州止(只)有倭、英、德三国来,闻法国意似不来,焉能给如此之大地哉!"[4]于是,苏州谈判官员又向日方提出将租界设于觅渡桥至灯草桥之间。日方认为这一地点靠近盘门之南,距城较近,靠近运河,直通镇江、上海,是交通要道,将来有利可图,表示接受。光绪二十一年十一月(1895 年 12 月),中日双方通过谈判确定了苏州开埠的租界地点,定位于觅渡桥与灯草桥之间。

光绪二十三年二月三日(1897 年 3 月 5 日),江苏布政使聂缉椝、苏州粮道兼苏州海关监督陆元鼎代表清政府和日本驻上海等处领事珍田舍己签订《苏州日本租界章程》,"将苏州盘门外相王庙对岸青阳(旸)地,西自商务公司界起,东至水绿(渌)泾岸边止,北自沿河十丈官路外起,南至采莲泾岸边止","竖界石,作为日本租界"。[5]其总面积为 10 万坪[6](坪为日制面积单位),即 483 亩 8 分 7 厘 6 毫,日本租界租出地 208 亩 5 分 4 厘。[7]租地执照由江苏督粮道兼监督苏州关署颁发。租契以 30 年为限。界内道路、桥梁以及巡捕之权,由日本领

---

〔1〕 苑书义等:《张之洞全集》,河北人民出版社 1998 年,第 6692 页。

〔2〕《清季中日韩关系史料》(7),台湾近代史研究所 1972 年,第 4572 页。

〔3〕 苑书义等:《张之洞全集》,河北人民出版社 1998 年,第 6701 页。

〔4〕 苑书义等:《张之洞全集》,河北人民出版社 1998 年,第 6720 页。

〔5〕 王铁崖等:《中外旧约章汇编》第 1 册,生活・读书・新知三联书店 1957 年,第691—693 页。

〔6〕《中国通商口岸志・苏州》,见苏州市地方志编纂委员会办公室、苏州市档案局:《苏州史志资料选辑》第 5 辑,1985 年,第 93 页。

〔7〕 江苏省长公署统计处:《江苏省政治年鉴(1922)・外交》,第 52—53 页。

事馆管理,中国地方官无权干涉。界内只准日本人租赁,愿意在界内居住的中国人可租屋居住,允许其自行贸易。界内地价,每亩议定租价洋银一百六十元。10年内不得涨价,10年后,按照界内邻近公平价值租赁。

3. 领事馆移入租界

在苏州被辟为商埠之际,日本即在苏州设立领事馆,先驻城内。日租界开辟后,领事馆于光绪二十八年(1902)从城内移至日租界。日本驻苏州领事馆直接管辖的范围为:吴县、常熟、昆山、吴江、武进、无锡、宜兴、江阴、靖江共9个县。同时领事馆还负责收集有关苏州地区的政治、军事、经济、文化等各个方面的情报。这些情报均由驻苏州领事直接向日本外务省做出书面报告,内容涉及苏州领事馆管辖区内9个县的政治、经济、文化、教育、宗教、社会以及自然环境诸方面,包括历年关税收入统计,官署、医院、学校、金融机关、工商企业的规模、数量和分布情况,各行业发展演变及现状的分析等。涉及范围广泛,内容记叙详备,统计数字精确,这些政治、经济、军事、文化等方面的情报,往往为日本帝国主义发动的侵华战争所利用。

(二) 通商场

1. 通商场的设立

在中日交涉苏州租界期间,美国商人也向清政府提出了在苏州租地通商的要求。为抵制日本对苏州的侵略,经与各国驻上海领事商议,清政府决定在日本租界的东部开辟通商场,直至运河边,又称“公共租界”或“各国租界”,成为日本租界之外另设的通商区域,对各国开放。光绪二十三年五月七日(1897年6月16日),清政府与英、美等国签订《苏州通商场章程》(亦名《苏州各国公共租界章程》),随之又颁布了《苏州通商场议定租地章程》,对租地的编号、议租、立契等做了具体规定。

苏州通商场的管理权属于中国。通商场内的所有商民由中国地方官“按约保护”[1],巡捕房由中国地方官会同税务司设立管理。苏州通商场内的桥梁、沟渠、码头、道路等所有公共设施,由中国地方官自建和加固。通商场土地出租的对象广泛,凡是通商场内签约国的商民,均可在通商场内租地,建筑屋宇、栈房,通商场内的土地租期期满后,20世纪20年代末由中国政府决定准予更换新契,维持原状。通商场内租地不允许随便转租,如有此现象,则契约作废。

---

〔1〕 王铁崖等:《中外旧约章汇编》第1册,生活·读书·新知三联书店1957年,第693—694页。

苏州通商场面积共432亩8分3厘2毫,均经业主缴验单契,结价归官,以备租给日本、欧美各商。各国通商场则分上、中、下三等,上等地每亩租价洋250元,中等地每亩租价洋160元,下等地每亩租价洋100元。各国通商场租出地385亩1厘5毫。[1]当时,外商租地最多可租六亩,最少不得少于二亩。租契以30年为限,准许续租,10年之内每年每亩纳地税三千文,10年之后每年每亩纳地税四千文。

2. 通商场的发展

苏州通商场开辟后,由清政府设立的洋务局进行管理,它的管理者是由清政府直接任命的苏州关监督公署监督。而通商场和日本租界的运河沿岸马路的延伸范围,则归当地商务局管辖。通商场设立之初,清政府先是修筑马路改善交通,马路沿着城墙南边与西边直到西北阊门的运河沿岸拓展修建。当马路尚未修到盘门时,通商场一带车马往来频繁,一些商店、戏院、鸦片铺等相继在盘门附近开设起来,往日冷清的郊区活跃起来。但是当沿河的马路修到胥门、阊门附近时,盘门外的店铺及戏馆等也跟着迁至阊门附近地段,通商场附近再度冷落。

通商场内还设立巡捕房、邮局等配套机构。邮政方面,苏州通商场内设立的邮局于光绪二十三年一月(1897年2月)开业,比城内开办邮局早了两个月。当年中国国内快速通信手段尚不完备,但是邮政业务已经稳步增长。警政方面,光绪二十三年(1897)通商场内设立了巡捕房,而苏城直到光绪二十九年(1903)才设立巡警总局。据当时的《海关十年报告》记载,在通商场与沿岸道路延伸地段执勤的巡捕有68名,办公室、巡捕营房、看守所和警长住宅设在通商场内;另有一个分所,设在主要道路的延伸区内,当时巡捕房和城内的衙门还有电话用于相互联系。[2]在苏州通商场开辟之初,人们对它抱有很大希望,一些中外商人曾计划在此投资设厂,在一段时间内确实带动了周边地区的发展。时任苏州关税务司的英国人孟国美在《光绪二十二年苏州口华洋贸易情形论略》中这样写道:"本口自开关以来,收税无几,似属无益,然于地方民人则大有裨益。其于造马路及建房屋之工匠各有获益。如盘门外,春间尚系荒郊,今则人烟稠密,大丝厂早经开工,纱厂将次告竣,开工当亦不远。至于茶寮、酒肆以及小火轮局等类,开设者争先恐后,地价且因之而涨,每亩约价值一千两。他如葑门外至觅渡桥北沿河

[1] 江苏省长公署统计处:《江苏省政治年鉴(1922)·外交》,第52页。
[2] 陆允昌:《苏州洋关史料》,南京大学出版社1991年,第84页。

一路,向为荒地,现已渐次造房,想不日间亦成热闹市面矣,尚得谓之无益哉!"〔1〕但是,苏州通商场这种欣欣向荣的气象很快便消失了,并且长期陷于停滞状态。到光绪二十六年(1900),"本年各国租界内,经工程局添造马路约长三里。界内房屋仍属无几,除现在邮政局租赁办公洋式房屋一所外,余惟有延昌永丝厂(1900 年华商杨奎侯与意大利商人康度西合作创办——作者注)工人栖息之所华式房屋数间而已"〔2〕。

随着 20 世纪初沪宁铁路的通车,并从苏州城北经过,偏处城南一隅的苏州通商场和日本租界一样,在交通位置上变得更加不利,发展更是困难重重。"1902 年,租界的道路已建成,但迄今仍长满了杂草。那里的整片地方,除了缫丝厂和海关建筑外,实际上是一块荒野之地。离开火车站有 6 里之遥,苏州的这部分地方是很少有发展希望的。"〔3〕这一期间,通商场及其周边地区的地价也不断下跌,"当光绪二十二年开埠之始,盘门外地价每亩可号称千金,目前仅值百金……比至今日,虽欲贱售,亦几于无人问津。本年租界后面,有人购地十一亩,种植桑树,每亩售价仅得五十元"〔4〕。

三、近代工商业的兴起

(一) 外资工厂在苏州的建立

光绪二十一年(1895),中日《马关条约》签订。根据条约规定,苏州被强行开放为通商口岸,同时还允许日本在中国通商口岸城邑任便从事商业购销、租栈存货、工艺制造、客货运输,而应得优例及利益"均照向开通商海口或向开内地镇市章程一体办理"。根据"利益均沾"的片面最惠国待遇条款,其他列强国家都享有这项权利。光绪二十二年(1896),苏州关税务司署在葑门外成立,开放港口,与各国通商贸易,俗称洋关,税务司长期由外国人控制。外国资本主义工商业资本从此开始向苏州渗入。光绪二十二年(1896),两家日资企业在盘门外租界青旸地开业,一家为大东汽轮公司,经营苏州至上海间的水上客货运输;另一家为商业店铺,经销日货。光绪二十三年(1897),由意商和华商共同投资的"中欧缫丝有限公司"宣布成立,这是外商直接在苏州投资设厂的开端。根据《苏州

〔1〕 陆允昌:《苏州洋关史料》,南京大学出版社 1991 年,第 147 页。
〔2〕 陆允昌:《苏州洋关史料》,南京大学出版社 1991 年,第 168 页。
〔3〕 陆允昌:《苏州洋关史料》,南京大学出版社 1991 年,第 103 页。
〔4〕 陆允昌:《苏州洋关史料》,南京大学出版社 1991 年,第 200 页。

对外经济志》的统计资料,光绪二十二年(1896)至宣统二年(1910)苏州外商企业情况见表3-1。

表3-1　1896—1910年苏州外商企业简况表

类别	国别	名称	经营范围	所在地	成立时间
交通	日	大东汽轮公司	客货运输	盘门外租界	光绪二十二年(1896)
商业	日	商店	洋货销售	盘门外租界	同上
交通	日	戴生昌汽轮公司	客货运输	盘门外租界	光绪二十三年(1897)
商业	日	商店	洋货销售	盘门外租界	同上
工业	意	中欧缫丝有限公司	缫丝	盘门外租界	同上
商业	德	商店	洋货销售	盘门外二马路	同上
工业	英	麦兹逊茧灶公司	烘茧	盘门外租界	光绪二十五年(1899)
旅社	日	繁迺家旅馆	日侨旅居	盘门外租界	光绪二十六年(1900)
商业	日	菜籽公司	土货购销		同上
交通	英	老公茂汽轮公司	客货运输	盘门外租界	同上
交通	法	立兴汽轮公司	客货运输	盘门外租界	光绪二十七年(1901)
商业	日	蓬莱轩饼干		盘门外大马路	光绪二十八年(1902)
保险	英	永年人寿保险公司	人寿保险	阊门外南阳里	同上
旅社	日	吉原繁子旅馆	日侨旅居	盘门外租界	光绪三十一年(1905)
工业	日	酒作	酿酒	盘门外租界	光绪三十二年(1906)
商业	日	三盛堂大药房	药品销售	养育巷教堂对面	光绪三十三年(1907)
商店	日	东洋堂	洋货销售	盘门外大马路	同上
商业	英	亚细亚石油公司油栈	洋油销售	盘门外大马路	同上
交通	日	日清汽轮公司	客货运输	盘门外租界	同上
商业	英	胜家公司缝纫机器	洋货销售		宣统元年(1909)
商业	日	丸三药店	药品销售	盘门外大马路	同上
商业	英	亚细亚石油公司油栈	煤油销售	阊门外丁家巷	同上
商业	英	亚细亚洋油堆栈	煤油销售	万人码头	同上
商业	英	苏州驻华英美烟公司	纸烟加工销售	阊门外四摆渡	宣统二年(1910)
商业	美	美孚洋油堆栈	煤油销售	灯草桥	同上
商业	美	美孚洋油栈	煤油销售	三板桥	同上

表3-1中在苏州设立的外商企业(不含代理机构)计26家,其中日商企业计13家,英商8家,美商2家,法、意、德各1家。经营主要以交通运输业和商业为主,其中商业15家,交通运输业5家,从事工业生产的3家,另外还有2家旅社、1家保险业。典型代表是英商亚细亚石油公司、美商美孚行、英美烟公司三家国际垄断性企

业,它们先后在苏州设立分支机构,通过本地经销商,推销洋油、洋烟。其中,亚细亚石油公司苏州分公司的营业范围最盛时包括苏州、常熟、无锡、江阴、常州、宜兴、溧阳、平望、南浔、湖州、泗安等地,每地设经理处一家,每家经理处在所在县境内的大小市镇设经销处,形成渗透城乡的火油销售网络。据《中国海关册》统计资料,两家石油公司在苏州设立油栈以前的光绪三十二年(1906),苏州进口煤油量为613 150 加仑,设栈以后的宣统三年(1911),进口煤油量达5 476 099 加仑,增长8倍。英美烟公司在苏州设立以前的宣统元年(1909),苏州进口纸烟为163 218 箱;设立公司以后的宣统三年(1911),进口纸烟量为274 460 箱,增长了68%。[1]洋油、洋烟从此垄断苏州以至邻近地区城乡市场。

(二) 近代苏州民族工业的创办

甲午战争后,中国出现了投资兴办民族工业的高潮,民族资本主义进入初步发展时期。受时局和风气的影响,苏州官绅和商人在此时开始建立近代工厂和企业。苏经丝厂和苏纶纱厂等企业相继创办,标志着苏州近代民族工业的诞生。

苏经丝厂和苏纶纱厂的开办与苏州发达的棉纺织业和丝织业有关,也得到了清朝地方政府的大力支持。甲午战争后,外国通过强行开放苏州为通商口岸,在苏州设立工商企业等,以加强对苏州进行商品和资本输出。为抵御外国的经济侵略,有识之士提出了"实业救国"的口号。晚清洋务大臣张之洞时任两江总督兼南洋通商大臣,也多次奏请朝廷在苏州创办丝厂和纱厂,以维护利权。他认为:"丝厂利三分,纱厂利二分,若有巨款大举,即尽收利权,假如设丝厂五所……则江苏一省之茧,可全收尽矣。"[2]光绪二十一年(1895),经清政府批准,张之洞筹划成立苏州商务局,下设商务公司,额定资本白银100 万两,开办纺丝、纺纱两局,以丁忧在籍的原国子监祭酒陆润庠为公司总董,筹建两厂。后因商股一时难于筹集,由官方奏准借用中日战争商款移作股本,向苏州、松江、常州、镇江、太仓五地以典当业为主的商人,按年息七厘借得白银54.8 万两,借户即作股东,由官督商办,开办苏经丝厂和苏纶纱厂,厂址定在盘门外青旸地附近,动工兴建。后因经费不敷,在继任两江总督刘坤一的支持下,从地方备荒项下,息借积谷、水利等公款,计白银23.5 万两,逐年抽本还利。这些措施有力地支持和保障了两

---

〔1〕 苏州市对外经济贸易委员会:《苏州对外经济志(1896—1990)》,南京大学出版社1991 年,第103 页。

〔2〕《张之洞奏折》,转引自小田:《苏州史纪》(近现代),苏州大学出版社1999 年,第66 页。

厂的筹建工作。

光绪二十二年(1896)夏,苏经丝厂建成投产,这是苏州最早的近代民族企业,也是江苏省最早使用机械缫丝的工厂之一。初建时,有意大利进口的缫丝车共208台,以蒸汽机为动力,职工有500余人。一年后,缫丝车全部装齐,增至336台,职工有857人,使用蒸汽锅炉2台、引擎1台为动力,日产厂丝170~200斤,年产厂丝500~620担。产品由上海洋行转销英、法、美等国。其原料蚕茧免纳一切捐税,体现了官督商办的性质,并在投产时自设元记、亨记、利记、怡和等茧行,在苏州、无锡、常州一带收茧,烘干后运回工厂,每年用干茧三四千担。苏经丝厂的产品质量较好,宣统二年(1910)参加在南京举行的南洋劝业会,所产生丝因品质优良,获超等奖。

光绪二十三年(1897)苏纶纱厂建成投产,使用当时最先进的英国"道勃生"纺织机器。苏纶纱厂共有1.8万锭全套纺纱机器,配以蒸汽机、发电机,是我国最早的10多家机器纺纱企业之一。光绪三十一年(1905),以银5.7万余两,进口纱锭4 368枚,纱锭增至2.26万枚。投产时有工人2 200名,日夜两班生产,年产粗纱约1.4万件。苏纶纱厂还是苏州最早使用电能的企业,光绪二十三年(1897)即装置3台直流发电机供应厂内电灯照明。苏纶纱厂、南通大生纱厂、无锡勤业纱厂等"皆为中国纱业之先进,亦新工业之前导",在中国近代工业史上占有重要地位。

另外,从苏州商务总会档案中收藏的《经纶两厂房屋机器设备估值单》,大致可以了解两厂创办时固定资产的种类、数量和市场价格(见表3-2、表3-3)。

表3-2　苏纶纱厂、苏经丝厂房产简表

厂名	名称	数量	当时价格白银(两)
苏纶纱厂	前后大门及墙垣	4座,长221丈	3 381
	门房平屋	2座	374
	大厂楼房	1座,高34尺,面积379方9角	55 476
	引擎间楼房	1座,面积37方8角	6 501
	炉子间平房	1座,面积41方4角	3 815
	厕所	2所	1 081
	烟衢	1条	135
	大烟囱	1座,高13丈	3 000
	吃饭间	5间	600
	打包间	面积24方5角	2 205

(续表)

厂名	名称	数量	当时价格白银(两)
苏纶纱厂	木匠间	面积16方4角4分	986.4
	修机间	23方9角5分	1 700.4
	清花厂	77方2角2分	5 019
	东西栈	2座,面积316方2角	36 363
	拣花间	1座,32方零8分	1 604
	轧花厂	1座,182方零4分	14 563.2
	轧花厂引擎炉子间	2座,20方2角1分	1 515
	烟衢及烟囱	各1条	1 900
	打铁间	4间	140
	厨房等小平房	15间	525
	物科所楼房	1座,17方1角6分	2 059.2
	公司厅楼房	1座,房6幢	3 000
	工账房楼房	1座,房8幢	3 040
	机匠宿舍楼	2座,房8幢	1 080
	总办洋楼	1座,高32尺	8 645
苏经丝厂	门房楼屋	3间	720
	围墙及铁栅	94丈2尺	950.4
	巡丁住房	3间	150
	堆丝栈楼房	3层,57方5角5分	10 359
	小栈房	3间,15方零4分	2 156
	洋楼	1座4间	1 520
	缫丝大厂	1座,175方	19 250
	称茧间楼房	1座,10方4角5分	574.7
	炉子间	1座,16方1角	1 207.5
	烟囱	1座	2 100
	公司办公楼	1栋6间	2 280
	烘茧间	1座	450
	小楼房	3间	150
	厨房等平房	6间	210
	小门房	1间,2方5角6分	129
合计			200 919

资料来源:《经、纶两厂房屋机器设备估值单五则》,章开沅等:《苏州商会档案丛编》第1辑,华中师范大学出版社1991年,第279—284页。

表 3-3　苏纶纱厂、苏经丝厂机器设备简表

厂名	名称	数量	价格白银(两)	备注
苏纶纱厂	锅炉	3 只	11 129	压力 120 磅,1896 年造
	省煤机水管及刮水引擎	160 根	2 098	光绪二十二年(1896)造
	抽水机	1 台	581	光绪二十二年(1896)造
	热气管水管	2 条	1 706	光绪二十二年(1896)造
	热水柜	1 只	400	
	大引擎	1 座	25 296	光绪二十二年(1896)造
	轧花厂引擎炉	1 座	4 710	光绪二十三年(1897)造
	轧花车	100 部	6 360	
	电线灯泡	1 套	8 400	光绪二十二年(1896)造
	直流式磨电机	3 台	7 323	光绪二十二年(1896)造
	开关板	1 套	474	光绪二十二年(1896)造
	修机间引擎连炉子	1 套	1 453	光绪二十二年(1896)造
	车床	2 台	不详	
	割轮盘机、刨床、钻床	各 1 台	4 063	光绪二十二年(1896)造
	烧皮棍机	1 部	13 000	光绪二十二年(1896)造
	割羊皮机	2 部		
	头号清花车	2 部		
	清花车	3 部		
	打纱头机	1 部	948	光绪二十四年(1898)造
	钢丝车	60 部	58 776	光绪二十二年(1896)造
	棉条车	10 部	9 454	三头、六节、六路
	头号粗纱车	10 部	10 345	光绪二十二年(1896)造
	二号粗纱车	12 部	15 743	光绪二十二年(1896)造
	三号粗纱车	24 部	25 027	光绪二十二年(1896)造
	细纱车	50 部	58 769	光绪二十二年(1896)造
	人力摇纱车	122 部	5 915	光绪二十二年(1896)造
	打包车	5 部	903	光绪二十二年(1896)造
	灭火机、进水机、水池等		10 295	光绪二十二年(1896)造
	自来水管龙头等及抽水机		7 235	
	厂中备货		40 000	
	各种器具零件(共两处)		38 287	光绪二十三年(1897)造

(续表)

厂名	名称	数量	价格白银(两)	备注
苏经丝厂	丝盆丝车	336 部	20 496	
	水管成包车	2 部		
	摇丝车、绕丝车	各 7 部		
	水柜	14 只	8 900	从 4 尺到 8 尺
	炉子	2 座	4 200	压力 50 磅
	引擎	2 台	985	10 寸、20 寸
	抽水机、风扇等	各 1 台	910	
	热气管	1 套	2 559	
合计			406 740	

资料来源:《经纶两厂房屋机器设备估值单》,章开沅等:《苏州商会档案丛编》第 1 辑,华中师范大学出版社 1991 年,第 284—287 页。

从表 3-2、表 3-3 可以看出,从固定资产的数量看,苏经、苏纶两厂的规模在全国也是领先的。但是两厂的发展因种种原因而步履蹒跚,困难重重。光绪二十四年(1898)春,陆润庠服阙进京,其他地位相当之在籍富绅无人敢应此重任。不得已由纸商捐户部郎中衔祝承桂承租,租期三年。原股东按股收息,不负盈亏,股息改为年息五厘。至光绪二十七年(1901)三年期满,核查账目时,丝厂略有盈余,而纱厂亏损严重,两厂亏盈相抵,仍亏欠公私本息各款过白银 31 万余两。商务局总办朱竹石严令追偿,商定由两厂商董在旧股中设法分期筹款垫付。在清理祝承桂亏款过程中,苏经丝厂曾另行招商承租,由巨昌升公司徐升甫租营一年,光绪二十八年(1902)春又由祥茂森公司沈联芳租营一年。

光绪二十九年(1903),由官方出面,以商务局名义收回两厂转租给商人费承荫接办,租期五年,股东年息减为三厘,降低了成本,经营状况有所好转。其间,苏经丝厂被费氏转租给福康公司、和丰公司各经营了两年。光绪三十三年(1907),由森记公司承租,经理汪存志在上海招股扩充,从栽桑、养蚕、制种等一抓到底,各地增设茧行,扩大收茧,业务颇有改观。产品商标用人首马身的"森泰",年产生丝 620 余担。[1]而苏纶纱厂由于日俄战争,日本减少了棉纱对中国的出口,厂纱销路转好,开销之外盈余渐多。费氏于光绪三十一年(1905)增加白银 5.7 万两添购机器设备,扩大再生产。至光绪三十四年(1908),费氏五年期

〔1〕《苏经丝厂史略》,见《苏州史志资料选辑》第 5 辑,第 53 页。

满不愿继续承租,两厂由原股东张履谦、周廷弼等收回自办,并陆续招募新股,自此有所谓老股、新股之分,“新股立于租户地位,老股立于产主地位,名为股东自办,实为租办性质”[1]。从此,原来的官督商办便改为完全商办性质。

苏经、苏纶两厂的开办与发展带动了苏州丝织业和纺织业的发展,也促进了其他近代企业的创办。光绪二十二年(1896),黄宗宪、王驾六等集资白银5.9万两,于葑门外觅渡桥筹建恒利丝厂(即吴兴丝厂),翌年投产,有意大利产缫丝车104台,光绪三十二年(1906)由汪存志增资白银4万两,缫丝车增为200台。光绪二十六年(1900),由华商杨奎侯与意大利商人康度西合作,华商集资白银10万两,在葑门外灯草桥开办延昌永丝厂,康度西任经理,用意商名义经营,有缫丝车200台,后增至300台。光绪三十一年(1905),太仓富绅蒋伯言在沙溪镇创建济泰纱厂(后改称利泰纱厂),是当时江苏三大新式棉纺企业之一,有纱锭1.3万枚,所产太狮、醒狮牌棉纱,誉满江南。光绪三十三年(1907),怡和洋行买办蒉梅贤投资7万元,以其族人蒉敏伯为经理,于苏州南濠街创设生生电灯公司,宣统元年(1909)无锡民族资本家祝大椿及苏州银钱业庄主洪少圃等加入合资经营,改名为振兴电灯公司。光绪三十三年(1907),苏商董楷生招股1万元创办苏州颐和罐食有限公司,生产开发听装食品。同年,洞庭西山商人罗焕章在东村地方设立机器织布厂一家,等等。详见表3-4。

表3-4 苏州地区近代创办工厂企业统计表(1896—1911年)

企业名称	创办时间	所在地	资本(千元)	创办人	备注
源盛丝厂	光绪二十二年(1896)	苏州	100		
吴兴缫丝厂	光绪二十三年(1897)	苏州	559		
苏纶纱厂	光绪二十三年(1897)	苏州	420	陆润庠	绅商王立鳌、张履谦等有大量股份
苏经丝厂	光绪二十三年(1897)	苏州	140	周廷弼	同上
苏经源盛缫丝厂	光绪二十三年(1897)	苏州	300		
延昌永丝厂	光绪二十六年(1900)	苏州		杨信之	

〔1〕章开沅等:《苏州商会档案丛编》第1辑,华中师范大学出版社1991年,第268页。

(续表)

企业名称	创办时间	所在地	资本(千元)	创办人	备注
江苏工艺局	光绪三十年(1904)	苏州		游云仙	
萃源榨油厂	光绪三十年(1904)	昆山		徐杏生	
裕泰纱厂	光绪三十一年(1905)	常熟	699	朱幼鸿	
生生电灯公司	光绪三十三年(1907)	苏州	70	蒉梅贤	未发电
瑞记布厂	光绪三十三年(1907)	苏州		吴次伯	
瑞记汽水厂	光绪三十二年(1906)	苏州		吴曾适	
瑞丰轮船公司	光绪三十二年(1906)	苏州及镇江等地	8	欧阳元瑞、潘诵鏖	
农肥有限公司	光绪三十二年(1906)	苏州		张惟一	
张金有限公司	光绪三十二年(1906)	苏州		徐梅安	
虞兴织布厂	光绪三十二年(1906)	昭文	15	卢颐、吴逢奎等	
同益染坊公司	光绪三十二年(1906)	昭文	10	邵庆盛、杨永丰	
颐和罐食厂	光绪三十三年(1907)	苏州	10	董楷生、顾仁寿	
瑞兴胰皂公司	光绪三十三年(1907)	苏州			
东村机器织布厂	光绪三十三年(1907)	苏州		罗焕章	
公兴冰厂	光绪三十三年(1907)	苏州	2	倪水泉、洪有方、叶梓寅	
勤华布厂	光绪三十三年(1907)	常熟		夏云卿	
振兴电灯厂	宣统元年(1909)	苏州	442.8	祝大椿	绅商洪少圃等为股东
裕兴纺纱厂	宣统元年(1909)	昭文	324.47	高凤德	
苏州电话总局	宣统元年(1909)	苏州		刘善浤	

（续表）

企业名称	创办时间	所在地	资本（千元）	创办人	备注
三友垦牧公司	宣统二年（1910）	苏州			
勤德布厂	宣统二年（1910）	常熟	5	陈勤斋	
昭勤布厂	宣统二年（1910）	常熟	5	陈云台	
锦华恒织布厂	宣统二年（1910）	常熟	7.5		
大纶仁记布厂	宣统二年（1910）	常熟	7.5		
中兴布厂	宣统二年（1910）	常熟	14	许兰溪	
丰豫泰碾米厂	宣统三年（1911）	苏州		顾楚臣	
善昌布厂	宣统三年（1911）	常熟		翁寅初	
维新布厂	宣统三年（1911）	常熟		谭芝溪	
华昌织布厂	宣统三年（1911）	常熟	20		
华利布厂	宣统三年（1911）	常熟		高长庚	

资料来源:《苏州地区近代商办工厂企业统计表》,马敏、朱英:《传统与近代的二重变奏——晚清苏州商会个案研究》,巴蜀书社1993年,第447—448页。

从表3-4可知,从光绪二十二年(1896)至宣统三年(1911),苏州地区创办了36家新式工厂企业,主要集中在缫丝、棉纺和食品工业,其中21家工厂企业在苏州城区,11家工厂企业在常熟。

从整体来看,苏州地区近代工业呈现出创办早、规模大、企业多等特点,但其发展困难重重,在经营方面不是非常成功。但是苏州地区近代工业让我们看到了工业生产所带来的新的冲击与变化。首先,企业的性质逐步由官督商办到商办的转化,产权关系逐步明晰,有利于苏州民族资本主义的发展。其次,生产方式上,手工生产向机器生产的转变。机器生产是一种全新的生产方式,生产效率高,为苏州经济的发展提供了方向。再次,管理方式上的变化,近代企业多数为招股经营,具有股份制企业的某些特征,一定程度上有了民主管理方式。此外,也产生了一批民族资本家和产业工人,成为新生的社会阶级力量。

四、近代海关的设立与苏州对外贸易

(一) 海关监督公署和税务司署的设立及其职能

光绪二十二年(1896),苏州开埠,先后设立监督公署和税务司署,二者均为近代中国海关管理系统,而隶属关系、职责各不相同。

苏州境内浒墅关历史悠久,清代为户部管辖,后衰落。咸丰九年(1859)后,浒墅关被称为“常关”。同治四年(1865),浒墅关因税源枯竭,奉令暂停征税,后撤关。

光绪二十二年四月二十七日(1896 年 6 月 8 日),苏州关监督公署成立,位于阊门大街与养育巷交会处之西。监督公署又称“海关道”,负责人由清政府直接任命,负有监督“洋关”、管理“常关”(原由户部或工部所设税关)职责。监督公署设有监督、税课司大使、宣课司大使、关大使等官吏及差役若干,隶属总理各国事务衙门。光绪二十七年(1901)总理各国事务衙门撤销,改隶外务部。光绪三十二年(1906),清政府设立税务处,监督公署改隶税务处。光绪三十三年(1907)后,监督公署移至带城桥下塘前的原苏州织造府。宣统三年(1911)辛亥革命后,监督公署经短暂的苏军都督府节制后又重归中央政府直接管理。

光绪二十一年八月(1895 年 10 月),总税务司赫德(英籍)派江海关税务司贺璧理到苏州,与苏州洋务局总办罗嘉杰商谈建关事宜。光绪二十一年十二月(1896 年 1 月),江海关负责工程建设的营造司哈尔定、夏立士来苏城,苏州洋务局官员陪同勘察,最终确定关署设在觅渡桥西堍,并插标定界。光绪二十二年二月(1896 年 3 月),赫德派江海关额外副税务司孟国美(英籍)来苏城筹建海关,苏州地方官员基本满足海关要求,同意建设规划包括建设关署、验货房、税务司公馆、两所帮办寓所等,并承诺拨付建造经费。光绪二十二年五月八日(1896 年 6 月 18 日),赫德就任命苏州、杭州两关税务司事申呈总理各国事务衙门,提出“原拟苏州归江海关兼管……现在酌度各该口之情势……再四筹思,不若将该二口定为自主之正关为妥。是以总税务司现派四品衔双龙三等宝星副税务司孟国美为署理税务司,以专责成”[1]。新设立的苏州关税务司署又称“新关”“洋关”,负责人由总税务司任命并管理,具体操作海关业务。

---

〔1〕 苏州海关编,陆允昌编注:《近代苏州通商口岸史料集成》,文汇出版社 2010 年,第 229—230 页。

光绪二十二年八月二十日(1896 年 9 月 26 日),苏州洋关开关[1],其监管区域经呈报总理各国事务衙门批准,为“嘉兴迄北、丹阳迄南、昆山迄西”,以孟国美为首任署理税务司(截至 1911 年,共 7 任税务司或署理税务司,其中英籍 6 人、美籍 1 人;副税务司或副署理税务司 6 人,其中英籍 5 人、德籍 1 人),有文案、验货、杂役等共 14 人。[2]光绪二十二年八月二十五日(1896 年 10 月 1 日),苏州洋关在临时区域内开始办理海关业务,外班利用一个草棚查验进出口货物,内班在城内租房作征税场所,内外班人员安置住船上。光绪二十三年(1897),海关税务司署、海关码头、验货房及仓库建成。光绪二十四年(1898),海关人员的住宅区建成。光绪三十一年(1905),海关监管、征税人员有 73 人,另有邮政人员 66 人。[3]

苏州洋关的职能主要有以下几个方面:

其一,根据江海关关于船舶来往苏、杭、沪通商的两个章程,实行船舶挂号制度。所有运输海关监管货物的船舶除按本国律章应随有“牌照”外,还须向海关挂号注册。海关发给船舶“关牌”,也称“关照”,每年换领一次,如遇改业主或停贸易等事,即将所领“关牌”缴销。运输货物由海关加封,挂旗标明身份,按指定航线行驶。光绪二十二年(1896),向苏州关登记挂号之轮局 5 家。[4]光绪二十八年(1902),海关统计的“进出口小轮船共五千一百只,被拖之搭客船共一万六千二百只,请领关照之民船二千三百只”[5]。

报关行需“挂号”。苏州开埠后,成立仁昌永记报关行,专营代理货主办理进出口货物报关纳税,到苏州洋关注册登记,并具保结后开业。享受免纳厘金优惠的厂商也需到海关挂号。按总税务司《机器制造货物征税章程》规定,境内华、洋工厂用机器或手工制造之仿洋式制品,纳关税后可免纳厘金。苏城符合条件的厂家也可向苏州洋关申请,其产品销售凭海关签发的准单、运单,沿途免纳厘金。

其二,光绪二十二年八月六日(1896 年 9 月 12 日)公布的《苏州新关试办章程》对船运货物的报关做出规定,船舶运输货物抵目的地须在一日内申报,进(出)口呈交舱单(清单),并接受海关查验,凭“验单”照数纳税,领取“准单”,凭

---

[1] 苏州海关编,陆允昌编注:《近代苏州通商口岸史料集成》,文汇出版社 2010 年,第 239 页。
[2] 《苏州海关志》编纂委员会:《苏州海关志》,苏州大学出版社 2009 年,第 34—35、36—37 页。
[3] 《苏州海关志》编纂委员会:《苏州海关志》,苏州大学出版社 2009 年,第 35 页。
[4] 《苏州海关志》编纂委员会:《苏州海关志》,苏州大学出版社 2009 年,第 50 页。
[5] 中国旧海关史料编辑委员会:《中国旧海关史料(1859—1948)》第 36 册,京华出版社 2001 年,第 209 页。

“准单”卸(装)船。沪宁铁路全线通车后,苏州洋关执行《沪宁铁路载运洋货发给免重征单章程》,在火车站设立监管点,派驻验货员,接受商人申报,会同厘局验明商家持有的“免重征执照”和货物相符,给予卸货。

其三,光绪二十二年至宣统三年(1896—1911)苏州洋关开征6种税:进口正税、出口正税、复进口税、内地子口税、船钞、药土各税和洋药厘金。其中,进口正税一项,光绪二十四年至光绪二十七年(1898—1901)4年间,年均征收2 547关平两,以后逐年增加,宣统三年(1911)为44 302关平两。出口正税一项,光绪二十四年至宣统三年(1898—1911)14年间,共征出口正税682 204关平两,年均征收48 729关平两。复进口税一项,1896年10月至12月,征收复进口半税208关平两,占所征关税总额的60.7%。1897年,因复进口货物增加,征收税额2 358关平两,1911年征收18 270关平两。洋药税厘一项,光绪二十三年(1897)、光绪二十四年(1898)分别为70 796、84 346关平两,分别占当年苏州关所征税收总额比重的69.3%、73.4%,成为苏州洋关最大税源。1898年后逐年递减。光绪三十一年(1905),苏州洋关所征药土各税和洋药厘金已无记载。[1]

其四,缉私。苏州洋关未专设缉私组织,配置的“总巡”还负责公共租界治安。清末水上走私违规较多,其配置的两艘巡艇面对面广量大的船舶,力量实在有限。洋关对缉私不十分着力,某报关行曾供称,海关管理关单不严,可预先领上百张,随意填写,关上并不稽考。光绪二十三年至光绪二十七年(1897—1901),罚款数分别为156两、1 071两、563两、3 245两、1 739两关平银。[2]罚没较少,也可见一斑。

苏州洋关的职能还有若干重要的跨行业伸展:

其一,兼办大清邮政。光绪二十三年二月初五(1897年3月7日),苏州邮政总局成立,位于公共租界。根据清政府责成总税务司经略国家邮政的做法,苏州总局邮政司由苏州关税务司兼任,设司事一职,由外籍洋员专任,负责日常事务,另有供事、听差等,共10人。按《清光绪三十二年大清邮政事务通报》公布,光绪三十二年(1906),苏州邮政总局下辖木读、浒墅关、唯亭、常熟、福山、平望、梅里、浒浦、吴江、黎里、同里、东洞庭山、无锡、望亭、荡口、甘露、东亭、八字桥18处邮政分支机构,邮件总数为150万件;宣统二年(1910),下辖邮政机构扩充至49处,包括1家分局、2家支局、3家内地办事处和43家代理处,邮政人员132

〔1〕《苏州海关志》编纂委员会:《苏州海关志》,苏州大学出版社2009年,第77—85页。
〔2〕《苏州海关志》编纂委员会:《苏州海关志》,苏州大学出版社2009年,第100页。

名,邮件总数为650万件。[1]

苏州关所征邮包税额,光绪二十八年(1902)实征3170关平两,占当年苏州关所征出口税之4.5%;宣统元年(1909)征收23 580关平两,比重增至22%。[2]通过邮局寄往外地之货物包裹主要为绸缎、眼镜、玉石、绣货、丝带等。

苏州邮政总局开业后,苏州仍存在收发接送信函的“民局”,有老正大、通顺、林永和、正大等26家,由商业组织经营或兼营。苏州洋关执行总税务司通令,实行“民局业务经营一切如旧”[3],唯须在官办邮局挂号,以示认可。对在海关挂号的民局利用邮政官局网点收发接送信函、包裹给予资费优惠。因而苏州邮政局成立后5~6年间,苏州民局尚能生存,甚至有所发展。但随着新式邮政制度逐渐为官府和民众信赖,官办邮政业务迅速扩张,民局走向衰亡。

宣统二年十一月初四(1910年12月5日),苏州邮政总局包括业务、人员和房产全部交邮传部驻南京督察接收,司事一职仍聘用原外籍洋员,以专责成。邮包检查与征税因涉及海关,由海关负责。

其二,负责苏州公共租界治安管理。苏州开埠后设立“租界”,其位置自葑门外觅渡桥西侧沿河马路起,至今南门外人民南路偏西以东之地段,并以南北流向之水作为分界线,西为日本“专管租界”,东为“公共租界”。公共租界治安根据光绪二十二年(1896)订立的《苏州通商场章程》“由中国地方官会同税务司设立管理”。光绪二十二年三月(1896年4月),苏州地方官府聘用洋人戢尔德(英籍)为总捕头,选派24名士兵作为首批捕员。苏州洋关开关后,总税务司赫德委任戢尔德为苏州关总巡。继由苏州关署理税务司孟国美从上海觅得鄂尔生(挪威国籍)接替。光绪二十七年(1901),值勤巡捕增至68名,捕头总部有办公室,看守所以及捕头住宅、巡捕营房均在公共租界内。鄂任租界总巡捕12年。宣统元年(1909),江苏省巡警设立警务公所,负责租界巡务。宣统二年(1910),辞退鄂尔生,租界地及其周边地区治安,由苏州巡警道下属警务公所接管。

其三,代征苏州、淞沪两地厘金。光绪二十四年(1898),清政府因续借英、德商款1 600万英镑(约合库平银1万万两),国库枯竭,还本无着,决定以苏州、淞沪等7处所征“厘金”作担保。光绪二十四年闰三月十一日(1898年5月1日),江苏厘金征收处在苏州成立并开征苏州、淞沪两地货厘。总理衙门核定“苏州货厘每年解交约80万两、淞沪货厘每年解交约120万两”。总税务司赫德

---

[1] 苏州海关编,陆允昌编注:《近代苏州通商口岸史料集成》,文汇出版社2010年,第25页。
[2] 苏州海关编,陆允昌编注:《近代苏州通商口岸史料集成》,文汇出版社2010年,第356页。
[3] 苏州海关编,陆允昌编注:《近代苏州通商口岸史料集成》,文汇出版社2010年,第342页。

选派梅尔士为苏州关副税务司负责代征。宣统元年六月(1909 年 7 月),清政府改革财政管理体制,设立度支部。[1]宣统二年(1910)6 月,苏州成立度支公所,负责管理财政事务。宣统三年(1911),江苏省试行《征收货物税章程》,以货物税取代厘金,对本省货物征"产地税",对外省货物征"销场税",各输一次,不再重征。江苏沿途厘金局卡尽行裁撤。苏州及淞沪两地货厘归还英、德借款之事受到影响,代征、收解款额大幅下降。宣统三年(1911)5 月后的一年内,苏州关代征苏州、淞沪货厘分别只占应征数额的 69.4% 和 58.3%,引起总税务司不满和债权国非议,江苏重新调整征收机制。1929 年,苏州关代征厘金事务遂告结束。

(二) 进出口贸易的发展变化及其所反映的清末苏州社会经济形势

乾隆二十二年(1757)后,清政府限广州一口对外通商,直接出运交易不再合法,苏商只得长途贩运,通过广州转输生丝、纱缎货物出口。19 世纪上海开埠后,列强取得中国沿海贸易特权,洋货和苏州地区出产的蚕丝、棉纱、丝织品及工艺制品,经上海转运进出口,"上海渠道"成为苏州对外贸易的主要方式。

苏州设关后,直接对外贸易的"苏州渠道"开辟,报关更为便捷,但初期并未被商家采用,商家考虑成本仍选择上海江海关报关进出口。"1897 年上半年有价值 50 万银两的外国布匹通过江海关从上海运至本地,以后就没有了。"[2]光绪三十二年(1906),沪宁铁路开通,宣统元年(1909)免重征制度实行,商人在苏州洋关报关可以不增加成本,快捷运输,"苏州渠道"逐渐被商家采用。但紧邻上海的地理特点使得仍有部分苏州货选择上海报关进出,因此,苏州洋关实施监管、征税并统计的货物、物品、运输工具,并不是苏州对外贸易的全部。按照苏州洋关对"苏州渠道"进出的统计口径,进口分"洋货进口"和"土货进口"两类,出口分"出口往外洋""出口往各通商口岸"及"复出口"三类。苏州进出口不仅指苏州与中国境外,还包括苏州与中国境内通商、非通商口岸之间以及通过其他口岸到境外的各种贸易。这些数据结合"苏州关十年报告""苏州口华洋贸易报告",仍可以在一定程度上反映清末苏州贸易及经济发展状况。

苏州开埠通商后,对外直接贸易和洋商投资不再违例,生产与贸易活跃起来,洋货输入、土货输出增加。光绪二十二年至宣统三年(1896—1911),苏州进口洋货有:鸦片、纺织品、纸烟、原煤、煤油、纸、靛青、滑物油、糖品、机器及零件、

---

〔1〕 度支部,官署名,为管理国家财政收支机构。1906 年,清廷改户部为度支部。

〔2〕 苏州海关编,陆允昌编注:《近代苏州通商口岸史料集成》,文汇出版社 2010 年,第 6 页。

灯及灯具、金属材料、藤条、火柴、玻璃等。尤以鸦片、原煤、煤油、纺织品、纸烟、洋糖、机器及零件7类为大宗。土货出口主要有生丝、蚕茧、绸缎、绣货、棉纱、油菜籽、菜籽饼、眼镜、茶叶、火柴、蛋品、玉器、黄白铜水烟袋、腌渍桂花等，尤以蚕丝、绸缎、棉纱、茶叶、菜籽和菜籽饼5类为大宗。其进出口货值见表3-5、图3-1。

表3-5　1896—1911年苏州关进出口货值一览表

年份	进口（关平两）	同比增长（%）	出口（关平两）	同比增长（%）	总额（关平两）	同比增长（%）
光绪二十二年（1896）	13 693		1 726		15 419	
光绪二十三年（1897）	1 074 336		399 331		1 473 667	
光绪二十四年（1898）	859 572	-20.0	670 694	67.95	1 530 266	3.84
光绪二十五年（1899）	763 145	-11.22	705 282	5.16	1 468 427	-4.04
光绪二十六年（1900）	504 620	-33.88	674 667	-4.34	1 179 287	-19.69
光绪二十七年（1901）	882 552	74.89	1 482 830	119.79	2 365 382	100.57
光绪二十八年（1902）	1 094 262	23.99	1 466 225	-1.12	2 560 487	8.25
光绪二十九年（1903）	1 533 689	40.16	1 586 793	8.22	3 120 482	21.87
光绪三十年（1904）	1 263 855	-18.36	1 900 098	19.74	3 163 953	1.39
光绪三十一年（1905）	1 781 068	40.92	2 471 411	30.07	4 252 479	34.4
光绪三十二年（1906）	2 605 222	46.27	3 126 326	26.5	5 731 548	34.78
光绪三十三年（1907）	1 422 725	-45.39	2 955 909	-5.45	4 378 634	-23.6
光绪三十四年（1908）	1 573 383	10.59	2 304 985	-22.02	3 878 368	-11.43
宣统元年（1909）	1 907 142	21.21	2 153 531	-6.57	4 060 673	4.7
宣统二年（1910）	2 832 872	48.54	2 414 130	12.1	5 247 002	29.22
宣统三年（1911）	3 552 886	25.42	3 331 650	38.01	6 884 536	31.21

进出口货值数据摘自《苏州海关志》，苏州大学出版社2009年，第115页。同比增长系笔者计算。

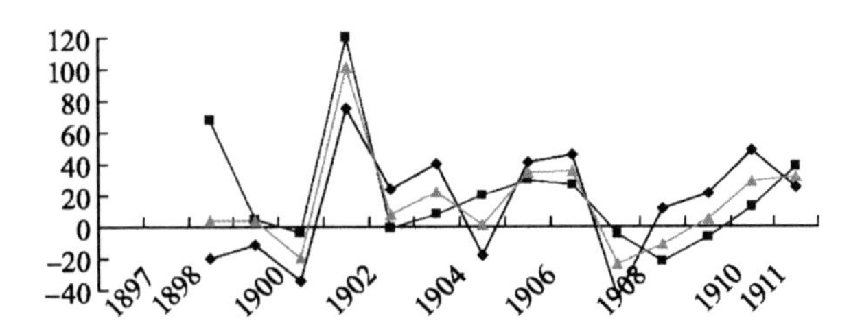

图3-1　1898—1911年苏州关进出口货值态势图

(单位:横坐标为年,纵坐标为百分比)

图3-1为光绪二十四年(1898)至宣统三年(1911)进出口货值态势图,呈现出阶段性发展特点。这一时期,能够用苏州洋关统计数据做比较的有14年,6个年份的进出口货值增长幅度在20%以上。其中,光绪二十七年(1901)进出口货值2 365.54万关平两,比上年增长了100.57%;有4个年份的增长幅度在5%左右;还有4个年份出现较大幅度的下降,其中光绪三十三年(1907)年进出口货值为437.86万关平两,比同期下降23.6%。

贸易的发展与停滞交替、投产开业与萧条同在的状况在很大程度上反映了清末苏州政治、经济等形势的变化,主要有以下几个方面:

其一,全国政局动荡和苏城社会相对稳定。苏州自开埠通商至清亡,一直处于政府有效管理中,辛亥革命产生政权更替,也是和平易帜,出现罢工、示威等仅为局部,持续时间均不长。如宣统三年九月(1911年10月),苏城12 000多名丝织和玉石手艺工人迫于生计,罢工数天,致使丝织产品出口停顿,金融市场萧条,复工后工人欲再次举行罢工,被商会化解。[1]苏州开埠10多年来,社会秩序基本正常,使得进出口贸易总体增长,贸易额在光绪二十三年(1897)为1 473 667关平两,宣统三年(1911)为6 884 536关平两,增长3倍多。但清末内忧外患,政局动荡,苏州深受其冲击和影响。光绪二十六年(1900),北方义和团运动和八国联军入侵,“有七千余人由上海逃避来苏”,苏城“人心浮动”,“各绸庄停止进货,各放料机坊已织出之货无处销售,相率停工,以致机工失业者数千人”。[2]光绪二十六年(1900),苏州进出口额117.93万关平两,比同期减少了19.69%,

〔1〕 苏州海关编,陆允昌编注:《近代苏州通商口岸史料集成》,文汇出版社2010年,第131页。

〔2〕 中国旧海关史料编辑委员会:《中国旧海关史料(1859—1948)》第32册,京华出版社2001年,第187页。

其中进口与出口分别比同期减少了33.88%和4.34%。1899年,向苏州洋关报关出口茶叶4 328担。因北方战事,运输受阻,1900年出口仅1 448担,只及上年的33%。[1]对宣统三年(1911)的局势,苏州洋关的《十年报告》记述为“水灾、歉收、动乱和革命之年”,“最后三个月,货币市场几乎呆滞,86个漕平两可换100个银元(圆)”。[2]

其二,近代工业兴办,成品和半成品输出规模扩大,燃料和机器设备输入增加。在“实业救国”号召的推动下,以丝织为主的一批近代工业得到发展。光绪二十二年(1896),苏经丝厂开工,使用208台缫丝车,为意大利制造。光绪二十三年(1897),苏纶纱厂开工,使用的开棉机、清棉机、梳棉机、粗纺机、精纺机以及蒸汽机等全套机器,为英国制造。西方先进设备和技术提高了生产能力。光绪二十四年(1898),丝在苏州出口的货值为26.94万关平两,比上年增长了39%。[3]光绪二十六年(1900),外商经营延昌永缫丝厂开工,苏城三家缫丝厂总计有丝盆700个,雇用工人2 000名。[4]光绪二十七年(1901),出口丝货值为58.03万关平两,比上年增长了28%。[5]出口货物148.28万关平两,比上年增长了119.79%。光绪三十三年(1907),振兴电灯公司开业,“发电机器约有二千二百之动电力,每日可燃十六支烛光电灯六千盏”。至宣统三年(1911),苏州还有金属器皿、玉石器、地毯、陶器、生铁翻砂、菜籽榨油、黄铜器、米、木材、盐以及蜡烛、玻璃瓶制造等工业。[6]

近代工业的兴办还刺激了对燃料和机器及零件的需求,火油、东洋煤、机器及零件等在清末10多年内始终进口量较大。苏州设关当年,东洋煤进口40吨,光绪二十三年(1897)增至5 236吨[7],光绪二十四年(1898)至宣统三年(1911)14年间,东洋煤进口有12个年份均比上年增长,宣统三年(1911)进口41 945吨,为最高年份。光绪二十三年(1897)从外洋进口机器及零件,货值6 582关平两。光绪三十一年(1905)至光绪三十三年(1907)通过苏州关大批量报关进口机器设备,估值分别为28 987、48 945、33 056关平两。[8]

---

[1] 《苏州海关志》编纂委员会:《苏州海关志》,苏州大学出版社2009年,第122页。
[2] 苏州海关编,陆允昌编注:《近代苏州通商口岸史料集成》,文汇出版社2010年,第24页。
[3] 《苏州海关志》编纂委员会:《苏州海关志》,苏州大学出版社2009年,第122页。
[4] 苏州海关编,陆允昌编注:《近代苏州通商口岸史料集成》,文汇出版社2010年,第5页。
[5] 《苏州海关志》编纂委员会:《苏州海关志》,苏州大学出版社2009年,第122页。
[6] 苏州海关编,陆允昌编注:《近代苏州通商口岸史料集成》,文汇出版社2010年,第27、113页。
[7] 《苏州海关志》编纂委员会:《苏州海关志》,苏州大学出版社2009年,第116页。
[8] 《苏州海关志》编纂委员会:《苏州海关志》,苏州大学出版社2009年,第118页。

其三,交通运输业的发展。光绪二十二年(1896)后,人力船作为苏城原有的主要交通工具逐渐被淘汰,汽轮拖船迅速增加。光绪二十七年(1901),进出苏州口小汽船3 900艘次,拖之搭客货船11 900 艘次。光绪二十八年(1902),进出口小汽轮增至5 100 艘次,拖船16 200 艘次。光绪三十一年(1905),出入苏州口商船9 911 艘次,创清末最高纪录。[1]交通便利带来跨省采购原材料到苏城加工出口增多,如苏州本地茶叶产量少,光绪二十三年(1897),苏州茶叶出口仅为2 719 担,但通过从安徽、浙江两省采购绿茶,从福州、温州采购红茶,到苏州加香熏制,使得苏州茶叶出口量增加。光绪二十七年(1901)后,茶叶出口担数均在1 万担以上。光绪三十二年(1906),茶叶出口25 807 担,为清末最高。光绪三十二年(1906)沪宁铁路通车,宣统元年(1909)沪宁铁路载运洋货免重征制度实行,进出口货物尤其进口洋货激增,苏州洋关关税收入光绪二十八年(1902)为6.80 万关平两,光绪三十二年(1906)为12.34 万关平两,增加近1 倍。[2]宣统二年(1910)苏州洋关统计,货值增加"大半系免重征执照之洋货装由火车运入,以布匹为大宗……且邮局出口包裹亦装运火车"[3]。宣统三年(1911),苏州进出口货值为688.45 万关平两,比上年增长31%。美国煤油有四成由火车运入苏城。

其四,洋货大举进入,带来了西方科技和文明,也冲击了苏城传统手工业和民族实业。鸦片战争后,清政府和西方列强签订的"值百抽五"的协定税使中国国门洞开,洋货以其实用性再加价廉优势迅速占领苏州市场。长期以来,苏城尤其是附近农村夜间使用菜油、豆油灯照明,但火油(又称"煤油")灯比传统油灯灯光照明度高,使用方便,尤其是美国火油商售油时赠送"美孚灯",大受民众欢迎,带来火油输入年年增加。苏州关报关进口火油,光绪二十三年(1897)为1 万多加仑(1 英加仑合4.546 升,1 美加仑合3.785 升),光绪二十六年(1900)为19多万加仑,光绪三十四年(1908)苏城豆、菜油价上涨,煤油用量进一步增加,输入120 多万加仑。宣统三年(1911)进口548 万加仑,为清末最高。[4]民国时期,火油进口货值一度跃居苏州进口洋货货值之首。在此形势下,豆、菜油及其灯具生产这一传统手工业被逐出市场。

光绪二十三年(1897),向苏州洋关报关进口纱、布等纺织品货值46 万关平

---

〔1〕《苏州海关志》编纂委员会:《苏州海关志》,苏州大学出版社2009 年,第50—51 页。
〔2〕苏州海关编,陆允昌编注:《近代苏州通商口岸史料集成》,文汇出版社2010 年,第22 页。
〔3〕苏州海关编,陆允昌编注:《近代苏州通商口岸史料集成》,文汇出版社2010 年,第123 页。
〔4〕《苏州海关志》编纂委员会:《苏州海关志》,苏州大学出版社2009 年,第116—117 页。

两,以后纺织品虽在苏州报关不多,但上海结关转运苏州的纺织品数量不少。沪宁铁路全线通车免重征制度实行后,宣统元年(1909)在苏州报关进口各类布、绸、缎、绒计等货值达95.94万关平两,加之仍有一些纺织品在上海报关进口,苏城进口纺织品数量大,不仅威胁遍布农村生产土布的家庭手工业,也对兴起的民族纺织业形成冲击。光绪二十三年(1897)开工的苏纶纱厂设备先进,生产的棉纱质量较好,光绪二十四年(1898)上半年所出之纱即日可以销售,但下半年,日本、印度等外洋之纱大批运来,价骤跌落,苏纶之纱销售大滞,难以获利。5月至8月,只夜间做工,日间停工。此后数年,苏纶纱厂有江河日下之势,生产忽开忽停。其中,苏北通州使用苏纶纱手工织布,运销东三省。后日本机制布以其价廉将通布逐出,通布滞销连带苏纶纱,使苏纶纱厂于光绪三十三年(1907)8月停工,至光绪三十四年(1908)复增新股再开工。

苏州开埠加速了西方文化的传播,新式学校相继创办,各类学术团体纷纷组建,教授外文的学校组织英语会话、研究外国历史,传播外国助产技术的协会为拯救妇女生命、免除她们的痛苦而努力。光绪二十四年(1898),地方管理当局颁布法令,建"东吴大学堂",拨2万两银造校舍,每年拨1万两银作教学经费。[1]

其五,无序竞争使产业发展受影响。苏州为蚕茧丝重点产区,开埠通商后,中外商家看到商机,大小缫丝厂一哄而上。苏城缫丝厂在光绪八年(1882)有4家,光绪二十三年(1897)增至26~27家。[2]每年所产之茧,不敷各厂应用,一方面缫丝厂开工不足,抬价收购增加成本,使出丝愈多,获利愈难,缫丝厂又纷纷关闭,至光绪三十年(1904),苏城仅剩丝厂3家。[3]另一方面,因为"乡民以购茧人多,可获厚利,于是急思作茧,而于饲养房屋、作茧器具均不讲求",使成茧质量下降。《苏州口华洋贸易情况论略》称"昔日之茧,400斤至420斤即可缫丝一担,今(1897)则520斤至550斤方可缫丝一担"[4],而到光绪二十四年(1898),"则须600斤至650斤方可缫丝一担"。还记述光绪二十四年(1898)苏州丝"运往上海售于外洋,所得价银本年不如上年",警告说"茧之身份年坏一年,丝之成本则年大一年","若不力求整顿,恐数年之后,丝之生意几于中绝。盖货之优

[1] 苏州海关编,陆允昌编注:《近代苏州通商口岸史料集成》,文汇出版社2010年,第6—8页。
[2] 苏州海关编,陆允昌编注:《近代苏州通商口岸史料集成》,文汇出版社2010年,第65页。
[3] 苏州海关编,陆允昌编注:《近代苏州通商口岸史料集成》,文汇出版社2010年,第98页。
[4] 中国旧海关史料编辑委员会:《中国旧海关史料(1859—1948)》第26册,京华出版社2001年,第175页。

劣,乃大局攸关,声名一坏,则不堪振作,而利权皆让于人矣!”〔1〕

航运业也是如此,自开关至光绪二十二年(1896)年底,向苏州关登记挂号之轮局有5家,光绪二十三年(1897),苏州轮局增至7家。〔2〕“轮船太多,轮局难于获利。”日商经营的轮局“东洋公司”为应对竞争,还以寄“信包之费”为名,“由国家每月贴银若干”。〔3〕在此激烈竞争情况下,两年中先后闭歇4家,光绪二十五年(1899)有轮局3家。〔4〕光绪三十一年(1905)恢复至6家。〔5〕

其六,鸦片输入便利,毒害扩大。苏州设关后,江海关一度遵奉总理衙门指令,对从外洋输入鸦片,可由商人出具“保结”,凭江海关签发之“运输证”运来苏州,向洋关报关并缴纳关税和代征厘金,在关栈将成箱鸦片拆包分装销售。光绪二十三年(1897),在苏州报关进口鸦片643.5担,货值40.44万关平两,占当年苏州进口洋货总值的43.9%。光绪二十四年(1898),洋药进口增至766.7担。此后,烟商可在上海购办并纳税、厘后,运入苏州直接销售,因此,苏州洋关报关进口量虽锐减甚至无记录,但外洋鸦片实际依然大量运入。据记载,光绪三十三(1907)年至宣统二年(1910)4年间,未向苏州关报关运入苏州鸦片的数量分别为1 293.53担、733.15担、387.25担、598.92担。光绪三十二年(1906)清廷下诏施行禁烟令,光绪三十四年(1908)春,苏城仍有1 906家膏店及烟馆,年底歇业1 351家,尚有555家。宣统元年(1909)年底,苏城仍有膏店及烟馆437家。〔6〕

第三节　城市空间的现代演进

一、盘门—胥门—阊门商埠区的开发

在中日双方就苏州租界事宜谈判中,张之洞指示苏州地方官员:“苏州将设租界,通商制造,我宜急筹取益防损之道,早占先著。”并明确指示三点:“预留水道,畅道运货利便之处,利我工商,一也。指定各国界址,杜彼妄求,二也。将界

〔1〕 中国旧海关史料编辑委员会:《中国旧海关史料(1859—1948)》第28册,京华出版社2001年,第177页。

〔2〕 苏州海关编,陆允昌编注:《近代苏州通商口岸史料集成》,文汇出版社2010年,第65页。

〔3〕 苏州海关编,陆允昌编注:《近代苏州通商口岸史料集成》,文汇出版社2010年,第70页。

〔4〕 中国旧海关史料编辑委员会:《中国旧海关史料(1859—1948)》第30册,京华出版社2001年,第198页。

〔5〕 苏州海关编,陆允昌编注:《近代苏州通商口岸史料集成》,文汇出版社2010年,第102页。

〔6〕 中国旧海关史料编辑委员会:《中国旧海关史料(1859—1948)》,京华出版社2001年,第48册第317页、第51册第344页、第54册第365页。

外之地先行占定,限其界址,免其将来推广无穷,三也。"[1]苏州地方当局在开埠后的应对措施,基本上依循了张之洞的三点指示,也造就了苏州城市空间的一大转变,即盘门—胥门—阊门商埠区的开发。

(一)沿河马路的修筑

张之洞的第一点指示,体现在沿河马路的修筑。即沿运河一带修筑道路,并在中日租界事宜谈判中控制道路修筑权,通过控制商埠区的道路修筑权和管辖权,将商埠发展权控制在己手。就交通位置而言,苏州城西运河直通上海、杭州,在铁路未修筑之前,此地是绝佳的水路要道。为保障这一优势交通位置的控制权,张之洞致电苏州官府,明确指示:"商埠地段已定,请速饬先清靠河地赶划十丈填筑路基,务在洋商未来之前动手。密渡桥堍设新关地基,商务公司界东工程局地基,亦须先行划留,以示管辖商场之权,志在必收。"[2]

通过修筑道路的方式向外界宣布这一地段已经开发,以期在租界划定和商埠发展上掌握主动权。将沿河十丈地段控制在手,赶筑道路,不仅可以把商埠的发展权控制在手,而且沿道路的运河水道也在中方的掌握之中,而这一段也是苏州水运最繁忙、码头最多的河道,由此把苏州最具发展潜力的地段掌握在手中。

在其后的中日关于日本租界的谈判中,总理衙门与日本驻华公使林董曾就苏州日本租界沿河十丈官路管辖权事严正交涉,中方一直坚持沿河十丈地带的管辖权,最终在《苏州日本租界章程》中,规定"沿河十丈地面一层(官路四丈在内),暂作悬案,但中国允日本人民任便往来行走、上下客货、系泊船只,并声明不得在该地面上有所建造"[3]。

这样,除日本租界沿河十丈地带"暂作悬案"外,包括公共通商场在内的所有沿河地带都在苏州官府的管控之下。

苏州地方当局决定"拓展沿着城墙南边与西边直到西北阊门的运河沿岸马路"[4],并立即进行道路建设,先修筑从盘门至胥门的西式马路。光绪二十二年(1896)三月,沿河马路正式动工。光绪二十四年(1898)运河沿岸马路造至胥门。光绪二十五年(1899)造至阊门。光绪二十六年(1900年)于阊、胥交界之

[1] 张之洞:《致苏州奎抚台、邓藩台、苏州府三首县》(光绪二十一年六月初七),见苑书义等:《张之洞全集》,河北人民出版社1998年,第6540页。

[2] 张之洞:《致苏州赵抚台商务洋务局各道台》(光绪二十一年十一月十四日),见苑书义等:《张之洞全集》,河北人民出版社1998年,第6798页。

[3] 《苏州日本租界章程》,见王铁崖:《中外旧约章汇编》,三联书店1957年,第691页。

[4] 陆允昌:《苏州洋关史料(1896—1945)》,南京大学出版社1991年,第78页。

处,添设分巡捕房一所,并由总捕房派拨华捕数十名,以为管理地方之用。

盘门经由胥门至阊门的沿运河马路的开通,推动了沿线特别是盘门外和阊门外工商业的兴起。按总理衙门意见,为保商埠利权,江苏、浙江等地应“广设织布、织绸等厂,多行内河运货小轮以占先机”〔1〕。苏州地方当局划定阊门外五百四十方里、胥门外二百四十方里、盘门外一百一十方里为商埠,抓紧开办工商企业,开发商埠,以期限制租界的扩张,减少利权损失。

(二) 盘门外工商业的兴起

光绪二十一年(1895),张之洞上书总理衙门,要求在上海、苏州、南京等地设立商务局,由各地熟悉洋务的官员任商务局官职,负责各地商务发展。〔2〕苏州商务局的主要职责是负责开发苏州商埠。为保证商埠开发和建设现代工厂计划的顺利实施,在张之洞的倡议下,苏州商务局同苏州士绅合作出资组织商务公司,划定盘门外一片土地,开工建设苏纶纱厂和苏经丝厂。同时,开发两厂以东的地块作为商业区,官方负责修筑了一批房屋用以出售或租赁,江苏臬司甚至命令原在苏州城内仓桥浜的长三、幺二等高级妓院搬至盘门外,以繁荣市面。

盘门外商埠开局还算不错。光绪二十二年(1896),“盘门外,春间尚系荒郊,今则人烟稠密,大丝厂早经开工,纱厂将次告竣,开工当亦不远。至于茶寮、酒肆以及小火轮局等类,开设者争先恐后,地价且因之而涨,每亩约价值一千两”〔3〕。光绪二十三年(1897),“盘门外丝厂缫丝盆先开一百……本年该厂缫丝盆已加至三百三十之数。……盘门纱厂,亦于是月杪开工,该厂设有电灯,故日夜均可工做”〔4〕。事实证明,这一系列措施有效地促进了盘门外商业的开发。在这片称为青旸地的地区,“店肆、房屋之在日界西偏者,鳞次栉比,其间之开船局、戏园及茶馆、酒肆者颇称繁盛”〔5〕。

与此同时,光绪二十二年(1896)年初,为阻止租界可能向葑门一带延伸,苏州商务局又买下苏州城东南方葑门外的土地。当年夏天,着手建筑了一批“上海风格”的30间房屋,引发了当地居民的投资热潮,以至于在房屋建好之前,所有

---

〔1〕《致上海经道严道厚信》(光绪二十一年闰五月十八日),见张之洞:《张文襄公全集》,沈云龙:《近代中国史料丛刊》第47辑,台湾文海出版社1970年,第10528页。

〔2〕《致苏州赵抚台》(光绪二十一年八月二十一日),见张之洞:《张文襄公全集》,沈云龙:《近代中国史料丛刊》第47辑,台湾文海出版社1970年,第10620页。

〔3〕陆允昌:《近代苏州通商口岸史料集成》,文汇出版社2010年,第60页。

〔4〕陆允昌:《近代苏州通商口岸史料集成》,文汇出版社2010年,第63页。

〔5〕陆允昌:《近代苏州通商口岸史料集成》,文汇出版社2010年,第71页。

的土地都以最好的价钱卖出。[1]据史料记载,这一年,"葑门外至觅渡桥北沿河一路,向为荒地,现已渐次造房,想不日间亦成热闹市面矣,尚得谓之无益哉!"[2]

然而,盘门外青旸地的开发并未持续,当沿河马路从盘门修筑到胥门、阊门后,原在盘门的商铺、轮船局纷纷迁至阊门经营,盘门工商业发展势头趋弱。自沪宁铁路建成通车后,盘门外青旸地远离车站的交通劣势更抑制了这一地区的发展,商埠区的发展重心也随之北移至阊门一带。

盘门的工商业发展虽然难以突破瓶颈,但近代工业却已在这里生根发芽,青旸地的苏纶纱厂、苏经丝厂发展迅速,奠定了苏州近代工业区域的基础。

(三)阊门外商业的复兴

阊门位于苏州城西北处,内靠古城,外连大运河,水路可凭借万人码头,经吴淞江、大运河而达沪、杭,陆路则控制京杭驿道经苏州的门户,是苏州城内外交通的要冲。明清时期,阊门外的山塘街、南濠街商铺密布,十分繁华。咸丰十年(1860),清军为防太平军利用城外建筑接近城墙攻城,纵火焚毁了阊门外的商业街区,自此阊门外长期难以恢复原貌。

市面的恢复有赖于商业,商业的繁华则离不开运输。随着太平天国战后上海经济的发展和苏南地区经济的逐渐恢复,苏州同上海之间的往来日益增多。苏州开埠后,上海的外国轮船公司纷纷开辟苏州航线,与此同时苏州绅商也开始经营轮运业,沪苏之间轮船往来日益密切。轮船开行后,苏州出现了"凡从前之搭民船者,无不愿搭小轮之拖船"[3]的景象。外商和华商轮船公司开行至苏州后,许多轮船公司选择地处城内外交通要冲且码头众多的阊门外作为停靠地点,特别是阊门外有"黄金码头"之称的万人码头,更是吸引了戴生昌、公茂、招商内河等多家轮船公司的小轮停靠。轮船开行带来的商机,使破败的商市开始缓慢恢复。

马路的筑成推动了阊门商市的分布变化,一批新的商业街市发展起来。清末民初,阊门商业街区主要集中在"三路一街",一为大马路,由火车站至盘门外日本租界的环城马路是当时苏州最大的一条路,故苏州人称之为"大马路"。二为横马路,自新阊门至安福桥即今永新桥堍北至鸭蛋桥大马路。三为石路。一

---

[1] 柯必德(Perter Carroll):《"荒凉景象"——晚清苏州现代街道的出现与西式都市计划的挪用》,见李孝悌:《中国的城市生活》,新星出版社2006年,第467页。

[2] 陆允昌:《近代苏州通商口岸史料集成》,文汇出版社2010年,第60页。

[3] 陆允昌:《苏州洋关史料(1896—1945)》,南京大学出版社1991年,第156页。

街为上塘街,自老阊门口经吊桥、普安桥至上津桥南堍。这些商业街市中,以大马路和石路最为繁华。光绪二十八年(1902),阊门外运河边设立了电灯公司。到1908年夏季,阊门内外各街市都用上了电灯。

石路是这一时期在阊门地区新兴的一处商业地带。在大马路修筑时,居住在苏州的会办商约大臣盛宣怀出资修筑了自阊门吊桥堍鲇鱼墩至姚家弄口大马路的马路,因用碎石铺就,故人称“石路”。石路连接大马路和轮船码头,处于铁路和轮运两大交通方式的交会处,地理位置优越,故在兴建时就有义昌福菜馆等纷纷迁来择址开业。随着石路影响力的不断扩大,石路这一名称已经成为阊门外商业区的代称。宣统二年九月(1910年10月),苏州府邮政局落成,位于阊门外石路鸭黛(蛋)桥西侧,由海关总税务司署出资建造。1912年,石路地段(包括上塘街、大马路、横马路)已有各行各业商号320余户,大马路有美、英、法、日等国的洋行、公司10多家。[1]

光绪三十二年(1906)沪宁铁路苏沪段通车。沿河马路便“由阊门向北推广,刻已直达于铁路公司自筑之新桥,一俟该桥落成,即可与车站之马路互相衔接”[2]。光绪三十三年(1907)从阊门到火车站的马路建成通行,从铁路站可乘人力车或马车至阊门进城。阊门成为火车站与苏州城之间人流和货运的中转枢纽,商贸运输和批发市场的地位再次凸显,马路“两旁房屋建筑日多”,“铁路未开以前,无人过问之地,刻已渐获利益”。[3]

阊门商业区的强大吸引力,使租界的许多商户甚至日本商店、旅店都迁移到阊门。租界的发展就此陷入停滞,阊门则日趋繁华。

建设大马路的目的本来是为了连接火车站和日本租界,用以促进租界的繁荣。结果恰恰相反,借助交通畅通和地理位置的优势,阊门马路自然成了商户聚集之地。

二、沪宁铁路通车与城北商贸区的成型

光绪二十九年五月(1903年7月),英国与清政府签订沪宁铁路借款合同后开始修筑沪宁铁路。沪宁铁路自上海经苏州、无锡、常州至南京,长311公里。光绪三十二年(1906)苏州至上海段先行通车,光绪三十四年(1908)全线通车。

苏州火车站于光绪三十二年五月二十五日(1906年7月16日)建成,二十

---

〔1〕苏州地方志编纂委员会:《苏州市志》第2册,江苏人民出版社1995年,第729—730页。
〔2〕陆允昌:《近代苏州通商口岸史料集成》,文汇出版社2010年,第107页。
〔3〕陆允昌:《苏州洋关史料(1896—1945)》,南京大学出版社1991年,第200页。

七日(18日)正式营业。苏州站"在府城北郭外,站有地道,翼以两月台,由东往,由西来,皆从地道行。站以内办事处,外设官厅、男女候车室,规模宏备,屋宇壮丽。总站以下第一完善之站所也"〔1〕。车站主体建筑完工后,又陆续增建货栈、商业用房、发电机房、水塔和小花园等配套建筑。

苏州站建站初期,每天有到发客车2对、火车1对。铁路日益成为苏州至外地尤其是上海的重要交通工具,原本乘船往来苏、沪的乘客纷纷改乘火车,"苏沪相距密迩,加以火车便利,经商办货,早去夕还,习以为常"〔2〕。

铁路通车后,苏州对外交通方式发生转变,原本以水路为主的交通方式逐渐转变为以铁路为中心、水路为延伸、公路为辅助的新式交通网络,苏州火车站也因此逐渐发展成为苏州对外交通的中枢。铁路巨大的运力及其辐射能力改变了苏州依靠水路的传统发展模式,城市空间发展亦随之产生变化,原本荒凉的城北地区因铁路通车而得以发展,封闭的城门开通,城内同火车站的联系加强。城北空间得到了迅速拓展,主要表现在以下几个方面:

其一,提供旅客住宿的新式旅馆出现。沪宁铁路通车后,火车带来的滚滚人潮蕴藏着巨大的商机,苏州旅游业藉此获得更大的发展机会。有识之士抓住苏州旅游业发展这一机遇,开始积极投资兴建吸引旅客入住的新式旅馆。其中以惟盈旅馆和铁路饭店最为典型。惟盈旅馆创办人孙福田以上海西餐馆服务员起家,沪宁铁路通车后不久便来苏旅游,发现苏州旅游资源丰富,意识到苏州发展旅游业大有前途,决定在苏州开设旅馆。孙福田看到苏州旅馆多集中在石路一隅,距火车站太远,便将旅馆选定在与火车站近在咫尺的钱万里桥畔交通要道处。惟盈旅馆一半为两层洋式旅馆,一半为草坪花园,并建一座码头以供游人登舟起岸。〔3〕

其二,运输市场的活跃。因火车站设于远离市区的苏州城北,所以旅客多乘车船往来火车站与苏城,由此带动了火车站附近运输市场的活跃。

客运方面,因火车站距离河道码头较远,车站和苏城之间的往返主要依靠人力车和马车。同马车相比,人力车数量众多、价格低廉、灵活方便,是往来载客的主要交通工具。铁路通车初期,人力车夫随意上站台拉客,漫无限制,造成火车站秩序混乱。鉴于此,苏州火车站每月颁发700张人力车营业执照,并规定"凡

---

〔1〕 曹允源、李根源:《民国吴县志》卷三十《公署三》,苏州文新公司1933年铅印本,第27页。

〔2〕 苏州档案馆馆藏档案,档号I14—002—0263—050。

〔3〕 饶金宝、施士英:《清末民初的苏州几家名旅店》,见《苏州经济史料》第1辑,1988年,第274页。

经车站给证之车,仅得送客至站,交卸后即退至站外,计西路以钱万里桥为界,东路以平门相近为界”[1],不可超过这个界限进站,无执照车辆不可拉客进站。

货运方面,苏州火车站附近聚集了众多转运公司,受理代办货物托运和报关捐税手续。平门码头在火车站南面,是直接装卸车皮的码头,分为上站、下站。上站是零担房;下站是仓库,堆放大米等物。

其三,美孚油栈的建立。自苏州开埠后,外国煤油大量运销苏州,起先仅由商人贩运,外国洋行没有专门设置油栈堆油销售。沪宁铁路开通后的光绪三十四年(1908),美孚洋行“始欲以美孚牌号在苏设立洋栈,由洋商自行专卖”,却遭到苏州商人的抵制,未能如愿。宣统二年(1910),美孚洋行在齐门外西汇租借房屋自行设立油栈,而后陆续由沪宁铁路装运煤油存入此处,并在阊门外设立经销点。美孚洋行此举引发了苏州运销煤油的广货业的强烈不满,呈文苏州商会和政府请求查办。[2]苏州商会虽有意出面阻止美孚洋行在苏州设立油栈,但苏州官方不得不对既成事实予以承认。宣统三年正月(1911 年 2 月),清朝江苏交涉司、江苏巡警道同美国驻沪总领事、美孚洋行代理签订租赁苏州齐门外民房堆储煤油合同,撤除美孚洋行在齐门外西汇处的油栈,另划齐门外静心庵处面积 3 亩 7 分土地为美孚洋行租赁油栈之用[3],同时规定了租赁细节和捐税数额。从此,美孚洋行可通过铁路直接运输煤油至苏州存储销售。

三、观前街区的初步形成

晚清时期,尤其是太平天国战争以后,苏州城市发生了剧烈的变化。在这一变迁的过程中,传统社会城市内部的空间布局被打破,区域经济功能逐渐发生转变。观前街区由传统集市发展为独立完整的功能区。观前街区的形成大致可分四个阶段:第一阶段,自道光二十年(1840)至咸丰十年(1860),为观前街区发展之萌芽阶段。阶段性特征主要表现为新式道路的修建、传统商铺的续存以及名产名店的部分加盟等。第二阶段,自咸丰十年(1860)至宣统元年(1909),为观前街区之初步形成阶段。阶段性特征主要表现为观东商市的形成、宫巷书院的建立、新兴行业的择址以及街区自治组织市民公社的成立等。第三阶段,自宣统元年(1909)至民国十六年(1927),为观前街区之迅速发展阶段。阶段性特征主要表现为街区管理的渐趋规范化、商业空间的扩展、市政建设的初步发展以及中

〔1〕 苏州档案馆馆藏档案,档号 I14—003—0056—089。

〔2〕 章开沅等:《苏州商会档案丛编》第 1 辑,华中师范大学出版社 1991 年,第 828—832 页。

〔3〕 马敏等:《苏州商会档案丛编》第 2 辑,华中师范大学出版社 2004 年,第 215 页。

西文化的交融。第四阶段,自民国十六年(1927)至民国二十九年(1940),为观前街区发展之成熟阶段,也是观前街区最终形成时期。阶段性特征主要表现为商业、金融、饮食、娱乐等多种功能区的确立,街道、房屋建设日趋规范化和现代化,现代观前街区的格局基本形成等。晚清时期,主要覆盖了前两个阶段,是观前街区萌芽与初步形成阶段。

(一) 观前街区萌芽与初步形成

"道光二十一年(1841)冬,郡绅潘筠浩等捐砌元妙观前,自醋坊桥起至察院巷西口止,长条石路,其工甚巨,坦坦履道,行人传颂。"〔1〕整修后的观前街已具备现代道路的雏形,长770米,阔3米有余,蔚为壮观。两旁店铺多数是栅板门面,"屋檐伸出余尺,下面还有木板'撑水闼',宽约三尺许,下挂木制店幌,有一块者,有数块者,上书店号以及所营商品"〔2〕。这一时期,由于苏州商品经济的发展,市民阶层随之扩大,消费水平也相应提高,城市中涌现出一批名产名店,观前地区亦有分布,如恒孚金号、王鸿翥国药铺设店在观东大街,三万昌茶社择址在玄妙观西脚门等。道路的兴建和名产名店的加盟打破了传统不固定零星摊贩肆意摆摊占道的混乱局面,推动着观前由传统集市向现代商业街区的转变,观前街区逐渐兴起,人口也随之增加。

太平天国战争时期,苏州城市面貌发生重大变化。城西满目废墟、蔓草丛生,迫使大量商号、店铺、茶馆、戏院、酒肆、钱庄等迁至城东。太平军占领苏州以后,采取了一系列政治改革和经济改革措施,大兴土木、繁荣商业。忠王李秀成领兵驻守苏州,实行重商政策,鼓励商人"各谋生业,开出铺面,无资本者,具呈请领本钱,或呈明何业认领何等货物,仍估定货价,于售卖后缴还七成,留三成,俾其永远藉以转运"〔3〕。太平军亦办公营商铺,"苏城俱皆生意人,城中食粮浩繁,货物不给,财用均匮,故令各头子开店,如染坊、药材、粮食等项。所用染匠等皆从上海雇去,货物皆上海运去"〔4〕。这一时期兴建工程大多位于城东,自北向南沿临顿路发展,"自北街迤西至桃花坞……他若任蒋桥、钮家巷……旧学前、铁瓶巷,延袤及于东南,而南北二显子巷并为听王府……"这些都为观前街区的发

〔1〕 顾震涛:《吴门表隐》,江苏古籍出版社1999年,第362页。

〔2〕 朱宏涌:《漫话苏州商市变迁与观前街的发展》,见《苏州经济史料》第18辑,第107页。

〔3〕 潘钟瑞:《苏台麋鹿记》卷下,见《中国近代史资料丛刊》,中国人民大学图书馆1983年,第300页。

〔4〕 沈梓:《避寇日记》,见《太平天国史料丛编简辑》第4册,中华书局1962年,第256页。

展提供了必要的条件。“清同治二年(1863),太平军退出苏州,逃亡商贾陆续回苏,观前开始受到商人青睐。”〔1〕商人多择地在观前开业或复业,新建的商铺主要集中在观前街区的东脚门—洙泗巷口—醋坊桥等观东一带,如协记布店、稻香村、叶受和、九如书场、文怡书局、西兴盛皮丝烟、生春阳火腿店等。商业的兴起和发展与市民的居住密度紧密相关。经历“庚申之乱”的苏州“地主在二千户左右,拥田较多立栈收租的大户有五十余户,而居于城东临顿路两旁街巷中的就有二十余户,占全城大户之半”〔2〕。且城东为苏州传统的丝织业所在地,工匠密集,“吴门首重机业,城东比户皆然”〔3〕。所以此时观东所处的城东南地区购买力日强,商市逐渐形成。相比较而言,观前街区其他部分如宫巷、富仁坊巷口、观西、施相公弄口虽亦有店铺迁入(见表3-6),但总体来讲较为冷清。

表3-6　同治、光绪年间部分名店迁入观前街区一览表

行业	店名	地址	迁入时间
酒店	王济美	护龙街察院场	同治十三年(1874)
棉布号	协记布店	观东	光绪六年(1880)
笔店	杨二林堂	察院场	光绪初期
火腿店	生春阳	观东洙泗巷口	光绪十五年(1889)
布袜	鸿茂昌	观桥面上	光绪中叶
皮鞋	萃成祥	观西施相公弄口	光绪二十五年(1899)
丝线	德康	观桥面上	光绪二十五年(1899)
鲜果	福成	宫巷富仁坊巷口	光绪后期
苏式糕点	稻香村	观东	光绪后期
宁式糕点	叶受和	观东	光绪后期
面馆	观振兴	观前正山门西	光绪后期
珠宝	倪源源号	观前承德里口	光绪三十一年(1905)
鸟笼店	天凤斋	玄妙观西脚门中	光绪末年
书场	九如	观东	光绪末年
笺扇庄	苏九华	观前街	光绪末年
剪刀	张小全盈记	护龙街察院场	光绪末年

〔1〕苏州市平江区编委会:《平江区志》,上海社会科学院出版社2006年,第631页。

〔2〕朱宏涌:《漫话苏州商市变迁与观前街的发展》,见《苏州经济史料》第18辑,第123页。

〔3〕顾震涛:《吴门表隐》,江苏古籍出版社1999年,第357页。

（续表）

行业	店名	地址	迁入时间
皮丝烟	西兴盛	观东	光绪末年
百货店	怡和祥	观前街	光绪末年
书局	文怡书局	观前街西脚门口	光绪三十四年(1908)
提庄	义和	观东	光绪三十四年(1908)
清真	糜顺兴	玄妙观	清末
浴室	篷瀛	观前街太监弄口	清末
象牙骨器	屠鸿兴	观前街太监弄口	清末
经佛店	玛瑙经房	观西察院场	清末

资料来源：政协苏州市委员会文史编辑室等:《苏州经济史料》第18辑;政协苏州市委员会文史编辑室等:《苏州史志资料选辑》第3、4、5、6辑。

观东商市的形成以及地理位置的优越推动着观前街区的进一步发展,近代以来苏州的新兴行业首选落户观前街区。光绪八年(1882),吴瑞生创办苏州第一家照相馆——日光照相馆于观前街,宣统二年(1910)又在宫巷太监弄口开办瑞记照相馆。人们图新奇,一时趋之若鹜。光绪十七年(1891),“美国基督教监理公会在苏州建有小礼堂,即宫巷堂的前身”〔1〕。光绪二十年(1894),监理会传教士潘慎文夫人等开始做传教布道工作,其活动具备了一定规模并发展到相当的范围,影响逐渐扩大。光绪二十一年(1895),美国传教士孙乐文设中西书院于宫巷,开观前地区创办新式学校之先例。书院第一年限招学生25名,第二年招生50名,光绪二十四年(1898)增加到109名,光绪二十七年(1901)迁入天赐庄博习书院旧址(原东吴大学前身)。宫巷堂、宫巷书院的兴建与发展,在拓展宫巷地域空间的同时,也丰富着观前街区的人文气息;学生人数和布道人数的增加则扩大了观前商业发展所需的消费群体,随之各种辅助商业店铺陆续在观前街区落脚。“至光绪三十四年(1908),观前已有20多个行业近60户店铺。”〔2〕以商业为媒介联合起来所形成的社会空间,成为观前街区形成的直接推动力。“商人是世界发生变革的起点”〔3〕,苏州观前街区商人文化素质较高,“商人资格甚高,半皆有学问而不愿为官者,时寓于此,讲求有素,故实业颇兴”〔4〕。

---

〔1〕 吴趋:《姑苏野史》,江苏文艺出版社1990年,第41页。

〔2〕 苏州地方志办公室:《观前街》,《苏州史志资料选辑》2003年,第228页。

〔3〕 唐力行:《商人与中国近世社会》,商务印书馆2006年,第376页。

〔4〕 扬州师范学院历史系:《辛亥革命江苏地区史料》,江苏人民出版社1961年,第17页。

相对于其他团体而言,商人自我意识的觉醒较早,把握时代脉搏的能力更高,寻求自治的愿望也更强烈。“合无数小团体成一大团体,振兴市面,扩张权利,不惟增无量之幸福,更且助宪政之进行”〔1〕成为诸多商人的共识。宣统元年(1909)具备优势条件的观前商民最先萌发了街区自治意识——“商等目击情形,急思振作,爰拟组织公社,自醋坊桥起,察院场口止”〔2〕;“以自治为原素,地限于本街,人限于一市之商民”〔3〕——成立观前大街市民公社。公社的成立是观前市民对自身社会价值的肯定,是其市民意识的成熟的反映,也标志着观前街区的初步形成。中华民国建立后的十几年,观前街区人口、商业集聚明显,夜市兴盛,并且新建了学校、教会等场所,商业空间逐渐扩展,各大商号纷纷迁往观前。至民国十六年(1927),观前街区共有商号120多户,涉及绸缎、洋货等40多个行业,区位优势逐渐显现,城市中心地位初见端倪。

(二)观前街区的独特内涵和基本特征

观前街区是清代苏州城市的首善之区,地理位置居城市之中心,但发展一直处于城市经济社会的边缘。太平天国战争给了它发展的历史机遇,使它由经济、文化的边缘走向中心,从而使中心的区位与经济、文化和社会中心的地位重合,成为苏州的中心街区。而街区的其他特征是由其中心地位派生出来的,商业中心与金融业中心先后形成、商业的发展推动了街区文化的日趋活跃及中西文化交融使观前街区成为苏城的文化中心。

1. 商业中心的形成

明清以降,苏州商品经济发展迅速,人们的价值观念亦逐渐发生转变。传统社会农本商末的思想意识与文化观念趋向淡薄,重商思潮兴起。人们争相逐利,改业从商。王鏊《姑苏志·风俗》云:“大抵吴人,好费乐便,无宿储,悉资于市也。”《大光明》报亦云:“观东进步鞋号,主人钱君,初本攻读于某中学,卒因志趣不同,乃弃学言贾,创办鞋店,孜孜经营,其生涯遂蒸蒸日上。”〔4〕从商成为当时的一种社会风尚。

“庚申之乱”为观前商业的发展提供了契机,战后大批名店迁往观前,观前商市开始形成。至光绪三十四年(1908),观前已有20多个行业近60户店铺。据

---

〔1〕苏州市档案局:《苏州市民公社档案资料选编》,苏州市档案局2005年,第35页。
〔2〕苏州市档案局:《苏州市民公社档案资料选编》,苏州市档案局2005年,第83页。
〔3〕苏州市档案局:《苏州市民公社档案资料选编》,苏州市档案局2005年,第35页。
〔4〕《进步鞋号之交涉》,《大光明》1930年6月10日。

《苏州商务总会题名表》记载,“当时加入商会的观前商店约有46家,涉及绸缎、洋货、广货、布、南货、米、茶叶、药铺、烟、水果、典当、肉、履、纸、茶食、腌腊等16个行业,其中洋货业最多,观前有六户,几近全市洋货业总户的一半”〔1〕。于此可知,观前的某些行业在苏城已经占有相当大的比重,但此时观前尚不能称为苏城之商业中心,因为这一时期“苏州有字号可稽考的商号721家,包括30多个行业”〔2〕,观前仅占苏州商号总数的十二分之一弱。显然,观前只能视为区域性的商业中心。

据苏州商会史料记载,苏州钱庄在道光、咸丰年间多设在阊门外渡僧桥一带。“庚申之乱”(1860)以后,阊门外遭兵燹,钱庄逐渐转移至中市街一带。光绪三十四年(1908),“苏州钱庄共有二十四家,开设于中市一带者二十家,开设于阊门外者一家,开设于玄妙观附近者三家”〔3〕。1912年,苏州首家银行江苏银行苏州分行成立,亦设于西中市。晚至30年代末,苏州共有银行30余家,观前地区已有23家,伴随着银行业的兴盛,观前金融中心才最终形成。

2. 文化中心地位的突显

传统社会的苏州“水陆四达之衢,山海百物之聚,附郭市廛阛阓之际,四方巨商富贾鳞集之区,灿若锦城,纷如海市,一切歌楼酒馆与夫轻舟荡漾,游观宴饮之乐”〔4〕。经济的繁荣、物质的充裕,在满足不同层次、不同类别人群需求的同时,也因不同人群的选择,造就了苏州城市文化的多元性。观前作为近代苏州城市的中心街区,玄妙观的存在、商品经济的发展和人口膨胀推动了服务性场所的大量出现,为其文化的生成和发展提供了广阔的空间。道教文化、世俗文化以及外来文化在观前地区相互杂糅,突显了观前文化在苏城的中心地位。

在传统社会,苏州科举发达、文教昌明,士绅冠盖云集、互相交游,“可称是绅士最多的地方”〔5〕。近代以来,士绅中除极少数人思想观念发生转变外,大多数人仍然固守旧习,闭目塞听,不思变革,这些不求进取的惰性作为社会的主流文

〔1〕 李长根:《观前商业的历史特色》,见《苏州史志资料选辑》2000年,第102页。

〔2〕 苏州市平江区地方志编委会:《平江区志》,上海社会科学院出版社2006年,第81页。

〔3〕 苏州市工商银行史志编写组:《解放前苏州的钱庄业》,见《苏州史志资料选辑》第7辑,第16页。

〔4〕 李光祚、顾诒禄等:清乾隆《长洲县志》卷十一《风俗》,清乾隆十八年刻本,第11页。

〔5〕 包天笑:《钏影楼回忆录》,大华出版社1971年,第275页。原文如下:苏州可称是绅士最多的地方,因为苏州科举发达,做大官的人多,有的做京官,告老还乡;有的做外官,归影菟裘。不单是本地人,外省外府的人也都到苏州来,以为吴风清嘉。

化通过各种渠道向民间渗透,严重影响着一般的民众。正因为如此,苏州民风悠闲散漫,生活节奏缓慢,这种习性不啻为中国人的田园性格之一脉。消闲性和娱乐性成为苏州世俗文化的主要特征,观前街区作为近代苏州城市的中心,为世俗文化的发展提供了广阔的空间。

"荡观前"成为近代苏州市民生活中不可或缺的一部分,或者说成为苏州市民生活的一种方式。困乏疲倦的时候,观前的茶馆就成为他们最好的选择。正所谓"天付吴人闲岁月,黄昏再去闯茶坊"。观前茶馆业十分兴盛,玄妙观有三万昌、雅聚园、玉露春,观东有云露阁、汪瑞裕、茂苑,观西察院场口有篷瀛、彩云楼,宫巷有桂芳阁、聚来厅、小如意,北局有清风明月楼,太监弄有怡和园。苏州风光,第一件事就是上观前街,进吴苑吃茶。吃茶有早、晚之分。"所谓早茶者,早晨一起身,便向茶馆里去,有的甚至洗脸、吃点心都在茶馆里,吃完茶始去上工,这些大概都是低一级的人。高一级的人则都吃晚茶,夕阳在山,晚风微拂,约一二友人作茶叙,谈今道古,亦足以畅叙幽情。"〔1〕茶馆为观前市民提供了休闲娱乐和生活的场所,无论是"有闲阶级"还是"有忙阶级"〔2〕,都能在这里找到某种满足,聊天、下棋、玩鸟成为茶馆中常见的娱乐形式。

表 3-7　清末观前茶馆、书场一览表

名称	开办时间	地址
老义和(吴苑、唔室书场)	清末	太监弄
金谷	清末	临顿路口
乐也聚来厅	清末	宫巷
桂芳阁	清末	宫巷、碧凤坊口
三万昌	清末	玄妙观西脚门

资料来源:陶凤子:《居住必携:苏州快览》,上海世界书局 1925 年;范烟桥:《苏州指南》,文新印刷公司 1929 年;朱揖文:《新版苏州指南》,文新印刷公司 1923 年;苏州市平江区编委会:《平江区志》,上海社会科学院出版社 2006 年。

如果说茶馆吃茶是中国城市市民的普遍嗜好,那么到茶馆听书(表 3-7)则是苏州独有的一道风景,是苏州人风雅时尚的表现。因为在苏州市民看来,听书所得趣味远胜于其他娱乐活动。"说书分两派,一派说大书的,称之为平话,只用醒

〔1〕 包天笑:《钏影楼回忆录》,大华出版社 1971 年,第 255 页。

〔2〕 王笛:《街头文化:成都公共空间、下层民众与地方政治(1870—1930)》,中国人民大学出版社 2006 年,第 133 页。王笛认为,有闲阶级是指地方文人、退休官员、有钱寓公和其他社会上层等,有忙阶级则包括那些不得不为生计而工作的人。

木一方，所说的书，如三国、水浒、岳传、英烈、金台传之类；一派说小书的，称之为弹词，因为他是要唱的，所以有三弦、琵琶等和之，所说的书，如描金凤、珍珠塔、玉蜻蜓、白蛇传、三笑姻缘之类。”[1]不同派别的说书拥有不同的受众群体，用现代语言概括就是他们各自拥有忠实的“铁杆粉丝”，因为听书者已经沉醉在听得烂熟的故事之中。观前街区为茶馆集中之地，大书、小书兼而有之，故可以满足不同人群的需求。除茶馆外，浴池等也在不同程度上扮演着与其相近的功能，服务着观前市民，扩展着观前市民的生活空间。

观前市民的消闲、娱乐不仅仅体现在茶馆、浴室这些室内场所，在玄妙观内、街头巷尾有着比室内更多的娱乐文化，成为广大市民的消遣之处。每当庙会、节日庆典或行会吉日之时，各种表演如期而至。

“斗蟋蟀”也是观前街区一种较为流行的娱乐形式。“吴俗好斗蟋蟀”，秋兴之际，苏州爱斗蟋蟀之人就会提笼相约、结队成群，聚集到街头巷尾等处，惟观前地区分布较为集中。邻里街坊、朋友之间通过“斗蟋蟀”等类似活动，既娱乐身心、增进感情，又为观前地区增添了一道亮丽的风景线。

玄妙观作为道教活动的场所，蕴含着丰富的道教文化。

传统社会中，苏州道教信仰对民俗节日的产生和发展有着重要的影响，几乎所有的民俗节日都有道教信仰的内容，敬道诸神活动成为苏州民俗节日形成的主要渠道，道教节日与民俗节日在现实生活中融为一体。玄妙观的特殊性使其成为这一文化的承载者，史书中对此颇多记载，如正月初一是民间传统的正元吉日，又是道教的天腊良辰。《清嘉录》描写了士女新岁游观前的景象，“苏州好，到处庆新年。北寺笙歌声似沸，玄都士女拥如烟，衣服尽鲜妍”[2]。正月初九为道教的玉皇诞辰，民间称为“天生日”。这一天，玄妙观道侣设道场于弥罗宝阁，名曰“斋天”。酬顾者骈集。正月十五为道教的上元节，民间称此为元宵节、灯节。上元节是道教节日演变成民间节庆的典型代表。元宵前后，比户以锣鼓铙钹，敲击成文，谓之闹元宵。二月二十八日为东岳天齐仁圣帝诞辰，民间称此日为“老和尚过江日”。城中玄妙观有东岳帝殿，俗谓神权天下人民死生，故酬答尤虔。四月十四日是道教俗神吕洞宾诞辰，“是日进香之狂热者，当推妓家为首，其次为医家，再次为药家。游人络绎于途，几至踵趾相接。小本营生之赶热闹者，以贩卖泥人及花草为最多，渔人网的小龟，大如金钱，名曰金钱龟，即俗所谓

---

〔1〕 包天笑：《钏影楼回忆录》，大华出版社 1971 年，第 44 页。

〔2〕 顾禄：《清嘉录》卷一《新年》，上海古籍出版社 1986 年，第 12 页。

神仙鬼,亦设摊陈列以售焉”[1]。此外,二月三日文昌帝君诞辰、十五日老子诞辰、夏至日元始天尊诞辰、八月初八八字娘娘生日、十二月二十四日送灶君日等都是民间每年纪念的道教节日。从上述记载可知,道教节日与民俗节庆相融,成为传统社会节庆活动的重要内容。

由上可见,一方面观前玄妙观作为道教场所,是道教文化的直接体现者;另一方面,社会发展促使道教本身发生变化,在不断调节过程中展现出适应社会的世俗化倾向。道教文化与民俗文化逐渐融合,玄妙观前表现出更多的公众参与性,推动苏州文化走向多元。

观前文化的生命力不仅来源于传统文化内部的交流与融合,而且来源于对异质文化的包容与吸纳。正是这种兼收并蓄的态势,使其更加注重吸收外来文化的精华。传统与现代的杂糅既丰富着观前文化的内涵,又在一定程度上拓展着苏州城市文化的发展走向。

中国现代意义上的街头演说始于戊戌维新时期,因当时民众尚未开化,演说仅限于社会上层或知识分子阶层。清末新政中随着言论自由观念的传播,民众对演说的热情日益高涨。光绪二十八年(1902)八月,苏州观前专门成立了以习练演说为对象的“学习演说会”,其宗旨“为同人学习演说而设,志在交换知识,练成雄辩之才”[2]。在观前学习演说会的影响下,演说之风吹遍苏州学校、街头、店铺门口和茶室酒楼等场所。发生在光绪二十六年(1900)的苏州国会请愿运动也是在演说活动中进行的,谘议局议员致苏商总会函曰:“通告各府、厅、州、县商学会、自治研究会,开会演说,即以拟成之浅说成白话报等散发各处,以便各会据文演说。”[3]近代发端于观前的演说,以其独特的内涵和魅力,在推动苏州民间思想文化走向自由和民主中,起到了极大的社会动员作用;同时演说本身、演说者和听众的活动等也为古老的苏州城市文化增添了活力。

近代苏州社会从传统走向现代的过程中,城市文化也在缓慢地发生转型,具备传统优势的观前街区表现得尤为突出,并进一步推动了城市文化的多元发展。

四、教会小区的出现

近代以来,西方传教士陆续来华传教,其足迹遍及中国全境。早在咸丰初年,苏州就有了传教士的身影。第二次鸦片战争后,西方传教士取得了到中国内

---

[1] 苏州市平江区编委会:《平江区志》,上海社会科学院出版社 2006 年,第 1257 页。

[2] 《学习演说会》,《大公报》1902 年 8 月 21 日。

[3] 章开沅等:《苏州商会档案丛编》第 1 辑,华中师范大学出版社 1991 年,第 1261 页。

地传教的权利，传教和信教成了合法活动。

晚清在苏州传教的主要是美国教会，包括美国监理会、美国南长老会、美国北长老会、美国南浸礼会等。这些教会在苏州传教期间，主要活动是建立布道所和教堂，创办诊疗所、医院和学校。教堂、医院、学校这些同周围建筑风格截然不同的西方建筑和建筑群的相继出现，形成了一些异于传统社会的教会小区。如光绪四年(1878)，北长老会在苏州建造了第一所外国人房屋。光绪二十二年(1896)，"'北方长老会'正在北门城外建造一家医院，同时在本城市各区建立了七个教堂、六所学校和两个诊疗所"[1]。又如，光绪二十一年(1895)，齐门外周家弄已有美国南长老会的福音教堂、福音医院和崇道女学；光绪、宣统之际，宝城桥弄已有美国圣公会教堂、桃坞中学和显道女学等。其中，以天赐庄一带最为典型。这里坐落着一片美国监理会创办的教堂、博习医院、东吴大学、景海女子师范学院、住宅等西式或中西合璧的漂亮建筑。

自监理会在苏州传教开始，天赐庄一带就成为传教士居住、布道的首要区域。至光绪五年(1879)，监理会已在苏州陆续设立了四处布道所。一所在十全街石皮弄，一所在护龙街，一所在凤凰街，另一所在濂溪坊，均在天赐庄附近。[2]光绪七年(1881)，经潘慎文、蓝华德等人努力，监理会在"天赐庄之折桂桥弄口谋得地基，建成设有四百人座位的耶稣堂"，命名为首堂。[3]19世纪90年代，首堂的西侧又建造了一座牧师楼。牧师楼周边为大草坪，整个院落面积为893平方米，建筑占地面积为225平方米，建筑面积为770平方米。整幢建筑由青、红砖镶嵌砌就，假三层砖木结构，西端呈六边形，内有玻璃窗，外有百叶窗。正中廊柱上用尖券，廊柱贯通一两层，上、下外廊均有扶栏，高敞华丽，在当时粉墙黛瓦的民居中显得尤为突出。[4]

光绪十七年(1891)，监理会传教士韩明德及项烈与华人牧师陈楹卿创办了宫巷乐群社会堂。光绪十八年(1892)，监理会又在养育巷建立了救世堂。

光绪三年(1877)，蓝华德在天赐庄租赁了三间民房办诊所，命名为"中西医院"。光绪九年(1883)年初，柏乐文获得教会和苏州地方人士捐款一万美金，即以一千美金在天赐庄购得民田七亩，破土建医院。半年后竣工，题名"苏州博习

[1] 陆允昌：《近代苏州通商口岸史料集成》，文汇出版社2010年，第62页。
[2] 王国平：《东吴大学简史》，苏州大学出版社2009年，第11页。
[3] 杨镜秋：《卫理公会传教士占据天赐庄八十年史话》(未刊稿)。
[4] 王馨荣：《天赐庄·西风斜照里》，东南大学出版社2004年，第24页。

医院”(英文名 Soochow Hospital)[1]。医院位于天赐庄东部,南面天赐庄大街,东至小弄(今苏州大学校址),北抵小河(今百狮子桥居民住宅),西邻首堂(今圣约翰堂)。水上交通尤为便利,东面有城河,北面有百狮子桥小河,西面有官太尉河。博习医院还和景海女学、妇孺医院合资建造了天赐庄码头,病家的船只可直抵天赐庄。

医院为庄院式建筑,四周筑有围墙。房屋采用江南民居常见的人字形双坡屋面,覆盖以小黛瓦,山墙图饰精美。平屋八幢,以走廊相连。其中一幢为门诊部(门诊部中设有会客室,用以招待上等病人),三幢为内外科病房,一幢为割症室(即手术室),其余三幢为宿舍、洗衣、厨房(厨房设备可供 50 个病人用膳)。[2]

光绪十三年(1887),监理会的斐医生另在博习医院以东建立了妇孺医院。

监理会办教育事业起步较早。同治十年(1871),曹子实开始开办十全街(石皮弄)主日学校。光绪元年(1875),监理会传教士潘慎文来华抵沪,第二年即到苏州协助曹子实办学。光绪四年(1878),监理会得到美国肯塔基州科文郡 Buffington 先生的捐款 2 000 美元(后来又增加 4 000 多美元),便在天赐庄购地,兴建住宅和校舍。光绪五年(1879),十全街主日学校迁入天赐庄,命名为存养书院(亦名存养书塾)。光绪十年(1884),存养书院改名为博习书院,规模进一步扩大。博习书院“有一片面积很大的建筑来开展书院工作。房子能容纳 75 名住校生和 25 名走读生,里面有宿舍、教室、教堂、图书馆、实验室和实验场所,实验室和实验场所配备了价值 3 000 多美元的仪器、工具和机器。……还有一个天文台,里面配有一流的赤道仪望远镜(4.5 英寸的物镜和 5 英尺长的焦距)”。学校自己发电,用电灯照明,可以通过自制的电报设备与别处联系。潘慎文还在屋顶小阁安装了一面购自伦敦的钟,又制成另外三个钟面,以便东南西北四个方向都能观看。

光绪二十二年(1896),据苏州关税务司报告称,监理会“在近葑门的地方,那里有六所外国人住宅,两家医院,三所寄宿学校,其中一所为英语学校,一所教堂。另一所规模较大的英语学校建立在近市中心。人们要求学习英语的志愿正在展开,在街上,时常可以听到学生们练诵英语的声音”。“紧靠葑门里边,教会

---

〔1〕 1884 年,迁入天赐庄的存养书院也改名为博习书院。显然,这些都是为了纪念美国捐款人 Buffington 先生。

〔2〕 王馨荣:《天赐庄·西风斜照里》,东南大学出版社 2004 年,第 48 页。

已形成了一个外国人自建房屋的小居留地。"[1]

光绪二十六年(1900),监理会"于苏州就天赐庄博习书院旧舍之后广购基地约得五十六亩"[2],作为创办大学的用地。光绪二十七年(1901),东吴大学在扩大后的博习书院校址上开办。光绪三十年(1904),由英国建筑师设计的主楼竣工。这座三层大楼非常气派。孙乐文校长甚至说:"我怀疑在整个中国是否还有另一幢这样漂亮的大学建筑。"大楼内有通风、明亮、宽敞的教室,有图书室、实验室和必需的办公室。会议厅可以容纳500人舒适就座,全部配置美国运来的最新式样的家具。有足够的乙炔气灯为整个主楼照明,还有一台电动机和水泵来供水。光绪三十二年(1906),在校园内成功地开凿了一口自流井。光绪三十三年(1907),新的学生宿舍楼落成,可供218个学生住宿。[3]到光绪三十四年(1908)年底,计划中的所有学生宿舍已全部落成,并已建成六幢教师住宅。规模宏大的第一幢教学大楼正在兴建。"数十幢住宅和宿舍楼遍布校园内外,食堂、厨房和职工住所均配备齐全,校园遍植花草树木,一切都显示这里将逐渐发展为一个整齐美丽的校园。"[4]

稍晚于东吴大学的创办,为纪念监理会女教士海淑德,监理会另在东吴大学北面,紧邻东吴大学,创办了景海女学。景海女学优美的主建筑于光绪二十九年(1903)落成,为一长排三栋相连的两层楼房。光绪三十年(1904)秋,景海女学正式开学,一开始就有30名学生。[5]此后,校园不断拓展,建筑逐年增多。主建筑北边有一栋两层小楼。校园东北角另有两层小楼一栋,为景海女师的钢琴房。东南角还有一栋两层教师宿舍楼。这些建筑多为砖木结构,砖块以灰红两色为主。[6]

清末,天赐庄一带教会小区已颇具规模,并仍在快速发展。1912年,东吴大学建成另一座规模宏大的大楼——"孙堂",为学校提供了足够的办公、教学、阅读、自修等空间,校园北部陆续建成一排6幢与校门平行的西式别墅小楼。1915年,监理会拆除了首堂,新建了一座建筑面积1 855平方米、有800座位的西式教堂,并改名为圣约翰堂。1919年,博习医院建造新馆的计划正式实施,不久,新馆建成,占地7亩6分,包括三层半住院大楼和两层门诊大楼各一幢,总面积达

---

[1] 陆允昌:《近代苏州通商口岸史料集成》,文汇出版社2010年,第62页。

[2] 王国平:《东吴大学简史》,苏州大学出版社2009年,第31页。

[3] Soochow University, Soochow, China, Catalogue, 1909, Methodist Publishing House, Shanghai, China.

[4] 王国平:《东吴大学简史》,苏州大学出版社2009年,第41页。

[5] Minutes of the China Mission of Annual Conference of M. E. Church, South, 1905, p. 50.

[6] 王馨荣:《天赐庄·西风斜照里》,东南大学出版社2004年,第177页。

3 329平方米。[1]荒僻的苏州城东南隅气象一新,苏州城未来的文教医卫重心已现雏形。

第四节　维新、新政与地方自治

一、冯桂芬、王韬的洋务与维新思想

嘉庆、道光以来,一方面因为传统社会内部的危机而激发了苏州有识之士对祖宗旧制的反思;另一方面,上海开埠,西学东渐,苏州的一些有识之士包括时任《万国公报》主笔的沈毓桂(吴江)、任建旭(吴江)、范祎(元和)等,也得以见识了西方器物之精良、制度之优越,从而在与中国传统文化的比较之中,分辨其优劣,提出改革之设想。在这些有识之士中,最为杰出的代表是冯桂芬和王韬。

冯桂芬(1809—1874),字林一,号景亭,江苏吴县人。冯桂芬自幼禀赋超群,早年即以才学名,深为江苏巡抚林则徐所赏识,成为林氏门生。在传统学问方面,冯桂芬有着很深的造诣,"于文无所不长,诗古文辞、骈体制艺,无不卓然自成一家言"。冯桂芬受林氏经世致用治学思想的影响,"不屑以章句自囿,举凡天文、舆地、兵制、刑法、盐铁、河渠、钱漕、食货诸书,靡不极虑专精,务欲推究其本原,洞彻其微奥"[2],"而尤达于经世之学"[3]。

道光二十年(1840),冯桂芬科举高中进士,殿试榜眼,授翰林院编修。后历任顺天乡试同考、广西乡试正考官,官至詹事府右春坊右中允。以冯桂芬的功名才学以及朝野人脉,仕途前景正不可限量,但其刚直的禀性难以认同官场习气,登第入仕后不到10年就引疾退居乡里,成为地方名绅。

咸丰皇帝即位后,为应对内忧外患,诏令中外大臣荐举人才,苏州籍大学士潘世恩即以林则徐、姚莹、邵懿辰、冯桂芬四人同时推荐,冯桂芬因而声名远播。

咸丰三年(1853)太平天国攻占南京后,冯桂芬奉诏在家乡举办团练。咸丰十年(1860)太平军占领苏州后,他逃入上海租界,联络江浙官绅及英、法、美等国领事组成中外会防局,同时起草告急文书,向曾国藩乞求援军,深得曾国藩的赞许。李鸿章率援军到达上海之后,立即延聘冯桂芬入幕,以为得力助手。李鸿

〔1〕 杨瑞兰:《博习医院简史》,见《苏州史志资料选辑》第6辑,第118页。
〔2〕 冯桂芬:《显志堂稿·吴云序》,台湾文海出版社1980年影印本,第7—8页。
〔3〕 冯桂芬:《显志堂稿·吴大澂序》,台湾文海出版社1980年影印本,第24页。

章主政江苏之后，冯桂芬又与苏州其他士绅一起运作，在曾国藩、李鸿章等地方大员的积极支持下，取得了江南减赋的成功，解决了苏州等地数百年积重难返的一大弊政。

太平天国运动所暴露的深刻的社会矛盾，鸦片战争战败所引发的国家与民族的危机，以及避居上海租界时西方文化的浸淫，对冯桂芬的思想产生了极大的冲击。他认为，中国以“大国而受制于小夷”，其故“约有数端：人无弃材不如夷，地无遗利不如夷，君民不隔不如夷，名实必符不如夷”。主张学西方以致富强。咸丰十一年（1861）他撰写了著名的政论文集《校邠庐抗议》。冯桂芬在“自序”中称：“凡为篇四十，旧作附者又二，用《后汉·赵壹传》语，名之曰‘抗议’，即位卑言高之意。明知有不能行者，有不可行者，夫不能行则非言者之过。而千虑一得，多言或中，又何至无一可行？存之以质同志云尔。”

《校邠庐抗议》共42篇，为公黜陟、汰冗员、免回避、厚养廉、许自陈、复乡职、省则例、易吏胥、折南漕、利淮鹾、改土贡、罢关征、节经费、筹国用、杜亏空、复陈诗、变科举、改会试、广取士、停武试、减兵额、严盗课、制洋器、善驭夷、采西学、重专对、变捐例、绘地图、兴水利、均赋税、稽旱潦、改河道、重酒酤、收贫民、劝树桑、壹权量、稽户口、崇节俭、复宗法、重儒官等。由篇目可知，冯桂芬的改革主张及措施涉及政治、军事、经济、文化、社会等各个方面，而贯穿其中的则为中体为本、西学为用的改良思想。

冯桂芬在《校邠庐抗议》自序中称：“桂芬读书十年，在外涉猎于艰难情伪有三十年，间有私议，不能无参以杂家，佐以私臆，甚且羼以夷说，而要以不畔于三代圣人之法为宗旨。”冯桂芬同时指出：“法苟不善，虽古先吾斥之；法苟善，虽蛮貊吾师之”，主张“博采西学”。又说：“夫学问者，经济所从出也。太史公论治曰：‘法后王，为其近己而俗变相仍，议卑而易行也。’愚以为在今日又宜曰鉴诸国。诸国同时并域，独能自治富强，岂非相类而易行之尤大彰明较著者。”冯桂芬明确主张“以中国之伦常名教为原本，辅以诸国富强之术”。[1]

冯桂芬在《校邠庐抗议》中提出了诸多惊动当时并影响后世的主张。

冯桂芬主张学诸国语言文字、数学和科学技术，建议“于广东、上海设一翻译公所，选近郡十五岁以下颖悟文童，倍其廪饩，住院肄业，聘西人课以诸国语言文字，又聘内地名师，课以经史等学，兼习算学……由是而历算之术，而格致之理，而制器尚象之法，兼综条贯，轮船、火器之外，正非一端”。

---

〔1〕 冯桂芬：《校邠庐抗议》，戴扬本评注，中州古籍出版社1998年，第211页。

冯桂芬主张学西方造轮船兵舰,并认为应自造、自修、自用……而后内可以荡平区宇,夫而后外可以雄长瀛寰,夫而后可以复本有之强,夫而后可以雪从前之耻,夫而后完然为广运万里、地球中第一大国。

冯桂芬主张借鉴西方的慈善与教育,他介绍了荷兰的“养贫”局、“教贫”局和瑞典的“小书院”,赞赏其无游民,无饥民,无不识字之民。冯桂芬慨叹“堂堂礼义文物之邦,曾夷法之不若”!冯桂芬建议仿西方之法,“强民入塾”,“责成族正稽察(查)族人,有十五以下不读书、十五以上不习业者,称其有无而罚之,仍令入善堂读书习业”。建议“设化良局,专收妓女,择老妇诚朴者教之纺织,三年保释”等。

冯桂芬主张严惩贪官,澄清吏治,建议京官取外官一钱,上司取属员一钱,官取所部一钱,杀无赦。夫而后吏治始可讲也。

《校邠庐抗议》充溢着“师夷长技以制夷”的爱国情怀。冯桂芬说:夫穷兵黩武,非圣人之道,原不必尤而效之。但使我有隐然之威,战可必克也,不战亦可屈人也,而我中华始可自立于天下。不然者,有可自强之道,暴弃之而不知惜;有可雪耻之道,隐忍之而不知所为计。亦不独俄、英、法、米之为虑也,我中华且将为天下万国所鱼肉,何以堪之?此贾生之所为痛哭流涕者也。

冯桂芬的思想主张是后来流行一时的“中学为体,西学为用”理论的滥觞[1],是洋务运动在意识形态的反映,并成为洋务运动的纲领。

《校邠庐抗议》成书后20年之久,一直没有刊印,但已不胫而走。曾国藩在给冯桂芬的信里说:“大著珍藏敝斋,传抄日广,京师及长沙均有友人写去副本。”[2]冯桂芬去世以后,随着洋务运动的开展和维新运动的兴起,《校邠庐抗议》在社会上的影响日益扩大,光绪二年(1876)得以刊印,此后出现了多种刻本。

光绪十五年(1889),翁同龢将《校邠庐抗议》推荐给光绪皇帝,光绪皇帝也深感此书“最切时宜”,并将其中与时政密切关联的《汰冗员》《许自陈》《省则例》《改科举》《采西学》《善驭夷》六篇抄录成册。戊戌维新时期,光绪皇帝谕令将该书印刷一千册,颁发给大学士、六部九卿、翰詹科道以及各省督抚将军,谕令仔细阅读并签注意见,其影响不断扩大。《湘学报》称:冯桂芬的《校邠庐抗议》

---

〔1〕 李侃等:《中国近代史》,中华书局1994年,第127页。

〔2〕 曾国藩:《曾文正公复冯宫允书》,见冯桂芬:《校邠庐抗议》,清光绪九年津河广仁堂刻本,第1页。

“言人所难言,为三十年变法之萌芽”〔1〕。

冯桂芬在中国近代政治史和思想史上占有重要的历史地位,“冯桂芬的特点在于:他承上启下,是改良派思想的直接的先行者,是三四十年代到七八十年代思想历史中的一座重要的桥梁”〔2〕。

王韬(1828—1897),长洲县甫里(今苏州市吴中区甪直镇)人,世系出自明代昆山巨族王氏。初名王利宾,字兰卿,入县学后改名为王瀚,字懒今;后更名韬,字仲弢,一字子潜,自号天南遁叟,别号有弢园老民、甫里逸民等,外号“长毛状元”。1845年,王韬18岁,以第一名入县学,成为秀才。功名止于生员。次年,曾参加南京乡试,未中。此后,王韬对科举考试产生厌倦,遂未再投考。

道光二十九年(1849),王韬应英国传教士麦都思之邀,到上海墨海书馆,担任麦氏的中文助手,达13年之久。在此期间,王韬曾化名黄畹上书太平天国献计献策,尽管他一再否认,但还是遭到清政府的通缉,最后不得不在英国驻沪领事麦华佗的帮助下,避难香港。

王韬到香港后,主要帮助英华书院院长理雅各将儒家的四书五经翻译为英文,书名《中国经典》。同治六年(1867)年底,应理雅各之邀漫游法、英等国。王韬此行游览了巴黎罗浮宫、大英博物馆、圣保罗大教堂等名胜,拜访了汉学家儒莲,并成为有史以来在牛津大学演讲的第一位中国学者。游历欧洲三年,王韬切身体会与认识到西学的发达不仅仅在于其器物的精良,更在于政治制度的优越。

同治九年(1870)春,王韬从欧洲返回香港。不久,欧洲就爆发了普法战争,强大的法国战败于新崛起的普鲁士。王韬立即撰写了《普法战纪》和《法国志略》,分析普法双方胜败的缘由。他认为,普鲁士改行“议会君主制”,消除上下隔阂;发展生产,增强国力;革新战略,改良武器,从而迅速由弱转强,故能战胜法国。王韬著书的目的,是想借他山之石,唤醒国人,鼓舞国人奋发图强,战胜列强。这两部书在中国引起了极大的反响,曾国藩、李鸿章、丁日昌等洋务大员也赞不绝口,称王韬为“未易之才”“识议宏远”〔3〕。王韬因此声名远播。光绪五年(1879),日本学者慕名邀请王韬赴日本进行为期4个月的访问,王韬的书也被翻印流行,日本军、学两界几乎无人不晓王韬。

同治十三年(1874),王韬在香港创办《循环日报》,这是世界上第一家成功

〔1〕 冯桂芬:《校邠庐抗议》,戴扬本评注,中州古籍出版社1994年,第58页。

〔2〕 李泽厚:《十九世纪改良派变法维新思想的研究》,见《中国近代思想史论》,三联书店2008年,第40页。

〔3〕 张海林:《王韬评传》,南京大学出版社1993年,第136页。

创办的华资中文日报,也是中国新闻史上第一份以政论著称的报刊。王韬自任主笔10年之久,在《循环日报》上发表800余篇政论。王韬认为,居今日而论中州大势,固四千年来未有之创局也。世局大变而中国却积弱不振,“我国今日之急务,在治中驭外而已。治中不外乎变法自强”。王韬由此发表了著名的《变法自强》(上中下)等政论文章,提出了一系列变法措施。

经济方面,他批评传统的重农抑商观念,主张大力发展资本主义工商业,首先是矿业,即开采煤矿、铁矿及其他金属矿藏。其次是纺织业,王韬指出,织纴机器为先……宜度各省所有之物产而设立机房,并建议棉织厂设于上海、苏州,丝织厂设于湖州、杭州。此外,王韬又建议创设轮船、铁路等近代交通业。他反对洋务派的官督商办,认为“官办不如商办”,同时强烈反对外国资本主义的经济侵略,强调“利权归我”。

教育方面,他主张逐渐改革科举考试的内容,除传统的儒学经典外,要增加实学的内容,如地理、格致、天文、数学、政治、法律等,还要仿效西方,建立外语学校、武备院、水师院、舵工馆等专门性学校,并主张建立专门学校给予妇女广泛接受教育的权利,建立公共图书馆,繁荣学术。

军事方面,王韬主张“练兵士,整边防,讲火器,制舟舰,以竭其长”〔1〕。必须废除弓箭、大刀、长矛,换成洋枪洋炮;将帆船换为铁甲轮船,“按期演练,务极其精”〔2〕;并须变革军队的制度和训练方法。“今日练兵,若不以西法从事,则火舰火器亦徒虚设耳。不独水师当变,即陆军亦当变也;不独绿营当变,即旗丁满兵亦当变也。且也长江水师与洋海水师不同,我国须于长江水师之外,专设海军。”〔3〕

外交方面,他强烈批评包括他本人以前所秉持的狭隘的“华尊夷卑”观念,主张在“贵和”的原则下,善于利用他国矛盾为我所用,善于根据他国特点开展外交。王韬力陈派遣公使的积极性。“公使之遣,则恭承简命,职重分尊,专以固好修睦,筹画军国重务。苟我国中有中外交涉之事,其中曲折是非所在,可以与彼国大臣面为敷陈,否则亦可陛见国王布宣壹是。而所刊日报之中,如其议论未遵乎持平,是非有同乎倒置者,可以立为驳斥,俾通国之人见之而晓然,此所以达外情于中朝,而即所以布中情于远地也。如是则既不至于隔阂,又何事于纷争。故遣公使驻扎各都,于国事要非无裨者也。”

---

〔1〕王韬:《弢园文录外编·一个卓立特行者的心路历程》,中州古籍出版社1998年,第82页。
〔2〕王韬:《弢园文录外编·一个卓立特行者的心路历程》,中州古籍出版社1998年,第83页。
〔3〕王韬:《弢园文录外编·一个卓立特行者的心路历程》,中州古籍出版社1998年,第57页。

最为突出的是,王韬在中国近代史上第一次明确提出了君主立宪制的政治主张。他说,国家制度分为三种:“一曰君主之国,一曰民主之国,一曰君民共主之国。”在他看来,君为主则权倾于上,遂致上下隔阂,有所蒙蔽;民为主则权倾于下,不免法制纷更,心志离散;“惟君民共治,上下相通,民隐得以上达,君惠亦得以下逮”〔1〕。王韬认为,君主立宪才是最理想的政治制度,赞赏英国“国家有大事则集议于上下议院,必众论佥同,然后举行。如有军旅之政,则必遍询于国中,众欲战则战,众欲止则止,故兵非妄动,而众心成城也”。

显然,王韬的思想与主张在冯桂芬等人的思想与主张的基础上又有升华。

光绪十年(1884),在李鸿章的谅解默许之下,王韬回到阔别20多年的上海,任《申报》编辑。光绪十二年(1886)任上海格致书院院长,推行西式教学。光绪二十年(1894),王韬帮助孙中山修改《上李傅相书》,希望李鸿章改革。光绪二十一年(1895),康有为在上海创办强学会,并拜访王韬,其变法维新主张和实践活动得到王韬的支持。王韬虽然未能直接参与变法活动〔2〕,但是他提出的“变法”主张,其思想水平已经超越了当时的洋务派,其“变法”口号的提出,早于郑观应、康有为、梁启超,无疑是中国变法维新运动的先行者。

王韬一生笔耕不辍,除西学译著外,另有经学、史学、文学、政论、天文历算等方面著作60余种,主要有《弢园文录外编》《弢园尺牍》《西学原始考》《格致书院课艺》《普法战纪》《皇清经解校勘记》《蘅华馆日记》《瀛壖杂志》《遁窟谰言》《淞滨琐话》《漫游随录图记》《淞隐漫录》等。

二、维新变法活动

19世纪末,清政府在中日甲午战争中战败,民族危机日益加深,苏州爱国人士顺应历史发展的潮流,积极参与维新变法活动,并创设学会,兴办报刊,广泛宣传新学。

(一)苏州爱国人士积极参与维新运动

光绪二十一年(1895)四月,康有为联合在北京会试的1 300多名举人上书请愿,力主拒约迁都,变法自强,史称“公车上书”。江苏参加此次上书活动的举人共46人,其中苏州府7人,太仓州4人。〔3〕同治、光绪二帝的老师翁同龢

〔1〕 王韬:《弢园文录外编・一个卓立特行者的心路历程》,中州古籍出版社1998年,第65页。

〔2〕 王韬著,孙光华编选:《弢园老民自传》,江苏人民出版社1999年,第214—215页。

〔3〕 汤志钧:《戊戌变法人物传稿》下册,中华书局1961年,第297—300页。

(1830—1904),江苏常熟(今苏州常熟)人,官至大学士,积极支持光绪皇帝戊戌变法,被以慈禧太后为首的顽固派强迫回籍,革职禁锢。翁同龢被康有为誉为“中国维新第一导师”。元和(今苏州)人江标(1860—1899),字建霞,号师涵,光绪十五年(1889)进士,也是清末维新派著名人物。光绪二十年(1894)任湖南学政,“以变士风,开辟新治为己任”,不以八股制艺取士,而“以舆地、掌故、算学试士”,协助湖南巡抚陈宝箴规划维新新政,并与黄遵宪、谭嗣同等相友,创设校经学会,办《湘学报》,风气领全国之先。戊戌政变后,被革职禁锢于籍,郁疾以终,书写了可歌的一页。

(二) 苏州爱国人士纷纷创设学会,兴办报刊,广泛宣传新学

光绪二十二年(1896),吴县人叶耀元等在上海创设新学会,讲求各种新学,译著新书新报。据《新学报章程》载:“数载以来,同人等本设有新学会,取《大学》新民日新之义。客岁,复就海上创算学会。”《新学会公启》称:“曩者与二三豪杰设新学会。”它“讲求各种新学,译著新书新报”,曾刊印新学书籍,如算学书局所出书籍,即由新学会会友编选校勘。[1]《新学报》就是它的机关报。

光绪二十三年(1897)六月,章钰、张一麐、张一鹏、孔昭晋、汪荣宝、裴熙琳、祝秉纲、邱公恪等人在苏州城内唐家巷发起成立苏学会,并在《时务报》上发表《苏学会公启》,称“多购书籍,以增智慧,定期讲习,以证见闻,不开标榜之门,力屏门户之见,远师亭林有耻博文之宗旨,近法校邠采西益中之通论”[2]。《苏学会章程》所定立会宗旨:以中学为主,西学为辅,中学为体,西学为用。中学有未备考,西学补之,中学有失传者,以西学还之;以中学包罗西学,不能以西学凌驾中学。[3]学会设经理 1 人,协理 3 人,分理 4 人。凡入会者均需缴纳会费银 5 元。苏学会所购书籍大体分为 6 类:文学、掌故学、舆地学、算学、农商学、格致学,其余训诂、辞章一概不备存。光绪二十四年(1898)正月,苏学会设立中西学堂。据《中西学堂章程》,系于“戊戌年正月,就现有旧房,招集生徒三十名住堂,肄业中西学及英法语言文字,嗣因来学者日众,以隙地添造洋楼三幢,续招三十名,共合六十人,以后陆续添招至一百二十人为满”。学堂“分为小学、大学两院,小学院毕业后,即升入大学院”[4]。苏学会虽然成立的时间不长,却是戊戌

---

〔1〕 汤志钧:《戊戌变法史》(修订本),上海社会科学院出版社 2003 年,第 316 页。

〔2〕《苏学会公启》,《时务报》第 33 册,清光绪二十三年六月二十一日。

〔3〕《苏学会简明章程》,《国闻报》,清光绪二十四年七月二十九日、三十日。

〔4〕 汤志钧:《戊戌变法史》(修订本),上海社会科学院出版社 2003 年,第 314 页。

变法期间在江苏成立的重要的学会之一。

光绪二十四年(1898)春,丁祖荫等在常熟、昭文创设中西学社。《中西学社章程》称:“本社之设,专为讲求时务,务储国家有用之才,为学堂根本,所购书经世居多,而格致制造等书,亦靡不备致,凡绅商士庶,皆得入社”,“社友勿蹈标榜之习,勿持门户之见”。它名曰学社,实际是“讲求时务”的集会团体。[1]

光绪二十三年(1897)七月,新学会在上海创办《新学报》,半月刊,叶耀元为总撰述。其《章程》谓:“本学报之设,专为振兴教学,切磋人才起见。”该报每册约24页,除在上海发行外,还在苏州、北京等地设分销处。苏学会发起人之一的孔昭晋,还直接参与创办了中国最早的文摘报之一《集成报》。[2]光绪二十七年(1901)十月,《苏州白话报》创办,光绪二十九年十二月十五日(1903年1月31日),《吴郡白话报》创刊。《苏州白话报》和《吴郡白话报》是当时在苏州创办的宣传维新思想的最主要的报纸。

《苏州白话报》[3]创办于清光绪二十七年(1901)10月,馆址在苏州护龙街砂皮巷口,报馆的发行人、编辑等都没有披露自己的姓名,作者也大多用笔名,主要有吴兴君、包山子、广长子、长鸣子、天笑生、妙皈女士等。据该报《简明章程》谓,其办报宗旨是“为开通人家的智识”,即康有为、梁启超等人提倡的“开通民智”。为了实现这个宗旨,文字使用通俗易懂的白话文,使文化水准较低的普通民众都“容易懂”。在编排方面,该报仿效《杭州白话报》等报纸,开辟了论说、新闻、演报、歌谣杂录等专栏。每册的第一篇论说,是宣传该报政治、社会主张的重头文章。随后是数篇经过精选、夹叙夹议、融入了编者观点的新闻。“演报”并非每册都有,其内容为将其他报刊上的文言文演成的白话文。《苏州白话报》属于当时大量涌现的资产阶级改良派的报刊,它拥戴光绪皇帝,称赞“皇上圣明”,极力赞同戊戌变法,鼓吹新政可行,希望清王朝在此时能早日改弦易辙。不过,在革命派与改良派的斗争刚刚展开的形势下,该报的作者们还没有认识到革命与保皇的尖锐对立,所以也不反对民主共和制。例如,该报(第四册)的新闻《总统遗产》中写道:“美国是民主之国,他们一切政事,都是百姓做主的,连他们一国之君,也是百姓做主立的。他们的君唤做(作)总统,四年一换,由百姓们公举的。他做总统的时候,是个总统,不做总统的时候,依然是一个平民罢了。”字里行间充分流露了撰稿人对西方民主共和制的羡慕和向往。该报七天一期,32开

---

〔1〕 汤志钧:《戊戌变法史》(修订本),上海社会科学院出版社2003年,第317页。

〔2〕 汤志钧:《戊戌变法史》(修订本),上海社会科学院出版社2003年,第327页。

〔3〕 丁守和:《辛亥革命时期的期刊介绍》第2集,人民出版社1982年,第81—87页。

木刻线装。目前,能见到的只有出版于光绪二十七年(1901)十月至十二月的第一册至第九册。

《苏州白话报》的观点极为鲜明,它积极向读者灌输的思想主要有四个方面。

首先,该报将宣传爱国思想视作最重要的任务。它把题为《国家同百姓直接的关系》的论说放在创刊号的卷首,文中揭示了天下兴亡、匹夫有责的道理:“大家要晓得国家究竟是甚(什)么物事做起来的呢?便是合拢那些小百姓做起来的。倘若除去了小百姓,使那里去寻出国家来?”因此,“做了那一国的百姓,便要爱惜那一国的国家”。这篇论说和以后各册的很多文章针对国家面临的危机大敲警钟:“现在外国日日的想瓜分中国,这情形是极险的了。若再像以前这样懵懵懂懂,糊糊涂涂,恐怕事到临头,要来不及了。”中国“有如一只破船,漂在大海之中,看看将要翻转”。在如此严重的局势下,全国的百姓“不论士农工商,不论妇女小孩子”,“就该大家替国家争一口气,出一点力”,否则,“等到国破家亡,那就只好做人家的奴隶、牛马,永世不得出头”。这些通俗生动的文字不仅传播了爱国思想,而且宣传了天下者乃天下人之天下的资产阶级民主思想,这与封建帝王“朕即国家”的专制思想是针锋相对的。基于这样的认识,该报多次对百姓不得空谈国事的封建传统观念大为不满。在新闻《禁谈国事》中,就对北方的饭馆客栈张贴“莫谈国事”的字条进行了抨击:“做了一国的百姓,难道国事就不干自己的么?外国的强盛也只是百姓把国事看做自己的事,所以日有进境。”同时,该报鉴于义和团笼统排外的教训,也认识到爱国绝不是对外洋事物一概加以排斥,而是应该善于学习西方的先进事物,从而能迎头赶上。不然,就像“已经生了病的人,又误服了药,更要大大地坏事”。

其次,该报积极地宣传改革时弊,实行新政。它的作者们对当时腐朽的社会、政治很是不满,在各栏文字中均有揭露和抨击。在《内监妄僭》《总统遗产》《委员失体》等新闻中,对清朝官吏贪赃枉法、卑庸无能等种种丑态做了尖锐的揭露。在取材于外国报刊的《论调回伍公使事》等演报中,则通过西人之口,抨击清政府的肆意挥霍、愚昧无知。不过,该报的作者们虽然目睹了中国社会的种种弊病,却并不真正明白这些弊病产生的根源。究竟是什么样的制度造成了中国百姓的蒙昧、落后,中国政府的腐朽、反动,该报则始终没有言及。按照他们的看法,病根无非在于八股取士、开放捐例、太监妄僭这一类具体弊政。正因为如此,他们也没有认识到只有革命才能拯救中国,而是认为要求变法,才是“公论”,希望重演一场戊戌新政。那时,慈禧太后迫于形势,不得不颁布一些实行“新政”的上谕。所以该报对之颇为欢欣鼓舞,迫切希望西狩的两宫早日回到北京,推行新政,并天真地认为:“现在中国一定的变法,想来没有阻挠了。”

再次,该报还热情宣传男女平等等新思想,第三册的论说《学问的世界》指出,男女是一样的,反对男女不平等的封建纲常:“天生女子,本同男子一样,不知何故却把他看轻了。有一句不通的话,却说女子无才便是福,可不是大误苍生么?”论说《论女学》等文章,则主张大兴女学,认为妇女应和男子一样,“都要读书明理”。该报还认为,妇女就业是妇女获得解放的道路。妇女无业,由男子供养,不仅是妇女地位低贱的原因,而且还是使国家贫困的一个根由。所以,应该让妇女接受教育,就业工作,这样,既能为社会增加财富,又能使妇女不再作为男子的附属物。在当时,该报能宣传这种根据社会经济地位来认识问题、解决问题的观点,可谓难能可贵。同时,该报还积极支持资产阶级改良派们发起的“不缠足会”,竭力反对妇女缠足。

最后,该报还特别宣传兴办新式学堂、普及文化知识的重要性。该报的作者们认为,中国无论是自然科学还是社会科学都十分落后,中国的人民群众缺乏起码的科学文化知识。指出,在西方,电学、算学、工程学、地理学、政治学等各种学问都迅速发展起来了,可谓“没有一事无学,没有一人不学,况且学问没有尽期的,一日精一日,一年精一年”,而“我中国一些也没有,可不是蒙蔽极了”。该报对中国人通过学习掌握近代科学文化知识,甚至在科学文化方面赶上西方国家充满了信心。那么怎样才能普及学问、开通民智呢?该报的作者们颇具教育救国的观点,认为“开学堂是现在最紧要的事情”,要像西方那样兴办各种新式学堂。因此,在《独立创办学堂》《谕催兴学》《学堂将开》及多篇《学务类志》等新闻中,对各地创办各类新式学堂的动态都做了详细的报道,对重视或出资赞助教育事业的官员、绅商也大加赞扬,认为这些人才有真知灼见,否则,他们纵然是身居要津的高官显贵,也不过是没有见识的糊涂虫。在提倡读书的同时,该报又指出死啃八股、诗赋,为无用之学。该报认为,中国衰弱到这步田地,都是读书专为功名的恶果。要是真正有了学问,中不中状元、翰林又有什么关系!

《苏州白话报》在创刊之初,它的编者、作者雄心勃勃,很想把它办成有全国影响的期刊。在出版第一册时,该报除了在苏州有发行所和两个代售处外,还请上海的中外日报馆和杭州的杭州白话报馆为代售处;出版第二册时,在北京、安庆也有了代售处;出版第五册时,又在江西、无锡等地找到了代售处。同时,该报馆还寄售《天演论》《新政真铨》及励学社出版的各种鼓吹改良、介绍西方知识的书籍,并希望等经费充裕时自己“演出各种有用的书籍,减价出售”。然而该报的编者、作者还比较缺乏独到的见解,他们撰写的论说并非特别引人瞩目,何况报上的大部分文字只是将他人的文章改写成白话文。所以,不仅在苏州,就是在风气最为开通的上海等地,该报也没有获得较高的评价,打开较大的销路。该报原来就“经费不多”,销路不畅,自然入不敷出。它曾在第八、九册上接连刊出告白:“每期出报,全仗收回报资,以资接济。务望各同志早日将款收齐付下,俾得源源不绝。”《苏州白话报》终刊于何时,目前尚未能知。根据《新旧各报存目表》将它列入“现存册报”一栏的情况来看,它有可能在缺乏资金的困境中坚持到了光绪二十八年(1902)。

《吴郡白话报》创刊于清光绪二十九年十二月十五日(1903 年 1 月 31 日),由王薇伯主办,聘请包天笑、吴和士、孙东吴等人担任编辑,社址在苏州城里的因果巷内,报纸交由苏州观东开智书室承印。报纸的名字选用了东汉永建四年(129)建置的行政区划“吴郡”,再配上时髦的新词汇“白话”。

《吴郡白话报》是苏州(吴县)第一张带“吴”字的报纸,也是苏州(吴县)最早的 24 开本半月刊报纸,铅印本,逢朔、望日出版发行,每期约 30 页,全用 4 号字排版,报头不标版年,下附英文译题头一行,封面套色木刻印刷。第 1 期印数 500 份,之后印数逐渐增至 2 000 份。报纸是由当时的吴中公学学生自愿负责代销的,每期出版后学生就夹着满城奔走,边兜售边为之宣传。《吴郡白话报》的内容有“论说”“谈丛”“学术”“新闻”“歌谣”“诙谐”“来稿”等,提倡“用粗浅的道理学问,向民众灌输革命教育”。在发刊词《做吴郡白话报的缘故》中,说办报宗旨是“把各种粗浅的道理学问,现在的时势,慢慢的讲给你们知道……向民众灌输革命教育”。第 1 期刊载了揭发江苏巡抚恩寿卖官鬻爵的丑闻,刊登了标明“吾党第一伟业”、已被清廷列为禁书的《黄帝魂》广告。报纸一出版就受到了读者的欢迎,成为宣传反清思想、积极鼓吹革命的舆论工具。光绪三十年(1904)四月,《吴郡白话报》发行至第 5 期,第 6 期也已付印准备发行。由于第 6 期卷首载有吴和士撰写的论说《吊新年文》,主张反清革命,措辞相当激烈,不料被人密报江苏巡抚恩寿。恩寿谕令长洲知县派人到承印该报的开智书室,搜去全部已印好的报纸,该报就此停刊。此后王薇伯从上海东渡日本寻求真知,吴和士、孙东吴等人也纷纷到上海发展。7 年后,苏州在江苏巡抚程德全的率领下和平光复,实现了吴郡白话报人反清革命的目的。

三、新政与地方自治运动

20 世纪初,清政府为维护其统治,连续颁布实行了筹饷练兵、振兴实业、废科举兴学堂、改官制整吏治、修订新律、预备立宪等一系列“新政”措施。在这种形势下,苏州地方士绅和资产阶级上层人士开始创建商会,发展实业,并积极开展以参与政务、兴办新式教育、推进城厢自治等为主要内容的地方自治运动。

(一)苏州商会

光绪三十年(1904)初,清政府颁行《商会简明章程》26条,谕令各省设立商会,规定:“凡属商务繁富之区,不论系会垣、系城埠,宜设立商务总会,而于商务稍次之地,设立分会。”〔1〕同年初,上海首先在商业会议公所的基础上创设商务总会。11月,天津商务公所也改组为商务总会。在此前后,全国各通商大埠和重要城镇亦相继创立商会,外洋各埠的华侨商人则纷纷创设中华商务总会。苏州绅商起初持观望态度,后受到江苏上至督抚、下至府县的指责:“苏郡地居省会,为各府表率,似未便再事因循观延”〔2〕,要求苏州绅商成立商会。苏州绅商开始从思想上重视起来,认为:“自洋货倾贯内地,土货销路日绌。加以银市日紧,捐输繁重,商情涣散,视各埠尤甚。亟应联合各业设立商会,方足以振兴工业,齐一商志。”〔3〕对于切身利益也极为关注:“提纲挈领,保卫维持,稗商务日有进步者,实惟商会是赖。盖商之情散惟会足以联之;商之见私,惟会足以公之。”〔4〕“商会之设,始于上海,渐及浙粤,计自设会以来,小而驳斥词讼违章,大而抵制美国之约,皆得收众志成城之效”〔5〕,从而更增强了他们设立商会的迫切感。光绪三十一年五月十八日(1905年6月20日),苏州绅商王同愈、尤先甲、张履谦、吴本齐、潘祖谦、彭福孙等向商部递交“说帖”,呈请设立苏州商务总会。光绪三十一年(1905)6月30日,苏州绅商又向商部递交了一份正式呈稿,对于建立苏州商务总会的重要性和迫切性做了说明:“伏念苏州府城实为吴中省会,北辖常、镇,南通嘉、湖,东控松太,西抱具区,民物繁庑,商务向称殷赈。近年城外又辟为通商口岸,他日沪宁铁路告成,苏城尤当孔道,货物流行,华洋毕萃,夫一哄之市,必立之平,若复玩其所习,故步自封,通环带阛之区,独无商会以维持其间,微论官与商既多隔阂,即商与商亦复纷(分)歧,自应遵照大部奏定章程,设立商会。”〔6〕光绪三十一年六月十五日(1905年7月17日),清政府商部正式

---

〔1〕《商部奏定商会简明章程二十六条》,见商务印书馆编译所:《大清光绪新法令》第16册,清宣统元年商务印书馆铅印本,第31页。

〔2〕苏州档案馆藏:《苏州商会档案》卷三,第25页。

〔3〕章开沅等:《苏州商会档案丛编》第1辑,华中师范大学出版社1991年,第2页。

〔4〕章开沅等:《苏州商会档案丛编》第1辑,华中师范大学出版社1991年,第3页。

〔5〕章开沅等:《苏州商会档案丛编》第1辑,华中师范大学出版社1991年,第3页。

〔6〕章开沅等:《苏州商会档案丛编》第1辑,华中师范大学出版社1991年,第3页。

行文批准在苏州创设商务总会。章程和总会人选经清政府审定后，光绪三十一年九月八日(1905 年 10 月 6 日)，苏州商务总会于赛儿巷七襄公所内召开了成立大会，到会的各业代表共 64 人，投票公举侍读内阁中书、同仁和绸缎庄东尤先甲为总理，倪思九为协理，选出潘祖谦、彭福荪等 16 人为会董。当即随同章程报商部批准。12 月 11 日启用关防(印章)。至此，苏州商务总会正式成立。苏州商务总会下设分会，苏州所辖各县、镇，先后建立了平望、江震、昆新、常昭、梅里、盛泽、东塘、青浦等八个分会以及若干商务分所。据粗略统计，清末苏州地区商务总会、分会会员近 300 人(不包括会友在内)。苏州商务总会"以调查商业、和协商情、开通商智、研究商学为宗旨。而以保卫公益、调息纷争、改良品物、发达营业为成效"[1]，此后即以正式条款载入章程。苏州商务总会组织系统和管理体系完整，带有明显的资本主义色彩和资产阶级的民主精神，是晚清苏州成立时间最长、活动涉及面较广、影响较深远的重要组织。

苏州商务总会根据商会宗旨，有效地发挥了联商情、开商智、兴实业的重要职能，采取一系列措施，促进苏州工商业的发展。光绪三十四年(1908)，加入商会的共有 48 个行业，1 099 户。可以说，清末苏州主要的商业、手工业乃至近代工业企业，绝大部分均已列名其间。[2]苏商总会通过多种方式联络工商，其中比较常见而固定的形式是定期召开有各业议董和会员参加的会议，各业代表可以直抒已见，互通商情，集议讨论整顿改革的传统陋习，共同商讨有关各项振兴实业的措施。通过会议，加强了各行业之间的联系，苏州商人称赞："益自设立商会以来，商情联络，有事公商，悉持信义，向来搀(掺)伪攘利、争轧倾挤之风，为之一变。"[3]此外，苏州商务总会在光绪三十三年(1907)设理案处，由 16 名议董为理案员，负责调处商事纠纷。苏商总会还通过参与南洋劝业会和开办苏省商品陈列所，增强工商各业之间的相互联系和竞争意识，促进实业的发展。宣统二年(1910)6 月，南洋劝业会在南京正式开幕，苏商总会作为主要协赞者之一，对劝业会的举办做出了贡献。从劝业会事务所给苏州物产会的一份照会中得知，苏州及其所属县、镇送展的物品，获奖牌者有 1 912 件，其中得金牌者 297 件，获银牌者 1 185 件，足见物品种类和数量之繁多。另外，南洋劝业会奖励各物产会贡献卓著之经办人员，苏州有幸获奖的 9 人当中，有 6 人是苏商总会的总、协理

---

〔1〕 章开沅等:《苏州商会档案丛编》第 1 辑，华中师范大学出版社 1991 年，第 3 页。

〔2〕 马敏、朱英:《传统与近代的二重变奏——晚清苏州商会个案研究》，巴蜀书社 1993 年，第 164 页。

〔3〕 苏州档案馆藏:《苏州商会档案》卷六十八，第 43 页。

和重要骨干。[1]为了拓展苏州各种商品的销路，苏州商务总会还组织苏州商品赴海外参加国际赛会。在宣统三年(1911)10月以前，苏商总会组织参加了光绪三十一年(1905)比利时黎业斯博览会，光绪三十二年(1906)意大利秘拉诺博览会，光绪三十三年(1907)澳大利亚墨尔本女工博览会，光绪三十四年(1908)俄国彼得堡博览会，宣统二年(1910)南洋劝业会、比利时首都博览会、德国柏林卫生博览会、菲律宾马尼拉博览会，宣统三年(1911)意大利都朗博览会等国外重大赛会。这些活动有利于苏州产品走向全国、走向世界。

苏州商务总会成立后，还采取积极措施，扶持创办近代企业，促进苏州工商业的发展。光绪三十二年(1906)，长洲县商人欧阳元瑞等四人呈文苏商总会，提出为“兴商立业，挽回利权”，拟筹设瑞丰轮船公司，船只往来航行于苏、锡、常、丹、镇及常熟等地。苏商总会为其转咨商务局和苏州关税务司，请“准予立案”，“行文饬各县给示保护”。但是，该公司在常州修建停靠码头的过程中遇到来自当地官府的阻碍，延宕数月不能开航。苏商总会行文有关衙署，指出“该船局现已预备开办，亟应给示保护，俾免沿途地方闲杂人等滋扰”。同时，又呈文农工商部，禀请“俯赐鉴核，照章保护”。农工商部批复：“系为振兴商务起见，准予注册给照具领。”通过反复交涉，瑞丰轮船公司终于在光绪三十三年(1907)元月正式开航营业。[2]据档案记载，从光绪三十一年(1905)到宣统三年(1911)苏州光复，经由苏州商务总会代呈立案的企业(公司)有生生电灯公司、瑞丰轮船公司、裕泰纺纱有限公司、公兴张金有限公司、农业肥料有限公司、颐和罐食有限公司、华通有限公司、三友垦牧公司等。实际上，这七年里苏州创设的企业远不止这些，据1912年统计，“吴县(即苏州)工厂总数是76家，工人10 720人，产品价值总数3 178 020元”[3]。说明在苏商总会的扶持下，苏州民族资本主义工商业得到了进一步的发展。

苏商总会还积极参与有关国家安危与苏州地方安定的活动。苏州商务总会成立时，即领导了抵制美货运动和保路运动。苏州商务总会为维护商民利益，或出面向当局交涉，据理力争；或由商会直接领导，并联合各地总商会、分会进行抗争，领导商民进行抗捐抗税斗争。光绪三十二年(1906)秋，苏州商务总会还创

---

〔1〕 马敏、朱英：《传统与近代的二重变奏——晚清苏州商会个案研究》，巴蜀书社1993年，第184页。

〔2〕 马敏、朱英：《传统与近代的二重变奏——晚清苏州商会个案研究》，巴蜀书社1993年，第197页。

〔3〕 屠雪华：《略论清末的苏州商务总会》，见《近代史研究》1992年第4期。

设苏商体育会,进行武装训练,辅助地方治安。苏商体育会成立之后,始终从属于苏州商务总会,无论在人事、经费、武器的调拨购买方面,还是在活动的安排上,都依赖于商会。特别是辛亥革命前夕,商会还积极为体育会代领或代购枪支,以加强地方治安,使体育会成为商会的一支武装力量,在苏州和平光复过程中起了很大的作用。

苏州商务总会是苏州地方士绅和资产阶级上层人士顺应社会发展建立起来的具有资本主义性质的社会组织,促进了苏州早期资本主义工商业的发展。苏州商会还把商会的功能向外延伸,涉及苏州经济、政治、军事、学务、治安等各个方面。苏州商务总会的独特之处在于其对于苏商体育会和市民公社的领导。通过体育会,振奋民族精神,培养国民尚武精神,使商民个个有强健的体魄;通过市民公社,贯彻实行资产阶级民主政治,培养商民的民主政治意识,为走上历史舞台做好思想和政治准备。所以,苏州商务总会不是旧式行会、会馆的改良和延续,而是一种超越于行会、会馆的新式的资产阶级社团,它领导着苏州市民进行反帝反封建的斗争,为本地资本主义的发展扫清障碍,促进了工商业的发展。[1]

(二) 苏州地方自治运动

光绪三十二年(1906)左右,清政府中的一些开明人士开始提出实行地方自治的主张。光绪三十三年(1907),清政府发布上谕,同意在部分省份先行试办地方自治。苏州开明地方士绅利用苏州商务总会发展资本主义工商业,逐渐登上苏州政治舞台,广泛参与苏州的地方自治运动。早在光绪三十一年(1905)九月,苏州地方上层人士在王同愈领导下,成立苏州长洲、元和、吴县学务公所,由彭福孙任总理,吴本善任协理。学务公所选定原督练公所旧址为议事场所,统筹规划地方教育事宜,顺应了地方自治的需要,做好地方自治的舆论宣传。

光绪三十三年(1907)八月,苏州成立了苏省地方自治调查研究会,后与官方合作,于光绪三十四年(1908)扩充并改名为苏省自治局,内附设自治研究所。同年年初,苏州官绅为成立江苏省谘议局,在沧浪亭设立谘议局筹办处。宣统元年(1909),苏属所设谘议局筹办处归并江宁。苏州官绅将原谘议局筹办处之一部合于自治局,统称为江苏省苏属地方自治筹办处。自治筹办处是一个半官半绅或半官半民的地方自治权力机构,它的出现表明苏州地方自治运动由此开始。

江苏省苏属地方自治筹办处成立后,主要事务是筹办下属城、镇、乡的自治

[1] 屠雪华:《略论清末的苏州商务总会》,见《近代史研究》1992年第4期。

公所。据《江苏自治公报》所刊《本处拟定各属筹备自治公所暂行简章》和《各属筹办自治公所办法》,可以看出自治公所成员的构成是“所长一人,副所长二人,参议无定员,调查员数由所长共同酌定,司选员临时推充,常驻办事员一人,书记一人,会计兼庶务一人”;“需用经费由官绅协力筹之”。[1]为了加快自治理论与思想的普及,筹办处所属之自治研究所自宣统元年(1909)7月起开办每期为时8个月的自治培训学校,培训的具体课程是:(1)宪法纲要;(2)法学通论;(3)现行法制大意;(4)谘议局章程及选举章程;(5)城镇乡地方自治章程及选举章程;(6)调查户口章程;(7)其他奏定有关自治及选举各项法律章程;(8)自治筹办处所定各项筹办方法。培训“以教授关于地方自治诸学科,养成办理各厅州县研究所人才为宗旨”。[2]

在筹办处的督导下,长洲、元和、吴县于宣统元年(1909)五月二十八日在苏城玄妙观成立城厢自治公所。根据《各属筹备自治公所简章》和《各属筹办自治公所办法》,长洲、元和、吴县自治公所设正、副所长三人,参议员、名誉咨访员、编辑员、会计员、驻所办事员、书记员、庶务员若干人,采用委员会议制进行工作。“除参议咨访各员以每月第二、第四星期为常会会期外,其余均常川到所。”[3]在此前后,苏州城郊及属县也纷纷成立自治机构。吴县所属的木渎镇绅士顾彦聪等主动上书江苏巡抚陈夔龙,请求在木渎镇成立“自治会”,“凡镇中所有修造桥梁、掩埋暴露、施送棉衣米药等事及已办之学堂局所并一切地方公务悉隶该自治会”。江苏巡抚认为,“该绅等所呈办法尚无流弊”,“准其照章试办,并饬县刊发木质信章,俾资循守”。[4]常昭两县绅士呈请江苏巡抚批准成立自治会,制定办事大纲六项:一清理财政;二振兴实业;三保卫治安;四规划工程;五补助教育;六改良风俗。[5]宣统二年(1910)5月《东方杂志》发表《论说》一文,对全国各地自治活动进行评价。《论说》写道:“城自治一律克期成立,惟有江苏之苏藩所属厅州县城,各属城议事会,议案灿然具备,地方利弊居然有负责任之主体,视彼(视他省)侈陈学员之数、研究所之数者,功用何如!苏人长此,推及于镇乡,举隅于厅州县,数年之后,必且特拔于全国各地方之上。”[6]

清末苏州地方自治运动的重要表现之一就是筹办江苏省谘议局议员选举。

---

〔1〕《江苏自治公报》第1期,宣统元年八月。

〔2〕孟森:《宪政篇》,见《东方杂志》第6卷第7期,1909年。

〔3〕《宪政馆考核第一届筹备成绩折》,见《东方杂志》第6卷第6期,1909年。

〔4〕《地方自治汇志》,见《东方杂志》第3卷第12期,1906年。

〔5〕《各省内务汇志》,见《东方杂志》第4卷第2期,1907年。

〔6〕《论说》,见《东方杂志》第7卷第5期,1910年。

光绪三十四年(1908)八月,《各省谘议局章程并议员选举章程》公布,江苏绅商在张謇等人的发起联络下,广泛参与谘议局的前期筹备工作,江苏谘议局筹办处在苏州宣告成立。在谘议局筹办处的组织下,江苏所属各地广泛进行选民的调查与登记工作。据《江苏自治公报》载:"苏城开始调查选民,并先期张贴传单通告,居民凡纳正税或公益捐之纸,均须检出以备调查。如合格始得为选民。"〔1〕调查的结果是,江苏所属五府州共有合格选民 59 643 人,其中苏州府属 11 个厅县,共有选民 10 248 人。苏城同治之三县即长洲、元和、吴县合计有选民 4 062 人。〔2〕江苏是谘议局议员选举调查活动除直隶以外"最为踊跃"的省份,而苏州在江苏各城市中又名列前茅。《申报》在光绪三十四年(1908)10 月曾就各省"筹办之成绩,列表一幅,对比各省进行之程度。江苏省属,特别是苏州的谘议局选举活动走在全国的最前列"〔3〕。同全国各地的谘议局议员选举一样,江苏的议员选举也采取初、复两轮选举制。初选以厅州县为选举区,复选以府直隶厅州为选举区。苏州初选由同城长、元、吴三县分别进行,复选则合府为之。按规定,初当选人数是复当选人数的 10 倍。所以苏州一府初选当选人数为 110 人,复选当选人数为 11 人。经过两轮角逐,至宣统元年(1909)6 月 2 日,苏州府的金祖泽、方还等 11 人当选为江苏省谘议局正式议员。

苏州的谘议局议员选举是苏州历史上第一次地方选民直接选举。总体上说这次选举是相当成功的,选出的议员大多为地方俊杰之士。在后来谘议局议员与地方官吏的斗争中,苏籍议员总是立于斗争前端的"锋线人物"〔4〕。

(三) 苏州市民公社

市民公社是清末地方自治运动中产生的仅见于苏州的一种社会组织。宣统元年(1909)五月,苏州商务总会会董、自治研究会成员、怡和祥洋行经理施莹提出:"观前大街,分为观东、观西二名称,地居冲要,店铺林立,从前办理各事,虽有施行之效验,尚无联合之机关。商等目击情形,急思振作,爰拟组织公社,自醋坊桥起,察院场口止,如关于卫生、保安等类,集思广益,实力试办,取名苏城观前大街市民公社。"〔5〕观前街是苏州城内最为繁华的地区,观前市民公社的创立起

---

〔1〕《江苏自治公报》第 3 期,宣统元年八月三十日。

〔2〕《江苏省苏属筹办处分配选举议员文牍》,见《东方杂志》第 6 卷第 3 期,1909 年。

〔3〕《宪政篇》,见《东方杂志》第 6 卷第 3 期,1909 年。

〔4〕张海林:《晚清苏州地方自治略论》,见《江苏社会科学》2000 年第 3 期。

〔5〕《苏州市民公社档案选辑》,《辛亥革命史丛刊》第 4 辑,中华书局 1982 年,第 88 页。

到了示范作用。以后陆续建立的有渡僧桥四隅市民公社、金阊下塘东段市民公社、道养市民公社等。

市民公社成立的目的是"联合团体,互相保卫,专办本街公益之事"[1]。道养市民公社在其成立时宣称:"地方公益,在市民义不容辞;社会安宁,虽商界责无旁贷","职商等实为地方公益、社会安宁起见,是以义务所在,责任必承"。[2]观前市民公社宣布其宗旨为"合无数小团体成一大团体,振兴市面,扩张权利,不惟增无量之幸福,更且助宪政之进行"[3]。其他各市民公社也都声称把"办理本区域自治范围以内一切公益之事"作为自己的目标。苏州市民公社均制定了完备的章程。根据章程,加入市民公社的条件:凡年满 20 周岁(有的公社规定 21 岁以上,初期有的公社规定年满 25 岁),在本地区居住一年以上,客籍要居住两年以上,在本地区有商业行为或有不动财产者。但对有不良嗜好或在商业和银钱往来上有失去信用者以及患疯癫者一律不予接纳。入社费各社不一,5 角至 3 元不等,经常费用为 2 角至 1 元不等。凡对于犯刑律、违背公社宗旨、破坏公社名誉者,或不依章缴纳社费者即令出社。根据章程,每个市民公社基本上都设有正副总干事二三人。其下设有评议会,有评议员若干人,职责是评议公社一切事宜,相当于公社的立法议事机构,凡关于市政兴革诸事以及公社内经济之预算、决算,经评议会过半数决议者方能施行。不论是正副总干事还是评议员,都由全体社员选举产生。在正副总干事和评议会之下,又建立会计部、庶务部、书记部、消防部等分任具体事务。

苏州市民公社活动范围极广,最初注重于修道路、补桥梁、砌平石级、疏通沟渠等城市市政建设,以后逐步扩大到消防、卫生、社会救济等群众福利方面以及参加冬防等。特别值得注意的是苏州市民公社和商团在辛亥革命苏州和平光复中起了重要的作用。苏州市民公社是在清末预备自治名义下提出并组织起来的,成为苏州地方自治运动的一个重要组成部分。正如一些学者所指出的,如果近代中国历史上曾出现过市民社会的话,那么像清末民初上海、苏州等地的商会和苏州的市民公社就是具有比较完整意义的市民社会,因为它们在这一时期已在相当程度上摆脱了国家直接控制和干预,成为拥有相当程度独立性和自主性的社会自治领域,苏州市民社会以合法有序的方式进入国家有机整体,成为地方社会整合的必要中介、社会动员的有效途径和政府行为的制衡机制,它为苏州的

---

[1] 《苏州市民公社档案选辑》,《辛亥革命史丛刊》第 4 辑,中华书局 1982 年,第 39 页。
[2] 《苏州市民公社档案选辑》,《辛亥革命史丛刊》第 4 辑,中华书局 1982 年,第 92—93 页。
[3] 《苏州市民公社档案选辑》,《辛亥革命史丛刊》第 4 辑,中华书局 1982 年,第 59 页。

近代化发挥了重要作用。[1]

清末苏州的新政和地方自治运动在不少地方留下了封建社会的疤痕，但毕竟在民权基本建设方面迈出了第一步，在中国地方政治史上具有划时代的意义，开启了后来民国地方自治活动的先河。[2]

第五节　辛亥革命与和平光复

一、资产阶级民主革命浪潮

19世纪末20世纪初，在全国人民的反侵略反封建斗争的影响下，苏州反侵略反封建的资产阶级民主革命运动兴起。

（一）苏州的反帝爱国运动

面对西方列强对中国铁路权益的掠夺，光绪三十一年（1905），全国各地开展了声势浩大的"保路"爱国运动，苏州也掀起了"苏路风潮"。

光绪二十一年（1895），两江总督张之洞拟议从南京经苏州到上海再至杭州修建铁路。翌年正月，他向清政府递呈奏折，奏请官商合办苏沪铁路。但与此同时，各帝国主义国家加紧胁迫清政府，攫取筑路权。光绪二十四年（1898）五月，督办铁路大臣盛宣怀不顾江苏人民的反对，与英商怡和洋行草签了借款协议，准许英商出资承办此路。光绪二十九年（1903）秋，正式签订中英《沪宁铁路借款合同》，借款额为290万英镑。光绪三十年（1904），英国按合同开始筑路，江苏绅民闻知异常激愤，纷起反对。在京的江苏籍官员以及留学日本的江苏籍学生纷纷上书清廷，要求收回路权，并组织人员进行调查，揭露盛宣怀揽卖路权的内幕。光绪三十二年（1906）年底，督办沪宁铁路大臣唐绍仪与英国银公司磋商续借路款65万英镑，并在国内发行路票，再次激起绅民抗议浪潮。苏州与上海等地绅商联名上书唐绍仪，强烈要求停止发行路票，"庶足稍留苏省未尽之膏血，稍纾苏省赎路之痛苦"。[3]清农工商部、苏省藩司多次致函苏州商务总会，要求劝谕商民购买沪宁路票，均为苏州商务总会绅商拒绝。光绪三十四年（1908）沪宁铁路正式通车后，苏州绅民切齿痛恨，愤而言之："现沪宁被夺，闻城外汽笛呜呜，

---

〔1〕屠雪华：《关于苏州市民公社几个问题的探讨》，见《民国档案》1995年第4期。

〔2〕张海林：《晚清苏州地方自治略论》，见《江苏社会科学》2000年第3期。

〔3〕章开沅等：《苏州商会档案丛编》第1辑，华中师范大学出版社1991年，第790页。

不啻悬钟暮鼓,日日唤醒我人之迷梦,若拒绝借款后而不将此路赎回,犹未能完全我之主权也。"[1]

沪宁路权争夺失败后,围绕苏杭甬筑路借款问题,苏州绅商将保路运动迅速推向高潮。光绪二十四年(1898)九月,由盛宣怀出面与英国银公司秘密签订了苏杭甬铁路草约4条,拟将江、浙两省路权悉数出卖。此时江浙绅商士民还不知内情,正忙于筹集资金建造苏杭甬铁路。光绪三十一年(1905)8月,浙江商办铁路公司成立,奏准招股修筑全浙铁路。9月,江苏巡抚陆元鼎在绅商士民要求自办铁路的压力下,致电外务部,"现在宁沪铁路正筹挽回利权,苏杭甬铁路所立系草约。闻浙路既拟自办,苏路岂能独异,应请将草约作废"[2]。光绪三十二年(1906)4月,江苏绅商恽毓鼎、邓邦述、尤先甲等256人公呈商部,要求自办铁路,明确提出"自行筹办,由保路权以保国权,亦即保利权"[3]。是月,江苏绅商组成苏省铁路公司,在100余名发起人中,苏州绅商署名的达20余人。苏省铁路公司由王清穆为总理,张謇、王同愈、许鼎霖为协理,奏准自办本省铁路,先从南线沪嘉、苏亮路入手。苏省铁路公司在苏州设有驻苏铁路分公司,以王同愈、尤先甲为经董,主要为筹筑苏嘉路负责购地、招股事宜。苏嘉路拟筑百余里,约总计需费200万元,仅苏州一地已筹得底股30万元,其中由商民筹集的为20万元。苏嘉路后因经费困难等种种原因,未及开筑即以"缓办"名义夭折,股款移筑沪嘉路。英国见江浙两省绅民开始自办铁路,立即照会清政府,要求勒令停工,并恫吓清政府,"若任听各省绅民皆照浙绅半年来莠言而行,中外无法相安"[4]。清政府命盛宣怀同英国交涉,苏杭甬铁路借款草约终于败露,绅商士民群情激愤,再次掀起反借款的爱国运动。苏州商务总会致电农工商部,要求设法维持商办。商会和驻苏铁路分公司多次开会集议,商量拒款保路办法。苏州商务总会明确宣布,"商会宗旨在劝各绅商以集股保路为第一义"[5]。驻苏铁路分公司特建立了"拒款会"以领导保路运动。光绪三十三年(1907)十一月初三,苏州商务总会发起召开集股保路大会,与会者300余人,会上集得苏路公司股份9 143股(每股五元)。苏州留学日本同乡会也在东京召开大会,致书苏州商会,"此路系吾省命脉所在,路权一失,不啻以全省权利均归外人掌握。及此不争,将来切肤

[1] 章开沅等:《苏州商会档案丛编》第1辑,华中师范大学出版社1991年,第798页。
[2] 宓汝成等:《中国近代铁路史资料(1863—1911)》(第二册),中华书局1963年,第1006页。
[3] 章开沅等:《苏州商会档案丛编》第1辑,华中师范大学出版社1991年,第772页。
[4] 宓汝成等:《中国近代铁路史资料(1863—1911)》(第二册),中华书局1963年,第844页。
[5] 章开沅等:《苏州商会档案丛编》第1辑,华中师范大学出版社1991年,第797页。

之痛,固不独我省受之,而直接在商界尤属不堪设想,此万万不可不出死力以抵抗者也”[1]。同时苏州女界还成立了“女界保路会”,支持保路斗争。驻苏铁路分公司还设立铁路学堂,培养铁路技术人才。学堂里的学生发起组织拒款会,编印抵制借款的传单,四处广为散发。

光绪三十三年(1907)九月,清政府屈服于英国压力,签订了所谓借款、筑路“分为两事”的卖路合同。消息传出,苏州商务总会立即致电农工商部、外务部,宣称“不认商借商还,力拒外款”。同时接连召开集股保路大会,广泛动员社会各阶层踊跃投入保路斗争。是年末,苏州绅商推王同愈为代表,随同许鼎霖、张元济等人作为江、浙两省铁路股东代表进京,要求清政府收回卖路谕旨。代表们坚持“遵旨商办,不认借款”的宗旨,与外务部反复交涉。光绪三十四年(1908)二月,由袁世凯出面奏请将苏杭甬铁路改为沪杭甬铁路,以邮传部名义与英国银公司签订借款合同,共借路款 150 万英镑,再由邮传部转借给两省铁路公司。江、浙上层绅商害怕继续闹下去会激起下层民变,同时也怕开罪官府给自己招致不测之祸,在已争得“商办”名义的情况下同意这一方案,延续数年的“苏路风潮”随之偃旗息鼓。

在以上海为中心的反对美国华工禁约运动中,苏州社会各阶层踊跃参加,尤以抵制美货运动声势浩大。

光绪三十一年(1905)四月十八日,参加苏州福音医院学生毕业典礼的苏州商界和学界人士,积极响应上海商会的号召,讨论准备抵制美货,并筹划成立领导苏州抵制美货的机构。四月二十九日,苏州各界百余人士在玄妙观召开第一次大会,决定成立争约处,通过了沈戟仪所提的争约处组织章程 13 条,争约处正式成为苏州抵美运动领导机构。五月二十九日,争约处在玄妙观召开第二次大会,集体讨论抵制美货事宜,“绅商赞成签押者多至八百余人共相勖勉实行抵制”[2]。六月二十八日,争约处在阊门外丽华茶园召开第三次大会,“到者甚形拥挤”,“按人给美货商标一纸,计共送去 6 000 余张,尚属不给”。美货各主要样品及各种布样张挂场内门首,会上蒋季和、武仲英等人发表演说,与会者一致签名誓绝美货。苏州各业公所、会馆、商店等纷纷响应抵制美货。都亭桥大成烟号店主吴纳士表示,将店内已停销的美烟、香皂、花露水等存货运至玄妙观当众焚毁,“以尽实行不用美货之义务”;经营美烟的怡和祥号店主施炳卿,原已与美商

[1] 章开沅等:《苏州商会档案丛编》第 1 辑,华中师范大学出版社 1991 年,第 785—786 页。
[2] 苏绍柄:《山钟集》,上海鸿文书局 1906 年,第 74 页。

签订一年合同,亦“决意签名,誓将合同废去”。[1]此后,成衣业、漆业、织机业等行业也相继做出规定,禁销、戒用美货。

苏州抵制美货运动还深入普及到苏州各县城和集镇。昆新洋布业商人曾致函上海商会,表示:“抵制美约,普天共愤。敝处在苏郡地方不过数十里,经商不过数十家,然开会之期到者常数百人”,而且“数次开会,集众演说”。[2]常熟绅商借邑庙开拒约大会,“到者千余人内有短衣赤足者”[3]。梅里、芦墟、同里、震泽等地的商家,也纷纷集会抵制美货。吴江县同里镇成立了拒约社。震泽商人还提出了抵制办法,除不用美货外,“再添不搭美轮不租美屋二层普劝同胞以辅不用美货之不足”[4]。

苏州妇女界也积极投入斗争。光绪三十一年(1905)六月十四日,苏州妇女界在因果巷兰陵丙等女学堂召开会议,由蒋振懦女士发起讨论抵制禁约问题,江兰陵、沈孟园在会上演说了美国虐待华工的惨状;蒋凤梧、苏丽文在会上演说“女子应自主,男女平等,抵制美货,振兴女学,以负国民之资格”[5]。到会的320多人都签名赞成抵制美货。六月十八日,苏州妇女界在钮家巷胡宅再次举行特别大会,到会200多人,会上成立了“苏州女界集议会”,并决议不用美货的办法。

光绪三十二年(1906)年初,全国抵制美货运动进入低潮,许多城市都退出斗争行列,苏州抵制美货运动仍在继续着。苏州商会会同争约处表示:“商会以公理公德为主,抵制美约一节,为吾中国各行省之公愤,为环球列国所公许,则买卖美货者,实为破坏公理公德之尤。”[6]苏州商会还特别规定,如有出售美货的奸商,则会被商会除名。[7]苏州全城家家户户门上还贴有“本宅不买美货”的标语。据不完全统计,当时各行业的群众性集会达30多次,参加人数达数万。抵制美货运动可以说是苏州近代早期资产阶级以独立的社会力量参与并领导的民主革命运动,虽然没有取得重大的成绩,但也产生了较为广泛的社会影响。

---

〔1〕《时报》,1905年8月2日。

〔2〕苏绍柄:《山钟集》,上海鸿文书局1906年,第184页。

〔3〕苏绍柄:《山钟集》,上海鸿文书局1906年,第294页。

〔4〕苏绍柄:《山钟集》,上海鸿文书局1906年,第103页。

〔5〕中华全国妇女联合会妇女运动历史研究室:《中国妇女运动历史资料(1840—1918)》,中国妇女出版社1991年,第373页。

〔6〕《时报》1906年2月2日。

〔7〕马敏、朱英:《传统与近代的二重变奏——晚清苏州商会个案研究》,巴蜀书社1993年,第313页。

(二) 苏州商民抗捐抗税斗争

为挽救其统治,清政府对外滥借洋债,对内横征暴敛,为此苏州商民多次举行抗捐抗税斗争。苏州是清政府赋税收入的重要地区,深受捐税征敛之累。苏州的捐税抗争,起初为分散的自发的斗争,后逐渐统一在苏州商务总会的领导下,成为有组织的联合抗争。苏州商民在苏州商会领导下,开展了形形色色的捐税抗争,主要有酒作请免匀摊、缏线业抗纳认捐、反对牙税加征十倍、抗缴酱缸捐、洋广货业抵制加捐、抵制印花税等。其中宣统元年(1909)的抵制印花税和裁厘认捐斗争,又成为江苏立宪派进行立宪运动的一个重要组成部分。

1. 酒作请免匀摊

光绪二十一年(1895)冬,清政府加派酒捐,酿酒每用米一石捐钱 150 文,光绪二十五年(1899)冬加征至 300 文,光绪三十年(1904)又增至 450 文,10 年中增加 2 倍,加以米价腾贵,零星小酒作坊纷纷闭歇。光绪三十一年(1905),牙厘局为收足捐数,将闭歇户应缴之捐强令摊派给 80 余户开业酒商。众商不服,以潘万成为首的 63 户开业酒商联名请求免除匀摊。经各业力争,牙厘局同意在酒业接受光绪三十二年(1906)新颁酒捐每石缴纳 975 文的条件下,才免除光绪三十一年(1905)匀摊数。但新颁酒捐收齐后,牙厘局仍要开业户匀摊上年酒捐,不管酒业 60 余户再次公禀,提出请求和抗议,一概置之不理,此次免摊酒捐斗争终告失败。

2. 缏线业抗纳认捐

缏线业为苏城各业中的小行业,所以一直不捐税。光绪三十一年(1905)十月,苏城牙厘局传令照准由失业商人归德云包认全业捐钱每年 1 600 千文,向各户摊派。缏线业全业 26 家公议后坚决不认。十二月(1906 年 1 月)当局先由吴县差提将为首的两名商人管押,后又传讯有关缏店主责认捐数。缏线业具禀苏州商会请代呈商部,经商部与商会的干预,取消了缏线业的捐税。由于缏线业同业商人的坚决抗争,这次抗捐斗争取得成功。

3. 反对牙税加征十倍

江苏的牙税一般分为四等,上等年纳银二两,二等一两五钱,三等一两,四等五钱。如果加上折价、耗银及各项小费,则上等完银二两者,实际须洋八元左右,四等五钱亦须洋二元,实际缴纳是原标准的三倍。光绪三十二年(1906),江苏巡抚以整顿牙税为名,按照典业税章奏请饬加十倍完税。在原来已多交三倍的基础上加征 10 倍,实则已达 30 倍。苏州牙行以二、三等为多,牙商闻此消息,无不惶恐万分，纷纷赴商会声诉，请求苏州商会代为求减。苏州商会因而会同上海、江震、梅里、盛泽等地商会禀报商部，指出“贸易衰微，商情愈觉难支，若牙税骤增十倍，譬有屋漏加雨无以堪此”，要求江苏巡抚“酌减几成”。[1]地方当局却指令商会劝谕各牙商必须遵章输税，不得违抗。鉴于此，光绪三十三年（1907）9月，苏属苏州、松江、常州、镇江四府和太仓州的22处商会在苏州举行会议，由苏州商会领衔呈文商部，要求按牙户大小分等酌加，或暂定加征五成。同时还组织苏城的木、米、丝等主要牙商按照苏州商会的口径纷纷具呈说明。由于商会联合行动的压力和各牙商的坚决抗争，当局被迫同意从光绪三十三年（1907）起牙税只加征五成。这次抗税斗争取得了有限的成功。

4. 抗缴酱缸捐

清末，苏州酱坊业共有62家，所用原料主要是盐、豆麦。当时苏属四府一州酱业所用盐等原料均来自浙江，主要捐税由浙江省抽收。光绪三十二年（1906）九月，江苏巡抚以苏省财政支绌万分和筹款举办新政为由，札命江苏筹款所开办酱缸捐，调查酱业各商缸口成本、售价及利息等项数字，准备按落地货捐抽收常年捐项。酱商闻讯后，即以营业疲敝，请求宽免。但地方当局不仅不予以宽免，反而制定了详细的抽税办法，即核定每缸成本三十五千文，照产地正捐值百抽五，行销捐半之，共抽捐七五，不分正、副、备缸，一律按缸起捐，每缸常年完捐税二千六百二十五文，从光绪三十三年（1907）起征，按月缴县转解。根据这一规定，苏城62家酱坊正缸1 499口，按每口正缸可带二口副缸、一口备缸，共计7 495口酱缸，全年共须完捐近二万千文。酱商认为全免难准，于是请求苏州商会转呈当局，要求半免，接受正缸之捐，求免副、备缸捐；接受产地捐，求免行销捐。然而筹款所却严厉训斥酱商，又命苏邑三县将潘万成等为首6户的账册在3日内饬吊送核。苏城酱商被迫会同吴江、震泽、昆山、新阳、武进、阳湖六县92家酱商联名向商部和江苏总督禀控筹款所抑勒酱捐、饬吊账册的非法举动，并以《商律》《公司律》《簿计学例》等为据以理力争。为此，由苏邑三县出面调停，提出宽免备缸捐，副缸两口照正缸一口纳捐，仍遭到全体酱商拒绝。酱商们进一步联合同业，由苏属九县扩展至四府一州，由92家扩展至265家联名公禀商部。1907年10月，筹款所却以抗捐的罪名，饬提苏州城酱董潘廷枞和叶祉龄解县讯究，其他各县也奉令押勒酱商。群情激愤的酱商以罢市歇业相抵抗，斗争发展到

---

〔1〕马敏、朱英：《传统与近代的二重变奏——晚清苏州商会个案研究》，巴蜀书社1993年，第354页。

高潮。在江督所派专员和苏州商务总会共同调停下,酱商们接受如下折中方案:正缸一只不论产地捐和行销捐,每缸常年缴捐钱一千七百五十文,副缸两只抵作正缸一只计捐,备缸免征。由于“上海一隅复行抵抗”达半年之久,坚持只认正缸之捐,当局思之再三,认为“沪既减则苏必援例,所得仅此区区,于大局何所裨益”。故不得已将酱捐“一律蠲免,以存大体”[1],而使苏属酱商的抗捐斗争侥幸得获全胜。

5. 洋广货业抵制加捐

苏州洋广货业的落地捐一向由苏城厘局按件收取,洋货每件收银一两,每年以1.05万件计,共收银1.05万两;广货总计9 000余千文。光绪三十三年(1907)二月,候补知县邹某条陈江苏巡抚,谓洋广货运本每年至两三百万两,捐数与捐章远不相符,请整顿加捐。于是,苏省牙厘局任命邹某为“整顿洋广货落地捐委员”,谕令调查货件运销情况,重定捐章,按值百抽二五征收。面对突如其来的重捐,洋广货业商人异常愤慨。他们向苏州商会递呈禀词,怒斥邹某,声明如果不得全体同意而私定捐章,全业“决不承认”,并指出“如仍照从前少数人之意见,勒多数人以遵,似失预备立宪、提倡国民之宗旨”。商人的抗议被牙厘局严厉驳回,并照会商会“‘明白开导’该(洋广货)二业,援照二五半税交纳”。[2]因苏州商会的妥协,洋广货业终被加捐三成,抗争失败。两年后,当洋货业商情不支,要求恢复减捐三成仍复前年旧数时,仍未得到当局允准。

6. 抵制印花税

光绪三十三年(1907)秋,度支部奏请仿照西方各国的印花税法,指望以此摆脱捐章繁乱和各地抗捐抗税事件频起的困境,奉旨允准条拟章程办法奏明办理。苏州商人初以为试行印花税便可抵消落地捐,减轻商人的重负。然而,当宣统元年(1909)六月度支部拟就的印花税则和章程却规定,凡财产货物买卖借贷,所有各种契据、账簿,可用为凭证者,均须遵章贴用印花。若粗略匡算,各商铺每日进出的发票、收据、期票、汇票少则十余张,多则数十张,即以每张贴印花二十文计,则每日即有数百、文千之税,较之落地捐有过之而无不及。苏城各业商民群情激愤,纷纷反对试行印花税,指出外国印花税法非加收之税,乃统一之税;而中国印花税却是重加之税。苏州商会发动下属25个行业投书当局,坚决反对试行

〔1〕马敏、朱英:《传统与近代的二重变奏——晚清苏州商会个案研究》,巴蜀书社1993年,第357页。

〔2〕马敏、朱英:《传统与近代的二重变奏——晚清苏州商会个案研究》,巴蜀书社1993年,第352页。

印花税。[1]在苏州和各地商会共同抵制下,使在苏持续仅半年的试办印花税法,终未能推行。

7. 虎丘花树业抗捐

苏州虎丘花树业以培植珠兰、茉莉为主,专销苏城花帮或沿街叫卖,属半农半商的小本营生,向无厘捐。光绪二十八年(1902),花树业因向香港采办洋种花苗装运到苏未补纳落地捐,虎丘厘卡将之指为偷税,议加惩罚。此时,有奸商夏某乘机向牙厘局每年包认花捐五千七百五十文,牙厘局即行批准,定为常捐,年年催纳。宣统元年(1909)六七月间,先后有255家和163家花户联名具呈苏州商会请免花捐。苏州商会表示同情,希望当局宽免,当局未准。各捐户被逼无奈,终于"互结团体,坚不缴纳",并于八月将牙厘局告示揭去,拥入花捐公所。苏州商会出面调查花捐始末,与各花户一起据理力争,终于迫使当局做出让步,当年花捐减免三成。

8. 裁厘认捐的斗争

裁厘认捐的斗争是江苏立宪派在立宪运动中的一个重要活动,也是清末苏州抗捐税斗争中规模最大的一次。鉴于光绪二十九年(1903)江西改办统税,光绪三十一年(1905)湖北改办统捐,江苏谘议局遂有改办统捐之议。江苏牙厘总局则针锋相对,以改办认捐为反建议,实际是包捐而非认捐。于是谘议局对统捐和认捐两个方案加以比较与议论,双方主张却倒了过来,谘议局倾向于认捐,当局却倾向于统捐。宣统二年(1910),谘议局在南京召开全省商界联合大会。会议决定,按照《裁厘认捐筹办简章》分期进行厘金情况调查。同时决定成立筹办江苏全省认捐事务所,江宁、南通、苏州、上海四总商会总理为筹办认捐所所长。江宁、南通为一处,事务所设于宁;苏州、上海为一处,事务所设于苏。十一月,苏州事务所成立,苏州商会总理尤先甲、上海商会总理周金箴为正副所长,苏州绅商杭祖良为干事长,任命洪锡范、匡风逵等为调查专员,并组织了一个颇为周密的厘捐调查,有32个总、分会的30名专职人员参加调查,历时3个月,历访了苏局各地商会33个、厘局11个。在调查的同时,商会极力宣传认捐,苏城几个较大的行业如纱缎业、洋广货业,以及部分米业和烟酒业中的坐贾原先就采取认包捐项的形式,一经宣传,其他行业"众咸允从",纷纷呈请认捐,要求商会代为转禀。其时,当局则紧张地筹划统捐。宣统二年(1910)九月,江苏巡抚谕令苏藩

---

[1] 马敏、朱英:《传统与近代的二重变奏——晚清苏州商会个案研究》,巴蜀书社1993年,第359页。

(布政使)从五厍、锡金、下游、车坊、木渎等厘局抽调专人研究办法。年底,江苏布政使拟就一个统捐草案,具奏后很快奉准照办。于是当局宣布在宣统三年(1911)六月初一开办统捐。苏州商会在裁厘认捐方面所做的种种努力全部付之东流,因而激起商民们规模更大的反抗。苏沪商会做主动员,各业纷纷开具说略,指陈统捐之病商。一时间,反对统捐之声响彻苏城。这一系列的斗争虽被接踵而来的武昌起义的枪声打断,但捐税的抗争增强了商人对封建政权的离心力,加剧了社会动荡,动摇着清王朝的统治。

(三) 南社等反清活动

光绪二十六年(1900),东吴大学堂首任国文教习昭文(今江苏常熟)人黄人(字摩西)创办了苏州第一份民办报纸《独立报》,又与庞树柏等组织"三千剑气文社",以诗文鼓吹革命思想。次年,包天笑主编的苏州第一家《苏州白话报》创刊,以爱国启智为己任,鼓吹改革、实行新政,宣传兴办新式学堂、普及文化知识及男女平等等新思想。[1]同年十月初一,朱梁任偕同具有反清革命思想的青年文人梁柚隐、胡友白、包天笑等 18 人登苏州郊外狮子山招国魂。朱书纪年为"共和纪元第四十六癸卯十月辛亥朔",署名"黄帝之曾曾小子",白布招魂幡上写着:"归去来兮我国魂,中原依旧属公孙。扫清膻雨腥风日,记取当日一片幡。"上绘一雄狮怒吼,意谓睡狮已醒,将一吼惊人。这在当时是全国范围内少有的壮举。

常熟黄宗仰(1865—1921),别号乌目山僧。自幼博览群书,工古诗文辞,旁及释家经典。光绪十年(1884)出家为僧。后在上海哈同妻罗迦陵处主持讲授佛经。以出世精神做入世事业,积极支持和参加资产阶级民主革命运动。光绪二十八年(1902),与蔡元培、章太炎等发起成立中国教育会,拟编订教科书,改良教育,挽救危亡。次年成立爱国学社。曾资助邹容出版《革命军》一书。"苏报案"发生后,营救章太炎、邹容不果,避往东京,访孙中山于横滨,募资捐赠江苏留日学生同乡会革命刊物《江苏》。

吴江金松岑(1874—1947),光绪二十二年(1896)在同里镇创办"自治学社"和"理化音乐传习社",传授新文化,后又与陈去病组织"雪耻学会"。光绪二十八年(1902)创办同川学堂,翌年,应蔡元培之邀赴沪参加"中国教育会",并成立了同里支部。柳亚子、潘光旦、费孝通、王绍鏊、王佩铮、范烟桥等都是他的学生。

---

〔1〕 丁守和:《辛亥革命时期期刊介绍》第 2 集,人民出版社 1982 年,第 81—87 页。

曾应《江苏》杂志约请,写了《孽海花》前六回,谴责晚清腐败,后交曾朴修改和续写,所译俄国虚无党史《自由血》,以及《女界钟》《三十三年之落花梦》等,鼓吹革命不遗余力。

光绪三十一年(1905)中国同盟会成立后,不少革命党人先后来到苏州进行反清革命活动。在苏州的新军、高等巡警学堂,以至巡抚衙署、督练公所内均有革命党的活动,但尚无统一的组织领导,活动分散,互不联系。光绪三十四年(1908),兴中会会员郭汉章经在苏同志介绍入驻苏新军一标三营后队任排长,利用军中的洪门关系开展活动。时驻苏新军一、二两标素有矛盾。郭汉章等奉兴中会指示,利用矛盾,于五月十三日(6 月 11 日)发动兵变,造成混乱,以便乘机独立。是日,第一标与第二标在宝带桥附近激战近 3 小时,由于众寡悬殊,且事先未曾与第二标内的革命党人取得联系,遂致失败。

随着中国同盟会的成立,资产阶级民主革命高潮的到来,出现了文学团体“南社”。南社成员大多属于新兴的资产阶级、小资产阶级知识分子阶层,不少人是革命派文化宣传队伍中的积极分子。光绪二十九年(1903),高旭在松江创办综合性杂志《觉民》。光绪三十年(1904),陈去病在上海任《警钟日报》主笔,创办《二十世纪大舞台》,提倡戏剧改良。光绪三十一年(1905),高旭在日本创刊《醒狮》;次年,在上海建立同盟会江苏分会机关,创办健行公学,与柳亚子等共同创刊《复报》。光绪三十三年(1907),陈去病在上海主持国学保存会,编辑《国粹学报》。在上述过程中,他们陆续联络了一批具有革命思想的文化界人士,为南社的建立打下了基础。8 月 15 日,陈去病与吴梅、刘季平等 11 人于上海愚园集会,组织神交社。光绪三十四年(1908)1 月,柳亚子与陈去病、高旭等在上海决定成立南社。宣统元年(1909)11 月 13 日,南社在苏州虎丘张国维祠举行第一次雅集,陈去病、柳亚子、朱锡梁、庞树柏、陈陶遗、沈砺、朱少屏、诸宗元、景耀月、林之夏、胡颖之、黄宾虹、蔡守等 17 人出席,其中 14 人为同盟会会员。会议宣告南社成立,选举陈去病为文选编辑员,高旭为诗选编辑员,庞树柏为词选编辑员,柳亚子为书记员,朱少屏为会计员。取名为“南社”,意为“操南音不忘其旧”,即在标榜“反抗北庭”,亦即表示反清革命。南社以提倡民族气节相号召,实际上是响应民族民主革命,反对清王朝的专制统治和民族压迫。南社成立不久,入会者很快达 200 多人,其中多为同盟会会员,辛亥革命后剧增至 1 000 多人。宣统二年(1910)开始出版《南社》,分文录、诗录和词录三部分,到民国十二年(1923),共出版 22 集。1917 年,又出版《南社小说集》一册。社员以诗歌活动为主,借吟诗作文,鼓吹民主革命,提倡爱国主义,抨击清王朝的专制统治。南社的成立呼应了同盟会的革命呐喊,增强了民族气节。

二、苏州和平光复

辛亥革命爆发前夕,苏州的社会矛盾空前尖锐。立宪派、绅商与官府因税制改革问题处于对立状态,水灾造成各地饥民暴动,城市工人罢工,整个社会处于“民气不靖,人心思乱”的局面。资产阶级民主派在江苏地区的积极活动以及全国革命形势的有力促进,使苏州城内反清情绪十分高涨,大有一触即发之势。宣统三年八月十九日(1911 年 10 月 10 日),武昌起义爆发,并引发全国范围内的辛亥革命。消息传至苏州,苏州人民立刻群情激愤,沸腾起来。但苏州的资产阶级非常软弱,不敢大胆领导革命,不愿公开反抗清朝的专制统治。因此,立宪派张謇等人大肆活动,企图把革命纳入“君主立宪”的轨道。开始,张謇与江苏巡抚程德全进行策划,在苏州代议奏章,怂恿清廷立宪,阴谋抵制革命。程德全还单独电奏内阁,为清廷出谋划策,列出数条保全办法。同时,程德全还加强防备措施,先后致电陆军部、海军部、两江总督以及所属各府县州厅及上海道,要求各地严防革命党人活动,并从江宁调江防营两营来苏驻防。但程德全面对“鄂难既发,四方风应之速,犹雷霆巨涛”的形势,深知“军国之事,已无可为”。

同盟会中部总会及江苏支部加紧了在沪宁一线的活动。宣统三年(1911)7 月31 日,中国同盟会中部总会在上海成立,谋划在长江下游发动起义。不久江苏支部(亦称江苏分会)在南京成立。此后革命党派人来苏活动更为频繁。武昌起义后的 10 月 31 日,宋教仁从武昌致函上海同盟会中部总会负责人陈其美等人,要求各地迅速响应。上海革命党人当机立断,决定“上海发动,苏杭应之,南京庶指日可下”。同一天,原在新军三十六标供职的同盟会会员徐文斌由沪来苏,到驻苏四十五标联系,要求他们配合革命党人里应外合,准备起事。同盟会会员顾忠琛受革命党人的委托由无锡到苏,主持苏州起义事宜。上海的革命党还派柳成烈、张通兴等到苏活动。在苏的同盟会会员亦积极在军政界进行活动;四十五标标统刘之洁在新军的中下级军官中进行秘密联络;刘运龙在苏州高等巡警学校秘密组织敢死队,苏州公立中学堂监督袁希洛以体育课为掩护,秘密进行军事操练,积极做好起义准备;督练公所科长章驾时也在公所内及巡抚署内进行活动。除革命党人外,苏沪两地的立宪派、绅商等亦频繁谒见程德全,请求“和平独立”。苏州总商会的张一麐、潘祖谦积极奔走于革命派与程德全之间,力主和平光复,以保持商业资产阶级的利益。上海的资产阶级革命派获悉程德全准备投诚光复,喜出望外。他们希望苏州和平光复后,集中兵力直捣南京。因此,黄炎培、沈恩孚、朱叔源、毛经畴、史量才、龚子英等人和江苏教育总会会员也到苏州敦促程德全,希望他当机立断,宣告独立。11月2日、3日,陈其美派人抵苏,直接与程德全商议,促其反正。3日晚,前审判厅高等推事姚森藩托高等厅丞郑淡丞转告程德全:定于4日晚起事,以举火焚烧织造衙门为号,全城须挂白旗,要求将巡防营、飞划营调出城外,将城外新军调进城内;能否办到,限24小时内答复,如不赞成,即行起事。同盟会江苏支部长章梓亦通过杨廷栋与程德全联系,“约九月十六日(11月6日)举事”。

11月3日下午2时,上海革命党人首先在闸北发动起义,革命军占领巡警局,高悬白旗,上书“光复”二字,各巡警局也都遍挂白旗,巡士均袖缠白布,闸北光复。闸北起义发动后,南市也行动起来,以敢死队百数十人进攻道、县两署,至当晚6时左右,全城各机关均被占领。吴淞各军也都于3日下午反正。起义军进攻的重点是地处高昌庙的江南制造局,上海商团总司令李英石于4日深夜1时左右发出攻击令,至4时左右革命军占领江南制造局,上海宣告光复。李平书随即以上海民政总长身份发布安民告示,街头亦张贴上海军政分府宣言。城内安静如常,店铺照常开市。全市包括租界内各商店,亦均悬挂白旗,上书“光复”“复汉”或“民军万岁”。11月6日,沪军都督府正式成立。陈其美被推任为都督兼都督府司令部长。同日,上海附近的松江、金山、嘉定、太仓、昆山、崇明、宝山相继和平光复。

上海光复宣告独立的消息传到苏州后,群情激愤。东吴大学、苏州工专和桃坞中学等大中学校的学生纷纷响应。苏州士绅极力劝说江苏巡抚程德全“明建义旗,宣告独立”。11月4日,苏州部分绅商为了保全本城商业、财产利益,苏州商团团董潘祖谦、商会总理尤先甲、自治公所会董江衡、教育会会长孔昭晋、钱业代表庞天笙等先后游说程德全“自保免祸”,程德全允之,并“命孔昭晋草自保条件”。后以“苏属士民”名义发表《苏属自保宣言书》。此外,旅沪绅商学界代表黄炎培、沈恩孚、朱叔源、史量才、毛经畴、李钟钰、龚子英等亦纷纷来苏游说程德全。在革命党人的敦促及绅商学界的劝说下,程德全审时度势,决定响应革命,宣布独立。同日标统刘之洁召集全体官兵开会,晓以革命形势,谓“现在时机已熟,不日即可宣告独立”。上海军政府也派了50人来苏联络策划独立事宜。他们和早已潜伏在苏州阊、胥一带的革命党人取得了驻苏新军的支持。章驾时与督练公所总参议吴茂节联络商议,将由宁调驻苏州的张勋部江防营调往郊外,严密监视,加以控制,以防不测。夜11时,顾忠琛、章驾时、彭锡藩、沈恩孚等人到抚署面见程德全,禀以“反正的步骤,一应就绪,请于黎明宣布江苏独立”。适虞洽卿、陈光甫等人以上海总商会代表名义，携来沪军都督陈其美公函，敦促程德全宣布独立，希望“沪苏取得一致，进取南京”。程德全当即召集提法使左孝同、提学使樊恭照、织造文荫、苏州知府何刚德、协统艾忠琦、标统刘之洁、巡警道吴肇邦、商会总理尤先甲、商团团董潘祖谦、教育会会长孔昭晋、督练公所参议官吴茂节、钱业代表庞天笙等开会商议，定翌日(11 月 5 日)正式宣布独立，并推程德全为苏军都督，改巡抚府署为都督府，在原督练公所设苏州军政府，破晓时在府署前鸣炮扯升写有“兴汉安民”四个大字的白旗，全城各街巷遍插白旗，以示反正光复。11 月 5 日晨，驻苏新军马队、步队、工程队、辎重队同上海来苏民军先后入城，一律臂缠白布，阊门及各处城关、车站、电报局均由兵士驻守。推戴巡抚程德全为江苏都督，并进“江苏都督印”。巡抚衙门改为都督府，大门口挂起“中华民国军(政府)江苏都督府”木牌，旗杆上悬红字白旗一面，上书“中华民国军江苏都督府”，旁书“兴汉安民”。各门城墙，大街小巷，皆高悬白旗，上书“兴汉”或“大汉”“光复”。就这样，兵不血刃，民不受惊，苏州正式宣告光复。但为了表示“革命必须破坏”，程德全令人用竹竿挑去了抚衙大堂屋上的几片檐瓦，以示除旧布新。

光复后，程德全就任江苏都督，当日组织江苏都督府。光复后为做好安民工作，都督府即发出六言简明告示：“照得民军起义，同胞万众一心。所至秋毫无犯，莫不踊跃欢迎。各省各城恢复，从未妨害安宁。苏省通衢大邑，东吴素著文名。深虑大兵云集，居民不免震惊。今特剀切宣告，但令各界输诚。愿我亲爱同胞，仍各安分营生。外人相处以礼，一团和气不侵。旗满视同一体，抗拒反致死刑。共和政体成立，大家共享太平。”又颁发暂行军律：“临阵退缩者斩，强奸妇女者斩，骚扰百姓者斩，造谣惑众者斩，强劫钱财者斩，伤及外人者斩，泄漏军情者斩，纵火殃民者斩，杀伤妇孩者斩。”[1]为推动全省的光复，安定社会秩序，都督府于十九日向各府、州、县发出通令，要求所属尽抚民之责，“所有年号名称，应即反正，以归一律。一面迅速会同绅商各界，筹议组织民团，俾与军队联络声势，保卫治安”[2]。11 月 6 日，程德全“通令新属遵照，宣布光复”，苏南苏北沿江地区除南京及其附近地区外，在四五天内都先后宣告光复。

苏州光复后，为适应革命形势的需要，进行了一系列改革。首先在政治制度上，废除清江苏谘议局，以原议员为基础组成江苏省临时议会，成为江苏临时立法机构，制定议会章程，规定有关省内法律、官制、财政税收，以及与外国缔约等

〔1〕《辛亥革命回忆》，见政协苏州市委员会文史资料委员会：《苏州文史资料》第 1—5 合辑，内部出版，第 89 页。

〔2〕扬州师范学院历史系：《辛亥革命江苏地区史料》，香港大东图书公司 1980 年，第 62 页。

均需经议会议决方可实行。颁布了《江苏临时地方制》,裁撤原道、府、州、县机构,并废府,合并同城州县,各州县地方民政分别由州县民政长统辖。全省军政、民政统由都督府管辖,都督府设参谋、军政二厅,民政、财政、提法、外交四司。裁撤原各衙署平庸官吏,任用革命党人及赞成共和的立宪派人士为各厅司官员。废除旧刑律,颁布暂行刑律。解散旧法政学堂。对在押人犯加以甄别。旧苏州府及长、元、吴三县署裁撤后,成立苏州民政长署,管辖原长、元、吴境内民政事宜,并设立州临时议会,商议州属重大政事。程德全还以都督名义发布公告,要求各公职人员,捐除前嫌,向心同德,同舟共济,并规定各"衙署改为办公处,自都督起眷属一律迁出"。

在军事上,都督府在宣布独立的当天,即令军队在苏城车站、码头,以及水陆城门设立检查所,在电报局、典当等处防守。接着改编原有驻军,前后征募兵士千余人,并组织敢死队百余人。增加商团力量,发放枪支弹药,配合军警维持社会治安。由参谋厅次长同盟会员顾忠琛负责设立陆军储材馆,培养军事人才。组织"江苏陆海军将校进行社",以辅助江苏陆海军的发展。

在经济上为稳定社会、维持苏城商业经济,都督府下令废除厘金,原落地捐局、六门总局及虎丘、枫桥、盘门、娄门、葑门各厘金局、卡均令停止;房捐、烟捐等税一并停征。清点藩司库存及裕宁官钱分局库存,收管织造库。成立江苏银行,发行短期公债票和军用钞票。为帮助市面资金周转,用纱缎向上海抵押现洋接济市面。

程德全在资产阶级革命党人的推动下和社会各界的支持下,在苏州宣布江苏独立,脱离清政府的统治,并立即采取了一些安民和改革的措施,力保社会稳定,得到军民的拥护。江苏独立,与其他独立各省和席卷全国的群众性自发斗争,汇合成为资产阶级民主革命的洪流,终于冲垮了清王朝的封建统治。

◎第四章　社会风貌◎

第一节　人文荟萃的世家望族

明清两代，苏州的大家族进入一个全盛发展期，涌现了许多绵延百年甚至数百年的文化世族。所谓“文化世族”，主要从两个方面确认：第一，在血脉世系上能够注重家族组织的建立与维护，确保世系绵延不断；第二，在文化上能够确立鲜明的家族传统和文化精神并世代坚守。这种家族传统与文化精神就是尚文重教，积德行善，由此形成了许多学术世家、科举世家、文学世家、积善世家、儒商世家，等等，即便是一些商贾之家，也能以儒学传统“世”其家，成为别具风貌的文化世家。苏州文化世族大致可分为三种类型：一是官宦型的文化世族，如吴县莫厘王氏、昆山徐氏、长洲彭氏、吴县大阜潘氏、常熟翁氏等。二是学术型的文化世族，如明代书画艺术世家文氏、文学世家皇甫氏，清代文学世家叶氏与沈氏、经学世家惠氏、藏书世家瞿氏等。三是儒商型的文化世族，如吴趋汪氏、东山席氏等。苏州文化世族虽然各有特色，但总体而言，他们对文化与教育的追求、对宗族伦理的倡导、对乡里社会责任的担当、对社会审美风尚的引领是共同的。这些文化世族的传承发展与苏州社会文化之间形成密切的互动关系，对苏州产生了深远影响。〔1〕这里选取的四个代表性的家族，基本可以反映清代不同时期文化

---

〔1〕明清江南地区是全国商品经济最发达的地区，同时也是城市、市镇最密集繁华的区域，因此成为流动人口的聚集地之一。发达的商品经济，对传统的敦亲睦族的血亲宗族观念冲击很大，造成了江南核心区域宗族观念的淡化。另外，人口流动的频繁，削弱了聚族而居的宗族的凝聚力，所以从这方面看，江南不是一个严格意义上的宗族社会。作为江南地区经济文化中心的苏州，大多数宗族组织都是由城市或市镇中的士绅或富商建立的，而广大的农村社会，农民的宗族组织大多是处于自然的状态，缺少系统的组织和经济基础。明清苏州士大夫和富商们所建构的宗族，有许多属于文化世族，这是苏州宗族组织区别于其他地区宗族组织的一个显著标志。在基层社会中，苏州文化世族虽然不像福建、广东单姓村落那样将血缘与地缘紧密结合在一起，形成对地方社会具有绝对控制力的宗族社会，但他们在文化教育与地方公共事业等方面，发挥着不可低估的作用。（详见徐茂明等：《明清以来苏州文化世族与社会变迁》，中国社会科学出版社2011年。）

世族的发展状况。

一、吴江叶氏

清末宣统《吴中叶氏族谱》载,叶氏先世是括苍松阳(今浙江丽水松阳)人。北宋初年,叶逵先徙居乌程(今浙江湖州),再迁于吴县洞庭东山,由此子孙繁衍,蔚为大族,因此被奉为吴中叶氏始祖。吴中叶氏最有代表性的人物当属宋朝的叶梦得(1077—1148),自叶梦得之后,吴中叶氏人才辈出,尤其是科举人才与文化人才极为兴盛,在《宋史》《明史》《清史稿》中入传的就有十人。而吴中叶氏家族当中,又以吴江汾湖叶氏人才最盛,成为吴江"五世家"之一。〔1〕

汾湖,又名分湖,位于吴江市东南60里的芦墟镇西面,地处浙江嘉善、江苏吴江交界,是春秋战国时期吴、越两国的分界湖,自古以来分属两地,分而治之,因而得名"分湖"。汾湖叶氏的先祖乃吴中叶氏第15世叶震宗,世居吴江同里镇。明初定都南京,朝廷强令部分江南富户迁入南京。叶震宗因不愿迁徙,被下令满门抄斩,并籍没其全部家产。叶震宗共有四子,分别为福一、福二、福三、福四。在这场家难中,只有刚满周岁的季子叶福四,被送往汾湖陆姓亲戚,改姓为陆,才幸免于难。若干年后,事过境迁,福四复姓归宗,定居下来,世代延续。他所定居的村子后来被称为叶家埭(今吴江黎里)。叶福四也被汾湖叶氏尊为始迁祖。叶氏在汾湖定居三代之后,家业渐丰。第18世祖叶惠清开始将治家的重心转移到举业仕途方面,自此,"世以科第显,为吴中望族"〔2〕。第20世祖叶绅(1440—1505),明成化二十三年(1487)丁未科进士,官至尚宝司少卿。他不仅居官敢言直谏,颇有政声,而且善于持家,在经济上使叶家逐渐跻身于殷富之列。他还重视教育,并形成一套有效的方法,使叶氏功名踵继,富而且贵,长保其士绅地位。

明清之际,叶氏传至第24世叶绍袁(1589—1648),字仲韶,号天寥道人。明天启五年(1625)乙丑科进士,授南京武学教授、工部主事。"绍袁生有奇慧,博览群书,兼通释氏宗教之旨。"〔3〕与堂弟叶绍颙、叶绍冕被誉为"汾湖三秀"。叶

---

〔1〕 苏州叶氏早期迁徙过程,各家谱史籍多有歧见,本书采纳宣统《吴中叶氏族谱》。陈去病在《五石脂》中特别提到"当明代之隆,松陵城中以周、吴、沈、赵、叶为五世家"。见陈去病:《五石脂》,江苏古籍出版社1985年,第301页。关于吴江叶氏之研究,参阅王晓洋:《明清江南文化望族研究——以吴江汾湖叶氏为中心》,苏州大学2004年硕士学位论文。

〔2〕 叶德辉等:《吴中叶氏族谱》卷五十二,《汾湖·传记》,宣统三年活字本。

〔3〕 陈奠缠等:清乾隆《吴江县志》卷三十一《节义》,民国石印本,第13页。

绍袁有八子五女，并有文藻，“一门联珠，唱和自娱”[1]。以叶绍袁之妻沈宜修为中心，包括其最突出的三个文学女儿叶纨纨、叶小纨、叶小鸾，以及五女叶小繁，子叶世傛妻沈宪英，叶舒颖妻沈树荣，叶舒璐妻吴雯华等在内的汾湖叶氏女性，擅长诗词歌赋、戏曲文章，组成了中国女性文艺中很突出的一个创作群体。

24 世叶绍颙（1594—1670），字季若，叶绍袁堂弟，明天启五年（1625）乙丑科进士。初授行人，掌传旨、册封等事，擢浙江道监察御史。叶绍颙是汾湖叶氏迁居吴江县城松陵镇、称为郡城支的始迁祖，世称“大理公”。叶绍冕，字尔端，岁贡生，授江西按察司经历，年少有文誉。

25 世叶燮（1627—1703），字星期，号横山，又号已畦，叶绍袁第六子。清康熙九年（1670）庚戌科进士，授扬州府宝应知县。叶燮诗文冠绝一时，是清朝初年的一位重要思想家、美学家，也是我国文学批评史上杰出的文学理论家。叶吴楫（1641—1708），字惠旃，叶绍颙第四子，清康熙二十四年（1685）乙丑科进士，授文安知县。

26 世叶舒崇（1640—1678），字符礼，号宗山。叶声期子，叶燮侄。清康熙十五年（1676）丙辰科进士，仕中书舍人，在朝廷内阁掌撰拟、记载、翻译等事务。在文学上颇有造诣，当时与叶燮被称为“大阮、小阮”，著有《谢斋诗词》。

27 世叶敷夏，字苍霖，一字康哉，自号唐湖隐，叶继武（桓奏）之子，爱交游，与诸同志结“惊隐诗社”，著《南阳草庐诗稿》。

在汾湖叶氏家族世代人才的发展上，根据《吴中叶氏族谱》《明清进士题名碑录》以及《分湖小识·选举》统计，从 19 世叶芳（明永乐年间）开始，至 34 世叶庆元（清光绪年间）为止，汾湖叶氏一门中进士 10 人，中举人 17 人，获秀才 95 人。

汾湖叶氏除了重视科举功名外，对文学、史学、艺术、宗教等领域的研究也倾注了巨大的热情与精力，并取得了令世人瞩目的成就。据统计，明清两代汾湖叶氏族人共有各类著作 152 部。这也使得叶氏不同于封建体制内其他科举望族，没有将命运完全系于国家的科举制度，而是以真正的文化成就与传承来维系其家族的文化地位，可以说叶氏是明清之际苏州比较纯粹的文化世族，有着自己独特的家学与风尚。[2]

叶氏族人吟咏唱和，集会结社，以家族为中心组成的一个文学集团，是中国文学史上的一大突出现象。在叶氏族人众多的文学作品中，最引人注目的成就

---

〔1〕 叶绍袁编，冀勤辑校：《午梦堂集·前言》，中华书局 1998 年，第 1 页。
〔2〕 徐茂明等：《明清以来苏州文化世族与社会变迁》，中国社会科学出版社 2011 年，第 136 页。

是叶绍袁为其妻子儿女所编的诗文合集《午梦堂集》。“午梦堂”是叶家埭叶氏家族的一处综合性建筑,在汾湖北滨,自叶绍袁之父叶重第开始,全家一直居住于此,所以“午梦堂”便成为叶绍袁一门的代名词。

《午梦堂集》收有沈宜修的《鹂吹集》,叶纨纨的《愁言》,叶小纨的杂剧《鸳鸯梦》,叶小鸾的《返生香》,三子世傛之妻沈宪英(沈自炳长女)存诗18首、词5首。“从文学的意义上来说,这部合集里鲜有为民生国事之宏作,多是捕捉小情小景、抒情记事之诗词散文。其描绘日常之平凡生活,抒发人间之真挚情谊,无不记事生动,状景生辉,抒情动人。”[1]这部诗文集善于通过日常生活细节来表现亲情,以及表现亲情的深挚醇厚,令读者感动不已。清代吴中文坛耆宿沈德潜为该书作序,盛赞“吴江之擅诗文者固多,而莫盛于叶氏”,“诗词歌曲悉包唐宋金元之精”,“婉顺幽贞”。[2]

中国古代的剧坛一向是男性文人的天下,很少有女性涉足其间。但是在明代末年的吴江汾湖地区,却出现了中国戏曲史上第一个女戏曲作家叶小纨。她创作杂剧《鸳鸯梦》,填补了有史以来女性写作戏曲的空白。[3]《鸳鸯梦》是一部自抒情怀的悼亡剧。叶小纨写作此剧的目的是为了追悼已逝的两位姐妹,这部《鸳鸯梦》既写悼亡之情,又抒女性之怨,在中国戏曲史上独树一帜。

从《午梦堂集》收录的诗词来看,叶氏三姐妹生前诗词唱和,感情挚笃。明崇祯五年(1632),叶小纨的妹妹叶小鸾正值17岁的妙龄,却突发奇病在婚前5天而死,而姐姐叶纨纨也因哭妹伤痛而亡。两姊妹相继夭亡后,叶小纨倍感孤独与悲伤,伤痛之余,更加追念姐妹之情,于是以剧抒怀,写下了杂剧《鸳鸯梦》,以寄托自己的哀思。《鸳鸯梦》的写作受到元明神仙道化剧的影响,叶小纨借以表达人生如梦的思想。

叶小纨能够以女性身份,开天辟地,写出这部杰出的戏曲作品,绝不是偶然的。她的母亲沈宜修,即出身于中国戏曲史上久负盛名的“吴江派”沈氏家族,沈宜修是“吴江派”领袖沈璟的侄女,而叶小纨的丈夫又是沈璟之孙沈永祯。叶、沈家族的戏曲文化影响给予叶小纨的戏曲造诣以得天独厚的营养。她的创作也打上了很深的家庭文化的烙印,她的作品便是接受这个家族熏陶的结晶。《鸳鸯梦》虽然是在吴江派戏曲家的影响下创作的,但它的创作突破了“吴江派”戏曲创作重音律的局限,既合律依腔,又文辞清丽。作者写仙道,写梦境,写雨中

---

[1] 叶绍袁编,冀勤辑校:《午梦堂集・前言》,中华书局1998年,第1页。

[2] 叶绍袁编,冀勤辑校:《午梦堂集・沈序》,中华书局1998年,第1094页。

[3] 谭正璧:《中国女性文学史话》,百花文艺出版社1984年,第330页。

的思念，将现实与梦幻相结合，使情与景相交融，再加上她特有的女性的感伤多情与缠绵悱恻，使剧本具有很强的艺术感染力。

叶燮的《原诗》是中国封建社会后期最富有创造性的、系统的一部诗歌和文艺理论专著。《原诗》不仅超过了清代其他几家影响很大的诗话，如王士祯的《渔洋诗话》、袁枚的《随园诗话》等，在一些重要方面还远远超过了宋代严羽的《沧浪诗话》。《原诗》不像许多诗话那样，只是关于某些具体作家、作品或关于某一具体创作问题的阐发、论述，而是深入研究有关诗歌的根本问题。如对文学的继承革新问题，文学创作中主客观条件及关系问题，意境和形象思维问题，文学批评问题，内容和形式问题，等等。《原诗》对于这些重要的文学理论问题的论述，不仅系统周密，而且颇具真知灼见和创造性，使之成为《文心雕龙》之后我国文学批评史上一部最系统的诗论专著。[1]

汾湖叶氏在史学上的成就主要体现于两个方面：一是叶家族人世代的诗词、歌赋、文章中存留了大量珍贵的历史资料，有的是以文学形式，有的则直接以史记形式保存史实。二是关心乡邦，直接参与地方志的修纂。如叶重第与袁黄同纂《分湖志稿》，叶燮参修《吴江县志》，叶世熊编纂《蒸里志略》，等等。有的叶姓族人在担任县官时，主动兴修地方志书，保存地方信史。叶绍袁所著《启祯记闻录》[2]和《湖隐外史》是汾湖叶氏史学著作中最为有名的两部有关明末清初的历史著作。《启祯记闻录》记载了明天启、崇祯年间朝廷中所发生的一些重大历史事件，江南地区的奇闻逸事等，上起天启元年，下逮南明弘光元年南都迎降、清兵入吴。作者对所叙之人、事发表评论，表明了他对世事的见解，是研究晚明江南地区社会状况和士人思想境况的珍贵史料。《湖隐外史》是叶绍袁记叙其隐居汾湖时所见所闻的一部杂录，“纪其一时隐居游眺风闻事”，“虽偏部短记，而于名迹、节义、里社、侠游、遗遁、栖逸、风景、著述、庶姓、物产，皆胪列无遗。盖所纪纯为草野之事，不涉朝廷，实可称为民史”。[3]此书内容丰富，涉及面极广，可以作为地方志的补充。

二、昆山徐氏

据清康乾时期的王应奎说：“昆山巨族，在前明时，推戴、叶、王、顾、李五姓。

---

〔1〕 李泽淳：《论叶燮及其〈原诗〉》，见《古籍整理研究学刊》1998 年第 4、5 期合刊。

〔2〕《痛史》本作著者为叶绍袁。但柳亚子《南明史料书目提要》考定是书为吴郡不知撰人所著，托名于叶绍袁。详见柳无忌：《柳亚子文集》，上海人民出版社 1994 年，第 379—380 页。

〔3〕 邓实：《湖隐外史跋》，见叶绍原编，冀勤辑校：《午梦堂集》，中华书局 1998 年，第 1080 页。

迨入本朝，而东海氏兄弟三人并中鼎甲，位俱八座，子姓亦取次登第，一时贵盛甲天下，而前此五姓则稍衰矣。邑人为之语曰：'带叶黄姑李，不如一个大葧脐'，以带音同戴，黄音近王，姑音转顾，脐音近徐，故俗谚云尔。"〔1〕这段话粗略地反映了明清时期昆山望族的演变历史。

据光绪《徐氏家乘》载，徐氏始祖虞野公，明初自常熟唐市镇迁居昆山墩上村。〔2〕徐氏前三世都隐于乡村耕读，到第四世徐申开始走上仕途，"弘治甲子科举于乡"，历任蕲水令、上饶令、刑部山西司主事，后因"忤旨廷杖，谪湖州推官，不赴，遂致仕归"。〔3〕五世徐一元曾任交河县主簿，"苦志力学，在太学为公卿所器重"〔4〕。六世徐汝龙，庠生，"以子应聘贵，封太仆寺卿"〔5〕。七世徐应聘，为徐氏家族第一个进士。

徐应聘，字伯衡。明万历十一年（1583）中进士，被选为庶吉士，授翰林院检讨。其后历任尚宝司丞、光禄寺少卿、太仆寺少卿，最后"以劳得病，竟卒于位"〔6〕。八世徐永芳，字懋儒，丙午副榜。徐永美，明万历四十三年（1615）乙卯科副榜，有二子开法、开绪。徐永光，字归明，徐应时长子，庠生，有四子开禧、开祎、开佑、开裕。九世徐开宏，字孟博，明崇祯十二年（1639）副贡生。徐开禧，字锡余，明崇祯元年（1628）戊辰科进士，历任湖广临武知县、右中允、经筵讲官。徐开晋，字晋侯，是颇有造诣的画家。徐开法，字兹念，15 岁为邑诸生，屡入乡闱，艰于一第。徐开远，字仲舒，明崇祯十二年（1639）举人，清顺治十六年（1659）任宝庆府推官，有政绩。徐开任，字季重，为诸生时即有文略，明朝灭亡后闭门著书。

在科举方面，徐氏族人的成就在昆山首屈一指。明清两代徐氏共有 16 名进士、36 名举人，清初徐氏十世达到顶峰，出了一个状元和两个探花，人称"昆山三徐"，即徐乾学、徐秉义、徐元文三兄弟。

徐乾学（1631—1694），字原一，号健庵，又号东海，徐开法长子。清顺治十

---

〔1〕 王应奎：《柳南随笔》卷六，见《柳南随笔·续笔》，中华书局 1997 年，第 123 页。

〔2〕 逢辰：《徐氏家乘》第 2 册，见《世系考》第 1 世徐𢡟传，清光绪元年刻本。

〔3〕 昆山市地方志编纂委员会等点校：清康熙《昆山县志稿》卷十四《名臣上》，江苏科学技术出版社 1994 年，第 257 页。

〔4〕 昆山市地方志编纂委员会等点校：清康熙《昆山县志稿》卷十五《名臣下》，江苏科学技术出版社 1994 年，第 268 页。

〔5〕 昆山市地方志编纂委员会等点校：清康熙《昆山县志稿》卷九《恩荫》，江苏科学技术出版社 1994 年，第 156 页。

〔6〕 昆山市地方志编纂委员会等点校：清康熙《昆山县志稿》卷十五《名臣下》，江苏科学技术出版社 1994 年，第 268 页。

一年(1654)他由府学生员拔为贡生,康熙九年(1670)中探花,历任编修、左赞善、侍讲学士、内阁学士、礼部侍郎、左都御史、刑部尚书等职。徐秉义(1633—1711),徐开法次子,康熙十二年(1673)癸丑科探花,历任翰林院编修、右中允、吏部侍郎、詹事、内阁学士等。徐元文(1634—1691),徐开法三子,清顺治十六年(1659)己亥科状元,历任翰林院修撰、国子监祭酒、内阁学士、左都御史、刑部尚书、户部尚书、文华殿大学士。在三兄弟中,徐乾学虽然没有官至大学士,但威望超过官至文华殿大学士的二弟徐元文。

徐氏三兄弟不仅祖上出自科举之家,其母顾氏亦出自昆山的科举世家——顾氏望族。史载徐母"性明敏,有远识。夫游学在外,综理家政,条理具备。训子极严……所读之书,必令背诵,师或他出,即亲为训读;常潜至书室听子谈论,如讲经史则喜,间或语博塞游戏事,即怒而责,至加复楚"〔1〕。母亲的严格督促,使三兄弟自幼刻苦攻读,"课诵恒至夜午不辍"〔2〕。

此外,徐氏三兄弟所取得的成就,是与他们的舅父顾炎武的照顾、关怀与教导分不开的。据《昆新两县续修合志》记载,徐乾学的学问"得舅氏顾炎武指授,柢根益深"〔3〕。张舜徽在论徐乾学著述时曾总结道:"耳目濡染,闻见日广,故为学具有端绪。于义理则宗程朱而黜陆王,于训诂则宗古经而亦不废宋元经说,于辞章则主变化日新而不以格调拘以时代限,皆与炎武为近。"〔4〕顾炎武多次写信给徐元文,指出中国西北荒旱,东土水涝,民情汹汹,强调备列大臣之人应关心民瘼,整肃百官,除残去秽,提倡廉洁,"任大臣者","当以激浊扬清为第一义,而其本在养廉"。〔5〕故徐元文在都御史任上多次上疏,要求蠲除租税,"严禁虚捏田亩加粮,徇纵窝贩人口"〔6〕。

徐乾学有五子皆进士。徐树穀(1652—1715),字艺初,仕至山东道监察御史。徐炯(1657—1722),字章仲,授行人司行人,升工部主事、工部员外郎、刑部郎中,外升山东提学佥事,进参议。徐树敏(1660—1731),字师鲁,仕河南彰德府安阳县知县。徐树屏(1663—1732),字敬思,授工部虞衡司主事,升工部营膳司员外郎,再升刑部广西司郎中,仕至广西提学佥事、候补布政司参议。徐骏

〔1〕李嘉球:《苏州状元》,上海社会科学院出版社2003年,第91页。

〔2〕徐珂:《清稗类抄》第2册,中华书局1984年,第580页。

〔3〕李福沂、汪堃等:清光绪《昆新两县续修合志》卷二十四,清光绪六年刻本,第34页。

〔4〕张舜徽:《清人文集别录》卷二,中华书局1980年,第59页。

〔5〕顾炎武:《亭林诗文集》文集卷三《与公肃甥书》,四部丛刊,1926年商务印书馆据清康熙刻本影印,第16页。

〔6〕王钟翰:《清史列传·徐元文传》,中华书局1987年,第647页。

(1683—1730),字观卿,授翰林院庶吉士,"雍正初年以逆诗正法"。

徐秉义一子,名树闳,字诚修,附贡生,选授四川屏山县知县,历迁云南霑益州知州、东府掌印同知、开化府知府。

徐元文有二子。长子徐树声(1656—1705),字实均,举人,候补国子监典簿。次子徐树本(1659—1710),字道积,进士,授翰林院庶吉士,散馆后授编修,后任一统志纂修官。"三徐"下一代基本都走科举入仕之途,尤其是徐乾学的"五子登科"深得世人推崇。

在文化方面,徐氏的成就也很显著。自徐申著《诸儒奥论》始,以后每代人都著书立说。据统计,明清徐氏族人共有各类著作160多部,诗歌的数量为多,其次是经学、史学。其中徐乾学一生著述最多,他的一些著作例如《读礼通考》120卷、《资治通鉴后编》184卷和《古文渊鉴选》被收入《文渊阁四库全书目录》,《憺园文集》36卷、《教习堂条约》被收入《四库全书存目丛书》,具有很大影响。所著《读礼通考》被认为"博采众说,剖析其义……缕析条分,颇为详备……独过诸儒"[1]。《通志堂经解》的纂辑"搜罗绝宏富,而不尽精粹……然多数罕传之籍",而"所著《读礼通考》及《续宋元通鉴长编》皆闳通淹贯,确有可传。集中考辨议说之类,亦多与传注相阐发"。[2]他还以修书为名目网罗名士组织了第一个学人幕府,"对清代学术文化发展有重要影响"[3]。徐乾学先后总裁《明史》《大清会典》《大清一统志》等书的编纂,其中《明史》以取材丰富、文字简练、体例严谨而著称。《大清一统志》内容丰富,体例完备,考订精详,校对严谨,乾隆、嘉庆、道光时期一统志的续修即在此基础上进行。徐秉义也曾任《明史》《律例》《大清一统志》等总裁官。徐元文曾任《明史》监修总裁官和《政治典训》《平定三逆方略》《大清一统志》及《三朝国史》总裁官。

徐氏家族的女性也不乏文学才能,最有名气的首推徐乾学的女儿徐昭华。她曾师从著名的经学家和诗人毛奇龄为师,还曾经邀请江、浙两省的才女组织了一个女子诗社,其诗集《徐都讲诗》1卷被收入《四库全书存目丛书》。毛奇龄称赞她说:"存出蓝之意,独念昭华才实高,下笔都利,如遥林秀树,使人弥望而不能却。"[4]

---

〔1〕 永瑢、纪昀:《四库全书总目提要·经部礼类三》卷二十一,中华书局1965年,第168页。

〔2〕《四库全书总目·憺园集三十八卷提要》,见《四库全书存目丛书》集部,第243册,齐鲁书社1997年,第351页。

〔3〕 尚小明:《徐乾学幕府研究》,见《史学月刊》1998年第3期。

〔4〕 徐昭华:《徐都讲诗一卷》,《四库全书存目丛书》集部,第251册,齐鲁书社1997年,第568页。

三、长洲彭氏

有清一代，“彭宋潘韩”在苏州民间并称为四大家族，世居长洲县十全街的彭氏因为科举功名最盛，位居其首。彭氏源出庐陵，派出江西清江。明朝洪武四年（1371），彭学一随军徙隶苏州卫左千户所，归于军籍，成为苏州彭氏的始祖。学一身后无子，官府取他的姐夫杨海忠来苏州补役。杨海忠生子仲英，仲英生子彦洪，世承军籍，遂继彭姓。从此，杨氏继户彭氏，定居苏州，隆兴数百年。[1]

彭氏发展到第四世彭淳时已是明代中期。彭淳善治生产，家里资财雄厚，为人乐善好施。彭氏在定居苏州的一百多年中，一方面深受吴地尚文风气的熏陶，另一方面明朝的统治已经稳定，战争日少，社会日趋安定，其家风遂由尚武转为尚文。彭淳曾对次子彭昉说：“吾家世习武，子孙当由文显。”[2]于是将彭昉送到吴县县学并严加督励，迈出了彭氏成为科举世家、名门望族的第一步。彭淳生有三子。长子彭时因父母相继早卒，两弟昉、韡俱弱，所以放弃科举，并“以仲弟资高，俾之业儒，季弟韡善计，俾之理财”[3]。正德六年（1511）彭昉中进士，完成了彭氏家风向尚文的转型。彭氏以科举起家虽然始自彭昉，但在以后的几百年中，在科举、学术、仕宦各方面都取得重大成就，成为长洲彭氏骨干的却是彭时这一支。彭氏在明清两代共出了16个进士，除彭昉外，其余15个均出自彭时这一支。彭时有四子：天锡、天翔、天瑞、天秩。其中四房天秩一支人丁兴旺，科第延绵，功名仕宦兴盛。万历四十四年（1616），彭天秩之子彭汝谐中进士，不幸的是他中进士后不久就一病不起，于同年四月卒于府邸。彭氏还重视家族文化建设，彭昉、彭天瑞、彭年、彭汝谐、彭行先都是当时有名的书法家而彭念冲（彭天瑞之孙）、彭城（彭年之孙）又精于篆刻。

进入清朝之后，长洲彭氏凭着上百年的文化积累，在科举之路上取得了令世人叹为观止的成就，到康乾年间已发展成为名闻天下的科举世家。

顺治十四年（1657），彭德先次子彭珑在顺天乡试中中举，两年后再中进士，10年后被授以广东惠州长宁县知县。致仕后隐归乡里，潜心理学，开创了长洲彭氏理学之端。

---

〔1〕 关于长洲彭氏之研究，见胡艳杰：《清代苏州科举世家研究——以长洲彭氏家族为例》，苏州大学2006年硕士学位论文。

〔2〕 彭文杰：《彭氏宗谱》卷四《彭至朴墓表》，民国十一年衣言庄刻本，第3页。

〔3〕 彭文杰：《彭氏宗谱》卷四《明故隐士南窗彭公暨张硕人合葬志铭》，民国十一年衣言庄刻本，第5页。

康乾年间,清朝步入盛世,长洲彭氏也大放光彩,在科举成就上出现了两次高峰:一次在是康熙年间,一次是在乾隆年间。见表4-1。

表4-1 彭氏历朝科举功名人数分布一览表

功名＼朝代	顺治	康熙	雍正	乾隆	嘉庆	道光	咸丰	同治	光绪	宣统	总计
进士	1	2	1	5	1	1			3		14
举人		2		5		3	2	2	3	5	22
小计	1	4	1	10	1	4	5	2	6	5	36

资料来源:彭文杰修《彭氏宗谱》,民国十一年衣言庄刻本;民国《吴县志》,江苏古籍出版社1991年影印本;乾隆《长洲县志》,江苏古籍出版社1991年影印本;乾隆《元和县志》,江苏古籍出版社1991年影印本。

康熙十五年(1676),彭珑之子彭定求连捷会元、状元,时年32岁。六年后,彭瓀之子彭宁求再中探花并入翰林,几年内兄弟皆鼎甲。成为彭氏家族发展道路上的一个里程碑。一时“家门鼎贵,贺者填里闾”[1]。彭定求状元及第后授翰林院修撰,乡试主考官,会试掌卷官,历国子监司业,翰林院侍讲,充日讲起居注官,前后在翰林不到四年。他本人淡于名利,又性情耿直,所以“处公卿大夫间弗善也”[2]。于是在康熙三十三年(1694)50岁时归隐乡里。受其父理学家学的影响,彭定求归隐后亦潜心理学,著书立说,将彭氏理学发展到鼎盛,成为清代理学名家之一。康熙四十四年至四十六年(1705—1707),他奉旨到扬州编校我国第一部、同时也是最大的断代诗选《全唐诗》,校勘精审,很有价值。此后不再复出。彭宁求中探花后授翰林院编修,康熙二十四年(1685)分校礼闱,后历任日讲起居注官、左春坊中允、翰林院侍讲。他为人谨慎,居官毕力奉公,康熙三十九年(1700)被推荐为皇太子顾问,受到皇太子的赏识,可惜不到8个月突然病逝,年仅50岁,时人痛惜。彭定求、彭宁求两兄弟以科名震世,其后人皆恪守家风,彬彬向学。彭定求归隐后治家督子极严。康熙五十二年(1713),彭定求四子彭景泽乡试中举,可惜未到40岁而卒。乾隆元年(1736)彭定求五子尚祁又中举人,后历任福建建阳、松溪县知县。相比之下,彭宁求这支后人在功名仕宦上则逊于定求一支。彭宁求有三子,均只中了秀才。宁求虽官至翰林,但他家业素贫,又一生清廉,所以,其三子家业亦不丰腴。

雍正五年(1727)会试,彭定求之孙彭启丰状元及第,时年27岁。继定求、宁

[1] 彭文杰:《彭氏宗谱》卷五《彭贻令先生墓志铭》,民国十一年衣言庄刻本,第14页。

[2] 彭文杰:《彭氏宗谱》卷三《彭氏家传》,民国十一年衣言庄刻本,第224页。

求兄弟鼎甲后再创彭氏祖孙会元、状元的佳话。不但再一次使彭氏本身门第华耀，也成为当时吴中盛事。至此，“苏州之彭遂称天下”[1]。彭启丰是彭氏家族中一位杰出的政治人才。他历事雍正、乾隆两朝，为官40年，初授翰林院修撰，受到雍正帝赏识而入直南书房，后历任日讲起居注官，提督浙江学政，刑部、吏部、兵部侍郎，乾隆二十八年（1763）官至兵部尚书。又曾先后7次为乡试主考官，数次护驾出行，其为官表里如一，论事“必度时势所宜，不苟为高论”，所上奏折亦多谙于治体，切中时弊。晚年归家后曾先后主讲紫阳书院15年，“乐育群英，甲科踵接”[2]。乾隆年间状元钱棨、石韫玉等均出自其门下。他在71岁时蒙赐参与香山九老会，83岁时奉诏预赴乾隆五十年（1785）千叟宴，可惜未及成行即病逝。

乾隆年间，彭氏在科举上又多人荣登科第。彭启丰共有五子，各支均文脉兴盛。乾隆十二年（1747），启丰长子绍谦、次子绍观同年中举人。彭绍谦中举人后，历任山东新城、汶上知县，曹州府桃源同知。他居官明敏练达，恪尽职守，颇有政绩。后因其三弟绍咸早卒，遂归家打理家务，不再出仕。乾隆二十二年（1757），绍观与其四弟绍升又同年中进士。彭绍观中进士后授翰林院编修，充国史馆纂修、日讲起居注官、翰林院侍读学士，中间分校会试，典山西乡试。他在国史馆30余年，勤敏过人，谙悉掌故，国史馆稿本多出于其手，论者比之“唐之吴竞，元之欧阳原功”[3]。彭绍升中进士后辞官不就，以进士之盛名终老于家中。他先潜心理学，后入于道学，读西竺书后归心佛学，专修净土30余年，成为清代居士佛教的代表人物。同时，他还在苏州提倡和创办各种慈善事业，是当时苏州地区社会慈善和社会保障事业的主力人物。彭启丰三子绍咸屡应乡试不中，遂放弃科举，专门经管家务，督促子弟读书。

乾隆三十年（1765），彭绍谦之子彭希韩乡试中举，授以湖南澧州石门县知县。乾隆三十八年（1773），乾隆帝开四库馆访求遗书，彭希韩充会要处誊录。乾隆四十五年（1780）、乾隆四十九年（1784），乾隆帝两次南巡到苏州，彭希韩又倡率苏州绅士捐资修建迎銮馆三处，皆得到众绅士响应，减轻了当地人民的赋税负担。乾隆三十九年（1774），彭绍观之子彭希范再中举人，任广东合浦县知县。

---

〔1〕 彭文杰：《彭氏宗谱》卷七《经筵讲官兵部尚书致仕彭公墓碑铭》，民国十一年衣言庄刻本，第11页。

〔2〕 彭文杰：《彭氏宗谱》卷七《光禄大夫经筵讲官兵部尚书彭公神道碑》，民国十一年衣言庄刻本，第17页。

〔3〕 彭文杰：《彭氏宗谱》卷七《翰林院侍读学士镜澜彭先生墓志铭》，民国十一年衣言庄刻本，第45页。

彭绍咸本人虽科举无成且早逝，但其子孙却功名大显。乾隆四十九年(1784)，其长子彭希濂中进士，后历事乾隆、嘉庆两朝，多次主持地方科举考试，累迁至刑部右侍郎、吏部右侍郎，官终福建按察使，多次负责审办地方大案要案。乾隆五十一年(1786)，彭绍咸四子彭希涑中举人，第二年，次子彭希洛又中进士，由兵部主事累迁至福建道监察御史。两年后，其五子彭希郑再中进士，先后事乾隆、嘉庆、道光三朝，历任礼部仪制主客司郎中，湖南常德府知府等。道光二年(1822)，彭希郑因病归乡，与同人结"问梅诗社"，著述颇丰。整个乾隆年间，彭氏第十三、十四世两代人在科举上可谓成就辉煌，而这些取得科举功名的人又多仕途顺畅、官居显位，使彭氏在门望上锦上添花。不但使彭氏成为典型的科举世家，也使其在苏州望族之首的地位更加牢固。

嘉庆以后，长洲彭氏科举成就世代延续，由科举而入仕者亦层出不穷，并且，随着社会问题的日益增多，彭氏也有越来越多的人参与到倡办地方公益事业、维护地方社会秩序中来。嘉庆三年(1798)，彭希洛之子彭蕴辉中进士，改庶吉士，授翰林院编修，进献万寿诗册，召试南书房，可惜供职翰林还不到三年就病逝于京邸。道光十五年(1835)，彭希涑之子彭蕴章再中进士。在中进士之前，彭蕴章就已由举人捐资为内阁中书，充军机章京。中进士后，历任福建学政，军机大臣，兵、工两部尚书，经筵讲官、上书房总师傅、会试正总裁、文渊阁大学士、管户部三库事务、武英殿大学士，赐紫禁城骑马，赏戴花翎。荷嘉庆、道光、咸丰三朝知遇之隆，继彭启丰官至尚书后，再一次使彭氏爵位大显。彭蕴章是个很有经营头脑的人物，他久领枢务，精于财政税收，在战火四起的咸丰年间，他征兵筹饷，尽力调度，廉谨小心，对解决当时清廷的财政困难出力甚多，成为晚清名臣之一。他又有文学才能，工辞赋，精《易》说，书画兼能，著有《彭文敬公全集》传世。彭蕴章对子女的教育非常重视，经常亲自课子读书。他共有 8 个儿子，其中有 3 人中举人。长子彭慰高官至盐运使衔浙江候补道，在浙江为官 20 年，历司茶、盐、饷、厘、转运诸局，"名闻官櫥"。四子彭祖贤，与其父一样精于筹划财政，是彭氏家族中又一个出色的政治人才，后官至湖北巡抚，头品顶戴兼护湖广总督。八子彭祖润历官至二品衔浙江候补道。同时，彭蕴章位极人臣的地位也使其子孙得到恩惠，在他生前，他的一子(彭祖贤)、一孙(彭达孙)即分别于咸丰元年(1851)、同治元年(1862)以"恩诏承荫，名咨吏部"。此外与彭蕴章各子同一辈分、取得科举功名的还有两人：一为彭凤高(彭绍咸曾孙)，于道光二十六年(1846)中举人，由知县分发河南，以"剿捻"积功，赏换花翎。为官 30 余年中，担任知县 12 任，在此期间又捐产设厂赈抚灾民，在居官之地颇有政声。另一为彭毓棻(彭希濂之孙),咸丰九年(1859)中举人,历署直隶州知州,成都府知府,赏戴花翎二品顶戴。

第十七世的彭氏依然在走着科举与入仕的道路。这一代中共有 1 人中进士,3 人中举人。彭諟祥,光绪二十年(1894)进士,五年后去世,年仅 27 岁。彭福孙(彭蕴章之孙),光绪五年(1879)举人,先在甘肃等地为官,光绪二十三年(1897)后归隐乡里不复出。在乡里从事公益事业,尤致力于教育,于当时苏州的教育事业贡献颇多。与这些参加科举与入仕者相比,彭翼仲(彭蕴章之孙)则显得与众不同,他于光绪十一年(1885)就顺天乡试挑取誊录,充方略馆汉誊录官,议叙通判,分发江西。赴任后因不堪官场丑态,遂弃官回到北京,适值庚子之变,八国联军进入北京,受洋兵侮辱的刺激,他愤而投身报业,希望以舆论来启迪童蒙,开启民智、官智。因此触犯清廷顽固派,身陷冤狱,被远放新疆。他以报纸为阵地,提倡反帝爱国,宣传维新改革思想,成为中国近代报业的先驱之一,也是清末维新运动的志士。

四、吴县大阜潘氏

苏州有句老话:“苏州两个潘,占城一大半。”讲的是苏州两个潘姓,家大业大,店肆宅第遍布全城。这两个潘氏,一为“贵潘”,一为“富潘”。“富潘”名下的商号有观前街黄天源糕团店、稻香村糖果店、元大昌酒店、潘资一中药铺,等等。但在科举时代,拥有状元、探花、四朝元老等的“贵潘”,其社会声望更胜一筹。

“贵潘”来自安徽歙县。潘氏先世由荥阳迁入闽中,唐末黄巢起义时,潘名为歙州刺史,任满致仕,遂定居于歙县篁墩,是为歙县潘氏始祖。明代传至第十六世祖,徙居大阜山南,创立宗祠,该支遂称“大阜潘氏”。至明末清初,二十四世祖潘仲兰在江淮间经营盐业,始侨寓苏州南濠街。康熙初年,第二十五世祖潘景文(其蔚公)正式卜居苏城黄鹂坊桥巷,成为大阜潘氏迁苏后的始祖。潘景文(1639—1706)生有九子,形成苏州大阜潘氏一支九脉的基本格局。在这九个分支中,以长房敷九公一支人丁最旺,科第最盛。清代潘氏 9 个进士中有 8 个来自该支,在晚清一百余年中,潘氏九支真正长盛不衰的只有长房敷九公。敷九公有七子,其中只有长房(克顺)和四房(暄)能绵延不绝,家族昌盛,而论功名官宦,又基本集中于四房中的贡湖公(冕)一支。可以说,敷九公四房贡湖公一支是整个苏州大阜潘氏家族的骨干。[1]

---

〔1〕 详见徐茂明:《江南士绅与江南社会:1368—1911 年》,商务印书馆 2004 年,第 204—205 页。

康熙四十二年(1703),敷九公自建房屋,移居刘家浜。乾隆六年(1741),其子潘晅迁至马医科巷。然而潘氏此时还是属于商籍,活动中心主要在杭州,其子孙也多隶籍于杭州府学,或钱塘、仁和县学。潘氏真正融入苏州文化生活圈中,则要到乾嘉以后的第二十九世"奕"字辈。在康熙年间,第二十五世祖其蔚公回徽州歙县的时间居多,第二十六世祖敷九公虽定居苏城,但也是经常往返于苏州、徽州之间,他们死后亦葬回故里歙县。再从婚姻关系看,此时与潘氏联姻者基本是歙县大族汪、程等姓。后来潘氏家族虽然联姻对象转到苏州本地,但从择偶对象看,在注重门当户对的同时,还注重家风的相近,甚至家族祖籍的相近,不少家族虽然是苏州人,但祖先也是从徽州等外地迁徙而来,这一点也增强了他们家族之间的认同感。

贡湖公潘冕(1718—1780)生活于雍正、乾隆年间,生有三子,依次是奕隽(1740—1830)、奕藻(1744—1815)、奕基(1745—1824)。三兄弟少年得志,在童生县试中即文名初显,与吴俊(蠡涛)、吴树萱(少甫)"并驾文场,有'二吴三潘'之目"〔1〕。后来潘奕隽、潘奕藻先后会试中式,成为潘氏家族中最早的两名进士,这也成了潘氏家族兴旺发达的契机。乾隆三十四年(1769)潘奕隽中进士后,遂正式"改入吴县籍"〔2〕。随后其弟亦改入吴县籍。乾隆五十八年(1793)奕隽归田后,由马医科巷躬厚堂移居花桥(今西花桥巷)。嘉庆元年(1796),二弟奕藻亦"乞归",与奕隽同住。至嘉庆五年(1800),因人口太多,奕藻又移居任蒋桥(今蒋庙前)。道光三年(1823),三弟奕基亦由马医科巷移居钮家巷的凤池园。这三处新居都在临顿路两侧,近在咫尺,潘氏三位"白头兄弟,暇辄过从,短札往返,日必数四,怡怡之情,至老弥笃"〔3〕。此时儿孙辈已经功成名就,老"三潘"遂将尘事及家族振兴的重任付与儿孙,自己过起了一种悠然自适的闲居生活。

乾隆五十八年(1793),潘奕基之次子潘世恩(1769—1854)状元及第。次年,世恩之胞兄世荣(1768—1829,承嗣潘奕藻之后)亦乡试中举。第三年,世恩之堂兄世璜(1764—1824,潘亦隽之子)再中探花。这"世"字辈潘氏三兄弟三年之中捷报频传,功名之显赫盖过了其父辈"三潘",从而迎来了潘氏昌盛的时代。潘世恩状元及第后,授职翰林院修撰,后历任礼、兵、户、吏、工、刑六部侍郎、尚书等职,大学士、军机大臣、太子太保、上书房总师傅、武英殿大学士,赏穿黄马褂,

〔1〕 潘遵祁:《大阜潘氏支谱》卷十九《吴县附贡生云浦府君行状》,清同治八年,第40页。
〔2〕 潘裕博等:《大阜潘氏支谱》世系考一之四《敷九公支四房贡湖公支》,1992年,第333页。
〔3〕 潘遵祁:《大阜潘氏支谱》卷十九《显祖考榕皋府君行述》,清同治八年,第20页。

晋加太傅，赏食全俸。道光二十四年（1844）重游泮宫，咸丰二年（1852）重宴鹿鸣，次年癸丑科重宴恩荣。可以说享尽人臣之极宠。据冯桂芬为潘世恩撰写的墓志铭讲："国朝以来，生加太傅者五人，重宴琼林者九人，廷试第一官大学士者八人，惟公兼之。至历四朝，则昭代一人而已。"〔1〕潘世恩以其"慎密"的为官技巧，历事四朝，位极人臣，死后又奉特旨入祀贤良祠，谥号文恭。他的成功不仅是个人的，而且是整个家族的。他在朝中遍历诸曹，近侍天子，屡次主持乡试、会试，弟子、门生遍天下。这种特殊的经历和地位使其恩泽惠及子孙数代。在他去世前的五年中，三个孙子祖荫、祖同、祖保先后被钦赐举人，去世当年祖同又被钦赐进士。这种科举功名的非常恩典是潘氏家族持续兴旺发达、长盛不衰的根本保证。详见表4-2。

表4-2 潘氏历代功名表

功名 \ 朝代	康熙	雍正	乾隆	嘉庆	道光	咸丰	同治	光绪	合计
进士			4	0	2	2	0	1	9
举人			8	3	7	6	0	8	32
贡生	6	0	3	2	3	1	1	4	20
庠生	11	5	24	12	23	9	17	39	140

资料来源：光绪三十四年修《大阜潘氏支谱》卷十四《登进录》。

与潘世恩相比，其胞兄世荣之子孙功名不显，直到光绪八年（1882），第三十三世孙潘志裘才中了举人。因而世荣一支成了"三潘"中最先衰落的一支。堂兄潘世璜一支的功名仅次于世恩一支。潘世璜长子遵祁（1808—1892）于道光二十五年（1845）中进士，次子希甫（1811—1859）于道光十五年（1835）中举人。但兄弟二人都不乐于入仕，而是退居乡里，积极创建并管理潘氏松鳞义庄（面向宗族）。松鳞义庄与潘世恩长子潘曾沂（1792—1852）创建的丰豫义庄（面向乡里）相得益彰，他们也因此成为江南著名的"善人"、典型的绅士。

第三十二世孙潘祖荫、潘祖谦是晚清潘氏家族的代表性人物。潘祖荫（1830—1890）为潘曾绶之子，世恩之孙，咸丰三年（1853）壬子科探花，"一生以文学政事扬历三朝，早结主知，日在禁近，进参枢密，出备六卿，恩宠便蕃，光华震叠，凡程工艰巨之役，文字衡校之司，无岁不膺，无月不与，以至国是大议，曲礼鸿

〔1〕 潘遵祁：《大阜潘氏支谱》卷二十《诰授光禄大夫太傅武英殿大学士潘文恭墓志铭》，清同治八年，第18页。

章,朝局元黄,党论消长,天下之疑狱,百司之兴作,公悉仔肩其任,折衷(中)是非,强力一心,中外倚重"[1]。成为潘氏家族又一位潘世恩式的中流砥柱,但他又不同于潘世恩。世恩为官以"慎密"著称,而祖荫虽也"服膺家教",为人谦恭,但遇事敢作敢为,如仗义疏救素不相识的左宗棠,直言:"国家不可一日无湖南,即湖南不可一日无宗棠。"[2]左宗棠因此获救,成为晚清朝廷的栋梁。又如江南减赋是晚清江南士绅的一大功劳,但在酝酿奏请的过程中,潘祖荫也积极上疏,与江南在野士绅遥相呼应,共同促成此事,其功不可没。若天假其年,潘祖荫之名可能要盖过乃祖世恩。

潘祖谦(1842—1924)是潘曾玮之子。潘曾玮(1818—1885)是潘世恩的第四子,也是四子中科场最不顺的,以国学生的资格"屡应京兆试(即顺天乡试),垂得复失","遂弃举子业,益留心经世之学"。[3]后以办团练、借兵"会剿"太平天国而著名。潘祖谦功名亦不高,同治十二年(1873)癸酉科优贡生,官至内阁中书,光绪二年(1876)即"以亲老谒假归养,家居十年"。其父去世后,潘祖谦遂"绝意进取,壹务利济民物"。苏州勘定租界,界内居民惴惴不安,祖谦"遂亲往劝导,晓以利害,数言而定"[4];光绪二十六年(1900)义和团起义,苏省筹办团防,祖谦又任会办,亲订规程;苏州商会成立后,祖谦兼任议董;辛亥革命爆发后,祖谦等人又对江苏巡抚程德全施加压力,促成苏州光复;1912年,苏商体育会统编为商团公会,辖四个支部,潘祖谦为会长。[5]潘曾玮、潘祖谦父子都是一方之名绅。从他们的所作所为看,表面上似乎背离了家族科举入仕的正常发展轨道,但从务实的精神看,又与其家风合若符节。潘曾玮父子的变化,既是家族发展方向的自我调整,也是时代环境发展变化的结果。像他们这样的地方士绅,由于长期参与地方社会的管理事务,积累了丰实的管理经验和社会声望,其影响反而超出那些徒有虚名的科场高手。科举功名与务实经世成了潘氏家族迭相为用、左右逢源的振兴法宝。

潘氏作为苏州著名的士绅望族,在长期的日常生活中还形成了自己独特的

---

[1] 潘志辉:《大阜潘氏支谱》卷九《诰授光禄大夫太傅工部尚书潘文勤公墓志铭》,民国十六年,第80页。

[2] 潘祖荫:《潘文勤公奏疏》之《奏保举人左宗棠人材可用疏》,清光绪刻本。

[3] 潘志辉:《大阜潘氏支谱》卷九《显考季玉府君行述》,民国十六年,第64页。

[4] 潘志辉:《大阜潘氏支谱》卷九《诰授荣禄大夫花翎二品顶戴分省补用道潘公家传》,民国十六年,第91页。

[5]《苏州商团档案汇编》,见马敏:《官商之间——社会剧变中的近代绅商》,天津人民出版社1995年,第259页。

名门婚姻圈和社会交游圈。潘氏自科名兴起融入苏州文化圈后,其联姻对象大多是选择苏州门当户对的士绅家族。从潘氏的婚姻圈看,门当户对、首选士人是其择偶的基本原则。潘氏自己出过1名状元、2名探花,所以他们与三鼎甲之家联姻的达十几人之多,如状元申时行家族、状元彭启丰家族、状元缪彤家族、状元韩菼家族、状元吴钟骏家族、状元毕沅家族、榜眼冯桂芬家族等。

潘氏因为科第兴盛,世恩、祖荫二人又位居显要,历掌乡、会试主考,因而其门生、同年、座主、同僚等关系遍布全国,近代史上一些著名的人物如林则徐、冯桂芬、曾国藩、左宗棠、李鸿章、胡林翼、翁同龢,以及一些学者名流如阮元、俞樾、石韫玉、李慈铭、彭绍升、吴钟骏等人都与潘氏有着密切的关系。这些都构成了潘氏作为江南豪门巨绅的有效社会资源,在晚清苏州一系列的政治事件中发挥了重要作用。

五、常熟翁氏

清代常熟有"八大家"之说,即言氏、庞氏、归氏、屈氏、季氏、蒋氏、杨氏、翁氏。据《海虞翁氏族谱》记载,翁氏出自姬姓,西晋末年南迁至钱塘、仁和等地,元朝末年,其中一支又迁至平江(今苏州),明朝初年,苏州长洲县相城里的翁景阳入赘于常熟璇洲里村,成为常熟翁氏的始祖。〔1〕在清代苏州众多文化世族当中,常熟翁氏显然是最具特色与影响的一家。翁氏不仅在功名上拥有两位状元,在事功方面同样出色,父子先后入阁拜相,同为帝师,对晚清的内政与外交都产生了重要影响。

常熟翁氏从一开始就确立了耕读传家的家风,"以读书之得失……潜劝默诱于子孙"〔2〕。经过七代200余年的不懈努力,到明代万历年间,翁氏终于收获了第一批功名。据康熙年间编纂的《常熟县志》记载,从万历十六年(1588)到康熙十六年(1677),90年中共获取8名进士、4名举人。

翁氏在清朝获取的第一个进士是顺治四年(1647)中第的翁长庸。长庸本姓邹,嗣入翁氏,改姓翁。翁长庸早年贫贱,历尽磨难,科举中式之后,虽然历任榷关、盐运使等肥缺,但始终"宦囊萧然",离任时一贫如洗,回籍后竟至"饘粥不

〔1〕关于常熟翁氏史事,主要参阅谢俊美:《常熟翁氏:状元门第　帝师世家》,中国人民大学出版社1999年;谢俊美:《翁同龢传》,中华书局2000年;谢俊美:《翁同龢评传》,南京大学出版社1998年;翁同龢研究会:《纪念翁同龢逝世一百周年文献专辑》,2005年,下文资料均为转引,不另注。

〔2〕翁咸封:《外姑许母李太孺人七十寿序》,常熟图书馆古籍部藏。

继";为政宽仁,民间有"翁佛子"之称。[1]翁长庸虽然没有为子孙积蓄丰厚的财产,但由他树立的"廉洁、宽仁"的处世原则与从政理念则是其泽被后世子孙的精神资源。康熙十一年(1672),翁长庸的族侄翁叔元将翁氏的功名推进至榜眼的巍科,主持这次会试的副主考则是苏州望族刑部尚书宋德宜。翁叔元喜读杜诗,为人正直,能忧人之所忧,急人之所急。通籍之前,其才名就已闻名遐迩,连康熙帝都知道他的名字,在殿试卷进呈时,康熙帝就询问翁叔元是否在前十名之中。进士及第之后,历任翰林院编修、内阁学士、国子监祭酒、翰林院学士、工部尚书、刑部尚书等。翁叔元虽然身居高位,但始终不改素志,"寒酸如儒生",与同时代的著名清官于成龙等皆为名臣。

康乾盛世的时候,翁氏却因为科举功名的衰落而沉寂了,直到乾隆四十八年(1783),翁咸封终于打破翁氏沉寂了100余年的科举之路,考取举人。15年后再被选授海州(今江苏连云港)学正。翁咸封到任后,全力协助知州唐仲冕筹办石室书院,包括经费的筹集管理、书院规条的订立、课程的安排与考核等,他都精心规划,终于建起了清代海州第一所州学。随后,他又协助赣榆、沭阳两县创办了怀仁、怀文两书院,并在州城内设立文庙、城南设立义学一所。在他的呼吁奏请之下,海州还创设了试院,从而解除了海州生童要奔赴数百里之外的淮安参加岁、科两试的旅途劳苦。翁咸封还积极参与编纂州志、修建沟渠、赈济灾荒等分外之事。嘉庆十五年(1810),翁咸封积劳成疾,卒于学正任所,地方士子皆痛哭失声。道光十三年底(1834年1月),在海州生员的多次奏请之下,经朝廷谕准,翁咸封正式入祀海州名宦祠。

翁咸封次子心存(1791—1862),嘉庆十一年(1806)返回故里常熟,以第二名考取县学,嘉庆二十一年(1816)又以第三名考取举人。道光二年(1822),翁心存第四次赴京会试,考取进士。先后担任翰林院编修,福建、顺天、四川、浙江乡试正考官或同考官,同时还先后担任广东、江西、奉天学政。翁心存的门生遍布朝野,构成其仕途发展的政治资源,翁氏由此跃升为常熟八大家中的第一家。道光十六年(1836),翁心存从奉天回京,奉旨入值上书房,授读六阿哥(即后来的恭亲王奕䜣),并为大阿哥奕詝(即后来的咸丰帝)讲读唐史,指导诗文写作。咸丰帝即位后,翁心存备受宠眷,历任工部尚书、兵部尚书、吏部尚书、户部尚书、上书房总师傅、体仁阁大学士,位极人臣。咸丰十年(1860)肃顺等人利用"五宇官号事件"参劾翁心存,翁心存被革职留任。分别18年、刚从安徽战场前线回到

[1] 翁同书:《〈蓼野自订年谱〉跋》,稿本,上海图书馆古籍善本部藏。

北京的长子翁同书又被定为斩监候。所幸不久政局骤变，肃顺等顾命大臣被诛，翁心存也得到平反开复，并得到两宫皇太后与奕䜣的信任，令于弘德殿行走，授读同治帝，成为两朝帝师。翁心存育有四子二女，其中次子早殇，其余三子分别为翁同书、翁同爵、翁同龢。他们都成为朝廷重臣与地方大吏。

翁同书（1810—1865），17 岁中秀才，21 岁中举人，但接着的会试之路走得比父亲更艰难，直到第五次才在潘世恩的主考下考取进士，是年 30 岁。进士及第之后，翁同书先后任广东乡试主考、武英殿纂修，在潘世恩的主持安排下，协助校勘《大清一统志》，同时向何绍基学习书法，书艺大进。后来又任贵州学政五年。咸丰三年（1853）太平军攻占南京，翁同书的命运因此而改变。是年，翁同书在贵州任满后直接被调赴扬州的江北大营，任行营翼长，负责办理大营文案。后升为安徽巡抚，在咸丰十一年（1861）处理寿州团练仇杀火并的事件中，未能及时制止事态的发展而受到曾国藩的严参，被定为斩监候。由于战局变化，翁同书才幸免于死，同治三年（1864）被发往新疆效力赎罪，次年客死甘肃。

翁同爵（1814—1878），嗣于曾叔祖耕梅公，功名止于生员，早年热心于家乡的公益活动，办理赈灾公正无私，受到乡里的好评。咸丰帝即位后，靠着父亲的恩荫进入兵部武选司。太平天国失败后，清廷论功行赏，将其调任湖南盐法长宝道。后又升任湖南按察使、四川按察使、陕西布政使、陕西巡抚、湖北巡抚，曾署理湖广总督，是翁氏在地方上任职最高者。他在湖北任职四年，大兴水利，加固江堤，举办洋务，支持成立湖北煤铁开采总局，政绩颇多。光绪四年（1878），因政事繁剧，病逝于湖北任上。

翁同龢（1830—1904），字声甫，号叔平，又号瓶生，晚号松禅老人。5 岁时，父亲就写信敦促母亲尽快送他入学，说："富贵不足保，惟诗书忠厚之泽可及于无穷。"[1]道光十九年（1839），翁同龢以优异的成绩考入常熟游文书院。从这里开始，翁同龢就显示出与一般学子不同的个性，他好谈典章制度，尤好谈《周礼》，认为周公、孔子之道可以行于今日。第一次鸦片战争爆发后，他开始接触到明清之际常熟瞿式耜、昆山顾炎武等人的著作。道光二十五年（1845），考取生员，进入苏州著名的紫阳书院，书院"通经致用"的教育宗旨对翁同龢产生了终生的影响。道光二十八年（1848），翁同龢以拔贡第一的资格离开紫阳书院。次年进京，与父亲的世交、协办大学士汤金钊的孙女汤松完婚。咸丰六年（1856），26 岁金榜题名，考取状元，主考官正是苏州望族大学士彭蕴章。两年后，即奉旨

〔1〕 翁同龢：《翁氏族谱编后序》，未刊。

典试陕西,结束后直接出任陕西学政。就在翁同龢仕途春风得意的时刻,其父兄先后被参劾革职,命悬一线,不久相继病逝。而当翁同龢的情绪跌至谷底时,其命运再次峰回路转,同治四年(1865),其兄长翁同书客死甘肃后,两宫皇太后召见翁同龢,“着在弘德殿行走”,担任同治小皇帝的老师,同时为两宫皇太后讲书。同治帝去世后,翁同龢继续担任光绪帝的师傅,在毓庆宫行走。从光绪二年到二十三年(1876—1897),翁同龢在毓庆宫前后入值22年。在光绪帝亲政之前,翁同龢先后给光绪帝开设了40门课程,内容包括封建政治理论、帝王之学、历史地理、经世时文、西学以及诗词等。而关于儒家经典的讲授,主要属于今文经学,讲究经世、改革、进取,这对光绪帝后来维新思想的形成起到了启蒙引导的作用,尤其是他推荐给光绪帝的冯桂芬《校邠庐抗议》,实际上就是洋务运动的理论纲领,戊戌维新时期,光绪帝还下令将此书印刷,颁发给六部九卿和地方督抚将军,他的许多新政谕旨就是直接受该书启发而来的。

同光年间,翁同龢在入值弘德殿、毓庆宫时期,还先后担任都察院左都御史、刑部尚书、工部尚书、管理国子监事务大臣、户部尚书、军机大臣、总理各国事务衙门大臣。参与会商中俄伊犁问题、中日琉球问题、甲午战争、办理对德交涉等,整顿太学与八旗官学,奏请将黄宗羲、顾炎武从祀文庙,倡导经世致用的学风,大力擢拔文廷式、张謇等具有新思想的人才,支持盛宣怀的铁路、银行新政活动。最重要的是,援引康有为、梁启超维新派,支持光绪帝发动维新变法,成为光绪帝的精神支柱。所以,当光绪二十四年四月二十七日(1898年6月15日,翁同龢生辰),慈禧太后强令翁同龢开缺时,光绪帝“战慄(栗)变色,无可如何,惊魂万里,涕泪千行”,以至“竟日不食”。[1]

翁同龢开缺后,立即返回故里常熟,隐居在虞山西麓鹁鸽峰翁氏祖墓旁,自号瓶庐居士,盖指守口如瓶之意,不再与官场交往,日读《法华经》数页消遣余生,直至光绪三十年(1904)夏去世。辛亥革命之后,一些清朝旧臣开始反思戊戌变法与清廷的命运,日渐追念翁同龢之功劳,经奏请逊帝溥仪,追谥“文恭”。

在翁同龢之后,翁氏家族最值得自豪的就是翁同书的次子翁曾源(1834—1876)在同治二年(1863)考取状元,与翁同龢中状元的时间仅相隔7年,这在清

〔1〕 苏继祖:《清廷戊戌朝变记》,中国史学会:中国近代史资料丛刊《戊戌变法(一)》,上海人民出版社1957年,第332页。

朝历史上是绝无仅有的恩荣(彭氏祖孙两状元前后相隔50余年)。不过,翁曾源患有严重的癫痫,加之当时其父亲深陷囹圄,对他刺激很大,因而终生都在求医问药,默默而终。

在家敬守祖业的是二房翁同爵的次子翁曾荣(1836—1903),恩赐举人,太平天国期间曾经参加江南团练,并协助清军收复苏州城。光绪二十四年(1898)又积极与当地官绅组织平粜,帮助平息常熟西乡发生的农民抢粮事件。翁同龢被革职回籍编管后,是翁曾荣给予他无微不至的体贴与关心,这对晚景凄惶的翁同龢来说是莫大的宽慰。

翁同龢之后,在仕途上奋力进取的还有翁同书的第三个儿子翁曾桂(1837—1904),他虽然没有功名,但凭着家庭的恩荫与个人的努力,先后担任了江西、浙江两省的布政使、护理巡抚。在"孙"字辈中,翁斌孙(1860—1922),17岁就考取进士,是翁氏功名史上最年轻的进士。宣统二年(1910),担任直隶提法使,二品衔,是翁氏在清末最后一位地方大吏。清朝灭亡后,翁斌孙隐居天津,读书自娱。

从清代翁氏家族的历史可以看出,其功名仕宦有起有落,但注重教育、砥砺品行、以文经世、与时俱进的家族传统则始终绵延不绝,这是翁氏乃至苏州其他文化世族共同的文化特质。当政局变动、朝代兴亡之际,这些文化世家大多能得风气之先,适时调整其家族发展方向,在新时代依然取得让世人注目的成就,在新的领域重建其文化望族的地位。

第二节　养教兼施的社会保障

清代苏州作为全国的经济文化重心,其社会保障事业在全国亦处于领先地位。这种社会保障体系大致包括官方倡导、民间参与的仓储机构,以及民间自发建立的各种慈善组织,其中既有血缘性的宗族义庄,亦有地缘性的善堂、善会,还有工商行业的会馆、公所。这些性质各异的组织举办的各类慈善活动,为苏州社会的稳定和谐与繁荣发展提供了一定的制度保障。

一、社仓与义仓的衰败

清代苏州地方仓储系统大致包括常平仓、社仓和义仓。常平仓首创于汉代,历朝相沿,属于官仓,主要通过平粜的方式赈济灾民。但因管理不善,苏州常平仓在乾隆末年弊端渐萌,到了晚清已经是名存实亡,因而在地方上真正发挥作用的还是社仓与义仓。

清代朝廷和地方政府屡次谕令各地举办社仓。据同治《苏州府志》载:康熙十八年(1679),题准:“乡村立社仓,镇店立义仓,捐输积贮,公举本乡敦重善良之人管理”,十九年复准:“义社仓谷留本村备赈,永停协解外郡。”雍正帝即位不久,就谕令在各地建立社仓,社仓建设由此得以普遍推广。乾隆五年(1740),“江苏巡抚徐士林劝谕各州县增置社仓”〔1〕。在官方的倡导下,苏州“社仓多由知县倡率,绅衿士庶捐建,有的甚至由巡抚直接主持,反映出社仓的性质并非纯粹意义上的民间仓储,官方的监督和控制仍比较严格。这也为嘉庆初年社仓的衰微留下隐患”〔2〕。政府控制下的民间社仓,其社会调控管理的政治意图亦十分明显。雍正元年(1723)的谕旨,开宗明义说:“社仓之法原以劝善兴仁。”〔3〕光绪五年(1879),章乃畬在上疏中进一步阐明道:“社仓,非惟可以救一时之偏灾,并可以弭无形之祸变。盖饥民啸聚,往往肆行剽掠,酿成巨案,倘各乡村均有社仓,则民无枵腹,闾里雍熙,自无他患,此社仓之效也。”〔4〕

嘉庆以后,社仓的弊端日益暴露。据嘉道年间苏州人顾震涛所言:“今仓皆废,存贮社长家。”〔5〕同治年间,冯桂芬修《苏州府志》时也说:“各县常平、社仓,道光咸丰间储额无考。”〔6〕社仓的废弛,首先是因为其本身的弊端。社仓主要设立在乡村之中,其管理者社长(社正、社副)由民间选举而来,仓谷的重要来源也是民间捐输,且其救济方式主要是“春借秋还”。与常平仓直接受制于中央相比,社仓这种管理和救济方法在备荒过程中显得更为灵活和有效。但在实际的运作过程中,也存在诸多弊病,主要表现在借还难、任人难、劝捐难三个方面。〔7〕

其次,清朝后期吏治的腐败加速了社仓的衰亡。社仓的管理和救济虽然采用民间的方法,但因苏州地区的社仓多数为官府创设,其运作必然要受到官方的监督。雍正二年(1724)即规定:“每社设用印官簿二本,一社长收执,一缴州县存查,凡州县官止听稽查,不许干预出纳。”〔8〕因此,地方官吏的监督对社仓的影响极为重要。乾隆中后期吏治腐败,一方面管理的社长与胥吏狼狈为奸,直接

〔1〕冯桂芬等:清同治《苏州府志》卷十七《田赋六》,清光绪七年江苏书局刻本,第15—18页。

〔2〕吴滔:《论清前期苏松地区的仓储制度》,见《中国农史》1997年第2期。

〔3〕冯桂芬等:清同治《苏州府志》卷十七《田赋六》,清光绪七年江苏书局刻本,第16页。

〔4〕朱寿朋:《光绪朝东华录》(光绪五年十二月辛酉),中华书局1984年,第853页。

〔5〕顾震涛:《吴门表隐·附集》,江苏古籍出版社1986年,第344页。

〔6〕冯桂芬等:清同治《苏州府志》卷十七《田赋六》,清光绪七年江苏书局刻本,第22页。

〔7〕参见黄鸿山、王卫平:《清代社仓的兴废及其原因——以江南地区为中心的考察》,见《学海》2004年第1期。

〔8〕嵇璜、刘墉等:《清朝通志》卷八十八《食货略八》,商务印书馆1935年,第267页。

侵占社仓粮食，甚至还从中盗卖，导致仓储多不足额；另一方面地方政府监督不严，有失察之过。据嘉庆四年(1799)八月二十一日上谕称："社仓原系本地殷实之户好义捐输，以备借给贫民之用。近来官为经理，大半藉端挪移，日久并不归款，设有存余，管理之首士与胥吏亦得从中盗卖，倘遇歉岁，颗粒全无。以致殷实之户不乐捐输，老成之首士不愿承办，是向来良法，徒为官吏侵肥，亦应一律查禁，并著各督抚等将各省社仓仍听本地殷实富户择其谨厚者自行办理，不必官吏经手，以杜弊窦而裕民食。"〔1〕

随着社仓的废弃，义仓逐渐兴起，成为清代后期地方仓储的主要形式。所谓义仓，最初是指纯粹由民间举办的以赈灾济贫为目的的仓储。如明万历年间，常熟席允信"载粟数千斛，分贮城中，半价粜以为赈"〔2〕。清代前期，苏州义仓仍属于这种民间仓储，较早的如乾隆六年(1741)建立的苏州平原义仓，此系"郡人前保宁知府陆锦建，积谷四千石，仿社仓法以贷佃农"〔3〕。嘉道以后，随着社仓的衰败与废弃，义仓成为政府热心倡导的对象。如昆山县义仓，系道光三十年(1850)水灾后奉宪所建，"邑绅顾之楷等募捐田亩并购程姓房屋改为义仓，办理积谷备荒"〔4〕。由于政府的干预，义仓的性质也开始发生变化，由纯粹民办改为以官绅合办为主流，义仓开始官方化。在江南官绅合办义仓中，最典型的就是道光中期由陶澍、林则徐创立的"长元吴丰备义仓"，丰备义仓不仅田产来自官绅双方，管理也由官绅共同办理，如《丰备义仓规条》规定："每届开仓前，先请藩宪酌派委员，会同绅士办理"，"经管义仓之绅士，由大宪及群绅会议择人而理，经管之人欲择人交替，亦会同大宪酌行"。〔5〕道光十五年(1835)，绅士韩范捐田一千一百余亩，岁收租息专归义仓存储，日积日多，若遇年岁稍歉，即行减价平粜，以济民食。之后，郡绅陆仪等"先后续捐长洲、元和二县官则田荡五千一百余亩，归入义仓收租办粮，余剩变价解司，以为接济荒歉之用"〔6〕。

丰备义仓实质上是由普通绅士支持并由布政使监管的新型仓储制度。从仓谷来源上看，丰备义仓与社仓性质相似；从功能上看，其作用又堪比常平仓，同时在管理和救济方面还避免了社仓和常平仓的诸多弊病，因此在太平天国战争摧垮江南所有仓储系统之后，丰备义仓最早恢复，成为晚清江南义仓中的一颗明

〔1〕《仁宗睿皇帝实录》卷五十，见《清实录》第28册，中华书局1986年，第632页。
〔2〕冯桂芬等：清同治《苏州府志》卷九十九《人物》二六，清光绪七年江苏书局刻本，第34页。
〔3〕曹允源、李根源：民国《吴县志》卷三十一《舆地考·仓庾》，苏州文新公司1933年铅印本，第6页。
〔4〕金吴澜等：清光绪《昆新两县续修合志》卷三《公署》，清光绪六年刻本，第7页。
〔5〕冯桂芬等：清同治《苏州府志》卷十七《田赋六·积储》，清光绪七年江苏书局刻本，第21页。
〔6〕冯桂芬等：清同治《苏州府志》卷十七《田赋六·积储》，清光绪七年江苏书局刻本，第21页。

星。但就历史发展而言，由于人口膨胀，灾害频仍，政府财力衰败，义仓已难以独力支撑社会赈济的重担。于是民间的宗族义庄及各类善堂、善会、公所等组织迅速兴起，成为社会赈济保障的主力。〔1〕

二、宗族义庄的发展

义庄是宗族保障的物质基础，最初为北宋范仲淹在苏州所创并为天下所法，但苏州人淡漠的宗族观念严重制约了宗族义庄的发展。在宋、元、明三朝，苏州的义庄义田寥寥无几，入清后发展缓慢，乾隆时的苏州大诗人沈德潜感慨地说："吴门非乏富厚之家，为祖父者欲子孙长擅其富厚，多积余藏以遗之，而尊祖敬宗皆视为不急之务。为子孙者惟裘马是好，声色是娱，挥千黄金不惜，其可尽心于祖若父者，锥刀之末是靳，安望能广其惠于一族！"〔2〕

道光年间，江南地区自然灾害频发，农业歉收，民生维艰。据不完全统计，道光元年至五年（1821—1825），仅苏州府城附近就发生灾荒四次。〔3〕其后又发生三次重大水灾，即道光三年（1823）、十三年（1833）、二十九年（1849），其中道光三年的"癸未大水"危害程度最深，波及范围最广。苏州绅士冯桂芬追述道光朝时曾说："至道光癸未大水，元气顿耗，商利减而农利从之。于是民渐自富而之贫，然犹勉强支吾者十年。迨癸巳大水而后，始无岁不荒，无县不缓，以国家蠲减旷典为年例。以前一二十年而一歉，癸巳以后，则无年不歉，且邻境皆不歉，而苏松太独歉。"〔4〕林则徐抚苏不久，亦发现："自道光三年水灾以来，岁无上稔，十一年又经大水，民力愈见拮据。"〔5〕另一方面，道光年间，国家荒政体制已殆于衰亡，常平仓和社仓逐渐废弛，失去了原本的赈济效能。为了维护地方稳定，地方政府与士绅都不得不寻找另外的途径进行灾荒赈济。陶澍、林则徐抚苏期间，大力提倡和鼓励建立义庄，苏州义庄才渐多。同光年间，苏州各地普遍设立义庄，至清末共有义庄200个〔6〕，成为江南义庄最集中的地区。

---

〔1〕 徐茂明：《江南士绅与江南社会：1368—1911年》，商务印书馆2004年，第133—137页。

〔2〕 沈德潜：《临海义庄记》，民国《吴县志》卷三十一《舆地考・义庄》，苏州文新公司1933年，第13页。

〔3〕 洪焕椿：《明清苏州农村经济资料》，江苏古籍出版社1988年，第301—303页。

〔4〕 冯桂芬：《代拟请减苏松太浮粮疏》，见《显志堂稿》卷九，台湾文海出版社1981年，第3页。

〔5〕 林则徐著，杨国桢选注：《江苏阴雨连绵田稻歉收情形片》，见《林则徐选集》，人民出版社2004年，第42页。

〔6〕 范金民：《清代苏州宗族义田的发展》，见《中国史研究》1995年第3期。

表 4-3 清代苏州府设置义庄统计表

年代	义庄数			义田数		
	个数	百分比	平均每年个数	亩数	百分比	义庄平均田数
康熙(1662—1722)	3	1.62	0.05	2 130	1.42	710
雍正(1723—1735)	1	0.54	0.08	500	0.33	500
乾隆(1736—1795)	15	8.11	0.25	13 542	9.01	903
嘉庆(1796—1820)	7	3.78	0.28	6 785	4.52	969
道光元年至二十年(1821—1840)	19	10.27	0.95	20249	13.48	1 066
道光二十一年至同治三年(1841—1864)	23	12.45	0.96	21 257	14.14	924
同治四年至宣统三年(1865—1911)	105	56.76	2.23	78 492	52.24	748
不详	12	6.49		7 300	4.86	608
合计	185	100		150 255	100	813

清代苏州义庄捐置者的身份大多是士绅,使得义庄的性质与功能呈现出政治化的趋势,成为与官方或半官方基层组织互助互补的基层组织。义庄作为政府积极鼓励发展的一种社会组织,不仅具有社会保障的功能,还能起到教化民众、稳定社会的作用。明清之际的顾炎武就说:“民之所以不安者,以其有贫有富。贫者至于不能自存,而富者常恐人之有求,而多为吝啬之计,于是有争心矣。”他提出:“夫惟收族之法行,而岁时有合食之恩,吉凶有通财之义”,如此则“不待王政之施,而矜寡孤独废疾者皆有所养矣”。[1]由于时机未到,顾炎武的设想未能实现。至于晚清,时局大变,冯桂芬又竭力鼓吹恢复宗法,官民协力,养教兼施。他说:

> 宗法者,佐国家养民教民之原本也。天下之乱民,非生而为乱民也,不养不教,有以致之。牧令有养教之责,所谓养,不能解衣推食;所谓教,不能家至户到。尊而不亲,广而不切。父兄亲矣切矣,或无父无兄,或父兄不才,民于是乎失所依。惟立为宗子,以养之教之,则牧令所不能治者,宗子能治之,牧令远而宗子近也。父兄所不能教者,宗子能教之,父兄多从宽,而宗子可从严也。宗法实能弥乎牧令父兄之

〔1〕 贺长龄:《皇朝经世文编》卷八《治体二·顾炎武〈说经〉》,岳麓书社 2004 年,第 12 页。

隙者也。[1]

从清代苏州宗族义庄的规条看,其宗旨不出“养”与“教”。所谓“养”,即对本宗族一定血缘关系内的族人实施救济,内容主要有资助丧葬、婚嫁、孤寡、医药、入学、考试等,救济方式既有定期发放资助者,如老弱孤寡等,也有不定期的,如婚丧、考试等。兹以《明清以来苏州社会史碑刻集》所收几例义庄规条稍做说明。

一是常规性定期救济。如常熟邹氏隆志堂《济阳义庄规条》:

> 义庄原为族之贫乏无依而设,凡鳏寡孤独废疾,皆所宜矜。……间有贫老无依,不能自养者,无论男女,自五十一岁为始,开列事由,呈送本房司事查核,加用图记,报庄批准给票,每日给米五合。年至六十一岁,本拟间岁酌给棉衣,今特加给月米,听其自行置办。六十一岁,日给七合。七十一岁,日给一升。八十一岁,日给一升五合。九十一岁,日给二升。……
>
> 族之贫乏幼孤男女,凭本房司事报庄给票,三岁至六岁,日给米三合。七岁至十一岁,日给四合。十二岁至二十岁,日给五合。男女均给二十岁止。女于二十岁前出嫁,即行停给。[2]

常熟邹氏隆志堂义庄,可能因为家族人员较少,而族产较多,所以救济对象比较广。它不仅救济本族族人,还救济“里中贫老男妇”,这在义庄中是比较少见的。

二是非常规性不定期救济。如《延陵义庄规条》:

> 族中力不能丧葬者,不论男妇,二十一岁以上,丧费给七十制钱六两,葬费给七十制钱六两。……
>
> 族中力不能嫁娶者,娶妇给七十制钱十两,嫁女给七十制钱八两。……
>
> 族中仅能糊口不支请月米者,如遇丧葬婚嫁等事,仍准支取。[3]

再如《济阳义庄规条》:

> 凡成丁男口,自十七岁至五十岁,理宜勤力营生,非鳏寡废疾者可

---

〔1〕冯桂芬:《校邠庐抗议》下篇《复宗法议》,中州古籍出版社 1998 年,第 166 页。
〔2〕王国平、唐力行:《明清以来苏州社会史碑刻集》,苏州大学出版社 1998 年,第 259 页。
〔3〕王国平、唐力行:《明清以来苏州社会史碑刻集》,苏州大学出版社 1998 年,第 277 页。

比,本不在应给之例。间或势处极贫,因病失业,人尚安分,子女多而命运不济,不得不暂为酌给。……五十一岁后,照常规按月支给。

族中子弟,玉峰考试,贴钱一千。入泮,送钱二千四百。补廪,同乡试,路费四千。中式,送钱八千。副榜减半。会试,路费二十千,中式,送钱三十千。[1]

义庄救济的原则是以血缘关系为准,正如《留园义庄记》所云:"不以贫富为差,而以亲疏为等",以体现"亲亲"之义。严格的血缘准则,使得宗族义庄成为一个个封闭的救济组织,社会受惠人员有限。而且到了晚清,随着士绅阶层城居率的不断上升,义庄大多设于城镇,农村义庄比例很小。据统计,苏州的义庄,53.5%设置在城市,24.1%在市镇,农村只有22.4%。吴、长、元三县义庄设在城镇的高达89%。常、昭二县城镇中义庄也占77%。[2]据同治《苏州府志》载,嘉庆二十五年(1820),苏州府人口已达590余万。[3]而整个苏州即使到清末也只有200个义庄,按每个义庄可保障500人计算,只能有10万人受益,这在苏州总人口中所占比例还不足2%,何况每个义庄实际赈济的人数还不一定能达到此数。宗族义庄有限的救济面,还必须与社区的救济组织善堂、善会相结合,才能相得益彰,更好地达到"养民"之效。

义庄本身从属于宗族组织,义庄规条也是宗族规约的一种。通过义庄规约,宗族士绅不仅从经济上加强与族众的联系,也可以在观念上加强对族众的宗法伦理教化。比如,族内纠纷的解决、对贫乏子姓的资助以及由此实现的对封建宗法伦理的维护等。这样有利于将族众由社会秩序的不稳定因素转变为积极因素,进而维护宗族内部结构的稳定。

地方政府看到义庄具有稳定社会统治秩序的功能,正如盛宣怀所说:"惟是田房产业,既归义庄,若不呈明立案,难保不日久弊生,似非善体故父诒谋之本意。"[4]应加以管理和控制。为保证宗族义庄的资产不受侵吞,义庄的主人往往会借用官府的力量加以维护,向官府呈报田房、产业契据,备案于官府。例如,济阳丁氏义庄便是在先得到了官府的同意的情况下筹建起来的。盛氏的留园义

---

〔1〕王国平、唐力行:《明清以来苏州社会史碑刻集》,苏州大学出版社1998年,第260—261页。

〔2〕范金民:《清代苏州宗族义田的发展》,见《中国史研究》1995年第3期。

〔3〕洪焕椿:《明清苏州农村经济资料》,江苏古籍出版社1988年,第41页。

〔4〕《盛氏为留园义庄奏咨立案碑》,见王国平、唐力行:《明清以来苏州社会史碑刻集》,苏州大学出版社1998年,第264页。

庄，两次提到“并将田地契据盖用官印，不得擅卖擅买”[1]。

三、社区善堂、善会的组织保障

社区保障体系主要由各类善会、善堂等慈善组织设施构成。明代中期，社区保障体系基本上沿袭了宋代的官办格局，设施少，规模小。慈善施济的内容包括收养弃婴、救济孤贫老弱、施药、掩埋露尸，这些都成为后来社区慈善组织救济的主体内容。至明朝末年，官立慈善机构经费窘迫，管理混乱。于是有善会、善堂的兴起，社区保障体系也由官办逐渐向民办过渡。在明清各类善堂、善会的创置人中，士绅是主导力量，这与当时善举对士绅阶层的要求是相符合的。在江南，许多士绅家族都是行善世家，苏州城中的彭氏、潘氏自不待言，就是一些偏远小镇也不乏积善之家。如周庄陶氏，自嘉庆、经道光至同治年间，陶秉信、陶迈宗、陶煦祖孙三代积极参与或主持镇中怀善局，专管施棺掩埋的善事。[2]

事实上，社区保障就是士绅阶层的价值理念溢出血缘家族范围，向外扩张的结果，宗族义庄中蕴含的“养民”与“教民”的宗旨同样存在于社区保障体系的善堂、善会之中。清代苏州的慈善机构种类繁多，施济内容除传统的施棺、掩埋、施药、收养弃婴、救济孤老残疾外，还有一些颇具时代特色和地方特色的清节堂、惜字会、洗心局、恤嫠会等新的善举，表现出强烈的教化色彩。即使是收养弃婴的保婴会，也同样贯彻了士绅的伦理观念。与育婴堂相比，保婴会是以家庭而不是弃婴为救济对象，它所维护的不单是婴儿的生命，而且是家庭的完整性。保婴会对年轻寡妇的遗腹子给予更优待的救济标准，如果寡母中途改嫁，保婴会便停给补助，其目的就在“于恤孤之中寓敬节之意”[3]。正因为善堂、善会在宣扬儒家伦理价值、维护社会秩序方面有着官方基层组织所不能替代的功用，所以自雍正二年(1724)起，就正式诏令鼓励善堂的建立，从而有力地促进了地方善堂、善会的制度化发展。太平天国失败后，江南地方政府为重建地方秩序，再次积极敦促地方士绅恢复善堂组织，进一步提高了士绅及其他社会力量在社区保障体系中的地位。丁日昌任江苏布政使、江苏巡抚时，对苏州下属各县养济院、育婴堂、义仓的管理极为重视，反复强调要用公正绅董来经理此事。[4]从江南各府县方志

---

[1] 《盛氏为留园义庄奏咨立案碑》，见王国平、唐力行：《明清以来苏州社会史碑刻集》，苏州大学出版社1998年，第264页。

[2] 陶煦：清光绪《周庄镇志》卷二《公署》，清光绪八年元和陶氏仪一堂刻本，第20页。

[3] 梁其姿：《施善与教化：明清的慈善组织》，台湾联经出版事业公司1997年，第194—195页。

[4] 徐茂明：《江南士绅与江南社会：1368—1911年》，商务印书馆2004年，第193页。

的记载看，江南的善堂绝大多数在太平天国期间被毁，战后的善堂基本上是重建或新创立的。如常熟、昭文二县共38个善堂，其中22所是同治、光绪年间重建或新建的，6所年代不详。[1]

从苏州善堂的地区分布看，它弥补了宗族义庄过分集中于城市以及血缘关系的局限，将救济教化的对象扩大到整个基层社会，并且形成具有上下级隶属关系的网络，如府县有育婴堂，乡镇有接婴所、保婴会，负责将弃婴转送育婴堂。据光绪八年（1882）刊刻的《周庄镇志》记载，周庄镇在同治六年（1867）创设保婴会、接婴所，“有送婴来者，奖以钱。每得一婴则制衣褓、雇乳媪转而送入郡城育婴堂。……时近地举行保婴者尚少，其婴且远自莘塔、芦墟而来，故统一岁计不下一二十名。今则各处皆设法留养，而吾镇遂稍杀于初矣”[2]。由同治六年至光绪八年，前后仅15年，保婴会已发展到各处皆有，可见其速度之快、网络之密。这些善堂、善会散布于城乡各地，与宗族义庄互助互补，共同构成了士绅阶层对基层社区的救助网络。

四、会馆、公所的救助善举

明清以来，由于商业经济及手工业的繁盛，苏州聚集了大批外地商人与手工业者，为了保障其自身的利益，苏州各行业的从业人员相继建立了会馆与公所。江南会馆产生于明后期，到清康乾年间逐渐增多，嘉道时期达到顶峰。公所的发展历史要晚于会馆，苏州第一家真正的公所，即印书业崇德公所，成立于康熙十年（1671），此后公所数量有所增长，同治年间臻于极盛。关于会馆、公所的异同，从地域或行业的角度来看，会馆和公所可以分为地域性和行业性两大类，会馆大多属于地缘性的社会组织，而公所大多属于行业性的社会组织。

会馆、公所除了正常的行业业务管理外，另一重要活动内容就是救助同业或同乡，办理社会救济。因此，许多公所都制定了较为详细的章程，都对善举内容及其相应的经费筹措办法、管理方式做了规定。光绪十九年（1893）七月二十一日立示的《长元吴三县梳妆公所议定章程碑》记载了该公所有关善举方面的内容：

> 一、议同业公议，遵照旧章，无论开店开作，每日照人数，归店主愿出一文善愿。
>
> 一、议同业公议，现以历年所捐一文善愿，积资置买公所基地一处，

〔1〕丁祖荫：民国《重修常昭合志》卷八《善举志》，1949年铅印本。

〔2〕陶煦：清光绪《周庄镇志》卷二《保婴会》，清光绪八年元和陶氏仪一堂刻本，第22页。

即欲起造。

一、议年迈孤苦伙友,残疾无依,不能做工,由公所每月酌给膳金若干。

一、议如有伙友疾病延医,至公所诊治,并给汤药。

一、议如果伙友身后无着,给发衣衾棺木灰炭等件。

一、议如有伙友病故而无坟墓,由公所暂葬义冢,立碑为记,且俟家属领回。

一、议祖师坟墓与义冢毘连,每年七月中旬,同业齐集祭扫一次。[1]

会馆、公所的善举内容主要有购置义冢、施棺殓葬、延医给药、助鳏恤寡、救济失业、帮助同业外乡人、给资还乡、兴办义塾、惜字修路和帮助工商业者的家属等。如陕西会馆的普善堂、东越会馆的公善堂、新安会馆的积功堂、湖南会馆的泽仁堂等,都是为同乡提供各种慈善服务的机构。不仅如此,一些会馆本身就是先襄义举,而后创建会馆的。如常熟的宁绍会馆,先在乾隆三十六年(1771)设立义瘗所,随后增建丙舍,嘉庆五年(1800)建立了会馆,同治间设女殡所[2],公益事业渐次完备。

会馆、公所从事善举的经费主要有以下几种来源。一是由公所公议在同业中出捐一定数目,如绚章公所规定:"作伙每人每月捐钱五十文,以资善举。"二是在同业收入中按一定比例抽提,一种是在店号交易或进货额中按一定比例抽取,如纸业两宜公所规定:"其一切经费,统由同业进货每两提捐五厘,汇存公所,以备抵支。"估衣业云章公所规定:"于销货中按数每两抽捐银二厘。"另一种抽提的方法是在伙友俸食中按比例出钱,如布业尚始公所要求各伙友薪俸内每千捐钱十文,粮食业五丰公所在同业薪水之中,百钱抽一。此外,还有通过发典生息的办法来解决经费问题,如洋布业的咏勤公所得协济银一千两,"外合前后所存,凡银三千两,发典生息,岁得银三百六十两。专恤贫寡,按月散给……而所存本银三千两,永不动支,以期经久"。[3]

由于财力有限,救助主要集中在施棺殓葬和资送回乡等最低限度的保障方

---

[1] 江苏省博物馆:《江苏省明清以来碑刻集资料选集》,生活·读书·新知三联书店1959年,第119页。

[2] 《常熟宁绍会馆始末记》,见苏州博物馆等:《明清苏州工商业碑刻集》,江苏人民出版社1981年,第371页。

[3] 《吴县为蜡笺纸业公议规条给示遵守碑》《纸业两宜公所办理同业善举碑》《估衣业重建云章公所碑》《咏勤公所恤寡会碑记》,见苏州博物馆等:《明清苏州工商业碑刻集》,江苏人民出版社1981年,第103、97、213、206页。

面,其他社会公益性的活动相对较少。如道光年间苏州绸缎业七襄公所规定:“如同业中有老病废疾不能谋生者;有鳏寡孤独无所倚藉者;有异乡远客贫困不能归里者,由各肆报之公局,令司月者核实,于公费中量为资助。”〔1〕同治年间,苏州布业“孤苦无告者居多。甚至半为饿殍”,经同业商议,决定成立尚始公所,各店铺业主和店伙分别捐资,集腋成裘,“汇存公所,按期分给月米钱文,兼助丧仪等费……自此同业之孤寡,均赖以生养死葬,不致饿殍暴露”〔2〕。光绪十七年(1891),元和县牛王庙粉业公所规定:“凡在娄塘粉业营生者,或因年老残废、贫无依靠,或因籍隶异乡,在苏病故,即由职等查明,分别周急,代为棺殓。如有家属,济其盘柩回籍;如无,即葬义冢,立石标志……惟娄塘粉业坊铺无多,捐助经费有几,所有本处贫户及非娄塘粉业营生者,仍由好善堂暨此外各善士给发棺木备办,倘得经费充裕,再议推广。”〔3〕此外,牛王庙粉业公所的管理者为职员胡学瀛,监生顾孚穀、彭新谦、臧柳森、王仁悌,民人陈柏林等,其中士绅占主导地位。这种专业或兼业商贾的士绅就是晚清日益壮大的绅商群体,成为晚清政治、经济生活中的一支重要力量。

清代,苏州地区会馆、公所的各种善举救济活动,在某种程度上救济了本行业中的贫困者。通过救济同业穷人,还达到团结同业,增强同业对外的一致性、荣誉感和内部的向心力,以及公所组织的凝聚力的作用。尽管这种救助活动仅仅局限于同业之内,或是因为经费不敷或管理经营不善,救助效果没有达到完美的结果,但在一定程度上弥补了官方力所不及之处,维护了社会的稳定。因此,这种善举活动也得到了地方政府的支持,许多碑示都具有官府为保障公所善举的顺利实施而刊布的公文性质,对公所资产及正常活动给予保护,严禁地匪、棍徒、无赖藉端滋事。

第三节　多元的宗教与信仰

一、佛　教

清代的苏州佛教是明代佛教的延续。明清之际的汉传佛教,按照印光法师

〔1〕《七襄公所碑记》,见苏州博物馆等:《明清苏州工商业碑刻集》,江苏人民出版社1981年,第28页。

〔2〕《布业建立尚始公所办理善举碑》,见苏州博物馆等:《明清苏州工商业碑刻集》,江苏人民出版社1981年,第82页。

〔3〕《元和县示谕保护牛王庙粉业公所善举碑》,见王国平、唐力行:《明清以来苏州社会史碑刻集》,苏州大学出版社1998年,第287页。

所说,是继隋唐佛教以后又一个大繁荣的时期。[1]与隋唐佛教在唐都长安繁荣有所不同的是,明清之际佛教的大发展是在长江三角洲。苏州佛教就是其中的典型实例。咸丰十年(1860),太平天国运动席卷苏州后,苏州佛教遭遇顿挫,日趋衰落。从同治年间到宣统三年(1911),一直处于医治创伤的阶段,抱残守缺,始终没有走出重建寺院和做经忏佛事的低谷。

(一) 寺院

据同治《苏州府志》卷三十九至卷四十四记载,截至咸丰十年(1860)苏州府所辖的7县区内的寺庵数量见表4-4。

表4-4 清代苏州府所辖7县区内的寺庵数量统计表

县名	吴县	长洲县	元和县	昆山县	常熟县	昭文县	震泽县
数量	131	43	59	35	19	30	19

从表4-4可知,清代从入关到同治年间,苏州府所辖的7个县区,共有大小寺庵336座,其中绝大部分集中在今苏州市区和吴中区(吴县)。又据康熙六年(1667)寺院僧尼为每座寺院1.49名的平均数来推算[2],苏州府有僧尼至少500名以上。又据咸丰十年(1860)的"天下民数"为260 924 675口[3],按康熙六年(1667)的僧尼人口占万分之六点一的比例来估算,当时全国有僧尼大约1 591 641口[4],平均每座寺院僧尼大约为20名。苏州府当时有大小寺院336座,居住的僧尼大约有6 717名。这个数字估算肯定不确切,但从理论上说,每座寺院大约只有20名僧尼居住,无论如何说,苏州府完全能够养活这么多的僧尼。如果按照太虚法师非常保守的估算,清末汉传佛教有80万僧尼[5],则康熙六年的寺院平均居住10名僧尼[6]。换句话说,据保守的说法,苏州府在咸丰

---

[1] 释广定:《印光大师全集》第1册,台湾佛教出版社1991年,第7页。

[2] 郭朋在《明清佛教》(福建人民出版社1982年)第319页注①和注②说,《清代野史大观》卷一一《清代述异·康熙时直省寺庙僧尼总数》记载康熙六年礼部统计:全国敕建大寺庙6 073座,小寺庙6 409座;私建大寺庙8 458座,小寺庙58 682座。合计79 622座。僧人110 292名口,尼8 615名口。合计118 907名口。

[3] 《清实录》第44册,中华书局2008年,第47618页。

[4] 据清雍正四年七月二日上谕,当时有僧尼"数百万人矣"(《世宗宪皇帝上谕内阁》卷四六,《四库全书》第414册,上海古籍出版社1987年,第406页),这个数字应该是确切的。

[5] 太虚法师:《太虚大师全书》第18册,宗教文化出版社、国家图书馆文献缩微复制中心2005年,第8页。

[6] 太虚法师的这个估算数字可能低了。按人口的万分之六点一来推算,比较可信。

十年(1860)的寺院僧尼最少也有3 373名。占全国僧尼的4‰(这个千分比显然有点偏低,因为苏州地处汉传佛教的中心地区)。

苏州佛教在晚清的衰落,一方面是乾隆三十九年(1774)终止度牒制度的"滥僧"政策的反映,但给予致命一击的是太平天国运动。兹把太平天国在咸丰十年(1860)攻占苏州府时破坏的寺庵数量见表4-5。

表4-5　咸丰十年太平天国毁坏的苏州府所辖7县区内的寺庵数量统计表

县名	吴县	长洲县	元和县	昆山县	常熟县	昭文县	震泽县
数量	11	11	33	9	8	8	5

资料来源:同治《苏州府志》卷三十九至卷四十四。

由表4-5可知,咸丰十年,苏州府损毁的寺庵有85座之多,占苏州府寺庵的25%。以后又遭遇了戊戌变法和清末新政等政治运动,在庙产兴学的现代化思潮的冲击下,苏州佛教的信仰范式开始了现代化转型。非常有趣的问题是,苏州佛教信仰范式的现代转型,从寺院衰落的视角来看,建立在太平天国毁灭的寺院废墟上。凡是在太平天国运动中没有蒙受劫难的,在以后的现代化运动中几乎荡然无存。兹举当代苏州三大寺为例:

1. 戒幢律寺

据民国《吴县志》卷三十八记载,戒幢律寺在咸丰十年毁灭以后,"同治八年(1869),僧道传募建院东观音殿,十年募建前殿、三门,嗣后日就荒废。光绪十八年(1892),住持僧荣通与其徒广慧募建客堂、西方殿、念佛堂、东客厅;光绪二十六年(1900),建斋堂、五百罗汉堂、藏经楼、普同塔院;光绪二十七年(1901)重葺西园后放生池,建四面厅清凉阁、云栖亭;光绪二十九年(1903)募建大殿、禅堂、法云堂。宣统三年,御赐《龙藏》,并赐称'震国戒幢律寺'"[1]。

2. 灵岩寺

据民国《吴县志》卷三十六上记载,灵岩寺在咸丰十年(1860)被毁后,在"同治十一年(1872),僧念诚重建"[2]。

3. 寒山禅寺

据民国《吴县志》卷三十六上记载,寒山禅寺在咸丰十年(1860)被毁后,"光绪丙午(引者按:即光绪三十二年,1906),巡抚陈夔龙稍谋兴复,铸钟建屋,以存

〔1〕 曹允源、李根源:民国《吴县志》卷三十八《寺观四》,苏州文新公司1933年铅印本,第7页。
〔2〕 曹允源、李根源:民国《吴县志》卷三十六上《寺观一》,苏州文新公司1933年铅印本,第20页。

古迹。宣统庚戌(引者按:即宣统二年,1910),巡抚程德全续修之,辛亥(引者按:即宣统三年,1911)六月落成,规模宏敞,轮奂一新。寺中樱花,为日本领事向须所植。大殿内铜钟亦为日人所捐助,上有伊藤博文序"〔1〕。

(二) 宗派与名僧

顺治、康熙年间,苏州佛教界高僧辈出。同治《苏州府志》卷一百三十四记载苏州高僧46人,其中有30人活动在顺治、康熙年间,所占比例为65%。就所属宗派而言,顺治、康熙年间禅宗信仰是主流。在30名载入同治《苏州府志》的高僧中,禅宗僧人有20名,所占比例为67%。他们是:通容、弘储、通门、道源、照航、本罣、正志、庆祐、大涵、愿志、行演、晓青、本琇、行如、智水、本预、超衡、正华、元照、超果。其中以弘储最具代表性。"弘储,字继起,晚号退翁。通州李氏子。年二十五,投三峰法藏和尚,力参,顿明大法,藏许为'临济荷担真子,有藏于云龙,用出师吼'之记。住常州之夫椒祥符,又历台州之东山能仁、天台之国清、兴化慧明、瑞严天宁诸刹。所至,开堂说法,衲子景附。顺治己丑,始居灵岩。寺久废,储至,檀施云涌,遂成丛林。继游南岳德山,大振宗风。归吴,卓锡尧峰;未几,仍返灵岩。康熙壬子(引者按:即康熙十一年,1672)秋,示寂,寿六十八。弟子隐源,能承其学。日本国来请国师。世祖命往,国主敬事之。"〔2〕到了清末,苏州西园寺广慧圆德与常州天宁寺冶开清镕、宜兴海会寺妙参清虚、南京香林寺济南清然、扬州高旻寺楚泉全振,同称为"清末江南宗门五老"〔3〕。

就清代苏州禅宗而言,在顺治、康熙年间的禅宗信仰,已经出现了禅教合一的发展趋势。例如,自扃禅师,"字道开,号闾庵。吴门周氏子。出家虎丘,师事苍雪、彻汰、如河,通贤首、慈恩二宗旨,归讲《圆觉》于虎丘,讲《涅槃》于华亭,讲《楞伽》于武塘,妙义云委,如瓶泻水,兼通诗画。顺治壬辰(引者按:即顺治九年,1652)六月,自槜李归虎丘东小庵,邀苍公坐榻前,手书诀别,曰:'一事无成五十二载,一场懡㦬双手拓开。'敛容掷笔而逝,塔在庵右"〔4〕。其他禅教并重的高僧还有行臻、源远。

就中国汉传佛教信仰方式而言,净土宗和律宗为清代佛教各宗共同的信仰。再就清代苏州佛教信仰而言,净土宗信仰占主流,并在中国佛教史上占有重要地

〔1〕 曹允源、李根源:民国《吴县志》卷三十六上《寺观一》,苏州文新公司1933年铅印本,第15页。
〔2〕 冯桂芬等:清同治《苏州府志》卷一三四《释道一》,清光绪七年江苏书局刻本,第44页。
〔3〕 林子青:《清代佛教》,见中国佛教协会:《中国佛教》第1辑,知识出版社1980年,第126页。
〔4〕 冯桂芬等:清同治《苏州府志》卷一三四《释道一》,清光绪七年江苏书局刻本,第47—48页。

位，产生了净土宗的第九祖智旭大师、第十祖行策大师、第十一祖省庵大师。所以，清代苏州佛教是中国佛教的排头兵，引领着近现代以来的中国汉传佛教信仰。

智旭（1599—1655），字蕅益，俗姓钟，吴县（今吴中区）木渎镇人。“父持白衣大士咒，母梦大士送子而生。三岁丧母。年十三，无书不读，以圣学自任，著书辟佛，凡数千言。父见而责之，示以云栖《竹窗随笔》。乃焚所著论。年二十，父卒，延僧作福，见《地藏本愿经》，读之，始发出世志。年二十四，入湖州金盖山为僧，历主温陵、漳州、石城、长水、新安等处方丈，广宏台教。”〔1〕智旭生平的著述，经其弟子成时编次，分为宗论和释论两类。宗论即《灵峰宗论》，共10卷；释论包含释经论和宗经论及其他著述60余种164卷。智旭“关于净土教理的主要著作，也就是《弥陀要解》。此书先依天台宗五重玄义方式，说明此经以能说所说人为名，实相为体，心愿持名为宗，往生不退为用，大乘菩萨藏无问自说为教相。又以《阿弥陀经》总摄一切佛教，以信愿行总摄《阿弥陀经》一经宗旨”〔2〕。

行策（1628—1682），“字截流。姓蒋，父全昌，宜兴老儒也，与憨山为友；憨山示寂之三年，全昌梦其入室而生子，因名之曰‘梦憨’。父母继逝，投理安箬庵问公座下，胁不至席者五年，顿彻法原，遂结庵西溪河渚闲，专修净业，因名其居曰‘莲柎庵’。康熙九年，住虞山普仁院，唱兴莲社”〔3〕，“创七日念佛法，著有《起一心精进念佛七期规式》，为清代‘打念佛七’的滥觞”〔4〕。

省庵（1686—1734），法名实贤，常熟县人。出家以后，先学天台宗和唯识宗教理，后闭关三年，白天阅藏，“晚课佛号，晚年在杭州仙林寺结莲社，单提净土，尝在所撰《劝发菩提心文》中，阐发净土宗旨，激励四众；此外，撰有《净土诗》一百零八首，《西方发愿文注》一卷、《续往生传》一卷等”〔5〕。

此外，还有华严宗高僧读彻、弘璧等。

（三）佛教与社会

1. 康雍乾三朝官府与佛教

康熙帝在位61年，为拉拢江南禅僧，监督明末遗民逃禅，“凡六下江南，每次南下，几乎都要参礼佛寺，延见僧人，题词题字”〔6〕。用康熙帝自己的话说，就

---

〔1〕冯桂芬等：清同治《苏州府志》卷一三四《释道一》，清光绪七年江苏书局刻本，第42页。
〔2〕隆莲：《智旭》，见中国佛教协会：《中国佛教》第2辑，知识出版社1982年，第299、301页。
〔3〕冯桂芬等：清同治《苏州府志》卷一三四《释道一》，清光绪七年江苏书局刻本，第50页。
〔4〕林子青：《清代佛教》，见中国佛教协会：《中国佛教》第1辑，知识出版社1980年，第127页。
〔5〕黄忏华：《净土宗》，见中国佛教协会：《中国佛教》第1辑，知识出版社1980年，第270—271页。
〔6〕郭朋：《明清佛教》，福建人民出版社1982年，第300页。

是“天下有名庙宇禅林，无一处无朕御书匾额，曰计其数，亦有千余”〔1〕。例如，康熙二十八年（1689）春二月，康熙帝南巡临幸并宿吴县邓尉山天寿圣恩禅寺，在四宜堂御书“松风水月”四字额以赐。〔2〕因此，皇室对苏州佛教采取保护的政策。雍正六年（1728）六月十一日，雍正帝在苏州巡抚陈时夏的奏折里朱批谕旨，严厉斥责陈时夏在苏州推行的佛教世俗化，要使“僧道数千百人还俗”，“殊不可解，除可笑之外，实无以批谕汝也”。〔3〕不过，到了雍正十一年（1733），开始整治苏州佛教界。这是因为曾静案的出现，表明老一代明末遗民从肉体上消失后，并不意味着反清的民族意识也跟着消失。所以雍正帝开始着眼常熟三峰法藏门下那些曾经怀有“故国之思”而出家的明末遗民遗留下来的政治影响，要从政治上把他们的反清意识扼杀在萌芽之中。

法藏禅师，是明末一位有较大争议的禅师。这只是禅门内部的争议，与政治无涉。但法藏禅师的弟子仁庵，站在法藏的立场上，对天童与三峰的宗旨之争做出了有利于三峰法藏禅师的评判，即他写的《五宗救》。这也与政治无关。但问题出在仁庵禅师本人。仁庵俗名谭吉忍，清朝入关以后，逃禅为僧，法名济义。所以雍正帝要拿三峰法藏禅师祭刀，在江南佛教界实行刚性管理政策。正如陈垣所说：“雍正而知《五宗救》出于仁庵也，必将斥之为魔义矣。”再加上三峰“门多忠义，亦易为不息者生嗔，尚何言哉，尚何言哉”！〔4〕

雍正帝“痛斥法藏为‘魔藏’、弘忍为‘魔忍’，并且还要把他们革除教门，也正是由于这一原因（关于法藏一系‘门多忠义’，详见陈垣著《清初僧争记》）”〔5〕。并且借鉴曾静案例，“也编了一部类似《大义觉迷录》的书，叫《御选语录》，其中的《当今法会》，汇集了雍正帝钦定的一些亲王、大臣、僧人、道士的禅语，成为颁布给江南佛教界的‘正法眼藏’”〔6〕。

乾隆帝每次到苏州巡视，总要到寺院里走一圈。据同治《苏州府志》记载，乾隆帝视察过的苏州寺院有瑞光禅寺、开元禅寺、治平教寺、观音寺、白云禅寺、穹窿禅寺、天寿圣恩禅寺、翠岩寺、法螺庵、上方寺、灵岩禅寺、画禅寺、云岩禅寺。〔7〕

---

〔1〕 爱新觉罗·胤禛：《圣祖仁皇帝庭训格言》，转引自任宜敏：《清代汉传佛教政策考证》，见《浙江学刊》2013 年第 1 期。

〔2〕 冯桂芬等：清同治《苏州府志》卷三十九《寺观一》，清光绪七年江苏书局刻本，第 30 页。

〔3〕《世宗宪皇帝朱批谕旨》卷十一下，见《四库全书》第 416 册，第 669 页。

〔4〕 陈智超：《陈垣全集》第 18 册，安徽大学出版社 2009 年，第 358—359 页。

〔5〕 郭朋：《明清佛教》，福建人民出版社 1982 年，第 309 页。

〔6〕 李尚全：《清朝民国祭祀佛教的历史状况及其社会学分析》，见《甘肃社会科学》2013 年第 3 期。

〔7〕 冯桂芬等：清同治《苏州府志》卷三十九至四十二《寺观一、三、四》，清光绪七年江苏书局刻本。

为了解决人口暴涨的社会问题，乾隆三十九年(1774)，终止度牒制度，出家自由，彻底变佛教寺院为“过剩人口收容所”，用雍正帝的话说，就是“鳏寡孤独养老院”，“地方官吏所当矜而怜之者”。[1]苏州佛教随之日趋没落。

2．佛教与社会生活

佛教与社会的相互影响表现在以下几个方面：

(1)佛教向苏州士大夫圈渗透有两种方式。一种是僧人生活方式文学艺术化；另一种为士大夫生活方式法师化。

先说僧人生活方式文学艺术化。据同治《苏州府志》记载，“同揆，字轮庵。文中翰启美之子、文肃公犹子也，著有《寒溪诗稿》；诗皆人伦日用盛衰兴废之感，墨名儒行斯人有焉。其时，僧之以诗名者，显谟，字言成，吴县人；实仍，字可南，洞庭山人；德元，字讷园，长洲人；南潜，字月岩，乌程人，出家郡之灵岩寺，并有托而逃于禅者也”。“瀞睿，字目存。吴县人。少脱自于瑞光，后居东禅寺。事母至孝，素工六法，遂以画养名播江左。有荐至京师者，旋引疾归。盖于世味泊如也。与惠侍讲士奇、张检讨大受结诗社。”[2]

而士大夫生活的法师化，以周梦颜和彭绍升为典型代表。周梦颜(1656—1739)，字安士，昆山县人。“学通经藏，深信净土，著《西归直指》二卷。其所撰述后编成《安士全书》行世(《西归直指》卷首本传)。”[3]彭绍升(1740—1790)，长洲县人，“初习儒书，后来信向佛乘，既而尽弃所学，专归净土，撰有《无量寿经起信论》三卷、《观无量寿佛经约论》一卷、《阿弥陀经约论》一卷、《净土圣贤录》九卷、《西方公据》二卷、《念佛警策》二卷、《一行居集》八卷等”[4]。

(2)就普通民众信仰的视角而言，以在佛菩萨圣诞、出家、成道等纪念日到寺院里敬香为主流。敬香也称烧香、朝山，主要到山西的五台山、浙江的普陀山、安徽的九华山、四川的峨眉山、江苏的狼山，以及江浙一带和苏州本地各寺院去烧香，类似今天的观光旅游。一般由老年妇女带着儿媳、孙儿孙女组成敬香团队，或邻里街坊亲朋好友组团去朝山。老太太都背着香袋，里边装着手绢等物，每到一寺院，量力捐款。寺院给她们带的手绢上盖上寺院的“三宝印”，待将来逝世后烧掉，作为她们到阴曹地府里见阎王爷判他们在阳世烧香拜佛、做善事的“征信物”。兹把清嘉庆以来，在民间盛行的香火日期见表4-6。

---

[1]《世宗宪皇帝上谕内阁》卷四十六，《四库全书》第414册，上海古籍出版社1987年，第406页。

[2]冯桂芬等：清同治《苏州府志》卷一三四《释道一》，清光绪七年江苏书局刻本，第48—51页。

[3]林子青：《清代佛教》，见中国佛教协会：《中国佛教》第1辑，知识出版社1980年，第131—132页。

[4]黄忏华：《净土宗》，见中国佛教协会：《中国佛教》第1辑，知识出版社1980年，第271页。

表 4-6　清代嘉庆以来苏州寺庵盛行香火日(农历)一览表

日期	香火内容	日期	香火内容
正月初一	弥勒菩萨圣诞	正月初六	定光古佛圣诞
正月初八	五殿阎罗天子圣诞	正月初九	帝释天尊圣诞
正月十五	天官圣诞(天官赐福)	二月初八	释迦牟尼佛出家日
二月十五	释迦牟尼佛涅槃日	二月十八	四殿五官王圣诞
二月十九	观音菩萨圣诞	二月廿一	普贤菩萨圣诞
三月初一	二殿淡江王圣诞	三月初八	六殿卞城王圣诞
三月十六	准提菩萨圣诞	三月十七	七殿泰山王圣诞
四月初四	文殊菩萨圣诞 文财神、文曲星比干圣诞	四月初八	释迦牟尼佛圣诞(浴佛节)
四月十七	十殿转轮王圣诞	四月廿八	药王菩萨圣诞
五月十一	都城隍圣诞	五月十三	伽蓝菩萨圣诞; 武财神关圣帝君降神
六月初三	护法韦驮天尊圣诞	六月初四	南瞻部洲大转法轮
六月十九	观世音菩萨成道日	六月廿四	关圣帝君圣诞
六月廿六	协天大帝圣诞	七月十三	大势至菩萨圣诞
七月十五	佛欢喜日(盂兰盆节)	七月廿四	龙树菩萨圣诞
七月三十	地藏王菩萨圣诞	八月十五	月光菩萨圣诞
八月廿二	燃灯古佛圣诞	九月十九	观世音菩萨出家日
九月三十	药师琉璃光佛圣诞	十月初五	达摩祖师圣诞
十一月十七	阿弥陀佛圣诞	十一月十九	日光菩萨圣诞
腊月初八	释迦牟尼佛成道日	腊月廿三	监斋菩萨圣诞
腊月廿九	华严菩萨圣诞	腊月三十	持斋念佛,以求诸佛菩萨 下界访察人间善恶

资料来源:李尚全:《简明中国佛教史》,上海社会科学院出版社 2011 年,第 167—169 页。

另外,在苏州还盛行崇拜观世音菩萨的信仰。例如,位于光福镇西街的光福讲寺,又名铜观音寺,始建于南朝梁天监二年(503)。据称,寺院里供奉的观音像十分灵验。该寺院毁于清初,乾隆年间开始重修。道光十二年(1832),从夏天至秋季,苏州"恒风不雨,巡抚林则徐迎入城中祷之,立应。道光十六年

(1836)奏请重建,敕赐'慈云护佑'匾额"[1]。

(3)自从雍正皇帝给苏州佛教一棍棒以后,伴随着其"摊丁入亩"经济政策的落实,乾隆皇帝在执政的第三十九年,又废弃了度牒制度,允许民众出家自由,再加上净土宗信仰成为其后嘉庆以来的主流信仰,膨胀了的寺院僧尼,为了谋生,开始把经忏佛事职业化,一直沿袭到民国时期。民国时期的经忏佛事就是明清经忏佛事的孑遗。据西园寺方丈安上法师在《苏州佛教概况》里记载,民国时期,苏州残存的晚清寺院有200多座,分为"禅门"和"堂室"两种类型。所谓的"禅门",是正统的寺院,寺院经济以经忏佛事为主,地租收入为辅,住10~30个僧尼不等,早晚课诵,"挂单接众"。所谓的"堂室",就是专门靠经忏佛事维持寺院运作的小庙,类似于"佛摊"。僧尼分为三类,第一类是住在"禅门"里的正规僧尼;第二类是住在"堂室"里的专做经忏佛事的僧尼;第三类是有妻室儿女的"世俗和尚",交一定的费用,寄宿在"禅门"或"堂室"里。[2]在晚清以来的苏州佛教界流传着这样的顺口溜:"五堂功课饭碗子,三经焰口钱串子。"[3]"五堂功课"是指住在"禅门"里的僧尼必须掌握的佛教知识,即早课念诵的(1)《楞严咒》,(2)《大悲咒》和《十小咒》;晚课念诵的(3)《阿弥陀经》,(4)《大忏悔文》,(5)《蒙山施食仪》。"三经"指的是《金刚经》《心经》和《地藏经》。焰口是"禅门"里的僧尼到施主家里超度亡灵时做的佛事活动,又叫放焰口。"堂室"里的僧尼所做的经忏佛事,叫"七个半花夜作"。所谓的"七个佛事",即(1)"水陆普灯"(放荷花灯),(2)"祇课忏悔",(3)"结介坛经",(4)"大斋王",(5)"斋罗汉",(6)"荷花祭奠"(手持荷花灯),(7)破血湖(专为坐月子时死去的产妇做的佛事);所谓的"半个佛事",即放瑜伽焰口。[4]

(4)到了晚清,寒山寺的文化功能开始凸显出来。据叶昌炽在《寒山寺志》中记载,陈夔龙在光绪末年初步重建寒山寺后,寺中的樱花树"乃日本白须领事手植。丁未春仲,曾宴饮花下"。宣统三年(1911)六月十四日,程德全举行寒山寺重建落成典礼,邀请驻上海的各国领事参加,"冠裳高会,五洲聚于一堂,诚盛

---

[1] 冯桂芬等:清同治《苏州府志》卷三十九《寺观一》,清光绪七年江苏书局刻本,第29页。

[2] 安上:《苏州佛教概况》,见戒幢律寺档案:《安上法师著作类:生前著作及文稿》,年代号:1999;卷号:2,第47页。

[3] 安上:《苏州佛教概况》,见戒幢律寺档案:《安上法师著作类:生前著作及文稿》,年代号:1999;卷号:2,第47页。

[4] 安上:《苏州佛教概况》,见戒幢律寺档案:《安上法师著作类:生前著作及文稿》,年代号:1999;卷号:2,第51—52页。

事也”。第二天,“俄领事格罗思首以书来,请留名山寺”。[1]

(5)清前期那些逃禅到寺院里的明末遗民是撒播在江南寺院里的“反清种子”,到了晚清,开始发芽、生根、开花、结果。雍正皇帝放心不下的常熟县虞山三峰的清凉禅寺,终于孕育出了“长三角反清第一人”——宗仰上人。宗仰上人(1865—1921),“字中央,法名印楞,别号楞伽小隐,乌目山僧。俗姓黄,原名浩舜,又名用仁。今江苏常熟市人,16岁时,在常熟三峰清凉寺出家为僧”。“当义和团运动失败以后,西方列强气焰嚣张,而长三角的资产阶级却沉浸在醉生梦死的灯红酒绿之中,长江以南乃至山东的巡抚陷入英国制造的‘东南互保’的‘政治迷雾’之中,宗仰上人痛心地绘画出《庚子纪念图》,旨在唤醒国人的觉醒”,并积极参与上海《苏报》的反清宣传活动,受“苏报案”牵连,“逃避日本,与孙中山在东京巧遇,并住在一起有50天之久,从此长三角的反清第一人与珠三角的反清第一人建立了深厚的革命友谊。1903年7月1日发行的《江苏》杂志第5期上发表了宗仰上人的三首诗,其一是《〈驳康书〉书后》,其二是《〈革命军〉击节》,其三是《饯中山》,反映了宗仰上人与辛亥革命家章太炎、邹容和孙中山的真挚友谊,并借助孙中山赴檀香山的旅费200元”。[2]

二、道 教

有清一代,道教“从停滞渐趋衰落”[3]。满人入关前就信奉藏传佛教,入关初为巩固统治、笼络汉人,对道教仍予以一定程度的重视。乾隆以后,统治者对道教有所疏远,道教对上层统治者的影响日渐式微。同时,道教自身的教义和理论也因缺少创新而略显陈旧。苏州地区的道教从整体上看,也同样呈现衰落趋势。当然,道教在苏州民间社会中仍然有着较为重要的影响。道教本源自民间,在民间社会根基深厚,苏州地处江南,各类民间信仰盛行不衰,民众尤好神仙之说,因此道教在苏州地区仍然流传,其符箓斋醮、内丹修炼之法以及多神崇拜、立善积功等观念,既受到地方官府的肯定,更为民间百姓普遍接受。

(一)宫观、宗派和著名道士

清代于礼部下设道录司,府设道纪司,州设道正司,县设道会司,分设都纪、

---

〔1〕 叶昌炽:《寒山寺志》,江苏古籍出版社1999年,第73—74页。

〔2〕 李尚全:《宗仰上人与辛亥革命》,见南京政治学院台湾问题研究中心等:《辛亥革命与两岸关系研究论文集》,军事谊文出版社2011年,第106—109页。

〔3〕 任继愈:《中国道教史》,中国社会科学出版社2001年,第818页。

道正、道会等道官，各级道官一般由道士充任。苏州为府城，设道纪司，一般设在玄妙观内，有都纪一名。

清代苏州城内比较正规的道教宫观主要包括玄妙观、城隍庙、朝真观、卫道观、轩辕宫、天后宫、福济观、修真观、回真观、清微道院、清真观、白鹤观、佑圣观、悟真道院等。玄妙观仍是苏州地区最著名的宫观，也是苏州地区的道教中心。城隍庙既有府城隍庙，又有吴县、长洲两县城隍庙，三者同列于景德路，此外还有位于钮家巷的元和县城隍庙，这和清代苏州城内驻一府三县衙门的情况相合。苏州城外较著名的宫观有上真观，重楼叠宇，建筑众多，据传有2 000多间，号称“江南第一观”，其规模和声望一度超过城内的玄妙观。吴江、常熟、张家港等也有地方性的知名宫观。除此之外，苏州城乡各地区还有名目繁多、星罗棋布的其他道教宫观。由于道教是多神崇拜，不断把一些民间信仰对象，包括民间俗神和地方神异人物都纳入道教神仙谱系中，包括关羽、玄武、文昌帝君、吕祖、天妃（妈祖）、龙王、火神、太阳神、送子娘娘、财神、猛将、土地神、水神、药王、绣祖、王灵官等，使得祠奉这些地方神灵的神堂殿宇遍布苏州城区乡镇，其数量远远超出正规宫观。有清一代苏州地区的道教宫观，每有倾圮，地方官府和民间社会常集资修复，唯咸丰十年（1860）受兵燹损失惨重，上真观、福济观、轩辕宫、佑圣观等以及苏州周边地区的一大批宫观都毁于战火，数年后才逐步恢复。

清初，以龙门派为代表的全真派一度呈现中兴迹象。龙门派第七代宗师王常月，革新教义，力倡“戒行精严”，吸引、接纳了一批身怀国破家亡之痛、耻于剃发易服，且文化素养较高、组织活动能力强的明遗民，为全真派注入了一股新鲜血液，同时龙门派又得到清王朝的扶持，于是迅速发展壮大，呈现兴盛局面。顺治十年（1653）后，王常月即将传道重心转向江浙地区，苏州亦成为龙门派的重要活动区域之一。康熙七年（1668）秋，王常月至苏州，驻穹窿山，施道渊、吕云隐、詹守椿等弟子随行。王常月有不少弟子就在苏州传道布教，开立支派，如黄守正（号虚堂）启浒墅关太微律院支派，门下有孙碧阳嗣承其学；吕守璞（号云隐）开冠山支派，门庭颇盛，弟子众多，如吕全阳、鲍三阳、樊初阳等，频繁活动于苏州、无锡、湖州一带。除此之外，王常月还有一些弟子或隐居或游历江浙，其中来苏州地区传道的如詹守椿，历驻湖州金盖山、苏州穹窿山、杭州栖霞山等处。与王常月同辈的还有沈常敬一系，门庭亦隆，数传至王峄阳，王峄阳开苏州装嫁桥斗母宫支派。在苏州的龙门宗嗣不乏抗清人士，如詹守椿本金陵名士，阮大铖召之不赴，其妻妾被拘而死，于是愤世出家；黄虚堂，世代习儒，13岁入郡学，15岁名扬吴会，后逢世运沧桑，遂决意出俗。

上述开冠山支派的吕守璞也兼传清微派。清微派为自符箓三宗分衍的支派之一，自称出于清微天玉清元始天尊而名。吕守璞之父吕贞九为清微派二十三代法师，吕守璞既是龙门第八代宗嗣，又是清微二十四代法师。不过，吕守璞并不以清微道法传世，说明清微派已经式微。除龙门宗派外，全真一系的张三丰门下在苏州亦有传人。《三丰全书·隐逸》中载有数人，如李果、殷如梅、徐大椿等，皆为吴人，都以不慕荣华、甘心瓢饮而名闻当世，也符合张三丰一系的隐逸宗风。

不过，苏州道教自元明以来，就归于天师正一道，以正一派道术为行教特征，清初全真龙门派在苏州虽然较盛，仍不能不受到正一派的影响，两者表现出融合趋势。清代苏州道教所流行的神霄雷法，就融合了正一、全真两派的教旨教义。神霄派创始人为宋末江西道士王文卿，后因宋徽宗信奉而风行一时。据传，该派道士掌握一种能召雷唤雨的符箓法术，且其作法要以内丹修炼为根底，这表明神霄派也受到北方内丹派的一定影响。神霄雷法在苏州地区尤为盛行，玄妙观自宋以来一直是神霄派道士的重要活动中心，究其原因至少有三，一是江南地区夏季多雷，民众多畏惧进而崇拜这一自然现象；二是在农业社会中，风调雨顺是民众最企盼的，神霄雷法重视祈雨迎合了吴地的这种社会需求；三是苏州地区的地方文化历来具有开放性，使得苏州道教在整体上呈现出兼收并蓄的包容性，易于接受神霄派熔正一、全真两派于一炉的做法。

明末清初，苏州道教界最著名的道士施道渊可谓代表。施道渊（？—1678），字亮生，一作谅生，自号铁竹道人，苏州吴县横塘（今苏州高新区）人，15 岁在朝真观（位于苏州阊门外）出家为道士。道家典籍《金盖心灯》称施道渊本从王常月受戒，为龙门派第八代弟子，后改宗正一，其后开启盛极一时的穹窿山支派。穹窿山派名列全真派，实为正一、全真两派合一，因为施道渊及其传人大多从正一道士学习符法，并且以正一道术显闻，但在行道术时又强调要运用内丹心法，还引入全真丛林体制，要求为方丈者须出家住庙、不蓄家室。施道渊本人幼时尝遇道士张信符授内炼丹诀，又从龙虎山徐演真法官习得五雷法，故施道渊是清代正一、全真两派互相融合的典型代表之一。后施道渊在当地乡绅支持下，重建穹窿山上真观，曾任苏州知府的余廉徵在《穹窿山上真观碑记》中称其“构木呈材，烹霜卧雪”，“不及十年”〔1〕而上真观重兴，一时之间，吴中道院以穹窿山最盛。

〔1〕《穹窿山志》卷一，见龚鹏程、陈廖安：《中华续道藏初辑》第 3 册，台湾新文丰公司 1999 年影印本。

不仅如此，施道渊还重修玄妙观，起三重弥罗阁，整治教规教制，在一定程度上起到防止苏州道教衰落腐化的效果。顺治十五年（1658），正一道五十三代真人张洪任敬佩施道渊节行，奏请于朝，赐穹窿山宫额曰"上真观"，并授"养元抱一宣教演化法师"号。

施道渊后，弟子传承不辍，直到清代中后期。施道渊弟子胡德果，号云庐，尽得道渊之术，声望日著，与地方官员亦常有来往。再传潘元珪，字允章，号梧庵，主持醮事常有灵验，名闻京师，雍正年间入值清皇家专用道观大光明殿，为御前值季法官，后南归故里，雍正十三年（1735）去世。三传惠远谟，字虚中，号澹峰，幼孤，后入玄妙观受业于潘元珪，30岁即授道纪司，乾隆九年（1744）入京，次年充御前值季法官，乾隆十五年（1750）南归玄妙观，对玄妙观建设颇有贡献。乾隆三十六年（1771）以疾终，年75岁。四传至施神安、张资理。施神安自幼出家，参拜惠远谟为师，乾隆五十一年（1786）出任玄妙观方丈；张资理出身儒学世家，11岁在朝真观出家，后从惠远谟受法，雍正十二年（1734）即充任御前值季法官，后返苏，乾隆四十五年（1780）乾隆帝南巡入玄妙观，张资理奉对称旨，年75岁羽化。另有惠远谟同门徐东村，也曾出任玄妙观方丈，弟子顾神儿，12岁在玄妙观出家，乾隆十七年（1752）从师入都，充御前值季法官，后回苏。据道教史书记载，施道渊及其传人都擅长神霄雷法，或设坛祈雨，或治病祛邪，辄有灵验。施道渊在民间叙述中，还多有超度亡灵、救度冤魂的神异之说。

上述惠远谟、张资理二人，既属施道渊所传神霄支系穹窿山派，又归龙虎宗支派正乙派。据学者考证，正乙派由雍正时期的娄近垣所创，传播于北京光明殿、江西龙虎山和苏州玄妙观、穹窿山。[1]娄近垣（1689—1776），字朗斋，号三臣，又称妙正真人，松江娄县人，在名师指点下研习五雷正法、诸家符秘，成为龙虎山上博综符箓的有道之士，颇受雍正、乾隆两朝优待和褒奖，其待遇之优、品秩之高，一度超出地位正趋下降的正一真人。娄近垣与苏州道教界颇有渊源，在苏州亦有传人。雍正十一年（1733）六月《赐大光明上谕》称："大光明殿现在修整，与你作子孙常住。上清宫去选些法官来，若上清宫人少，在苏州选几个来，你好好教他学法，将来光明殿你就是第一代开山的人了，钦此。"[2]同年京师大光明殿落成时，娄正垣为开山正主持，惠远谟亦在京师，师事之，受其道法。雍正十三年（1735），惠远谟因师潘元珪去世而南归，随即被娄近垣奏授以龙虎山提点一

〔1〕 卿希泰：《中国道教史》第4卷，四川人民出版社1996年，第182—184页。

〔2〕《龙虎山志》卷一，清乾隆刻本，第6页。

职。乾隆年间娄近垣再以年老为由,召惠远谟入京赞助。张资理受法于惠远谟,亦得娄近垣器重,乾隆十四年(1749)奉娄近垣之命往龙虎山上清宫领迎华院事。

(二) 道教和清代苏州社会

苏州地方官府对包括道教在内的宗教机构和组织有一定的襄助举措,一般为免征庙田徭役、维持宫观外面秩序。清顺治四年(1647)十二月,苏州府长洲县同意玄妙观道士的申请,“道士本属方外,今既置田津贴,役可永免”〔1〕,并立碑纪事,此碑由当时的道纪司都纪陶弘化监立。今穹窿山祖师殿存有青石碑《奉宪优免穹窿山上真观斋粮田差徭碑记》,由住持朱守贤于康熙十八年(1679)十月立,碑身高约170厘米,载施道渊曾置吴县、吴江田产约900亩,于康熙十四年(1675)奏准得免各项杂差。施道渊去世后,地方官府改征赋税,于是道观方面再次提出申请予以优免,得到苏州知府及江南承宣布政司等批准后,特勒石永遵。康熙二十四年(1685)六月,长洲、吴县两县同时行文,指出官府逢节令日入玄妙观拜祝,系“公家公事”,各差役跟班,“不许仍踵陋规,借端需索,扰害羽流”。〔2〕福济观于咸丰十年(1860)遭战火被毁后,地方乡绅与庙住持顾鋆等于同治十年(1871)发起重建,储备了不少建筑材料,因担心遭盗而请求地方官府保护,于是吴县下令“如有该处地匪土棍,偷窃砖石木料,在庙滋扰作践情事,许即指名禀县,以凭究惩”〔3〕,在地方官府的支持下,福济观的重建工程得以顺利进行。宣统二年(1910)八月,福济观再次修葺,吴县、长洲、元和三县同时发文,要求地保等谨慎看守福济观四周堆放的物料,以免影响福济观的修葺工作。

清代道教对苏州民间社会影响较著,表现之一为道教与民俗节日的融合。道教本来就和民间信仰密不可分,常常把民间信仰的对象整合入道教神仙谱系,使得道教与民俗水乳交融。苏州更加典型,旧时吴中一年时令风俗,其中含有宗教性质的节俗以道教居多,几乎每月都有。据统计,清代道教节日与苏州民俗关系较大者,约有20个。如四月十四日的吕祖诞生日,伴随有热闹非凡的“轧神仙”庙会,源起南宋,清代尤盛,至今仍人气旺盛。又如六月二十四日的雷尊诞生

---

〔1〕《玄妙观奉宪永免亭字二图六甲排年碑记》,见王国平、唐力行:《明清以来苏州社会史碑刻集》,苏州大学出版社1998年,第625页。

〔2〕《长吴二县奉宪永禁向玄妙观勒索陋规碑》,见王国平、唐力行:《明清以来苏州社会史碑刻集》,苏州大学出版社1998年,第627页。

〔3〕《吴县重建福济观禁止痞棍滋扰及偷窃砖石木料碑》,见王国平、唐力行:《明清以来苏州社会史碑刻集》,苏州大学出版社1998年,第643页。

日，由于苏州道教自宋元以来盛行神霄雷法，涌现出诸如莫月鼎、施道渊等一批神霄高道，因而雷尊生日在吴地格外重视。《清嘉录》称："二十四日为雷尊诞，城中玄妙观，阊门外四图观，各有神像。蜡炬山堆，香烟雾喷，殿前宇下，袂云而汗雨者，不可胜计。"[1]六月又逢酷暑，吴俗多清斋素食，其食斋之期，"二十四日雷神诞，为雷斋。郡之人奉雷斋者，十八九，屠门为之罢市"[2]。

道教还和苏州地区民众的经济生活关系密切。自宋元以来，苏州地区商品经济相对发达，增强了民众的逐利意识与物质欲望，体现在宗教信仰方面，就是财神、商业神信仰的盛行，相应地，苏州道教尤其注重财神、商业神，迎合了这一地区民众对财富的强烈渴望。苏州道教中的财神有多位，如玄妙观财神殿供奉三尊财神：比干、赵公明、关公，殿后还有一组五路财神（分指赵公明和招财、进宝、招希、纳珍四使者）的浮雕。财神赵公明在苏州颇受欢迎，旧俗还有在农历三月初十祭祀财神赵公明，《清嘉录》卷三"斋玄坛"条称："（三月）十五日为玄坛神诞辰，谓神司财，能致人富，故居人多塑像供奉。又谓神回族，不食猪，每祀以烧酒、牛肉，俗语称'斋玄坛'。"[3]除敬奉财神、商业神外，接财神习俗在苏州地区格外流行，《清嘉录》卷一"接路头"条称："（正月）五日为路头神诞辰，金锣爆竹，牲醴毕陈，以争先为利市，必早起迎之，谓之'接路头'。"[4]按"路头神"当为道教偏神，但到底是哪位尊神说法不一。苏州地区的工商业者数量众多，正月初五为新的一年的开市日，自然要早接财神、图个吉利。这一习俗一直延续至今。

明清时期苏州地区的财神、商业神和行业神祭祀场常常也是会馆、公所所在地，道教信仰成为商民之间加强联系、密切来往的纽带。创建于明正统年间的玄妙观机房殿，明清两朝成为苏州纺织机工机匠的聚会之所。清雍正十三年（1735），地方官府在殿内立《永禁机匠叫歇碑》，此碑今存孔庙内，1955 年经史学家柴德赓教授勘访后，方揭示其重要价值。《清嘉录》卷五有"关帝生日"条称："吴城五方杂处，人烟稠密，贸易之盛甲于天下，他省商贾各建关帝祠于城西，为主客公议规条之所，栋宇壮丽，号为会馆。"关帝祠同时也是各路商人洽谈各项事务的所在地，被赋予会馆功能。常熟地区于道光五年（1825）建有财神堂，位于城西南隅水道枢纽，货船辐辏，挑夫云集，在该处筑财神堂的主要原因就在于给挑夫提供一个落足之处，"向有挑夫人等，并无驻足公所……造房三间，内供财

---

〔1〕 顾禄：《清嘉录》卷六《雷斋》，上海古籍出版社 1986 年，第 111 页。
〔2〕 袁景澜：《吴郡岁华纪丽》卷六，江苏古籍出版社 1998 年，第 224 页。
〔3〕 顾禄：《清嘉录》卷三《斋玄坛》，上海古籍出版社 1986 年，第 64 页。
〔4〕 顾禄：《清嘉录》卷一《接路头》，上海古籍出版社 1986 年，第 17 页。

神,即为众等存身公所"[1]。再如,苏州城内剃头业江镇公所的房屋,咸丰十年(1860)庚申之变后即被焚毁,同治三年(1864),江镇公所相关人员向地方官府申请,"于长境元二下图闾邱坊巷中关帝庙内闲房,权设江镇公所"[2],这一请求得到官府的批准。位于平江路清洲观前34号的清真道院,始建于元代皇庆元年(1312),清同治年间成为木工业奉香火处,又称梓义公所。

由于道教的社会影响深入苏州民间,民众每逢祈雨求晴、治病祛瘟、消灾免祸,或求发财致富、生男育女、功名利禄,都要向各类神灵求助,请道士来做各种法事。正是在这种旺盛的需求中,再加上道教团体自身的衰落,清代苏州地区的道士逐渐成为一种职业,这种情形自清代乾、嘉年间就已形成。清人顾震涛谓当时的道士、和尚与机匠们立桥待雇如出一辙,"道士晨聚富仁坊巷口,和尚晨聚双塔寺前,谓之奔副音(亦作赴应)"[3]。"奔赴应"是散居社会、自行谋生道士的俗称,与看管宫观的道士相对。道教本来是一种宗教信仰,道士以自我修行、救度世人为业,其生活依靠民众施舍或庙产收入,但随着明清道教的衰微,道士不得不通过做法事即"做道场"的形式,向民众提供祈福禳灾、禳灾去祸、生男育女、祝寿求福、超度亡灵等服务,并收取相关费用,从而维持道士自身的生存。而苏州地区的民众亦习惯于延请道士向神灵祈请,特别是丧葬要请道士到家中去念经拜忏即做道场,更是相沿成习。两相结合,道士遂成为一种职业。这种情形,历经民国至今,依然存在于苏州民间社会。

三、天主教、基督教

(一)天主教

天主教于16世纪末由耶稣会传教士利玛窦传入苏州。康熙二年(1663),江南省有12座大教堂和许多会口,共计有5 500多教徒,主要集中于上海附近及运河沿岸,如松江、嘉定、常熟、苏州、南京、扬州、淮安等地。[4]17世纪末,南京主教区设立,苏州教区的教务归属南京主教区。教禁时期,乾隆十七年(1752)至五十二年(1787)间,南京主教区主教为耶稣会会士南怀仁。乾隆五十二年

---

〔1〕《财神堂公议碑》,见王国平、唐力行:《明清以来苏州社会史碑刻集》,苏州大学出版社1998年,第600页。

〔2〕《苏州府为剃头业借关帝庙权设公所给示禁约碑》,见苏州博物馆等:《明清苏州工商业碑刻集》,江苏人民出版社1981年,第296页。

〔3〕顾震涛:《吴门表隐》卷二,江苏古籍出版社1999年,第23页。

〔4〕史式徽:《江南传教史》第1卷,上海译文出版社1983年,第8页。

(1787)三月,南怀仁在上海去世,安葬于苏州白马涧天主教墓地。教禁时期,教徒锐减,传教活动处于秘密状态,不绝如缕。

鸦片战争后,基督教在华传教禁令解除。据《江南传教史》所开列苏州和常熟总铎区负责神父名单,苏州总铎区负责神父咸丰三年至六年(1853—1856)为沈西满,六年至七年为卡洛奇。常熟总铎区负责神父咸丰三年至四年(1853—1854)为龙保理、马义谷,咸丰四年至五年(1854—1855)为龙保理,咸丰五年至六年(1855—1856)为卡洛奇,咸丰六年至七年(1856—1857)为张玛塞。[1]

19 世纪 70 年代,江南教区的总铎区分为东西两部。西部总铎区,东起运河,西至江南西境。东部总铎区,则包括同上海交通比较便利的原有传教地带,即浦东、松江、苏州、崇明、海门五个总铎区。

早在康熙六年(1667),江南省就已析为江苏、安徽两省,但直到 19 世纪 80 年代中期以后,江南传教区才“开始采用以下名称:‘江苏传教区’与‘安徽传教区’。江苏传教区有 8 个总铎区,即南京总铎区,兼管镇江、苏州总铎区,松江府东部总铎区,松江府西部总铎区,兼管太仓州部分地区;常州总铎区;淮安总铎区,兼管徐州府;崇明总铎区;海门总铎区,兼管通州”。苏州总铎区教徒共 1 万余人,分为四个本堂区:(1) 苏州本堂区,有会口 5 处,教徒 2 809 人;(2) 张泾本堂区,有会口 10 处,教徒 3 240 人;(3) 昆山本堂区,有会口 13 处,教徒 2 752 人;(4) 常熟本堂区,有会口 20 处,教徒 2 870 人。

鸦片战争以后,特别是列强为西方传教士取得条约规定的传教权利以后,与天主教有关的教案与纠纷在江苏省时有发生。如同治年间,发生还堂纠纷九例,其中苏州一例。同治七年(1868),江南传教区主教郎怀仁向苏州官府要求发还雍正年间被抄没的通关坊教堂。该教堂早已被焚毁,上海兵备道兼交涉使应宝时被迫以纹银 4 500 两、房屋 6 间、天井一方作为赔偿,并重刻石碑。天主教教会拿出部分赔款购得苏州华阳桥东边孙少卿祖遗房屋上下楼房 40 间,另外又购置房屋 29 间加以修饰,建立娄门北街天主堂(Mission Cathonque, Soochow)。此后,同治七年至光绪四年(1868—1878)前,江苏发生教案与纠纷九例,其中苏州零例。

据《江南传教史》与苏州总铎区几任总铎的函稿等文献资料,光绪四年至宣统三年间(1878—1911),苏州总铎区历任总铎为宝维善(Platel),光绪四年至九年(1878—1883);罗以礼(Rossi),光绪九年至十五年(1883—1889);姚宗李

〔1〕［法］史式徽:《江南传教史》第 1 卷,上海译文出版社 1983 年,第 364 页。

(Poris),光绪十五年至十七年(1889—1891);窦可型(Deffoud),光绪十七年至二十五年(1891—1899);宝维善,光绪二十五年至二十六年(1899—1900),光绪二十九年(1903);陈某,宣统二年(1910)夏在任;宝维善,宣统二年秋至三年(1910—1911)秋在任。

据苏州市档案馆与苏州市博物馆藏苏州总铎区几任总铎的未刊函稿,光绪四年至宣统三年间(1878—1911),苏州地区没有发生一起与天主教相关的教案[1],仅发生民教纠纷案50余件,如光绪二十三年(1897)二月,一批教民渔户去镇义一带捕鳝,"突有十二图地保赵荣堂无端鸣锣聚众至二三百人,将船十五户尽行围住,喝令殴打,并欲将人船焚毁"。"经万祥生劝止,尚未酿成大祸。"[2]宝总铎认为:"若非赵荣堂先行鸣锣,乡民何由而群集,教民何由而被殴?……核其起衅缘由,乡民与教民均无不是,而赵保堂实乃祸之首罪之魁。"要求县令"将赵荣堂严加惩办"。[3]事后,"赵荣堂专人来堂,禀求销案,立有悔过切结一纸,永不自蹈前愆,恳为移销"。宝总铎又函请县令"从宽免究"。这起纠纷是所有纠纷中事态最为严重的一次,最后结果是教会同意销案。[4]其他被总铎指为"仇教"的还有昆山菜角二图王赵村之褚荣桃、戴阿荣、戴阿金等,这些人勒派庙捐、"信口污蔑""任意辱殴"教民,被控"朋比仇教,多方滋扰"。[5]所有这些案例中没有一例是有组织有计划的群众性反教行动,没有一例堪称教案。

大体上看,清政府地方当局与天主教苏州总铎都对当时当地的民教关系基本满意。如昭文县令李鹏飞说:"贵司铎设堂传教,原为劝人向善起见,历有年所,民教相安,仰见训导有方,不分畛域,远近同深悦服。""敝县与贵司铎和衷共济,总期民教安谧,不失两国光荣,有益两国声望。"[6]又如常熟县令朱秉成说:"贵教士设堂传教,原为劝人向善起见,传教于此,已历多年,民教相安,远近悦服。"[7]天主教方面也有这样的共识,如光绪八年(1882)七月宝总铎致元和县令阳肇先函称:"贵治北街天主堂自创设以来,民教素称相安。"[8]光绪十五年(1899)三月罗总铎致吴县县令马海曙函称:"敝总铎来苏已六载于兹矣,民教久

[1] 《中国教案及民教纠纷简表》,见张力、刘鉴唐:《中国教案史》,四川省社会科学院出版社1987年,第762页。

[2] 《窦公致新阳县苏品仁函稿》光绪二十三年杏月十五日,苏太总铎窦:《案牍》(未刊稿)。

[3] 《窦公复新阳县苏品仁函稿》光绪二十三年三月初三,苏太总铎窦:《案牍》(未刊稿)。

[4] 《窦公致新阳县苏品仁函稿》光绪二十三年四月初三,苏太总铎窦:《案牍》(未刊稿)。

[5] 《窦公致昆山县诸可宝函稿》光绪二十二年腊月初六,苏太总铎窦:《案牍》(未刊稿)。

[6] 《昭文县李鹏飞为复查堂文稿》光绪二十二年八月十六日,苏太总铎窦:《案牍》(未刊稿)。

[7] 《常熟县朱秉成复窦公函稿》光绪二十二年八月初八,苏太总铎窦:《案牍》(未刊稿)。

[8] 《致元和阳邑尊函稿》光绪八年七月二十二,苏太总铎宝:《移文札稿》(未刊稿)。

已相安。”[1]

值得注意的是，自光绪四年迄宣统三年（1878—1911），这一时间段包括中法战争时期、中日甲午战争时期、义和团运动时期，正是中国近代教案发生的密集期。而中法战争至中日战争前的十年间，恰恰又是长江中下游地区教案最为集中、反教浪潮最为汹涌澎湃的阶段。同一时期，苏州地区的民教纠纷虽也呈上升趋势，但不能与同一时期其他地方的反洋教斗争的激烈程度相比。

鸦片战争以后，到义和团运动前夕，全国发生大小教案400余起，其中又以天主教传教士引起者居多。但天主教活动比较频繁的苏州地区，民教纠纷并不严重，教堂从未被拆毁或焚毁。没有传教士丧生，没有发生外交后果严重的案件，与其他地区形成了鲜明的对照。苏州地区算得上“民教相安”。从有关史料看，苏州地区“民教相安”的部分原因有以下几个方面。

第一，苏州地区传教史的特殊性。由于历史的原因，苏州地区天主教教徒成分有其特殊性，民教纠纷几乎都是作为天主教教徒的渔民群众与作为非教徒的其他社会群体之间的纠纷。

苏州地区的天主教徒基本上都是渔民群众，而贫苦渔民几乎尽是教徒。[2]如宝总铎在函件中所说：“渔户等大半在天主教内。”[3]据《江南传教史》，苏州总铎区“有教徒一万人左右，世守信仰，坚贞不渝，而且约有一半是渔民，以船为家，同岸上的外教世界隔绝”。这一地区河汊纵横，禁教期间，入教的渔民在船上接纳传教士，举行宗教仪式，外人很难察觉。乾隆二十一年（1756），祝圣为主教的南怀仁利用这一条件长期“在上海、苏州一带宣传福音”，一直到乾隆五十二年（1787）去世，几乎一直生活在船上。

由于入教的渔民以船为家，与外界联系甚少，民教不杂处，不容易产生矛盾。同时，渔民在当地社会地位极低，生活极艰难，是社会中的弱势群体，他们不仗教欺压非教民众。有关史料中，没有发现一例教徒启衅的案件，没有教徒殴打平民的事情发生。耶稣会士南格禄甚至在信中这样写道：“尽管欧洲人已在上海设立了保护受迫害的教友的领事馆，但教士仍需要与教友们的过分拘谨做斗争。”

第二，苏州地区的社会环境与矛盾和其他地区的差异。一般来说，民教纠纷往往与世俗矛盾交织在一起。地方社会群体间的矛盾愈尖锐，其中一方投靠教

[1] 《致吴县马信稿》光绪十五年三月二十二日，苏太总铎宝：《移文札稿》（未刊稿）。

[2] 苏州地区目前仍然保持着这一传统特点。

[3] 《苏州向万荣照会宝公唯亭禁捕鱼一案》光绪二十九年六月初一，苏太总铎宝：《案牍》（未刊稿）。

会的可能性就愈大。苏州地处沿海,久沐欧风美雨,社会经济发展水平较高,地方社会群体间的矛盾相对缓和,官府和地主士绅对地方社会的管理和控制相对强化。没有因为世俗矛盾而整村整族"投教"的情况。民教双方即使有了争端,也很少诉诸武力,终能平和解决。让步是双方面的,虽然多数是村民退让,但也有许多教民被辱后不了了之的。表现出教民不恃教欺平民,平民一般不仇教。

第三,苏州地区的天主教传教士行为较为谨慎。鸦片战争后,上海成为列强在江南乃至全国的活动中心。天主教传教士在苏州城乡的力量却相对薄弱,从明朝万历二十二年(1594)至1949年的三个半世纪中,外籍天主教传教士共74名,会计10名,这是个很小的数字。19世纪末,义和团运动前夕山东省有外籍传教士300多人,即使考虑到两者面积差距这个因素,对比仍然是很明显的。〔1〕苏州地区传教士的政治影响也不大,如《江南传教史》所云:"苏州神父们难免同官府有所接触,教徒中也有两三家能出入衙门……但必须承认,省府大员同神父们很少联系。"

事实上,民教纠纷大多发生于传教士恣意横行、教徒恃教作恶导致民教不能相容的地区。值得注意的是,苏州地区的传教士行为较为谨慎,并不那样飞扬跋扈、恣意横行。如宝维善总铎所说:"窃愿和衷共济,民教绥安,既不敢于平民妄加苛责,又不忍听教民含冤莫伸。"〔2〕

苏州总铎遇到民教纠纷,没有咆哮公堂,更不是每案都志在必赢,结案处理比较合理。如光绪五年(1879),新阳教民渔户殷永昌虾笼被窃案。陆祥麟、许桂芳窃去殷永昌河设虾笼449只,事发后,渔总唐一清"匿赃贿纵",宝总铎移请新阳李县令,"饬即着捕赶提……到案,比令赔赃并偿生理"。后唐一清请人设法调解,并作赔偿。宝总铎又移请新阳县令"姑容予新,免追开释"。

苏州总铎对教徒不是一味庇护。如吴江教民梅阿四犯案,陈总铎致函县令称:"梅阿四只有顶教之名目,而无守教之行为,敝处早经黜革矣。"〔3〕常熟教民少山怙恶不悛,宝总铎致函常熟县令称:"敝处一再开导,总归怙恶,若是行为,想难再忍,不但系教中之败类,抑且是地方之蠹贼。因此不得不恳请贵县签差迅提少山到案,从重判责。"〔4〕太仓项桥镇地方有教民朱乾宝、徐桂福为恶,陈总铎

〔1〕 王树槐:《清季江苏省的教案》,见《中国近现代史论集》第4编,台湾商务印书馆1985年,第227页。"江苏省在清末时期,天主教的传教事业仅次于直隶,耶稣教传教士之多则冠于全国。"

〔2〕《窦总铎复新阳县苏品仁函稿》光绪二十三年三月初三,苏太总铎窦:《案牍》(未刊稿)。

〔3〕《总司铎陈再致吴江县周》宣统二年五月初六,苏太总铎陈:《案牍存根》(未刊稿)。

〔4〕《宝总铎致常熟县方》宣统三年四月初四,苏太总铎陈:《案牍存根》(未刊稿)。

致函太仓知州："朱乾宝、徐桂福两土棍向来不守本分，的系教中蟊贼，因不得不请贵州大人饬提惩治，以驯桀骜，教民幸甚，地方幸甚。"[1]

第四，苏州地区地方官员大体上能持平处理民教与政教关系。与天主教传教士行为较为谨慎相应，苏州地方官员一般比较尊重总铎的合理意见与要求。如光绪四年(1878)，上海教民朱介春在常熟寺前街开同义昌洋货店，总铎为其请县令出示禁摊庙捐，县令依请出示。又如光绪六年(1880)昭文民人堆积货物，损坏教堂门首驳岸码头。教堂拟作修理，不希望他人再堆放货物。这样做肯定会招致一些人的反对。有鉴于此，总铎致函县令，请出告示于事前，防患于未然。县令依请而贴出告示，"是以敝堂动工修理，相安无事"。

相关史料反映，苏州地方官员中极少仇教者。见于记载的仅两例。例如，光绪十六年(1890)吴县县令凌焯发帖告示，禁"不法之徒""煽惑入教"与送女婴入教会育婴堂。又如，光绪二十四年(1898)九月窦总铎状告昭文县令在涉教案中庇护非教徒并出言不逊，在公堂上屡有"神父教民多不讲理，皇上尚且受侮"等语。[2]从总体上看，苏州地方官员不仇教，对传教士并不反感。

凡此种种，形成了有清一代，特别是晚清时期天主教在苏州传教时民教相安的状况。

(二)基督教

道光二十五年(1845)，随着清政府教禁政策的松动，中国自康熙末年以来100多年的教禁时期宣告结束。但传教士们的活动不能越出五个通商口岸。事实上，传教士们并不肯也没有严格地执行这一规定。在上海活动的基督教传教士们向江苏内地渗透，足迹所至，首先就是苏州。苏州自古以来就以悠久灿烂的历史文化、富庶繁华的社会经济和明丽清嘉的山水风物享誉海内外。当时，苏州又是江苏省垣，这是传教士们向往的重要城市。

最早到苏州活动的基督教传教士是美国监理会的戴医生(Charles Taylor)，道光三十年(1850)十月，戴医生装扮成中国人，与另外两个外国人及一个中国人结伴同行，乘船行经黄渡、昆山，星期三抵达苏州。进城后，他们游览了玄妙观、城隍庙、北寺塔、狮子林；又乘船沿山塘至虎丘，最后绕城河一周，兴尽而返。戴医生称："予赴苏为第一次，而苏人之见西人者，恐亦以此为嚆矢也。"[3]继戴

[1]《总司铎陈致太仓州姚》宣统二年七月十二日，苏太总铎陈：《案牍存根》(未刊稿)。

[2]《窦公致苏州府王毓苹函稿》光绪二十四年九月二十一日，苏太总铎窦：《案牍》(未刊稿)。

[3]《中华监理公会年议会五十周年纪念刊》，民国二十四年十月铅印本，第71页。

医生之后到苏州的是英国伦敦会的慕维廉(William Murhead,1922—1900)和伟烈亚力(Alexander Wylie,1815—1887)。咸丰三年(1853)五月,他们戴着假发辫,装扮成中国人,想经由苏州去太平天国占领区。当时,清政府苏州地方当局正悬赏捉拿太平军的间谍,苏州民众发现了慕维廉和伟烈亚力,扯掉了他们的假辫子,把他们交给恰巧路过的一位官员。这位官员派卫兵护送他们回船,离开苏州。[1]戴医生、慕维廉和伟烈亚力的苏州之行是违约的,不可能有正规的传教活动。

另据《圣公会教区史略》记载:"1858 年,韦廉臣教士偕黄光彩会吏到常熟开工。"[2]《上海宗教史》一书叙述:"1858 年,另两位传教士韦廉士与李瑾(J,Liggin)携黄光彩同至距上海 100 多公里的常熟县租屋设点布道。"[3]韦廉臣(Chamming Mo. rs Wilams)与李瑾为美国圣公会传教士。[4]黄光彩是美国圣公会在上海开教后施洗的第一个中国教徒,咸丰元年(1851)受圣公会会吏职,咸丰八年(1858)随韦廉臣至常熟开教,同治二年(1863)升会长职,光绪十二年(1886)去世。

再据《王韬日记》咸丰九年二月初三(1859 年 3 月 7 日)记载:"近英人杨雅涵至吴门赁屋讲书,言后将择地建礼拜寺矣。侏㒧日迫,为祸日深,将奈之何?小异言:'苏城绅士,于朔望必集众讲说,乡约另于生员中简数人在每巷讲解性理,勤敏者例得报优,盖隐子(于)西人为敌也,然而迂矣。'"[5]杨雅涵在苏州赁屋布道并准备择地建礼拜堂,显然在苏州引起了强烈的社会震动,引起了中国社会传统思想文化的强烈抵拒:一是士绅半月一次的"讲说",二是乡约派生员在苏城街巷"讲解性理"。

应该指出,韦廉臣与杨雅涵等人的活动尽管同样违约,但作为正规的传教活动,标明了基督教在苏州的开教。

咸丰十年(1860)《北京条约》的签订,表明清政府转而执行全新的传教宽容政策。这也成为基督教在苏州传教的最重要的历史条件和政治背景。但是,由于咸丰十年(1860)太平军占领苏州,基督教在苏州开教后未能进入正常的传播和发展阶段。太平军占领苏州期间,基督教传教士们出于种种目的,接踵而来,访问苏州。见表 4-7。

---

〔1〕 P. Clarke and J. S. Gregory: Western Reports on the Taiping. Canberra: Australian National University Press, 1982, p. 61.

〔2〕《圣公会教区史略》,上海图书馆藏。

〔3〕 阮仁泽、高振农:《上海宗教史》,上海人民出版社 1992 年,第 802 页。

〔4〕 Alexander Wylie: Memorials of Protestant Missionaries to the Chinese. Shanghai, 1867.

〔5〕 方行、汤志钧:《王韬日记》,中华书局 1987 年,第 91 页。

表 4-7 太平天国期间基督教传教士活动简表

访苏传教士	访苏时间	活动情况
美国南浸会的高第丕(Tarlton Perry Crawford, 1821—1902)、花雅各(James L. Holmes,—1861)和海雅西(Jesse Boardman Hartwell, 1835—1912)	咸丰十年五月初五至初七(1860年6月23日至25日)	在城中布道;结束会谈时,和太平军将领一起向上帝做祷告。向太平军赠送不少基督教书籍。〔1〕
英国伦敦会的艾约瑟(Joseph Edkins,1823—1905)、杨格非、麦嘉温(John MacGown,? —1922)和霍尔医生(Hall)	咸丰十年(1860)五月	受到忠王李秀成的接见,了解太平天国上帝教教义;向李秀成赠送了圣经和其他书籍。〔2〕
英国伦敦会的艾约瑟和杨格非、英国安立甘会的包尔腾(John Shaw Burdon, 1826—1907)、英国圣道堂的英约翰(John Innocent,1829—1904),还有法国 Sociétédes Missions Evangeliques of Paris 的奥斯卡·劳(Oscar Raw)	咸丰十年(1860)六月中	会见专程到苏州的洪仁玕,深入地讨论了宗教问题。受邀到太平天国传教。关于这次宗教问题会谈的报告,发表于1860年8月11日的《北华捷报》。〔3〕
美国南浸会的晏玛太(Matthew Tyson Yates,1819—1888)	咸丰十年(1860)太平军攻打上海前	调查如何开辟中心布道地点,选定昆山、苏州、镇江。〔4〕
美国公理会的裨治文(Elijah Colemen Bridgman,1801—1861)	咸丰十年(1860)六七月间	从苏州带回太平军的布告。访问了苏州的乡村。
美国浸礼会真神堂牧师罗孝全	咸丰十年(1860)八月中旬至九月中旬	会见李秀成。
与容闳同行的两位美国传教士,姓名不详	咸丰十年(1860)九月二十七日至二十九日(1860年11月9日至11日)	会见负责苏福省民务的太平军将领刘肇钧。〔5〕
英国伦敦会的杨格非	咸丰十年(1860)十月至十一月	向太平军将领要求给予房屋和教堂,在苏州传教,获允。〔6〕

以上传教士对太平天国统治时期的苏州的访问全都集中在咸丰十年

〔1〕 Prescott Clarke and J. S. Gregory, Western Reports on the Taiping, Canberra: Australian National University Press,1982,pp.226—229.

〔2〕 Prescott Clarke and J. S. Gregory, Western Reports on the Taiping, Canberra: Australian National University Press,1982,pp.231—241.

〔3〕 A Letter by J. S. Burdon, Prescott Clarke and J. S. Gregory, Western Reports on the Taiping, Canberra: Australian National University Press,1982,p.237. 另,茅家琦:《太平天国对外关系史》第279页所述应洪仁玕邀请访问苏州的传教士名单有误。该书列艾约瑟、杨笃信、麦高文和霍尔,实际上是艾约瑟、杨笃信、包尔腾、英约翰和 Oscar Raw。

〔4〕 吴立乐:《浸会在华布道百年略史》,1936年美华浸会书局铅印本,第85页。

〔5〕 容闳:《西学东渐记》,湖南人民出版社1981年,第50页。

〔6〕 [英]呤唎:《太平天国革命亲历记》,王维周译,中华书局1961年,第365页。

(1860)的下半年,共八起13人次,分属英、美、法三国的七个教派。应该说,当时传教士们访问苏州的目的,是想了解太平天国宗教的实际情况并打算在太平天国传教,还不是正常的传教活动。根据现有材料,从咸丰十一年(1861)至同治二年(1863)十月太平军失守苏州,没有传教士再访问苏州。

基督教各派在苏州真正立足和发展,严格说来,是从同治六年(1867)开始的。据《教会新报》载,上海长老会慕义子称同治六年(1867)"8月间在苏州盘门内觅得一屋,开设义塾,每逢礼拜,宣讲主道,来听者不下四五十人"[1]。另据寓苏长老会鲍华甫函:"斯米德先生与弟自客年(1867年)八月中至苏立教以来,诸事尚可。……现有五人入门,再有学堂二处,学生共计二十余人。每奉主日,听道者不下三四十人之数。"[2]同治十一年(1872),传教士费启鸿在离葑门不远的南园木杏桥北自建住宅。[3]

监理会于同治九年(1870)在苏州开教。这一年,传教士蓝柏到苏州,租借在上海入教的苏州人殷勤山在十全街的房屋,设立布道所和学校。[4]光绪元年(1875),该会传教士潘慎文(Alvin Pierson,1850—1924)来华,光绪二年(1876)到苏州传教。[5]光绪三年(1877),蓝华德(Walter R. Lambuth,1854—1921)到苏州天赐庄一带活动。至光绪五年(1879),监理会已在苏州陆续设立了四处布道所。一所在十全街石皮弄,一所在护龙街,一所在凤凰街,另一所在濂溪坊,均在天赐庄附近。由于教务的进展,光绪七年(1881)经潘慎文、蓝华德等人努力,监理会在天赐庄之折桂桥弄口谋得地基,建成设有四百人座位的耶稣堂。[6]光绪十六年(1890),又有监理会传教士韩明德(T. A. Hearn)及项烈(Robert Henry)到苏州。翌年,他俩与华人牧师陈盈卿创立了乐群社会堂(堂址为今宫巷20号,今日宫巷堂建成于1921年)。此外,光绪十八年(1892),监理会在养育巷建立了救世堂。

美国南长老会于同治十年(1871)在苏州养育巷购置房地产。光绪十年(1884),该会杜步西(Dubose,1845—1910)由美国来华,径至苏州传教,在养育巷建立教堂(后称思杜堂,以纪念杜步西,现称使徒堂)。光绪四年(1878),杜步西还在葑门外横街"开办了一个布道所……可以坐100人……每天早上,周围3

[1] 《戊辰巧月初八日上海长老会慕义子函》,《教会新报(一)》,第4页。
[2] 《苏州来信》,《教会新报(一)》,第126页。
[3] 《救恩堂》(未刊稿)。
[4] 《卫理公会占据天赐庄八十年史话》(未刊稿)。
[5] 《卫理公会占据天赐庄八十年史话》(未刊稿)。
[6] 《中华监理公会年议会五十周年纪念刊》,民国二十四年十月铅印本,第5页。

至5英里的人来到这条热闹街道喝茶，买点油和蔬菜。每天都有大集，显然这是一个很有希望的地方"[1]。至光绪二十五年(1899)，该会教士戴维斯约于同治十二年(1873)到苏州，又在齐门外福音医院内建立了齐溪会堂。[2]

美国南浸会的晏玛太曾经在太平天国时期至内地游历，选中苏州为日后中心布道地点之一。光绪五年(1879)，晏玛太在苏州购置了房地产。光绪六年(1880)，南浸会又派白多玛(Thomas Broton)夫妇到苏州传教。[3]白多玛夫妇来苏后即建立教会，"1883年完成了教堂的奉献"[4]。该会又在光绪十四年(1888)建立了萍花桥浸会堂。

从19世纪60年代到清末，上述四个教派是基督教在苏州的主要教派，在这段时间里，基督教在苏州初步传布。

四、民间信仰

苏州地区自古以来民间信仰十分兴盛。《列子·说符》即云："楚人鬼而越人禨。"所谓"禨"，就是迷信鬼神与灾祥的意思。《隋书·地理志下》进一步指出："江南之俗……信鬼神，好淫祀。"南宋范成大《吴郡志》沿袭其说。至于明清两代，江南的各类地方志乘在谈及风俗时，无不异口同词，称曰"信鬼神，好淫祀"。晚清苏州士绅冯桂芬一语道破人们迷信鬼神的根本原因："圣人之施教有常，而神与佛之施教不测，故愚民敬畏圣人之心每不如其敬畏神与佛，佛之教广大慈悲，神之教威灵显赫，故愚民敬畏诸佛之心每不如其敬畏诸神。"[5]这种实用的功利主义信仰原则，决定了在江南地区，除了"名门正派"的佛寺、道观之外，还存在着大量的各类民间神祇鬼怪。

民间信仰作为一种世俗的观念，其实是现实世界生活的反映。人们创造了各种鬼神偶像，正是为现世服务的。面对自然界变幻莫测的灾难、社会生活中的各种苦难与祈求，人们都可以找到相应的神灵作为倾诉对象，从而获得一种精神的支撑乃至所谓的"灵验"。因为人们有各种各样的诉求，所以在世俗世界中就有了各种各样的多元神灵的形象。关于神灵体系，包含了多种多样，既有原本属于佛教、道教的观音、如来、玉皇大帝、元始天尊等，也有各地普遍存在的守护神，

---

〔1〕 Chinese Record, Vol. X, p70.

〔2〕 戴维斯事迹不详。其子 John Ker Davis(1883—?)出生于苏州，后曾任美国驻南京等地副领事、南京等地领事等职。

〔3〕《苏州市基督教的概况》(未刊稿)，另见《苏州苹花桥浸会堂的沿革》(未刊稿)。

〔4〕《苏州市基督教的概况》(未刊稿)，另见《苏州苹花桥浸会堂的沿革》(未刊稿)

〔5〕 冯桂芬：《显志堂稿》卷一《关帝觉世真经阐化编序》，清宣统元年印本，第29页。

如土地、城隍、路神、灶神等,更多的则是民间杂祀的鬼神,亦可称之为土神,如刘猛将、金总管之属。当然与宗教崇拜相比,这样的神灵体系是缺乏缜密架构的,所有的神灵都洋溢着浓郁的世俗气息。[1]

(一)地方守护神:城隍与土地

城隍崇拜的信仰来源于道教,“城隍”按照字面的解释就是城墙和护城的河。孙承泽《春明梦余录》引《礼记》及注云:

> 天子大蜡八,伊耆氏始为蜡。注曰:伊耆氏,尧也,盖蜡祭八神,水庸居七。水则陆也,庸则城也,此正城隍之祭之始……庸字不同,古通用耳。[2]

由上可知,其中的“水”就是“隍”,“庸”是指“城”。修建城隍(城池)而让居住在里面的民众安居乐业,免受外来的侵犯。城隍的职责是不仅要在冥冥之中守卫城池,保佑百姓,还要监察阳间的官吏是否清正廉明,赏善惩恶,即所谓的“鉴察司民”。

苏州城隍庙建于明代弘治年间,嘉靖以及清代顺治、康熙、乾隆、同治年间曾多次重修。明初,国家祭祀体系中确立了城隍的固定地位,城隍制度作为定制,只有县级以上行政单位才有资格设立城隍庙。[3]苏州每遭水旱疾疫及各种天灾人祸,民众甚至官员都会到城隍庙焚香祭祷。清代中期的苏州,除了定制的苏州府、吴县、长洲县、元和县城隍之外,还出现了巡抚、布政使、按察使、粮巡道(分巡道)、漕运总督,甚至还有江南织造的城隍。明末清初以后,苏州地区各主要市镇都相继出现了镇城隍庙,而周边村落原有的土地庙,相对于新修的镇城隍庙则处在从属的地位。每当镇城隍庙举行庙会之际,各土地庙负责将村中各家征收来的钱粮上纳至镇城隍庙中,形成了吴地“解钱粮”习俗。

除了城隍,土地是更为基层的地方守护神灵。在明清时代的苏州地区,城乡各地普遍存在以里社名义所有的地方神庙。这些庙宇中供养的神灵就是所谓的土谷神。它们的显著特征之一就是被普遍人格化了,往往都被附会为历史上的名人,如嘉定“邑之南境数十里内,汉初功臣若纪王信、曲逆侯平、梁王越、樊将军

---

〔1〕 王健:《民间信仰下的国家与社会——以明清时期的苏州地区为例》,苏州大学2002年硕士学位论文。

〔2〕 孙承泽:《春明梦余录》上册,北京古籍出版社1992年,第317页。

〔3〕 严明:《佛道世俗化与江南民间信仰之变化——以明清时期江南观音、城隍习俗为中心》,见《学术界》2010年第7期。

哙无不祠祀一方”[1]。

（二）山川神灵

苏州作为水乡泽国，人们对水的依赖超过了其他任何自然物，因此水神信仰成为神灵谱系中的一个显著特征。苏州的水神可分为几个系列：第一，掌管雨水之神，如白龙神、五龙神、甘泉龙神；第二，镇压水患之神，如太湖神、水仙、伍子胥、陈平、顾野王、五泾河神等；第三，保护舟船之神，如天后、圣姑、二七阿太、晏公、宋恭、金龙四大王、李王；第四，除病却疠之神，如朱邑、步骘、井泉童子等。这些神灵的历史与信仰的范围各不相同，其中第一类水神属于自然崇拜，是古代先民图腾崇拜观念的孑遗。第二类则是以“人鬼”代替了自然神，是自然神人格化的结果，这些神祇都曾经有功于或传说有功于苏州的水利，因而属于崇德报功观念的体现。第三类神祇大多属于由苏州境外迁入，这反映了古代苏州五方杂处的人口结构特征，这些外地的商贾移民将自己家乡的神祇也带到了苏州。第四类则在民间信仰中最具有普遍性。[2]

在水神之外，苏州地区亦存在山神类崇拜，其中比较重要的如东岳崇拜，东岳即泰山。《清嘉录》卷三记载苏州地区每年三月二十八日为东岳生日，围绕东岳祭祀，各地往往会形成规模很大的民间庙会，“俗谓神权天下人民死生，故酬答尤虔”[3]，可见当时它主要是以司命神的形象出现在民间社会。另外，昆山亦有马鞍山神，每年举行庙会，十分盛大。

（三）商业保护神灵

清代，苏州地区商品经济高度繁荣，“苏州人的社会信仰与商业的关系也十分密切”[4]，因此存在大量的商业保护神灵，其中既有行业性、地域性的保护神，也有超越行业意义的保护神。就前者而言，当时在苏经商的不同商帮都有自己的保护神，如徽商的保护神是朱熹和汪公大帝，济宁商人则把金龙四大王看作自己的保护神。与此同时，不同的行业又有自己的行业神灵，比如剃头业是罗祖先师，杭线业是武帝，水炉业是三官大帝，玉石业是邱真人，木器业是鲁班，玉器

---

〔1〕 钱顾琛：《萧都监土地祠碑祀》，闻在上、许自俊：清康熙《嘉定县志续志》卷五《艺文志》，清康熙二十三年刻本，第55页。

〔2〕 皇甫志新：《吴地水神崇拜》，见《苏州大学学报·太湖历史文化专辑》第1辑，1992年，第84—89页。

〔3〕 顾禄：《清嘉录》卷三《东岳生日》，上海古籍出版社1986年，第65页。

〔4〕 唐力行：《明清以来徽州区域社会经济研究》，安徽大学出版社1999年，第258页。

业是周宣灵王等。

就后者而言,最具影响的神灵是关帝和天后。关于关帝,据《清嘉录》记载,清代苏州“五方杂处,人烟稠密,贸易之盛,甲于天下。他省商贾,各建关帝祠于城西,为主客公议规条之所,栋宇壮丽,号为会馆”〔1〕,可见,在当时的商人会馆中供奉关帝是一个普遍的现象,其目的自然是为了保护商人利益。除了关帝外,天后作为海神,是另一位可以不分畛域地保护商人的神灵,尤其受到从事海洋贸易的商人的崇拜。

(四)区域性的民间保护神

总体而言,以上三类神灵或有其特定的功能,或有其特定的信众,同时也普遍存在于全国其他区域。而最能体现苏州本地特色的则是区域性的民间保护神,它们又可分为两类。

一类是所谓民间土神。正如滨岛敦俊指出的,所谓土神是指“形成于某一地区,具有该地特有的显灵传说,因而在该地受到信仰的神祇”〔2〕。在清代苏州地区,最具影响的此类神灵包括刘猛将、周孝子、金总管、李王、施相公等,这些神灵与苏州地方社会的连接往往十分紧密,表现在神灵特有的显灵传说以及围绕神灵举行的民间赛会等各个方面。如周孝子神是发源于常熟县的地方性土神,最早见于元末《重修琴川志》,据载“神姓周名容,生而事母至孝,殁而告母曰:儿已为神,当输忠于朝廷,尽力乡里”〔3〕。虽然在明清时期一度被列入祀典,但这并未从根本上改变其土神性质,在清代道光年间还成为佃农抗租的精神寄托。〔4〕

再如刘猛将,据顾震涛《吴门表隐》卷一记载,刘猛将是苏州社会全体信仰的神灵,“士民尸祝,闾巷咸塑像祀之,夏秋之交,村民赛祀,名曰‘青苗会’”。仅苏州城附近就有刘猛将军庙五座,分别在阊门外江村桥西、盘门营内、横塘、洞庭山杨湾、中街路宋仙洲巷,其中宋仙洲巷的俗称“大刘猛将军庙”或“吉祥庵”。祭祀刘猛将是苏州民间信仰中的一个盛大的活动,据《清嘉录》记载:

〔1〕 顾禄:《清嘉录》卷五《关帝生日》,上海古籍出版社1986年,第93页。

〔2〕 滨岛敦俊:《近世江南海神李王考》,见张炎宪:《中国海洋发展史(第六辑)》,台湾人文社会科学研究中心1997年,第217页。

〔3〕 卢镇:《重修琴川志》卷十,台湾商务印书馆编审委员会:《宛委别藏》第48册,台湾商务印书馆1981年,第369页。

〔4〕 郑光祖:《一斑录杂述》卷七《乡民不法》,清道光三十年刻本。

(正月)十三日,官府致祭刘猛将军之辰。游人骈集于吉祥庵。庵中燃铜烛二,大如栝棬,半月始灭,俗呼"大蜡烛"。相传神能驱蝗,天旱祷雨辄应,为福畎亩,故乡人酬答尤为心愫。前后数日,各乡村民击牲献醴,抬像游街,以赛猛将之神,谓之"待猛将"。穹隆山一带,农人舁猛将,奔走如飞,倾跌为乐,不为慢亵,名曰"赶猛将"。[1]

另一类是影响力更大的地方保护神,其典型代表就是五通神。"五通"又名"五显"(显聪、显明、显正、显直、显德)、"五圣""五路神""五路财神",历史悠久,源流复杂。相传八月十七日是五显神生日,每到这天前后,就有不少人从各地赶来借阴债。据说只要从五显老爷那儿借到阴债,就可望财运亨通、家道兴旺。借债人次第供奉香烛"钱粮""元宝",或供品,上殿顶礼膜拜默祷,师娘(女巫男觋的统称)在旁装神弄鬼,开具条件,要求接受。借了阴债之后,每月初一、月半都要在家烧香化纸,每年八月十七日还必须到上方山去烧香解钱粮,以此还本付息。倘若本人死了,子孙还须继续清偿,所以苏州人有句俗话"上方山的阴债还不清"。五通神不仅荡费钱财,而且淫人妻女,因为苏州人相信五通神性喜美女,形成五通娶妇之说。

这一信仰在清代曾经引起地方官员的严重关注,从而发生了著名的汤斌毁淫祠事件。此后,五通逐渐转化为区域性的财神形象。据《清嘉录》记载,汤斌"毁上方祠,不复正五显为五通之所讹,而祀者皆有禁矣。因更其名曰'路头',亦曰'财神'。"正月"五日为路头神诞辰,金锣爆竹,牲醴毕陈,以争先为利市,必早起迎之,谓之'接路头'"[2],这一风俗沿袭至今。不过,具有五通的"邪神"性质也从未消失,后来官方又曾多次试图禁绝,但始终未能成功。直至光绪三十一年(1905)四月十八日,还有浙江举人余兆熊将上方山五通神神像掷诸山腰,并再三开导香客而返,但两日后,"举人复往此山察看,则神像供奉如故,香烛辉煌如故,愚民崇拜如故"[3],可见民间信仰之深。

以上对民间神灵类型的划分,大致可以从功能性的角度理解苏州地区民间信仰存在的必然性。再做进一步的考察,则会发现明清苏州民间信仰的兴盛还与地方经济的发展有着密切的关联,这方面的典型例子就是镇城隍的出现以及"解天饷"习俗的形成。

---

〔1〕 顾禄:《清嘉录》卷一《祭猛将》,上海古籍出版社1986年,第20页。

〔2〕 顾禄:《清嘉录》卷一《祭猛将》,上海古籍出版社1986年,第17页。

〔3〕《余孝廉禀苏抚请毁淫祠稿》,《申报》1905年6月4日。

清代,苏州是江南的经济中心,日本学者滨岛敦俊在研究江南城隍时发现,随着农村商品经济的发展,原来只有县城以上才有的城隍神,明清时期开始渗透到乡镇一级,并进而成为村镇一级信仰的中心。他认为,这种以前只有县级以上才有的城隍庙,发展到下层聚落的现象,其根源是这一地区的商业化和在这基础上的市镇——小城市的发展,因此镇城隍的发展,实际上表明了市镇希望把自己置位于首都—省府—府城—州县各级行政序列的下层的愿望。〔1〕

而围绕着镇城隍等神灵又兴起了一种新的祭祀形式,也就是上文提及的"解天饷"。所谓"解天饷"的习俗,是指市镇四乡的农民,在市镇城隍庙或东岳庙的诞辰节庆时,向镇庙缴纳铜钱或纸币,并抬着村庙神像到市镇参拜、朝集,在有些地方也被称作"解皇(黄)钱"。〔2〕据康熙《昆山县志稿》记载:顺治年间,"小民创为上纳钱粮之说,自四五月间便舁各乡土地神置会,首家号征钱粮,境内诸家每纳阡张若干束,佐以钱若干文。至六七月赛会,舁神像各至城隍庙,以阡张汇纳,号为解钱粮"〔3〕。到后来,解钱粮的习俗愈演愈盛。清代后期苏州人顾禄说:

> 春中各乡土地神庙有"解天饷"之举。司香火者董其事。庙中设柜,收纳阡张、元宝,俗呼"钱粮"。凡属境内居民,每户献纳一副、十副、数十副不等。每完一副,必输纳费制钱若干文,名曰"解费献纳"。稍迟则遣人于沿街鸣锣使闻,谓之"催钱粮"。有头限、二限、三限之目。限满之日,盛设仪从鼓乐,戴甲马,舁神至穹窿山上真观。以钱粮焚化玉帝殿庭,为境内居民祈福,名曰"解天饷"。〔4〕

毫无疑问,类似习俗的形成,包括上文提及的五通神"借阴债"风俗以及行业保护神的众多等,都说明清代苏州民间信仰的繁盛始终是与地方经济的发展紧密联系在一起的,这正是商品经济繁荣的一个折射。

---

〔1〕 滨岛敦俊:《明清江南城隍考——商品经济的发达与农民信仰》,见《中国社会经济史研究》1991年第1期。

〔2〕 吴滔:《清代苏州地区的村庙和镇庙:从民间信仰透视城乡关系》,见《中国农史》2004年第2期。

〔3〕 清康熙《昆山县志稿》卷六《风俗》,江苏科技出版社1994年。清乾隆《沙头里志》亦曰:"解黄钱,前代无此风,始顺治间。"

〔4〕 顾禄:《清嘉录》卷二《解天饷》,上海古籍出版社1986年,第43页。

第四节　社会生活

一、家庭与人口

据统计,清代苏州家庭人口规模、结构等状况如下:两代同堂的核心家庭,占家庭总数的29.11%;三代同堂的主干家庭,占48.73%,这些两代、三代同居的小家庭占了77.84%;四代、五代同居的家庭则占22.16%,而这类家庭规模较大,但他们的构成并非一定是共祖家庭。多代同居的原因主要与苏州人的年龄构成相关,据墓志铭提供的妇女年龄统计,明清两代妇女人均寿命为62.66岁,80岁以上占23%,这个比例与四代、五代同居家庭占家庭总数的22.16%的比例是相对应的,可见,造成四代、五代同居的主要原因是年龄因素。10人以下的小家庭占了被统计家庭的97.5%。据此认为,苏州的家庭构成是以小家庭为主体,而大宗族一小家庭与累世共居的大家庭则居于次要地位。[1]

清代苏州的人口[2],从清初、清中叶到太平天国运动后的清后期,呈现驼峰状,中间高、两头低。明清之交的战乱,对于苏州,是人口的一次微创,“吴城庶民惊惧,纷纷挈家窜徙”。直至清乾隆、嘉庆时期,苏州人口达到巅峰。这与清代社会总体变律相符。据统计,乾隆四十一年(1776)苏州总人口为511.1万。[3]

表4-8　清代苏州府人口变迁表

年　　代	领　县	户	丁、口、人
顺治元年至六年(1644—1649)	7县1州	610 054	1 378 381口
顺治十八年(1661)	7县1州	—	547 966丁
康熙十六年(1677)	7县1州	—	581 934丁
雍正二年(1724)	9县	—	454 381丁
乾隆元年(1736)	9县	—	474 450丁
嘉庆十五年(1810)	9县	—	3 198 489丁

〔1〕唐力行据《明清以来苏州社会史碑刻集》收录的173块墓志铭所反映的158个家庭进行了统计。参见《从碑刻看明清以来苏州社会的变迁》,见《历史研究》2000年第1期。

〔2〕关于清代苏州各阶段人口的情况,因为研究者所依材料来源不一等原因,目前学界研究成果有的略有差别,有的差异很大,此篇无意辩证考论,并将众多研究成果一并加以引论,其差异性并不影响人口发展的总体规律、特点的判断。

〔3〕曹树基:《中国人口史》第5卷,复旦大学出版社2001年,第87页。

（续表）

年　代	领　县	户	丁、口、人
嘉庆二十五年(1820)	9县1厅	—	5 908 435丁口（其中男丁3 387 856丁，妇女2 520 579口）。
道光十年(1830)	9县1厅	—	3 412 694丁
同治四年(1865)	9县1厅	—	1 288 145丁
光绪三十二年(1906)	城区及附廓	32 994	
宣统二年(1910年)	吴县、长洲、元和3县	182 392	524 355人

资料来源：光绪《苏州府志》卷十三《田赋》二户口；民国《吴县志》卷四十九《田赋》六户口。

据表4-8，嘉庆十五年(1810)苏州9县丁数是顺治十八年(1661)7县1州丁数的5.84倍。这其中虽有统计域界的不完全一致，但增幅非常明显是肯定的。所以，嘉道年间，苏州地区的人口总数几乎达到了农业社会的饱和状态，在强大的人口压力下，人均耕地面积急剧下降，土地价格不断上涨，租额也呈上升趋势，社会矛盾开始加剧。[1]人口呈现极高的密度，据学者统计，嘉庆二十五年(1820)，苏州府人口密度1 073.21，太仓直隶州人口密度557.04，苏州府和太仓直隶州合计人口密度为862.57，仍是当时全国密度最高的地区。[2]明清江南的社会负荷了人口绝对数量增加的压力，却没有主动导致农民革命等大规模反抗运动，反映出该地人口社会系统的发展走了另一条具有独特个性的路子：第一，存在自身控制人口数量增长的意识与行为。第二，不耻言利，用心用智，勤敏劳动，发展经济，顽强地寻求一切可谋生之路。第三，宗族家庭人口世代以教育为重，尽可能培养子弟读书，进行人口智力投资和开发，提高人口文化素质，增强个人生活、择业的竞争能力，确保能够自立于竞争之世。第四，人口流移，改变了人口的空间分布。[3]

就在人口数量达到巅峰之时，社会发展遇到了空前的劫难，从而出现“灾难性”人口调节。

嘉庆年间以后，清代苏州府实在人丁数见表4-9。[4]

---

〔1〕 陈晓红：《苏州农户兼业行为研究》，天津古籍出版社2011年，第53页。
〔2〕 吴建华：《明清苏州、徽州进士的文化素质与文化互动》，见《史林》2004年第2期。
〔3〕 吴建华：《明清江南人口社会史研究》，群言出版社2005年，第539—540页。
〔4〕 秦佩珩：《明清社会经济史论稿》，中州古籍出版社1984年，第241页。

表 4-9　清代嘉庆十五年至同治四年苏州府人丁数统计表

县别	嘉庆十五年（丁口）(1810)	嘉庆二十五年（丁口）(1820)	道光十年（丁口）(1830)	同治四年（丁口）(1865)
全府统计	3 198 489	5 908 435	3 412 694	1 288 145
吴县	1 170 833	2 110 159	1 441 753	86 976
长洲县	266 944	479 184	296 364	264 722
元和县	217 837	385 970	230 331	260 665
吴县	192 895	404 871	206 384	28 416
新阳县	130 398	260 663	148 565	29 430
常熟县	364 216	652 438	188 037	213 532
昭文县	248 998	461 994	270 562	185 571
吴江县	299 889	572 082	315 363	118 588
震泽县	360 479	581 443	313 215	100 245

太平天国在苏州地区的统治达三年零六个月，据王树槐统计，战前苏州府有人口 3 412 694 人，而战后仅剩 1 288 145 人，所留人口占战前的 37.73%。[1]再结合上述表 4-8、表 4-9，可见，太平天国运动后的苏州人口减少了约三分之二。随后，又缓慢地上升，直至 1910 年，也远未达到战前人口。清末苏州城厢人口约有 50 万，算上周围所辖各县近 250 万人口。[2]

关于城市人口，苏州城市人口在明代后期即已达到 50 万人左右的规模。然而，在明代末年，苏州城却遭受了一次肺鼠疫的侵袭，城内至少有 40% 的人口死亡。加上清初战争对苏州城的影响，苏州城市人口可能仅存 20 万左右。随着清代丝织业、印染业等手工业的发展，清代苏州很快恢复了其作为中国手工业中心城市的地位。康熙时苏州府城人口，有学者估算为 70 万左右。[3]嘉庆、道光年间，据时人所言，人口已达百万以上。[4]据李伯重估计，清代中期苏州府城人口确实达百万以上。[5]清末城市人口大约相比较少，根据光绪三十二年(1906)调查，苏州城市人口约为 17 万。[6]王树槐根据《支那经济全书——江苏省》等资

〔1〕 王树槐：《中国现代化区域研究：江苏省，1860—1916》，见台湾近代史所专刊第 48 本，1984 年，第 444 页。

〔2〕 马敏、朱英：《传统与近代的二重变奏——晚清商会个案研究》，巴蜀书社 1993 年，第 11—12 页。

〔3〕 王卫平：《明清时期江南城市史研究：以苏州为中心》，人民出版社 1999 年，第 62 页。

〔4〕 沈寓：《治苏》，见贺长龄：《皇朝经世文编》卷二十三《吏政九》，清光绪十二年思补楼石印本，第 59—61 页。

〔5〕 李伯重：《江南的早期工业化：1550—1850》，社会科学文献出版社 2000 年，第 412 页。

〔6〕 曹树基：《清代江苏城市人口研究》，见《杭州师范学院学报》2002 年第 4 期。

料,估计宣统年间至1932年的苏州城市人口为25~26万人。[1]相比之下,苏州作为苏南主要城市,其城市人口在清代中期居于江苏省首位,更遥遥领先于苏北。在清末,南京的城市人口高于苏州。

表4-10 清代苏南与苏北主要城市人口比较表[2] (单位:万人)

	苏南					苏北				苏南为苏北(%)
	苏州	无锡	南京	镇江	平均	淮阴	徐州	连云港	平均	
清代中期	70	10	30	10	30	54	10	5	23	130
清代末期	50	20	70	16.8	39.2	10	15.1	5	10	392

总体而言,清代苏州人口特征如下。

技能性与智力型人口比重较大:从人口文化素质的角度看,文化、艺术、技术的普遍含量较高。以文立生者自不在话下,技术性人员也较多,苏州城市手工之业不下百余种。其中,棉布加工包括染色、踹压,康雍乾时期苏州的踹坊就达六七百家,雇有踹匠万人以上。[3]苏州东北半城专营丝织业"不啻万家"[4]。而从事昆曲、苏州评弹等艺术表演性的人口也多,明清时期,昆曲盛行天下,各地戏班都推崇昆班为昆曲艺术的典范,纷纷聘请苏州一带的艺人和教师到各地去组班。于是,教、演昆曲成为部分群体糊口的资本,优伶成为苏州的"土产"。

二、衣食住行

在苏州,即便是寻常百姓之家,也将衣食住行打理得精致多元,赋予日常生活丰富的审美品格和雅致的文化品位。

(一)衣

明代中叶以来,"吴装"或"吴门新式"的服饰风靡大江南北,有"四方重吴服"之说。这种风气一直延续到清朝,时髦"吴服"几乎成了"苏式"生活方式的代名词。[5]《清稗类钞·服饰》曰:"顺康时,妇女妆饰,以苏州为最好,犹欧洲各

---

〔1〕 王树槐:《中国现代化区域研究:江苏省,1860—1916》,见台湾近代史所专刊第48本,1984年,第496页。

〔2〕 姜新:《苏北近代工业史》,中国矿业大学出版社2001年,第250页。

〔3〕 李伯重:《江南的早期工业化:1550—1850》,社会科学文献出版社2000年,第42页。

〔4〕 李光祚、顾诒禄等:清乾隆《长洲县志》卷十七《物产》,清乾隆十八年刻本,第8页。

〔5〕 郑丽虹:《"苏式"生活方式中的丝绸艺术》,见《丝绸》2008年第11期。

国之巴黎也。”[1]到乾隆时期,各地妇女多仿苏州妇女服饰。时尚潮波及较近者,如华亭、松江、上海、嘉兴、桐乡、无锡、泰州等。[2]连时尚的扬州也亦步亦趋,“画檐春暖唤晴鸠,晓起棠梨宿雨收。闲倚镜奁临水面,拟将时样学苏州”[3]。这种影响甚至远达福州、兰州、天津、成都等地,如天津“妆(装)束花销重两餐,南头北脚效时观。家家偏学苏州背,不避旁人后面看”[4]。

清代苏州服饰最突出的特点在于新、奇、贵。“新”即花样、风格等翻新、创新。康熙末年,昆山人章法描述当时苏州的新样时世妆道:“临门日日买香油,新样梳妆讲动眸。”[5]从具体装束来看,妇女头饰由明末的追尚“新样”,到清初的“牡丹头”,再到乾嘉之际的“元宝头”“平二套”“平三套”,服装由明末的新样,到清初的“百裥裙”“百碟裙”“月华裙”,再到光绪后期的纯素应衫,苏州一直在变化着,而且变化的周期在缩短,到后来大约十年即发生变化。[6]“奇”即敢于打破固有样式,凡服装式样新鲜离奇,一概称之为“苏样”。[7]甚至不惜效仿青楼,“翻新花样原无据,今时只重妓家妆,缟衣綦巾人不顾”[8]。“华”,指材美、工巧。清代鲍皋《姑苏竹枝词》描述道:“机上无花不是机,衣裳无绣不成衣。春风怪道人争看,蝴蝶浑身上下飞。”

清代苏式服饰的流行,与丝织之乡巧手能工、善于创造等相关,与昆曲繁荣而苏州作为戏衣制造中心的地位也有关系,甚至与传统礼教的渐趋败落、苏州妇女家庭地位的提高等也有关。[9]而奢靡之风也导致衣着违制,从官员到一般平民百姓都受其影响。官员及家人的家居服饰常常僭越服制,竞相奢华,对精美的刺绣、华丽的锦缎、贵重的毛皮都特别钟情。[10]乾隆《元和县志》称:“妇人女子,轻装直髻,一变古风,或冶容炫服,有一衣之值至二三十金者……倡优下贱,帝服后饰。”袁景澜在《吴郡岁华纪丽》中曰:“三吴风尚浮华,胥隶、倡优,戴貂衣绣,炫丽矜奇”,“更有贩竖妻孥,亦皆绸缎金珠,不肯布素。”

从整体风格上来看,清代苏州服饰有三个特征:继承、创新明代汉族服饰;沿

---

[1] 林永匡:《清代衣食住行》,中华书局2013年,第28页。
[2] 参见范金民:《“苏样”“苏意”:明清苏州领潮流》,见《南京大学学报》2013年第4期。
[3] 黄慎:《维扬竹枝词》,见赵明等:《江苏竹枝词集》,江苏教育出版社2001年,第200页。
[4] 梅宝璐:《竹枝词》,见王利器等:《历代竹枝词》庚编,陕西人民出版社2003年,第3247页。
[5] 章法:《姑苏竹枝词》,见苏州市文化局:《姑苏竹枝词》,百家出版社2002年,第50页。
[6] 范金民:《“苏样”“苏意”:明清苏州领潮流》,见《南京大学学报》2013年第4期。
[7] 陈宝良:《明代社会生活史》,中国社会科学出版社2004年,第44页。
[8] 袁景澜:《吴郡岁华纪丽》,江苏古籍出版社1998年,第386页。
[9] 宣花:《明清时期苏州妇女的服饰追求》,见《苏州科技学院学报》2010年第1期。
[10] 许星:《竹枝词中所描绘的清代苏州地区服饰时尚》,见《装饰》2007年第5期。

用满族特有服装风格,乾隆朝以后,满汉妇女相互效仿、交流、影响;[1]传入外来西式服装风格。晚清之际,伴随着革新自强的风潮,舆论界兴起"易服色"的呼声。随着新政的施行,服饰革新率先在军、学界推行,社会风尚亦随之转变。晚清服饰革新的背后,是作为传统礼俗文化之一的衣冠之制的逐渐弱化。[2]近代化的革新风华,由开埠后的上海引领,苏州亦步亦趋地紧随其后。

(二)食

徐珂在《清稗类钞》中记曰:"苏人以讲究饮食闻于时,凡中流以上之人家,正餐小食无不力求精美。"[3]这是寻常人家的日常生活。至于"肆筵设席,吴下向来丰盛"。"缙绅之家,或宴官长,一席之间,水陆珍馐,多至数十品。"[4]

那些与饮食有关的场所更是热闹非凡。《姑苏繁华图》中,酒店、饭馆、小吃等饮食副食业共31家。[5]清代苏州酒楼饭店声名远扬,清代金阊门外,"七里山塘半酒楼"。临近虎丘斟酌桥旁的三山馆,清初创立,烹饪之技为时人所称道,三山馆所卖满汉大菜及汤炒小吃多达149种。"菜有八盆四菜、四大八小、五菜、四荤八拆,以及五簋、六菜、八菜、十六碗之别","盆碟则十二、十六之分,统谓之'围仙',言其围于八仙桌上"。[6]

戏场酒楼遍布城市,清代苏州"商贾云集,宴会无时",导致戏馆的兴起。康熙年间,苏州"盖金阊戏园不下十余处"[7],乾隆时期,已发展至"戏馆数十处"[8],可谓城厢内外"遍开戏园"。观众至戏园看戏,还带动了饮食消费,苏州戏园"不过商家会馆藉以宴客耳"[9]。"为待客之便",戏馆"击牲烹鲜",[10]"暴殄之最甚者莫过于吴门之戏馆。当开戏时,哗然杂沓,上下千百人,一时齐集,真所谓酒池肉林,饮食如流者也"[11]。书场则为苏州独特的"食"之风景,进茶馆品茗听

---

[1] 林永匡:《清代衣食住行》,中华书局2013年,第26页。

[2] 王玉琼、刘力:《试论晚清之际衣冠之制的弱化——以清末服饰文化革新为中心的探讨》,见《宁夏社会科学》2009年第4期。

[3] 徐珂:《清稗类钞·饮食类》"苏州人之饮食"条,中华书局1986年,第6240页。

[4] 叶梦珠:《阅世编》卷九"宴会",上海古籍出版社1981年,第194页。

[5] 范金民:《赋税甲天下:明清江南社会经济探析》,生活·读书·新知三联书店2013年,第148页。

[6] 范金民:《赋税甲天下:明清江南社会经济探析》,生活·读书·新知三联书店2013年,第149页。

[7] 顾禄:《清嘉录》卷七《青龙戏》,上海古籍出版社1986年,第122页。

[8] 顾公燮:《消夏闲记选存》,见《吴中文献小丛书之十三》,江苏省立苏州图书馆1939年,第15页。

[9] 李光祚、顾诒禄等:清乾隆《长洲县志》卷一一《风俗》,清乾隆十八年刻本,第4页。

[10] 顾禄:《清嘉录》卷七《青龙戏》,上海古籍出版社1986年,第122页。

[11] 钱泳:《履园丛话》,见《海王村古籍丛刊》,中国书店影印本1991年。

书成为苏州市民的生活方式。另外,苏州颇有市井风情的是骆驼担,因其担两边低中间高形似骆驼而得名,因季节不同而有不同的小吃供应。故又名"'一担挑'。贩者挑之,手敲竹梆,走街串巷叫卖"[1]。

苏州菜点分为"苏州宫廷菜""苏州官府菜""苏州乡绅菜""茶楼酒肆菜""家常乡村菜""吴门医派养生菜"等几大类型。[2]其中每一种都十分繁杂,且成体系。最为突出的是"苏州宫廷菜"。从乾隆年间开始,"苏宴"成为宫中节庆的必备宴席。[3]乾隆年间,全国各地的名菜佳肴都汇集在皇帝的宴桌上,但是像苏州菜这样以完整菜系出现在宫廷的,几乎没有。[4]"苏州官府菜":官绅饮馔最为精美奢侈,乾隆年间状元石韫玉就精于饮食。《随园食单》里谈到佳肴蜜火腿的制法,又说:"苏州沈观察煨黄雀,并骨如泥,不知作何制法,炒鱼片亦精。其厨馔之精,合吴门推为第一。"[5]苏州织造署作为宫廷重要的派出机构,迎来送往,交际频繁,宴饮不断。为了适应这种需要,苏州历任织造往往网罗了苏州民间最优秀的厨师,为其所用,故汇集了苏州民间佳肴、缙绅家精到的制作技艺而成。到清代,康熙帝、乾隆帝频频南巡,苏州织造府多次作为皇上的驻跸之地,筵宴规模和烹饪技术也都达到了空前的水平,形成了独具特色的苏州织造官府菜,这是苏州菜肴的精华和极品。苏州船菜:苏州人士早有载酒泛舟之风,清沈朝初《忆江南》云:"苏州好,载酒卷艄船,几上博山香篆细,筵前冰碗五侯鲜,稳坐到山前。"[6]苏州船菜、船宴主要分布在苏州城内的阊门山塘街一带,郊区上方山石湖,太湖等河道、湖泊。在船上设宴成为苏地士绅的风尚,而商贾尤喜在山塘河游船上洽谈生意,使得船宴越来越丰盛,游船也越造越富丽雅致。时人往往将饮食之风与奢风相提并论,袁景澜在《吴俗箴言》中劝诫道:"宴会所以洽欢,何得争夸贵重,烹调珍错,排设多品,一席费至数金。小集辄耗中人终岁之资……"[7]

除了著名的菜系之外,清前期,苏州城市已涌现出大批驰名招牌食品,为海内所尚。[8]如"薰腊之业,今则以陆高荐出名,而陈不复著矣。近来陆高荐之薰

[1] 江洪等:《苏州词典》,苏州大学出版社1999年,第1164页。

[2] 余同元、何伟:《历史典籍中的苏州菜》,天津古籍出版社2014年,第2页。

[3] 余同元:《明清苏州曾引领宫廷时尚》,见《苏州日报》2012年4月20日。

[4] 周丹明、沙佩智:《苏州菜与清宫御膳》,《紫禁城》2015年第2期。

[5] 袁枚:《随园食单》,中华书局2010年,第138页。

[6] 顾禄:《桐桥倚棹录》卷十二,见王稼句:《苏州文献丛钞初编》(下册),古吴轩出版社2005年,第672页。

[7] 袁景澜:《吴郡岁华纪丽·吴俗箴言》,江苏古籍出版社1998年,第6页。

[8] 范金民:《"苏样""苏意":明清苏州领潮流》,见《南京大学学报》2013年第4期。

腊,京师亦盛行。盖此项薰烧之物,海内未有能如吴地者”[1]。道光时,苏州人顾震涛更在此基础上特意标出,“业有招牌著名者:悦来斋茶食,安雅堂酡酪,有益斋藕粉,紫阳馆茶干……业有地名著名者:温将军庙前乳腐,野味场野鸟,鼓楼坊馄饨,南马路桥馒头……业有混名著名者:野荸荠饼饺,小枣子橄榄,曹箍桶芋艿,陆稿荐蹄子,家堂里花生,小青龙蜜饯,周马鞍首乌粉”[2]。可见,其时苏州的食品十分注重质量,保持店号信誉,形成字号、地望、节令等方面的特色。[3]

清代苏州“食”之特点:一是“因于时”。清代《吴门竹枝词》云:“山中鲜果海中鳞,落索瓜茄次第陈,佳品尽为吴地有,一年四季买时新。”[4]苏式糕点更有春“饼”、夏“糕”、秋“酥”、冬“糖”等说法。时令食品还有春季“酒酿饼”、秋季“鲜肉月饼”等。二是得地利之便。清康熙吴县人沈朝初《忆江南》词云:“苏州好,夏日食冰鲜,石首带黄荷叶裹,鲥鱼似雪柳条穿,到处接鲜船。”三是“精于工”。以工艺的精神制作食品,讲究刀工、火工、做工,精工细作。清代叶梦珠在《阅世编》中记载,丧祭吊奠之宴,也有引入工艺中的塑像技法的,如所设看桌“即以荤素品装成人物模样,备极鲜丽精工,宛若天然生动,见者不辨其为食物”[5]。四是注重养生,“药食同源”,讲究色香味形。利用食物的天然色素,点缀食品菜肴,利用花卉的自然芬芳,增进诱人的食欲。苏式糖果与其他帮式不同的是,以砂糖为主要原料,以植物花果为辅料,具有天然的色、香、味,植物辅料有玫瑰、薄荷、甘草、松仁、胡桃、桂圆、芝麻、黑枣等。[6]

(三)住

清代苏州的“住”,有以下三大特色:一是“匠心绘居”。明永乐年间,苏州吴县香山人蒯祥(1398—1481)奉命前往北京,开始了香山工匠构建皇宫的历史,紫禁城成为香山工匠的巍峨之作。后世称其建筑技艺为苏派或香山帮营造技艺。其两大杰作北京故宫、苏州园林已成为世界文化遗产。粉墙黛瓦与小桥流水绘成江南印象。香山帮,以木作为领首,集多种工艺于一体,又各有所专,其中砖雕、木雕、石雕分别独立为一体系,因其精而名曰苏式建筑“三雕”。在小巷深处,不经意间,抬首处即是。还有苏式彩画,借助水墨、淡彩、匠心的构思和运笔,

---

〔1〕 姜顺蛟等:清乾隆《吴县志》卷二十三《物产》,清乾隆十年刻本,第1056页。

〔2〕 顾震涛:《吴门表隐·附集》,江苏古籍出版社1986年,第346—347页。

〔3〕 范金民:《“苏样”“苏意”:明清苏州领潮流》,见《南京大学学报》2013年第4期。

〔4〕 赵筠:《吴门竹枝词》,见潘君明:《苏州历代饮食诗词选》,苏州大学出版社2013年,第199页。

〔5〕 叶梦珠撰,来新夏点校:《阅世编》卷八,上海古籍出版社1981年,第191页。

〔6〕 岳俊杰、蔡涵刚、高志罡:《苏州文化手册》,上海人民出版社1993年,第475页。

烘染梁檩。苏州现存的晚明清初“包袱锦”彩画有常熟綵衣堂、东山明善堂和凝德堂、西山徐家祠堂等。

二是“文心雕居”:园林就是文人匠心的合璧。清代苏州,无论是园林还是一般的居室,文人意趣十分浓厚。室内装饰不再局限于书法、绘画,还包含了挂屏、挂镜、书条石、对联、匾额、楹联、灶画等。种类繁多且形式多变,处处流露出文人士大夫的灵动与意趣。清代苏州第宅中悬挂最多的是云石挂屏,一般用优质硬木与天然大理石制作。清代中期以后,又出现镶有青花瓷板和五彩瓷板的挂屏,在屏心开设不同的几何图形,嵌进各种瓷片或大理石图案,别有一番风味。挂屏上还经常配以诗词题款,彰显雅致。它一般成对、成套使用或通过与窗牖、家具的组合形成独特的构图效果。如四扇一组称四扇屏,八扇一组称八扇屏,也有中间挂中堂,两边各挂一扇对联的。这种陈设形式,进入清代以后更是风靡一时。清朝时期的字画,既流行于名门望族,也进入寻常百姓家,为室内环境营造了儒雅的文化氛围。苏州作为全国的商业中心,各地商人咸聚于此。文人一有动向,商人闻风而动,并波及市民大众。如清代商人之家徐氏的仁本堂,从其石库门楼上篆刻的“世德远承”,到后厅砖雕门楼上的“礼为教本”、庭院南墙上的“采焕尊彝”与“花竹怡情”等体现文人风情意境的砖雕字牌匾额,以及以“衣锦还乡”“状元巡游”为题材的后厅门楼兜肚砖雕等,均体现了好儒求禄、恪守礼法的儒学思想与信念,塑造了充满诗情画意与儒雅气质的空间氛围,并以吴地文人品位为建筑艺术欣赏标准。〔1〕

三是“水泊梁居”:古城、古镇、古街、古民居,都是随了“水”字,即便是一方小小的园子,也要引进水、挖出水。无论是水乡民居,还是市镇建筑,整体上体现出亲水、枕水的特色。〔2〕市镇形成了“下店上宅”“前店后宅”“前店后坊”的集商业、居住、生产为一体的建筑形式,还有水墙门、水埠头、水廊棚、水阁、水榭楼台,甚至水巷穿宅而过,形成了人与自然和谐的居住环境。〔3〕加之造型轻巧简洁,粉墙黛瓦的色彩淡雅宜人,轮廓柔和优美等,演绎着“君到姑苏见,人家尽枕河”的独特景象。

清代苏州人所“住”与明代相比,也是有变化的。例如园林建筑,苏州拙政园中东部地区以疏朗淡雅为特色,而西部补园为晚清时期所建,较为繁复雍容。明

〔1〕 郑曦阳:《从仁本堂建筑雕饰解读清代苏州商人宅第的装饰特征》,见《苏州大学学报》2009 年第 4 期。

〔2〕 俞绳方:《深幽、洁净的小街水巷和依水而建粉墙黛瓦的民居建筑群——苏州古城风貌研究之五》,见《江苏城市规划》2008 年第 8 期。

〔3〕 阮仪三、邵甬、林林:《江南水乡城镇的特色、价值及保护》,见《城市规划汇刊》2002 年第 1 期。

代药圃也以自然、质朴、淡雅、简练的艺术风貌为主,较本色地体现了我国传统文人园林的艺术精神。而清代的网师园,小巧玲珑,处处精雕细琢,正如那入门的门楼,其雅、精、巧、绮、丽,可谓写尽了盛世的最后繁华。

到了清末,苏州虽有教堂和教会学堂的欧式建筑风格,但大部分建筑还是以传统建筑为主,只是采取西式的少许外部建筑装饰和大量的室内装饰。如拙政园西部补园的窗户上使用的彩色玻璃,使用铁艺造型桥栏等。〔1〕在清末民初出现的这种中西合璧的建筑之风正预示了民国时期中国建筑的重要倾向,同时也是当时中国社会结构和文化趣味变革的真实写照。

(四)行

苏州人的生活是两栖的,地域内湖港较多,水网密布,江(长江)、河(内河、京杭大运河)、湖(太湖)、海(太仓浏家港入海)相通,交通工具主要以船楫为主,水乡市民走亲访友或郊游皆以船代步。《姑苏繁华图》上,窄窄的河面挤满了帆船、篷船、楼船、画舫,全卷桥梁50余座,客货船只400余艘。〔2〕明清时期,苏州为东南一大都会,交通是商业发展的命脉,而这主要仰赖水上运输。

清代苏州的船种类较多。戏船,是水上流动的舞台,集诗、书、画、昆曲、苏州评弹、雕刻、茶艺、船菜等为一体。明清时期,苏州旅游休闲之风领衔全国,七里山塘画舫,是那个时代文人士大夫的风月情怀。灯船画舫,中舱可容纳三四十人,专供游览宴会之用。农船,凡装稻、载柴、粜米、装壅、罱泥等类皆赖农船。渔船,形如蚱蜢故称为蚱蜢船;还有蓄鸬鹚以取鱼的叫放鸟船;用鸣榔击之明夜火引鱼自跃的叫尖网船;提螺蚬的叫扒螺蛳船。太湖渔船大小不等,以船为家其最大者曰候船,亦名六桅船,不能停岸不能入港,篙橹不能撑摇,而专等候大风行船。

传统航船业在清代逐渐走衰。乾嘉年间太仓浏河口的淤塞,助成了上海沙船海运业的崛起。作为王朝命脉的漕运也在晚清时期急剧衰落。清代前中期,苏州府、太仓州、松江府漕粮直接经由苏州阊门北出浒墅关、望亭沿运河北上。运河除了漕运外,还是重要的商道。同治十一年(1872),轮船招商局在上海成立,正式用轮船承运漕粮。光绪二十七年(1901)停止运河漕运。光绪三十年(1904)撤废漕运总督。

---

〔1〕 陆宇澄:《环太湖地区建筑的中西合璧——以苏州、南浔两地园林、私宅为例》,见《民族艺术研究》2010年第2期。

〔2〕 郑红峰:《大美中国　你应该读懂的300幅中国名画　千古风流》,光明日报出版社2012年,第233页。

光绪二十二年(1896)沪宁铁路苏州至上海段通车,光绪三十四年(1908)全线开通。宣统三年(1911),津浦铁路全线通车。沿线城市之间的长途客运业务逐年增加,货运业务也日益扩大。从此,京杭大运河以及包含苏州在内的沿线城市的交通地位一落千丈。苏州作为传统的商品集散地的地位开始下降,逐渐萎缩至四乡范围内。由于境内商品粮和农副产品运输量的增加,近代加工业兴起后原材料和产品的运销,以及县、乡之间短途客运的繁荣,木帆船运输在社会生产、商旅交往中仍占有重要地位。[1]

明清以来,朝廷导向作用与江南文化的影响力汇成巨大合力,京畿与江南遥相呼应,共同造就了包含衣食住行在内的"苏式"繁荣。

三、人生礼仪

苏州人对生老婚丧等人生礼仪[2]十分重视,其中,生育礼仪大致有:广泛流传送子观音、张仙送子、麒麟送子等,并落实在婚房布置等婚娶仪式中,还有苏州上方山"太姆"求子、虎丘山巨石投石求子、中秋偷瓜祈男等习俗,及随处可用的发禄袋。孩子出生后,报喜、望舍姆,以及开奶、洗三、满月剃头、百日、周岁等都有一系列仪式,以及对于起名、寄名的各种讲究。满月剃头后,第一次戴上帽子,身上放一本历书,角端用红绿丝线串一枚太平铜钱,由舅舅抱了撑一把油纸伞去走名叫"太平""吉利""状元"的桥。[3]稍长,入学也是一件大事,有一套相应的礼仪习俗,并由舅舅送入私塾。包天笑在《钏影楼回忆录》中对此有生动的描述:"我上学的仪式颇为隆重——先是通知了外祖家,祖家的男佣人沈寿,到了那天的清早,便挑了一担东西来。一头是一只小书箱,一部四书,一匣方块字,还有文房四宝:笔筒、笔架、墨床、水盂,一应俱全;一头是一盘定升糕和一盘粽子。上学时送糕粽,谐音是'高中',那都是科举时代的吉语,而且这盘粽子很特别,里面有一只粽子,裹得四方形的,名为'印粽';有两只粽子,裹成笔管形的,名为'笔粽',谐音是'必中'。"包天笑还忆及他外祖父送的书包也很讲究:"书包是绿绸面子的,桃红细布的夹里,面子上还绣了一位红袍纱帽的状元及第,骑着一匹白马,书包角上,还有一条红丝带,系上一个金钱。"13岁左右,男女孩子行成年礼,为之办斋星官等仪式。[4]

---

〔1〕 苏州市科学技术史学会:《苏州科技史话》,中国科学技术出版社2013年,第120页。

〔2〕 本部分内容主要参考蔡利民、高福民:《苏州传统礼仪节令》(上),古吴轩出版社2006年。

〔3〕 蔡利民、高福民:《苏州传统礼仪节令》(上),古吴轩出版社2006年,第32页。

〔4〕 包天笑:《钏影楼回忆录》,大华出版社1971年,第5—6页。

婚礼是人生中的重大礼仪，在议婚阶段，有提亲、请八字帖、合婚到送小盘、送日子、送大盘等，婚礼当天有催妆、发妆、点妆，以及“请媒人”等。男方布置喜堂，用喜幛、喜对以及丰富的喜庆图案。洞房布置更是别有一番寓意和风情。以新床来说，床头挂有瓜瓞绵绵、必定如意、吉庆有余等发禄袋和刺绣挂件；床的四周系有刺绣床围。红绿绣被合铺床上，称“铺和合床”。床中央放红纸包起的甘蔗、秤杆、如意等，取节节高升、称心如意之意。八仙桌上放两副方供，龙凤花烛高烧，一对衣食饭碗，盛满糯米、红枣，象征新婚夫妇即将开始的共同生活。墙上还有《麒麟送子》《鲤鱼跳龙门》等求子、求吉的桃花坞木刻年画。在新婚当天，“苏俗娶妇者，不论家世何等，辄用掌扇、黄盖、银瓜等物，习以为常，殆十室而九，而掌扇上尤必粘‘翰林院’三字”[1]。以“翰林院”取其吉祥和祝福的寓意。婚礼中，拜和合颇具苏州特色，和合是指喜堂正面的墙上悬挂的和合二仙的画像，和合的形象是蓬头笑面的两人，一人手持荷花，一人手捧圆盒，取和(荷)谐、好合(盒)之意。苏州老百姓称之为“和合二仙”，“和合”为“荷盒”之谐音，人们将他们视为夫妻和合之神，作为婚礼时膜拜的偶像。寓意夫妻和谐、感情深厚。[2]当然吃喜酒、闹新房是必需的。

丧俗大致上与当时南北各地的汉族丧礼差不多：人死更衣停尸于床，阖家举哀，焚化纸课，床前燃灯。富家则延僧诵经，又焚纸糊车马，并请阴阳先生开殃书，以定入殓，等等。比较特殊的，如昆山农村妇女之居母丧，必以红色布为裤，服三年乃除。意思是母亲生产儿女时，有血污之秽，死后必入血污地狱。其所以服红裤者，为其祓除不祥也。昆山男子，此种服母丧之俗，亦间而有之。太仓丧礼，孝服尚白，用僧道者十室而八九。七日设祭，谓之烧七。七终举殡，十二月腊始行葬礼。有信堪舆家言，停棺庙中，至数十年之久而不葬者。[3]

苏州人生礼仪民俗具有浓郁的苏州文化特色，如礼仪活动中多用茶叶、糕团、丝绸、刺绣等苏州特产；诞、婚、寿、丧等人生礼仪中的大量宴饮，集中了苏州的名点名菜；喜堂、寿堂、新房等处的布置，汇聚了苏式家具、民间绣品和苏州桃花坞年画等工艺品；掌礼者用的是吴语，富有民歌韵味；各种礼仪场合常用的苏州地方曲艺表演，所奏的乐曲，也大多采用本地民间流行的昆腔曲调，富有地方特色；许多人生礼仪还充分体现了苏州重教敬文、尊老爱幼、讲诚信等特色；同时

---

〔1〕 王应奎：《柳南随笔》卷三，中华书局1983年，第59页。

〔2〕 姜彬：《吴越民间信仰民俗——吴越地区民间信仰与民间文艺关系的考察和研究》，上海文艺出版社1992年，第249页。

〔3〕 吴仁安：《明清江南望族与社会经济文化》，上海人民出版社2001年，第319—320页。

体现出浓郁的水乡风情，婚礼的最终是借助水的流动、船的运行来完成的，娶亲时不仅用花轿还用特制的花船，船上张灯结彩、吹乐奏鸣。

四、岁时节令

清代苏州主要岁时节令见表4-11。

表4-11　清代苏州主要岁时节令一览表(按农历日月)

节日名称	节日时间	节日名称	节日时间
立春		浒墅关竞篙船会	三月下旬
春节	正月初一	赕酒仙	三月二十三
接路头	正月初五	长工节	三月二十八
猛将生日	正月十三	东岳大帝生日	三月二十八
元宵节	正月十五	立夏节	
上元天官生日（亦称上元节）	正月十五	浴佛节	四月初八
中和节	二月初一	蛇王生日	四月十二
龙抬头	二月初二	轧神仙	四月十四
土地生日	二月初二	药王生日	四月二十八
文昌会	二月初三	端午节	五月初五
百花生日	二月十二	相王庙会	五月初六
观音生日	二月十九	关公生日	五月十三
寒食节	清明前一天	水龙会	五月十三
清明节		胥门水仙会	五月
拜香游顾山	清明	祀灶	六月初四、六月十四、六月二十四
山塘看会	清明、七月十五、十月初一	火神生日	六月二十三
平台山祭禹	清明	天贶节	六月初六
祭城隍、烧犯人香	清明	二郎神生日	六月二十四
上巳节	三月初三	雷神生日	六月二十四
虞山拜香报娘恩	三月初三	观莲节	六月二十四
荠菜生日	三月初三	辛天君生日	六月二十五
斋玄坛	三月十五	玄妙观打醮	六月
白龙生日	三月十八	乞巧节	七月初七
湖甸龙舟会	三月二十、八月初三	青苗会	中元节前后

（续表）

节日名称	节日时间	节日名称	节日时间
老郎庙演青龙戏	中元节前后	中秋节	八月十五
斋田头	七月十五	上方山庙会	八月十八
中元水官生日	又称中元节，七月十五	稻生日	八月二十四
盂兰盆会	七月十五	看旗纛、听信爆	霜降
棉花生日	七月二十	重阳节	九月初九
地藏生日	七月三十	周王庙庙会	九月十三
烧久思香	七月三十	阳山观日出	九月三十
莲花寺轧莲花	七月三十	下元地官生日（又称下元节）	十月十五
天医节	八月初一		
积谷会	八月初三	弥陀生日	十一月十七
灶君生日	八月初三	冬至节	十一月
八字娘娘生日	八月初八	除夕	十二月三十

资料来源：蔡利民：《苏州传统礼仪节令》（下），古吴轩出版社2006年，第768—769页。

岁时节令活动开展的空间，主要有以下几个方面。

祠堂：祠堂作为祭祀祖先、张挂祖先神像（或称神子）、相互拜年等仪式活动的重要场所，是具有典型民俗意义的空间。水井：在苏州民俗活动中承担着不可或缺的神圣角色，除夕封井，初三开井。在苏州常熟虞山镇，置井泉童子马于竹筛内，祀以糕果茶酒，庋井阑上掩之，谓之封井。〔1〕厨房：在年节时分的象征意义更是明显，是节日饮食制作的场所，也是祭祀灶神之所在。桥梁：苏州有元宵节"走三桥"的习俗。"妇女相率宵行，以却疾病，必历三桥而止，谓之'走三桥'。"〔2〕庙宇：佛教、道教、天主教、伊斯兰教等老百姓宗教信仰的寄托场所，在节日期间格外受到重视。大门：新年期间各家各户都要在大门两旁上贴春联、门板上贴上门神，正月初四晚或初五凌晨，在大门旮旯里烧纸马迎财神等。街道：既是节日物品的展示、交流、销售空间，也是节日活动得以实施、开展的地方，营造了浓郁的节日气氛，凝聚、集萃各种节日资源。河道：苏州较为有名的元宵灯会，多在环水、水岸举行，如胥门元宵灯会以及山塘一条街、水乡周庄元宵灯会。

〔1〕 虞山镇志编纂委员会：《虞山镇志》第23编《社会》，书目文献出版社2000年，第851页。
〔2〕 顾禄：《清嘉录》卷一《走三桥》，上海古籍出版社1986年，第26页。

田间地头:正月十五日晚间在田头照田财、烧田蚕。吴县东部外垮塘,每年正月举行“猛将会”。由少年抬猛将于轿中到田边巡视一周,给各户发纸制小红旗于田中,以示猛将保护。[1]厕所、猪栏、粪塘:厕神紫姑,正月十五日在粪塘、茅坑或猪圈边举行迎紫姑活动。

多元化的民间信仰也孕育了形式各异的岁时节令仪式,同时,还在一定程度上促进了地方文艺的发展。见表4-12。

表4-12　岁时节日文娱活动与吴地文艺(苏州城乡神诞日演剧列举)一览表

地点	原因及内容	时间
城内	财神五路诞日	正月初五
土地神庙	土神诞日	二月初二
虎丘花神庙	百花生日	二月十二日
吴县元和亭	东岳诞日	二月二十八日
苏州娄门外龙墩各村	东岳天齐仁圣帝诞辰	三月廿八日
吴县光福	东岳诞日	三月廿八日
吴江平望	城隍神诞(太平会)	四月初八
城内	吕洞宾生日	四月十四日
吴江盛泽	东总管金神诞辰,东西庙	四月十八日
城内	药王生日	四月二十八日
吴江盛泽	蚕皇诞日	小满及前后
苏州附近	王大哥生日	五月初五
吴江平望	关帝诞辰	五月十三日
会馆	关帝生日	五月十三日及此前
玄妙观、阊门外四图观	雷尊诞日	六月二十四日
老郎庙	老郎生日	七月十五日
吴江盛泽	城隍神诞	八月初八
城乡	道教神仙九皇大帝生日(九皇会)	九月初九
吴江盛泽	西总管金神诞	九月十六日
水仙弄	柳毅诞日	十月初六
醋库巷	水仙神诞	未知(可能为十月初六)

〔1〕刘晓明:《中国符咒文化大观》,百花洲文艺出版社1995年,第109页。

在岁时节日,公共场所常举办大型的、对公众开放的文艺演出。例如,每至立春,江南各地官府"竞将梨园传唤,同扮故事"[1]。端午节竞渡龙舟,在龙舟队伍的前列,"丝竹管弦之辈乘大船,结灯彩,吹弹鼓唱曰清客,聚观者动以万计"[2]。著名的中秋虎丘曲会自明代嘉靖年间始,万历年间盛名远扬,盛行达300年之久,为戏曲发展史上的一大奇观。吴歌、昆曲、评弹等民间文艺多与节日生活不可分离。

除了演剧外,节日还为民间舞蹈提供了生存空间。太仓双凤的舞龙狮,太仓十姐妹灯舞,昆山陆家镇一带的狮龙舞,还有生肖灯、"赐福舞"等农村灯会中具有舞蹈性质的提灯表演活动,都是应节的文艺节目。[3]火球舞:又称"火流星""舞火球",是一种带杂技性质的民间舞蹈,流行于吴江震泽、昆山等地。震泽每年正月的"猛将会"以及"囡圄(吴语'女儿')会"和十年一次的"双阳会"等赛会皆有演出,以正月十五的元宵灯会为甚。[4]

此外,还有民间游艺活动,如猜灯谜,《清嘉录》曰:"好事者巧作隐语,拈诸灯。灯一面覆壁,三面贴题,任人商揣,谓之'打灯谜'。谜头皆经传、诗文、诸子百家、传奇小说及谚语、什物、羽鳞、虫介、花草、蔬药,随意出之。中者,以隃麋、陟厘、不律、端溪、巾扇、香囊、果品、食物为赠,谓之'谜赠'。城中有谜之处,远近辐辏,连肩挨背,夜夜汗漫。"[5]

传统社会的人们在岁时节令中感知自然和人文的协调,也在其中缔造、编织了共同的历史观、价值观和生活观。岁时节令活动与江南社会生活关系至为密切:

其一是与农事的关系:苏州藏书一带,人们在稻柴或麦柴秆上贴上红、绿、黄相间的纸,称为"蚕花",新年里挨家挨户派给养蚕户,主家以茧团还礼,祈祷一年蚕桑业顺利。[6]验水表:《清嘉录》载:"十五夜,月明时,立一尺五寸之表于地,至夜子正一刻候之,以卜旱涝。"秤水:苏州等地春节民俗。"自岁朝至十二日,以瓶汲水,秤其轻重,以卜岁中水旱。"[7]重则其月多水,轻则旱。正月十五

---

〔1〕《奉宪永禁差役梨园扮演迎春碑文》,见江苏省博物馆:《江苏省明清以来碑刻资料选集》,生活·读书·新知三联书店1959年,第276页。

〔2〕顾传金:《七宝镇小志》卷一《风俗》,见《中国地方志集成·乡镇志专辑》第1册,江苏古籍出版社、上海书店、巴蜀书社1992年,第352页。

〔3〕苏州市文化广播电视管理局:《苏州民间舞蹈志》,上海文艺出版社2004年,第155—158页。

〔4〕蓝凡:《中华舞蹈志·江苏卷》,学林出版社2007年,第300—301页。

〔5〕顾禄:《清嘉录》卷一《打灯谜》,上海古籍出版社1986年,第28页。

〔6〕藏书镇志编纂委员会:《藏书镇志》,古吴轩出版社2004年,第278页。

〔7〕顾禄:《清嘉录》卷一《秤水》,上海古籍出版社1986年,第9页。

日晚间在田头照田财，烧田蚕，放烧火，烧死、驱赶虫卵，并祈求五谷丰登、风调雨顺。

其二是岁时节令与民间的游乐之风。“吴俗好遨游”，游乐之风与岁时节令活动相依相长。清代吴地旅游业有长足发展，不仅达官贵人逢节遨游，寻常百姓也结伴游赏，故游风日盛一日。清明节和上巳日，“绮川子弟，倾城而出”，“用楼船、箫鼓，具酒肴以游上方、石湖诸处”。〔1〕立夏日饯春，“游船舣虎丘山塘”，“歌传擅板”。“六月二十四日，群游葑门外荷花荡”，观荷纳凉，远近画船箫鼓声相闻。〔2〕中秋前后，“郡西南十二里楞伽山下”的石湖是赏月的好去处，“楼船箫鼓祈赛无虚日”。〔3〕苏州人称此为“串月胜会”，届时“游船排挤，彻夜笙歌”。〔4〕九月九日登高，“阖闾城（按：苏州）中十万户，争门出郭纷如麻。……荧煌灯火阗归路，杂沓笙歌引去槎”〔5〕。清明、中元、下元三“鬼节”，皆有赛会演剧，郡城府督亲历虎丘，设郡厉坛，祭祀“境内孤魂”。届时，观赛社之“士女舟车，填骈咽道”〔6〕。

其三是节日用品与吴中特产、绝技。每个节日，皆有相应的节令饮食。仅以苏式糕团来看，正月里有春饼，正月十五上灯圆子，农历二月二的撑腰糕、酒酿，三月三的亮眼糕，三月寒食节、清明节的青团子、焐熟藕（内塞糯米）、麦芽饼，农历四月初八浴佛日的乌米饭，端午的角黍（粽子），六月水晶糕、山楂蜜糕、王千糕、白松糕等。农历八月二十四日粢团祭灶，九月初九重阳糕，冬至日冬至团，腊月二十四的谢灶团，以及过新年的年糕。一应食品，大多甜甜的、糯糯的。〔7〕

节日用品也是就地取材，体现本地特色。江南湿热之地，五月又称“毒月”，端午无疑是禳毒祛瘟最重要的日子，人们的主要活动几乎都围绕该主题进行，五毒绣品也特别为人们所钟爱。端午当天，孩子要穿五毒衣、虎头鞋、龙头鞋，以避虫毒。其中，五毒肚兜或坎肩最为常见，中间绣制虎形，四周绣有蛇、蜈蚣、蝎子、蜘蛛、壁虎等，“五毒打图案，寓意老虎护佑，五毒不侵”〔8〕。

吴地历来重视节俗礼俗的风习，不仅促成了礼俗用品的丰富多样，还使为之

---

〔1〕 顾禄：《清嘉录》卷三《游春玩景》，上海古籍出版社 1986 年，第 57 页。
〔2〕 袁景澜：《吴郡岁华纪丽》，江苏古籍出版社 1998 年，第 391 页。
〔3〕 张大纯：《采风类记》卷三，见《中国风土志丛刊》第 39 册，广陵书社 2003 年影印本，第360 页。
〔4〕 沈复：《浮生六记》卷四，人民文学出版社 1980 年，第 54 页。
〔5〕 顾禄：《清嘉录》卷九《登高》，上海古籍出版社 1986 年，第 142 页。
〔6〕 顾震涛：《吴门表隐 · 附集》，江苏古籍出版社 1999 年，第 351 页。
〔7〕 苏州市科学技术史学会：《苏州科技史话》，中国科学技术出版社 2013 年，第 242—245 页。
〔8〕 李明、沈建东：《苏绣》，译林出版社 2013 年，第 108 页。

服务的手工艺得到进一步发展，创造了具有地方色彩的节俗物品，构成了“苏式”民间工艺独特的风景线。著名的苏州木版年画就是顺应春节需要而发展起来的苏州民间工艺品。再如苏式灯彩，样式争奇斗巧，灯品层出不穷，店铺林立。据《清嘉录》记载，元夕前后，“各采松枝、竹叶，结棚于通衢，昼则悬彩，杂引流苏，夜则燃灯，辉煌火树。朱门宴赏，衍鱼龙，列膏烛，金鼓达旦……凡阊门以内，大街通路，灯彩遍张，不见天日”[1]。苏灯门类齐全、品种丰富，且色彩雅丽、造型独特、工艺细致、制作精良，为我国四大灯彩流派之一。

---

〔1〕顾禄：《清嘉录》卷一《灯市》，上海古籍出版社1986年，第25页。

◎第五章　文化成就◎

第一节　学术成就

清代前期，苏州依然是全国的文化中心。清代全国共有114位状元，而苏州独占26位，超过了全国任何一个省份的状元数，以至苏人自豪地宣称状元为苏州特产。清代苏州还是全国的经学研究中心之一，据张之洞《书目答问》记载，清代著名的经学家201人，其中苏州籍19人，约占总数的10%，居全国各府之首。苏州人不仅善于考试、注释经书，更善于独立思考、敢于创新，这里产生的伟大思想家顾炎武，其思想和学术主张对清代学术发展产生了深远的影响。

一、吴门经学的流变

经学作为中国封建时代居于主流地位的政治伦理学说，由于历代社会的发展与政治需求的变化，学者们在诠释先秦儒家经典时的立场与角度也不断变化，形成了古文经学、今文经学、宋明理学等流派。若以时代划分，明清之际显然是一个重大转折时期。宋明心学因其空谈心性、浮夸无物，至明朝末年已经走上末路。当明朝政权分崩离析时，平素口若悬河的道学先生们"愧无半策匡时难，惟余一死报君恩"〔1〕。清朝建立之后，昆山顾炎武痛感前代理学家虚浮亡国的腐败学风，树起"经学即理学"的大旗，与宋明理学相对抗。

顾炎武(1613—1682)，谱名绛，入庠后改名继绅，字忠清。明亡后，改名炎武(又作"炎午")〔2〕，字宁人，亦自署蒋山佣。因故居旁有亭林湖，学者称其为亭林先生。14岁取得诸生资格，崇祯二年(1629)加入复社。复社原是太仓张溥等人有感于世教衰微，"士子不通经术，但剽耳绘目，几幸弋获于有司，登明堂不

〔1〕 颜元:《存学编》卷二，见《丛书集成初编》，中华书局1985年，第24页。

〔2〕 顾绛改名"炎武"，可能是仰慕南宋民族英雄文天祥的学生王炎午，以示不仕异朝。参见周可真:《顾炎武年谱》，苏州大学出版社1998年，第8页。

能致君,长郡邑不能泽民,人才日下,吏治日偷"的社会现实,因此"期与四方多士共兴复古学,将使异日者务为有用"[1]为宗旨。其成员多致力于实学研究,《明经世文编》《农政全书》这两部大规模的经世著作便是由复社成员编辑、整理、刊行的。崇祯十二年(1639),顾炎武秋闱落第,从此断然弃绝科举帖括之学,遍览历代史乘、郡县志书及文集、章奏之类,辑录有关农田、水利、矿产、交通、地理等资料,开始撰写《天下郡国利病书》《肇域志》。明朝灭亡后,顾炎武两次参加武装抗清斗争并决意不与清廷合作。清廷议修《明史》,他拒不就荐。他遍游河南、河北、山东、山西、陕西,以二马二骡载书自随,行万里路,读万卷书。在经学、史学、音韵、小学、金石考古、方志舆地以及诗文诸学上,他都有较深的造诣,撰著《日知录》《音学五书》《亭林诗文集》等近50种。他提倡"引古筹今",经世致用,力图使理学回到"国家治乱之原、生民根本之计"的所谓"实学"中来,从而开辟了清代200余年学术研究的先河,被称为"清学开山之祖"。[2]

作为清代学术的开山祖师,顾炎武的学术主张主要为三点:贵创、博证、致用。[3]经学研究的终极目标就是致用。他说:"古之圣人所以教人之说,其行在孝弟、忠信,其职在洒扫、应对、进退,其文在《诗》《书》《礼》《易》《春秋》,其用之身在出处、去就、交际,其施之天下在政令、教化、刑法,虽其和顺积中,而英华发外,亦有体用之分,然并无用心于内之说。"[4]近世学者由《尚书》"人心惟危"一章加以引申发挥:"舍全章本旨而独论人心道心,甚者单摭'道心'二字,而直谓即心是道,盖陷于禅学而不自知,其去尧舜禹授受天下之本旨远矣!"[5]他在《与友人书》中倡言说:"凡文之不关于六经之旨、当世之务者,一切不为,而既以明道救人,则于当今之所通患而未尝专指其人者,亦遂不敢以避也。"[6]他一再强调,文不贵多,但必须有益于天下。他自己留传于世的学术著作无不贯穿着学以致用的宗旨。他在《日知录·自序》中说,《日知录》分上篇经术、中篇治道、下篇博闻,希望"有王者起,将以见诸行事,以跻斯世于治古之隆"。至于《天下郡国利病书》《肇域志》,更是"感四国之多虞,耻经生之寡术"[7]而撰著的经世

---

〔1〕陆世仪:《复社纪略》卷一,见吴应箕、吴伟业:《东林本末(外七种)》,北京古籍出版社2002年,第201页。

〔2〕梁启超:《中国近三百年学术史》,中国书店1985年,第53页。

〔3〕梁启超:《清代学术概论》,上海古籍出版社1998年,第11—12页。

〔4〕顾炎武著,黄汝成集释:《日知录集释》卷十八《内典》,岳麓书社1994年,第652页。

〔5〕顾炎武著,黄汝成集释:《日知录集释》卷十八《心学》,岳麓书社1994年,第654页。

〔6〕顾炎武著,黄汝成集释:《日知录集释》卷十九《文须有益于天下》,岳麓书社1994年,第674页。

〔7〕顾炎武:《利病书自序》,见《四部丛刊·三编》一九,上海书店1985年,第1页。

之作。

对于顾炎武的学术宗旨与影响，其门人潘耒有过极为深刻的总结，他说：

> 有通儒之学，有俗儒之学。学者，将以明体适用也，综贯百家，上下千载，详考其得失之故而断之于心，笔之于书，朝章、国典、民风、土俗，元元（原原）本本，无不洞悉，其术足以匡时，其言足以救世，是谓通儒之学。若夫雕琢辞章，缀辑故实，或高谈而不根，或剿说而无当，深浅不同，同为俗学而已矣。
>
> 昆山顾宁人先生，生长世族，长负绝异之资，潜心古学，九经诸史略能背诵，尤留心当世之故，实录奏报，手自抄节，经世要务，一一讲求。……当代文人才士甚多，然语学问，必敛衽推顾先生；凡制度典礼有不能明者，必质诸先生；坠文轶事有不知者，必征诸先生。先生手画口诵，探源竟委，人人各得其意去。天下无贤不肖，皆知先生为通儒也。

同时他还指出，《日知录》作为顾炎武的重要著作，虽然考证详博，但其宗旨还是“规切时弊”，属于“通儒”之作，而非“俗儒”之书，“如第以考据之精详，文辞之博辨，叹服而称述焉，则非先生所以著此书之意也！”〔1〕

作为一代通儒，顾炎武虽然倡言“经学即理学”，对空谈心性的理学末流极力批评，但对理学的开山宗师程、朱本人并未直接攻击，而在朝廷，程朱理学依然是受到保护的正统思想。所以在清朝初期，学者治经，并无严格的汉宋门户之见，而是汉宋兼采，实事求是，择善而从。〔2〕康熙以后，清朝政权逐步稳定，朝廷开始大兴文字狱，对学术界、思想界采取高压政策，使得清代学术方向背离了顾炎武的初衷，走上了远离现实、闭门著书的道路，以吴县惠栋和安徽戴震为代表的古文经学派，继承和发展了汉儒的训诂和考据方法，打起“汉学”的旗帜，逐渐形成吴、皖两派，汉学终于全面复兴，取得压倒性的优势。

惠氏祖籍陕西扶风，北宋末年在战乱中护驾南渡，家于湖州，再迁之吴县，直到明末清初，惠氏才在经学领域获得声望。曾祖父惠有声隐居乡里，以九经教授子弟，对《诗》的研究尤其擅长。祖父惠周惕、父亲惠士奇，直至惠栋，世代传经，都是著名学者。

惠周惕（1646—1695），是惠氏第一位进士，曾任直隶密云县知县，因劳累而卒于任上。其著作有《易传》《诗说》《春秋问》《三礼问》，其中最重要的是《诗

---

〔1〕 潘耒：《日知录·原序》，见顾炎武著，黄汝成集释：《日知录集释》，岳麓书社1994年，第2页。

〔2〕 皮锡瑞：《经学历史》，中华书局1989年，第305页。

说》3卷。他不仅关心所考证的内容，更考虑学术的纯洁性问题，这是惠氏眼光的独特之处。他不像理学家那样将一些主观的理解加入《诗经》中去，而是开了此后以朴实训诂说诗的先声，惠周惕的《诗说》是由宋学向汉学过渡的一个见证。《四库全书总目》就将惠氏三代经学成就的创始之功归于惠周惕。

惠士奇(1671—1741)，字天牧，晚年自号半农人。考取生员之后，不肯急于应乡试，"奋志力学，晨夕不辍，遂博通六艺九经诸子及《史》《汉》《三国志》，皆能暗颂"。有人曾当场试之背《史记·封禅书》，结果"一字不遗，众皆惊服"。康熙四十七(1708)乡试第一，次年中进士。任广东学政，力倡经学，深得士人之心。3年之后，"通经者多，文体为之一变"，离任时，"送行者如堵墙"。[1]著作有《易说》6卷、《春秋说》15卷、《礼说》14卷。他极为推崇汉儒对经学的解释，"汉学"在他这里逐渐确立门户。[2]

惠栋(1697—1758)，字定宇，一字松崖，科场困顿，一生在家乡以课徒为生，著述甚丰，尤精于《周易》，著有《周易述》《易汉学》《易例》《九经古义》《古文尚书考》《明堂大道录》《春秋补注》《后汉书补注》等。惠栋继承了顾炎武考证详博的学术传统，极力反对宋明理学空谈心性、废书不观的习气。他强调汉人经注比宋人更加接近经典的真实性，甚至批评顾炎武、毛奇龄等人研究《易经》非汉非宋，"皆思而不学者也!"[3]其治经主张先从文字音训入手，以求经书本义。其治学特点是:博而尊闻，不讲义理，信古尊汉，述而不作，"凡古必真，凡汉皆好"[4]，所以，惠栋以后的整个学派被称为"汉学"。由于他一味固守汉儒说经，对汉代今古文经学流派兼收并蓄，甚至连夹杂在经学中的阴阳灾异、谶纬之学也不加甄别，因而其学术显得杂驳凌乱。《四库提要》对他的评语是:"其长在博，其短亦在于嗜博;其长在于古，其短亦在于泥古。"

惠栋的朋友、弟子主要有沈彤、江声、余萧客、王鸣盛、钱大昕、钱大昭、钱塘、钱坫等。他们都是苏南人，恪守惠栋尊崇汉儒的宗旨，因而被称为"吴派"。这些人对汉儒的尊崇程度比惠栋有过之而无不及。江声好古成癖，"生平不作楷书，即与人往来笔札，皆作古篆，见者讶为天书符箓"[5]。由于吴派过分泥古崇汉，从而背离了顾炎武当初倡导训诂考据的初衷，而重新陷入汉代章句之学的烦

〔1〕江藩:《国朝汉学师承记》卷二《惠周惕》，中华书局1998年，第19—20页。
〔2〕刘墨:《乾嘉学术十论》，生活·读书·新知三联书店2006年，第62页。
〔3〕惠栋:《九曜斋笔记》卷二《本朝经学》，广陵刻印社1986年，第32页。
〔4〕梁启超:《清代学术概论》，上海古籍出版社1998年，第31页。
〔5〕江藩:《国朝汉学师承记》卷二《江艮庭先生》，中华书局1998年，第36页。

琐流弊之中。余萧客作《古经解钩沉》,搜辑唐以前失传的经注,开清代辑佚之门径,但该书缺乏识断,精审不足,戴震批评它说:"有钩而未沉者,有沉而未钩者。"〔1〕尽管这一批评有失偏颇,但吴派考据烦琐、识断不足的弊端应是击中肯綮,从王引之到梁启超,都深以为是。

乾嘉之后,社会危机四起,学风亦随之变化。学者们开始突破汉学的门户藩篱,从名物训诂转向经世,在嘉道咸年间,其突出代表为宋翔凤。

宋翔凤(1779—1860),字于庭,先世为洛阳人,金人南下,随宋室南渡,元朝迁至长洲县。清初因为宋德宜的出现而使宋家成为苏州四大望族之一,同时也是文化世家,惠氏经学的开山人惠周惕就曾在宋德宜门下10多年。

宋翔凤的母亲乃常州庄述祖之妹。翔凤尝随母归宁,因留常州,从舅父受业,遂得闻庄氏今文经学之家法。其著作主要有《周易考异》《尚书略说》《大学古义说》《论语发微》《过庭录》等。在常州今文学派中,宋翔凤的地位是仅次于刘逢禄的关键人物之一。庄述祖曾经评价说:"吾诸甥中,刘申受(逢禄)可以为师,宋于庭(翔凤)可以为友。"无论是刘逢禄,还是宋翔凤,他们都既受苏州惠氏之学的影响,同时也不局限于惠氏之学。如宋翔凤"深推两宋道学,以程朱与董仲舒并尊,盖几几泯汉宋之见焉"〔2〕。也正因为他们摒弃了门户之见,常州学派的经学研究才得以发扬光大,并对龚自珍、康有为等人的思想产生了一定的影响。

嘉道年间,苏州另一位值得关注的经学家是陈奂。

陈奂(1786—1863),字硕甫,号师竹,晚号南园老人,长洲人,诸生。初受学于吴县经学家江沅(1767—1837),后拜金坛段玉裁(1735—1815,皖派戴震的得意门生)为师,并与王念孙、王引之父子,及郝懿行、胡培翚等人定文字交,专治《毛诗》,所撰有《诗毛氏传疏》《毛诗说》《毛诗音》等。嘉道年间,治《诗经》的代表性学者为胡承珙、马瑞辰、陈奂,其中"胡马皆毛郑并释,陈则专于毛;胡马皆有新解方标专条,无者阙焉,陈氏则纯为义疏体,逐字逐句训释。三书比较,胡马贵宏博而陈尚谨严,论者多以陈称最"〔3〕。陈奂去世18年后,光绪七年(1881),其生前友人、苏州籍朝廷重臣潘祖荫、翁同龢联名向西太后上奏《进呈已故孝廉方正、江苏贡生陈奂所着〈诗毛氏传疏〉一书事折由》,"请饬下翰詹衙门印刷,广为传播"。潘、翁二人极力推荐陈奂著作,意在整饬光绪初年之士习,因而受到慈

〔1〕 江藩:《国朝汉学师承记》卷二《余古农先生》,中华书局1998年,第33页。
〔2〕 钱穆:《中国近三百年学术史》,商务印书馆1997年,第582—586页。
〔3〕 梁启超:《中国近三百年学术史》,中国书店1987年,第184页。

禧太后的褒奖,并将《诗毛氏传疏》发交南书房"留(浏)览阅看"。[1]

至于晚清民初,苏州经学领域最为突出的代表为俞樾、章太炎师生二人。

俞樾(1821—1907),字荫甫,晚号曲园居士,浙江德清人。进士,曾任河南学政,后被罢官,咸丰八年(1858)流寓苏州,尝受学于苏州陈奂,与宋翔凤亦有交往。太平天国之后,先后主持苏州紫阳书院和杭州诂经精舍,往返于苏、杭之间。俞樾的著述范围极为广泛,举凡经学、史学、方志、文学、诗词、戏曲、佛道、游艺、杂耍等,无不涉猎,且卓有成就。仅收录在《春在堂全书》的就有170多种,近500卷,其中半数属于经学。他是清代经学著述最为丰富的学者。俞樾的经学基本上师承了乾嘉考据学的研究方法,属于古文经派,其代表作有《群经平议》《诸子平议》《古书疑义举例》《论语正义》《礼记异文笺》《诗名物证古》《周易互体微》等。随着时代的变化,俞樾开始摒弃乾嘉学派中一些学者泥古不化的弊习,博采众长,时出新意,自成一家。章太炎称他为清儒中的第一流大师,从晚清到民国,凡治经史者无不奉他为宗师。就连俞樾的座师曾国藩也戏言说:"李少荃(鸿章)拼命做官,俞荫甫(俞樾)拼命著书。"

章太炎(1869—1936),名炳麟,字枚叔。因仰慕顾炎武的人格,改名绛,号太炎。浙江余杭人,经历戊戌维新和资产阶级民主革命两个历史时期,是我国近代杰出的资产阶级革命家、思想家和著名学者。他一生坚守自己的政治理想与学术信念,特立独行,历尽曲折,七次被捕,三次入狱。鲁迅称他是"有学问的革命家"[2]。

"九一八"事变之后,闭门隐匿多年的章太炎再次奔走于京、沪之间,呼吁抗日,同时决定重新登坛开讲,以国学弘扬民族精神。1932年夏天,章太炎赴苏州讲学,演讲《太史公古文尚书说》与《古文尚书拾遗》,并结合苏州的历史文化传统,着重表彰苏州的历史名人范仲淹与顾炎武。讲学之后即建议李根源等人在苏州成立国学会,由李根源任主任干事。1934年秋,他正式迁居苏州。1935年因与国学会"讲学旨趣不同",遂创办"章氏国学讲习会",同时自任主编,出版《制言》半月刊作为会刊,以补课堂讲习之不足。其宗旨是"研究固有文化,造就国学人才"。[3]一年之后,章太炎病逝于苏州,遗嘱只有一句

〔1〕 谢俊美:《翁同龢传》,中华书局2000年,第272页。

〔2〕 鲁迅:《关于太炎先生二三事》,见章念驰:《章太炎生平与学术》,生活·读书·新知三联书店1988年,第9页。

〔3〕《国学:章氏国学讲习会简章》,见《国光杂志》1936年第14期。

话:“设有异族入主中夏,世世子孙毋食其禄。”[1]一如300年前顾炎武母亲之遗言。

章太炎著述甚丰,研究范围涉及小学、历史、哲学、政治等。主要著作有《訄书》《古文尚书拾遗》《春秋左传读叙录》《春秋左氏义问题》《刘子政左氏说》《广论语骈枝》《说文部首韵语》《文始》《国故论衡》《太炎文录》等。

章太炎早期学术研究深受俞樾的影响,继承了乾嘉汉学的风格,主要致力于语言文字和历史方面,开始他没有严格的今古文门户之见,甚至对今文学家所信奉的谶纬表示理解,同时兼容宋学。从29岁起,章太炎“始分别古今文师说”,视《公羊》为“诡诞”,批评康有为的《新学伪经考》为“恣肆”,而自称“私淑刘子骏”。他作《春秋左传读叙录》,坚持认为《左传》不伪,丘明“亲见秦王”,《左传》才能体现孔子作《春秋》的本意,而《公羊》迟于《左传》,得之“传闻”。针对康有为立孔子为“教主”,成立“孔教会”,章太炎坚持孔子是史学的宗师,并不是什么教主的观点。章太炎研究《春秋》,一方面是“夷夏之辨”,另一方面就是批驳康有为、皮锡瑞等鼓吹“孔子改制”说,为现实政治服务。

章太炎对《礼》也有研究,尤其是对《丧服》下了很大的功夫,章太炎对《周易》与《礼》经的研究,虽也夹杂着他对现实社会的理解,但与《春秋》研究相比较,则已明显远离激烈的现实政治斗争,几为纯学术的研究。晚年的章太炎不满于五四新文化运动所倡导的内容,潜心经学研究,公开提倡“尊孔读经”,在苏州主持“章氏国学讲习会”,再度走上了当年研究古文经学的老路。[2]

在清代经学师承上,章太炎属于古文经学者,上承顾炎武、戴震之遗绪,是皖派的最后大师,他的去世也就标志着清代古文经学的结束。[3]与他同时代的梁启超,也将他视为“清学正统派的殿军”。由于他特殊的个人经历与时代风气的变化,章太炎的经学研究“以新知附益旧学,日益闳肆”,又超出了乾嘉故老狭窄的考证训诂天地,所以说:“应用正统派之研究法,而廓大其内容,延辟其新径,实炳麟一大成功也。”[4]

---

〔1〕 缪篆:《吊余杭先生文》,见《制言》1936年第24期。

〔2〕 参见《章太炎的学术成就》,中国国学网(http://www.confucianism.com.cn)·章太炎逝世71年专题,2007年6月4日。

〔3〕 周予同:《中国经学史讲义》,上海文艺出版社1999年,第89页。

〔4〕 梁启超:《清代学术概论》,上海古籍出版社1998年,第95页。

二、史学与金石文字学

（一）史学

明中后期，私人修史之风日盛，但是在众多明史著作中，史事之诬为历代最盛。张岱曾说："第见有明一代，国史失诬，家史失谀，野史失臆，故以二百八十二年总成一诬妄之世界。"〔1〕对此，明末清初不少史家，尤其是钱谦益、潘柽章、吴炎等怀有强烈遗民情结的学者，开始对"国史"重新进行考证、纂修，其中潘柽章所著《国史考异》，"其下手功夫即在攻此盘错"〔2〕。

潘柽章（1626—1663），字圣木，一字力田，吴江人，出身于书香门第，其曾祖父潘志伊为明嘉靖四十四年（1565）进士，广西布政司右参政；祖父潘锡祚以贡生为湖广布政司理问；父潘凯补邑诸生，因母忧而未出仕，布衣终身。潘柽章"生有异禀，颖悟绝人。九岁从父受文，裁过目，烬于火，责令复写，不遗一字。年十五，补桐乡籍诸生。乱后弃去，隐居韭溪，肆力于学，综贯百家，天文地理皇极太乙之学靡不通晓，已而专精史事"〔3〕。康熙二年（1663），因浙江南浔庄廷珑明史案牵连，被凌迟于杭州弼教坊，时年37岁。潘柽章倾毕生之力私撰《国史考异》和《明史记》，最终却因涉"明史"案而罹难。

《国史考异》一书考证精审，论述充分，在私家撰史中堪称经典之作，后被《清史稿·艺文志》归入"别史"之列。作者"发心作史"，旁搜远绍，以"实录、野史及诸家文集、碑志参证同异，断其是非"，其中参考的相关文献资料有近百种之多，可谓搜罗丰富。其弟潘耒评价该书乃作者"著述穷日力，精思托篇翰"之作。〔4〕梁启超则将他与著名学者戴震和万斯同相提并论："发大心，负荷斯业，虽其功皆不就，不可谓非豪杰之士也。……既失此书，复失此人，实清代史学界第一不幸事也。"〔5〕

潘耒（1646—1708），字次耕，一字稼堂、南村，晚号止止居士，吴江人，潘柽章弟。康熙十八年（1679），举博学鸿词，授翰林院检讨，参与纂修《明史》，主纂《食货志》，又被康熙帝选拔为日讲起居注官。后因精敏敢言而遭降职，因母忧归，遂不再复出。曾先后师从其兄潘柽章以及顾炎武、徐枋诸位学术前辈。著有

---

〔1〕 张岱：《石匮书自序》，见《张岱著作集：琅嬛文集》卷一，浙江古籍出版社2013年，第3页。
〔2〕 梁启超：《中国近三百年学术史》，天津古籍出版社2003年，第306页。
〔3〕 钱仪吉、闵尔昌等：《清碑传合集》，上海书店1988年影印本，第3519页。
〔4〕 潘耒：《恸哭七十韵》，见邓之诚：《清诗纪事初编》，上海古籍出版社1984年，第384页。
〔5〕 梁启超：《中国近三百年学术史》，天津古籍出版社2003年，第306页。

《遂初堂文集》20卷、《别集》4卷、《遂初堂诗集》15卷、《补遗》1卷、《类音》8卷等。在史学方面，潘耒继承了其兄柽章的风格，并受顾炎武重考据的影响，把考证精核和秉笔直书视为史家能力的最高标准。他认为"作史者一事不核其实，则溢美溢恶而万世无信史。故史笔非难，博闻多识为难；博闻多识非难，参伍而折衷(中)之为难"[1]。在《明史》修撰过程中，他提出了八条建议(又称为"修史八议")："宜搜采博而考证精，职任分而义例一，秉笔直而持论平，岁月宽而卷帙简。"[2]总裁采纳他的建议，"令撰食货志，兼他纪传"[3]。此外，潘耒又著《书纂修五朝史传后》，对他所撰写的《明史·列传》五朝人物进行评论，阐述自己的观点。

乾嘉时期出生于苏州或长期在苏州生活的著名史家有王鸣盛、钱大昕、毕沅。

王鸣盛(1722—1797)，字凤喈，号西庄，晚号西沚居士，嘉定人。苏州紫阳书院肄业。乾隆十九年(1754)进士，历任翰林院编修、侍读学士、内阁学士兼礼部侍郎、光禄寺卿。乾隆二十八年(1763)因母丧归，后移居苏州30年，不复出仕。早年求学于长洲沈德潜，后又从惠栋问经义，以汉学考证方法治史，为"吴派"考据学大师，著有《尚书后案》《十七史商榷》《蛾术编》等。其中《十七史商榷》与钱大昕的《二十二史考异》、赵翼的《廿二史札记》合称史学三大名著。

钱大昕(1728—1804)，字晓征，号辛楣，又号竹汀居士，晚年称潜研老人，嘉定人。早年肄业于苏州紫阳书院，受教于惠栋。乾隆十九年(1754)进士，翰林院编修、侍讲学士，詹事府少詹事，广东学政。以才学与纪昀并称"南钱北纪"，参与编修《热河志》《音韵述微》《续文献通考》《续通志》《一统志》及《天球图》诸书。乾隆四十年(1775)以父丧休官归里，亦移家苏州，潜心于讲学、著述，主掌紫阳书院17年。其学以"实事求是"为宗旨，虽主张从训诂以求义理，但不专治一经，亦不墨守汉儒家法。同时主张把史学与经学置于同等重要的地位，以治经方法治史。历时近50年，撰成《廿二史考异》。其治史范围广泛，于正史、杂史而外，兼及舆地、金石、典制、天文、历算以及音韵等。对宋、辽、金、元四史，用功甚深，对元史尤为专精。著有《宋辽金元四史朔闰考》《宋学士年表》《元史氏族

---

[1] 潘耒：《国史考异序》，见南开大学古籍与文化研究所：《清文海(二四)》，国家图书馆出版社2010年，第719页。

[2] 王钟翰点校：《清史列传》卷七十一《潘耒》，中华书局1987年，第5787页。

[3] 王钟翰点校：《清史列传》卷七十一《潘耒》，中华书局1987年，第5787页。

表》《元史艺文志》《元诗记事》《三史拾遗》《诸史拾遗》及《疑年录》等。吴派汉学由经入史,至钱大昕达到高峰。

王鸣盛、钱大昕既是同榜进士,又是同乡,还是亲戚,钱是王鸣盛的妹夫。两人都因丧亲而辞官回乡,之后都移居苏州,潜心著述而终。就学问而论,两人是同一路向,彼此之间有很深的影响。王鸣盛治学兼具经史,以经学起家,却以史学名世。其治史强调"求实",以考证"典制之实"和"事迹之实"为治史宗旨。《十七史商榷》一书对十九史(于宋人所谓"十七史"之外又加入了《旧唐书》和《旧五代史》)涉及的社会经济、军事制度、文化学术、古代官制、历史地理等一系列史实疑点,无论巨细,逐条考证,并融会贯通,综合研究,解决了很多典制上的千古疑难,并提出了不少独创性的史学见解,对后世产生了重要影响。梁启超评价说:"王书对于头绪纷繁之事迹及制度为吾侪绝好的顾问。"[1]钱大昕《廿二史考异》一书系统地考证了22部正史及其注释的史实、文字、训诂,订正了很多讹误。后人评价说:"乾嘉学风乃一代极盛之时,学者之多,诚如过江之鲫,而言学业之博大",未有比得上钱大昕的,使其"流风所被,洵不能淹没",盖乾嘉之第一通儒也。[2]

毕沅(1730—1797),字纕蘅,一字秋帆,自号灵岩山人,镇洋(今太仓)人。乾隆二十五年(1760)状元。官至湖广总督。治学范围广泛,是乾嘉时期学术界的焦点人物,被梁启超誉为"乾嘉学术护法"。他的《续资治通鉴》220卷,与司马光的《资治通鉴》相衔接,是编年体的宋、辽、金、元史。毕沅利用徐乾学《资治通鉴后编》《续资治通鉴长编》及四朝正史等,阅20年成书,远超以前诸家同类著作,至今仍受学术界的瞩目。

晚清国门大开,苏州史学也受此影响,眼光由中国转向世界,出现了王韬、洪钧等人的世界史著作。

王韬(1828—1897),长洲县甫里(今苏州市吴中区甪直镇)人,初名利宾,字兰卿;后改名王瀚,字懒今;去香港后更名韬,字仲弢,自号天南遁叟、弢园老民。一生笔耕不辍,除西学译著外,另有经学、史学、文学、政论、天文历算等方面著作60余种,主要有《弢园文录外编》《弢园尺牍》《西学原始考》《格致书院课艺》《普法战纪》《皇清经解校勘记》《蘅华馆日记》《瀛壖杂志》等。王韬是同时代中国士人中最有世界眼光的人。同治六年(1867)年底至同治九年(1870)年初,应英

---

〔1〕 梁启超:《中国近三百年学术史》,山西古籍出版社2001年,第279页。

〔2〕 史念海:《钱竹汀先生之史学》,引自顾吉辰:《钱大昕研究》,华东理工大学出版社1996年,第20页。

国传教士理雅各之邀，王韬漫游法国、英国、苏格兰等地，牛津大学校长特邀王韬以华语演讲，这是有史以来第一位中国学者在牛津大学演讲。同治九年(1870)，王韬刚回到香港不久，欧洲就爆发了普法战争，强大的法国被新崛起的普鲁士迅速打败。王韬立即撰写了《普法战纪》和《法国志略》，全面分析普法双方胜败的缘由，想以此来开导清朝当政者，鼓舞国人追赶强国，树立最终战胜强国的信心。这是我国最早研究欧洲历史的著作，这两部书在中国引起了极大的反响，曾国藩、李鸿章、丁日昌等洋务大员也对之赞不绝口，称王韬为“未易之才”，是“识议宏远”的“佳士”。[1]

洪钧(1839—1893)，字陶士，号文卿，吴县人。同治七年(1868)状元。官至兵部左侍郎。光绪年间任出使俄、德、奥、荷兰四国大臣时，根据俄国人贝勒津所译波斯人拉施德哀丁的《史集》、伊朗人志费尼的《世界征服者史》和亚美尼亚人多桑编的《蒙古史》等书，考证补充《元史》，撰成《元史译文证补》30卷(其中有目无文10卷)，对元宪宗以前史事证补较详，首开中国史学界利用外国资料研究元史的先例。

(二) 金石文字学

清初，随着政治的稳定、经济的发展，当时的学风逐渐突破宋明理学的羁勒，以“复古”为其主要标志。在此背景之下，宋代兴起的金石学经过元、明两朝的消沉也随之复兴。到了清末，金石学经过几百年的发展，进入了鼎盛时期，成为一时显学。有清一代，苏州地区也产生了许多金石家，其中以顾炎武、陆增祥、叶昌炽、吴大澂等人最为著名，影响也最大。

顾炎武(1613—1682)，少时“即好访求古人金石之文，而犹不甚解”[2]，从此周游天下20余年，夜以继日搜集古代碑刻，著成《金石文字》6卷。此书有机结合金石目录与题跋考证，著录汉以后彝器碑刻300余通，大多为历代石刻。《四库全书总目》评其：“证据今古，辨正讹误，较《集古》《金石》二录实为精核，亦非过自标置也。”[3]此外，还有《求古录》1卷，仿洪适《隶释》体例，著录碑刻全文；《石经考》1卷，博列众说，相互参校，考述历代石经7种、外2种；《九经误字》1卷，对九经严谨考证、细致校勘，专门纠正监本、坊本之失。顾炎武研究金石尤为注重考证，其根本目的还是服务于经学史学。正如《清史列传》所说：

---

〔1〕 张海林：《王韬评传》，南京大学出版社1998年，第136页。

〔2〕 顾炎武：《金石文字记·序》，见《亭林遗书十种》，清康熙潘氏遂初堂刻本，第1页。

〔3〕 永瑢等：《四库全书总目》，中华书局1965年，第741页。

“(顾炎武)见明季多故,讲求经世之学。精韵学、考证,撰《金石文字记》《求古录》,与经史相证。”〔1〕此举推动了清初金石学的复兴。梁启超在《清代学术概论》中说:“金石学之在清代又彪然成为一学科也,自顾炎武作《金石文字》始,实为斯学滥觞。”〔2〕

陆增祥(1816—1882),字魁仲,号星农,一作莘农。道光三十年(1850)状元。官至湖南辰沅永靖道,有政声。少通篆籀之学,性好金石文字,搜罗遍天下。积20年之功,踵王昶《金石萃编》,成《金石补正》百余卷。校正原编,补缺增新,还摹古文篆籀原刻字体及统整溪山岩洞题刻收录体例等,补正《金石萃编》,体大思精,最为完备精实。另著有《吴氏筠清馆金石记目》6卷等。又以所得汉、魏、晋、齐、梁古砖琢为砚,拓墨木跋之,成《三百砖录》1卷,重视并善用砖文、造像记等民俗资料,开拓后世石学之范畴。

清末,金石学研究进入总结阶段,金石学与书法艺术高度融合,由此推动金石学研究达到鼎盛期,叶昌炽所著《语石》是其集大成者。叶昌炽(1849—1917),字兰裳,又字鞠裳、鞫常,自署歇后翁,晚号缘督庐主人,长洲人。光绪十五年(1889)进士,授翰林院编修,后任职国史馆、会典馆,参与编撰《清史》《武备图说》。光绪二十八年至三十二年(1902—1906)任甘肃学政。叶昌炽自幼痴迷金石学,他在《语石》序中自言:“每得模糊之拓本,辄龈龈辨其跟肘(比喻不全的笔画),虽学徒亦腹诽而揶揄之……访求二十年,藏碑版至千余通,朝夕摩挲,不自知其耄。”〔3〕《语石》收录了叶氏20余年所寻访的8 000多件碑刻,不仅收录甚富,而且所涉碑刻自三代至宋元,时间跨度最长。他还扩展了石刻考察的范围和详尽地介绍了与石刻相关的知识。如对立碑者、撰文者、书丹手、刻工及拓片商的身份和水平做了排比考证,还对石刻的别称及精拓、旧拓、孤本、足本以及碑之椎拓、装裱、收藏等知识做了全面的介绍。《语石》是集石刻学之大成,也被后世当作金石学的入门之作。

吴大澂(1835—1902),初名大淳,字止敬,又字清卿,号恒轩,晚年又号愙斋,吴县人。同治七年(1868)进士,授编修,历官陕甘学政,河南、河北道员,太仆寺卿、左都御史,广东、湖南巡抚等职。吴大澂一生喜好金石,并工诗文书画。青年时师从陈奂,研读段注《说文》,学习小篆,并开始搜集金石拓本。中进士

---

〔1〕王钟翰点校:《清史列传》,中华书局1996年,第5435页。

〔2〕梁启超:《清代学术概论》,上海古籍出版社1998年,第58页。

〔3〕叶昌炽:《语石 语石异同评》,中华书局1994年,第11页。

后,“始好金石文字,有所见,辄手摹之,或图其形”[1],并常与同僚讨论金石文字。中年时,开始研究古籀文,并将其融入篆书中,从而形成金文大篆,书风雄强坚实、浑厚朴拙,在清代篆书家中独具一格。吴大澂治政之余,潜心于学术研究,著述颇丰,主要著有《说文古籀补》《古玉图考》《权衡度量考》《愙斋集古录》《恒轩所见所藏吉金录》《愙斋文集》等。吴大澂不仅是清末苏州著名的金石家,还是古文字学家。晚清,附庸于金石学的古文字学逐渐独立,成为一门独立的学科,而吴大澂的《说文古籀补》正是这一时期文字学研究的佼佼者,对后世影响极大。此书对金文、石刻文字、货币文字、玺印文字和古陶文字等古文字进行了系统深入的研究,对古文字形体结构及其演变规律进行分析阐述。吴大澂注重对出土古文字字形与传世文字字形进行比较,不唯《说文》是从。他通过将古文字和《说文》字形比较参证,认为《说文》所收的古文、籀文都是周末(及战国时期)文字,真正的西周古籀真迹,许慎并没有见过,开拓了真正意义上的古文字学的研究。

清代文字训诂大家朱骏声(1788—1858),字元芑,号允倩,元和人,嘉庆二十三年(1818)举人。曾师事考据大师钱大昕。著有《说文通训定声》和《传经堂文集》。《说文通训定声》凡 18 卷,是一部按古韵部改编《说文解字》的书。全书以谐声声符为纲,按音分别归属古韵 18 部。同从一声符孳衍的字都连缀在一起,秩然有序。每字之下,先释《说文》本训,引群书古注为证,即所谓说文;次陈述字的引申义和因文字假借而产生的假借义,即所谓通训;最后举出上古韵文中的用韵来证明古音,凡同韵相押叫作古韵,邻韵相押叫作转音,阐明字音,即所谓定声。这三部分的主要部分是通训,对研究词义的发展和转变大有帮助。《说文通训定声》全面研究了词义,内容博大精深,与段玉裁《说文解字注》、桂馥《说文解字义证》、王筠《说文句读》,同被誉为清代“《说文》四大家”。

三、藏书文化与学术贡献

(一)藏书家与版本目录研究

清代苏州的藏书主要由地方教育机构的书院藏书、寺庙藏经和私家藏书三部分组成。其中,私家藏书又占有极其重要的地位。清人叶昌炽在《藏书纪事诗》中列举全国藏书家 1 100 人,苏州占 40%。苏州藏书家之多,居全国首位。

---

[1] 顾廷龙:《吴愙斋先生年谱》,哈佛燕京学社 1935 年,第 26 页。

清代苏州出现了许多藏书世家，著名的有常熟的钱氏、张氏、瞿氏、翁氏，昆山的徐氏，吴县的吴氏、潘氏、汪氏。清代藏书家孙从添《藏书纪要》云："大抵收藏书籍之家，惟吴中苏郡（苏州府吴县、长洲县）、虞山（常熟县）、昆山；浙中嘉湖杭宁绍最多。"[1]其中特别是苏州府常熟县的藏书风气，在明代晚期已蔚为当地的地方传统，一直深刻地影响到清代前中期。常熟私家藏书颇具特色，成为独特的流派"常熟派"，或称"虞山派"。顾广圻为《清河书画舫》12卷抄本撰跋："藏书有常熟派，钱遵王、毛子晋父子诸公为极盛，至席玉照而殿。"[2]据统计，有清一代，常熟共有120多位藏书家。[3]其中著名的有钱氏绛云楼也是园、述古堂，张氏爱日精庐，瞿氏铁琴铜剑楼等著名藏书家、藏书楼。

1. 清初常熟钱氏藏书

钱谦益（1582—1664），字受之，号牧斋，常熟人。明末清初著名的学者和藏书家，其所藏书数量庞大、版本精良、种类繁多。陈登原《古今典籍聚散考》说："大江以南，藏书之富，无过于钱。"[4]钱谦益藏书偏喜宋元旧本，陈揆《稽瑞楼书目·序》说："吾乡藏书家，以常熟为最。常熟有二派，一专收宋椠，始于钱氏绛云楼、毛氏汲古阁……一专收精钞，亦始于毛氏、钱氏遵王、陆孟凫。"[5]为了购宋本他不惜一掷千金，曾在家境破落的情况下以"千二百金"购王世贞的宋刻两汉书，"一书失一庄"。以"二十千"购高诱注《战国策》。钱谦益藏书范围极广，种类繁多，据上海图书馆藏《虞山钱牧斋绛云楼书目》记载，著录有3 680种之多。

钱谦益能够在明末清初众多的藏书家中被称为佼佼者，很大程度上是因为他收藏了刘凤、钱允治、杨仪和赵用贤四家藏书。据与钱谦益交集的曹溶《绛云楼书目·题辞》云："虞山宗伯生神庙盛时，早岁科名，交游遍天下，尽得刘子威、钱功父、杨五川、赵汝师四家书。更不惜重资购古板木，书贾闻风奔赴，捆载无虚日。"[6]除了收藏前人之书外，他本人也大量抄书。他曾利用为官的便利缮写"人间无别本"的《东事记略》，还向友人以及各藏书家借抄，其中包括黄虞稷、毛晋、李君如、曹溶等人。"钱钞"因此在当时社会得以流行，并产生了很大的影响。

---

[1] 孙从添：《藏书纪要·鉴别》，清光绪九年刻本，第2页。

[2] 顾广圻：《思适斋书跋》，上海古籍出版社2007年，第63页。

[3] 曹培根：《常熟出版史概论》，见《吴中学刊》1997年第3期。

[4] 陈登原：《古今典籍聚散考》，见《民国丛书》第二编50，上海书店1983年，第321页。

[5] 陈揆：《稽瑞楼书目·序》，中华书局1985年，第1页。

[6] 钱谦益撰，陈景云注：《绛云楼书目·题辞》，中华书局1985年，第1页。

钱氏藏书之处很多，先后有“荣木楼”“拂水山庄”“半野堂”“绛云楼”和“红豆庄”等处，其中以“绛云楼”最负盛名。顾苓《河东君传》载：“房栊窈窕，绮疏青琐，旁龛古金石文字宋刻书数万卷。列三代秦汉尊彝环璧之属，晋唐宋元以来法书名画，官哥定汝宣成之瓷，端溪灵璧大理之石，宣德之铜，果园厂之髹器，充牣其中。”〔1〕清顺治七年（1650）十月初二夜，钱谦益幼女与乳媪在楼上嬉戏，蜡烛误落入纸堆中，引起大火，导致绛云楼藏书尽毁。绛云楼火灾后，钱谦益根据记忆，追录成《绛云楼书目》四卷，书目分 73 类，著录图书 3 300 余种，收善本极多，其中留下 270 余篇题跋文字，对了解版本和已佚古籍有重大帮助。

钱曾（1629—1701），字遵王，号也是翁，别署贯花道人，常熟人。钱曾出身于书香门第，其父钱裔肃为万历四十三年（1615）举人，明万历年间即以藏书精善而闻名江南，所藏颇丰。钱曾从小跟随父亲读书，年龄稍长，便协助本族曾祖父钱谦益整理和校勘图书。钱曾 17 岁时父亲去世。他继承父业，将所有的精力和财力都用于购书，一生共收书 4 180 种之多，有几万卷。藏书楼有“述古堂”“也是园”和“莪匪楼”。钱氏藏书主要来源于家传。顺治七年（1650），绛云南楼失火，藏书大部分被毁，钱曾因平时深得钱谦益器重而尽得绛云南楼烬余之秘籍。钱曾编有《也是园书目》《述古堂书目》和《读书敏求记》等书。此三种书，详略有别，且体例各异。前二者唯记书名、作者、卷数，间载册数和版本，类目次序无定例可循。《读书敏求记》则不同，它分经史子集 4 卷，专录其藏书精粹和手自题跋者 634 种，各记其篇卷完缺、古今异同，或评述缮写刊刻的优劣，兼及作者、作品的评论。该书恢复汉以来私家藏书目录之解题传统，书的目录讲究版本，突出版本之风格，成为赏鉴书志之先导，对后世版本目录学影响极大，被后人誉为“我国第一部研究版本目录的专书”〔2〕。

2. 清初昆山徐氏传是楼

明末清初，昆山望族徐氏也是著名的藏书世家。明末徐开任（徐乾学的叔父），字季重，为诸生时即有文略，明亡后，闭门著书，“生平喜藏图籍，几万卷”〔3〕。

徐乾学（1631—1694），康熙九年（1670）探花，官至刑部尚书，其著名藏书楼为“传是楼”。传是楼共有 7 间书库，书分成经史子集 4 类，共装满 72 橱，有图书数万卷。传是楼不仅藏书还刻印书籍，于清初刻印的《通志堂经解》等 140 卷在

---

〔1〕 顾苓：《塔影园集》卷一《河东君传》，见《丛书集成续编》第 123 册，据民国《殷礼在斯堂丛书》本影印，上海书店 1994 年，第 514 页。

〔2〕 武汉大学、北京大学《目录学概论》编写组：《目录学概论》，书目文献出版社 1982 年，第 50 页。

〔3〕 逢辰：《徐氏家乘》第 2 册《世系考》第 9 世徐开任传，清光绪元年义庄刻本。

当时颇有影响。[1]徐乾学从年轻时就开始收藏书籍,开始时多是手抄,后来门生故吏赠送他很多。他的舅舅顾炎武死后,其图书、著作有一些为他收藏。

徐秉义(1633—1711),字彦和,康熙十二年(1673)探花,官至吏部侍郎,藏书近万册,著有《培林堂书目》。

徐元文(1634—1691),字公肃,顺治十六年(1659)状元,官至文华殿大学士,积书万卷,亲自校雠,著有《含经堂书目》。

徐炯(1657—1722),字章仲,乾学次子,康熙二十一年(1682)进士,继承传是楼藏书,著有《李义山文集笺注》10 卷、《通鉴录要》《补续宋元通鉴》《五代史注》《使滇使闽杂纪》《哀江南赋注》1 卷。

3. 雍乾时期吴县璜川吴氏遂初园

吴县木渎镇璜川吴氏是雍乾时期的著名藏书家。吴氏藏书始自吴铨,历经四代之久,书香不绝。吴铨(1672—?),又名文祖,字绳其,又字容斋,号璜川,生于徽州歙县之璜源。其父吴中毅少随父国琏公侨居上海之周浦,后又迁苏州渎川望信桥。雍正年间曾任江西吉安太守,归田后于吴县木渎建遂初园。因故里为徽州璜源,故题其藏书处曰“璜川书屋”。吴铨藏书逾万卷,其中珍本秘籍无数。据载:“当时璜川书屋有两书最为珍希,一为北宋本《礼记》单疏足本,一为《前汉书》。”[2]

吴铨生八子。次子吴用仪(1701—?),号拙庵。父卒后,璜川书屋之书稍散佚,用仪“复购书数万卷与其中,多宋元善本”[3]。三子吴成佐(1718—?),号懒庵,藏书处曰“乐意轩”,其孙吴志忠云:“我祖懒庵先生重自搜罗,书楼三楹,环列四周。”[4]其中不乏宋元佳作,有《乐意轩书目》4 卷。

吴铨之孙吴泰来(? —1788),字企晋,号竹屿,乾隆二十四年(1759)举人,翌年连捷成进士,后赐内中书,与惠栋等人被誉为“吴中七子”。吴泰来是璜川吴氏第三代藏书中的佼佼者,其藏书处为砚山堂、净名轩。《清史列传》云:吴泰来“家有遂初园,藏书数万卷,寝馈凡十余年”[5]。著有《吴中七子诗合刊》行世,另有《砚山堂集》10 卷、《净名轩集》等著述。

吴铨曾孙吴志忠,字有堂,号妙道人,好藏书,长于目录校雠之学,与当时著

---

[1] 叶树声、余敏辉:《明清江南私人刻书史略》,安徽大学出版社 2000 年,第 101 页。

[2] 郑伟章:《文献家通考(清一现代)》(上),中华书局 1999 年,第 304 页。

[3] 叶昌炽:《藏书纪事诗》卷四,上海古籍出版社 1989 年,第 452 页。

[4] 吴志忠:《璜川吴氏经学丛书缘起》,见叶昌炽:《藏书纪事诗》卷四,上海古籍出版社 1989 年,第 451 页。

[5] 王钟翰点校:《清史列传》卷七十二《吴泰来》,中华书局 1987 年,第 5915 页。

名的藏书家黄丕烈、顾广圻等人交往密切，家藏珍籍有《吕衡州文集》《中吴纪闻》《嵇康集》等。除藏书之外，吴志忠喜刻古人钞本未刻之书，所刻以经义为多，故总其名曰：《经学丛书》，并撰有《璜川吴氏经学丛书缘起》。

4．乾嘉时期苏州城内的藏书家

乾嘉时期苏州藏书达到一个高峰，出现了众多藏书楼，著名的如吴县黄丕烈"士礼居"，元和顾之逵"小读书堆"，吴县周锡瓒"香岩书屋"、袁廷梼"五砚楼"、汪士钟"艺芸书舍"等，其中吴县黄丕烈、元和顾之逵、吴县周锡瓒、吴县袁廷梼被称为"藏书四友"，[1]同时也是乾嘉时期苏州著名的四大藏书家。

黄丕烈（1763—1825），字绍武，又字绍甫，号荛圃，吴县人。乾隆五十三年（1788）举人，官主事。嘉庆六年（1801）入都，后归故里[2]，专一治学和藏书。其友石韫玉尝谓："其平生无声色鸡狗之好，惟性喜聚书，遇一善本，不惜破产购之。"[3]他的藏书斋室楼名极多，有百宋一廛、士礼居、求古居、陶陶室、学山海居、读未见书斋等。黄丕烈收藏图书注重版本，尤喜宋版书，只要见到，必竭力以得，"自号佞宋主人"[4]。据黄氏于嘉庆十七年（1812）撰《求古居宋本书录》所载，当时他已收有宋版书近200种。黄氏的过人之处还在于着意收残本，希望以后能够将残本补缺为全。他曾先后从陈鳝、张绍仁两处各收集半部书，从而合并成一部完整的书。事后，他非常得意地说："蓄重出之本及不全之本，此余一己之独见也。"[5]另外，黄氏收藏，力求齐备，就连不为一般藏家所重视的天文、术数、医家、堪舆、小说、词曲等类图书，他都尽力以求，被时人誉为"大宗""巨擘"。叶昌炽在《藏书纪事诗》中对黄氏评价甚高："三百年来，凡大江南北以藏书名者，亡虑数十家，而既精且富，必以黄氏士礼居为巨擘。"[6]近人陈登原说："乾嘉之间藏书史，可为百宋一廛时代。"[7]黄氏士礼居藏书于嘉庆之末开始散出，至道光之初他去世前全部散尽。其书多售予汪士钟艺芸书舍收藏。汪氏艺芸书舍之藏散出后，又为常熟瞿镛铁琴铜剑楼和山东聊城杨以增海源阁分而得藏。

黄氏读书治学的成就主要在校勘学和版本目录学方面，体现于他对图书校

---

〔1〕黄丕烈著，屠友祥校注：《荛圃藏书题识》，上海远东出版社1999年，第586、787页。

〔2〕姚伯岳：《黄丕烈评传》，南京大学出版社1998年，第12页。

〔3〕《秋清居士家传》，转引自李万健：《黄丕烈的藏书、读书治学及刻书》，见《河北大学学报》2001年第3期。

〔4〕陈经：《求古精舍金石图·序》，清嘉庆二十三年乌程说剑楼刻本。

〔5〕黄丕烈：《士礼居藏书题跋记》，书目文献出版社1989年，第308页。

〔6〕叶昌炽：《藏书纪事诗·序》，上海古籍出版社1989年，第3页。

〔7〕陈登原：《古今典籍聚散考》，见《民国丛书》第二编50，上海书店1983年，第341页。

订和版本鉴定后留下的大量题跋之中。他每读一书、校一书、鉴定一书，必将心得、校订讹误结果、书之来龙去脉、版本及掌故等写成题跋，有些书甚至要写下四五篇题跋文字。他一生为800多种珍善典籍写下了千余篇题跋之作。后人将其题跋合刊成《荛圃藏书题识》10卷（附《荛圃刻书题识》1卷）、《荛圃藏书题识续录》4卷、《荛圃藏书题识再续录》3卷。黄氏藏书题跋是一部版本目录学巨著，有极高的学术价值。首先，其题跋之作记述了古书的传授源流，载录了许多藏书家的情况及书林轶事，从一个侧面反映了当时的社会文化风貌，给后人留下了宝贵的研究资料。其次，题跋中有大量版本学知识，记录了书籍版刻、字体、避讳、编著体例、用纸，以及校订出的错讹等，介绍了许多识别宋元刻本、抄本的经验和方法。除题跋之作而外，黄氏还编撰了《百宋一廛书录》《百宋一廛赋注》《求古居宋本书目》和《所见古书录》4种版本书目著作，将其所收藏的宋版书进行分类，对书之递藏、传布源流、藏家、印记及校勘情况等，也多有记载。

周锡瓒（1742—1819），字仲涟，号香岩，又号漪塘，别号香岩居士，吴县人，贡生。周锡瓒与黄丕烈同有收藏宋元精刻的嗜好，黄丕烈每购得一书，必定向他借所藏秘本进行考证。周氏藏书楼有"水月亭""香岩书屋""漱六楼"等。段玉裁云："漪塘藏书最富，其于古板今刻源流变易，剖析娓娓可听。"[1]晚年家境日渐衰落，所藏之书也陆续散出。周锡瓒编有家藏书目《琴清阁书目》1册，其中著录宋元本、抄校本2 000余种，另有《漱六楼书目》等。

顾之逵（1752—1797），字抱冲，贡生，元和人，24岁中秀才，屡应乡试不第。顾之逵喜好读书，后以藏书名闻江南，藏书楼名"小读书堆"，其所藏之书以宋椠元刊最为珍贵，都是历年访求所得，主要来自苏州落拓的世家和故家，如苏州顾珊以及东城顾氏。顾之逵死后，由于其家人保管不善，所藏之书也大多流失。据黄丕烈说："抱冲殁在嘉庆之丁巳，二十年来，欲借观其遗书而不能得。盖始其孤皆幼，即有季弟在，以非其所典守，故未之许。"[2]顾之逵除了喜好所藏宋元古本之外，还开始尝试刊印所藏秘本，所刻之书有宋椠《列女传》8卷，此书刊刻极精，顾氏还专门作《考证》1卷附于书后，另外还有《艺苑捃华》等。

袁廷梼（1764—1810），字又恺，一字寿阶，又作绶阶，号又恺，吴县人。袁氏从六世袁鼒起便"广蓄古图书传记"[3]。至明中叶而知名于吴中。袁廷梼5岁而孤，少时喜读书，博览强记。袁氏原有藏书楼"小山丛桂馆"，后得元代袁桷等

---

〔1〕 李玉安、黄正雨：《中国藏书家通典》，中国国际文化出版社2005年，第448页。
〔2〕 黄丕烈著，屠友祥校注：《荛圃藏书题识》，上海远东出版社1999年，第369页。
〔3〕 王宠：《雅宜山人集》卷十《方斋袁君室韩孺人行状》，明嘉靖十六年刻本，第4页。

名人砚五方，便筑“五砚楼”，为藏书之所，“奉先世手泽及古今载籍，收藏惟谨。暇日则坐楼中，将宋椠元刻秘笈精钞，甲乙校雠，丹黄不去手”[1]。袁氏一生藏书颇丰，“遗书万卷，点勘考索不少休，闻一善本，必得乃快……楼中藏弆先泽，兼历代知名人书画、古碑、古器，一时名公投赠尺题毕备”[2]。袁廷梼死后，家道日渐中落，加上其子无心继承父业，“向未经理书籍事”[3]，藏书散失无存。著有《金石书画所见记》《红蕙山房集》《渔隐录》等。

汪士钟(1786—?)，字春霆，号阆源，长洲人，官至户部侍郎等职。汪士钟乃徽商后裔，家资丰厚。据《三异笔谈》载：“新安汪氏，设‘益美’字号于吴阊，巧为居奇。……十年富甲诸商，而布更遍行天下。”[4]其父汪文琛虽为商人，却崇儒重道，嗜好收藏古籍，并以藏书知名。汪士钟年少时就好读书，读遍家中所藏之书后，便四处搜罗宋元旧刻。黄丕烈在《汪刻衢本〈郡斋读书志〉跋》中说：“阆源观察英年力学，读其尊甫都转斋先生所藏四部之书，以为犹是寻常习见之本，必广搜宋元旧刻以及四库未经采辑者，厚价收书，不一二年藏弆日富，犹恐见闻未逮，日从事于诸家簿录，讨其源流，究其同异，俾古书面目毕罗于胸。”[5]

汪士钟的藏书楼名为“艺芸书舍”，所藏之书主要来自黄丕烈“士礼居”、周锡瓒“香严书屋”、袁廷梼“五砚楼”和顾抱冲“小读书堆”。汪氏尤其看重黄丕烈所跋之书，哪怕只有两行黄丕烈的手记，他也重价收之。艺芸书舍藏宋版书300余部，为清代藏书家藏宋版书最多者，清代大学者阮元曾赠汪士钟一联曰：“万卷图书皆善本，一楼金石是精摹。”[6]汪氏所藏之书后在太平天国战争期间逐渐流失，“太平军至苏州，合家离散，宋元本悉为邻家携去。汪氏子孙只知贾不知书，与丁氏、瞿氏相差何啻千里万里之距”[7]。

5. 乾嘉时期常熟张氏爱日精庐

常熟张家藏书延绵几代，自张仁济始，建有“照旷阁”，藏书万卷；子光基创“始经堂”，藏书益增；侄海鹏，有刻书处“传望楼”，为当时著名刻书家；孙金吾，承三人之所藏，兼收并蓄，藏书8万卷，藏书楼“爱日精庐”名震吴中。

---

[1] 蒋吟秋：《吴中藏书先哲考略·袁廷梼》，江苏省立苏州图书馆，民国铅印本，第18页。
[2] 丁子复：《袁寿阶先生传》，袁廷梼：《红蕙山房吟稿》卷首，见王云五：《丛书集成初编》，商务印书馆1936年，第1页。
[3] 黄丕烈：《士礼居藏书题跋记》卷五《后山诗注》，书目文献出版社1989年，第235页。
[4] 许仲元著，范义臣标点：《三异笔谈》卷三《布利》，重庆出版社2005年，第81页。
[5] 转引自曹培根：《瞿氏铁琴铜剑楼研究》，苏州大学出版社2008年，第69页。
[6] 转引自曹培根：《瞿氏铁琴铜剑楼研究》，苏州大学出版社2008年，第70页。
[7] 小横香室主人：《清朝野史大观(四)》卷十《艺芸精舍》，上海书店1981年，第70页。

张仁济(1717—1791),字傅霖,号敬堂,晚号纳斋,平生喜好藏书,年逾古稀其藏书兴致依然不衰,晚年建藏书楼“照旷阁”。据《光绪常昭合志稿》记载:“藏书万卷,多宋元旧刻。”[1]著有《纳斋存稿》。

张光基(1738—1799),仁济长子,字南友,号心萱,县诸生。他在“照旷阁”的基础上,继续四方搜罗,藏书量日益增多。又取“遗子黄金满籯,不如一经”之意,再创“始经堂”,与昆山徐乾学的“传是楼”异曲同工。光基著有《心轩遗稿》。

张海鹏(1755—1816),仁济侄,字若云,一字子瑜。自幼刻苦读书,但屡试不第,“遂绝意名场,笃志坟典”。其藏书楼有“借月山房”,刻书处为“传望楼”,江南著名藏书家钱曾、毛晋的藏书散出后,多为其收藏。除了收藏善本之外,张海鹏还喜好刻书。他说:“藏书不如读书,读书不如刻书。读书益己,刻书益人。”[2]张氏一生勤劳俭朴,全心投入刻书事业中,“性好劳恶逸,黎明即起,漏三下不息。迨梨枣役兴,手一编,丹铅左右,恒彻晓了无倦容”[3]。在刻书中,他非常重视所刻书籍的精选,选择的版本一般为流传绝少、读书者想看又无法寻觅者。他非常重视书籍的校勘工作,刻书之前往往会延请饱读之士订讹纠谬,再三校对。所刻之书也均为大部头丛书、类书和总集,主要有《学津讨源》20 集、《墨海金壶》160 册、《借月山房会钞》16 集、《太平御览》1 000 卷、《金帚编》等。

张金吾(1787—1829),仁济孙,字慎旃,别字月霄。8 岁受业于黄廷鉴,成为邑诸生后,屡次参加院试不第,随后便弃功名之念,“慕乡先辈汲古毛氏、述古钱氏遗风,笃志储藏”[4]。张金吾“慨然思为杜、郑、马、王之学,日购奇书读之,遇宋刊元堑,不惜多方罗致,积书至八万余卷”[5]。张氏藏书主要有两个来源,一是家传,二是收集。黄廷鉴曾云:“(陈揆、张金吾)二人家世儒学,旧有藏书,至两君而更扩大之。”[6]

张金吾的藏书处有“诒经堂”“爱日精庐”“世德斋”“青藜仙馆”“诗史阁”“巽轩”“求旧书庄”等。据《重修常昭合志》载,其“汇收群籍,合之旧藏,得八万余卷,辟诒经堂、诗史阁,求旧书庄以藏之”[7]。在众多藏书处中,以“爱日精庐”最为著名。爱日精庐取自曾子“爱日以学”之语,此处既是金吾读书之处,又

---

〔1〕 郑钟祥等:清光绪《常昭合志稿》卷三十二,清光绪三十年木活字本,第 30 页。
〔2〕 黄廷鉴:《第六纮溪文抄》卷四《朝议大夫张君行状》,清光绪十年刻后知不足斋丛书,第 12 页。
〔3〕 黄廷鉴:《第六纮溪文抄》卷四《朝议大夫张君行状》,清光绪十年刻后知不足斋丛书,第 13 页。
〔4〕 张金吾:《言旧录》,北京图书馆出版社 1999 年。
〔5〕 孙原湘:《天真阁集》卷五十,清道光元年刻本。
〔6〕 黄廷鉴:《第六纮溪文抄》卷二《藏书二友记》,清光绪十年刻后知不足斋丛书,第 17 页。
〔7〕 郑钟祥等:《重修常昭合志》卷三十二,清光绪三十年木活字本。

是他藏先辈手泽的地方。张金吾一生藏书丰富，其全部藏书情况现在已无从考证。根据《爱日精庐藏书志》36 卷及《续志》4 卷可知，张氏所藏善本达 800 种，内容涉及经史子集四部，其中仅宋元刻本就多达 167 种。张金吾还将藏书与读书治学紧密结合，在传承典籍、施惠学林的藏书实践中，率先冲破了藏书只为传承的陈旧观念，形成了“传递读书种子”的开明藏书观。

6．晚清常熟瞿氏铁琴铜剑楼

钱仲联曾对清代常熟藏书家评论说：“海虞，旧滨江一小邑耳，而自仲雍、子游以还数千祀，昔称道学古邦，今称文化名城。旧家藏书，则自明末清初以来，钱谦益绛云楼、毛氏汲古阁、钱曾述古堂，名显全国，不囿一邑。嘉道以还，借月山房、爱日精庐、稽瑞楼、旧山楼等，为数綦夥。”〔1〕但从规模和影响上来看，以上藏书家“更不能与瞿氏匹”〔2〕。常熟瞿氏家族铁琴铜剑楼为常熟藏书佼佼者，历六代而不衰，与山东聊城杨以增“海源阁”、浙江湖州陆心源“皕宋楼”、浙江钱塘丁丙“八千卷楼”合称为晚清四大藏书楼。

瞿绍基（1772—1836），字厚培，号荫棠，铁琴铜剑藏书楼的创始人。清乾隆五十八年（1793）入县学。此后，六应乡举，三荐不成，按县学成例，次训导试用，署阳湖县学训导。在收藏书籍方面，瞿绍基“广泛购置宋元善本，旁搜金石古玩，历十年积书十余万卷”〔3〕。瞿绍基毕平生之力，搜罗宋元善本、秘本，不惜重价，购置充实自己的书斋，收藏了陈氏稽瑞楼、张氏爱日精庐近半数的宋、元善本。取“引养引恬、垂裕后昆”之意，命名其藏书室为“恬裕斋”。

瞿镛（1794—1840），绍基子，字子雍，岁贡生，曾署宝山县学训导。“性好读书，濡染家学，与乃父荫棠广文志趣不无异同。”〔4〕瞿镛广泛收集江浙地区名家流散之宋、金、元精椠珍藏，咸丰年间，长洲汪氏艺芸书舍藏书散出，其中精品多为瞿镛所得。当时他藏书已达 10 万多卷，有“南瞿北杨”之称，享誉海内外，其藏书楼恬裕斋之富与天一阁并峙海内。瞿氏对鼎彝古印兼收并蓄，在金石古物中，尤为珍爱一台铁琴和一把铜剑，“铁琴铜剑楼”由此得名。瞿镛精于校雠，对版本目录、金石文字辨析有一定的造诣，著有《海虞诗苑》《海虞诗苑续编》《续金石萃编》《铁琴铜剑楼词稿》，还编有《恬裕斋藏书目录》。另外还收藏上自秦汉，下迄金、元、明的几百枚印章，并将它们依时代排列，编成一部学术价值极高的《集

〔1〕 钱仲联：《铁琴铜剑楼研究文献集·序》，见《苏州大学学报》1996 年第 4 期。

〔2〕 钱仲联：《铁琴铜剑楼研究文献集·序》，见《苏州大学学报》1996 年第 4 期。

〔3〕《瞿绍基传》，见仲伟行等：《铁琴铜剑楼研究文献集》，上海古籍出版社 1997 年，第 20 页。

〔4〕《瞿镛传》，见仲伟行等：《铁琴铜剑楼研究文献集》，上海古籍出版社 1997 年，第 23 页。

古印谱》。

瞿秉渊，镛次子，字敬之；瞿秉清（1828—1877），镛五子，字浚之，铁琴铜剑楼第三代主人。1860年6月，太平天国军攻克苏州，清兵溃败，沿途抢劫。为避兵灾，保护藏书，兄弟俩将家藏之善本分散移至长江南北等地，历尽艰险，4年中迁移达7次之多，1864年5月才运回古里。兄弟俩还先后延聘太仓季锡畴，邑中王振声，吴郡管礼耕、王颂蔚、叶昌炽诸学者校勘古籍，增补《铁琴铜剑楼藏书目录》，于流离颠沛时编订工作仍未中辍。

瞿启甲（1873—1940），秉清幼子，字良士，铁琴铜剑楼第四代传人。瞿启甲秉承父兄遗愿，一方面搜罗网佚宋、元善本，丰富瞿家藏书；另一方面竭尽全力保护家藏，使铁琴铜剑楼在战乱动荡的年代得以保存下来。时任两江总督端方，“假枢府意，讽献书阙下，饵君以京卿，君不（为）之动”〔1〕，后在叶昌炽的斡旋下，影钞百种以进，其事方寝。

7. 晚清常熟翁氏藏书

翁氏为清代常熟八大家族之一，翁氏不仅科名鼎盛，而且家族藏书也颇具特点。

翁心存（1791—1862），字二铭，号邃庵。道光二年（1822）进士，官至体仁阁大学士，同治帝师。翁心存喜爱读书，为官俸禄都用来买书，有藏书处“知止斋”，又名“陔华吟馆”。道光年间，收购了同邑著名藏书家陈揆“稽瑞楼”部分善本，大大提高了翁氏藏书的数量和质量。他一生藏书共有4万余册，其中宋、元、明本数百卷。著作有《知止斋遗集》《知止斋日记》《知止斋文集》等。

翁心存有三子，即翁同书、翁同爵、翁同龢。翁心存去世后，藏书多传给了长子翁同书。翁同书（1810—1865），道光二十年（1840）进士，授翰林院编修，曾任贵州学政、詹事府任少詹事、安徽巡抚。他读书过目成诵，尤长于史学。在京为官时，曾读遍大学士朱栻家藏书，在扬州曾购得秦氏“石研斋”大量善本，在贵州阅读大量藏籍，家中藏书室有“双桂轩”“柏古轩”“借一雅馆”。

翁同爵（1814—1877），字玉甫，以父荫授官，官历陕西、湖北巡抚，署湖广总督。在京时，经常与三弟同龢访书，在陕西为官时，重视刊印经籍，抄有《西岩集》等。

翁同龢（1830—1904），字叔平，号松禅，别署均斋、瓶笙、并眉居士等，别号

〔1〕 张鸿：《常熟瞿君墓志铭》，见仲伟行等：《铁琴铜剑楼研究文献集》，上海古籍出版社1997年，第26页。

天放闲人，晚号瓶庵居士。咸丰六年（1856）进士，历任户部尚书、工部尚书、军机大臣兼总理各国事务衙门大臣。翁同龢爱好读书、收藏，对先父的藏书爱不释手，并购买收藏图书精本极多。据《翁同龢日记》记载，他曾于同治四年（1865）二月，购得虞山钱遵王述古堂所藏宋本《集韵》，还购得怡亲王府大量藏书。此外，他还通过手抄与友人互换获得大量精本。翁同龢书法精良，有同光书法家第一之美誉，其手抄有宋朱长文《吴郡图经续记》《妙法莲华经》、题宋李清照《打马图》等。

8. 晚清吴县潘氏滂喜斋

吴县潘氏与常熟翁氏相同，是著名的科举兼文化世家，也极为重视藏书。潘氏藏书，如果从潘奕隽的藏书楼“三松堂”算起，传递到第六代潘博山的“宝山楼”，共藏典籍 30 万卷。

潘奕隽编有《三松堂书目》，其中经黄丕烈校跋过的有 100 多种。潘曾沂藏书有数栋房屋之多，可惜毁于咸丰年间的战火之中。潘祖荫对金石、图书特别嗜好。其中以潘祖荫的藏书最为著名，影响也最大。

潘祖荫（1830—1890），号伯寅，亦号少棠、郑盦。咸丰二年（1852）探花。历任翰林院编修、侍读、南书房行走、侍讲学士、工部尚书、礼部尚书、军机大臣，其藏书处有滂喜斋、功顺堂等名。潘祖荫藏书尤喜宋元旧刊本，他特别推崇宋代藏书家郑樵的“求书八法”。虽然潘祖荫藏书注重宋元旧刻，但并非一味佞宋嗜古，他对清代的学术发展同样极为重视，曾编刻了《滂喜斋丛书》和《功顺堂丛书》。《滂喜斋丛书》所刻除晚清经师著作外，多为乡贤先辈及同僚诗文集。此书刻成之后，又取清人（其中又以近人为多）著作 18 种刻成《功顺堂丛书》。潘氏藏书在咸丰年间因太平天国战争而丧失殆尽。他在《士礼居藏书题跋记》中说：“咸丰庚申三月，荫所藏书存申衙前汪氏义庄，书四十籍既失；八月中，澄怀园之所藏亦尽，于是荫之书荡然矣。”〔1〕但他自称“结习未改”，仍时时留意，看到好书即行收购。如同治九年（1870）他得到宋刻《金石录》。光绪九年（1883），潘祖荫延请叶昌炽协助他编校所藏书籍，叶昌炽因此编成《滂喜斋书目》，后改名《滂喜斋藏书记》3 卷。叶氏书目共著录图书 130 部，其中宋本 58 部、金本 1 部、元本 29 部、明本 19 部，其他各种本子 23 部。潘祖荫卒后，一部分藏书流入书肆，一部分藏书由其弟潘祖年保管。

〔1〕 黄丕烈：《士礼居藏书题跋记跋》，书目文献出版社 1989 年，第 327 页。

9. 晚清怡园顾氏与过云楼藏书

明清以来，随着苏州地区商品经济的发展，很多安徽当地的富商巨室迁到苏州居住，如大阜潘氏家族、吴趋汪氏家族等，过云楼顾氏一支亦是如此。顾氏约在明初从徽州迁居苏州[1]，自顾文彬始走上科举仕宦之途，并逐渐成为充满书香气韵的藏书之家。

顾文彬（1811—1889），字蔚如，号子山、紫珊，道光十一年（1831）举人，道光二十一年（1841）进士，历任刑部主事、湖北汉阳府知府、浙江宁绍道台。顾文彬晚年居于苏州铁瓶巷，在宅内建过云楼以作藏书画之用，并于宅后建构怡园以书画自娱。文彬善词，自撰《眉绿楼词联》，集宋词为170余联，制成园中格联的有60余联，俊语丽景，相互辉映，为他园所无。他的著作还有《过云楼书画记》《百衲琴言》等。在他的《过云楼书画记》中就记录有明祝枝山的正德《兴宁县志》稿本等珍品。这些在《钦定四库全书提要》中俱未收入，“于是仿阮元的《研经室外集·四库未收书》目录体例悉为考核，依样著录行款、源流，极为详备”[2]。顾文彬有三子，顾廷熏、顾廷熙及顾廷列，而将藏书之家风保持最好的当属廷列。

顾麟士（1865—1930），字鹤逸，又字谔一，号西津，顾文斌孙，顾廷列之子。早年居尚书里，后迁朱家园，又筑西津别墅于醋库巷。他少时曾赴县学应试，“见有老者跪请易所污卷者，堂上厉呼之”[3]。麟士鄙视考试官之所行，从此厌恶科场，不再参加科举考试。他性喜画画，且家藏丰富，朝夕研磨，终有所成，所作山水画尤为有名。此外，他还擅长鉴赏，能从断简残片中看到别人发现不了的价值。顾麟士在《过云楼续书画记》中道：“愚家祖孙父子秉性好古，断简残片中往往遇精妙之品，必挟而出之以为快。其不精者，虽真不取。三世鉴别，数十年收集心力，成此二册，要为非易，故记之以告来者。”[4]从文中可知，顾氏不仅喜爱收藏，而且鉴别真伪与洞察力又极其精深。顾麟士不仅扩大了过云楼的收藏范围，还多次组织画家、琴师、曲友在怡园集会，并创办国学社、怡园画集，参加者均为画坛精英，文采风流盛极一时，影响后世甚大。他著有《续过云楼书画记》《鹤庐画识》及《鹤庐画趣》等。顾麟士有五子分别是则明、则久、则扬、则坚及则奂，而其中尤以则扬与则奂热爱藏书。

顾则扬（1897—1951），号公雄，善画山水，且秉承喜爱收藏的家风。在抗日

〔1〕 张学群等：《苏州名门望族》，广陵书社2006年，第18页。

〔2〕 刘蔷：《清华园里读旧书》，岳麓书社2010年，第11页。

〔3〕 钱仲联：《广清碑传集》，苏州大学出版社1999年，第1291页。

〔4〕 顾麟士：《过云楼续书画记》，江苏古籍出版社1999年，第80—81页。

战争中,则扬携带家族中遗留下来的种种珍品四处逃难,由城到乡,辗转再三,终于将藏品运至上海,于1948年存入银行保险箱。平时,则扬以作画维持生计,在生活最困难时先祖留下的藏品他也始终未动,临终前却嘱托妻儿将他所有的珍藏献给国家以保永存。其妻沈同樾和子女遵其遗愿于1951年、1953年将312件书画和一些珍本孤本书籍捐献给上海博物馆,其中有陆游的《溪山图》轴、赵孟頫的《秋兴赋》卷、倪瓒的《春宵听雨图》轴等,皆价值连城。[1]

顾则奂(1904—1966),号公硕,自幼好学,少时便从朱梁任、孙伯南等学习经史。此后又自学日语,尝翻译日本出版的摄影资料,并精于摄影技术,终成苏州最早的摄影家之一。中华人民共和国成立后,他积极参与筹建国画小组、刺绣小组及苏州博物馆等,将自己珍藏的124件精品文物捐献给国家,因为他相信文物藏于私不如藏于公。[2]

10. 叶昌炽与《藏书纪事诗》

叶昌炽(1849—1917),字兰裳,又字鞠裳、鞠常,自署歇后翁,晚号缘督庐主人,长洲人。光绪十五年(1889)进士,授翰林院编修,后任职国史馆、会典馆,参与编撰《清史》《武备图说》。1902—1906年任甘肃学政。叶昌炽视书如命,收藏颇多。据闻他因疾归乡,有五百经幢馆,藏书3万卷,其中累年收集的碑拓就有8 000余通。叶昌炽学识宏富,与当时江浙地区许多藏书家都有私交,如书钞阁蒋氏、滂喜斋潘氏、铁琴铜剑楼瞿氏、嘉业堂刘氏等,均曾延请他作校勘。光绪十年(1884),叶昌炽见潘祖荫的滂喜斋藏书之富,感叹天下和他一样贫而好书的人不知多少,遂心生为历代藏书家立传之愿,这便有了《藏书纪事诗》一书的诞生。此书历时7年而成,从正史方志、笔记文集和目录藏书志中辑录了从五代至清末739位藏书家的藏书成就及其文化、学术贡献。[3]此外,还记载了大量与藏书活动密切相关的征书、刻书、校书、抄书、借书、读书和目录、版本校勘、藏书保护、书籍制度等方面的资料。这些都为后人研究中国古代藏书家及藏书史等,提供了翔实的资料和清晰的线索。《藏书纪事诗》为中国藏书史研究的开山之作,该书开创了"纪事诗体藏书家传"体例,因而有"书林之掌故,藏家之诗史"之美誉。

清代苏州的藏书家之多在全国首屈一指,有的藏书家本身又是版本学家、校勘学家、出版家。如黄丕烈精于版本,何焯、顾广圻精于校勘,他们互相合作,堪

[1] 张学群等:《苏州名门望族》,广陵书社2006年,第20页。

[2] 张学群等:《苏州名门望族》,广陵书社2006年,第20页。

[3] 关于具体藏书家的人数统计,参见徐雁:《叶昌炽的〈藏书纪事诗〉》,见《史学史研究》1986年第4期。

称珠联璧合。清代康乾至嘉道时,藏书家们往往延聘著名校勘学家从事校书,所刊之书往往汇集成丛书,黄丕烈的《士礼居丛书》即是一例。其特点是,刻书严慎,校勘精审,装帧讲究。其次,刊刻图书,聘请名书家手书上版,名刻工雕版。如侯官林雇手写的汪琬撰的《尧峰文钞》,系苏州良工程济生所雕;《季沧苇书目》系黄丕烈亲自书写上版刊刻,其特点是,字画圆润苍劲,刻印后仍不失原书的神韵。

苏州的藏书活动之所以历代相袭、绵绵流传,与藏书活动中形成的吴地人文精神是分不开的。苏州众多的藏书家、藏书楼汇聚了大量的文献,使得苏州学子和士人得益匪浅。众多的典籍滋养了苏州众多的大学者、大文人,而学者文人的聚书活动又反过来影响着地方的风尚,推动着苏州私家藏书风气的愈演愈烈,成为吴地文化史上一种内涵十分丰富的文化现象。清乾隆年间,苏州人徐扬绘制的《姑苏繁华图》中,依稀可见"六大雅""古今书籍"等反映苏州书业繁荣图景的市招。其中最为人称道的是山塘街的"萃古斋"。书肆林立,册籍充栋,翻检容易,购买方便,上至三代鼎彝、秦汉玉石,下至宋元珍本,鲍校毛抄,无所不有,这又为藏书家收藏典藏提供了一个重要的条件。

(二) 刻书

苏州书坊刻最早有元泰定元年(1324)的刘氏梅溪书院。明代苏州刻书非常兴盛,并以精美著称于当时。胡应麟曾说:"凡刻(书)之地有三,吴也、越也、闽也……其精,吴为最;其多,闽为最,越皆次之。"〔1〕清初,由于政权更替、战乱不断,刻书活动相对较少。康熙年间,刻书活动开始兴起,到乾隆年间,随着社会经济的繁荣,朴学大盛,文献考据成果突出,刻书多且校勘精审、刻印精美。清末,内忧外患接踵而至,经世著述刊刻转成热门。清代随着印刷术的巨大进步,苏州刻书之风已大大超越闽、蜀。清人金埴的《不下带编》卷四云:"六十年前白下(南京)、吴门(苏州)、西泠(杭州)三地之书尚未盛行,世所传者,独建阳本耳。……今闽版书本久绝矣,惟(唯)三地书行于世。然亦有优劣,吴门为上,西泠次之,白门(下)为下。"〔2〕到了清末,苏州城厢内外共有书坊226家,并且书坊还设有专门的行会组织,这为全国仅有。

清代苏州的刻书风格沿袭明代遗制,多名手写录,白口双边栏版式。较著名

---

〔1〕 胡应麟:《少室山房笔丛》,上海书店2001年,第43页。
〔2〕 金埴:《不下带编 巾箱说》,中华书局1982年,第65页。

的刻本有黄丕烈刻宋严州本《仪礼郑注》《论语音义》，汪士钟影刻宋景德本《仪礼单疏》，沈氏古倪园刻的《薛涛诗稿》，沈钦韩刻的《幼学堂诗稿》等都是这一时期的精品。再如李福为黄丕烈写明道本《国语》；吴县人陆损为黄丕烈写汪本《隶释刊误》等，都受到藏书家们的珍爱。

清代苏州，书坊林立，书坊可考者有：赵氏书业堂、宝翰楼、振鄴堂、绿荫堂、穆大展局、经锄堂、文粹堂、文英堂、文裕堂、文林堂、文喜堂、文渊堂、三经堂、三友堂、三元堂、四美堂、三味堂、柱笏堂、仁寿堂、桐石山房、同文堂、同青堂、兴贤堂、春阳堂、崇本堂、惟善堂、萃锦堂、传万堂、观承堂、楠槐堂、采莲堂、聚盛堂、王氏聚文堂、酉山堂、学耕堂、鸿文堂、函三堂、聚文堂、振文斋、讲德斋、来青阁、最新阁、黄金屋、步月楼、藜光楼、岁月楼、谢文翰斋、得见斋、席元章坊、相石山房、席氏扫叶山房、江氏文学山房、志恒书社、宝华堂、宝兴堂。[1]这些书坊多集中在城内学士街、观前街一带。据黄丕烈记载："余居城西，时惟府东有一书坊，所谓敏求堂是也。既而由府以至按察司前直至胥门学士街。三十年前书坊之多，几以十数矣。玄妙观前向多书坊，今亦更盛。自余再迁县桥，与观前甚近，故贾人之迹日盈门矣。"[2]另外，阊门内外也是书坊集中区域之一，如同文堂、绿荫堂、扫叶山房、宝翰楼、书业堂、书坊黄金屋等。其中经营时间最久的要数"扫叶山房"；刻书较著名的要算"书业堂""黄金屋""聚文堂""四美堂"等几家。

关于扫叶山房设立的具体时间，目前众说纷纭，但大致可以做出这样的判断：以"扫叶山房"为肆名，初创于明代后期的松江、苏州，由洞庭席家子弟与他人合伙经营，取古人"校书如扫落叶"之义。其间，翻刻了一些书籍，生意尚好，在书业中也有一定的影响力。明清之际，受政局变动等因素的影响，一度沉寂。康熙、乾隆年间，席启寓、席鉴等刊刻图书，仍借用席氏先人的"扫叶山房"之名，在社会上的影响逐渐扩大，版本流传亦多。[3]乾嘉年间所刻书以史部居多，印制文献达数百种。孙毓修谓："清时书坊刻书之多，莫如苏州席氏扫叶山房，如《十七史》《四朝别史》《百家唐诗》《元诗选癸集》，其最著者。"[4]一时"贩夫盈门，席氏之书不胫而走天下"[5]。后来刻书范围不断扩大，除了经史子集外，还涉及笔记小说、村塾读本等，多至数百种。光绪年间又扩大了经营范围，在上海彩衣

[1] 张秀民：《中国印刷史》，上海人民出版社 1989 年，第 553—554 页。
[2] 黄丕烈：《荛圃藏书题识》卷五《芦浦笔记杨公笔记录》，上海远东出版社 1999 年，第 129 页。
[3] 马学强：《江南席家与扫叶山房》，见《史林》2009 年第 6 期。
[4] 孙毓修：《中国雕版源流考》，上海古籍出版社 2008 年，第 27 页。
[5] 孙毓修：《中国雕版源流考》，上海古籍出版社 2008 年，第 27 页。

街、棋盘街开设分号,书坊经营的重点慢慢从苏松一带移到上海。

金阊书业堂主人姓赵,早在明代就开始刊刻销售书籍,万历年间曾刊汤显祖的《南柯记》、梅膺祚的《字汇》。清代书业堂发展到顶峰,其刊印的书籍种类繁多,数量较大,主要以小说和医书为主。如《说呼全传》12 卷、《豆棚闲话》《新刻批评绣像西游记》44 卷、《英云梦传》8 卷等,医书有《景岳全书》16 种、《伤寒大全》5 种、《张氏医学》7 种等。黄金屋刻有《新刻世无匹传奇》等;聚文堂刻有《十子全书》等;四美堂刻有《龙图公案》等。

第二节　文化艺术的辉煌

一、诗词、散文与小说

(一) 诗学理论与诗词流派

清代初期的著名诗人、诗论家大半集中在江南,而苏州地区更是群星璀璨。在诗词方面,清代苏州地区出现了著名的虞山诗派、太仓诗派、吴中词派等,同时出现了著名的诗学理论家叶燮及其弟子沈德潜等人,提出了诗歌创作的“格调说”。

1. 叶燮、沈德潜与清初的诗学理论

叶燮(1627—1703),字星期,号已畦,吴江人。出身于吴江望族汾湖叶氏,父叶绍袁,明天启五年(1625)进士,曾任工部主事;母沈宜修,出生文学世家松陵沈氏,能诗善词。康熙五年(1666)叶燮乡试中式,康熙九年(1670)进士及第,康熙十四年(1675)选授江苏宝应县知县。曾参加镇压三藩之乱和治理境内被黄河冲决的运河。后因耿直忤巡抚慕天颜被劾,“旋归罢,遍游四方。晚年乃定居吴县之横山,人因之以横山称之”[1]。著有《已畦文集》22 卷、《已畦诗集》10 卷、《诗集残余》1 卷等,其中影响最大的是他的文学理论著作《原诗》,被后人视为中国古代诗论最出色的著作。

《原诗》是一部以反对复古主义为主要内容、推究诗歌创作本原的理论批评著作,主要是针对明代以李梦阳、李攀龙、王世贞为代表的前后七子的复古文风而作,有鲜明的创作目的和倾向。《原诗》分为内篇和外篇,内篇“标宗旨”,论述“数千年诗之正变盛衰之所以然”;外篇“肆博辩”,杂论诗歌,涉及人品、诗品、诗

〔1〕 王钟翰点校:《清史列传》卷七十,中华书局 1987 年,第 5732 页。

论诸方面的问题。内篇又分上下两卷。上卷“推究诗歌源流及盛衰正变之理”，认为“诗有源必有流，有本必有末”，“非在前者之必居于盛，后者必居于衰也”；下卷推究“数千年诗之正变盛衰之所以然”，涉及文学创作反映的对象、文学创作的方法等深层次问题，而不是以诗言诗。叶燮把艺术问题提高到哲学层面来认识，用文学史发展流变的眼光来看待诗歌创作，从物与我（即客观与主观）两方面探讨了艺术的本源、流变和创新。他认为，诗歌创作应该反映客观的“理”“事”“情”，“三者藉气而行”，即三者要通过“气”即客观事物的本体来反映，而要做到这一点，须有相应的创造能力，即才、胆、识、力，这样才能“以在我之四，衡在物之三，合而为作者之文章”。〔1〕站在一定的历史高度，用辩证的态度论诗，这是叶燮超越前人之处。王士禛称其“熔铸古昔，能自成一家”。孔尚任称赞他是诗坛开拓者。叶燮是中国古典诗学集大成者，是跨入近代诗学之前，即接受西方诗学之前最后一位系统阐释者。

他的学生有张玉书、沈德潜、叶长扬、张锡祚、顾嘉誉、薛雪等人，其中在文坛有影响力的要数沈德潜、薛雪二人。沈德潜（1673—1769），字确士，号归愚，长洲人。沈德潜少有才学，大器晚成。乾隆元年（1736）荐举博学鸿词科，乾隆四年（1739）66岁才中进士，曾任内阁学士兼礼部侍郎。沈德潜提倡“温柔敦厚”的诗教传统，树立了“格调”派，与王士祯“神韵”说、袁枚“性灵”说、翁方纲“肌理”说在清代诗坛形成分庭抗礼之势，开创了独具特色的诗歌流派。〔2〕著有《说诗晬语》，编有《古诗源》《唐诗别裁》《明诗别裁》《国朝诗别裁》等。沈德潜论诗以儒家传统诗论为主，云：“诗之为道，可以理性情、善物伦、感鬼神、设教邦国、应对诸侯，用如此其重也。秦汉以来，乐府代兴；六代继之，流衍靡曼。至有唐而声律日工，托兴渐失，徒视为嘲风雪、弄花草、游历燕衎之具，而‘诗教’远矣。”〔3〕

薛雪（1681—？），字生白，号一瓢，别号扫叶山人、槐云道人、磨剑山人、牧牛老朽，吴县人。早年游学于名儒叶燮之门，诗文俱佳，又工书画，两征博学鸿词科不就。后因母多病，乃肆力于医学，技艺日精。薛雪性孤傲，放诞风雅，所交如沈德潜、袁枚等，皆一时名流。著有《周易粹义》《医经原旨》《一瓢斋诗存》《一瓢诗话》，编选《唐人小律花雨集》等。

---

〔1〕叶燮：《原诗》内篇，见郭绍虞：《原诗·一瓢诗话·说诗晬语》，人民文学出版社1979年，第24页。

〔2〕关于“格调”说的溯源，参看邬国平、王镇远：《清代文学批评史》，上海古籍出版社1995年。

〔3〕沈德潜：《说诗晬语》卷上，见郭绍虞：《原诗·一瓢诗话·说诗晬语》，人民文学出版社1979年，第186页。

2．虞山诗派

清初江苏诗坛有三大流派，即虞山派、云间派、太仓派。虞山派形成于明末，壮大于清初，历明天启、崇祯和清顺治、康熙四朝，前后近100年。关于虞山诗派，有人认为是以钱谦益为首的常熟地方诗人的总称，其中既有师法钱谦益，又有师法冯班，还有不同于钱、冯两人的诗人。〔1〕有人认为一般所谓虞山派，主要是指二冯（冯班、冯舒）及其追随者中提倡晚唐、学西昆体的那部分诗人。〔2〕据当时诗人王应奎说："吾邑诗人，自某宗伯以下，推钱湘灵、冯定远两公。……两家门户各别，故议论亦多相左。"〔3〕由此可见，钱谦益身后实际上分成了两派，一派宗冯班，另一派宗钱陆灿。虞山诗派的核心人物主要有钱谦益、冯班、冯舒3人，其他还有钱陆灿、陆贻典、钱良择、钱曾、严熊、王应奎等人。

钱谦益（1582—1664），字受之，号牧斋，又自称牧翁、蒙叟、尚湖、绛云老人、虞山老民、聚沙居士、敬他老人、东涧遗老等。明万历三十八年（1610）探花，官至礼部侍郎，后被革职。南明弘光朝，为礼部尚书。清兵南下时降清，任礼部侍郎，《明史》馆副总裁，5个月后托病归家，从此隐居不仕。与吴伟业、龚鼎孳并称"江左三大家"。著有《初学集》《有学集》《投笔集》《苦海集》《列朝诗集》《杜诗笺注》等。钱谦益的诗歌，始从七子入手，中年以后，出入于唐宋，熔杜甫、韩愈、李商隐、苏轼、陆游于一炉而自成面目，学古而反对墨守唐人，反对七子的模拟声调。

冯舒（1593—1649），字已苍，号默庵，别号癸巳老人，自号孱守居士，明末诸生。其论诗力斥复古主义，前后七子悉受其抨击。著有《墨庵遗稿》10卷、《空居阁杂文》2卷、《炳烛斋文》1卷、《文谷》2卷、《历代诗纪》100卷及《空居集》等，又有《诗纪匡谬》1卷、《校定玉台新咏》10卷等。

冯班（1602—1671），字定远，号钝吟老人、双玉生，常熟人，明末诸生。师从钱谦益，与其兄冯舒齐名，人称"海虞二冯"。冯班屡试不第，一气之下，弃绝科举，专心治学。《清史稿》称他"淹雅善持论，顾性不谐俗。说诗力牴严羽，尤不取江西宗派，出入义山、牧之、飞卿之间。书四体皆精"〔4〕。朱东润评价其"钝吟之说，上承虞山，下启秋谷（赵执信），其在文学批评史上之地位可想矣"〔5〕。

〔1〕 胡幼峰列举了师法钱谦益的孙永祚等13人，师法冯班的陈玉齐等9人，及其他诗人，如钱曾、陆贻典等10余人。参见胡幼峰：《清初虞山派诗论》，台湾编译馆1994年，第319—363页。

〔2〕 赵永纪：《论清初诗坛的虞山派》，见《文学遗产》1986年第4期。

〔3〕 王应奎：《柳南随笔》卷五，见《柳南随笔　续笔》，中华书局1983年，第88页。

〔4〕 赵尔巽：《清史稿》卷四八四《冯班传》，中华书局1977年，第1333页。

〔5〕 朱东润：《中国文学批评史大纲》，上海古籍出版社2001年，第275—276页。

冯班性格刚毅，不愿屈身佞事，虽然满腹才学，却无处施展，因而一生并不得意。他还嗜酒，“每饮辄湎面濡发，酩酊无所知”〔1〕。每当好友相聚，他往往举杯痛饮，“就座中恸哭”。人们都以为他得了痴症，又因冯班排行第二，所以叫他“二痴”。著有《冯定远集》10卷、《冯氏小集》3卷、《钝吟集》3卷、《钝吟别集》1卷、《钝吟余集》1卷、《游仙诗》1卷、《钝吟老人集外诗》1卷、《钝吟老人文稿》1卷、《钝吟乐府》1卷、《钝吟老人遗稿》1卷等。

钱陆灿（1612—1698），字尔弢，号湘灵，又号圆沙，常熟人。明崇祯八年（1635）拔贡，清顺治十四年（1657）顺天乡试举人，后因奏销案而废。曾在常州、扬州等地授业，弟子多达数百人。他虽为钱谦益族孙，论诗亦以杜甫为宗，但取向与钱谦益相异。钱陆灿自幼读书，“凡古人诗文之作，未有不以学始之，以悟终之者也，而于诗尤验”〔2〕。除了读书之外，他还喜好收藏和校勘古籍，有藏书处东圃书堂、调运斋，另有大还堂、景福楼等处，为校勘之所。著有《调运斋集》《圆沙诗集》《圆研居诗抄》《邑志》等。

陆贻典（1617—1686），一名陆典，又名陆行、陆芳原，字敕先，自号觌庵，常熟人，明末诸生。年少时立志于坟典，与冯班同师于钱谦益，后追随二冯诗学，为冯班遗诗编集付梓。王应奎称他“师东涧而友钝吟，学问最有原本”，“钱曾笺注东涧诗，僻事奥句，君搜访咨（资）助为多”。〔3〕与冯班不同，他对诗歌不太强调唐宋分界，这在当时是很通达的见解。除作诗之外，陆贻典还精于收藏校雠图书，所藏多为善本。黄廷鉴称：常熟藏书家，自钱谦益绛云楼火焚以后，有毛晋汲古阁、钱曾述古堂，另有叶树廉、冯舒和陆贻典诸人，诸家相互搜访，互通有无。著有《玄要斋集》《觌庵诗钞》等。

钱良择（1645—?），字玉友，号木庵，常熟人。少有才名，在诗学上得到冯班的指授。弱冠之后，与刘廷玑等人于北京无倦轩学习，后随大吏出使海外，又同朝贵使塞外绝域。钱良择早年的诗学主要受冯班诗文之囿，后来则力图摆脱其影响。如其所说：“予年未舞象，携诗谒定远，极为所许，亲聆其指授，苦吟二十年，始能尽弃其学。九原可作，定远当不以予为异趋也。”〔4〕最终还是从冯班的阴影中走了出来。著有《抚云集》《出塞纪略》，编有《唐音审体》。

---

〔1〕王应奎：《柳南随笔》卷一，见《柳南随笔　续笔》，中华书局1983年，第17页。

〔2〕王应奎：《柳南续笔》卷三，见《柳南随笔　续笔》，中华书局1983年，第182页。

〔3〕王应奎：《海虞诗苑》卷五《陆文学贻典》，清乾隆二十四年古处堂刻本，第8页。

〔4〕台湾图书馆藏汲古阁刊本：《冯定远诗》卷十，转引自蒋寅：《二冯诗学的影响与虞山派诗论》，见《文史哲》2008年第1期。

一般认为，文学流派其内部成员应当有基本一致的审美取向和基本相同的理念追求。虞山派与同时期的太仓诗派不同，虞山派主要的三个领袖人物在诗学观念和审美取向上存在一定的分歧。正如王应奎指出的："某宗伯诗法受之于程孟阳，而授之于冯定远。两家才气颇小，笔亦未甚爽健，纤佻之处，亦间有之，未能如宗伯之雄厚博大也。然孟阳之神韵，定远之细腻，宗伯亦有所不如。盖两家是诗人之诗，而宗伯是文人之诗。吾邑之诗有钱、冯两派。"[1]钱谦益与二冯诗学观既有趋同亦有分歧，尤其体现在对宋元诗的认识上。钱谦益特别推崇宋诗，曾说："诗人如有悟解处，即看宋人亦好。"[2]二冯则诗近晚唐，反对当时宗宋的人"专以里言俗语为能事"[3]。二冯和钱谦益最大的分歧，是宗法晚唐而鄙薄宋人；其相同处则是一致反对明七子的仿古之风。王应奎曾说：冯班著《钝吟杂录》，"訾謷王、李，亦不过拾某宗伯（指钱谦益）牙后慧耳"！[4]另外，一致反对江西诗派。"方虚谷《律髓》一书，颇推西江一派，冯已苍极驳之，于黄（庭坚）、陈（师道）之作，涂抹几尽。其说谓西江之体，大略如农夫之指掌，驴夫之脚跟，本臭硬可憎也，而曰强健。"[5]尽管他们在语体品格、创作风格方面有所不同，而他们所共有的学人气度、西昆风调以及现实关怀，使他们成为一个交互兼容的"文学共同体"[6]。另外，趋同与歧异并存正是虞山诗派兼容乃大的条件，也使虞山后代诗人继承、发展、超越成为可能。

总的来说，虞山派诗人继承杜甫诗史传统，具有忧世意识。创作上或出入宋、元，以博学为宗，表现出学人气度；或仿温、李，以西昆体为理想范式。虽各树法幢，不遵一轨，但无论钱、冯，抑或流裔，都能在诗学观念和审美取向上异中求同，交互兼容，从而形成了特有的诗派创作气局。

3. 太仓诗派

太仓旧称娄东，故"太仓诗派"又称"娄东诗派"。太仓诗派兴起于清朝初年，其领袖人物为吴梅村，重要成员有周肇、王揆、许旭、黄与坚、王撰、王昊、王抃、王曜昇、顾湄、王摅十人，这十人又被时人誉为"太仓十子"，或"娄东十子"。"太仓诗派"的得名与确定主要源于吴梅村选编《太仓十子诗选》，并作序揄扬。

广义的太仓诗派除了指吴伟业和"娄东十子"等诗人外，还包括曾经向吴伟

---

〔1〕 王应奎：《柳南随笔》卷一，见《柳南随笔·续笔》，中华书局1983年，第19页。
〔2〕 冯武：《二冯批才调集·凡例》，清康熙四十三年刻本。
〔3〕 冯武：《二冯批才调集·凡例》，清康熙四十三年刻本。
〔4〕 王应奎：《柳南续笔》卷三，见《柳南随笔　续笔》，中华书局1983年，第183页。
〔5〕 王应奎：《柳南随笔》卷三，见王云五：《丛书集成初编》第2961册，商务印书馆1936年，第52页。
〔6〕 罗时进：《清代虞山诗派的创作气局》，见《江苏社会科学》2002年第3期。

业学习诗歌，但年龄接近和稍晚于“娄东十子”的一批诗人以及与吴伟业、“娄东十子”同时并存的其他一些太仓诗人。前者主要指毛师柱、沈受弘、唐孙华、王吉武、郁禾、郁植、崔华、吴憬等人；后者主要指明亡后不仕的黄翼圣、王时敏、顾梦麟、陆世仪、陈瑚等人。

吴伟业（1609—1672），字骏公，号梅村，别署鹿樵生、灌隐主人、大云道人，太仓人。幼年跟随父亲读书，14 岁拜复社领袖张溥为师，后参加复社多次重要活动，成为复社“十哲”之一。明崇祯四年（1631）进士，授翰林院编修。此后历任东宫讲读、南京国子监司业、左中允、左谕德、左庶子。明亡后，吴伟业“闭门不通人物”，“侍亲读书于梅村中”。清顺治十一年（1654），无奈复出任秘书院侍讲、国子监祭酒等职。顺治十三年（1656），以伯母丧事告假，从此不再复出。吴伟业在诗、词、文、戏曲诸方面均有建树，其中诗歌创作成就最显，著有《春秋地理志》《春秋氏族志》《绥寇纪略》和《梅村集》《梅村家藏稿》等。

周肇（1615—1683），后改名迪吉，字子椒，号东冈，太仓人。顺治十四年（1657）举人，历官青浦教谕、江西新淦知县。少入复社，为张溥高足。周肇与吴伟业关系颇为密切，两人经常在一起诗酒唱和。吴伟业对周肇的人品和才学也大加赞赏：“吾娄虽多才，未有出周子右者。弇州瓣香，西铭薪火，当属此君。”[1]著有《东冈文稿》《东冈集》等。

黄与坚（1620—1702），字庭表，号忍庵，太仓沙溪镇人。黄与坚自幼颖慧，3 岁能识字，5 岁能诵诗，“八岁酷好唐人诗，录小本，怀袖中讽诵之。已而究心经术，遍读周、秦古书”[2]。初从吕云孚学，张溥见而才之。年十五，为诸生，吴伟业招致与周肇等读书于旧学庵中。顺治十四年（1657）进士，授推官，旋因奏销案而落职。康熙十八年（1679），经江南巡抚慕天颜荐举，召试博学鸿词，授翰林院编修，参与编撰《明史》《一统志》。著有《愿学斋文集》40 卷、《忍庵集文稿》20 卷、《忍庵集》1 卷等。

王揆（1620—1696），字端士，号芝廖，太仓人，出于太仓望族太原王氏，为“娄东画派”领袖王时敏的次子。顺治十二年（1655）进士，顺治十八年（1661）因奏销案被革除功名。康熙十七年（1678），诏举博学鸿词，巡抚慕天颜疏荐，力辞。王揆通籍 40 余年，虽未出仕，而志切民生。著有《芝廛集》1 卷。

王撰（1623—1708），字异公，号随庵，太仓人，王时敏第三子。年十三，为州

---

〔1〕 上海图书馆藏：《东冈诗钞一卷补遗一卷文钞一卷》所附《沈绎堂赠序》转述吴伟业语。

〔2〕 赵尔巽等：《清史稿》列传二七一《黄与坚传》，中华书局 1977 年，第 13357 页。

学生。旋入太学,试十二次而不遇。自少不事生产,家境渐衰,晚益贫困,日以篇章翰墨自理,冲和娴雅,工诗文。著有《太仓王异公文集》不分卷稿本、《王异公诗稿》不分卷稿本、《随庵诗稿》1卷、《太仓十子诗选》所录《三余集》1卷、《揖山集》10卷诸种。

王抃(1628—1702),字泽民,后改鹤尹,别号巢松,太仓人,王时敏第五子。少从陆世仪、江士韶、陈瑚诸先生学。顺治十年(1653),王抃始执经于吴伟业门下,继而在剧曲方面受吴的影响极深。其后,遇益穷,诗益进。王抃雅善谈论,好为山水游,与海内名流唱和。而处事必引绳就墨,居家易怒,不肯姑容。著有《王巢松年谱》和《健庵集》1卷、《巢松集》5卷、《北游草》等。

王摅(1635—1699),字虹友,号汲园,太仓人,王时敏第七子。性颖敏绝人,读书五行俱下。少即游于同里陈瑚门,为入室弟子。及长,师事父执钱谦益、吴伟业,诗文益进。王摅虽才名籍籍,然终抗节不仕,穷愁没世。著有《步檐集》1卷、《芦中集》10卷及《据青集》《金陵集》等。

王昊(1627—1679),字惟夏,号硕园,太仓人,出自太仓显赫的琅玡王氏,明中叶著名文学家王世懋曾孙。王昊幼时,授书一过能记诵。纵笔为诗、古文,并如夙习。吴伟业叹其为"绝才""天下无双"。但性格孤傲,不肯赴省应试。顺治十八年(1661)因奏销案牵连而逮系入京,功名被革,家产也被斥卖殆尽。康熙十八年(1679),举博学鸿词,踉跄入都,召试授内阁中书。衔命下,而昊已卒。著有《硕园集》1卷、《硕园编年诗选》2卷、《硕园诗稿三十五卷词稿一卷》《当恕轩偶笔》以及《点苍山》《安东阁》《交情见》诸曲。

王曜升,字次谷,号东皋,又号荼庵,诸生,与其兄王昊齐名。顺治十八年(1661)因奏销案除生员籍,后离家出游。东西南北,唯意所之。遇酒辄或歌或哭,以消其块垒。暮年客死京师。著有《东皋集》1卷、《荼庵诗稿》。[1]

许旭,字九日,号秋水、落帽生,太仓人。明工科给事中许国荣孙。12岁时应童子试,当时的考官都贬抑幼童,唯独赞赏许旭的试卷。为吴伟业所赏识,声誉日起。明清鼎革后,益肆力于诗。范承谟抚浙,许旭被聘入幕,多所赞画。及范承谟总督八闽,三藩之乱,被耿精忠拘禁,不屈殉节,幕客皆被难,独许旭以先归不及于难。著有《秋水集》10卷。

顾湄,字伊人,号抱山,太仓人,顾梦麟养子。少警敏,英姿玉立,有翩翩风雅

---

〔1〕王祖畲:清宣统《太仓州镇洋县志》卷二十五《艺文》,民国八年刻本,见《中国地方志集成・江苏府县志辑》第18册,江苏古籍出版社1991年,第481页。

之目。吴伟业尝访顾湄于其里,茅斋三楹,衡门两版,庭阶洁治,地无纤尘,出而叹曰:"梦麟有子矣。"昆山徐乾学慕其名,延馆于家。顺治十八年(1661),顾湄因奏销案除诸生名,遂绝意仕进,专力于诗、古文。据张慧剑先生《明清江苏文人年表》,顾湄当卒于康熙二十三年(1684)之后。著有《水乡集》1 卷、《违竽集》2 卷、《载庵集》2 卷等。

吴伟业的诗歌创作风格,初和陈子龙见解基本相同,后来逐渐转向钱谦益,创作也不墨守盛唐,而是出入白(居易)、陆(游),特别是从中唐的元(稹)、白(居易)长庆体入手,发展为长篇歌行的梅村体(亦称娄东体)。这种歌行内容上主要描摹明清之际各阶层的人物情态、颇具影响的政治历史事件;形式上严格律,重铺叙,词句清丽,音节和婉。这种长诗表现出既委婉含蓄、又沉着痛快的艺术特色。[1]"娄东十子"也大受其影响。

太仓诗派的创作风格相似,正如《四库全书总目提要》对《太仓十子诗选》一书评论道:

"风格如出一手,不免域于流派,是亦宗一先生之故耳。"[2]从语言上说,"娄东十子"等人普遍追求的是遣词用语的隽华秀雅、妥帖精切。从声律上说,"娄东十子"等人讲究的是和谐圆润、整饰匀称。从抒情手段和整体意境上说,"娄东十子"等人注重的是意象和风神。尽管"娄东十子"等人与吴伟业在艺术造诣上有高下之别,但他们在艺术追求上是基本一致的。

在题材内容与意绪情调方面,和吴伟业一样,追怀先朝,抒写遗民之恨;反映乱离,揭露新朝虐政,是"娄东十子"等人诗歌反复吟咏的主题。"娄东十子"等人的作品中,确实很少有风花雪月之咏、浅斟低唱之篇,即使是题赠唱酬、登临行旅之作也往往浸染上风云之气,即使是自伤身世之作也往往因为个人命运与时代命运的交融而显得深厚沉郁。可以说,感慨一代兴亡、反映社会现实成为"娄东十子"等人诗歌题材取向上的共同特征,悲愤怨悒,沉郁苍凉,成为其作品情感意绪的共同基调。这些方面和吴伟业也是十分接近的。[3]

由于受吴伟业的影响,"娄东十子"在创作情趣和题旨上有相似之处,但因个人的经历和命运的不同,也有各自的特征。关于"娄东十子"的个性特点,程邑这样分辩道:"子俶沉骏,故兴踔而藻清;端士雅懿,故思深而裁密;九日淹茂,故

〔1〕 刘世南:《清诗流派史》,人民文学出版社 2004 年,第 92 页。

〔2〕 吴伟业:《太仓十子诗选》卷末附《四库全书总目 · 太仓十子诗选十卷》提要,见《四库全书存目丛书》集部第 384 册,清顺治刻本,第 879 页。

〔3〕 叶君远:《论"太仓诗派"》,见《河北学刊》2010 年第 3 期。

气杰而音翔;庭表雄赡,故志博而味深;异公笃志,故才果而趣昭;惟夏俶傥,故响矜而采烈;怿民赡逸,故言远而旨微;次谷静迈,故锋发而韵流;伊人淡荡,故情深而调远;虹友颖厚,故骨重而神寒。”〔1〕

4. 吴中词派

嘉道之际,清词的发展出现一个短暂的低落期,浙西词派日趋衰微,又无力扭转颓势;常州词派虽然登上词坛,但影响力极微,唯有此时活跃词坛的吴中词派为清词增添了几分活力。吴中词派是指清代嘉道年间以苏州戈载、王嘉禄、朱绶、吴嘉洤、沈传桂、沈彦曾、陈彬华“吴中七子”为代表,以及杭州、常州、扬州等地的一批词人。他们在创作上主要的特点是严守音律,注重词韵的考察。吴中词派与常州词派“以立意为本,以叶律为末”〔2〕的创作不同,强调严审律韵,似乎有意反其道而行之。但为了防止出现浙派词意浅薄空泛的弊病,又强调立意的重要性,从而形成了不同于浙西派、常州派的吴中声律派。

戈载(1786—1856),字顺卿,一作润卿,又字宝士,号强翁,吴县人,诸生。早岁家境殷实,无意功名利禄,一心从事词学研究与创作;中年因家道败落而出为幕僚;晚岁归里,以词学终老。戈载作词风格继承了浙派崇尚骚雅词风的传统,并在此基础上提出作词要以协律为先的声律论词学观点,强调并积极维护词的本体性特征——音乐性,在他的影响下形成了以严审韵律为词学理论和创作核心的后吴中词派。著有《翠薇花馆词》《词林正韵》《畊砚田斋笔记》《墨林今话》《词律定》《词律补》等。其中《词林正韵》一书对词坛的贡献巨大,首先对词韵源流进行了梳理,评述前人韵书的得失,同时还提出自己对作词的创新看法。杜文澜《憩园词话》赞曰:“《词林正韵》三卷,取李唐以来韵书,以校两宋词人所用,博考互证,辨析入微,足补蒙斐轩之遗,永为词家取法。”〔3〕此书也开启了词韵之学,并直接影响了清末民初的词学创作。

王嘉禄(1797—1824),字绥之,号井叔,长洲人,诸生。父王芑孙,乾隆五十三年(1788)举人,华亭教谕,肆力于诗,最工五古,被称为“吴中尊宿”。王嘉禄14岁入庠,继承家学,“诗宗法汉魏盛唐,出入有明前后七子”〔4〕,才调宏富,亦善填词,与朱绶齐名,号为“朱王”。著有《嗣雅堂诗存》5卷、《冬读书斋集》《桐月修箫谱》1卷等。

〔1〕 吴伟业:《太仓十子诗选》,见《四库全书存目丛书》集部第384册,清顺治刻本,第789—790页。
〔2〕 蔡嵩云:《柯亭词论》,见唐圭璋:《词话丛编》,中华书局1986年,第4908页。
〔3〕 杜文澜:《憩园词话》卷二,见唐圭璋:《词话丛编》,中华书局1986年,第2868页。
〔4〕 冯桂芬等:清同治《苏州府志》卷八十九《人物》十六,清光绪七年江苏书局刻本,第30页。

朱绶(1789—1840),字仲环,又字仲洁,号酉生,元和人。道光十一年(1831)举人。尝佐梁章钜幕,章奏多出其手。又勤学敦行,廉清简默,为众所重。朱绶诗格律精严,又工古文辞,享誉大江南北,与顾莼等称“吴中后七子”,又与王嘉禄并称“朱王”。著有《知止堂诗文集》《知止堂词录》三卷等。

吴嘉洤(1790—1865),字清如,号澂之,吴县人。道光八年(1828)举人,十八年(1838)进士,官内阁中书、户部员外郎、四川副主考,主平江书院讲席。吴嘉洤家境富裕,早慧多才,初学明七子,后学宋人。诸生时即以诗古文词知名于世,雅负诗名,道光十四年(1834)以《荛言》诗投林则徐。著有《仪宋堂诗集》10卷、《仪宋堂文二集》10卷、《新有轩诗钞》《蝉前蝶后词》等。

沈传桂(1792—1849),字隐之,一字闰生,号伽叔,长洲人。道光十二年(1832)举人。生而颖异,及长好为诗,尤工于词,爱用“夕阳”二字,吴中称之为“沈夕阳”,兼有南宋诸家之胜,主讲松陵书院。著有《东云草堂诗文集》《匏叶斋诗稿》《清梦庵二白词》《帚云词》等。

沈彦曾,字士美,号兰如,长洲人,诸生。少负殊禀,性喜游历。工词,与沈传桂、王嘉禄等称“吴中七子”。著有《兰素词》。

陈彬华,原名兆元,字元之,号小松,吴县人。著有《百尺楼吟草》《绮玉词》《瑶碧词》等。

吴中词派的出现,与当时的学术风气有紧密的联系。乾嘉之际,朴学考据之风盛行,这一风气也影响到文学创作的领域,在词学方面出现了一批研究唐宋词乐的学者,重视声律,如凌廷堪作《燕乐考原》6卷。他们不仅推重词乐,并倡举声律,开吴中声律派之先河。从地域文化的渊源来看,苏州自古就有“吴中乐部甲天下”之美誉,《晋书·乐志》云:“吴歌杂曲并出江南,东晋以来,稍有增广。……始皆徒歌,既而被之管弦。”[1]另外,家学渊源与前人的影响直接促使吴中词派的形成。吴中词派的主要人物戈载曾说:“惟自揣音韵之学,自幼尝承庭训,见家君与钱竹汀先生讲论,娓娓不倦。予于末座,时窃绪余。……近又承顾丈涧苹,谈宴之余,指示不逮,更稍稍能领其大略焉。”[2]王嘉禄乃王芑孙之子,芑孙有《瑶想词》1卷。沈彦曾之父沈清瑞,号芷生,与兄沈起凤俱以诗文名,尤擅词,有《绿春词》1卷。

---

〔1〕 房玄龄等:《晋书》卷二十三《乐下》,中华书局1974年,第716—717页。

〔2〕 戈载:《词林正韵·发凡》,上海古籍出版社1981年,第88—89页。

（二）散文、小说

1. 清前期：由汪琬的文以“道”立，到沈复的文以“情”立

汪琬（1624—1691），字苕文，号钝庵，初号玉遮山樵，晚号尧峰，长洲人。汪琬出身于书香门第，其曾祖父汪禧为明万历四年（1576）举人，叔祖汪起凤为万历二十九年（1601）进士，祖父汪起鹤为廪例太学生，其父汪膺为天启七年（1627）举人。汪琬10岁学时文，15岁时入长洲学为附生。16岁时因时文出众为舅父徐汧所赏识，经常邀请他与同乡宋实颖参加文会。他18岁出为塾师，岿然称伟人。[1]清顺治十二年（1655）进士，官历户部主事、刑部郎中等。后因病辞官回家，康熙十八年（1679）举博学鸿词，授翰林院编修，参与修撰《明史》。汪琬、侯方域、魏禧三人因合集《国朝三家文钞》（宋荦、许汝霖辑刊）而被誉为清初“古文三大家”。《四库全书简明目录》则称扬此三家，侯方域为“才人之文”，魏禧为“策士之文”，汪琬为“儒者之文”。[2]汪琬作为恪守儒道的古文家，于文倡导根柢六经、深识义理，以此为其古文理论基础。纪昀评汪琬古文云：“惟琬学术既深，轨辙复正，其言大抵原本六经，与三家迥别。”[3]汪琬强调古文家为文务先“博且专”，于“经”而“深于道”，学作古文是一个不断积累和感悟的过程，反对“不精求道之大原，而区区守其一得之文”。[4]

汪琬的散文以“道”为立论之根本，其创作与实用、审美理论均以此为前提。其散文根柢六经，崇尚法度，追求昌明博大之趣，堪称“清文”的开山。[5]其散文主要可分为经史之文与小品纪游两大类，其中经史之文占据了绝大多数，体现了其创作的根本旨趣与艺术风格。其文疏畅通达，主张才气要归于节制，以呼应开阖，操纵顿挫，避免散乱。所谓“扬之欲其高，敛之欲其深”[6]。他反对“以小说为古文辞”，认为“既非雅驯，则其归也亦流为俗学而已矣”[7]。他的文风，一般

---

〔1〕 赵经达：《汪尧峰先生年谱》，见《丛书集成续编》第37册，上海书店1994年，第770—771页。

〔2〕 宋荦、许汝霖：《国朝三家文钞》卷首《三家文钞序》，清康熙三十三年刊本。

〔3〕 纪昀等：《四库全书总目提要（三十四）》卷一七三《尧峰文钞提要》，商务印书馆1931年，第9页。

〔4〕 汪琬：《尧峰文钞》卷三十二《与曹木欣先生书二》，四部丛刊本，1926年商务印书馆影印林佶写刻本，第2页。

〔5〕 李圣华：《根柢六经　醇而不肆——汪琬古文创作探论》，见《苏州大学学报》2009年第3期。

〔6〕 汪琬：《答陈霭公书二》，见任继愈主编，吴翌凤编：《中华传世文选　清朝文征》（上册），吉林人民出版社1998年，第154页。

〔7〕 汪琬：《钝翁前后类稿》卷四十八《跋王于一遗集》，见《清代诗文集汇编》第94册，上海古籍出版社2009年，第353页。

论者认为受欧阳修的影响，而近于南宋诸家。计东为其作《生圹志》，则以为："若其文章，溯宋而唐，明理卓绝，似李习之（翱）；简洁有气，似柳子厚（宗元）。"[1]康熙帝曾称赞他："尝与近臣论本朝文学砥行之儒，首称数先生。"[2]《陈处士墓表》《尧峰山庄记》《绮里诗选序》《江天一传》《书沈通明事》《送王进士之任扬州序》等文是其代表作。[3]汪琬的经史散文与顾炎武颇多相近处，不仅代表着吴中散文的一大潮流，推动了清初古文的复兴，还在一定程度上为桐城文派的形成开辟了路径，对清代古文的发展产生了深远影响。著有《尧峰诗文钞》50卷、《钝翁前后类稿》62卷、《钝翁续稿》56卷。

与汪琬的文以"道"立论不同，清初苏州还出现了一种"草野"散文创作风格，其代表人物为计东。计东（1625—1677），字甫草，号改亭，吴江人。青年时曾参加复社，"少负经世才，自比马周、王猛"[4]。顺治十四年（1657），"举顺天乡试，御试第二，名动长安"[5]，后以江南奏销案被黜，生活陷入困顿。其后浪游四方，游幕授经，先后做过徐乾学、刘体仁、严沆、王崇简等人的幕僚。同时，还结交了当时的一大批能文之士，著名的有徐作肃、董以宁、周亮工、汪琬、魏禧、陈维崧、姜宸英等人。著有《改亭集》16卷、诗集6卷。

长期的游幕生涯使计东与清初士林联系广泛，游历对他的散文创作影响巨大。他的文章涉及清初士人生活、思想、学术、文艺诸多方面，从而形成了自己独特的艺术创作风格。与汪琬重视法度不同，计东强调对"法"的灵活把握，不恪守唐宋大家的法度。他认为"近代作者，其稍知为文章，莫不斤斤焉求合古人之法，顾法可学而至耳，才调之广狭，知见之小大，思力之浅深，则狭者不能使之广，小者不能使之大，浅者不能使之深，此殆有天焉，非学可至也。法亦无穷，随其才调、识见、思力而与为变化，彼浅隘且小者其为法亦拘拘不足观矣"[6]。在艺术风格上，计东偏爱"苍凉古直之作"。董以宁评价计东的散文"以气胜"，而汪琬的散文"以法胜"，二人"两相畏则两相成"，即两者在文章创造之道上是双向互动的。[7]关于文章的本质，计东认为："夫所谓文章者，立其质而文附之，有诸中

[1] 傅璇琮：《中国古代诗文名著提要·明清卷》，河北教育出版社2009年，第262页。

[2] 李元度：《国朝先正事略》卷三十七《汪尧峰先生事略》，岳麓书社2008年，第1136页。

[3] 李圣华：《汪琬经史散文述论》，《文艺报》2007年8月18日。

[4] 赵尔巽等：《清史稿》列传二七一《计东传》，中华书局1997年，第10133页。

[5] 盛泽镇人民政府、吴江市档案局：《盛湖志（四种）》上册，广陵书社2011年，第138页。

[6] 计东：《改亭集》卷一《徐健庵集序》，见张舜徽集：《清人文集别录》，华中师范大学出版社2004年，第70页。

[7] 董以宁：《正谊堂诗文集》，见《计甫草文集序》，清康熙书林兰荪堂刻本，第1页。

而后章诸外也。自非至圣,其生平各有所得力之处,故其著之于言也必专。”[1]

计东的人生际遇使他对社会现实的认识十分深刻、清醒,他的散文具有充实的时代内容、锐利的批判锋芒和激越的个人悲情,气势凌厉,非平和淳雅之音,与汪琬、方苞的文风不同,从而形成了清初散文演变的另外一个侧面和路径,与长期以来学界所熟知的由汪琬到方苞的清文演变方向之间题有交叉,但更多的是二者文章精神旨趣的差异和艺术风格的另类。[2]

清代乾隆年间,随着商品经济的繁荣,城市文化的发达,苏州市民的兴起,除了传统的“学而优则仕”的正统士大夫文人在中国散文历史中大发异彩外,那些处于当时主流社会边缘的士人的文章也不断崭露头角,其代表著作为《浮生六记》。光绪三年(1877),清人王韬的妻兄杨引传在苏州的冷摊上发现《浮生六记》,当时为残稿,只有4卷,后交给在上海主持申报闻尊阁的王韬,这才得以刊行。《浮生六记》作者沈复(1763—1825),字三白,号梅逸,元和人。其父稼夫曾在浙江、江苏各地做知客、师爷,沈复继承父业,以游幕为业,一度以卖画为生,终生未仕。

《浮生六记》共6卷:(一)《闺房记乐》,(二)《闲情记趣》,(三)《坎坷记愁》,(四)《浪游记快》,(五)《中山记历》,(六)《养生记道》,其中后两记已失传。全书以沈复夫妇生活为主线,描述了平凡而又充满情趣的居家生活以及浪游各地的所见所闻,各篇皆旨归于“情”,从思想追求和结构上都迥异于传统的传状类散文。本书文字清新真率,无雕琢藻饰痕迹,情节则伉俪情深,至死不渝;始于欢乐,终于忧患,飘零他乡,悲切动人。沈复的《浮生六记》均以浅显的文言赋“闲情”、记“浮生”,表现普通人的生活艺术、生活趣味、生活经验以及悲欢哀乐的生活情感,以性情中人的敏感领悟生活的哲理。在中国散文历史上的重要意义在于,突破了传统的经史之文,将散文题材的领域推广到世俗日常生活的一切方面,构成了中国古代散文题材领域的又一次大的解放。

2. 晚清的“新文体”散文

清代中期,桐城派散文声势浩大,几乎独占文坛。受此影响,晚清的散文依然坚守着传统的载道和言志的写作风格,写的还是文言文,但受西方风气的影响,这种“不合时事而著”的文章开始呈现颓败之象。一些有识之士开始倡导散

---

〔1〕 计东:《改亭集》卷二《董文友文集序》,见《续修四库全书》第1408册,上海古籍出版社2002年,第98页。

〔2〕 张则桐:《计东与康熙初年文风》,见程章灿:《古典文献研究》第13辑,凤凰出版社2010年,第145—158页。

文改革，由此出现了“新文体”散文[1]，并迅速发展，从而取代桐城派而成为整个晚清散文创作的主流。“新文体”散文主要有冯桂芬、薛福成式散文，王韬式“报章文”和戊戌期间的“时务文”以及经梁启超改造的“新民体”。

冯桂芬（1809—1874），字林一，号景亭，吴县人。道光二十年（1840）进士，授翰林院编修，在京为官三年，后辞官回家，著书立说。他虽然讲“文以载道”，但主张扩大“道”的内容和文章的表现范围，认为“道”不止于“天命”“率性”，“举凡典章、制度、名物、象数，无一非道之所寄，即无不可著之于文”。[2]冯桂芬反对桐城派散文的“义法”教条，认为文学作品的内容应包括一切反映现实的东西，在写作过程中不应该拘泥于“法”，而应当“称心而言”。他本人的散文也是遵循此意，如《校邠庐抗议》，语言流畅、感情丰富。

王韬（1828—1879），字紫铨，号仲弢，晚号天南遁叟、弢园老民等，长洲人。道光二十五年（1845）考中秀才，后在江南乡试中落第，从此他无意于仕途，回乡专做学问。他认为文章应该合时而著，“文章所贵在乎纪事述情，自抒胸臆，俾人人知其命意之所在，而一如我怀之所欲吐，斯即佳文”，“于古文辞之门径则茫然未有所知”。[3]同治十三年（1874），王韬创办第一家华人报纸《循环日报》，他自任主笔10年之久，所写文章自然流畅，通俗易懂，不拘法度，这较冯桂芬又进步了很多，为梁启超的“新民体”开辟前径。此外，他还著有《遁窟谰言》《淞隐漫录》《淞滨琐话》等笔记小说。

3．小说

清代苏州小说的成绩主要表现于三个方面：白话讲史演义、文言小说、小说评论。

清初白话讲史演义以《隋唐演义》和《女仙外史》为最著名。《隋唐演义》作者褚人获（1635—?），字学稼，又字稼轩，号石农，长洲人，一生未曾中式，也未曾做官，但能诗善文，尤喜涉猎历代稗史轶闻。著有《坚瓠集》《读史随笔》《退佳琐录》《圣贤群辅录》《续蟹集》《宋贤群辅录》与《鼎甲考》等。尤侗在《坚瓠集》序中称他：“少而好学，至老弥笃，搜群书穷秘籍，取经史所未及载者，条列枚举，其事小可悟乎大，其文奇而不离乎正。”[4]《隋唐演义》作为清代著名的白话讲史

---

〔1〕晚清“新文体”是作为“桐城派”的对立面而出现的。“新文体”是一个动态的总概念，本身有一个发展过程。参见朱文华：《简论晚清“新文体”散文》，见《复旦学报》1995年第3期。

〔2〕冯桂芬：《复庄卫生书》，见王兆祥：《诗书品艺·文化篇》，山西人民出版社2003年，第287页。

〔3〕王韬：《弢园文录外编·自序》，辽宁人民出版社1994年，第1—2页。

〔4〕褚人获：《坚瓠集》（17），上海文明书店，年份不详，第1页。

演义在民间广为流传,褚人获在罗贯中编纂的《隋唐志传》、林瀚改订的《隋唐两朝志传》的基础上,又参考了《大唐秦王词话》《隋炀帝艳史》以及唐宋传奇、戏曲、民间传说等材料,如《海山记》《迷楼记》《开河记》《开元天宝遗事》《太真外传》等,编撰成长篇白话小说《隋唐演义》。他在该书"自序"中言:"昔人以《通鉴》为古今大账簿,斯固然矣。第既有总记之大账簿,又当有杂记之小账簿,此历朝传志演义诸书所以不废于世也。"由此看来,他是把历史演义当作史传的另一种形式来对待的。

《女仙外史》的作者吕熊清康熙十三年(1674)前后在世,字文兆,号逸田,昆山人。年轻时因明王朝灭亡,其父令他学医,不参加科举考试。康熙二十二年(1683)于成龙巡抚直隶,他被聘入幕。吕熊性喜交游,足迹遍天下,他的朋友称其为人"性情孤冷,举止怪僻","文章经济,精奥卓拔"。《女仙外史》全书凡一百回,以明初燕王朱棣篡位为背景,叙写了山东蒲台县农民起义领袖唐赛儿起兵勤王的故事。小说情节是史实、虚幻并存,前二十回据谷应泰《明史纪事本末》敷衍而成,叙唐赛儿奇异诸事。后八十回多记神仙道术之事,纯然出于虚构。《女仙外史》选材命意有其新异之处,带有浓厚的传奇色彩,语言通俗流畅,但人物塑造堕入明代神魔小说旧套。除《女仙外史》外,吕熊还撰有《诗经六义辨》《明史断》《续广舆志》等作,今俱不传。

清代中叶有《北史演义》和《南史演义》,两部小说作者都是杜纲,字振三,号草亭,昆山人。少有名声,补诸生,但终生不得志,未能中举入仕,以著书自娱。小说的材料依附于正史,脉络分明,叙事彼此勾连,但缺少穿插和生动的细节描写,显得比较平淡。此外,他还著有《娱目醒心编》16 卷,原刊于乾隆五十七年(1792),每卷分二回或者三回,故事占有一回以上篇幅者计有二十三则。书中所叙多是杜纲家乡昆山一带明朝至清初的轶闻琐事,内容大抵关涉忠孝节义,其中亦有采自他书者。全编内容平庸,虽欲藉因果报应来劝忠说孝,但其夸饰和虚构不近情理。

晚清小说《青楼梦》,原名《绮红小史》,作者俞达(?—1884),又名宗骏,字吟香,号慕真山人,长洲人。一生功名不遂,怀才不遇,经常出入酒楼妓院。《青楼梦》里的主人公金挹香就是他自己的化身,他通过这本书来抒写自己的经历和理想。"后欲出离,而世事牵缠,又不能遽去。光绪十年(1884)以风疾卒。"[1]此书成于光绪四年(1878),属于以狎妓为题材的狭邪小说。书名是借着当时较

〔1〕 鲁迅:《中国小说史略》,上海古籍出版社 1998 年,第 189 页。

有名声的《红楼梦》来命名的，题材略同红楼梦，写作方式也有意模仿《红楼梦》。书中描写了一个风流才子金挹香始溺温柔之乡，与36位美人（妓女）朝夕往来，后来弃官修道，悟道成仙，又归家度其妻妾，一一了却尘缘，同结风流案。除《青楼梦》外，俞达还著有《醉红轩笔话》《花间棒》《吴中考古录》《闲鸥集》《吴门百艳图》《醉红轩诗稿》等。

《孽海花》为晚清著名的四大谴责小说之一[1]，作者曾朴（1872—1935），家谱载名为朴华，初字太朴，改字孟朴，又字小木、籀斋，号铭珊，笔名东亚病夫，江苏常熟人。曾朴出身于常熟望族，光绪十七年（1891）中举，后其父为他捐了个内阁中书。曾朴性格豁达不羁，喜交朋友。《孽海花》的始作者为金天翮，先写了六回寄给曾朴所办小说林书社。曾朴认为这"是一个好题材"，对小说的写法提出了一些意见，两人遂共同酌定全书六十回的回目，改由曾朴续写。小说以金雯青和傅彩云的故事为主线，生动地描写了从同治至光绪30多年间历史文化的推移和政治社会的变迁。《孽海花》是中国历史小说的现代转型，其历史叙事方式摆脱了传统历史小说演义正史的模式，不直接写重要历史人物和重大历史事件，而是"避去正面"，借世俗化的"有趣的琐闻逸事"，"来烘托出大事的背景"，[2]展现一种由世俗风情和人的道德生活构成的"风俗史"。

文言小说代表作有《觚賸》。《觚賸》的作者钮琇（1640—1704）[3]，字玉樵，吴江人，拔贡生。历官河南项城、陕西白水、广东高明等地县令。钮琇除了著有《觚賸》8卷、《觚賸续编》4卷之外，还有《临野堂文集》10卷、《诗集》13卷、《诗余》2卷、《尺牍》4卷、《揖云斋集》不分卷等。《觚賸》正编分《吴觚》《燕觚》《豫觚》《秦觚》《粤觚》5个部分，记载了作者任官及游历之时所见的遗闻趣事，其中围绕作者家乡吴江的逸事尤为繁多。关于《觚賸》的整体艺术风格和语言特征，《四库全书总目提要》评价"琇好为俪偶之文，故叙述是编，幽艳凄动，有唐人小说之遗"[4]，周中孚评价其"文词皆哀艳奇态"[5]。从体裁上来看，《觚賸》又可以分为传奇、志怪、轶事等几类。清代笔记小说志怪多、志人少，杂名物考证多、

---

〔1〕 鲁迅：《鲁迅全集》第9卷，人民文学出版社2005年，第299—305页。

〔2〕 魏绍昌：《孽海花资料》，上海古籍出版社1982年，第128—129页。

〔3〕 关于钮琇的生卒年月，学术界颇有争议，张尚瑗《文林郎高明县知县玉樵钮君墓志铭》明确指出，"君生于明崇祯十三年庚辰月日，殁于皇康熙四十四年甲申月日，享年六十有五"。参见白亚仁：《钮琇〈觚賸·睐娘〉本事考》，见《南京师范大学文学院学报》2011年第2期。

〔4〕 永瑢：《四库全书总目提要》卷一四四，中华书局1965年，第1232页。

〔5〕 周中孚：《郑堂读书记》，商务印书馆1959年，第1319页。

记现实政事少〔1〕,而《觚賸》中的传奇多以实事为背景,除少数几篇人物事迹无可考外,绝大多数作品的主要人物都于史有证,如睐娘、云娘、张羽军、吴六奇、熊廷弼等人,这也是钮琇的艺术才能迥异于其他文言小说家之处。《觚賸》中虽然大部分志怪作品篇幅短小、情节单纯,是杂记各种怪异之事的笔记,却饱含了作者对当时世风日下、道德沦丧以及官场腐败的批判感情,通过这种方式来暗言时事,寄寓作者的情感。另外,《觚賸》还记载了易代之际的历史遗闻、人物逸事以及当时的重大政治事件,如庄氏明史案、东南地区迁海事件等,可以弥补正史记载的不足,从而具有"沧海轶闻,翔实赅洽,足裨史乘"的特性。〔2〕

随着小说的发展,读者欣赏水平的不断提高,苏州地区还出现了著名的小说评论家金圣叹和毛宗岗等人。

金圣叹(1608—1661),名采,字若采,明亡后改名人瑞,字圣叹,别号鲲鹏散士,一说本姓张,名喟,吴县人。明末清初著名的文学批评家和小说评点家,著有《唱经堂才子书汇稿》等。金圣叹为明朝诸生,入清后,因"哭庙案"而罹难。他在中国文学批评史上的贡献,是评点《离骚》《庄子》《史记》《杜诗》《水浒传》《西厢记》,合称"六才子书",其中只完成了后两种,《杜诗解》未完成即罹难。

金圣叹11岁就开始读《水浒传》,其后花费一生时间用于小说评点和理论创新。他评点《水浒传》最大的特点是"腰斩《水浒》",他借卢俊义之梦,把"英雄聚义"之后四十回描写招安的内容全部删除,认为这是罗贯中"横添狗尾",故尽行砍去,自称得"贯华堂古本"无续作,又伪造施耐庵序于前。刘廷玑《在园杂志》对金批《水浒传》给予极高评价:"加以句读字断,分评总批,觉成异样花团锦簇文字。以梁山泊一梦结局,不添蛇足,深得剪裁之妙。"〔3〕长期以来,金本《水浒传》产生了极为广泛的影响,以至人们只知金本,而不知有旧本。在点评《西厢记》时,他认为第五本并非出自王实甫之手,也是"恶札",故截去而以《惊梦》收尾。金圣叹继承了明代李贽的批评传统,把传统士大夫认为不登大雅之堂的通俗小说、戏曲与高雅的诗文相提并论,甚至认为小说、戏曲比诗文更具有价值,这是对传统文学观念的挑战。他强调小说要塑造人物形象,将人物的心理、性格、行动、语言与小说的情节构思以及谋篇布局有机结合起来,从而提高了小说的艺术魅力。此外,他还提出了"因文生事""个性化""三境说""因缘生法""澄怀格物"等小说创作理论,这些都对促进中国文学批评理论的发展起到了重要的作用。

---

〔1〕 苗壮:《笔记小说史》,浙江古籍出版社1998年,第317页。

〔2〕 钮琇:《觚賸》,清宣统三年仲春时中书局印行,第1页。

〔3〕 刘廷玑:《在园杂志》卷二,见朱一玄:《金瓶梅资料汇编》,南开大学出版社2012年,第560页。

毛宗岗(约1632—?),字序始,号子庵,长洲人,著有《子庵杂录》等。曾仿效金圣叹而对罗贯中的《三国演义》进行评点,形成如今的一百二十回本,从而取代旧本广为流传。对《三国演义》评点,最先由其父亲毛纶开始,后毛纶失明,毛宗岗继承其父遗志继续修改定稿。此书评点大约始于康熙三年(1664),完成于康熙五年(1666),历时3年。在评点中,他依据朱熹的《通鉴纲目》,强化了尊刘抑曹的正统观念和天命思想。其评点本,清邹梧岗参订本名为《第一才子书》,芥子园刊本名为《四大奇书第一种》。

关于毛宗岗对《三国演义》的精彩评论,主要见于写在书前的《读三国志法》。他认为相比其他小说而言,《三国演义》"据实指陈,非属臆造",所叙帝王之事"真而可考",因此"堪与经史相表里","《三国》叙事之佳,直与《史记》仿佛,而其叙事之难则有倍难于《史记》者"。[1]同时,他又赞同既要尊重历史真实,又应允许艺术虚构,在史载不及的帝王心理、细节的描写方面,必须由作家的虚构去完成。对于《三国演义》和《水浒》两部名著,他认为《水浒》的虚构无拘无束,比较容易,而《三国演义》则必须在一定史实框架的约束下进行艺术创造,所以更难。另外,《三国演义》塑造的人物形象比《水浒》更加丰富、更加出色。

程伟元(?—约1818),字小泉,吴县人。因科场失意,一生未仕。清乾隆年间,寓居北京。嘉庆五年至七年(1800—1802)冬为盛京将军晋昌幕僚,佐理奏牍,并替晋昌编辑《且住草堂诗稿》。后留居辽东,卒。在京时与高鹗共同修补《红楼梦》,成一百二十回本。全书于乾隆五十六年(1791)由萃文书屋以活字版印行,后称"程甲本"。翌年又大量改动前八十回的文字情节,对后四十回续稿亦颇多修改,仍由萃文书屋印行,后称"程乙本"。从此《红楼梦》小说以刊本形式流行。

二、昆曲、苏州评弹与吴歌

(一)昆曲

明代中后期,家班风行一时,苏州"上三班"以申时行家班最为出色。家班的盛行有力地促进了剧本创作的繁荣,推动了昆曲音乐的完善和成熟。清初经过政权鼎革的社会大动荡,旧明士大夫家班大多消歇。此外,雍正年间,朝廷整饬吏治,禁止外官蓄养戏班,据《元明清三代禁毁小说戏曲史料》记载:"雍正二年十二月十八日奉上谕:外官畜养优伶,殊非好事,朕深知其弊。……既奉旨之后,

[1] 毛宗岗:《读三国志法》,转引自陈周昌:《毛宗岗评改〈三国演义〉的得失》,见《社会科学研究》1982年第4期。

督抚(无)不细心访察,所属府道以上官员,以及提镇家中尚有私自畜养者,或因事发觉,或被揭参,定将本省督抚照徇隐不报之例,从重议处。”〔1〕乾隆三十四年(1769),“严禁官员蓄养歌童”,家班从此衰歇,“家伶日少,台阁巨公,不憙声乐”。〔2〕内中的伶人都转往职业昆班,家班艺人纷纷流落到民间,这就促使厅堂红氍毹与市井草台有了进一步交流融合的机会,有利于昆曲的进一步发展。

乾隆年间,苏州昆班趋于极盛,班社林立,有“四五十家共据一郡”之说。据王载扬《书陈优事》记载,清康熙年间苏州的昆班多达千数。现在名目可考的有:全苏班、延秋班、寒香班、凝碧班、妙观班、雅存班、织造部堂海府内班、永秀班、瞻云班、小江班、萃庆小班、集华班、秀华班、二升秀班、玉林班、仙籁班、龙秀班、来凤班、一元班、季华班、集秀班、聚秀班、结芳班、集锦班、永秀班、萃芝班、品秀班、坤秀班、九如班、庆华班、迎秀班、聚芳班、保和班、汇秀班、宝秀班、宝庆班、宝华班、锦秀班、集芳班、萃芳班、发秀班、祥秀班、升亨班、同庆班、升林班、升平班、庆裕班、升秀班、升庆班、升云班、小红班、迎福班、小院班、合秀班、莲喜班、松秀班、集成班、集秀班等。〔3〕乾隆年间,苏州织造府管辖的老郎庙内设立梨园总局,出现了昆班艺人的行会组织。据《清嘉录》记载:“老郎庙,梨园总局也。凡隶乐籍者,必先署名于老郎庙。庙属织造府所辖,以南府供奉需人,必由织造府选取故也。”〔4〕

除了昆曲之外,各地还流行地方性腔调演唱的戏曲,概称“花部”或“乱弹”。据《扬州画舫录》云:“两淮盐务例蓄花雅两部以备大戏。雅部即昆山腔。花部为京腔、秦腔、弋阳腔、梆子腔、罗罗腔、二簧调,统谓之乱弹。”〔5〕因官方认为花部鄙俗,多有伤风化,故直到乾隆年间花部一直都不被准许进入郡城。梨园总局——苏州老郎庙有严禁花部戏班进城演唱的碑刻,碑文云:“苏州、扬州向习昆腔,近有厌旧喜新,皆以乱弹等腔为新奇可喜,转将素习昆腔抛弃,流风日下,不可不严行禁止。”〔6〕嗣后,除昆弋两腔照旧准其演唱外,其外乱弹、梆子、弦索、秦腔等戏,概不准再行演唱,所有京城地方均交和珅严查饬禁,并传谕江苏巡抚、安徽巡抚、苏州织造、两淮盐政一体严行查禁,如再有仍前唱演者,惟该巡抚、盐

〔1〕《雍正二年十二月禁外官蓄养优伶》《乾隆三十四年严禁官员蓄养歌童》,见王利器:《元明清三代禁毁小说戏曲史料》,上海古籍出版社1981年,第31、46页。

〔2〕吴梅:《中国戏曲概论》卷下,大东书局1926年,第1页。

〔3〕吴新雷:《苏州昆班考》,见《东南大学学报》2000年第4期。

〔4〕顾禄:《清嘉录》卷七《青龙戏》,上海古籍出版社1986年,第122页。

〔5〕李斗:《扬州画舫录》,中华书局1960年,第107页。

〔6〕《翼宿神祠碑记》,见《中国戏曲志》编辑委员会:《中国戏曲志·江苏卷》,中国ISBN中心2000年,第1000页。

政、织造是问。[1]乾隆中叶以后花部逐渐崛起,作为"雅部"的昆曲在与花部的竞争中日渐处于下风,昆曲的生存空间和社会影响日渐萎缩。但昆曲凭借其悠久的艺术特性,依然维持着表面"繁花似锦"的景象。

道光年间,昆曲明显衰落,标志性事件为苏州最负盛名的集秀班解散。集秀班是苏州织造和扬州盐运使为迎接乾隆帝第六次南巡(1784)而建,聚集了"苏、杭、扬三郡数百部"昆班优秀演员和乐师。乾隆帝南巡时,"比乐作,天颜大喜",从此名扬天下,享誉全国。此后,"非第一流"演技者"不能"入。[2]然而在道光七年(1827)集秀班宣布解散,道光二十九年(1849),苏州城内能维持经常演出的戏班仅剩下四家,即大雅班、大章班、全福班、鸿福班,生计萧条,观众流失,"惟郡庙前一戏园,犹演唱昆曲,观者寥寥,远不逮城外京班之喧嚷"[3]。由此可见,当时昆曲已经走下坡路。

咸丰十年(1860),太平军攻陷苏州,戏班惊散,只能逃进上海"分设两班开演"[4]。清军光复苏州之后,同治七年(1868)才又在苏州老郎庙开台,尽管一度演出火热,但只是昙花一现。清末,大雅班、大章班、鸿福班先后解散,苏州城内只剩下全福班勉强维持,即便戏馆开演,"知音绝少""观者寥寥"。[5]城外演唱京戏的戏园有两三家,而昆曲戏园已不常开,即便偶尔开设,往往开锣不久,则因生意清淡而停闭。[6]昆曲从此一蹶不振,早已失去了清初苏州民间职业戏班多"以千计"的壮观景象。

为了适应观众不同层次的欣赏习俗,昆曲又有"文班"和"武班"之分,还有"坐城班"和"江湖班"之分。"坐城班"常年在城区演出,"江湖班"则外出跑码头,在乡村流动演出庙台戏或草台戏。袁景澜《吴郡岁华纪丽》卷二《春台戏》说:"苏州戏班名天下。乾隆辛丑,浒关榷使者进呈古今杂剧传奇,计一千八十一种。郡人叶广平精音律,为《纳书楹曲谱》,宫商无谬误。承平日久,乡民假报赛名,相习征歌舞。值春和景明,里豪市侠搭台旷野,醵钱演剧,男妇聚观。众人熙熙,如登春台,俗谓之春台戏。抬神款待,以祈农祥。台用芦席蔽风日,谓之草台。其班之上者,为城中班。来安庆者,为徽班,来江震别处者,为江湖班。最有

[1] 《苏州老郎庙碑记》,见张庚、郭汉城:《中国戏曲通史》(下),中国戏剧出版社1981年,第15页。

[2] 龚自珍:《书金伶》,见《龚自珍全集》(上),中华书局1959年,第181页。

[3] 《苏台碎录》,《申报》清光绪十年十月初七。

[4] 江苏省博物馆:《江苏省明清以来碑刻资料选集》,生活·读书·新知三联书店1959年,第304页。

[5] 《重整戏园》,《申报》清光绪六年四月十一日。

[6] 叶至善、叶至美、叶至诚:《叶圣陶集》第5卷,江苏教育出版社1988年,第383页。

名者,为昆腔。”[1]由此可见,苏州乡村草台戏也盛行昆腔,而且农民们特别推崇苏州城中的昆班。经过太平天国战乱后,“梨园子弟多白发”,连“坐城班”也不得不辗转码头求生存。

清初,昆曲出现了一个流派,即“苏州派”(最早被称为“吴县派”),它是苏州市民剧作家群体。关于“苏州派”的群落阵容,很早有学者进行了考证。近有学者对清初苏州曲家群落的传世作品进行通读、分析、论证,并就其创作风格予以甄别、认同,确认的苏州派曲家有10位:李玉、朱佐朝、朱素臣、张大复、丘园、叶稚斐、毕魏、朱云从、盛际时、邹玉卿。[2]这些剧作家大多出身低微,其领袖李玉原是明代大学士申时行的家人。其一生创作传奇42种,流传至今的有18种之多。据吴伟业《北词广正谱序》说:“其才足以上下千载,其学足以囊括艺林。”[3]

表5-1 “苏州派”剧作家传世作品一览表

姓名	生卒年份	籍贯	传世作品
李玉	1591—1671	长洲	《清忠谱》(合作)、《一捧雪》《人兽关》《永团圆》《占花魁》《万里缘》《牛头山》《昊天塔》《五高风》《千忠戮》《麒麟阁》《两须眉》《眉山秀》《风云会》《太平钱》《七国记》《一品爵》(合作)、《连城璧》共计18种
朱素臣	1615—1690	吴县	《十五贯》《未央天》《锦衣归》《聚宝盆》《翡翠园》《万年觞》《朝阳凤》《秦楼月》《文星现》《龙凤钱》《四奇观》(合作)、《四大庆》(合作)共计12种
朱佐朝		吴县	《渔家乐》《艳云亭》《万寿冠》《御雪豹》《吉庆图》《五代荣》《石麟镜》《血影石》《轩辕镜》《乾坤啸》《夺秋魁》《莲花筏》《四奇观》(合作)、《锦云裘》《一品爵》(合作)、《璎珞会》《牡丹图》共计17种 著名残本折子:《九莲灯·火判》
张大复		吴县	《读书声》《快活三》《如是观》《金刚凤》《双福寿》《吉祥兆》《醉菩提》《海潮音》《钓鱼船》《紫琼瑶》共计10种 著名残本折子:《天下乐·嫁妹》
丘园		常熟	《党人碑》《幻缘箱》《御袍恩》《四大庆》(合作)共计4种 著名残本折子:《虎囊弹·山门》
叶稚斐		吴县	《琥珀匙》《英雄概》《四大庆》(合作)共计3种
毕魏		吴县	《竹叶舟》《三报恩》共计2种

[1] 袁景澜:《吴郡岁华纪丽》卷二《春台戏》,江苏古籍出版社1998年,第74页。

[2] 顾聆森:《论昆曲苏州派》,见《艺术百家》2011年第1期。

[3] 吴伟业:《北词广正谱序》,见王秋桂:《善本戏曲丛刊》(80—81),《北词广正谱》,台湾学生书局1987年,第8页。

（续表）

姓名	生卒年份	籍贯	传世作品
盛际时		吴县	《胭脂虎》《人中龙》《四大庆》（合作）共计3种
陈二白		长洲	《双官诰》《称人心》共计2种
朱云从		吴县	《龙灯赚》《儿孙福》共计2种
邹玉卿		长洲	《青虹啸》《双螭璧》共计2种

“苏州派”最大的突破就是将笔触从上层贵族下移至市井旮旯，作品主要突出了传统观点认为微不足道的市民形象，市井人物甚至占领了舞台的中心位置。在他们的作品中，市民形象琳琅满目，如《翡翠园》的绣花女赵翠儿；《万寿冠》的漆匠蒲奉竹；《双和合》《称人心》的裁缝唐竹山和洛小溪；《人中龙》的木匠王廷相；《胭脂雪》的砌街匠韩若水；《一捧雪》的裱褙匠汤勤；《一捧雪》的家仆莫诚；《占花魁》的卖油郎秦锺；《渔家乐》的渔夫邬翁；《十五贯》的屠户尤葫芦；《快活三》的柴贩居慕庵；《三报恩》的乩童、道姑；《二奇缘》的悟石、觉空等，其他还有船户、差役、樵夫、市井无赖，不一而足。

“苏州派”的作品除了体现那个时代的立体社会风尚之外，还包含了作者的创作理念，他们虽然竭力张扬市民精神，但本质上并没有跳出儒家的道德范畴。他们对周顺昌、况钟、程济、包拯等这样名垂青史的名臣的清正进行力透纸背的讴歌；对于严世蕃、魏忠贤、梁冀这样的权奸污吏的丑恶进行入木三分的刻画；从儒家的思想层面对恪守三从四德、忠孝节义封建道德秩序的市民形象予以竭力的张扬彰显，而对市民中衣冠禽兽之辈的不义行径则予以无情的批判鞭挞。字里行间却充盈着对于传统道德治国功能的信仰，流露着对于正统儒家思想、传统道德的向往与追求，以及对于“异端邪说”的不齿与指责，或包含着对农民起义的仇视心理。

“苏州派”的出现是明末清初苏州特定的政治、经济环境中的一种人文现象。它所创造的艺术风范，表现了昆剧市民性与贵族性的双重取向，不仅在思想内容上守护着贵族性，张扬了市民性，并通过传奇结构与机制的革新，完成了“曲”向“剧”的过渡，平衡了贵族与市民两个不同阶层的审美需求。同时，它还超越了以沈璟为首的吴江派提出“才情”与“音律”的“双美”标准，在文辞上则充分发挥了昆剧文学性与舞台性的双重优势，兼顾了文采与音律，从而使他们的传奇可读可演、雅俗共赏，奠定了“吴门曲派”——南曲的最后典范。总之，以李玉为领袖的“苏州派”开创了一个昆剧的新纪元。

（二）苏州评弹

评弹是评话和弹词这两种曲种的合称，又称作说书，评话只说不唱，弹词以说为主，辅之以唱。评话和弹词因地域的不同，所用的方言不同，分成若干曲种，如评话有苏州评话、扬州评话、南京评话、杭州评话等；弹词有苏州弹词、扬州弹词、长沙弹词、贵州弹词等。“评话”一词，始见于元代，是从唐宋说话衍变而来的。“弹词”一词，始见于明代。明代，评话和弹词流行的地区很广泛，在向各地流传的过程中，逐渐和各地的方言相结合，形成运用各地方言表演的评话和弹词。关于苏州评弹形成的具体时间，由于资料的不足，现在还无法推定。一般认为，苏州话的评弹形成于明末清初，因为明末清初已经有苏州的说书和苏州人说书的信息，乾隆时期已有苏州弹词的刻印脚本。有了很多书目，而且有了“响档”和“名家”。〔1〕苏州弹词是弹词与吴地方言、民俗风情、民间音乐结合而形成的说唱艺术，属于弹词的一种。

清代苏州商品经济繁荣，城市发展迅速，文化昌盛，以及市民阶层对娱乐消费的需求等，都推动了苏州评弹艺术的形成与发展。清初，苏州评话和苏州弹词已经“盛于江南”，据《清稗类钞》云：“评话，即说书，又名平词。明末国初，盛于江南，如柳敬亭、孔云霄、韩圭湖辈，屡为陈其年、余澹心、杜茶村、朱竹垞所赏鉴。次之有季麻子者，亦善之，为李卫所赏。”〔2〕乾隆年间，随着花部的兴起、昆曲的衰落，一些昆曲艺人因生计所迫而转从弹词说唱，促进了评弹艺术的发展，苏州评弹日趋成熟，并出现了已知最早的评弹名艺人王周士。据《南词必览》记载：“先生元和人，忘其字。乾隆南巡时，内官听书作消遣，上闻召见。免冠而拜，头秃似僧，且有血痕，故以七品小京官之冠冠之而谢恩，赐坐弹唱，数节后护驾回銮。公卿大夫莫不往返。病，乞归乡居。家有‘御前弹唱’字样之灯……毗陵探花赵公瓯北载赠王周士诗于集中，今人犹呼之曰紫秃子耳。”〔3〕另外，他还著有《书品·书忌》一书，书中总结了弹词艺术的说唱经验，提出了许多有益的见解。由此可见，当时评弹的发展已经具有相当高的艺术水准。

清嘉庆、道光年间，苏州评弹的发展进入一个全盛时代，名家辈出，书目繁多。但由于资料的缺乏，能知道其姓名的艺人并不多。目前，苏州评弹历史上有“前四名家”和“后四名家”的说法。“前四名家”是嘉庆、道光间的陈遇乾、毛菖

〔1〕周良：《苏州评弹艺术初探》，中国曲艺出版社1988年，第7—8页。
〔2〕徐珂：《清稗类钞》第10册《音乐类》，中华书局2010年，第4952页。
〔3〕周良校点：《南词必览》，见《评弹艺术》第13集，新华出版社1991年，第173页。

佩、陆士珍、俞秀山,“后四名家”是咸丰、同治间的马如飞、姚士章、赵湘洲、王石泉。[1]现在知名的传统书目有115部之多,其中评话50部,弹词65部。这些书目产生的具体时间现在难以考证,但能大概知道最早的书目有嘉庆年间的《隋唐》《水浒》《金枪传》《三笑》《玉蜻蜓》《白蛇传》等,道光年间的《岳传》《济公传》《双珠球》《文武香球》等,咸丰年间的《三国》《描金凤》《英烈》《五虎平西》《落金扇》《九丝绦》《大红袍》等,同治、光绪年间的《珍珠塔》《双珠凤》《倭袍传》《东汉》《西汉》《七美缘》等。[2]

清初,苏州评弹演出以露天形式为主,兼有沿街表演。随着评弹艺人演出技艺的不断提高,评弹逐渐被文人雅士接纳,听评弹也成了社会上层喜爱的休闲娱乐方式之一,苏州评弹的演出场所从露天逐渐转移到茶馆中去,从而形成了书场。“世所谓书场者,乃日益甚”,“然而是书也,一人高座于上,环而听者数百人,上自衿绅,下及仆隶,莫不熙熙攘攘,累月经旬,寝食俱忘,不厌不倦,惟是书之是听。则是书也,其必有深中于人必而不可解者。其谓之场也固宜然。问其地则茶场也。问其人则先生也。先生者谁?或生而盲也,或钗而艾也,或穷而佞且谄者也”。[3]道光年间,一些规模较大、档次较高的茶馆中,常设有书场,苏州评弹是其中主要的演出节目。晚清,茶馆内常设书场的,有10多家,其中影响最大的几家,后人称之为“四庭柱、一正梁”,即老义和、漋畅、聚来厅、金谷和中和楼。

苏州评弹艺术的繁荣,除了表现在演员、书目、书场的增多外,还表现在演出机会的增多。评弹演出不仅出现在苏州人的庙会、堂会等喜庆活动中,而且也在苏州人的日常生活中扮演着重要的角色。此时,评弹演出活动已经相当繁盛,评弹走进街头巷尾的茶馆,出入大家显宦的堂会,逐渐成为江南市民阶层最主要的精神消费。

乾隆、嘉庆年间,苏州评弹艺人已经开始积累并总结艺术经验。乾隆时的弹词艺人王周士的《书品·书忌》,总结了说书的技巧和经验教训,而且阐述了艺品、艺德及艺人的处世之道,说明苏州评弹在艺术方面已经日趋成熟。陈遇乾的学生毛菖佩在他的两首《鹧鸪天》中,有这样的体会:“言宜清丽唱宜工,却与梨

〔1〕关于“前四名家”有几种不同的说法:一说为陈、毛、俞、陆,即陈遇乾、毛菖佩、俞秀山、陆瑞庭,或说陈指陈士奇,陆也有另说,指陆士珍。另一说法是陈、姚、俞、陆,姚指姚御章。这里就涉及了七个人。“后四名家”说法一致,就是指马、姚、赵、王,即马如飞、姚士章、赵湘洲、王石泉。

〔2〕苏州市文化局修志办公室:《评弹主要书目与传人》,见《曲艺》1988年,第19—26页。

〔3〕僻耽山人:《韵鹤轩杂著》,见周良:《苏州评弹旧闻钞》,古吴轩出版社2006年,第87页。

园迥不同”,“登场面目依然我”[1],明确说书与演戏不同,开始有了艺术的自觉性。[2]

随着评弹艺人人数的增多,评弹队伍的发展壮大,行会组织应运而生。光裕公所是苏州评弹界最早、最大、存在时间最长的行会组织。关于光裕社创立的时间,现已无从考证,目前有很多说法。但根据文字记载和口碑传闻,“光裕公所成立于清咸丰之前,嘉、道年间是比较可信的”[3]。太平天国战争中,光裕公所被毁。同治四年(1865),马如飞重建光裕公所,整顿行会组织,并被推举为该公所司年。光裕公所对外协调艺人与茶馆之间的经济纠纷,保护艺人权益;对内调整关系,提倡尊师礼让,吉庆佳节举行会书,切磋书艺,规范传艺和演出,建立行规和发展福利事业。另外,通过对艺人和书场等方面的规定,保持了评弹商业体系内艺人之间、艺人与书场之间的稳定关系。早年的光裕公所不允许女艺人入会,绝对禁止男女艺人拼档同台演出。《光裕公所改良章程》中第一条即为:“凡同业而与女档为伍,抑传授女徒,私行经手生意,察出议罚。”[4]

在文化艺术发展过程中,流派的出现时往往是一门艺术走向成熟的重要标志。咸丰、同治年间,苏州评弹又迎来了一个发展高潮,弹词音乐有了个性特色,出现了三个著名的“流派唱腔”,即“陈调”“俞调”和“马调”。陈遇乾,出生年月不详,苏州人。据清嘉庆年间僻耽山人所著《听鹤轩笔录》、徐珂《清稗类钞》以及马如飞《南词小引》记载,大约生活于清乾隆至道光年间,为苏州评弹史上“前四名家”之一。陈遇乾先学昆曲,曾参加昆曲“洪福班”“集秀班”两班,后改业弹词。说唱《白蛇传》《玉蜻蜓》《双金锭》。“陈调”吸收了昆曲和苏滩音乐的特点,说唱苍劲、庄重且曲调优美,主要适合于老旦、老生等一类人物的弹唱,为评弹的基本调之一。

俞秀山,出生年月不详,苏州人。根据历史文献记载,为清代嘉庆年间评弹四大名家之一。说唱《玉蜻蜓》《白蛇传》《双金锭》《倭袍》,传说曾改编过 20 多种弹词唱本。俞秀山说书最大的艺术成就是创造弹词流派唱腔之一的“俞调”。此调是弹词音乐中最基本的曲调,为学唱弹词艺人必学曲调。“俞调”的特点是回环曲折,委婉幽美,被誉为“春莺百啭”,适合表现书中幽闺佳人的哀怨之情。

马如飞,字吉卿,一署沧海钓徒,祖籍江苏丹阳,生于苏州,生活于嘉庆至光

---

[1] 马如飞:《南词必览》,见吴宗锡:《评弹文化词典》,汉语大词典出版社 1996 年,第 399 页。

[2] 苏州市文联编,周良主笔:《苏州评弹史稿》,古吴轩出版社 2002 年,第 22 页。

[3] 苏州市文联编,周良主笔:《苏州评弹史稿》,古吴轩出版社 2002 年,第 25 页。

[4] 《光裕公所改良章程》,见吴宗锡:《评弹文化词典》,汉语大词典出版社 1996 年,第 395 页。

绪年间，为当时评弹“四大名家”之首。其父马春帆在嘉道间以弹唱《珍珠塔》享盛名。马如飞自幼读书，后入衙门充当书吏。因家境艰难，而从表兄桂秋荣学唱《珍珠塔》。清朝同治四年（1865），马如飞重建了光裕公所，并被推举为该公所司年。他根据当时读书吟诵的声调，吸收民歌东乡调音乐，创造了“马调”。“马调”以吟诵为主，音乐性不强，但节奏明快、流畅，与“陈调”“俞调”齐名。

咸丰十年（1860），太平军挺进苏、常，大批江南缙绅商贾逃入上海租界，新移民的涌入为评弹在上海的兴盛奠定了基础。当时在英租界宝善街、四马路一带，茶楼书场成蔓延之势。据王韬记载，咸丰、同治年间“沪上词场，至今日而极盛矣，四马路中，几于鳞次而栉比”〔1〕。另外，太平天国战争以后，江苏巡抚丁日昌颁布三条禁令，即禁淫词、禁淫书、禁女性入茶馆。而上海租界因不受清政府的管辖，文化氛围相对宽松，吸引了大量的男、女艺人。从太平天国战争起到20世纪20年代，评弹的中心逐渐由苏州转移到上海，其标志就是光裕社上海分社的建立。〔2〕

（三）吴歌

自明代开始，中国社会的经济文化有了巨大发展，中国世俗社会阶层从元杂剧的兴起中凸显而出，成为与精英仕宦阶层分庭抗礼的重要群体。苏州自明代以来在整个社会经济文化的发展中也凸显而出，成为中国南方的文化经济重镇。明代苏州世俗社会阶层在经济的催生下日益庞大起来，这一阶层既包括城市中的市民，也包括农村里的富裕村民，他们都已温饱有余，开始追求个体精神的享受。满田野的《山歌》、满巷衢的《挂枝儿》都是这一世俗阶层所喜欢创作并愿意赏听的，吴歌反映了这一阶层的心声。

1. 吴歌的发展

各地皆有民歌，民歌是各地文化的源头，“吴歈蔡讴，奏大吕些”。屈原在《楚辞·招魂》中就写到过，可见“离骚”的时代，吴地已有了吴歌。宋人郭茂倩编《乐府诗集》曾辑出《子夜歌》等422首吴歌〔3〕，而词曲俱存最早者则是宋代的山歌《月子弯弯照九州》：“月子弯弯照九州，几家欢乐几家愁，几家夫妇同罗

〔1〕 王韬：《淞滨琐话》卷十二《沪上词场竹枝词》，见《笔记小说大观》第35册，广陵书社1984年，第112页。

〔2〕 唐力行：《从苏州到上海：评弹与都市文化圈的变迁》，见《史林》2010年第4期。

〔3〕 郭茂倩：《乐府诗集》，中华书局1979年，第639—688页。

帐,几家漂(飘)散在他州。"[1]山歌也就是民歌,民歌在汉魏六朝就是乐府。至唐,乐府"一部分"[2]衍生出了唐诗唱于旗亭,"一部分"[3]则仍保留在民间,但这部分流传于民间的山歌目前可见的资料甚少。至宋,因为词本来起源于民间,所以,保留在民间的那部分"乐府"当然也就成为宋词的一个源头。因为音乐的变迁,词的演唱代替了诗的演唱,雅集酒宴之前唱词催生了"一代之文学"的宋词;而另"一部分"继续留在民间的乐府则唱于田间陇上。元朝开始,散曲也从这些民歌的土壤中生长而出[4],但终元一代民歌总是不敌杂剧兴盛之势,而只是继续流传于乡间村里。

明朝北方杂剧式微,南方传奇兴起。明传奇代表着都市上层社会的娱乐主流,而随着经济的发展,都市的中下层市民除了消费"传奇"之外,最简便的文化享受便是民歌,而村野乡间的普通农民及衣食无忧的中等家庭则更加把这样的民歌当作主要的娱乐享受。明传奇的兴盛同时也影响了民歌的长足发展,尤其是民歌在明代开始出现了像《玉井青莲歌》和《新增协韵耍儿》等这样的套曲[5],这为后来长篇民歌如《五姑娘》和《赵圣关山歌》等的出现奠定了基础。[6]而这样的民歌形制的增长与明传奇增长元杂剧的形制是一个道理,是一种风气使然,而同时的章回体小说的兴起也与之同理。经济快速发展之后,整个社会在艺术娱乐的时间延续性上有了新的需要,一段时间在艺术的各种形式中享受一件完整的叙事作品是明清两代的艺术享受的普遍状态,于是书场出现了连续数日讲说一个故事,戏院出现了连续数日演出一个故事传奇,乡村晒场也就出现了连续数日演唱一个故事民歌,一个故事数日连续一回回读去的章回小说也就成为都市上中层民众案头的文化消费佳品。

若说小说是明清两代的"一代之文学",那么古代小说自明代长篇白话章回体"四大奇书"始到清代长篇白话章回体小说《红楼梦》止,古代小说完成了从俗到雅的蜕变成为文学史长河中的一座巅峰。文学的流淌总有显于主流的样式和隐于潜流的作品,小说便是明清显于主流的一代之文学,而民歌的长足发展在明代就已经让很多文人感到其虽隐于潜流,但恰是有明一代足以自豪的文学样式,

---

〔1〕 盛巽昌:《吴歌〈月儿弯弯照九州〉说》,见《史林》2000 年第 1 期。

〔2〕 按:唐诗源头一为汉魏五七言,另一源头则是汉魏六朝乐府。而中唐之新乐府运动则更是着意文人化地接受乐府艺术表现"改造唐诗"。

〔3〕 按:指的是仍然作为民歌存在于民间传唱中的作品。

〔4〕 周玉波:《明代民歌研究》,凤凰出版社 2005 年,第 3 页。

〔5〕 周玉波:《明代民歌研究》,凤凰出版社 2005 年,第179 页。

〔6〕 杨俊光:《唱歌就问歌根事——吴歌的原型阐释》,苏州大学 2007 年博士学位论文。

甚至认为明代当以民歌为其一绝。明人陈宏绪《寒夜录》中引述其友人卓珂月言曰："我明诗让唐，词让宋，曲又让元，庶几吴歌、挂枝儿、罗江怨、打枣竿、银绞丝之类，为我明一绝耳。"继而陈氏评道："此言大有识见。明人独创之艺，为前人所无者，只此小曲耳！"〔1〕小曲即为民歌、山歌。明代民歌的兴起主要因为经济快速发展之后社会中下层市民和村民对文化享受的需求，这就成为与上层社会士绅阶层以小说消费的情况形成了隐现两种文学样式繁荣的态势。

明朝自宣德后，城市发展和商业繁荣已成加速状态，到了万历年间，经济的发展促使社会世俗阶层逐渐壮大，代表这一阶层的娱乐享受主体的民歌逐渐缩短了与代表精英阶层的文化和娱乐享受主体的诗文与小说戏曲的差距。民歌从宣德之后的蓬勃发展与当时的经济发展、商业繁荣所壮大的市民及富裕村民阶层密切关联。苏州在这一进程中因为蚕桑丝织经济的发展快于其他城市，很快成为南方的一座商业中心城市，因此那些来自市镇和民间的民歌便成了这一座城市里新兴市民的一部心灵史。民歌在明代成为都市中一种由隐性而显性的文学样式在苏州表现得更加精彩，这种绚烂之色并不亚于明清苏州在精英文化上所取得的成就。冯梦龙整理的《挂枝儿》《山歌》和《夹竹桃》就是苏州世俗阶层心灵史的动人文字记录。这些民歌集是苏州通俗文学史上的瑰宝。这些民歌在吴地传唱，所以称为吴歌。

2. 吴歌的内容

吴歌既有其内容上的以民间感情生活描述为主体的主要特征，又因为它是江南的经济中心城市苏州地区的民歌，所以内容上又有着苏州地域水乡生活的描摹和繁华的城市市民生活的写照。

明代开始的白话通俗小说从故事到人物都是经济发展中不断壮大起来的城市市民和富裕村民的生活写照，同时这些小说的读者群体也是这些城市市民和富裕村民。苏州在明清两代是刊刻通俗小说的重镇，几乎所有的流行通俗小说在苏州都有大量的刻行。〔2〕就像在明代大量的通俗小说在苏州刻行一样，大量的表现民间城市市民和富裕村民情感世界的山歌也应运而生。

吴歌在内容上以情感生活的描述为主，情感生活又主要以男女恋情为主。这其实是民歌的一般特征，从南北朝开始，乐府中这样的内容就占了绝大部分。吴歌对这一主题的继承更为明显，从现在整理的吴歌看来，十之八九是以男女恋

---

〔1〕 关德栋：《挂枝儿·序》，见冯梦龙：《明清民歌时调集》（上），上海古籍出版社1987年，第3页。

〔2〕 详见齐裕焜：《明代小说史》，见张俊：《清代小说史》中相关小说的版本论述，浙江古籍出版社1997年。

情为内容的作品。在435首吴歌组成的《挂枝儿》十卷目录是:卷一,私部;卷二,欢部;卷三,想部;卷四,别部;卷五,隙部;卷六,怨部;卷七,感部;卷八,咏部;卷九,谑部;卷十,杂部。而383首吴歌组成的《山歌》十卷目录是:前四卷,私情四句;卷五,杂歌四句;卷六,咏物四句;卷七,私情杂体;卷八,私情长歌;卷九,杂咏长歌;卷十,桐城时兴歌。由此可见,《挂枝儿》几乎都是男女恋情的作品,《山歌》中百分之九十以上也是男女恋情的作品。

男女恋情是一种人类极为私密而不可缺少的情感,冯梦龙以"私部"为名辑为一卷,并置于这两部民歌集的卷首,可见其对这部分内容的重视。在"私部"中有《耐心》,其中一首:"熨斗儿熨不开眉间皱,快剪刀剪不断我的心内愁,绣花针绣不出鸳鸯扣。两下都有意,人前难下手。该是我的姻缘。哥,耐着心儿守。"冯梦龙在"哥"字下批"哥字衬得有情",篇末又批云:"后四句。一云:两下情都有,人前怎么偷,只索耐着心儿也,终须着我的手。亦佳,然末句太露。一又云:香肌为谁减,罗带为谁收。这一丢儿的相思也,何日得罢手。亦未见胜。雪涛阁外集云:妻不如妾,妾不如婢,婢不如妓,妓不如偷,偷得着不如偷不着。此语非深于情者不能道。耐着心儿守,妙处正在阿堵。"[1]写世俗社会百姓感情生活鲜活微妙,显然"哥,耐着心儿守"要比"只索耐着心儿也,终须着我的手"含蓄传神,大俗大雅,这才是吴歌。

吴歌中最为后来研究者称道的《挂枝儿》卷二"欢部"有一首《泥人》:"泥人儿,好一似咱两个,捻一个你,塑一个我,看两下里如何。将他来糅合了重新做,重捻一个你,重塑一个我,我身上有你也,你身上有了我。"冯氏于后批云:"此赵承旨赠管夫人语,增添数字,便成绝调。赵云:我泥里有你,你泥里有我。此改身上字,可谓青出于蓝矣。"这历来被认为吴歌中最写情的一首。当然也有研究者认为出于李开先《词谑》所录中原地区《泥捏人》:"傻酸角我的哥,和决黄泥儿捏咱两个。捏一个儿你,捏一个儿我。捏的来一似活托(脱),捏的来同床上歇卧。将泥人儿摔碎,着水儿重和过,再捏一个你,再捏一个我。哥哥身上也有妹妹,妹妹身上也有哥哥。"[2]这应该是当时的流行风气,同一内容,不同地域,不同方言,不同声腔。这样的内容是那时候市民阶层开始追求自由情感的集中体现,无怪乎冯梦龙在编辑这些民歌时大倡:"写男女之真情,发名教之伪药!"

---

〔1〕 冯梦龙:《明清民歌时调集》(上),上海古籍出版社1987年,第2页。

〔2〕 周玉波:《明代民歌史》,凤凰出版社2005年,第51页。

吴歌除了写世俗阶层的情感生活之外，还将笔触伸向世俗阶层生活的方方面面，这在《山歌》中有大量篇幅写苏州人的都市平民生活和乡村村民世情生活。如“咏物”中《船》：“郎把舵，姐撑篙，郎若撑时姐便摇。姐道郎呀，逆水里篙只要撑得好，郎若头歪奴便艄。”以水乡的船为物写男女之情，且有点艳情隐喻。这是民歌写情的另一种方式，以生活中的一个剖面写一种隐喻其间的情感。而就是写生活的山歌也不乏其例，且多为长篇，如《山歌》卷九“杂咏长歌”中《山人》《鱼船妇打生人相骂》等，直接写都市人和水乡人生活。

吴歌中尚有另一类长篇作品虽后起但极有文学意义和历史价值。长篇叙事吴歌作品盛于清中期之后，有《如何山歌》《沈七哥山歌》《赵圣关山歌》《小红郎山歌》《小翟冈山歌》《杨邱大山歌》《薛六郎偷阿姨山歌》《结私情》《断私情》等。〔1〕杨俊光的博士学位论文将这些长篇叙事吴歌分为：创世纪及英雄史诗型叙事长歌、神话及异类婚型的叙事长歌、抗争型及戏文故事叙事类长歌、劝世型叙事长歌、私情型叙事长歌。〔2〕这些长篇叙事吴歌几乎和明清小说的内容一样丰富，可见，从这一点上来说，吴歌是“诗化”的明清白话小说，是明清时苏州世俗社会的真实写照。

3．吴歌的艺术

吴歌不仅是吴地世俗社会的生活记录，还是吴地传统民歌的辉煌“终曲”。因此，在艺术上它是吴地民歌的成功“小结”，吴歌用传统的民歌艺术手法表现了吴地世俗社会阶层的真实生活中的真情，艺术的大胆突破是中国诗歌史上奇迹。

传统的民歌艺术手法如谐音双关、反复夸张等形成了吴地民歌独特的表达风格，有论者称为“吴格”〔3〕，有“指物借意”和“上句述其语，下句释其义”两个特点。其实，吴歌在民歌表达手法“吴格”的继承和发展中最为凸显的是隐喻出奇的大胆，如水乡与苏州城市生活中的各种物象隐喻的表达感情甚至色情与性。如《挂枝儿》卷八“咏部”《花蝶》：花道蝶，你忒煞相欺负。见娇红嫩蕊时，整日缠奴，热攒攒，轻扑扑，恋着朝朝暮暮，把花心来攒透了。将香味尽尝过，你便又飞去邻家也，再不来采我。以蝶喻男，以花自喻，以蝶采花喻性事，很大胆，但又不粗俗，但若是将隐喻一一揭开，那真的可以算得上是一首极为色情的诗了，不亚于南朝宫体诗。

---

〔1〕 王利器：《元明清三代禁毁小说戏曲史料》，上海古籍出版社1981年，第145—148页。

〔2〕 杨俊光：《唱歌就问歌根事——吴歌的原型阐释》，苏州大学2007年博士学位论文。

〔3〕 杨俊光：《唱歌就问歌根事——吴歌的原型阐释》，苏州大学2007年博士学位论文。

最传统的以这样的隐喻来抒情的吴歌可以追溯至南北朝乐府《采莲曲》："江南可采莲，莲叶何田田，鱼戏莲叶间，鱼戏莲叶东，鱼戏莲叶西，鱼戏莲叶南，鱼戏莲叶北。"以莲谐音怜，即爱，而鱼则是与性有关的喻象。整首诗便是在隐喻地描写男女青年的幽会。吴歌正是这一种民间文学传统的延续，不过，吴歌也将这一民间文学的艺术手法在世俗力量诱因和驱使下推到了极致。如《挂枝儿》卷三"想部"中《牵挂》："我好似水底鱼随波游戏，你好似钓鱼人巧弄心机。钓钩儿放着些甜滋味，一时间吞下了，到如今吐又迟。牵挂在心头也，放又放不下你。"〔1〕以鱼与钩写有了鱼水之欢后的男女思念，入骨之情跃然纸上。

吴歌因为是世俗社会的情感记录，因此除了隐喻用传统的意象外，还大胆地选取城市市民和农村富裕村民生活中的意象来表达感情。虽然有的作品选取的意象极俗，但一经写出生活场景，就有一种其他任何诗歌中所未见的艺术魅力。如《挂枝儿》卷八"咏部"《夜壶》："夜壶儿，提携你，只贪你个不漏，每夜里，且喜得近我床头。经几度梦回时，和你床沿上成就。我把真心肠付与你，你须一口儿承受，休得半路上丢。你是我救急的乖亲也，怕那臭名扬须闭着口。"〔2〕夜壶几乎没有诗歌述及吟咏，但此处在深夜性事的生活场景中写出，却有一种独特的世俗气息，吴歌的艺术魅力大概就在于此吧。

吴歌发展到清代，当长篇叙事作品出现的时候，因为受到了戏曲和小说的影响，吴歌在抒情和叙事艺术手法的结合上也呈现出了不同于以前的魅力。如长篇叙事吴歌《白杨村山歌》中"哭嫁歌"："外头轧腾轧腾三轧腾，里厢娘囡淘里哭嘤嘤。听哭的人轧呀拼，着前头听哭的轧进里房门，后头短的听勿着拿仔三块碌砖垫脚跟，大岁数的听勿着气忿忿（愤愤），贴牢壁脚隔壁听。嫁出囡倍我娘挂心肠，声声句句叮嘱囡姑娘。娘道：'囡呀，侬到夫家宅里做大人，时时刻刻要留心。头通鸡啼翻翻身，二通鸡啼落起身，头梳梳来面净净，三通鸡啼头光面滑出房门。'娘道：'囡呀，推出房门黑沉沉，走出房门满天星，台子揩得四角清，扫仔地皮壁角畚。侬勿要倒拖鞋跟开大门，侬勿要散披衣裳出大门，若拨东邻西舍叔叔伯伯来看见，说道某人家新讨媳妇做啥直梗能。'"〔3〕母亲的真情，在对比复沓中，涓涓流出，听者动容。"前头听哭的""后头短的""大岁数的"；"头通鸡啼""二通鸡啼""三通鸡啼"；层层对比着、重复着将故事情节与人物情感融在了

〔1〕冯梦龙：《明清民歌时调集》（上），上海古籍出版社1987年，第87页。

〔2〕魏同贤：《冯梦龙全集》第10册，凤凰出版社2007年，第91页。

〔3〕姜彬：《江南十大民间叙事诗——长篇吴歌集》，上海文艺出版社1989年，第52页。

一起。如此将抒情与叙述的艺术手法融合起来的长篇叙事诗置于中国诗歌史上也是有其一席之地的。

吴歌中的苏州人的心灵史是丰富的、鲜活的，这是一部从明代开始的苏州世俗社会的通俗美的记录。

三、书画与篆刻

（一）书法

清代初期，帖学在书坛中占据主导地位，乾嘉之际，随着金石学和文字学的发展，帖学开始衰微，而碑学则大行其道。乾嘉学派代表人物阮元的《南北书派论》和《北碑南帖论》为碑学的正式形成奠定了基础。由此，隶书告别了近千年的低迷徘徊，再一次步入鼎盛时期，以桂馥、邓石如、伊秉绶为代表的隶书家，分别在字法、笔法、章法方面树立了典范。在此背景之下，吴门书坛再度中兴，产生了冯班、冯武、杨沂孙、朱和羹、翁同龢、吴大澂、王同愈、姚孟起、叶昌炽等一大批书法家和书法理论家。其中以杨沂孙、吴大澂的篆书，翁同龢的行楷最为著名。

冯班（1602—1671），字定远，号钝吟老人、双玉生，常熟人，明朝诸生。师从钱谦益，与其兄冯舒齐名，均为虞山派诗人。冯班亦善书法，并且四体皆能，其中尤精小楷。随着书法取法和风格的变革，正体化书法创作的倾向在清代书法发展中具有重要的影响。为了更好地阐述书法理论中的笔墨技巧，他著有《钝吟书要》一卷，此书对前代书法家及其作品的优劣得失进行评论，并以杂记性质的短论记述自己学习书法的心得，言简意赅，其中有许多独到的见解。如指出学习书法要先学间架，间架了解以后，则学用笔。间架可看石碑，用笔非真迹不可，所谓间架就是结字。关于结字，他还就“晋人用理，唐人用法，宋人用意”做深入阐述，并对“理”“法”“意”三者关系进行辩证思考。冯班还对董其昌“画分南北宗”之说有所拓展，提出“画有南北，书亦有南北”，这一观点在后来阮元的《南北书派论》《北碑南帖论》中有明确而详备的阐述。

冯武（1627—？），冯班侄，字窦伯，号简缘。8 岁开始学习书法，编有《书法正传》二卷。书中辑存魏晋唐宋元明诸家书论名篇精华，体现“求其明白，简易，深切无隐”[1]的原则，不录空论浮词，并加注解释或按语，以明晰原意，供学者参照。

---

〔1〕 陶明君：《中国书论辞典》，湖南美术出版社 2001 年，第 647 页。

杨沂孙(1812—1881),字子舆,一作子与,号泳春,晚号濠叟,常熟人。道光二十三年(1843)举人,官至凤阳知府,后以丁父忧辞官,专心学问。"少学于李兆洛,治周秦诸子,耽书法,尤致力于篆籀。"〔1〕杨沂孙作篆书,笔意皆出自碣石碑板、钟鼎款识,且能将大小篆融会贯通,自成一家。著有《文字说解问讹》《完白山人传》《石鼓赞》等书。

在清代篆书发展中,安徽邓石如(1743—1805)具有开创意义,康有为曾评价道:"吾尝谓篆法之有邓石如,犹儒家之有孟子,禅家之有大鉴禅。"〔2〕杨沂孙不拘于当时流行的"邓派",大胆创新,将金文、石鼓融于小篆之中,一反当时流行的邓派篆书的流美婉丽,使字形更加端严,为篆书艺术的拓展另辟蹊径。他曾自信地说:"吾书篆籀颉颃邓氏,得意处或过之,分隶则不能及也。"〔3〕杨沂孙的新书风对其后的吴大澂、黄士陵、王福厂、邓散木等书法名家有重要影响,如黄士陵的吉金文字曾直接受杨沂孙篆书的影响。

朱和羹(1804—约1851),字指山,斋号双砚草堂,吴县人。善书法,好收藏,曾拜学于吴县陆绍景。其书法"自欧、赵入门,假途颜、柳,复由颠、素、希踪二王,旁及篆籀"〔4〕。他在大量学习古人、继承古人的基础上,善于吸收、总结,从而形成了自己的书法理论,著有《临池心解》一书。此书对书法的源流、法度、体式、用笔、用墨之法,特别是对于孙过庭的《书谱》,姜夔的《续书谱》,赵孟頫、董其昌等前人的书法理论的深入研究、理解,最后得出了"不囿家法,正所以善承家法也。则能守而能变之功也"〔5〕的结论。在"碑学中兴"而帖学日渐沉寂的时代,《临池心解》则延续了传统的帖学理论,并对帖学发展提出新的创见和阐发,弥补了中国书法理论史对于主流帖学的漠视。

翁同龢(1830—1904),字叔平,号松禅,别署均斋、瓶笙、并眉居士等,别号天放闲人,晚号瓶庵居士。咸丰六年(1856)进士,历任户部尚书、工部尚书、军机大臣兼总理各国事务衙门大臣。翁同龢书法遒劲苍老,天骨开张,这也跟他一生读帖习字的历程有莫大关联。由于受家族书艺氛围的影响,翁同龢早年即接受了帖学书法训练,同时还受碑学的影响,在其致弟弟的书信中说:"来书作字似

---

〔1〕 赵尔巽等:《清史稿》列传二九〇《邓石如传》,中华书局1997年,第13893页。

〔2〕 康有为:《广艺舟双楫》,北京图书馆出版社2004年,第102页。

〔3〕 赵尔巽等:《清史稿》列传二九〇《邓石如传》,中华书局1997年,第13893页。

〔4〕 岳俊杰、蔡涵刚、高志罡:《苏州文化手册》,上海人民出版社1993年,第357页。

〔5〕 朱和羹:《临池心解》,见杨素芳、后东生:《中国书法理论经典》,河北人民出版社1998年,第541页。

庙堂碑，毕竟宜学欧、颜，方见齐整。”[1]中年，他的书风发生转变，偏爱颜真卿书法，他曾在日记中多次表露出这种喜爱之情，如“得见颜鲁公自书告身，是内府物……颜书墨彩已脱，细视精神四溢，有怒猊抉石之势，叹其神勇，小字尤极开阖之妙，与《麻姑坛》小字本极似，神物也”[2]。同时，他还将宋代帖学流畅的笔意融入颜体书法创作中去，表现出一种独具匠心的大家气象。这集中反映在光绪六年(1880)所作《论画语》中，在他的笔下，颜之端庄、苏之流利得到巧妙的融合；此作打通唐宋，可谓精极，为其中年代表作。晚年，他在行楷体的基础之上融入篆隶笔意，从而形成了雄厚老苍的风貌，具有很高的审美意趣，也形成了他碑帖并重的书史观。如其行楷，将北碑的苍老遒劲和颜体的雍容大度自然融合，显得浑雄苍劲，气魄非凡。杨守敬赞其曰：“松禅学颜平原，老苍之至，无一稚笔。同治、光绪推为天下第一，洵不诬也。”[3]

吴大澂(1835—1902)，初名大淳，字止敬，又字清卿，号恒轩，晚年又号窸斋，吴县人。同治七年(1868)进士，授编修，历官陕甘学政、太仆寺卿、左都御史、广东巡抚、湖南巡抚等职。吴大澂少年时师从陈奂(1786—1863)学篆书，中年后又参以古籀文。受杨沂孙的影响，吴大澂将金文融入大篆之中，从而形成雄强坚实的书风，在清代篆书家中独具一格。近人王潜刚评价吴大澂篆书曰：“(吴大澂)以数十年之精力习大篆。又精研六书，集古代之金文，而以小篆字势变化之，遂于邓完白、钱十兰之外独树一帜。用笔用墨皆精当，其书小至一二分，大至榜书，无不佳妙，实为篆书一大家。”[4]

姚孟起(1838—约1895)，字凤生，一作凤笙，号馀昭，晚号闷溪，吴县人，清末附贡生。姚氏一生主要以授徒为生，学生前后达数百人之多。他于书法可谓诸体皆能，汉魏晋唐无所不学，“其正书学欧阳询，后以褚遂良为宗，临褚《圣教》极逼肖，其隶书得陈鸿寿意趣。此外，兼善治印，得蒋仁秀劲之气”[5]。由于书法精良，求书者络绎不绝，以至“腕为之脱”。徐澂在《吴门画史》中也说：“以书法名邑中，偶作画，古拙如冬心翁。”[6]除了书法精湛外，他还是当时的书法理论家，著有《字学臆参》《书论二则》两书。这两本书是对书法本体以及书法艺术美等问题思考和探索的结果，内容涉及笔法、结字、章法、墨法、神气、筋骨等方

〔1〕谢俊美：《翁同书传》，华东师范大学出版社1998年，第49页。
〔2〕翁同龢著，陈义杰整理：《翁同龢日记》第1册，中华书局1989年，第138页。
〔3〕马宗霍：《书林藻鉴·书林纪事》，文物出版社1984年，第243页。
〔4〕王潜刚：《清人书评》，见崔尔平：《历代书法论文选续编》，上海书画出版社1993年，第833页。
〔5〕洪丕谟：《字学忆参》标点本，见《书法研究》1948年第2期。
〔6〕徐澂：《吴门画史》，江苏省立苏州图书馆1939年，第57页。

面,同时还介绍了各名家的书法特点,其中不乏“以禅喻书”的书法本体观、“食古而化”的书法创新观、“发乎自然”的书法审美观等精辟见解。其好友、书家光景修曰:“此《字学臆参》《书论》两卷自抒心得,直抉真诠。不仅津逮后学,自是书家无等等咒,于蒋园、山舟、仲伦、慎伯外又树一帜,钦佩无量!”[1]

(二)绘画

据《吴门画史》所录,清代苏州画家多达数百人,其中最为著名的是“四王画派”,即王时敏、王鉴、王原祁、王翚。他们又和武进恽南田、常熟吴历合称“清六家”。

王时敏(1592—1680),初名赞虞,字逊之,号烟客,自号偶谐道人,晚号西庐老人等,太仓人。王时敏出身官僚世家,其祖父为明万历年间首辅王锡爵,父王衡,万历进士,翰林院编修。王时敏少时即聪慧伶俐,“姿性颖异,淹雅博物,工诗文,善书,尤长八分,而于画有特意”[2]。师法董其昌,秉承“松江画派”复古主义的画风,得其真传。于黄公望墨法尤有深契,暮年益臻神化。笔墨含蓄,苍润松秀,浑厚清逸,然构图较少变化。其画在清代影响极大,清人称赞说:“士大夫留心翰墨,文采风流,照耀奕世者,董宗伯后惟娄东王奉常先生能踵继焉”,“吾家太常画品为国朝第一”。[3]他开创了“娄东画派”,四王中的王翚、其孙王原祁及吴历均得其亲授。著有《王烟客先生集》《西庐画跋》等。

王鉴(1598—1677),字玄照,后改字圆照,号湘碧,又号染香庵主,太仓人。其祖父王世贞为明代文坛巨子,其父王士骐万历十年(1582)进士,官至吏部员外郎。王鉴生活在这样的书香家庭,从小即耳濡目染,学习绘画。36岁中秀才,因祖父王世贞余荫,曾于崇祯年间任廉州太守,后辞官归乡,潜心作画。他曾受董其昌指点,并与王时敏关系密切,经常在一起临摹古人画迹,相互砥砺。王时敏以精研黄公望有名,而王鉴则醉心于董源、巨然。他的作品运笔出峰,用墨浓润,而且层次清楚、明晰,自谓擦染无自撰之笔,与王时敏并驾齐驱,人称他和王时敏于画风“有开继之功”。著有《染香庵集》《染香庵画跋》等。

王翚(1632—1717),字石谷,号耕烟散人、剑门樵客、乌目山人、清晖老人等,常熟人。王翚初学王鉴,后又师从王时敏。康熙三十年(1691)以布衣征至京城,主绘《康熙南巡图》。画成,御赐“山水清晖”匾额,并将授以官。辞而不受

[1] 王伟林:《姚孟起事迹考略及其书法思想》,见《书法之友》2001年第3期。
[2] 张庚:《国朝画征录》,见于安澜:《画史丛书》,上海人民美术出版社1963年,第2页。
[3] 明崇祯初年,王时敏以荫官太常寺卿,故被称为“王奉常”。

封，后归故里，潜心作画，有“画圣”之誉。他论画主张“以元人笔墨，运宋人丘壑，而泽以唐人气韵”[1]。王时敏曾评价王翚说：“笔墨逼真，形神俱似，罗古人于尺幅，萃众美于笔下者，五百年来从未之见，惟吾石谷一人而已。”[2]晚年山水画，简练中有苍茫，为论者所重。王翚以其精湛的绘画技艺，成为“虞山画派”的领袖。著有《清晖诗集》《清晖画跋》《历代画征录》《王石谷仿古山水册》等。

王原祁（1642—1715），字茂京，号麓台、石师道人，太仓人，王时敏孙。康熙九年（1670）进士，官至户部侍郎，人称王司农。以画供奉内廷，康熙四十四年（1705）奉旨与孙岳颁、宋骏业等编《佩文斋书画谱》，五十六年主持绘《万寿盛典图》为康熙帝祝寿。王原祁取法宋元诸家，以黄公望为宗，擅画山水，喜用干笔焦墨，层层皴擦，用笔沉着，自称笔端有金刚杵。主张好画当在不生不熟之间，自出心裁，不受古法拘束。张庚《国朝画征录》赞誉他的特点是：“熟不甜，生不涩，淡而厚，实而清。”[3]秦祖永《桐阴论画》则说他的风格是“中年秀润，晚年苍浑”[4]。在“四王”中较为别致和具有个人风格。著有《罨画集》《雨窗漫笔》《麓台题画稿》等。

明末清初，董其昌以复古为旗帜，重新梳理组建了文人山水画传统，以佛家禅宗喻画，提出了“南北宗论”，一时模仿风气主宰了当时的画坛。而“四王”之首的王时敏直接受到董其昌的影响，因此均以董其昌为正派宗师，将其奉为圭臬，他们的艺术风格深受董其昌的影响。加上受到当时社会崇尚仿古的影响，“四王”多临摹宋、元、明各大家，因此后世认为他们过于保守，在近代曾遭康有为抨击，在“五四”时期为陈独秀所痛诋，中华人民共和国成立后又被徐悲鸿等人大加挞伐。“四王”虽然仿古，但与“摹”有着本质意义的不同，“仿”不是生搬照抄、亦步亦趋，而是“放手发挥，有所依傍而又任情追踪”[5]。他们把这些名家的技法融会贯通，在“仿”的过程中逐渐形成各自的笔墨程式以及对绘画理论的新见解，可以说是中国山水画发展到明清时代的主要整理者和集大成者。“四王”之后，清代苏州画坛上又出现了“小四王”，即王昱（1662—1748，王原祁族弟）、王愫（王原祁侄）、王玖（生卒不详）、王宸（1720—1797，王原祁曾孙）。他们师从“四王”学画，承其传统，颇有建树，并为世人称道。“小四王”之后又出现

〔1〕 王樟松：《画中桐庐》，西泠印社2015年，第67页。
〔2〕 王时敏：《王奉常书画题跋》卷上《题王石谷画》，清宣统二年刻本。
〔3〕 陈师曾：《中国绘画史》，中国和平出版社2014年，第84页。
〔4〕 秦祖永：《桐阴画诀·桐阴论画》，中国书店1983年，第3页。
〔5〕 朵云：《清初四王画派研究论文集》，上海书画出版社1993年，第178页。

了“后四王”,即王廷元(王玖长子)、王廷周(1736—1820,王玖次子)、王鸣韶(1732—1788,王鸣盛弟)、王三锡(1716—?,王昱从子),他们大体上遵循“四王”画法,延伸了“四王”山水画的影响。

“四王”之外,还有常熟人吴历(1632—1718),擅画山水,清嫩秀丽,康熙二十一年(1682)入天主教,继至澳门进耶稣会。著有《墨井诗钞》《三巴集》《桃溪集》《墨井画跋》。太仓人吴伟业(1609—1672),诗人兼画家,以歌行体驰名天下,画亦清疏秀雅。吴县人金俊明,明亡后隐居,画梅老枝纷披,自有风度。吴县人黄向坚,入清后千里寻父,作《万里寻亲图》。常熟人黄鼎,山水笔墨苍劲。长洲人文点,文震亨之子,庐墓而居,以画自给。吴县人王武,擅画花鸟,自具功力。常熟人蒋廷锡,擅画花卉,逸笔写生。吴县人徐扬,绘《姑苏繁华图》等。其中也有女画家,如柳如是、蔡含、金玥、范雪仪、吴应贞等人。

晚清苏州绘画艺术依然久盛不衰,过云楼和怡园画集就是一个缩影。其创始人为顾文彬(1811—1889),字蔚如,号子山、紫珊,晚号艮庵、过云楼主,元和人。道光二十一年(1841)进士,授刑部主事,历官湖北汉阳知府、武昌盐法道、浙江宁绍道台。自幼喜爱书画,娴于诗词,尤以词名。同治十二年(1873),筑过云楼,收藏大量历代名书名画。以后又修筑怡园,并聘有一名画家驻园。过云楼和怡园成为当时苏州文化人士活动的重要场所。他还与吴大澂、吴昌硕、任薰、倪田、顾若波等人组织怡园画集。著有《过云楼书画记》十卷、《过云楼法贴》《鹤庐画法》等。

此外,吴友如还开创了中国石印版画作图的先河。吴友如(1850—1893),名嘉猷,字友如,别署猷,吴县人。他自幼失去双亲,由伯父抚养长大。喜好绘画,自学勤练,曾在苏州阊门内云蓝阁裱画店当学徒。曾得到张志瀛指点,吸取钱杜、改琦、任熊等人画法,工人物、肖像,山水、花鸟,尤其擅长风俗画。后以卖画为生,曾应征至北京,为宫廷作画。又应召至江宁,绘《金陵功臣战绩图》。清光绪十年(1884),在上海主绘《点石斋画报》,名噪一时,其绘画风格对后来的年画、连环画、月份牌乃至漫画都有深远影响。

(三) 篆刻

吴门篆刻自明中期文徵明之子文彭创立“三桥派”(亦称“吴门派”)之后,在明代盛极一时,对其后篆刻流派的形成和发展影响深远。“吴门印派”开创了中国印学史上第一个文人篆刻艺术流派,使篆刻艺术与“吴门书派”“吴门画派”鼎足而三,相得益彰。清初“吴门派”传人有顾苓、顾听、邱令和、钦序三、袁鲁、袁雪等人,其中又以顾苓的成就最高。

顾苓(1609—?),字云美,号浊斋居士,长洲人。顾苓为明代遗老,心怀故旧,据其《三吴旧语》称:"苓生长江南,家传素业,目不辨风云之色,耳不察金鼓之音,足不谙步伐止齐,手不胜干戈矢石,遭时丧乱,放废山阿,采拾旧闻,流连往帙。"〔1〕明亡后购文彭之子文肇祉塔影楼遗址于虎丘山麓,隐居不仕。俗客来访,辄趋避竹林中。工诗文,精鉴别碑版。书法擅行楷,尤精篆隶。治印近承文彭,远法秦汉,但重神理而不求形似。他的篆刻既秀劲又古拙,在清初时被推为第一,人称他为"塔影园派"。顾苓精书法,工诗文,其行楷仿赵孟頫,倾心汉隶,凡汉碑都能默记心中。据同治《苏州府志》记载,顾苓"少笃学,尤潜心篆隶,凡金石、碑版及鼎彝、刀尺、款识、虫鱼、蝌蚪之书,皆能诵之,晚而篆隶益精,临摹秦汉铜章、玉印"〔2〕。《虎阜石刻仅存录》载有"松风阁记,顾苓撰并书",文集有《金陵野钞》十四卷、《三吴旧语》一卷、《卜居集》一卷、《斜阳集》一卷、《塔影园集》等。顾苓刻印的家学渊源与文氏家族有关,其印风格恪守文彭一脉。顾苓为文彭之孙文震亨所作"行状",自称"弥甥",并在《先处士府君行状》中云:"不肖因得从外祖(文震孟、文震亨)膝下见诸长者,异日诸长者或为国柱石,或为乡楷模,皆不肖儿时撰杖履、乞枣栗以从者也。"〔3〕在吴门篆刻史中,顾苓起到了承前启后的作用。

由于受"吴门派"篆刻风格的影响,清代常熟的篆刻艺术也大放异彩,产生了常熟印刻史上第一个流派,即"虞山派"〔4〕,其中以林皋、沈龢、王瑾三人最为著名。

林皋(1657—1711),字鹤颠,一字鹤田,更字学恬、鹤道人。林皋原籍福建莆田,因先祖官于常熟,后寓居常熟,曾一度寄居于太仓王时敏家,后定居常熟虞山之麓,名其室曰"宝砚斋"。林皋"自幼于篆籀之学,潜心研究"〔5〕,16岁就以篆刻拜谒虞山印学名家钱陆灿,在风格上宗法文彭,复取法沈世和、汪关等人,并在此基础上创立"鹤田派"(或称"林派")。林皋所作章法稳妥,疏密处理周详;刀法爽劲利落,挺拔遒劲;篆法多用小篆,精能秀雅。王时敏称其作品"无一字不

〔1〕 顾苓:《三吴旧语》,见《丛书集成续编》第51册,上海书店1994年,第733页。

〔2〕 冯桂芬等:清同治《苏州府志》卷八十八《人物》十五,清光绪七年江苏书局刻本,第3页。

〔3〕 顾苓:《塔影园集》卷一《先处士府君行状》,见《丛书集成初编》第123册,上海书店1994年,第518页。

〔4〕 关于"虞山派"的说法,清人郭伟绩在《松筠桐荫馆印谱·序》中已有"虞山派篆刻"的记载。

〔5〕 王撰:《宝砚斋印谱·序》,见韩天衡:《历代印学论文选》,西泠印社1985年,第534页。

合法,无一笔不灵动,其中渊然穆然,如商彝周鼎,洵为旷代之珍"[1]。当时的书画名家和收藏家王翚、恽寿平、吴历、高士奇、杨晋、马元驭、徐乾学诸人用印多出其手。林皋篆艺名播四海,影响深远,历经康、雍、乾、嘉四朝而不衰,以致江浙印坛"久沿鹤田风"。钱陆灿赞许他为"晚年印友中第一人也"[2],当时文渊阁大学士王琰赞曰:"精于篆学者,毕竟以林子为当代独步。"[3]后人因其祖籍莆田而称为"莆田派";也有人将他和汪关、沈世和合称为"扬州派";又因其印风与东皋印派相近而归入"东皋派"。

沈龢,字石民,镌刻印章直追文彭。清初周亮工《印人传》道:"印章汉以下推文国博为正灯矣……如石民真能自得其师,真能以一灯绍国博者……石民书画妙天下,即以纵横毛颖之法,驱使铦刀,宜其独据坛坫,俯视一切也。"[4]国博即文彭。沈石民刻印,据《小石山房印苑》载,有《八咏山房印谱》,另有《虚白斋印谱》不分卷四册。他的刻印,融文三桥的工稳、何雪渔的猛利、汪尹子的平和于一身,形成了苍润厚朴、圆劲秀丽的特色。

王瑾,字亦怀,福建侯官人,娶常熟王誉昌之女为妻,便定居常熟。王誉昌,诸生,著有《四书原旨》《含星集》等书,善画山水。王瑾得岳丈真传,又得大画家王翚弟子蔡远指授,学益进,王翚十分赞赏他。但王瑾的画名被他的篆刻盛名所盖。他的篆刻"骨格青苍,气韵风秀"[5]。走的是沈、林一路,高出时辈。著有《王亦怀印谱》。

清初的常熟印人还有诗人、书法家冯班的两个儿子行贤、行贞兄弟,两人俱得家传,能诗善书,又俱能刻印。著名抗清英雄瞿式耜的幼子玄镜善画花鸟兼篆刻。钱鉴铁笔如林鹤田。夏益愚篆刻工整,得文氏遗法。从清初到清中叶,常熟印坛涌现了一大批印人,如黄庭、陈帆、王恩溥、钱履长、徐锦、黄衍、孙高贵、江声、黄彝、张虞、李铨、庞庭槐、朱芾、顾起风、许淳、姚铨、归舜龄、端木达、管金敏、黄泰等。他们大多追随文、何、沈、林、王一脉。其中较著名的如凌竹,字南楼,篆刻仿文彭之作,不能分辨出是仿作。[6]但因刻意模仿文氏,亦步亦趋,就显得工整有余,微嫌板实。另有徐州,字南州,工小楷,曾书《金刚经》刻于石碑,书刻俱佳,时称"二绝"。从其遗印来看,篆法深得元人映带之妙,生动多致,在当时竞

[1] 王撰:《宝砚斋印谱・序》,见韩天衡:《历代印学论文选》,西泠印社 1985 年,第 534 页。
[2] 钱陆灿:《林皋印谱・序》,上海书店 2002 年,第 2 页。
[3] 王本兴:《江苏印人传》,南京大学出版社 2012 年,第 246 页。
[4] 周亮工:《印人传》,见韩天衡:《历代印学论文选》,西泠印社 1985 年,第 166 页。
[5] 曹家骏:《常熟的篆刻艺术》,见《常熟琴棋书画漫谈》,内部发行,1997 年,第 116 页。
[6] 邓之诚:《邓之诚文史札记》(下),凤凰出版社 2012 年,第 669 页。

相崇尚文氏一脉的篆刻风气中，他的风格开始显现相异的趋向，开启了清中叶常熟印人久静思变之风。

清中后期，苏州篆刻虽然有些式微，但仍然一缕不绝，其中重要的篆刻家有沈祚昌、花榜、杨龙石、陆泰、郭麐等人；而“鹤田派”的传承人则有严源、翁包封等人。

沈祚昌，原名御天，字乘时，又字纯如，自号虹桥居士，吴县人，诸生。自幼不屑为科举，嗜古文，研讨六书，究心碑版金石。篆刻师法顾苓、陆丙，苍劲秀雅，深得古趣，书及汉隶、楷书，靡不精美。著有《虹桥印谱》。

陆泰（1835—1886），字岱生，长洲人。擅篆刻，继杨龙石而起，为吴中名手，尤善岐黄（中医的代称）。

郭麐（1767—1831），字祥伯，号频伽，因右眉全白，又号白眉生、郭白眉，一号邃庵居士、苎萝长者，吴江人，附监生。少有“神童”之称，曾游姚鼐之门，尤为阮元所赏识。乾隆四十七年（1782）补诸生，乾隆六十年（1795）乡试不第，遂绝意仕途。专研诗文、书画，擅长篆刻，书法师法黄庭坚。郭麐喜好交游，与姚鼐、袁枚、阮元等人友好。著有《灵芬馆诗集》《杂著文集》《金石例补》《江行日记》《樗园消夏录》等。

严源（？—1756），字景湘，号素峰，常熟人。工诗古文词，嗜金石文字，究心说文、玉篇等书，工篆刻，师尚秦、汉。

翁包封，字竹君，号石梅，常熟人，诸生。“善各体书，工篆刻。性孤僻好洁。常客游，晚归里门，鬻字自给，夫妇躬爨汲，泊如也。”〔1〕

清末民初的苏州印坛又开始活跃起来，篆刻大师吴昌硕（浙江安吉人）就是在苏州成长而形成独特印风、影响海内外的，其弟子遍及苏州。其后，常熟赵石创立“虞山派”，邓散木、赵林、濮康安等追随，风行一时。此外，明清时期苏州印学理论一直处于优势。明代吴江周应愿的《印说》、沈野的《印谈》以及清代袁三俊、孙光祖、徐坚等人的印论都在历史上产生过重大的影响。

四、桃花坞年画的审美与祈求

桃花坞木版年画（清代苏州人称年画为“画张”）是清代南方流传最广、影响最大的一种木刻画，因产于苏州城北桃花坞一带而得名，与天津的杨柳青木版年画并称为“南桃北杨”。

---

〔1〕 池秀云：《历代名人室名别号辞典》增订本，山西古籍出版社1998年，第229页。

桃花坞年画的印刷工艺渊源于宋代的雕版印刷,而作为一种审美与实用兼具的民间工艺则是苏州特殊的社会文化环境孕育的结果。明代中叶以后,随着商品经济的发展,市民阶层的兴起,适应市民需求的刻本小说与插图版画获得广泛的市场。苏州作为江南最大的商业都会,逐渐取代原先的版刻中心安徽新安、浙江湖州、江苏金陵,成为江南新的刻印中心。正如郑振铎在《中国版画史·自序》中所言:"(桃花)坞中诸肆,殆为江南各地刊画之总枢。盖自徽派版画式微以后,吴中刻工则起而代之矣。"[1]大约在明代后期,由绣像图演变而来桃花坞年画,已经形成了独特的风格。现在最早的桃花坞木版年画,是日本《支那古版画图录》中收录的明万历二十五年(1597)的《寿星图》,从其画面来看,作品的构图、刻工、印制均已达到相当的水平。

清朝前期是苏州桃花坞木版年画的兴盛时期,画铺有四五十家,大部分设在枫桥、山塘、虎丘和阊门内桃花坞至报恩寺塔一带,每年出产的桃花坞木版年画最多可达百万张以上。有名的画铺,前期有季长吉、季祥吉、吕云台、吕君翰(吕云台之子)、吕云林、王君甫、张星聚、张文聚、魏鸿泰、陆福顺、陆嘉顺、墨香斋、泰源、张临等,稍后有王荣兴、陈同盛、陈同兴、吴锦增、吴太元、鸿云阁等。从这些画铺名号可以看出,有些画铺似乎还是家族性的关系。这些画铺销售的年画也有一定区别,据嘉道年间的顾禄所见:"山塘画铺,异于城内桃花坞、北寺前等处,大幅小帧俱以笔描,非若桃坞、寺前之多用印板也。"[2]

在乾隆之前,桃花坞年画艺术风格明显受到吴门文人画派的影响,从题材选择、位置经营、色彩运用、手法处理等方面,都悉心模仿宋代院体画、明代界画和文人画,并采用立轴和册页的构图形式,呈现出清雅细秀、结构复杂的艺术特色,透出一股书卷气。[3]其题材主要是通俗性的娃娃图、仕女图、岁朝图等。此时的桃花坞年画独树一帜,在全国乃至海外都有很大的影响,被称为"姑苏版"。当时,苏州与日本长崎之间海途较近,商业贸易往来频繁,桃花坞年画(日本学者称"苏州版画")通过商船带到长崎,再传布到京都、大阪、江户,对日本江户时代的"浮世绘"艺术风格产生了重要影响。日本史论家小野忠重在《中国的版画》一书中说:"中国桃花坞木版年画感动了日本的'浮世绘'画家们,他们的新构思,

---

〔1〕 郑振铎:《中国版画史图录·自序》第1册,中国书店2012年,第6—7页。

〔2〕 顾禄:《桐桥倚棹录》卷十《市廛》,见王稼句:《苏州文献丛钞初编》下,古吴轩出版社2005年,第664页。

〔3〕 李明:《桃花坞年画与吴地民俗文化》,见程德祺、郑亚楠:《吴文化研究论丛》第1辑,苏州大学出版社1998年,第124页。

无不以此为参考。”[1]

乾隆中后期，因为乾隆帝的喜好，桃花坞年画明显受到西洋画风的影响，吸收了欧洲的透视画法和铜版画技法，“阴阳排线和光影的绘刻，都运用得较为成熟”[2]，这不仅增加了原有的特色风格，而且还表现出装饰意趣。一些作品还明确标明“仿泰西笔法”，其题材偏重于描写城市建筑、市井风光等，如《姑苏万年桥》《三百六十行》《山塘普济桥中秋夜月》等。这种西洋铜版式的年画，注重刻画精细的背景与景物，人物成为点缀，同时墨色单一沉闷，不符合中国人年画的喜庆要求。嘉庆、道光之后，随着社会经济开始衰败，西洋铜版式的年画价格较高，也非普通百姓所能承受，因此，桃花坞年画又回复到中国民族传统的画风。

太平天国占领苏州，桃花坞画铺大多被焚毁，画师、刻工也星散各地，将桃花坞年画传播到上海、苏北扬州、南通等地。同治、光绪之后，新式的胶版、石印等技术的发展，严重冲击着传统的木版年画。桃花坞年画开始衰落，“服务对象几乎全部在农村，从内容到形式，多方面适应农业生产和农村生活需要，以满足农民的实用价值观和审美观，成为地道的为广大农民喜闻乐见的民间艺术”[3]。

桃花坞木版年画以木版雕刻，分版分色套印而成，一幅画要套印四五次甚至十几次，有的还要经过“描金”“扫银”“敷粉”等工序。画面形象多采用富有装饰性的夸张手法来处理，线条简练刚挺，尤其是在色彩的运用上，以成块的大红、桃红、黄、绿、紫(或蓝，一般是用紫不用蓝，用蓝不用紫)和淡墨组成基本色调，使画面更为鲜艳明快，丰满热闹，富有装饰美和节奏感。

年画以门画、中堂、条屏为主要形式，内容多为驱凶避邪、祈福迎祥、戏文故事、民俗生活、时事新闻、花鸟蔬果等方面。年画内容历史最悠久的是“驱凶避邪”，有《门神》《灶君》《关公》《钟馗》《姜太公》《张天师》等。“祈福迎祥”则是最普遍的，有《和气致祥》《天官赐福》《万宝祥瑞》《花开富贵》《福寿双全》《八仙庆寿》《金鸡报晓》等。“戏文故事”，有《杨家将》《忠义堂》《岳飞传》《西厢记》《孙悟空大闹天宫》《白蛇传》《穆桂英大破天门阵》等。这不仅是一种装饰性的年画，而且是农村当中许多人获取历史知识与儒家道德观念的重要渠道。“民俗生活”，有《春牛图》《黄猫衔鼠》，为农民安排农事提供了方便，有着重要的使用

---

〔1〕 谢开天：《民间艺术二十讲》，四川大学出版社2013年，第93页。

〔2〕 薄松年：《谈苏州早年年画〈姑苏阊门图〉》，见《年画艺术丛刊》第10期，天津人民美术出版社1990年，第5页。

〔3〕 凌虚：《桃花坞木版年画及其他民间艺术》，见王友三：《吴文化史丛》下册，江苏人民出版社1996年，第600页。

价值。“时事新闻”,有《法人求和》《十美踢球图》《姑苏报恩寺进香图》《洋灯美人》等,这相当于图片新闻,给乡野村民传达着社会变化的信息。总之,桃花坞年画以人们喜闻乐见的题材,用象征、寓意、夸张的手法,表达了人们禳凶祈吉的美好心愿,有些还兼具知识传授与道德教化功能。

五、园林艺术的传承

苏州地处长江中下游,得天独厚的自然环境为园林的发展提供了有利的条件。苏州的园林建造艺术经过两千多年发展,到清代,无论是在造园技巧还是园林中花木栽种、禽鱼养殖、厅堂陈设等方面都已经非常成熟,加上入清之后苏州经济文化的迅速发展,为造园之风日益兴盛提供了充足的物质和技术条件。根据冯桂芬纂同治《苏州府志》的记述,有明一代,苏州仅吴县、长洲、元和三县即建园159座,清朝新建近百座。若纵观大市范围,加之明朝遗存,数量更为可观。直到目前,江南所保存的私家园林仍以苏州最多,童寯《江南园林志》中《沿革》一篇称:“江南园林,论质论量,今日无出苏州之右者。”[1]明朝的园林虽然历经改朝换代的破坏,多数园林还是得以幸存并加以修复重建,焕然新生,它们和清朝的园林一起,将吴地园林艺术推向顶峰。

(一)苏州园林

清代的苏州园林呈现出许多新的特点:

其一,实践与理论并重。明代活跃的建园活动为园林实践与理论的发展打下了基础。到清代,丰富的实践活动造就了一批从事造园的专门技师,他们中有一部分人不但积累了大量的实践经验,也有着较高的文化艺术修养,通过理论与实践互相促进,从而把园林创作推向更高的层次。造就了大批造园名家,留下了大量名园遗迹,也产生了许多造园理论记述。

其二,理念与手法互促。清代的园林往往将不同的院落处理成相对独立又互相呼应的主题景观,彼此之间似分似合,形成反复的层次。借景、对景、移步换景等表现手法,在这一时期的使用都达到了炉火纯青的境界。对于园林的水面、假山、花木、禽鱼,都有登峰造极的成就。

其三,传统与创新兼容。明清时期中国与外来文明交往日趋密切,随着西方音乐、美术、建筑等相继传入我国,一些私家园林也受其影响,将外来因素融入,

---

〔1〕 童寯:《江南园林志》,中国工业出版社1963年,第27页。

形成新的风格；随着人口的增长和土地价值的提高，园林面积逐渐缩小，因而大量施展人工创造，尽可能在有限的范围内营造出深邃、宏大的效果。

其四，实体与虚空相生。苏州园林利用实体之间的关系，创造出空间艺术。空间在这里是作为一种无形的、不可度量的、不能触及的、宏大而连续流动的客观存在被感知的。[1]在空间构造时特别善于利用景物之间的相互关系，通过巧思妙构，使自然的草木山水与人工的建筑艺术融于一体，把有限的空间巧妙地组成变幻多端的景致。

其五，园林建筑成为独立于住宅之外的风格。《园冶》认为："凡园圃立基，定厅堂为主。"说明了私家园林中厅堂建筑的重要性。江南园林"至迟在明代已形成一种独立于住宅之外的建筑风格"[2]，建筑在园林中不仅是起居处和观景处，同时也是组成景观的一部分，因此在造园时，建筑的位置、尺度、色彩都要与周围环境相协调，这就是园林建筑的独特之处。

总而言之，这一时期的园林艺术正在"向精深完美发展，达到造园艺术的高峰"[3]。代表园林有留园、网师园、环秀山庄、耦园、退思园等。

留园，在阊门外留园路。明中叶徐泰时所建，初名"东园"。嘉庆初（1800年左右）为苏州洞庭东山刘恕（蓉峰）所有，因"园内竹色清寒，波光澄碧"[4]，又"多植白皮松"，故易名寒碧庄，俗呼"刘园"。咸丰十年（1860），苏州遭兵燹，街巷尽毁，唯是庄幸存。同治十二年（1873），寒碧庄为常州盛康（字旭人）购得，仿随园之例，取其音而易其字，改名留园。盛康于光绪十四年至十七年（1888—1891）增辟东部和西部，临街建祠堂及正宅，后又购二程夫子祠，建大宅四进。至此，留园住宅与庭园之宏丽，在苏州屈指可数。光绪二十八年（1902）盛康去世后，园归盛康长子盛宣怀。

留园可分东中西三部：中部为花园，以水为主，环水造景，亭台楼阁掩映于古木花草之间，参差高下，互为呼应；东部以建筑为主，空间曲折多变，特别是石林小院一处的布置充分发挥了小园空间的设计手法，方寸得宜，静中生趣；西部以土石假山为主，深谙李渔"小山用石，大山用土"之法，因此山上枫林茂盛，入秋枫叶转红，可从中部隔墙观望，成为花园最好的借景之处。留园最为突出的是建筑空间的处理，大小、明暗、开合、高低的对比形成极富韵律的空间节奏，使全园

---

〔1〕陈英：《苏州园林的空间意识和空间美感》，见《中国园林》1994年第4期。

〔2〕潘谷西：《中国建筑史》，中国建筑工业出版社2001年，第193页。

〔3〕罗哲文：《中国造园简史提纲》，见《罗哲文古建筑文集》，文物出版社1998年，第153页。

〔4〕苏州市园林和绿化管理局：《留园志》，文汇出版社2012年，第222页。

富于变化和层次。

网师园位于苏州城区东南部带城桥路阔家头巷，本为宋代史氏万卷堂故址，清乾隆年间（1765年前后）光禄寺少卿宋宗元购得其地重治别业，筑园“网师小筑”。乾隆六十年（1795），太仓富商瞿远村买下此园，更名“瞿园”，亦称“蘧园”。瞿氏修建园林，添筑景致，遂成现在布局的基础。同治年间，网师园为江苏按察使李鸿裔所有，更园名为“苏邻小筑”。李鸿裔身后嗣子少眉继有其园。光绪三十三年（1907），园归将军达桂。辛亥革命后，东北军阀张作霖以30万两银子从达桂手中购得此园，民国六年（1917），赠予其师张锡銮作庆寿大礼，易名“逸园”，又称“张家花园”，筑琳琅馆、道古轩、殿春簃、箩月亭诸胜。

网师园面积仅8亩多，园内建筑以造型秀丽、精致小巧见长。学者陈从周以《小山词》拟之，认为是园“建筑无多，山石有限，其奴役风月，左右游人，若非造园家‘匠心’独到，不克（可）臻此”[1]。网师园因此成为“小园极则”的江南中小型古典园林典范，在国内外享有盛誉。

环秀山庄位于苏州城中景德路，面积仅3亩。此园本是五代吴越钱氏“金谷园”旧址。其后屡有兴废。清代乾隆年间为蒋楫所有，掘地得泉，名曰“飞雪”。后园归毕沅、孙士毅所有。道光二十九年（1849）成为汪氏宗祠“耕耘山庄”的一部分，更名“环秀山庄”，又称“颐园”。

环秀山庄以假山著称。园中假山占地虽仅半亩，然能以有限之面积造无限之空间，峰峦涧壑，山中之物，应有尽有，能得真山水之妙。钱泳《履园丛话》称环秀山庄假山出自常州戈裕良之手，确实如此。童寯在《江南园林志》中提到环秀山庄的假山，称：“其所作洞，即前章（同书前有《假山》章节，笔者注）所谓‘顶壁一气，成为穹形’者也。环以小池，微似拳勺，而风味殊胜。”[2]环秀山庄山水环绕相依，气势连绵，浑成一片。水有源而山有脉，声息相通，故有“别开生面、独步江南”之誉。

耦园前身为“涉园”，建于清初，咸丰年间毁于兵燹。同治十三年（1874），侨寓吴中的苏松太道湖州人沈秉成购得废园之后，聘请画家顾沄设计，扩地营构，建成现状，易名“耦园”。耦园坐落在仓街小新桥巷深处，其地僻静，三面临河，一面通街，前后设有河埠。耦园占地约12亩，住宅居中，东西花园分列两边，北端背河而起一排楼房，借“走马楼”贯穿。这样一宅两园的布局，在苏州众多古

〔1〕 陈从周：《园林清议》，江苏文艺出版社2005年，第93页。
〔2〕 童寯：《江南园林志》，中国工业出版社1963年，第30页。

典园林中独具特色。

退思园在同里镇，全园 9.8 亩，园名取《吕氏春秋》“进则思忠，退则思过”之意，始建于清光绪十一年（1885），园主为凤颍六泗兵备道任兰生，俗称任家花园。退思园的设计者袁龙，字东篱，诗文书画皆通。在他的主持下历时两年建成的退思园质朴无华，素净淡雅，具有晚清江南园林建筑风格。退思园布局独特，因地制宜，精巧构思。退思园分东、西两部。西部为厅堂庭院，东部为园林，是花园主体，东西两部之间以月洞门相通。门洞上有两块砖刻，书有“得闲小筑”和“云烟锁钥”。花园部分以池为中心，诸建筑如浮水上，别具风格。全园格局紧凑自然，结合植物配置，点缀四时景色，给人以清幽明朗之感。

（二）造园名师

园林的大量兴建造就了大批能工巧匠，清代因此也是一个造园名家辈出的朝代。童寯在《江南园林志・造园》中提到：“……清初张南垣父子、释道济、王石谷、戈裕良等人，类皆丘壑在胸，借成众手，惜未笔于书耳。”〔1〕其实自从造园活动开始，虽然有园主主持规划，但是付诸实践的则是工匠。唯有得到了名匠辅助，才能使园主心中的丘壑成为现实。虽然古代的匠人不为重视，但其中仍有佼佼者留名至今。

张南垣（1587—约 1671），名涟，字南垣，松江华亭人，是明末清初造园叠山的名家大手。清张潮《虞初新志》载吴伟业《张南垣传》称其“以造园叠山之艺”“游于江南诸郡者五十余年”。〔2〕清戴名世《张翁家传》称张氏“治园林有巧思”，时东南名园“大抵多翁所构也”。〔3〕《华亭县志》《娄县志》《嘉兴县志》等方志及《清史稿》都为张南垣列有专传。粗略估计，张氏一生作品应有几十座园林。著名建筑历史学家、文物考古学家曹汛曾做考证，确认张南垣建造的园林即有十余处，其中不乏重要的名园。

张南垣的作品和技艺对当时及后世产生了深远的影响。张氏有四子，皆传父术，尤以次子张然成就最高。张然及其后嗣供奉朝廷前后断续历时 30 余年，京中有称“山子张”者，世代相传。

戈裕良（1764—1830）是清中期最为杰出的造园叠山家，其成就可以与张南

---

〔1〕 童寯：《江南园林志》，中国工业出版社 1963 年，第 7 页。
〔2〕 张潮：《虞初新志》，文学古籍刊行社 1954 年，第 81 页。
〔3〕 曹汛：《造园大师张南垣（二）——纪念张南垣诞生四百周年》，见《中国园林》1988 年第 1 期。

垣并提为“三百年来两轶群”[1]。清洪亮吉《同里戈裕良世居东郭以种树累石为业近为余营西圃泉石饶有奇趣暇日出素笺素书因题三绝句赠之》,诗见《洪北江诗文集・更生斋诗集》卷七《西圃疏泉集》。戈裕良一生参与建造的园林有史可考的有八处,其中苏州环秀山庄是其留存至今仍保存完好的作品之一,是公认的我国现存名园中假山作品之翘楚。现存的其另一作品为扬州小盘谷。

戈氏以作品传世,生平记述却不见于史志,唯清钱泳《履园丛话》卷十二《艺能》篇中《堆假山》一条提到:“近时有戈裕良者,常州人,其堆法尤胜于诸家。”[2]戈裕良可算我国造园史上最后一位名家,他的离去标志着我国古代造园叠山艺术的终结。

姚承祖(1866—1938),字汉亭,号补云,吴县胥口墅里村人。姚氏生于木匠世家,祖父姚灿庭著有《梓业遗书》。姚承祖毕生从事建筑,经他设计并施工的项目不可胜数,曾修建苏州怡园藕香榭。民国元年(1912)成立苏州鲁班协会,姚被推为会长。又曾任教于苏州工业专科学校。所著《营造法原》即任教时描绘的课本,该书于1959年由中国建筑工业出版社出版,署名为:姚承祖原著,张志刚增编,刘敦桢校阅。全书12余万字,图版52幅,插图71幅,系统阐述了江南传统建筑的形制、构造、配料、工艺等内容,兼及江南园林建筑的布局和构造,素材十分丰富,是唯一记叙江南地区代表性传统建筑施工的专著。张志刚在自序中提到刘敦桢将原稿交付他整理时说:“这是姚补云先生晚年根据家藏秘籍和图册,在前苏州工专建筑工程系所编的讲稿,是南方中国建筑之唯一宝典。”[3]民国二十七年(1938),姚承祖逝于上海,归葬故里。

清代苏州园林是我国江南古典私家园林的典范,与以北京为代表的皇家园林风格迥异。前者以小巧玲珑、自由活泼、精致淡雅、抒情写意见长;而皇家园林则以豪放宏大、规整严肃、富丽堂皇、浓彩艳丽称胜。苏州园林的主人多为文人士大夫,他们精通山水画的原理,将闲趣和情调融入园林的构建中,使之具有“山水画”的色彩。园林中的景物虽符合自然造化,但都赋予了人格意义,具有深厚的文化品格,是设计者、园主的社会观和人生品格之综合反映。[4]园中的一草一木都注入了人格灵性和思想情趣,这是士大夫成为造园主流的结果,是他们对现实社会的感慨和隐忧、对人生的深层反思、对道德境界的执着追求。苏州园林从

---

〔1〕 洪亮吉:《洪亮吉集》,中华书局2001年,第1378页。

〔2〕 钱泳:《履园丛话》,中华书局1979年,第330页。

〔3〕 姚承祖:《营造法原》,中国建筑工业出版社1959年,第3页。

〔4〕 周景崇、黄玉冰:《论苏州园林植物景观设计的人文思想》,见《装饰》2006年第6期。

而成为中国传统思想文化的载体，承载着丰富、深厚的社会文化内涵。

苏州园林在清代达到了顶峰，留下来的园林实物和相关理论著述都是极为宝贵的文化遗产。

六、工艺美术的昌盛

有清一代，苏州工艺美术在全国居领先地位，其发展呈现为沉寂—复苏—鼎盛—毁灭—复苏—衰颓之轨迹。

明清易代，封建政权无情地镇压江南人，作为末业的苏州手工艺遭受严重钳制。康熙三十五年(1696)后，随着统治者高压与笼络政策的兼行并施，社会经济逐步恢复，文化渐趋昌隆，工艺美术也在晚明形成“苏式”地域风格的基础上，长足进步，至清中期达到鼎盛。作为全国最发达的工艺美术产区，苏州手工艺品种繁多，行业庞大，工艺精湛，驰誉全国，独领风骚，创造一代辉煌。

乾隆末年，清由盛而衰。特别是历经鸦片战争和太平天国之乱，江南地区遭遇劫难，手工艺陷入灭顶之灾。“同光中兴”，苏州手工艺虽得以在废墟上重建和复苏，但品质与繁盛期相比不可同日而语。不过，西风东渐，也为工艺美术注入新鲜血液，新兴行业的问世，传统行业的重大变革，致使各行业兴衰不同，消长不一。

苏州手工艺所以能在清际繁荣昌盛，风靡全国，与长期积淀密切相关，涉及诸多因素：

地理环境得天独厚。苏州地处扬子江口，太湖之畔，山水清嘉，地肥壤腴，蚕桑繁盛，资源丰饶，优越的生态环境，为工艺美术生产提供了良好的材料支撑。

引领者极力倡导。苏州人文荟萃，尤其是在野知识群体充当着文化导向的角色，在引导时尚生活、提升手工艺品内涵、打造手工艺品地域特色方面发挥了重要作用。

民俗文化隆盛。苏州素享“俗繁节又喧”之称。瑰丽多彩的民俗，丰富了手工艺的花色品种，奇丽多姿的工艺美术品作为特定载体，依附民俗活动而传承，并逐渐民俗化。

专业产区成熟兴旺。发达的工商业，繁荣的经济，直接催生了工艺美术产区，各行业分工精细严密，技艺精益求精，产品推陈出新，品牌不断涌现，名家灿若繁星。与此同时，行会兴起，其互相角逐，又协同合作，谋取共生，有效地促进了工艺美术的整体发展。

宫廷对官造工艺品的倚重。举凡皇家用品，如典章制度用器、陈设、服饰等，无一不是精美绝伦的极致上品,它们或由造办处招募工匠赴京制作,或被发派到姑苏生产,苏州由此成为宫廷用品的重要产地。而统治者的审美倾向,对苏州手工艺以精丽巧绝著称具有启迪和引导作用。

侈靡风气的大力助推。奢侈之风自清初一度收敛后,继续在社会各阶层乃至全国蔓延,巨大的社会需求,推动手工艺行业日趋进步,刺激产品向多元化方向发展,也造就出大批能工巧匠。

(一)基本生产方式

清代苏州工艺美术生产承袭明制,沿着官营、民营、家庭生产三大基本模式发展,相互依托又相互制约,形成以家庭生产为基础、官营生产为骨干、私营作坊为补充的生产体系,共同保障和促进手工艺的兴盛与发达。

1. 官营生产

由官府自行设立造物作坊,招募工匠,生产制作所需物品,这是一个规模庞大、组织严密、机构固定、分工细密的造物生产体系。以苏州织造为例:顺治二年(1645),朝廷于苏州带城桥东孔副司巷内重建苏州织造局,翌年开始生产;织染局则在明织造局旧址上增建和葺修,后人简称“北局”。织局任务涉及“缎纱染彩绣绘之事”。其实行“买丝招匠制”“承值制”和“领机给贴制”,以控制民间工匠,体现出官营手工工场的封建生产关系。

此外,造办处还根据皇家钦定式样,组织工匠试制并批量生产新型器物。如“乾隆帝喜爱剔红,便命造办处画样,准后发往苏州织造监督按所发剔红图样试制雕造。织造官不敢违命,便组织工匠进行试制遂而制成,送京呈览通过。从此苏州漆行中出现了雕漆新工艺,品种计有剔红、剔彩以及仿明等器。苏州织造还受命烧造澄泥砚”〔1〕。在国家权力的干预下,在人员、技术、财力方面占尽优势的官营生产,夯实了苏州工艺美术的雄厚基础,使之成为全国举足轻重的皇家工艺品产地。

2. 私营作坊

私营作坊从农村家庭手工业中分化出来,属小商品生产,生产资料为作坊主或工场主所有。它在社会前行中不断壮大,发展成为生产规模、产品数量和质量均可与官营生产竞利的生产体系。

清际,苏州手工艺私营作坊比晚明更普遍。小作坊雇佣部分劳动力,进行专

---

〔1〕 杨柏达:《苏州清代工艺美术述要》,见《姑苏工艺美术》1994年第1期。

业分工合作，面向市场灵活组织生产，具有一定的优越性。众多作坊中，以丝绸、琢玉居多，且专业分工极为细密。如丝绸业繁盛时，商业资本不断向少数绸缎庄集中，有的绸缎庄便着手经营纱缎机业，“铺户”由此出现，亦称“经造纱缎帐房”。他们有的自设工场，置机雇匠生产，大多数则将经纬发放给机户或机匠，各就机户的作坊内雇工织造。据民国二年（1913）对吴县著名纱缎机业“铺户”的调查表明：自康熙四十一年（1702）起，至道光二十年（1840）鸦片战争前夕，吴县“经造纱缎帐房”共计开业11家，年产绸缎共7 164匹。大多数是放料给机户代织。雇佣代织机户最多的一家，帐房拥有400人，最少的也有50人左右。〔1〕

3. 家庭手工艺

家庭手工艺是与农业紧密结合的一种副业，也是手工艺原料和产品的主要来源，一般以男耕女织为特色。如清代苏州西部地区，民间多尚手艺，以男工女绣为特点，男子多半从事建筑、雕刻或织造，女子则多刺绣，自产自销，成为自然经济的补充。广大分散性的家庭手工艺，旨在满足人们自身和社会的双重需求，其发展过程虽也有起伏变化，却是封建社会传统手工艺品生产的最基本形态，同时是清代苏州工艺美术的一个基本面。如乾隆年间，机户遍布城区，周边的唯亭、蠡口和距城五六十里的香山、光福等乡村，民间也大多以缎纱为业。而所有这些以丝织为业的机户，即属小而分散的个体家庭手工艺。

（二）品类和主要行业

苏州工艺美术门类齐全，品类繁多。通常情况下，可依据功能进行区分，总体分为生活实用和装饰欣赏两大类。生活日用品，涵盖日常生活的方方面面，为人们带来便利，也使得生活更加多姿多彩。装饰欣赏品以特种工艺品为主，用于美化生活环境，愉悦人们心身。

苏州工艺美术行业完备，织绣业有刺绣、缂丝、宋锦、漳绒、抽纱花边等；雕塑类则有玉、木、石、砖、桃核、橄榄核、竹、象牙雕刻，以及灰塑、捏塑等；还有家具、漆艺、装裱、桃花坞木版年画、剧装戏具、铜作、锡作、金箔、金砖、绢花、通草花、灯彩、制扇、弹墨、剪刻纸、制琴、玩具等业均相当出名。择主要行业述之：

1. 刺绣

清代，精细雅洁的苏绣发展达到鼎盛。据1947年《吴县县商会年刊》载：“有清一代，吴市为绣业策源地，故宫廷有织造之官，常驻苏城，以采备绣货贡品

---

〔1〕 段本洛、张圻福：《苏州手工业史》，江苏古籍出版社1986年，第37页。

之职,上自宫闱,下迄庶妇,以及仕宦之章服,莫不以绣货为章身之彩黻,此苏州之全盛时代。"[1]然而,官府织造远不能满足朝廷之需,促使织局另租民房几十间,临时集中大批织绣工匠赶制宫货,或将部分订单分发至民间作坊完成。清后期,随着织局的衰落,其功能遂由日益兴盛的民间纱缎庄、绣庄所替代,形成专门行业。同治六年(1867)绣业创立锦文公所,及至光绪十年(1884),仅苏州一地经营刺绣业务的绣庄,著名的就有"人和瑞""人和震"等65余家,后发展到150多家。[2]绣庄还按生产品种的不同分成绣庄业、剧装戏具业及零剪业三个专业,足以证明商品绣之发达。此外,另一大宗是民间绣,家家户户妇女用刺绣打扮家人,美化生活环境。

晚清,江南社会激烈动荡,经济文化遭受重创,苏绣艺术有退无进,欣赏品画绣濒于绝迹。面对这一严峻局面,"针神"沈寿潜心于刺绣研究和创作,倡导"以新意运旧法",将西洋美术的知识和技巧融入中国的刺绣艺术。宣统二年(1910),清政府举办"南洋劝业会",沈寿的肖像绣《意大利王后爱丽娜像》一举夺魁,苏绣传统技艺因现代转型而名扬四海,进入一个新的历史发展时期。

2. 缂丝

缂丝即"用刀刻过的丝绸",五彩变化无穷,以万缕千丝成其工巧,胜比黄金珍贵。清代,日用缂丝主要供皇室使用。亲王以下官员普遍服用缂丝,连乘舆、仪仗等也饰以缂丝制品,靡丽至极,蔚然成时尚。由于缂丝供不应求,缂丝产地苏州不得不一再扩大生产规模,除陆慕、蠡口、黄桥外,城西光福、东渚等地的民间缂丝作坊均有相当规模。

清中期,观赏性缂丝大为流行。尤其是乾隆朝,以摹刻高宗书画或前人墨迹为尚。朴文英《缂丝》载:"清宫藏缂丝书法95件,其中乾隆书或临摹的作品就有68件;花卉38件,其中乾隆作品或为前人题字的作品12件。这里并不包括乾隆时期的其他缂丝。"[3]这些藏品多出自吴中名工巧匠之手,其珍贵性可想而知。

缂丝艺人多以农民为主,忙时下田,闲时缂丝。清末,行业式微。同治、光绪年间,"陆墓、蠡口、光福等地的艺人总数已不满百人。蠡口艺人沈金水以每件一百二十石米的工价,为最后一个皇帝(溥仪)登基赶制了龙袍。李水福、汤长云

---

〔1〕 转引自林锡旦:《苏州刺绣》,苏州大学出版社2004年,第75页。

〔2〕《锦文公所顾公祠碑记》,见《新苏州报》1956年7月26日,转引自苏州刺绣编志组:《苏州刺绣厂志》,1984年,第8页。

〔3〕 朴文英:《缂丝》,苏州大学出版社2009年,第41页。

两位艺人被张謇邀至南通缂丝”〔1〕。

3．宋锦

清代苏州织锦，于图案风格、结构组织、装造、织造技艺方面凸显独特性。据钱小萍在《中国宋锦》一书说，当时“不但经纬线并用来显现花纹和地纹，而且横向又应用彩纬抛道换色，使其质地坚柔轻薄，花色丰富典雅，具有独特的艺术风格。所以，宋锦被誉为中国织锦的第二个里程碑”〔2〕。从康雍乾三代传世作品看，苏州宋锦的织造技术、纹样、配色，均代表着时代最高水平。珍稀彩织《西方极乐世界》即由苏州织造局承制，场面宏伟，278 尊佛教人物，面目清晰自然，表情安详生动，服饰轻柔飘逸，线条优美流畅，亭台楼阁、宫殿、华盖、幡幢，流云、树木、花草等生动写实，尽现佛教净土庄严、宏伟、神圣之境界。该作深得乾隆皇帝和皇太后的赞赏。宋锦在鸦片战争后走向衰落。清末，因外销断绝，国内市场缩小而仅剩陆万昌、包元记、严斌记、严庆记等几家现卖户和 20 台左右织机，勉强开工生产。

4．漳缎

漳缎是在漳绒基础上经创新而形成的手工丝织品，明末清初在苏州织造局问世后，深得康熙帝赞赏，令发银督造，大量订货，并规定不得私自出售，违者治罪，可见漳缎在织造业中的地位。其时，漳缎织造机户连年增加，产销长期稳定。道光年间苏州漳缎生产进入全盛期，宫廷皇室贵族及文武百官的长袍马褂，大多使用漳缎，将其作为主要服饰用料。据《大清会典》载，乾隆十六年（1751）由江南三织造奏准，在北京织染局上贡的藏品中有两件漳缎衣料，即系苏州赵庆记纱缎庄织造的差货。

5．琢玉

苏州琢玉明时已名闻遐迩，有“良玉虽集京师，工巧却推吴郡”之称。入清后，玉料来源增多，琢玉业更加发达。“从事玉器商业和琢玉手工业者三数百，商而工者三千余人，内分翠玉、白玉、黄玉、新玉，琢磨者一门打眼光工，又分其类。”〔3〕阊门内的专诸巷、天库前、周王庙弄、宝林寺前、王枢密巷、三塔头、回龙阁、梵门桥弄、学士街一带，比户可闻沙沙琢磨声。阊门外吊桥因桥堍遍设玉器交易摊，生意繁忙，而获“玉器桥”之名。苏州玉器的品种较为完备，有鼎、盆、碗、镯、簪、如意、观音、寿星、麻姑、东方朔、百子图、镶嵌屏风等，尤以承制大量宫

---

〔1〕 胡金楠：《吴县工业志》，上海社会科学院出版社 1993 年，第 152 页。
〔2〕 钱小萍：《中国宋锦》，苏州大学出版社 2011 年，第 34 页。
〔3〕 胡金楠：《吴县工业志》，上海社会科学院出版社 1993 年，第 82 页。

廷所用玉磬、挖花玉片而闻名。晚清，女用翡翠帽花受到各地人士青睐，同时还出口大量玉器摆件和小件装饰品，甚为外商欢迎。苏作玉器的特殊品质在于“空”“飘”“细”。“空”即虚实相称，疏密合宜，有空灵之感；“飘”指造型生动，线条流畅，宛转飘逸；“细”为设计精巧，精琢细磨，尽显工巧之美，相沿未有改变。

6. 砖雕

砖雕属建筑装饰，用以彰显居住文化。明末清初，受侈靡之风影响，苏州砖雕门楼盛行，促使砖雕艺术日益成熟精进。初期，砖雕相沿明制，厚重圆润，以质朴大气、华而不艳为尚。典型纹饰为“鲤鱼跳龙门”等，凸显苏州文风之昌盛。清中期，随着门楼的程式化，砖雕技艺愈趋精湛，始造极峰。“无雕不成屋，有刻斯为贵”〔1〕，“花墙头”装饰达到无以复加的地步。其时的砖雕艺术，题材丰富，吉祥纹饰以回纹、云纹、盘长、如意、蝙蝠、龙凤、仙鹤、梅兰竹菊等为主流，格外为人钟情。尤为特殊的是，苏州的砖雕艺术精细秀雅，“不求彰显于外，而求自适于内”〔2〕，其文气与徽州砖雕形成鲜明对比，成为江南具有典范性质的艺术之一。晚清，因江南经济凋敝，砖雕艺术重新走向简洁，甚至呈现为简到极致的素雅，意味着盛极一时的艺术趋向式微。

7. 核雕

核雕兴起于明末清初，是以橄榄、桃、胡桃、杨梅等各种果核为材料雕刻而成的工艺品，种类丰富，名家辈出。

清际，苏州核雕盛极一时，堪称一绝。艺人们利用果核的自然纹理构思创作，以芥子纳须弥，得浑然天成之效果，蔚成赏玩之习。该工艺因富于创造性，废弃之物居然能制成扇坠、念珠、手串等装饰品，充满神、细、奇、巧之魅力，因而格外风行，被誉为化腐朽为神奇之玩赏奇葩。

清初，苏州有金老、杜士元（又作屠士元），擅长核舟雕，杜士元曾作“渔乐图”核舟，“舟上舱篷舟楫齐全，篷上有镂空的鱼篓，船中数人大如米粒，有人晒网，有人烹茶，有人闲坐观天，一幅船上渔家其乐融融的生活场景”〔3〕，可谓穷尽精巧之能事。后其被乾隆帝召至启祥宫，专事核雕。又有沈君玉，“以橄榄核雕陀子一枚，棕帽、胡须、直身，良有补缀，手执一扇，扇有诗四句。又有杨梅核刻

〔1〕 单存德：《苏州砖雕》，见汤钰林：《苏州工艺美术》，文汇出版社2012年，第303页。

〔2〕 张朋川：《开拓苏州砖雕研究的新视野》，见居晴磊：《苏州砖雕》，中国建筑工业出版社2008年，第5页。

〔3〕 叶志明：《苏州核雕》，见汤钰林：《苏州工艺美术》，文汇出版社2012年，第278页。

弥猕一枚,眉目毕具"[1]。清末,舟山村有殷根福,以核雕朝珠而著称,成为"殷氏流派"创始人。

8. 苏式家具

苏式家具是指苏州地区以优质硬木为主要材料的细木家具,集实用、艺术、科学、民族性于一体。苏式家具在15世纪中叶形成后,于发展历程中呈现出不同的风格特点。清代,苏式家具在"明式"基础上发展,"随着社会的演变,又有许多新颖的苏式家具出现,其中不少品种和造型还被人们说成是'明式'的所谓'变体'。到了清代中叶以后,苏式家具不同程度地受到了清式家具的影响,这时大量生产的苏式家具表现出了新的特征"[2]。具体而言,康熙前,苏式家具依然以简洁、自然为度,造型简练,线条流畅,做工精细,气韵古雅。乾隆年间,家具装饰趋向繁复,与扬州家具、广州家具样式互相影响,更多地追求实用功能,纹饰美观,制作精致,打磨到位,全部髹漆,表现出一种新环境下的审美理念。经典代表品种有博古架、太师椅、茶几,以及造型秀美的香几、花架,古朴大气的罗汉床,小巧玲珑的盘景架,雕刻奢华的架子床等。

9. 漆艺

乾隆时,苏州漆艺进入全盛期,巨匠辈出,精品涌现,登峰造极。当时的苏漆"有退光、明光,又剔红、剔黑、彩漆,皆精"[3]。艺人所制雕漆,从直径半寸的圆盒到气势磅礴的宝座屏风,品种一应俱全,题材涉及山水、花卉、翎毛、人物、佛道故事、博古等。仿宋剔红、剔彩几可乱真。朱漆菊瓣式脱胎盖碗,厚度仅0.5毫米,细巧轻薄,鲜红温润,宝光内蕴,艳压群芳。乾隆帝题诗赞曰:"吴中髹工巧莫比。"[4]嘉庆年间,苏州漆艺依旧保持领先水平,传世作品剔红笔筒,上刻山水人物,颜色鲜明,刀法遒劲,隐起圆滑,藏锋清晰,足见工匠技艺之高超。遗憾的是,在清廷镇压太平天国的战乱中,苏州漆艺作坊毁于一旦,幸有《姑苏繁华图》对阊门万年桥一带漆作和店面的真实描绘,留下了漆艺作坊的珍贵资料。

10. 桃花坞木版年画

桃花坞木版年画源于苏州版画,清盛期称"苏州版",亦叫"画张"。受雅文化影响,其在题材选择、位置经营、色彩运用、手法处理等方面,均悉心摹仿宋、元

---

[1] 胡金楠:《吴县工业志》,上海社会科学院出版社1993年,第83页。

[2] 濮安国:《明清苏式家具》,浙江摄影出版社1999年,第5页。

[3] 冷坚:《苏州漆器》,见汤钰林:《苏州工艺美术》,文汇出版社2012年,第289页。

[4] 冷坚:《苏州漆器》,见汤钰林:《苏州工艺美术》,文汇出版社2012年,第290页。乾隆帝全诗为:"吴中髹工巧莫比,仿伪或比旧为过。脱胎哪用木和锡,成器奚劳琢与磨。"

以来传统绘画形式，具有明代木刻风格。西风东渐后，在西洋画风浸润下，艺人们毫无保守地吸收了欧洲的透视画法和铜版画技法，使清中期的作品，尤其是风景画因技法精细、构图复杂、场面宏大而别开生面，拥有极高的艺术价值，成为世界版画史上罕见的艺术品。鸦片战争后，桃花坞年画的销售对象转向以农民为主，从内容到形式，多方面地适应了农村生产、生活习俗、居室环境之需，成为农民喜闻乐见的美术品，风格特色也随之表现出鲜明的乡土气息。其特色是：题材丰富，涵盖面广。构图丰满而不壅塞，稳重而不平板，带有浓厚的装饰性和趣味性。造型健康朴实，欢乐安详。人物适度夸张，动作生动而稳定。线条简洁明快，富有节奏感，又不失挺秀典雅。色彩以桃红、大红、黄、绿、紫、淡墨为基本色，对比强烈，画面热闹喜气，显出朴实之美。

11. 剧装戏具

戏衣业因明代昆山腔广泛流播、职业戏班纷纷崛起而快速发展，成为融画、绣、制衣于一体的独立行业，至清代形成苏派风格。过去，苏州城区西中市、吴趋坊一带为戏衣制作集中地，作场多达 30 多家。作坊主雇佣画工勾勒图案，刺绣加工发放至木渎、香山、枫桥、蠡口、光福、横塘等地。所产戏衣，除供应本地戏曲班子外，主要满足苏、浙、皖三省的徽剧和京剧"水乡戏班"之需，甚至清代宫廷演戏使用的行头，也常在苏州定制。顾颉刚在《苏州史志笔记》中云："戏剧本以苏州为最盛，故戏衣业即萃于是，农村妇女藉是以为其副业。自昆曲消沉，戏剧中心不复在苏，然戏衣业中心则仍未移。"[1]

综上所举，可大致展现苏州工艺美术清新、委婉、精细、灵透的"苏式"特征。要注意的是，由于宫廷工艺和民间工艺两大体系的客观存在，苏州手工艺品势必在艺术风格上显现差别，即宫廷工艺精细严谨，颇具雕琢之气；民间工艺则淳朴自然，生活气息浓郁。然而，两者间的良性互动与交融，又为其发展注入生机与活力，使清代苏州工艺美术整体展现出雅中透俗、俗中蕴雅、兼容并蓄、雅俗共赏的文化品格。

（三）苏州工艺美术的传播和影响

苏州工艺美术花团锦簇、争奇斗艳，通过广为传播，不仅对国内手工艺构成冲击力，产生有益影响，在国际上也享有良好声誉。

先看国内：苏州手工艺品主要通过两条渠道流播。一是输入宫廷。清代，造

[1] 顾颉刚：《苏州史志笔记》，江苏古籍出版社 1987 年，第 115—116 页。

办处、税关、盐政等衙门纷纷在苏设有机构，为皇家置办各种用品和贡品。造办处专门招募能工巧匠，来自苏州的“南匠”为数不少，如玉、犀、牙、竹、雕刻、漆、木器、捏塑、纸编等工匠。不仅如此，造办处还向苏州织造派发活计，以丝织、刺绣、缂丝、玉器、剔红等高级工艺品为主。此外，地方大吏每年四次向皇家进贡特产，不少器物均取自苏州手工艺作坊，如顾绣、缂丝、剔红等。清宫现藏十几万件织绣品中，苏州织造绣制的物品就占到一半，包括成品与布料，将近十万件。即使一向以为出自江宁织造的妆花缎，苏州也有织造。除上文提及的杜士元、沈君玉外，还有“项天成、项春江、项琴舫等项氏家族的虎丘捏塑，顾圣之和其子启明、媳邹氏（人称顾二娘）、孙公望的制砚，朱圭的刻板，王鹤洲、秦长年、庄希叔的装裱，沈寿的刺绣等名匠都见于史籍而名垂不朽，有的还应召入宫”〔1〕，其手泽或珍品被清宫或博物馆珍藏。因此，若没有苏州工匠和苏式工艺品输入宫廷并产生影响，那么，清代皇家工艺将会是另外一个面貌。二是内销。清际，苏州仍以市肆为最盛，家庭手工业广布，各种专业坊巷、绣庄、作坊应运而生。这些特色商品，通过层级市场，经四方商人之手，沿长江航线、京杭大运河、太湖流域绵密的水运网等商路被贩运至全国各地，苏州手工艺品因此闻名遐迩，其“样式”或技艺被北京、广州、扬州、徽州、长沙等地的工艺行业奉为圭臬，影响深远。

再看国外：苏州手工艺品的魅力随海上丝路贸易不胫而走，销量猛增，尤其是织绣品，“‘八成出运，二成本地销售。’出口的市场，一是日本与朝鲜，二是俄国，三是东南亚、印度，四是英法等西方各国”〔2〕。布莱尔·罗伯逊在《菲律宾群岛》中的记述可代表海外对中国丝绸的认知度。仅以东亚和欧美几国为例：

东亚：清际，中国的锦绣、印金织物继续大量流入东瀛，促使日本刺绣针法快速发展，表现力大为增强。“在日本西阵织陈列室与民间服饰中，不仅能看到清代中国商品绣《老寿星》等寓意吉祥的绣品，而且中国传统八宝图案（由宝珠、古钱、方胜、菱镜、犀牛角、玉磬、书籍、艾叶八种法物组成），龙凤、寿星以及福、禄、寿等汉字在日本刺绣中也屡见不鲜。”〔3〕朝鲜丝织业所需原料，仰仗商人从中国的山东、福建、浙江等地运去。在民间，朝鲜女子多善绣，常以针线手艺的高低来衡量女子的品性和才艺，大家闺秀则以超众绣艺向人们展示聪慧和品德，风俗与江南相似。

欧美：17 世纪末，中国刺绣圆绷传至法国，在法国刺绣界得到普及。据 1906

---

〔1〕 朱培穆：《苏州工艺美术发展的社会背景》，见《姑苏工艺美术》1995 年第 2 期。

〔2〕 袁宣萍、赵丰：《中国丝绸文化史》，山东美术出版社 2009 年，第 227 页。

〔3〕 孙佩兰：《中国刺绣史》，北京图书馆出版社 2007 年，第 308 页。

年出版的《刺绣和艺术帷幔织造》说:由于中国刺绣的影响,促进了法国刺绣的发展。18 世纪,巴黎刺绣匠师工会成员由最早的 93 名增至 250 多名。[1]路易十五的宠妃蓬皮杜夫人,崇尚中国刺绣中写实而简练的图案,以穿着中国式花鸟绸缎裙为时髦,表达出对东方艺术的无限向往。英国约在 17 世纪输入织绣品后,便以此作为时尚流行起来。贵妇们使用中国的双面绣刺绣围巾,一些时髦的贵妇和小姐还将设计、剪裁好的服装及名片,通过东印度公司送到中国,请刺绣匠师刺绣;作为东方土产的织绣品,在美国同样受到大力追捧。美国上层妇女将刺绣视为有才艺女子的必修课,并到贵夫人学校和寄宿学校的刺绣科习绣。光绪二十六年(1900),美国举办首次刺绣品展览。于此,足见东方工艺品的巨大感染力。

七、练武体育与娱乐体育

练武体育分为两类:一是体育直接为军事斗争服务;另一是体育由军事斗争而派生。清朝,苏州的练武体育主要有江南船拳、石家枪与峨眉枪。在民间练武的基础上,从顺治年间到同治年间,苏州共产生过 1 名武状元、66 名武进士和 314 名武举人。清朝,苏州的娱乐体育主要有棋类游戏,以及龙舟、风筝等。

(一)练武体育

1. 江南船拳

清朝的"江南船拳",每逢立夏、端午、中秋等节日,吴江、吴县、太仓、常熟等地的船拳好手,不约而同地登船献技。特别是农历八月十八日,苏州城外石湖的船拳活动尤为兴盛。届时,湖面河心,轻舟快橹,往来如飞,标旗飘展,鼓乐齐鸣。方圆百里的乡人,均驾着各自经过装饰的大小船只,集中在杏春桥下。两岸人流熙攘,观者如堵,爆竹喧天。店铺看客纷纷向河中拳船抛赠早已备好的粽子之类糕点,犒赏拳师。演练结束,船拳表演最出色的船所得的点心最多。

苏州的拳船,一般常用双橹快船装饰而成,披红戴绿。船舱两侧的威武架上,刀、枪、剑、戟,一应俱全。

船拳的表演形式主要是两种:一种是徒手拳术、爬桅杆和翻跟头杂技;另一种是持器械的杂耍,器械主要为钢叉、竹篙、船桨等。表演时,拳师首先站立在船上拱手向围观的人们示意,以祈失手时求得包涵。船手则高频率地摇动橹桨,使

[1] 李明:《锦绣铺舒》,凤凰出版社 2015 年,第 280 页。

小船快速驶出。然后拳师在摇晃不定的船上开始打拳，不停地在船首、船身、船舷、船尾蹿蹦跳跃，挥拳飞腿，跟头连翻。

徒手表演最精彩的是爬桅杆。拳师手脚并用到达杆顶，在顶上连续做漂亮而惊险的平衡动作，然后突然一个翻身，头朝下沿杆快速滑下，令人惊心。器械表演主要以钢叉居多，拳师飞舞钢叉，滚绕于胸臂腰腿之间，呼呼有声。最为独特的是，拳师用力将钢叉向前上方抛出，钢叉飞越桥面和桥上围观者，又呼啸而下。就在钢叉将要到达水面时，小船载拳师已到，拳师伸手稳稳地把钢叉紧握手中，继续挥舞。这种表演使拳术与船术的结合相得益彰，达到完美的境地。

流行在苏州的船拳，套路众多，有“舞木锁”“岳家手”等。仅一套“小红拳”，就有十大盘功、百种零手、三十六套路。船拳的特点是：动作幅度小、转换快、变化多、发力大。它非常适应在小小的船上淋漓尽致地表现拳脚功夫，成为我国江南水乡所特有的拳种。

苏州的江南船拳大致有三个流派：一是越溪船拳。传承群体主要分布于苏州石湖周边的越溪境内，主要为闭口船拳，强调打拳时要有音乐伴奏，伴奏曲调一般为江南丝竹调。二是北桥船拳。传承群体主要分布于苏州漕湖周边一带，主要为开口船拳，也称“开口船头拳”，拳师在船头上打拳时要唱拳歌，其曲调音乐主要为江南小调的旋律。三是沙家浜船拳。传承群体主要分布于阳澄湖地区，闭口船拳和开口船拳兼而有之。苏州的江南船拳是中国武林中独一无二的拳术流派，是吴文化宝库中一颗耀眼的明珠。

2. 石家枪与峨眉枪

石家枪为清朝苏州武术的著名流派，代表人物为吴殳。吴殳（1611—1695），又名乔，字修龄，号沧尘子，江苏太仓人，其著作《手臂录》是清朝的重要武术典籍。吴殳和夏君宣、夏玉如、陆世仪同是明末苏州常熟著名武术家石敬岩的得意门生，但他在习练石家枪中并没有墨守成规，而是细心研究各家枪法，博采众长。吴殳曾在《手臂录》中说：他于枪法“广而求之。于程冲斗之书得棍法，于洪转之书得少林枪法，于郑华子得马家枪法，于倪近楼得杨家、沙家枪法，在聊城得敬岩所自出之淄川韩氏枪法。而昔所未闻者，备闻之矣。最后得程真如峨眉枪法”〔1〕。

在《手臂录》中，吴殳综合诸家枪法之长，最后提出了石家枪的四个基本功训练，这就是戳法、革法、步法和行着。所谓戳法，包括单杀手、穿指、穿袖、油、换、叠穿、就、硬、挂、冒、勒、抽拔枪、鲤鱼暴、偷、两节枪、双头枪、叠圈、月牙枪、豁里

〔1〕 吴殳：《手臂录》，山西科学技术出版社2006年，第19页。

透、索穿线、万派归宗21势。所谓革法，包括封、闭、提、掳、拿、砑、卷、反卷、拦、勾、剔11势。所谓步法，包括鸭踏步、连枝步、随手步、影手步、后垫步、挐脚步、救步、斩步、影脚步、十字步、剪刀步、虚脚步、鸭脚步、四门枪步、骑龙步15种。所谓行着，包括吞吐、和枪、截枪、挤、挨、挑、逆散、拖、叶底藏花、秦王磨旗手法、旋雷霹雳、铁幡竿、跌膝枪、腾蛇枪、蜈蚣钻板、月下梨花、玉玦枪、半玉玦、藤萝绕树、缠、排、连击、倒跟打、击、扑、鸡啄粟26个招式。

吴殳在讲解石家枪法时，特别以“枪法圆机说”“一圈分形入用说”“枪法元神空中鸟迹图”“圆圈分形详注”四个专题，图解了被视为枪法真髓的“图”法，从而被武术界公认为毫无保留地传授了枪法的秘诀。

吴殳枪法功底深厚，使石家枪发扬光大，从而在武林中独树一帜。

吴县东山人翁慧生为清朝苏州另一位以枪法显世的武术家，年龄大约略长于吴殳。翁慧生从小就喜欢武艺，听说四川峨眉山上的和尚很有武艺，尤其精通枪法，便决定去峨眉山拜师学艺。翁慧生按和尚的要求在山中采樵两年，然后得传十八扎、十二倒手等秘法，一时间，可制胜当时著名的沙家杆子、马家六合枪、刘家枪等号为枪中长技者。翁慧生枪法遂名闻九州。[1]翁慧生不仅在技艺上枪法娴熟，而且对枪法理论亦十分精通。吴殳《手臂录》曾辑有翁慧生论峨眉枪法的“总要篇”，可见翁慧生对枪法研究的不同寻常之处。

（二）娱乐体育

1. 围棋

清朝苏州的围棋活动极为活跃和兴盛，出现过像盛年、徐璿那样的围棋大家，从而在中国围棋运动史上占有重要地位。

盛年，字大有，苏州人，明末著名画家盛茂烨（生卒年不详。号念庵，一作研庵。南京博物馆藏有其所画山水册）之子。他年轻时就多才多艺，承父业擅长画山水兰竹，对围棋也十分精通，棋名很大，常与过文年、吴孔祚等角逐。徐星友（约1644—?），清顺治、康熙间著名棋手，曾评价盛年的棋风说：“大有自成一家。”[2]黄龙士（1651—?），清代围棋国手（和范西屏、施襄夏并称清代三大棋圣），对他的评价是：“盛当局中窘迫之迹，亦有生机本领，自有过人处。”[3]盛年的围棋活动在清初时很活跃，常来往于江淮之间。所以围棋界常将其与过文年

〔1〕 曹允源、李根源：《民国吴县志》卷七十九《杂记二》，苏州文新公司1933年铅印本，第2页。
〔2〕 萧荒：《黑白妙趣围棋卷》（上），内蒙古人民出版社2006年，第64页。
〔3〕 萧荒：《黑白妙趣围棋卷》（上），内蒙古人民出版社2006年，第64页。

相提并论，认为他与过文年同开有清一代弈家先河，是清初弈家之前辈。其著作有《弈府阳秋》行世。

徐璿，字星标，吴江人，乾隆时期的围棋国手。其“父祖翼，以善弈名。璿幼与客弈，辄胜。其为弈绝异，他人不可端倪。或他人立局坚固，璿突以一子置其间，既而横冲旁决莫可遏，人咸奇之”〔1〕。

申立功，号梅溪，苏州人。金秋林，吴县人。申立功和金秋林同为嘉庆、道光年间的“十八国手”之一。清道光时的围棋国手周小松曾评论说：潘星鉴、任渭南、申梅溪、金秋林四人，余未及见，“皆一时名手，虽棋路不同，同归于善”〔2〕。清末民初的围棋评论家邓元穗〔3〕则将申立功、金秋林与过文年等人相提并论，排进有清一代56位围棋名家之列，足见其对两人棋艺的评价之高。

清朝，苏州还经常有人以围棋活动为题材，进行文艺创作，从而为后世留下了许多精彩的围棋诗篇，以其特有的形式表达了他们对于围棋活动的爱好。如清初苏州著名文人尤侗就有《棋赋》一篇传世。“棋之为物也，体方而用圆。方法地，圆效天，乾坤二策，当期之日而挂一焉。四方列国，千亩井田。角立五岳，脉贯山川。白帝蕞尔，黑子弹丸。本由平路，遂起争端。若乃一局开疆，两军对垒；揖让既终，征诛伊始；弱肉强食，远交近攻；秦人连横，六国合从（纵）；四面重围，双劫互打；汉夺鸿沟，楚奔垓下；连冈忽断，死地重生；新莽篡窃，建武中兴；此界肥边，彼疆瘦腹；吴魏巴蜀，三分鼎足；南北并吞，东西割据；反复六朝，纷纭五季；大势已定，余着余填；唐宋一统，闰以蒙元。至如李靖七军，孔明八阵；太公六韬，武子三令；击首击尾，得尺得寸；先下为强，多算必胜。又如智斗苏、张，力争廉、蔺；牛、李倾危，洛、朔构衅；贪多患得，行险侥幸；闻道长安，斯言益信。故其狭如鸟道，曲如羊肠；尖如牛角，斜如雁行；咸阳阡陌，矍相堵墙；南风日竞，北斗夜横；朱耶独眼，或雄沙部；项羽重瞳，反败乌江；阮籍双眸，能分青白；湘东一目，岂辨玄黄；掉头生杀，弹指兴亡；推枰而起，满纸沧桑。于戏！世有骚人，忧心如死；梦醒拊床，洒阑隐几；愁鼓瑶琴，懒挥麈尾；与客手谈，聊复遣此。试观一十九行，胜读《二十一史》。”〔4〕赋中将围棋活动与人类历史牵扯在一起，认为一部中国历史的胜败兴衰，无不体现在那纵横十九道、三百六十一个交叉点之中。

---

〔1〕冯桂芬等：清同治《苏州府志》卷一一〇《艺术二》，清光绪七年江苏书局刻本，第29页。

〔2〕盖国梁等：《围棋古谱大全》，上海古籍出版社1994年，第1468页。

〔3〕邓元穗，清末民初围棋棋谱编撰家。字纯丰，号弈潜斋主人，江苏无锡人。与鲍鼎、王存善、黄绍萁并列为清末民初四大围棋棋谱编撰家。曾在四川长宁、开县、成都等地任官职。

〔4〕白衣风向：《局中玲珑》，华文出版社1997年，第168页。

2. 象棋

清代苏州涌现出不少象棋高手和名家，在中国象棋史上自成一派。如乾嘉时期，中国象棋界号称的江东八俊中，有两位为苏州人，即吴县的赵耕云和宋小屏。他们是当时中国象棋界九大流派中的吴中派领袖。

乾嘉时期，苏州还有一名象棋高手吴兆龙，又名吴绍龙。在现代"中国棋王"谢逊侠《象棋谱大全》中，曾载有《吴兆龙象棋谱》选粹，计十六局。系吴兆龙让单先或二先而与当时象棋名手刘尚龄、施嘉谟、宣才宝、傅瑞天、陈泰丰诸人对局的实战记录。吴在着法上颇多精辟之外，尤其是谱中有多局乃为讲究刚柔相济的兵局，是乾嘉之前他谱所未见的，当属吴兆龙与对手们别开生面的新创造。

吴兆龙不仅是一名对局高手，而且是一位残局名家。据说，嘉庆初松江人薛丙撰写的高级排局谱《心武残篇》，就是由他校阅的。关于吴兆龙的生平，在《吴兆龙象棋谱·序》中曾有一段介绍："乾隆间吾苏吴子绍龙，弈品居第一，而名不出里巷，谈艺家不之奇也。"[1]又说："吴子录录尘埃，卒无所遇，而贫老以没，是可伤已！"[2]这充分反映了清代棋手艰难的生活道路。

清代苏州，象棋活动的兴盛不仅表现在名家辈出上，还表现在一些著名的学者和收藏家积极寻觅收藏棋谱，从而为清代象棋的发展起了推波助澜的作用。如清朝初年，常熟人钱曾，字遵王，号也是翁，就藏有不少有关明代的象棋谱珍本，为后人了解明代社会的象棋活动提供了重要线索。在钱曾的《也是园书目》中，除载有《适情雅趣》谱八卷以外，还记有今已亡佚的四种明代象棋谱。这就是《桔中乐》一卷、《江行象戏谱》一卷、《桃溪象戏谱》一卷、《赛弈搜玄》二卷。

3. 龙舟竞渡

龙舟竞渡在苏州被称为"划龙船"。每逢农历五月初五，胥门、阊门、南濠及枫桥一带都会举办龙舟竞渡。划龙船活动的场面非常壮观。届时，男女老幼，倾城出游，七里山塘，游人摩肩接踵，"几无驻足之地"[3]。如《清嘉录》云："龙船，阊、胥两门，南、北两濠及枫桥西路水滨皆有之。各占一色，四角枋柱，扬旌拽旗，中舱伏鼓吹手。两旁划桨十六，俗呼其人为'划手'。篙师执长钩立船头者，曰'挡头篙'。"[4]龙船列成横队，同时开始向前行驶，以疾进者为胜。划手们的衣服上还涂有油彩，能够出波涛而不湿。河中的画船舟楫亦栉比如鱼鳞，几无行舟

[1] 李松福：《象棋史话》，人民体育出版社 1981 年，第 155 页。
[2] 李松福：《象棋史话》，人民体育出版社 1981 年，第 155 页。
[3] 顾禄：《清嘉录》卷五《划龙船》，上海古籍出版社 1986 年，第 91 页。
[4] 顾禄：《清嘉录》卷五《划龙船》，上海古籍出版社 1986 年，第 90 页。

之路;“欢呼笑语之声,遐迩振动”[1],令人流连忘返。

端午竞渡活动,到夜间又蔚为奇观。《清嘉录》载:“入夜,燃灯万盏,烛星吐丹,波月摇白,尤为奇观,俗称‘灯划龙船’。郡中踏布坊人操小舟,亦鸣金伐鼓,划桨如飞,俗呼‘烟囱洞’。”[2]

清代苏州的划龙船,除了比赛以外,还要进行一些水上游戏的表演。例如在龙船的“头亭之上,选端好小儿,装扮台阁故事,俗呼‘龙头太子’。尾高丈许,牵彩绳,令小儿水嬉。有独占鳌头、童子拜观音、指日高升、杨妃春睡诸戏”[3]。又《清嘉录》载:每当活动时,聚集在游船及岸上观看的游客,总要纷纷争买土罐掷到河中。龙舟上的人则纷纷跃入水中,奋力争夺,以为娱乐,称之为“督罐头”。凡得土罐多者,还要受赏。《吴县志》也说:凡划龙船时,游人“投鸭于河,龙舟之人争入水相夺,以为娱乐”[4]。

清代苏州除了端午节要举行龙舟竞渡活动外,在其他的时日中,也要举行龙舟竞渡活动。如常熟地区有三月二十日去道观迎李王神像下乡的习俗,其时有龙舟竞渡。在三月二十九日有祭赛忠孝王的习俗,其时亦有龙舟竞渡活动。在苏州六月荷花荡观荷的活动中,也有龙舟竞渡。但是,在这些时日举行的龙舟竞渡,无论是从活动的规模上,还是从活动的影响上,都远远比不上五月初五的端午竞渡。

4. 风筝

风筝,又名纸鸢、飞鸢,苏州人称风筝为“鹞子”。风筝在我国民间能一直流行不衰,除了娱乐性以外,还因为具有较好的健身作用。《续博物志》云:“今之纸鸢,引丝而上,令儿张口望视,以泄内热。”[5]风筝在我国,特别是在妇女、儿童中,一直有着广泛的市场。所以清朝苏州人褚人获在其《坚瓠集》中说:风筝,“吴中小儿好弄之”[6]。

清朝苏州的风筝活动非常活跃,所谓“春晴竞放,川原远近,摇曳百丝”[7]。就是当时一道亮丽的风景线。而且放风筝的形式多样。如“以竹芦黏簧,缚鹞子

---

〔1〕 顾禄:《清嘉录》卷五《划龙船》,上海古籍出版社1986年,第91页。
〔2〕 顾禄:《清嘉录》卷五《划龙船》,上海古籍出版社1986年,第91页。
〔3〕 顾禄:《清嘉录》卷五《划龙船》,上海古籍出版社1986年,第90页。
〔4〕 顾禄:《清嘉录》卷五《划龙船》,上海古籍出版社1986年,第92页。
〔5〕 李石:《续博物志》,上海商务印书馆1936年影印本,第139页。
〔6〕 顾禄:《清嘉录》卷三《放断鹞》,上海古籍出版社1986年,第55页。
〔7〕 顾禄:《清嘉录》卷三《放断鹞》,上海古籍出版社1986年,第55页。

之背,因风播响,曰‘鹞鞭’”[1]。抑或在晚间,“系灯于线之腰,连三接五,曰‘鹞灯’”[2]。风筝的形状也是多种多样。什么老鹰鹞、蝴蝶鹞、蜈蚣鹞、知了鹞、鲤鱼鹞、星月鹞、人物鹞等。其中最大的是蜈蚣鹞,其长可达120节,需要好几个人分节托起,才能乘风升空。

正是这众多的形式和各异的形状,使清代苏州的风筝活动充满了无限的乐趣。有诗为证:“春衣称体近清明,风急鹞鞭处处鸣,忽听儿童齐拍手,松梢吹落美人筝。”[3]

苏州每年的放风筝活动一般从立春时开始,直放至清明节结束。清明这一天,凡是放风筝的人,都要故意将线索扯断,任风筝飞走。据说这样做是为了让风筝带走一年中的晦气。所以在清代苏州民间,有“清明放断鹞”的习俗。所谓“正月鹞,二月鹞,三月放个断线鹞”[4]。其实,风筝之所以要放到清明这一天结束,与苏州的农事季节有关。因为一过清明,小麦便开始发棵,麦田里就不能再踩踏了。另外,清明一过,从苏州的气候特点来看,基本上不再有东风了。所以,苏州风筝一般放到清明时结束。

第三节 科学技术成就

一、传统医派与近代医学

苏州医学久已声名远播。清代乾嘉年间,苏州名医唐大烈创办了我国最早的医学杂志《吴医汇讲》,自此“吴医”之名行于天下,名家迭出,并以古代中医根据其对病因、机理与诊治方法的不同认识,而形成了颇具代表性的温病学派、伤寒学派等流派。清末,美国传教士在苏州创办了博习医院,西方的医药科学受到欢迎,广为传播,使医坛出现了中西斗艳的新局面。

(一)温病学派

温病学派是苏州最具地方特色的一大流派,从某种意义上讲是吴门医派的代表。温病泛指外感热病,无论其传染性的强弱、流行性的大小,均属温病范围。

---

〔1〕 顾禄:《清嘉录》卷三《放断鹞》,上海古籍出版社1986年,第55页。
〔2〕 顾禄:《清嘉录》卷三《放断鹞》,上海古籍出版社1986年,第55页。
〔3〕 顾禄:《清嘉录》卷三《放断鹞》,上海古籍出版社1986年,第55页。
〔4〕 顾禄:《清嘉录》卷三《放断鹞》,上海古籍出版社1986年,第56页。

瘟疫则属温病中具有强烈传染性、病情危重凶险并具有大流行特征的一类疾病。古代由于医学水平的局限,对于各种传染性疾病的成因与诊治,长期未从根本上突破东汉张仲景以来伤寒学派的陈说。明末清初吴县名医吴有性(字又可,约1561—1661)写成《温疫论》二卷,这是中国医学史上第一部温疫专书。吴氏创论温疫外感戾气病因及传授途径,实开我国传染病学之先河。它不仅开创了温疫病辨证治疗的新领域,而且充分继承了此前的伤寒学术成就,为此后的温病学的诞生奠定了基础。在其影响下,研究温疫的学者接踵而来,其中叶桂对温疫的研究尤为深入,以其《温热论治》为标志,温病学派开始形成较为完整的理论体系。

叶桂(约1666—1745),字天士,号香岩,吴县人,世居苏州阊门外下塘上津桥畔,晚号上津老人。祖、父俱精儿科。他幼承家学,广拜名医,长于温病及疑难杂病,未满30岁便闻名于世。毕生忙于诊治钻研,著作甚少。世传《温热论治》《临证指南医学》《叶案存真》《未刻本叶氏医案》等,多为门人记其口授或生前留下医案记录整理而成。题为叶氏所作尚有《幼科心法》《本事方释义》等。《温热论治》系其门人顾景文平日所笔录,首刻于唐大烈《吴医汇讲》中,后来华岫云续《临症指南》,又把它列于卷首,更名为《温热论》。

《温热论》对温热的发病和病机,统以"营、卫、气、血"四字概括,其核心思想是:"温邪上受,首先犯肺,逆传心包。肺主气属卫,心主血属营。辨营、卫、气、血,虽与伤寒同,若论治法则与伤寒大异。"〔1〕在这里,"营、卫、气、血"是指病症由浅入深的四个概念。

针对"营、卫、气、血"不同阶段,叶桂制定了相应的治疗准则:"在卫汗之可也,到气才宜清气,入营分犹可透热仍转气分而解,如犀角、元参、羚羊等物;入于血则恐耗血动血,直须凉血散血。"〔2〕在治疗过程中"须要顾其津液"〔3〕。在温病诊法方面,叶桂十分重视察舌,验齿,辨斑、疹、白等客观指征的检查,并做出较详细的总结。从此,温病学说从病因病机到辨证论治有了较完整的理论体系,在治疗外感病方面成为与伤寒并列的专门学说。章虚谷《医门棒喝》云:"邪之寒热不同,治法迥异,岂可混哉!两千年来,纷纷议论,不能辨析明白。近世叶天士始辨其源流,明其变化,不独为后学指南,而实补仲景之残缺,厥功大矣!"〔4〕

〔1〕 叶桂:《温热论》,见周学海注:《周澂之评注医书八种》,清刻本,第1页。
〔2〕 叶桂:《温热论》,见周学海注:《周澂之评注医书八种》,清刻本,第3页。
〔3〕 叶桂:《温热论》,见周学海注:《周澂之评注医书八种》,清刻本,第3页。
〔4〕 转引自苏州科普之窗·吴门医派,http://www.szkp.org.cn/wumengyipei/。

苏州水乡温暖湿润，细菌微生物极易滋生繁殖，温邪挟湿者十居七八，从而形成特殊的湿热病。叶桂《温热论治》虽然明晰了伤寒与温热之界限，但对于湿热病亦未论及。与叶桂同时代的另一位温病大家薛雪则以《湿热条辨》（即《湿热论》）补其不足，进一步完善了温病学派的理论。

薛雪（1681—1770），字生白，号一瓢，又号扫叶山人，吴县人。父亲薛虞卿是文徵明的外甥。薛雪先攻儒业，师事叶燮，善诗，工书画，且好拳术，行侠喜游。因母病而究心医学，博览群书，“断人生死不爽，疗治多异迹”[1]，与叶桂齐名。薛雪长于温病，著有《湿热条辨》1 卷，共 46 条，每条之下均附有自己的注解。

对于湿热病与其他外感病之区别，薛雪做了详细分辨。在侵犯途径上，伤寒从皮毛而入，温病从口鼻而入，湿热病邪从皮毛而入者占十之一二，从口鼻而入者十居八九。在侵犯部位上，伤寒首犯太阳，温邪上受首先犯肺，而湿热多为太阴阳明受病。在传变规律上，伤寒循六经传变，温病典型者循营、卫、气、血传变，非典型者则“逆传心包”，而“湿热病，属阳明太阴经者居多，中气实者则病阳明；中气虚者则病太阴。病在二经之表者，多兼少阳三焦；病在二经之里者，每兼厥阴风木”。[2]根据湿热病的不同表征，薛雪归纳总结出相应的辨证论治的方法。薛雪对湿热病的研究，突出了湿邪与热邪相结合为病的特点，抓住了湿热二邪轻重不同的要害，解决了湿热病的证型辨析，有利于临床应用。其治疗大多不拘泥于固定成方，这正体现了湿热病的治疗特点，成为后世治疗湿热病的规矩，影响深远。

叶桂与薛雪同为王晋三门下，生前不相协，但在温热病的诊治探究上，则各有所长，《温热论治》与《湿热条辨》亦堪称温病学说之姐妹篇，由此形成了较为完备的温病学派的理论体系。温病学家有强烈的崇实创新精神，通常被称为“时医”，处方用药以“轻、清、灵、巧”见长，在清代相当长的时期内，苏州温病学派的理论与诊治水平都居国内领先地位。

（二）伤寒学派

伤寒学派奉东汉张仲景的《伤寒论》为圭臬，因而又称为仲景学派。对《伤寒论》的研究始于晋代，宋金时期渐成风气，明代开始形成不同的流派，其中以错

---

〔1〕《清史稿》卷五〇二《艺术传一·叶桂附薛雪传》，中华书局 1977 年，第 13876 页。

〔2〕任应秋：《中医各家学说》，上海科学技术出版社 1980 年，第 137 页。

简重订、维护旧论、辨证论治诸家为最著。吴门伤寒学派多儒医，具有较深的文学修养，论伤寒往往兼及温病，对温病学的形成起着承上启下的作用。

错简重订派认为，经过晋人王叔和编次的《伤寒论》，因为年代久远，早已不是张仲景时的原貌，因而要将已经错乱不堪的《伤寒论》按照仲景的本来意图，加以考订，重新编排，恢复其本来面目。张璐即属此派。

张璐（1617—1699），字路玉，晚号石顽老人。祖籍昆山，移居长洲。明按察使张少峰之孙。少颖悟，习儒而兼攻医。明亡后弃儒业医，与安徽吴谦和江西俞昌并称清初三大家。张璐汇辑历代名医方论，考据于古，检验于今，荟萃折中，编成《医通》。他遍读伤寒医书，深感诸家歧见纷纭，遂历30余年，博采众长，贯以己意，辑成《伤寒缵论》《伤寒绪论》各2卷。《伤寒缵论》以诠解《伤寒论》原文为主；《伤寒绪论》针对各家的评注，依据经文原旨发表论见，以正本清源。另外还著有《诊宗三昧》1卷，专明脉理；《本经逢源》四卷、《千金方衍义》30卷，都很精博。其子张登、张倬继承家学，分别著有《伤寒舌鉴》《伤寒兼证析义》。《伤寒舌鉴》系伤寒舌诊专著，包括白、黄、灰、红、紫、霉、酱色、蓝八种舌苔，其中共载120幅图，该书对后世中医诊断学的发展有较大的贡献。《伤寒兼证析义》专论伤寒兼夹中风、虚劳、中满、肿胀等17种杂病，以问答形式一一剖析。后人将张氏父子的著作汇辑成《张氏医书七种》（又名《张氏医通》）。

在错简重订派与维护旧论派相持不下之时，辨证论治者主张，不论《伤寒论》孰为仲景旧论，孰为后人所辑，只要有利于辨证论治的运用，真伪都不是主要问题。徐大椿是其代表。

徐大椿（1693—1771），原名大业，字灵胎，晚年筑室七子山，隐于洄溪，自号洄溪老人（一作洄溪道人），吴江松陵人。徐大椿出身书香门第，补邑诸生。博习经史，旁及音律、书画、兵法、水利，且精通武术。中年时因家人连遭病患，相继病故数人，遂弃儒习医，穷源极流，自《内经》至明清诸家，广搜博采，医道日进，难易生死，无不立辨，怪症痼疾，皆获效验。乾隆二十六年（1761），徐大椿应召进京，先后六次为皇亲宗室视病。乾隆三十六年（1771），再次应召，至京三日而卒。

徐氏治学，特别推崇《内经》《本经》和《伤寒论》。尝谓：言必本于圣经，治必遵乎古法。对前人用考订、错简、尊经诸种方法研究《伤寒论》者，均不赞同，而着眼于张仲景的处方用药的探讨。所著《伤寒论类方》1卷，将伤寒论113方分为桂枝汤、麻黄汤、葛根汤、柴胡汤、栀子汤、承气汤、泻心汤、白虎汤、五苓散、四逆汤、理中汤、杂方12个类方。除杂方外，其余11类都是其各类的主方，主方之下,列述论中有关汤方证治诸条文。如此以方类证,对后世《伤寒论》学习者有很大的帮助和启发,成为伤寒学派中以方类证的主流派。其余著作尚有《难经经释》《医学源流论》《医贯砭》《神农本草经百种录》《兰台轨范》《慎疾刍言》等。[1]后人将其所著辑为《徐氏医学全书十六种》,影响极大。

(三)博习医院与西方医学的传播

监理公会是最先在苏州创建诊疗所和医院的美国基督教差会。光绪三年(1877),蓝华德(Walter R. Lambuth)在天赐庄租赁了三间民房办诊所,命名为"中西医院"。光绪八年(1882),蓝华德与其妹夫柏乐文(William Hector Park,1859—1927)着手筹建医院。博习医院于光绪九年三月初二(1883年4月8日)动工,历时半年告竣,十月初九(11月8日),正式开业,题名为"苏州博习医院"(英文名 Soochow Hospital)。这座庄院式建筑坐落于姑苏城东南隅天赐庄东首,南临天赐庄大街,东至小弄(今苏州大学校址),北靠小河(今百狮子桥居民住宅),西与圣约翰堂毗连。医院水上交通尤为便利,东临城河,北邻百狮子小河,西近望星桥河,病家的船只可以直达医院。医院内共盖有中式平房八幢,其中一幢为门诊室,三幢为内外科病房,一幢手术室,其他则作宿舍、洗衣房和厨房之用。博习医院是监理会的得意之作。《中华监理公会年议会五十周年纪念刊》称:当时,外国各教会"在华设立之施诊所颇多,正式医院则仅设于沿海四埠耳。自上海至北京二千余里之内地,迄无一正式医院",博习医院之创设,"实为嚆矢"。[2]在当时基督教在华事业中居有引人注目的地位。博习医院的创办与发展,促进了近代医学在苏州的传播及苏州中西医的会通。

博习医院带来了当时世界上最先进的医疗技术,相关成就使苏州的医疗技术在某些方面处于全国医院的前沿。蓝华德和柏乐文来华前,曾在美国纽约、英国爱丁堡及伦敦诸大医学院考察,"故到华后所介绍之医学方法,皆为当时最新颖者"[3]。柏乐文自述:他的工作非常"得益于可卡因、白喉抗霉素,以及X光机的发明与引进"[4]。

可卡因用于眼角膜麻醉是光绪十年(1884)刚由德国眼科学会承认和推广的

---

[1] 任应秋:《中医各家学说》,上海科学技术出版社1980年,第107—108页。

[2] 周承恩:《本公会之医药事业》,见《中华监理公会年议会五十周年纪念刊》,民国二十四年,第71页。

[3] 周承恩:《本公会之医药事业》,见《中华监理公会年议会五十周年纪念刊》,民国二十四年,第42页。

[4] W. H. Park: Memoirs of Dr. W. H. Park of Soochow, p. 36.

首创性发明。光绪十二年(1886)春,柏乐文在博习医院即将此麻醉术运用于临床,治愈了无数眼疾患者。如南京的李炳寿(译音),失明八年后,经柏乐文手术治疗,视力得以恢复。一次柏乐文去乡村巡诊,某村民眼球被铁匠铺的热铁屑溅伤,疼痛不已,经柏乐文用“可卡因”滴患眼施行麻醉后,用手术刀将铁屑剔出,围观者将柏乐文视为神仙。

再如X光机的引进与使用。光绪二十一年九月二十二日(1895年11月8日),德国物理学家威廉·伦琴发现X射线。时隔不久,上海《点石斋画报》所载《宝镜新奇》一文中就描述了博习医院展示X光机的情景。博习医院是不是中国最早引进、使用X光机的医院,学术界曾有不同意见。如刘善龄据《宝镜新奇》推测:“最晚在1896年……即伦琴发现X光的次年,博习医院已经开始使用这种世界最先进的医疗器械,其引进速度之快着实令人惊讶。”〔1〕戴吾三考证,《宝镜新奇》刊载于光绪二十三年(1897)的《点石斋画报》。〔2〕汤清认为,博习医院自光绪三十二年(1906)起才“有X光设备”〔3〕。周承恩著《本公会之医药事业》称:监理会传教士罗格思(B. D. Lucas)于光绪二十九年(1903)“因病返国后专攻配药及X光科,重行来华至博习医院训练药剂师,主管X镜又兼传道”〔4〕。

有关这一问题最可靠的史料是柏乐文撰《自传》和监理会年议会的报告。柏乐文《自传》在谈到光绪十六年(1890)至光绪二十九年(1903)之前的工作时说:“几乎每天都会到病人家去出诊。如果没有出诊,总会有朋友到我家来看人体模型与X光机。”〔5〕柏乐文在博习医院光绪二十五年(1899)下半年的报告中称,在其他捐款之外,“还为购置X光机设备募得几笔特别捐款。我希望能获得全部款项,由斐恒(J. W. Fearn)医生经手购置全套设备,在他明年秋天回中国时带回”〔6〕。博习医院光绪二十九年(1903)下半年报告称:“本年度支付X光机器设备税58.50元。柏乐文在美国从母会募得X光机特别拨款500美元。”又据次年下半年报告:“分工如下:柏乐文为住院部与X光室顾问,并负责门诊部与大多份出诊。斐恒医生负责住院部与部分出诊,并在下午运作X光机。罗格思则

---

〔1〕刘善龄:《西洋风——西洋发明在中国》,上海古籍出版社1999年,第273页。

〔2〕戴吾三:《1897年苏州博习医院引入简易X光机》,见《中国科技史料》2002年第3期。

〔3〕汤清:《中国基督教百年史》,香港道声出版社1987年,第585页。

〔4〕周承恩:《本公会之医药事业》,见《中华监理公会年议会五十周年纪念刊》,民国二十四年,第43页。

〔5〕W. H. Park: Memoirs of Dr. W. H. Park of Soochow, p. 44.

〔6〕Minutes of Fourteenth Annual Session of the China Mission Conference of the Methodist Episcopal Church, South, 1899, printed at “Shanghai Mercury” Office, p. 24.

在上午运作X光机。”[1]全年运作X光机治疗病人“初诊202人,复诊855人,共1 057人次”[2]。X光机设备支出179.91元,收入132.00元。

根据上述史料,参照点石斋画报与戴吾三的考证,可以确认,博习医院于光绪二十三年(1897)有了简易X光机,光绪二十九年(1903)又购买了可供诊病的X光机全套设备,并掌握了利用X光机诊病的技术且实际运用于临床。其后,博习医院还陆续添置了病理切片机、显微镜、膀胱镜、验眼电镜等先进设备,求治者倍增,声誉日隆。

博习医院为地方培养了一流医学人才。博习医院创办伊始,就十分重视医学人才的培养。光绪九年(1883),柏乐文与蓝华德即开办“博习医学堂”。光绪十三年(1887),与博习医院比邻的妇孺医院成立,柏乐文与妇孺医院的斐医生合作,共同教授学生。由于规模扩大,博习医学堂更名为“博习高等医学堂”。光绪二十九年(1903),时任东吴大学教务长的柏乐文又筹建东吴大学医学院,教员由上述两家医院的人员及东吴大学的理科教师组成,博习高等医学堂归并东吴大学后,医院不再招收学生。博习医院自创办至此,共招收培养七届学生30余人。[3]毕业的学生有的留在博习医院任医生、教员,有的到上海、常熟、无锡、北京、天津、武昌等地行医,有的如成颂文还远赴美国深造,后回东吴大学任教。博习医院不再招生后,仍接受教会所办的医学院校学生来院实习,柏乐文本人也仍担任东吴大学医学院课程。博习医院育才兴学,培养西医人才,对西医在苏州、苏南地区及我国东南沿海地区的发展产生了深远影响。

除博习医院外,光绪十三年(1887),监理公会的斐医生(Mildred M. Phillips,1884—1891年间在苏州)在博习医院以东建立了妇孺医院。[4]该院在医务和医护教育方面均与博习医院协作。此外,在苏州创建医院的还有美国基督教南长老会和北长老会。南长老会的惠更生(JR. Wilkison)于光绪二十一年(1895)到苏州传教并行医,在齐门外洋泾塘岸“购地营屋”,越二年,传道堂、养病室建成(即福音医院)[5],惠更生自任医院院长。北长老会则于光绪二十五年(1899)

---

〔1〕 Minutes of Nineteenth Session of the China Mission Conference of the Methodist Episcopal Church, South, 1904, printed at “Shanghcil Mercury” Office, pp. 21, 23, 24.

〔2〕 Minutes of Nineteenth Session of the China Mission Conference of the Methodist Episcopal Church, South, 1904, printed at “Shanghcil Mercury” Office, pp. 21, 23, 24.

〔3〕 W. H. Park, Soochow Medical School, The China Medical Journal, 1909, Vol. 18, No. 5.

〔4〕《东吴》(1906年7月第2期)载:妇孺医院在苏州葑门天赐庄,本院为女布道会于1888年设立,一切事务均由该地管理。

〔5〕《东方杂志》第12卷第6号,1915年,第54页。

创建了一所妇孺医院,院址在阊门上塘街[1],院长为北长老会女传教士兰医师(M. Lattimore)。

教会医院与西医的发展也促进了苏州的"中西医汇(会)通"。晚清的一些著名中医在西医的影响下,以中医出身而会通西医。苏州的一些人士则以西医出身而会通中医,代表人物有顾福如等。顾福如,字培吴,别号聋老人,苏州人。顾福如15岁时应童子试,考中光绪三十一年(1905)乙巳科苏州府元和县首名秀才,旋因科举制度被废除,就跟随父亲改学岐黄(即中医)。后考入东吴大学医学院学医。先后师事美籍医师柏乐文、国人西医成颂文。期满毕业时,柏乐文赠予他听诊器一个,成颂文授予他抬牌一方,文曰:"柏乐文、成颂文门人,伯平子,顾福如中西内外大小方脉",悬壶于苏州市甫桥西街。顾福如在临床工作中,常以中西两法治病,并使用化验等先进察病手段。当时顾福如出诊,除自己乘轿外,还另用一工人肩挑药箱相随,药箱内置有体温表、听诊器、注射器、西药等,以备随时应用。这在当时中医界是非常罕见的。[2]中西医结合使顾福如诊断准确,疗效显著,行医不久,声名大著。

二、天文学与数学的进步

明清之际,随着西方传教士的到来,天文、地理、数学等近代科学知识也开始传入中国,中西文化首先在科学领域得以交汇融合,一些有识之士屏除成见,博采中西,从而有力地推动了相关领域科学水平的发展,其中王锡阐、李锐的天文历算成就尤为突出。

王锡阐(1628—1682),字寅旭,号晓庵,又号余不、天同一生,吴江震泽人。入清不仕,以遗民教读乡间。"为人孤介寡合,古衣冠,独行踽踽,不用时世一钱。"[3]致力于学术探索。他从小就对天文历算有着异乎寻常的感悟,对一般儒生来说,除了章句帖括之学外,数学方面的割圆勾股测量之法,总是令人浑噩不解,而"锡阐手画口谈,如指黑白,每言坐卧尝若有一浑天在前,日月五星错行其上,其精专如是"[4]。"与人相见,终日缄默,若与论古今,则纵横不穷。"[5]"每遇天晴霁,辄登屋卧鸱吻察星象,竟夕不寐。"[6]一生留存下的著作有50余种,

[1] 《江苏政治年鉴》,1923年,第53页。
[2] 陈实:《苏州最早的中西汇通派》,见《苏州史志资料选辑》1988年第2辑。
[3] 潘柽章:《松陵文献》卷十,见《四库禁毁书丛刊·史部七》,北京出版社1999年,第102页。
[4] 潘柽章:《松陵文献》卷十,见《四库禁毁书丛刊·史部七》,北京出版社1999年,第102页。
[5] 王锡阐:《晓庵先生文集》卷一《天同一生传》,清道光元年刻本,第28页。
[6] 《清史稿》卷五〇二《王锡阐传》,中华书局1977年,第13941页。

与天文历算相关的有《大统历法启蒙》《历表》《历说》《晓庵新法》《历策》《五星行度解》《日月左右旋问答》《推步交朔序》《测日小记序》及四封与薛凤祚、万斯大、朱彝尊、徐发讨论天文问题的书信,全部收入《晓庵遗书》和《晓庵先生文集》。此外,王锡阐著作仅存篇名的还有《西历启蒙》《三辰晷志》《丁未历稿》等。

明清之际,正是耶稣会士东来、欧洲天文数学知识开始传入中国的时期,其中包括中国人还十分陌生的三角几何学、明确的地球概念及相应的仪器,这些新的知识和方法具有较高的精确度,因此对中国的上层知识分子产生了重大影响。徐光启主持编译的《崇祯历书》系统地介绍了欧洲的古典天文学,但因为守旧官僚的反对,《崇祯历书》终明之世一直没有颁行。直至清初,经汤若望删改,《崇祯历书》才以《西洋新法历书》之名被清政府采用,并于其后盛行于世,成为中国学者研究西法的范本。

然而,当时由耶稣会传教士带来的天文学知识,并非是欧洲最先进的完整的科学知识。西法在中国翻译之时,哥白尼的《天体运行论》发表已近100年,日心说正被越来越多的欧洲人所接受,然而传教士对中国人介绍的是罗马教廷坚持的地心说。只不过他们选择了测算相对精密的第谷的折中地心说,同时介绍了大量托勒密古典地心说的内容,以及一部分不涉及宇宙理论的哥白尼的观测结果。[1]这种新旧杂糅的天文学,本身就包含了许多错误、矛盾与漏洞,而当时中国学者却无人能够质疑。王锡阐从当时集欧洲天文学大成的《崇祯历书》入手,指出其前后矛盾、互相抵触之处,批评了其不足之处,进而在吸收欧洲天文学优点的基础上,应用了当时刚传入的球面三角等新知识,积极发展中国天文学。

《晓庵新法》于康熙二年(1663)完成,卷一、卷二主要介绍作为天文计算基础的三角函数知识和基本天文数据。卷三用中西混合的方法指出了朔、望、节气时刻及日、月、五星的位置,较西法更为准确;卷五首创了月体光魄定向(即日心和月心连线的方向)的计算方法;卷六运用刚传到中国的球面三角学,提出了精确计算日食、月食的算法,纠正了《崇祯历书》的错误;首创金星凌日[2]和五星凌犯的算法。其中月体光魄定向还为清政府编于康熙六十一年(1722)的《历象考成》采用,成为编算历法的重要手段。

《五星行度解》于康熙十二年(1673)完成,是在第谷体系的基础上建立的一

---

〔1〕 白寿彝:《中国通史》第10卷,上海人民出版社1996年,第566页。

〔2〕 所谓“凌日”,就是当金星或水星运行到太阳和地球之间,人们看见太阳表面出现小黑点,这是金星或水星在日面上的投影,这种自然现象叫作“凌日”。

套行星运动理论。他认为，五大行星皆绕太阳运行，土星、木星、火星在自己的轨道上左旋（由东向西），金星、水星在自己的轨道上右旋（由西向东），各有各的平均行度；太阳在自己的轨道上绕地球运行，这轨道在恒星天上的投影即为黄道。他据此推导出一组公式，能预告行星的位置。他还考虑到日、月、行星运动的力学因素，但错误地认为这些是因假想的“宗动天”（恒星所在的天球外的一层天球）的吸引所致。〔1〕

王锡阐天文研究的显著特点，是他对中西历法的兼收并蓄和独立批评。由于他坚持独立自由的探索精神，既不迷信古人，也不盲从西学，因此“能究术数之微奥，补西人所不逮”〔2〕，成为当时最有成就的天文学家。顾炎武称赞说：“学究天人，确乎不拔，吾不如王寅旭。”〔3〕天文数学大家梅文鼎（1633—1721）也说：“历学至今日大著，而其能知西法复自成家者，独北海薛仪甫（凤祚），嘉禾王寅旭二家为盛。薛书受（授）予西师穆尼阁，王书则于历书悟入，得于精思，似为胜之。”〔4〕王锡阐与梅文鼎虽然生前未能谋面，但王锡阐还是对梅文鼎的学术思想与天文学研究产生了深刻影响。〔5〕由于时代的局限，王锡阐未能接触到欧洲天文学的最新成果，他会通中西，以求得更好的历法的尝试也不可能获得真正的成功，但其出色的研究才能，对中西历法精深独到的见解，以及一生致力于探求数理之本的努力，使他在中国天文学史上占有一席重要地位。

我国的数学研究，从明末到清乾隆初，主要研究从西方传入的初等数学。王锡阐的数学专著《圜解》1卷，主要讲述“八线”的性质与两角和、差的正弦、余弦公式，内容比较简单，却是中国人最早自著的平面三角学之一。另有《筹算》1卷，是讨论西方纳白尔筹算的，似已失传。但从乾隆中期到19世纪40年代，随着数学界的主要注意力向传统数学的挖掘和校勘上转移，出现了李锐等一批卓越的数学家。

李锐（1768—1817），字尚之，号四香，苏州元和人。教学授徒，整理典籍，一生未仕。早年学习《算法统宗》，决心从事数学研究，力求传统数学之复兴，对《缉古算经》《数书九章》等颇有研究，天文研究也有心得。李锐在研究天文、数学的过程中，常与焦循、汪莱等名家相互切磋请益，时称“谈天三友”。他还协助

〔1〕席泽宗：《试论王锡阐的天文工作》，见《科学史集刊》第6期，科学出版社1963年。

〔2〕赵尔巽等：《清史稿》卷五〇二《王锡阐传》，中华书局1977年，第13941—13942页。

〔3〕赵尔巽等：《清史稿》卷四八一《顾炎武传》，中华书局1977年，第13168页。

〔4〕梅文鼎：《绩学堂文钞》卷五，见《四库全书存目丛书·集部263》，齐鲁书社1997年，第425页。

〔5〕刘钝：《梅文鼎与王锡阐》，见陈美东、沈荣法：《王锡阐研究文集》，河北科技出版社2000年，第110—133页。

阮元编纂历史上的天文学家和数学家的传记，完成《畴人传初编》一书。后人将其遗稿编为《李氏遗书》出版。其中包括古历法研究7种，数学书有《勾股算术细草》《方程新术草》《弧矢算术细草》各1卷，《开方说》3卷（下卷由黎应南补全）共4种。此外，还有《测圆海镜细草》12卷，刊入《知不足斋丛书》中。其时人们评价李锐："深于天文算术，江以南第一人也。"[1]

李锐对《九章算术》刘徽注中的"方程新术"进行了注解，对数论、几何学也有所研究，但在数学研究上的主要贡献在方程理论。他把安徽歙县人汪莱在《衡斋算学》中关于二次、三次方成整根的研究推广到任意高次方程，所得三条结论，除第二条有不当之处外，都比汪莱的方程理论有优越性。他的《开方说》，讲述的不是单纯的问题，而是方程的理论。他研究的内容是从《九章算术》、宋元时代的天元术以及清代数学大家梅文鼎的《少广拾遗》等前人著作开始的，在汪莱的基础上取得新成果。其中主要的部分，是根与系数间的关系的探讨。他在有理数范围内总结出了方程系数的变号与整根个数关系的重要规律和定理，非常符合实系数方程虚根必成对的思想；在实数范围内打破了传统局限，明确提出承认负根，并在我国数学史上第一次提出重根概念。李锐得到了与笛卡儿符号法则相一致的结论，在某种意义上，已经接近代数基本定理的初步思想，因此在当时是很先进的。[2]

常熟屈曾发，曾任贵州毕节知县、广东肇庆通判。他自幼热爱数学，在钻研康熙年间刊印的《数理精蕴》后，融会贯通，加入乾隆三十七年（1772）著成《九数通考》13卷，又名《数学精详》。该书卷一以数学观点介绍河图、洛书，在卷二到卷十二全面整理算术和西方初等代数、平面几何、立体几何、高等代数、解析几何等数学知识，附有8位数字的三角函数表，最后以节录西人的《几何原本》结束，展示了中外数学发展的基本脉络。他在书中设立了大量的例题，帮助人们理解数学原理，这些例题特别重视结合生活和生产实际来讲解数学。戴震作序言称赞他"加意实学，俾足以致用"[3]。后《九数通考》多次重版，现被收入《四库未收书辑刊》。

晚清时期，新式学校陆续兴办，西方古典高等数学传入后，数学教育发生重大变革，西方数学书的翻译力度大大加强，除一些地方书院和私塾还学习某几种传统数学书外，普遍采用西方数学书为教科书。苏州人士与某些在苏外国传教

---

〔1〕 阮元：《定香亭笔谈》卷一，见王云五：《丛书集成初编》，商务印书馆1936年，第5页。

〔2〕 李迪：《中国数学史简编》，辽宁人民出版社1984年，第315—318页。

〔3〕 屈曾发：《数学精详》，清同治十年学海堂刻本，见《四库未收书辑刊》第10辑第9册，北京出版社2000年，第3页。

士也合译或合编了不少西方数学书，主要有如下几种：英国传教士傅兰雅与苏州元和人江衡合作翻译《算式集要》4卷，英国人哈司韦编辑，专讲几何计算。英国传教士傅兰雅与苏州新阳人赵元益合作翻译《数学理》9卷，英国人棣么甘撰，大部分讲算术，但与普通算术大不相同，特别强调“简算法”。光绪十九年（1893），苏州博习书院美籍传教士潘慎文和该院肄业生谢洪赉合作，选译了美国罗密士著《八线备旨》4卷、《代形合参》3卷，作为教科书为许多学校所采用。据不完全统计，《八线备旨》印刷了12次，《代形合参》印刷了15次。谢洪赉在光绪三十年至三十三年（1904—1907）年间，还翻译了一批美国中学最新的《代数学》《几何学》《三角术》等，均由商务印书馆出版，销路颇广，很受欢迎。

三、光学技术与眼镜制造

苏州在机械制造领域向以精密著称，一些近现代的轻工行业，在历史上都曾经处于技术领先地位，其中代表性行业为眼镜制造。

中国最早的眼镜可以追溯到12世纪，据南宋赵希鹄《洞天清禄集》记载，老人看书不清，就用一种名为“叆叇”的镜片，“以此掩目自明”。据有关资料介绍，眼镜最早出现于1289年的意大利佛罗伦萨。明代经西域或东南亚传入我国。苏州状元吴宽在得到友人所赠眼镜后还特地写诗致谢，诗中的描述是“圆与英荚同，净与云母匹”，用法是“持之近眼眶”，单片眼镜也被称为“单照”。“单照明时已有，旧传是西洋遗法。”〔1〕据说苏州文人祝允明是近视眼，随身携带“单照”。明末清初，德国耶稣会传教士汤若望著《远镜说》，对望远镜的原理与制法做了大略的介绍，这是西方传入中国的最初级的光学知识。吸收西方光学知识并能加以创新而取得成就最多的当推孙云球。

孙云球，字文玉，一字泗滨，吴江人，生于明末清初。〔2〕其父孙大若，曾任福建莆田知县，明亡后，归故里授读。孙云球13岁即考中秀才，但两次乡试失利后即弃科举。父逝后，奉母僦居苏州虎丘，以售药为生。孙云球自幼聪颖好学，“尤

〔1〕 石韫玉：清道光《苏州府志》卷十八《物产》，清道光四年刻本，第34页。

〔2〕 王锦光等：《中国光学史》（湖南教育出版社1986年，第159页）推测孙云球“生于1630年左右，卒于1662年左右”。然据《〈镜史〉小引》云：“壬子春，得利玛窦、汤道未造镜几何心法一书来游武林，访余镜学。……越数载，余因崇沙刘提台之召，再过吴门，孙生出《镜史》及所制示余……”壬子，即康熙十一年（1672）。此外，从《镜史》一书所有的序、跋中似乎看不出孙云球已故的信息，因此他应该卒于1681年之后（董德华《〈镜史〉跋》撰于康熙辛酉年）。若乾隆《虎阜志》称他只活了33岁属实的话，他当生于1648年之后，不会早于1639年。以上详见孙承晟：《明清之际西方光学知识在中国的传播及其影响——孙云球〈镜史〉研究》，见《自然科学史研究》2007年第3期。

精于测量、算指、几何之法,制远视、近视诸镜”[1]。其制镜技术,近师杭州诸日如、俞天枢、高逸上、陈天衢,远袭西洋利玛窦、汤若望、钱复古等人。在广泛学习、汲取中西制镜技术的同时,他不墨守成规,而是融会贯通,别出心裁:“萃诸子之成模,参之几何求论之法,尽洗纰缪,极力揣摩,使无微疵可议。”[2]他利用苏州传统的琢玉工艺,以水晶为材料,成功地磨制了各种凹凸透镜,并在此基础上制作了大量光学仪器,把我国民间光学制造业推向了一个新的起点。

孙云球除能制造各种远视、近视眼镜外,还制成察微镜、千里镜、焚香镜、端容镜、幻容镜、夜明镜、鸳鸯镜、万花镜等 72 种光学仪器。友人文康裔赞叹说:“其远镜尤为奇幻,偕登虎丘巅,远观城中楼台塔院,若招致几席,了然在目;睹彼天平、邓尉、穹窿诸峰,崚嶒苍翠,如列目前,体色毕现。神哉! 技至此乎! ……先生曰:‘是未足以尽其奇耳。’更以存目镜相贻,试之两眸,心旷神怡,百倍光明,无微不瞩。”[3]孙云球根据其积累之经验,撰写了光学专著《镜史》。这是中国人撰写的第一部光学著作,坊间工匠皆依照其法仿制,从而开创了我国的光学手工业,苏州也因此成为清代全国的光学中心。

乾嘉年间,苏州褚三山继承孙云球的制镜技术,亦以善制眼镜著称。在孙云球、褚三山等人的推动下,苏州眼镜行业得以形成和发展。磨制镜片的工匠先是集中在上方山新郭里,19 世纪初迁至虎丘、山塘一带,19 世纪末再迁至阊门内的专诸巷、天库前、石塔头一带。乾隆年间,徐扬所绘《姑苏繁华图》中第一次画上了戴眼镜的人。南京博物院保存有毕沅墓中出土的水晶眼镜,据学者实测,是 80 度的远视镜。眼镜作为苏州的一种特产行销全国。[4]北京的打磨厂、天津的估衣街、济南的芙蓉街等眼镜店,市招上都标有“姑苏眼镜”的商标。清末民初,苏州眼镜商人纷纷赴上海、北京、武汉、广州、郑州、西安、兰州等地设店,从而推动了这些地方眼镜制造业的发展。苏州成为业内公认的中国眼镜的发源地。[5]

---

〔1〕 张若羲:《孙文玉眼镜法·序》,见陆肇域:《虎阜志》卷六《物产》,清乾隆五十七年刻本,第 10 页。

〔2〕 张若羲:《孙文玉眼镜法·序》,转引自孙承晟:《明清之际西方光学知识在中国的传播及其影响——孙云球〈镜史〉研究》,见《自然科学史研究》2007 年第 3 期。

〔3〕 文康裔:《读〈镜史〉书后》,转引自孙承晟:《明清之际西方光学知识在中国的传播及其影响——孙云球〈镜史〉研究》,见《自然科学史研究》2007 年第 3 期。

〔4〕 张橙华:《吴地科技文化》,见王友三:《吴文化史丛》下册,江苏人民出版社 1996 年,第 136—145 页。

〔5〕 周治华:《苏州全国之最》,江苏科技出版社 1994 年,第 120—121 页。

第四节　教育的变革

一、官学与科举教育的兴废

清承明制,以京师国子监与地方府州县学各级官办学校培养士人,为开科考试选拔官吏的科举制度服务。顺治二年(1645)秋八月举行首次乡试,次年春二月举行首次会试,“嗣后以子、卯、午、酉年乡试,丑、辰、未、戌年会试。奉特旨开科,则随时定期”〔1〕。以儒家经义八股取士存在诸多弊端,但有利于封建统治,所谓“非不知八股为无用,而牢笼英才,驱策志士,其术莫善于此”〔2〕。为此,朝廷在注重完善科举制度的同时,对各级各类学校也注意建设,并加强思想控制,使其培养的人才能通过科举取士为统治者服务,苏州官学也成为推行这一政策的主要教育机构和阵地。

(一)官学体系与办学条件

苏州府学在府治南,历史最为悠久。宋景祐二年(1035),知州范仲淹奉诏始创于南园,聘胡瑗为师,官给学田5顷,是苏州第一所官办学校,“当时太学取以为法,盖百世可知也,兴学以来人材号为极盛”〔3〕,经历代修葺扩充,发展规模“甲于东南”。清顺治十五年(1658),提学佥事张能麟等捐俸置地,展拓垣基,占地达125亩。其后府学大修多次,如康熙七年(1668)至十二年江苏巡抚马祜与布政使慕天颜修,康熙二十四年(1685)江苏巡抚汤斌再修,嘉庆十七年(1812)江苏巡抚朱理又修,皆辅之以民间捐修增建,历有改观。咸丰十年(1860)府学毁于兵火,同治三年(1864)由江苏巡抚李鸿章重建,至同治七年(1868)江苏巡抚丁日昌时竣工。由府学之兴废可知郡政之弛张。汤斌在修府学记中曾谓:“苏郡人文四方所则效也。所以佐成圣朝之治化者,予实有厚望焉。”〔4〕反映了苏州府学的重要地位与影响。

府学师生员额皆依朝廷之规定。“生员额初视人文多寡,分大、中、小学。大学四十名,中学三十名,小学二十名。”〔5〕苏州府学为“大”学,设教授、训导各1

---

〔1〕 托津:《钦定大清会典事例》卷三三〇,见《续修四库全书》第803册,上海古籍出版社2002年影印本,第270页。

〔2〕 陆保璿:《满清兴亡史》上卷,中国书店1987年影印本,第17页。

〔3〕 雅尔哈善等:清乾隆《苏州府志》卷十六《学校一》,清乾隆十三年刻本,第1页。

〔4〕 石韫玉:清道光《苏州府志》卷二十四《学校》,清道光四年刻本,第15页。

〔5〕 赵尔巽等:《清史稿》卷一〇六《选举志一》,中华书局1977年标点本,第3115页。

名。廪膳生员40名，增广生员40名，附学生员则不限额。遇提学岁科两试，每次由所属州县拨入25名。武生岁科并试共20名。雍正八年(1730)府属太仓州改直隶州，下辖镇洋、嘉定、宝山、崇明四县。之后府学每试只拨入附生20名，武生17名。[1]咸丰十年(1860)扩招文生员额10名，共拨入30名。府学经费主要来源于学田，代有增置，旋多占隐。康熙五十二年(1713)，江苏布政使杨朝麟核定学田6顷89亩5分7厘4毫，内包括名宦祠公田24亩2分，分属教授、训导司出纳。至光绪初年，核存实田6顷64亩5分8厘2毫。[2]

吴县县学在县治西南升平桥东，始创于北宋景祐年间。初在县治东南三皇庙基，由范仲淹奏建。南宋绍定元年(1228)移建至西南宾兴坊，提刑林介拨公产充学廪500石。明宣德九年(1434)巡抚周忱与知府况钟奏迁于元末张士诚司徒李伯昇故宅，较旧址扩充四倍。历有修建。清康熙六年(1667)布政使佟彭年倡修，四十年巡抚宋荦重修。雍正九年(1731)巡抚尹继善厘正基址，大修一新。嘉庆十七年(1812)巡抚朱理、道光六年(1826)教谕杨德墉等相继重修。咸丰十年(1860)毁于兵火。同治六年(1867)巡抚丁日昌抚苏，由冯桂芬主持，全部新建屋宇完竣。

县学师生员额依制设教谕、训导各1名，廪膳生员20名，增广生员20名，附学生员不限额。遇提学岁科两试，每次入学20名。雍正三年(1725)奉诏加增5名武生，岁科并试共15名。康熙五十九年(1720)布政使杨朝麟核定学田6顷83亩1分4厘，分属教谕、训导司出纳。道光三年(1823)核实净田6顷49亩1分4厘，他田及城内空地额征租银187两6钱1分4厘。[3]

长洲、元和县学。北宋时长洲县未设学，士子附肄府学名丽泽斋。主学宋楚材始创于南宋咸淳元年(1265)，于郡城东北改废广化寺藏室创建讲堂名礼堂，又作景文堂，次年建成。元大德六年(1302)县移郡治侧，乃就县治故址办学。后至元三年(1337)达鲁花赤元童劝郡人陆德原捐资营建。明嘉靖二十年(1541)教谕萧文佐以县治东北福宁废寺改建为长洲县学。清顺治十一年(1654)提学侍读石申、教谕王福踵重修。康熙二十一年(1682)邑人状元、侍讲彭定求倡修，自巡抚以下各官皆捐俸，历十余年始完竣。雍正二年(1724)析置元和县，遂为二县之学，分置东西偏。嘉庆二十一年(1816)巡抚胡克家与邑人尚书韩葑倡众重修。咸丰十年(1860)毁于兵火，同治六年(1867)郡绅顾文彬等

---

〔1〕石韫玉：清道光《苏州府志》卷二十四《学校》，清道光四年刻本，第39页。
〔2〕曹允源、李根源：民国《吴县志》卷二十六下《文庙》，苏州文新公司1933年铅印本，第23页。
〔3〕石韫玉：清道光《苏州府志》卷二十四《学校》，清道光四年刻本，第10页。

重建两学署,合一并建于西。

长洲县学原设教谕、训导各1名,析置元和县后,以训导司元和县学。未析县前生员名额同吴县,析县后,两学各廪膳生员10名,增广生员10名,附学生员不限额。文生遇提学岁科两试,长洲取13名,武生岁科并试,长洲取8名;元和县学则各少1名。咸丰九年(1859)两学各增广文生额10名。长洲县学学田,南宋咸淳间知府陈均、季镛拨废寺没官田4顷余,元陆德原、明华岩及知县江盈科、祁承㸁等官私置田屡增。康熙五十九年(1720),布政使杨朝麟核定长洲县学田11顷43亩7分9厘8毫。雍正三年(1725)析出3顷89亩4分6厘9毫为元和县学田。道光三年(1823)核实长洲县学田7顷58亩5分2厘7毫,元和县学田3顷87亩7分5厘。[1]道光初朱羡梅等捐田11亩入长、元二学,以资春秋文庙办祭之费。

常熟、昭文县学。常熟县学在县治南稍东,约创始于北宋仁宗至和时。南宋庆元三年(1197)县令孙应时始祀言子于学。清顺治二年(1645)提学佥事张能麟修。康熙四年(1665)邑民孙德基捐地重筑万仞宫墙。雍正二年(1724)析置昭文县,遂为常熟、昭文二县之学。乾隆五十年(1785)教谕汪正宗又倡修。咸丰十年(1860)毁于兵火,同治九年(1870)邑人榜眼、太常寺卿杨泗孙等集资重修。

常熟县学原设教谕、训导各1名,析县后以训导管昭文县学。未析县前,学额同吴县县学,析县后学额分别同长洲、元和县学。光绪二十八年(1902)停止拨府学生。

常熟县学学田,元至顺初邑人曹善诚助置田若干亩、山若干亩,后官私多有增置。清康熙五十九年(1720),布政使杨朝麟核定学田12顷9分,雍正三年(1725)析出7顷82亩2分9厘8毫为昭文县学田。[2]常熟县学存田4顷18亩6分2毫。道光三年(1823)核实同前。同治时核存常熟县学田3顷79亩3分2厘,昭文县学田7顷81亩9分4厘2毫。又有崇圣祠香火48亩、祭器田84亩9分5厘,由两县学分司出纳。

昆山、新阳县学。昆山县学在县治西南。唐大历九年(774)县令王纲始建学于县治东文宣王庙垣右侧,设博士训生徒。元朝元贞二年(1296)升为州学,延祐元年(1314)州治移太仓,次年知州王安贞建学于州治北。至正十七年(1357)

〔1〕石韫玉:清道光《苏州府志》卷二十四《学校》,清道光四年刻本,第34—35页。
〔2〕郑钟祥等:清光绪《常昭合志稿》卷十四《学校》,清光绪三十年活字本,第12页。

州治还昆山,知州费复初仍建州学于此。明洪武二年(1369)复为县学。成化十九年(1483)巡按御史张淮购地拓基创新。清顺治十五年(1658)提学佥事张能鳞始修,康熙五十二年(1713)教谕张伉、训导徐恪倡捐重修。雍正二年(1724)析置新阳县,遂为昆山、新阳二县之学,历有修建。咸丰十年(1860)毁于兵火,同治三年(1864)摄新阳县事周闲提两县租捐余款始加修葺,续经两县官民协力,至光绪四年(1878)完竣。

昆山县学原设教谕、训导各1名,析县后,以训导司新阳县学。未析县前,学额同吴县学;析县后,新阳县学与昆山县学学额数亦分别同长洲、元和县学。

昆山县学田,据记载,南宋乾道初知县李结籍僧田拨入学,庆元六年(1200)知县章万里置田1顷,括隐占田3顷,拨没官田2顷。元、明时官私增置学田颇多。清顺治年间,昆山县学田、荡共10顷40亩5分5厘3毫。后申解藩司银库,由督学支销,遂有一田三赋之累。康熙五十九年(1720)布政使杨朝麟核实学田7顷41亩5分4厘3毫。雍正四年(1726)划分学田:昆山县学田、荡6顷5亩7厘4毫;新阳县学田、荡4顷35亩4分7厘9毫,均由教谕经管,雍正十二年(1734)隶新阳者始由训导分司。乾隆三年(1738)再均划学田,拨昆山学田84亩4分7厘8毫给新阳县学。计昆山县学实在田、荡通共5顷20亩5分9厘6毫。新阳县学实在田、荡通共5顷19亩9分5厘7毫。乾隆十三年(1748)监生顾璇捐助昆、新两学田1顷40亩。乾隆三十六年(1771)新阳诸生周玉堂捐助30亩,自输赋外所余租息两学轮收。通共昆山县学实在田、荡5顷20亩7分1厘4毫,加顾璇捐拨昆山学田72亩,共5顷92亩7分1厘4毫。新阳县学田实在田、荡5顷18亩6分3厘7毫,较原数亏1亩3分2厘,加顾璇捐拨新阳学田68亩,共5顷86亩6分3厘7毫。[1]

吴江、震泽县学。吴江县学在东门外长桥河北。北宋元祐中,知县程端始于县治西文宣王庙建学。南宋建炎年间兵毁,绍兴中知县石公辙以东门外开江营旧基及邑人王份献地改建,乾道初知县赵公广拓其规制。后历有兴修。清顺治九年至十三年(1652—1656),知县唐增、吴就恒、雷珽等相继修葺。康熙二十年(1681)知县郭琇、训导秦去非重修。雍正二年(1724)析置震泽县,遂为吴江、震泽二县之学。

吴江县学原设教谕、训导各1名,析县后,以训导司震泽县学。未析县前,学额同吴县学;析县后,震泽县学与吴江县学学额数分别同长洲、元和县学。吴江

〔1〕李福沂、汪堃等:清光绪《昆新两县续修合志》卷四《学校》,清光绪六年刻本,第28—34页。

县学田,明嘉靖二十四年(1545)知县朱舜民置田3顷。清康熙五年(1666)知县刘定国核实学田6顷93亩9分5厘8毫,荡4亩8分8厘7毫,除蒋弘宪助置田,康熙五十九年(1720)布政使杨朝麟核定学田6顷89亩9分2厘5毫。雍正三年(1725)析出3顷39亩8分6厘6毫为震泽县学田,属教谕、训导分司出纳。道光三年(1823)核实学田,吴江县学田3顷50亩3厘9毫,震泽县学田3顷38亩9分9厘,又荡田9亩8分7毫。〔1〕

太仓州学、镇洋县学。太仓州学位于陈门桥东。元延祐元年(1314)昆山州移治太仓,次年知州王安贞建州学于州治北。至正十七年(1357)州学随州治回徙昆山。明初建太仓、镇海两卫,正统元年(1436)卫人查用纯请建学教两卫子弟,巡抚周忱于陈门桥东就元水军万户故第得立专学。弘治十年(1497)设太仓州,遂改为太仓州学。明代四修。清顺治八年(1651)知州陈之翰始修,康熙五年(1666)及二十一年(1682)、六十年(1721),学正张希哲、李煜及训导曹培源等重修。雍正二年(1724)太仓升为直隶州,析置镇洋县,遂为太仓州学、镇洋县学。咸丰十年(1860)毁于兵火,同治四年(1865)知州方传书、镇洋知县李萼馨即旧址始重建,至光绪十四年(1888)方告完竣。

太仓州学原设教谕、训导各1名,析县后,以训导司镇洋县学。未析县前,学额同吴县学。析县后,二学学额数分别同长洲、元和县学。雍正二年(1724)太仓升为直隶州后,改设学正、训导各1名。州学额廪膳生15名,增广生员15名,附学生不限额。每遇提学岁科两试各取18名,武生岁科并试取13名。每三年岁科两试旧在昆山,与苏州府合,同治初分建太仓试院。州学田自明正德初巡抚周忱置实田137亩6分5厘3毫,至清初屡有所增。原有7顷30亩8分3毫,析县后,存4顷33亩4分4厘,道光至光绪间邑人多有捐置,原存学田共730亩8分3毫,宣统末存4顷38亩6分1厘4毫。〔2〕

镇洋县学额,廪膳生员、增广生员各15名,附学生不限额。每遇提学岁科两试额取14名,武生岁科并试额取9名。学田自分县后累拨入10顷32亩4分1厘3毫。乾隆间清除奉豁坍荒公占田1顷11亩6分4厘7毫,实存9顷20亩7分6厘7毫。至宣统末存学田总数10顷88亩8分3毫5丝。〔3〕

苏州府县各学员额除常制外,雍正元年起至光绪二十年(1723—1894),凡遇登极、升祔、南巡、广学、临雍、饷捐、万寿等年皆有恩广、加广学额。贡生额,一依

---

〔1〕石韫玉:清道光《苏州府志》卷二十四《学校》,清道光四年刻本,第29—39页。

〔2〕王祖畬:《宣统太仓州志》卷八《学校》,1919年刻本,第15—19页。

〔3〕王祖畬:《宣统镇洋县志》卷五《学校》,1919年刻本,第1—2页。

制度。康熙九年(1670)准岁贡定例五年两贡。康熙十四年(1675)以军兴开例,廪生捐银准作岁贡起送廷试。岁贡铨选每学1名。雍正三年(1725)各学分县后,两县学合轮岁贡1名。乾隆十九年(1754)学院雷鋐奏准两学分贡,每四年各贡1名。遇覃恩则以下届应贡者改升,恩、贡两学各1名。拔贡之制于顺治初定例,六年拔贡1名。乾隆七年(1742)定例每十二年逢酉年选拔1名,两学轮拔。同治十一年(1872)奏请每学十二年选拔1名。宣统元年(1909)两学各增拔一名,共4名。优贡系乾隆十四年(1749)特诏于各项贡生之外,学臣遴选文行兼优者升入太学,廷试后选用者,宁缺毋滥无定额。

对于出身寒素之正科举贡监生员也有若干资助。如岁贡1名旧给坊仪银100余两,后减至55两,寻复以停止岁贡廷试,又减至30两。后以公帑羡银拨给,多寡随时,自20两至30两不等。为保证经费来源,设置了宾兴局、闱费局等。苏州宾兴局在清嘉坊,同治七年(1868)郡人潘曾玮创建。旧未设局,有田千余亩,由县征租。后拨款增置田817亩有奇,郡人潘仪凤复捐置课桑园地10亩。后核存旧长洲县田360亩2分2厘2毫,元和县田962亩3分2厘7毫,昆山县田1 010亩4分9厘4毫,新置长洲县田672亩4分8厘4毫,元和县田343亩1分,又陆续捐入长洲县田7亩6分9厘4毫,元和县田21亩9分9厘2毫。[1]

常熟、昭文两邑宾兴局在儒学右,道光十九年(1839)两县知县常恩、王锡九创建,自次年恩科乡试起,给正科举贡监生员每名盘费钱5 000文,给录遗贡监生员每名盘费钱7 000文。自道光二十一年(1841)会试起,给计偕举人每名盘费钱35千文,自后永为定例。初捐田若干亩、钱若干千,存典生息,后惟存田数顷。[2]

昆山、新阳闱费局在天区三图文武帝庙内。嘉庆二十四年(1819)邑人顾有伦首捐田1顷,戈金桂、顾锡祉等相继捐助共田2顷53亩有奇,租息供赋外,权其盈缩量给寒士乡试、会试旅费。道光十二年(1832)经董徐坍等募捐置产充经费旅费,有定章。同治时设于顾亭林祠后文会局,与敦善义学并办,共有田1 097亩7毫。[3]

光绪三十二年(1906)科举停止后,上述资助皆停,改充学款,各局遂废。宣统三年(1911)改革后各学田并归教育款。

综上所述,苏州府县学办学历史悠久,皆附于文庙,建名宦、先贤祠。官方重

---

〔1〕冯桂芬等:清同治《苏州府志》卷二十五《学校》,清光绪七年江苏书局刻本,第56—57页。

〔2〕郑钟祥等:清光绪《常昭合志稿》卷十四《学校》,清光绪三十年活字本,第29页。

〔3〕李传元、连德英:民国《昆新两县续补合志》卷四《学校》,1923年刻本,第19—20页。

视，民间乐助，办学条件较好，其经费主要来源于学田之租息及捐银、出租屋银贮典生息，纳赋所余，以供常项及津贴生员膏火，对贫生还有若干补助，相对足用，有利于吸引优良生源，这为其发展奠定了坚实的基础。

（二）科举化的成就与影响

清承明制，科举分文武两途，童试、乡试、会试和殿试四级，考中者分称生员（秀才）、举人、贡士、进士。按科举制度，进士方为正途，但其起点则为生员，其后为再试之廪生、增生、附生及贡生、举人等。凡获得一定科举功名的士人不但可获免役之特权，其社会地位也相应提高[1]，而成举人、进士便可直入仕途，进士尤优。在这一制度导向及其营造的社会氛围之下，读书应考成为苏州士人的首选，也就成为苏州官学科举化、以考课为职事的主要原因和动力。

清代科举考试，除会试以五经为重外，其余皆以四书题为主，取士则以八股时文及楷法试帖为能事，故苏州官学教学内容及教学管理亦不出其外。清代对学官编制有严格的规定，苏州府学设教授、县学设教谕各 1 名，另各设训导 1 名，析县而学合办者以训导分司。各学奉祀孔子及儒学先贤，故称儒学或庙学，其教学内容主要为“四书五经”及《性理大全》《大学衍义》《资治通鉴纲目》《历代名臣奏议》《文章正宗》等，另需学习《圣谕十六条》《御制训饬士子文》《圣谕广训》《大清律例》等，规定不立于学官的“非圣贤之书”，士子不得诵习。

童生须经考试，先由本县择优录取，上报苏州府考核后，参加由省学政主持的院试，合格者送入府县学为生员，俗称秀才。初入学称附学生，无定额，经岁试，成绩优等生为廪膳生，稍次者为增广生，皆有定额。根据以明代“六等试诸生优劣法”为基础建立的“六等黜陟法”，打破生员之等级限制，以其学业成绩定升降，确定生员出贡和应乡试资格。按照《钦定礼部则例》规定，各官学教师的主要职责，除每月朔望在明伦堂宣读《御制训饬士子文》及卧碑各条外，就是季考、月课，“季考、月课，除实在丁忧、患病及有事故外，严传各生面加考试，照例用四书文一节，排律诗首，或试以策，或试以论，由教官衡定等次”[2]。经屡试而成绩劣等者罚入社学，而社学中成绩优良者，通过学政考试，即可升入府县学，这对于激励生员进取、保证和提高教育质量起到了积极作用。

苏州经济发达，人文荟萃，以官学为主导的科举教育，为清朝培养了一大批

[1] 顾炎武：《顾亭林诗文集》卷一《生员论》上，中华书局 1959 年，第 22 页。

[2] 赵尔巽等：《清史稿》卷一〇六《选举一》，中华书局 1977 年标点本，第 3116 页。

各类人才,不少人跻身于高位显宦和学者名流之列,出现了如长洲彭氏、吴县潘氏、常熟蒋氏和翁氏等科甲大族,影响颇大。科举仕进的人生为众多士人所追求,其成功者的艰辛与荣耀,可励人积学立志,广播读书种子,有利于营造社会崇文尚教的良好氛围。在这样的背景下,以官学为主导的各级各类教育机构,相关互联,为科举服务,促使苏州举业尤为发达,历久难衰,科名冠冕最盛。据不完全统计,有清一代全国录取进士26 391名,共出状元112名,江苏占49名,而苏州一府共取进士763名,其中状元26名〔1〕,多出自官学,其中吴县8名,长洲7名,元和2名,常熟6名,昆山、太仓、镇洋各1名。依次为:

顺治朝,常熟孙承恩(翰林院修撰),昆山徐元文(国子监祭酒、明史馆总裁,官至文华殿大学士兼翰林院掌院学士);康熙朝,吴县缪彤(侍讲学士),长洲韩菼(礼部尚书)、彭定求(侍讲学士),常熟归允肃(少詹事),长洲陆肯堂(侍读学士),常熟汪绎(翰林院修撰),长洲王世琛(少詹事)、徐陶璋(翰林院修撰),常熟汪应铨(左春坊赞善);雍正朝,长洲彭启丰(彭定求孙,兵部尚书);乾隆朝,镇洋毕沅(湖广总督),吴县张书勋(右中允),元和陈初哲(湖北荆宜施道),长洲钱棨(内阁学士),吴县石韫玉(山东按察使)、潘世恩(国史馆总裁、军机大臣、体仁阁大学士);嘉庆朝,吴县吴廷琛(云南按察使)、吴信中(侍读学士);道光朝,吴县吴锺骏(吴廷琛堂侄,礼部侍郎),太仓陆增祥(湖南辰沅永靖道);咸丰朝,常熟翁同龢(军机大臣、协办大学士,同治、光绪帝师傅);同治朝,常熟翁曾源(翁同龢侄,翰林院修撰),吴县洪钧(出使俄、德、奥、荷四国大臣,兵部左侍郎),元和陆润庠(陆肯堂曾孙,国子监祭酒,官至东阁大学士、弼德院院长,宣统帝师傅)。人才荟萃,超迈前代,名列全省及全国之冠。其中会元、状元连捷有韩菼、陆肯堂、彭启丰、吴廷琛。钱棨乃清代二位连中三元者(解元、会元、状元)之一,乾隆帝特制御诗以褒扬,江苏巡抚专出诗集以志贺,苏城绅民为立“三元坊”,其隆盛之况,从一个侧面反映了科举教育的辉煌。

但是科举教育的辉煌并不能掩盖官学积弊。首先是学习科目偏狭尚巧,“四书则但摘朱注以记之,五经则但节可以命题者读之,时文则但取近科墨选以模仿之。此外,经史子集视若赘旒,而笺注考据之说,古今各大家之文,更略不旁及。文品之陋莫此为甚”〔2〕。极易隳人心志,锢人聪明,而“腹笥空虚毫无心

〔1〕 吴建华:《明清苏州、徽州进士数量和分布比较》,见《江海学刊》2004年第3期。

〔2〕 保笑岳:《实学辨》,见邵之棠:《皇朝经世文统编》卷一,清光绪二十七年上海宝善斋石印本,第28页。

得”[1]。其次,师生比例极不合理,师资总体水平较低,教学方法呆板。苏州生员众多,虽经析县,而学官编制并未另行增加,而能教授生徒的教授、教谕等专职师资仅占二分之一,与额定的官学额数及不定额的附学生数相比较,难以开展全面的教育。这样,教师实为主持平时考课的主考官而已。士人学习的动力,不少为谋取助学津贴获参加科举考试的通行证,故如钱大昕所言:“不必求之师儒。月课季试,有名无实。”[2]因此,苏州地方官学完全沦为科举制度的预备考试机构,科举化使其作为教学机构的实际存在价值已微乎其微。

在苏州各级官学的招生人数方面,因朝廷规定员额,增加的幅度极小,虽然附学生不限额,但能否补为廪膳生主要取决于生员中举或升入国子监的数量,而由官学升入国子监的人数亦相当有限,因此,科考成为苏州官学生员的唯一出路。但清代科举的录取名额并未随着全国官学规模的扩大而增加,较之明代尚有减少,录取比例较小。以进士为例,有清一代共开科 112 榜,录取进士 26 391 名,平均每榜录取 235 名。这样,苏州原有官学生员难以肄业,在学生员便随之增加,更加剧了教学资源的紧缺及教与学的矛盾,也加剧了科考的竞争激烈程度。因此,作为官学的主要补充,书院师资优良,讲究义理,留意文法,强调通经致用,亦以教授科举之学而为官方所重视,为进取科名为预备的生员与童生的重要选择,从而得到迅速发展,如苏州紫阳、正谊等书院的兴起,形成取代官学之趋向。

但是,随着历史跨入近代,救国救亡、变法维新一浪高过一浪,以官学为主导的教育体系之弊端愈显突出与严重,科举制度及科举教育因为不能适应近代社会转型的需要,发生了全面危机,其改革及改制势成必然。“科举一日不废,即学校一日不能大兴”[3],已成为朝野有识之士之共识。光绪二十六年(1900),在苏州可园创办中西学堂,预示了近代教育发展的方向。次年,清廷宣布变法,推行“新政”,令书院改学堂,先后颁布《壬寅学制》和《癸卯学制》,实行全国教育体制改革。光绪三十一年八月二十二日(1905 年 9 月 20 日)清廷下诏废止科举,饬令各地广设学堂,与科举制度相依为命的苏州官学教育体系由此解体。

二、义学、义塾蒙学教育的发展

义学、义塾即古之乡校,类同明代镇学、社学之属。明洪武八年(1375)诏府

---

[1] 夏东元:《郑观应集》上册,上海人民出版社 1987 年,第 269 页。
[2] 陈文和:《嘉定钱大昕全集》第 1 册,江苏古籍出版社 1997 年,第 360 页。
[3] 朱寿朋:《光绪朝东华录》第 5 册,中华书局 1958 年,第 4998 页。

州县每50家设一社学,以训民间童蒙子弟,苏州府城市乡村共建737所,岁久渐废。清康熙中令各省州县多立义学,延请名师,聚集贫寒生童,励志读书。历雍正朝至乾隆朝屡诏饬行,于是苏州各地遍设义学,其稍宽广者亦自名为书院。有清一代,苏州府及所属州县官学之外义学、义塾的存在,与家塾、族塾等一起承担着蒙学基础教育的重任,成为官学教育体系外重要的补充。

(一)苏州府及长洲、元和、吴县义学

苏州六门旧有义学皆设于寺院,又无恒产,兴废不常。乾隆八年(1743)知府雅尔哈善以教育人才为首务,倡劝绅士共捐报银4 400余两,度地建7所义学:平江学舍在皇废基文二图鼓楼坊,阊门义学在吴县北利二图泰伯庙旁,胥门义学在吴县南利二图支家巷,盘门义学在吴县南正三图梅家桥,齐门义学在长洲县利二图石皮衖,娄门义学在长洲县正二图迎春坊,葑门义学在元和县利三图东禅寺旁。义学七处共计房屋97间,用工料银1 115两。又建市房92间,同时绅士捐助市房30间七披,每年可得租银360余两,余银2 400两发典生息,每年可得息银280余两。又有绅士捐助圩荡908亩,每年可得息银70余两。当时费用供塾师脯修及生童膏火已属充裕。[1]

各义学经费主要源于劝捐。由于各种原因,除平江义学乾隆中知府孔传珂改为平江书院外,六门义学后皆废为民居,但雅尔哈善兴学及所立规条颇有影响。其他义学、义塾主要有:

吴县范氏义塾在天平山。孔氏义塾,旧名阙里分祠,在二十七都塘桥。南宋绍兴间以祀孔子。明万历四十年(1612)裔孙孔贞成修,清康熙二年(1663)六十五世孙孔胤安重修。修吉书塾在白莲泾,乾隆五十四年(1789)郡人叶文焯、任廷麟建,教里中贫家子弟,置产供给。仰云书塾在洞庭东山,嘉庆二十一年(1816)太湖厅同知罗琦建,咸丰十年(1860)毁。同治十一年(1872)同知朱守和重建。桑园义塾在察院场旧抚标守备署,同治七年(1868)郡人潘仪凤请设义塾。

木渎义学,嘉庆十六年(1811)吴县县丞李再涑倡建,二十四年里人庠生周孝垓重修。咸丰十年(1860)毁。同治七年(1868)巡抚丁日昌饬县重建,另建四乡义塾,一在光福,一在横泾。

供膳义学在长洲县齐门外石狮泾浜。道光九年(1829)浙江绅士杨于高、周士涟倡建,嵇文炜、杨昕等助之,募资延师教育贫家子弟。

---

〔1〕 姜顺蛟等:清乾隆《吴县志》卷三十一《义学》,清乾隆十年刻本,第7页。

浒墅关义学在长洲县二都七图关署西北，基6亩3分1厘，明嘉靖中榷使方鹏建，监生沈完、榷使张世科先后捐田，万历四十二年（1614）主事李佺台拓展旧址大加修建，如郡邑庙学制。清顺治十八年（1661）主事李继白重修，乾隆五十五年（1790）织造徵瑞重修，嘉庆二十一年（1816）织造阿尔邦阿暨各绅士又大加兴修重建，制度大备。咸丰十年（1860）毁。

养蒙义塾旧在仁济堂内，同治四年（1865）里人孙毓崧创建，同治十年（1871）移设于祥符寺，陆续置田480余亩。四乡义塾，一在浒关，一在相城，一在黄埭，一在陆慕，皆同治七年（1868）巡抚丁日昌饬设。

桂馨阁在南濠后街俞家桥衖，道光十年（1830）徐济克承父徐铨之志创建，立为公塾。芹香堂义塾在长洲、元和县学中。道光初郡人马学易创建并行惜字善举。咸丰十年（1860）毁。同治七年（1868）郡人丁士准重建，分设为东西两塾。

甫里义塾在角直镇，道光二十八年（1848）里人曹以隽、王用侯创建，拨给同仁局田产充生徒膏火，同治八年（1869）元和知县厉学潮给额褒奖，核存元和县田127亩1分8厘5毫。

元和四乡义塾分设陈墓、角直、章练塘、周庄，皆同治七年（1868）巡抚丁日昌饬县创建。

（二）常熟、昭文义学

文学书院初在常熟县治东北醋库桥。元至顺二年（1331）邑人曹善诚建，祀言偃，设山长主持。至正末毁。明宣德九年（1434）知县郭南即学西公馆增饰堂庑为书院。巡抚周忱更名为学道书院。万历十年（1582）废。后知县耿橘倡率重建于书院街，更名虞山书院。清康熙四十六年（1707）参政马逸姿修。雍正三年（1725）副使杨本植改建游文书院，在城内虞山之麓常熟县署西北，为常、昭两邑课士之所。雍正中五经博士言德坚重建，乾隆二年（1737）副使姚孔钖延师课士，乾隆八年（1743）知府觉罗雅尔哈善重修。咸丰十年（1860）毁，唯言子祠存。同治九年（1870）邑人重建讲堂。绅士周昂、张南华等历捐内地田3顷33亩2分4毫，沙田6顷55亩7分3厘7毫，草滩3顷17亩4分9厘8毫，又捐通足钱3 313千153文存典生息。按上官田333亩4分4毫，道光十七年（1837）核实沙田1 800余亩，内坍没20余亩。

虞阳义学，即思文书院，俗名迟公书院，在城内西北隅文学里，康熙十六年（1677）邑人粮道迟日震建。道光十一年（1831）常熟知县周岱龄及绅士孙文林、陆琏、庞德辉、王任显、黄培金、黄朝卿等捐钱置田20亩重修，绅士言朝标等以半并田租学租等为师生修膳之资。道光十九年(1839)以存钱900千文移入宾兴局,书院遂废。

康熙四十九年(1710)常熟知县章曾印设社学于方塔寺,次年就陶令废祠在方塔寺东偏改建讲堂书室为社学,雍正二年(1724)析县,改为昭文社学,于书院街设常熟社学。两社学田4顷57亩7分8毫。[1]杨氏义塾二所,乾隆三十八年(1773)邑人杨岱设于恬庄镇,一在镇北继缘道院,延师二人训里中子弟;一在镇东义庄内,延师课族中子弟,置田百余亩,并入义庄支销修脯。

昭文琴川课院在方塔寺西。乾隆二十八年(1763)知县康基田创立,四十三年邑绅重修,咸丰十年(1860)毁。支塘镇正修书院在镇西门街堂。乾隆中知县黎龙若建,本为社学。乾隆二十八年知县康基田增置学舍改为书院,俾一县之士就学。置田104亩9分5厘,外田7亩3分,为主者赎归外,又续增田12亩。绅士共捐银650两贮典生息以充经费。梅里书院在镇之西街。乾隆二十九年(1764)知县康基田建立,拓地3亩,粮田142亩6分5厘,又存交信泰、玉成两典七折钱300两利1分6厘,取息以为师生膏火。嘉庆二年(1797)康基田升任河督,复捐廉200两分给正修、梅里两书院经费。

乾隆二十九年(1764)昭文知县康基田尚创立有:智林书屋,在东徐市智林寺之东,公捐田51亩5分;清水书屋在清水港,课师修脯田31亩;海东书屋在西周家市,课师修脯田32亩2分5厘。

学爱精庐在方塔街琴川课院旧基之右,光绪初昭文知县陈康祺建,为县试童生之所,兼聘院长专课古学,光绪二十九年(1903)裁课,以其经费归入小学堂。田亩均为绅士捐助,共常、昭两县田7顷59亩3分7厘。

海虞试院在会元坊,光绪二十五年(1899)邑绅陆懋宗等就养济院余地捐建,为常熟校士之所。嗣由高姓捐田百亩余,强恂礼、强至善捐田10亩有奇,以租息作岁修经费。

(三)吴江、震泽义学

松陵书塾,乾隆四年(1739)邑人汪涵光建于学宫后,乾隆十二年(1747)知县陈𦳝纕劝绅士捐修,复建于富观桥北,名松陵书院。嘉庆中移建玉带桥。咸丰十年(1860)毁。旧有田11亩有奇。同治六年(1867)吴江知县沈锡华拨款重建,共置田64亩有奇。

---

〔1〕郑钟祥等:清光绪《常昭合志稿》卷十四《学校》,清光绪三十年活字本,第26页。

松陵学舍，即盛湖西书院，在盛泽镇充字圩北观音衖，乾隆八年（1743）知县丁元正奉知府雅尔哈善谕劝姚重英等捐建。余银500两有奇存典生息，买市房取租，每年收银80两9钱有奇，为义学经费。〔1〕咸丰十年（1860）被焚掠后，添设肄业公所。盛湖东书院，匾亦悬松陵学舍，在盛泽镇大适圩太平桥东堍，同治八年（1869）冬里人仲廷机等禀请以官封沈氏房屋改建，临河楼房出租收息以充经费，光绪二十八年（1902）修。

黎里义学，一在黎里镇染字圩，康熙五十四年（1715）里人陈时夏等建，乾隆初知县丁元正名为黎川学舍。一在黎里镇作字圩，雍正十年（1732）知县赵轩临奉布政使白钟山谕，即五显庙废址改建。黎里绅士典商捐银300余两，按月收息为两义学经费。

震泽书院本为义学，乾隆八年（1743）知县陈和志设于文昌道院，劝绅士输银950两令典商生息，乾隆十一年（1746）陈和志捐养廉银200余两，劝绅士捐银600余两，始买民房于北门内下塘巷别建书院，延金匮名宿浦君玉立为院长。咸丰十年（1860）毁。

震泽镇义学在本镇倪氏宗祠旁，雍正十三年（1735）邑人倪兆鹏创设，捐田121亩3分4毫为学中经费。平望镇义学，雍正十三年倪兆鹏创设于殊胜寺内，置田99亩1分2毫。乾隆十一年（1746）知县陈和志于虚字圩改吉祥庵为义学，乾隆四十年（1775）张廷衡、赵思敬又于西辟艺英书屋，亦称艺英书院。嘉庆十二年（1807）里人赵筠重修。〔2〕咸丰十年（1860）毁。同治三年（1864）知县王树棻倡率士商募建，同治五年（1866）里人吴沐三募建。保赤义学在震泽镇保赤局内，道光九年（1829）里人徐学健等倡建。〔3〕

盛泽镇新安义学在东肠圩，康熙三十八年（1699）新安人张佩兰捐宅建立，以课寓居盛泽之新安孤寒子弟。倪氏义学在充字圩三元堂右，雍正十三年（1735）倪兆鹏建。同年倪兆鹏创设盛泽义学于镇西庙内、同里义学于镇僧寺，捐田123亩1分，岁租以给两学经费。同里镇义学后移至秜字圩，乾隆十二年（1747）知县陈䌹捐俸置地并劝绅士捐建，周基3亩，名为同川书院。〔4〕

通德义塾在饭字圩升明桥南堍，嘉庆元年（1796）里人郑封建，延师训族中贫寒子弟。

---

〔1〕 仲周霈等：清乾隆《盛湖志》卷下《建置》，清乾隆三十五年刻本，第17—18页。
〔2〕 翁广平：清道光《平望志》卷三《义学》，清光绪十三年吴江黄兆柽重刻本，第1—4页。
〔3〕 纪磊、沈眉寿：清道光《震泽镇志》卷四《镇学义学》，清道光二十四年刻本，第3—4页。
〔4〕 闫登云、周之桢：清嘉庆《同里志》卷三《学校》，民国六年铅印本，第2页。

（四）昆山、新阳义学

昆山、新阳两县在城义塾旧在昆山县署东北凤凰桥南。康熙六十年（1721）知县熊肃镇建。嘉庆末废。道光初邑人徐大棻、顾锡祉捐建，移于天区三图北道塘弄北敦善堂东。咸丰十年（1860）毁于兵。同治初权设义塾于玉山书院，又于朝阳门、迎薰门、留晖门、丽泽门各设塾四处。

昆山义学，一在寺西街，一在关帝庙，一在西塘义仓，共置田 975 亩 2 分 5 厘，内附新阳义学田，同在文会局收纳。石浦镇社学在无相寺西，康熙十二年（1673）邑人王兆彲设。同治七年（1868）巡抚丁日昌饬县创建四乡义学：一在旧宅，一在大慈，一在蓬阆，一在千墩，一在尚明淀。

鸳湖寄墅在山高水长里杭嘉宁绍会馆西，光绪三年（1877）昆山知县金吴澜捐建，拨充公庙田 226 亩有奇，以充经费。光绪七年（1881）张绍渠莅任，始则仍在鸳墅考试，旋移至署中，光绪二十三年（1897）后由邑人士禀请改设官塾延师阅文，寻废。

昆山县境各乡义塾：榭麓义塾在镇之西津庵，康熙五十三年（1714）里人汪思聪捐建。咸丰十年（1860）被兵尽毁。光绪五年（1879）里人何艮山募捐重建惜字藏供奉仓颉。昆山知县金吴澜拨充公庙田 5 亩 5 分，又按年捐拨钱 4 800 文以资惜字经费。

蓬阆镇义塾在重区二图，拨充公庙田 27 亩。茜墩镇义塾在号区十二图，拨充公庙田 49 亩有奇。张浦镇义塾原在大慈镇，同治十年（1871）里人许云龙、许薪翘、支葵等募捐田 120 余亩，移设张浦镇，拨充公庙田 39 亩 8 分。新德义塾在陈墓镇成区五图诚圩，同治八年（1869）里人朱惟沅、陆溶等募捐田亩创立，拨充公庙田 26 亩有奇。以上五塾充公庙田皆光绪三年（1877）昆山知县金吴澜酌拨。

养正义塾在尚明甸镇结区四图宇宙圩，同治七年（1868）里人梅金信等募捐田亩创立，充公庙田 26 亩有奇。育德义塾在结区一图旧泽村，里人朱惟沅、彭龙光、冯铨等募捐田亩于同治八年（1869）创建，充公庙田 26 亩有奇。以上二塾充公庙田皆光绪五年（1879）昆山知县金吴澜酌拨。

新阳义学，同治七年（1868）巡抚丁日昌饬县创建四乡义学：一在南星渎藏区十四图，一在周市日区二十四图，一在巴城署区二十九图。

崇文书院在真义镇魏校居第东，本魏氏义学。康熙三十一年（1692）里人黄宏等设义学，久之遂废。乾隆二十三年（1758）监生王拱辰等请于学使李因培，捐资改为崇文书院。

玉山书院旧名玉峰书屋,在荐严寺南七塔东。乾隆八年(1743)知府觉罗雅尔哈善檄昆山知县吴韬、新阳知县姚士林创建。乾隆十年(1745)新阳知县张予介重建,并置田以资膏火之用。乾隆二十三年(1758)知县康基田移建于在城内新阳界望山桥东,改名玉山书院。先后捐置田218亩并池、溇基地等收息充用。嘉庆十八年(1813)诸生吴汝偁等募修,昆山知县王青莲复捐俸置田48亩4分1厘8毫,以给生童膏火。咸丰十年(1860)毁,同治九年(1870)新阳知县廖纶重建。光绪二十九年(1903)改名玉山校士馆。

文会局在玉山书院左顾亭林先王祠内,地隶新阳县。道光二十五年(1845)里人捐资办理生童膏火,至同治间始设局,共有田1 577亩2分5厘4毫。[1]

(五)太仓、镇洋义学

明时社学有二,一在太仓卫西,一在昆山。社学全则田20亩,明季县民陈廷锡捐垦。清乾隆二年(1737)知州江之炜于尊经阁延师会课,寻废。义塾为元昆山州达鲁花赤创。清顺治初知州白登明复设,康熙间知州韩文煜建设于察院基,后移邵余二公祠,寻废。乾隆九年(1744)太仓知州赵锡礼、镇洋知县金鸿复设于邵余二公祠,后在忠孝祠。

娄江文社在小北门义仓,同治七年(1868)署知州沈玮宾捐俸创设,拨入州境田80亩6分7厘1毫。城东义塾在试院官厅,同治五年(1866)知州方传书奉文设,归并文社报销。弇北义塾初设在海宁寺吕祖殿内,光绪十五年(1889)知州莫祥芝增设,由州捐钱500千文存典生息作为经费,嗣代理知州周莲将房屋归入弇北义塾。

城南义塾在南门内福德土地祠,同治七年(1868)镇洋知县俞明厚奉文设。弇西义塾在西关外社稷坛旁,光绪十四年(1888)知州莫祥芝增设,同年镇洋知县增设弇东义塾于东关外先农坛之旁。以上义塾塾师修金皆由县致送。

西门外义塾,道光年间设在白公祠,咸丰十年(1860)毁,同治十一年(1872)知州吴承潞、镇洋知县刘端凝捐俸重设于更楼铺李王庙内。每年州捐钱10千文,县捐钱12千文,其余里人捐助。

城外各镇有马头镇义塾,光绪四年(1878)设;商尹文会,十九年举人陆产珍等禀设,在陆公市威蝗庙;璜泾镇义塾,同治六年(1867)重设,在二十七都三图。道光间职员戴兆基、戴兆堂捐田72亩1分2毫,同治八年职员戴球、戴琪续捐田

[1] 李福沂、汪堃等:清光绪《昆新两县续修合志》卷四《学校》,清光绪六年刻本,第35—38页。

30 亩 6 分 6 厘 6 毫。

双凤镇义塾在本镇吉利桥西,同治七年(1868)设,镇人陶廷琅捐上下楼房 18 间,以 2 间设塾,余房出借收租银充费,八年职员陈继贤续捐十六都一图稻田 4 亩。沙溪镇义塾设于长寿寺,另有陆河镇义塾,皆同治七年设。

浮桥镇义塾,同治十年(1871)知州吴承潞设,光绪二年(1876)吴承潞又续设陆公市义塾、时思庵义塾、九曲镇义塾、童家桥义塾,塾师修金皆由太仓州致送。

刘河新镇义塾,咸丰三年(1853)职员朱长庚筹款建,并设施药局于内,咸丰十年(1860)毁。同治三年(1864)镇洋知县李荺馨重设,每年由县捐钱 30 千文,经费官捐为多。[1]

就上述苏州府及所属州县所办义学来看,大致可分为民办、民办官助、官办民助诸类,经费总体上来自士绅为多,士绅为义学兴办、维持与发展之主要力量,但皆须接受官府学官监管。就办学成效而言,义学、义塾主要面向贫寒子弟,总体管理较为严格、规范。

为办好义学,乾隆时苏州知府雅尔哈善专立《义学规条》。首先是慎选塾师,必须品行兼优足为后生师范楷模者。为此责成府学及长、元、吴三县学教官推荐能胜任之贡监生员 21 人,送府考验,酌取 7 人阄分各义学,报明巡抚、布政使存案。塾师住居馆中教授生徒,因故每缺一人,府县学仍如前选举三人送府考补,以绝滥举钻营诸弊。除生徒膏火外,各义学塾师修膳待遇较优厚,每人每年给修银 25 两,膳银 25 两,按季由府发给。塾师有需索学徒贽仪者,察出即行斥退。义学收录生徒,来者不拒。凡有实系贫寒子弟愿入义学者,概许赴府报名注册,拨入附近义学,量材教授,塾师不得自定去取。为保证教学秩序与教学质量,义学严加考课,稽查生徒学行进退。在学生徒皆建籍册,登注学习作文情况,存于府署。每月于府学及长、元、吴三县学教官并佐杂中精通文墨者,轮流携册分赴各义学稽查功课,载明缴府查核。每月择期将各义学内开笔成篇学徒齐集王府基义学,课试一次并品评等第,予优秀塾师、生徒以优奖。生徒中有在学已过三年品学兼优者,许塾师荐赴府考验,呈送巡抚复加亲试,量准升入书院,以示鼓励。[2]所有这些规定与相关措施,对发展蒙学教育、建设基础教育非常必要,尤其是盛世兴学多见成效,康乾时足为明证。

---

〔1〕 王祖畬:清宣统《太仓州志》卷九《学校》下,民国八年刻本,第 11—13 页。

〔2〕 姜顺蛟等:清乾隆《吴县志》卷三十一《义学》,清乾隆十年刻本,第 5—7 页。

三、书院教育的演进

书院与祠庙均供奉先贤，而书院更侧重于训后学。自唐始创书院多为学者各人读书之所。南宋时，随着理学大兴，名流学者讲学成风，门派繁多，书院多有，历明至清大获发展。有清一代，苏州义学兴盛，其基址规模稍宽广者亦有名为书院者不论。苏州书院以紫阳书院、正谊书院、学古堂及西式博习书院等为代表，在历史的变革中，逐步从传统走向近代，在培育人才、弘扬学术、发展文化等各个方面，成就令人瞩目，构成了苏州教育史上一道别致的风景线。

（一）传统书院的兴复与辉煌

清初顺治年间，国内民族矛盾尖锐，社会尚多动荡，故在政治和思想文化上保持高压态势，在积极恢复官学教育体系的同时，对书院采取抑制政策，明令"不许别创书院，群聚徒党，及号召他方游食无行之徒，空谈废业"〔1〕。康熙年间，天下渐定，走向盛世，注重文教，尤重程朱理学以佐德化之功，故对书院采取有限制的开放政策，苏州书院始获生机。课士之书院，苏州有邑中状元彭定求重建长洲县尹山澹台书院（明为义塾），巡抚马祜重建虎丘正心书院（明为正修讲院）；常熟县有海防同知鲁超等建养贤书院，粮道迟日震建思文书院；太仓州有巡抚汤斌建安道书院等，主祀先贤。最重要的是康熙五十二年（1713），由巡抚张伯行创建的苏州紫阳书院。紫阳书院位于苏州府学内尊经阁后，奉祀朱熹，择所属高才诸生肄业其中。张伯行乃理学名家，清正有为，其创办紫阳书院，以朱熹之学为宗，"体之以心，践之以身，蕴之于德行，发之为事业，非徒以为工文辞取科第之资而已"，故勉励学子"勿务华而离其实，亦勿求精而入之虚。他日学成名立，出而大有为于天下，庶无负不佞养贤报国之志"。〔2〕康熙帝对此予以激赏，康熙六十一年赐额"学道还淳"。这都表明了这一时期以官方为主导创办书院的旨归及教育趋向。

雍正年间，终以书院为"兴贤之一道"，对书院的政策开始向积极鼓励和支持的方向转变。雍正十一年（1733），下谕令各省省城设立一所书院，各赐予一千两帑金，并允准用项不足部分，"在于存公银内支用"〔3〕，紫阳书院列名其中，与江宁钟山书院比肩，成为省内最高学府之一。从此，苏州书院的发展结束了以往

---

〔1〕 陈梦雷：《古今图书集成·选举典》卷十七学校部，中华书局1934年，第23页。

〔2〕 石韫玉、宋如林：清道光《苏州府志》卷二十四《学校》，清道光四年刻本，第46页。

〔3〕 陈谷嘉、邓洪波：《中国书院史资料》中册，浙江教育出版社1998年，第855页。

的缓慢状态,并为建立完整的书院教育体系奠定了基础。乾隆年间,以创建上下一统、制度完善、定性明确的官办书院教育体系为主要目标,以为官学之补充,创办书院之风进一步兴起,迄嘉庆及道光前期一以贯之。雍正初年副使杨本植改建常熟县虞山书院。乾隆年间苏州的书院有:苏州府立平江书院、吴县民办甫里书院;常熟虞山书院、支塘正修书院、梅李书院及民办游文书院;昆山玉山书院、民办崇文书院;太仓娄东书院;吴江笠泽书院及民办松陵书院、同川书院;震泽有震泽书院。嘉庆间有苏州省立正谊书院,道光间有太仓安道书院、长洲民办浒墅关锦峰书院。这些书院以官办为主,但民办书院数量有所增加,官办民助成为书院迅速发展的一个重要原因。其中,最具影响力的是嘉庆十年(1805)创办的苏州正谊书院。该书院由两江总督铁保、江苏巡抚汪志伊主持创办,位于苏州府学东沧浪亭后之可园。其得名在于:"夫谊者义也。官正其谊,则治期探本;士正其谊,则志在立身。"铁保富文才,重文教,以"紫阳、钟山两书院得人最盛……进士二十余人,多一时名下士,为近今所罕有,益信书院之关于文教,其陶冶而成之者有数矣",故悉力促成,"酌定款项岁三千金,一切修脯膏火悉如紫阳书院例"。[1]正谊书院的创办,与紫阳书院并列,为省内及苏州增添了又一所省级书院,双璧同辉,成为苏州书院发展走在前列的又一标志。

就苏州书院的发展来看,乃以官方为主导,官办民助,民办官督。紫阳、正谊书院处于督抚直接控制之下自不待言,即使在基层民办的书院,也要受到官方的严格控制,官学化特点日益明显和突出,并且逐渐形成了相辅相成的完善体系。紫阳、正谊书院为省立书院,培养高等人才,府县所立书院,则专课童生,择优为省会书院输送优秀生员。如府立平江书院在鼓楼坊,乾隆八年(1743)知府雅尔哈善创建平江学舍及六门义学,原为童蒙读书之所,二十七年知府李永书改为书院,"凡吴、长(洲)、元(和)三县童生员选十人入院肄业,诸生亦与焉。其后诸生尽归入紫阳、正谊,而平江专课童生"[2]。而各县镇之民办书院,实同蒙塾,乃为府县学提供人才以供深造。这一教育体系与官学教育体系并行不悖,不唯是重要的补充,而且在实践中,表现出超越甚至替代官学的趋向,尤其在引领学术、弘扬传统文化方面,具有官学难以匹敌的作用,紫阳、正谊书院就是最好的例证。

紫阳、正谊两书院的发展,首先得益于官方的高度重视,能够获得人力、物力、财力的有力支持,从而可持续地发展。紫阳书院创办之时,巡抚张伯行即拨

[1] 石韫玉:清道光《苏州府志》卷二十四《学校》,清道光四年刻本,第48页。
[2] 石韫玉:清道光《苏州府志》卷二十四《学校》,清道光四年刻本,第49页。

吴江县严墓水北庵僧人官田307余亩。雍正十一年(1733)清世宗赐帑银千两令置田,雍正十三年(1735)巡抚高其倬拨给罪赎银并变卖废祠银再置田。乾隆三年(1738)巡抚杨永斌奏请拨帑4万两生息,租息加上官拨常项经费,能够保证办学的正常需要。道光三年(1823)紫阳书院学田已达1263亩。〔1〕正谊书院创建时,即规定每年官拨银三千两作为常项经费,置田1 869亩,又拨给华亭县入官田价每年息银720两。嘉庆二十三年(1818)及次年,绅士又捐崇明、常熟沙田计7 382亩。〔2〕道光二年(1822)布政使廉敬又率属捐银1万两生息,更加充实了经费。其次,增广学额,生源好,规模大,发展快。旧例,紫阳书院内课40名、外课80名,正谊书院内课25名、外课50名,未免人多额少。道光年间陶澍抚苏时,紫阳书院加内课10名、外课20名,正谊书院加内课15名、外课30名,入院肄业生多达千数百人。〔3〕陶澍亲示为学之要:为学必先立志,必须植品;为文宜先宗经;读书宜亲师友。诸生经严格筛选,加之院长遴选名流,师资水平高,教学上重视举业的同时,更强调经史之学、治术之书的必修与讲求。通过严格的管理和有系统的学术训练,紫阳、正谊书院成为苏州乃至全省和全国颇有影响的教育与学术的书院。

在雍正末经乾嘉至道光前期,书院的特点:一是书院讲学由程朱理学转向汉宋考据之学,学风为之一变;二是书院与科举相结合,在人才培养上则以通才为追求的理想目标。为保证省会书院的权威性,"直省书院隶会垣者,凡山长充补必请诸朝廷,特重其事……紫阳主讲须奏明,正谊则否"〔4〕。对于院长及师资的选聘上,要求不拘省份,品行方正,学问博通,为士林所推重,"为多士模范者"。因此,苏州紫阳、正谊书院历聘院长多为一代硕彦名儒。紫阳书院掌院,依次为冯暠、朱启昆、韩孝基、陈祖范、吴大受、王峻、沈德潜、廖鸿章、彭启丰、蒋元益、钱大昕、冯培、吴省兰、吴鼒、吴俊、石韫玉、朱珔、翁心存、董国华,皆为进士。其中长洲彭启丰、吴县石韫玉为状元,常熟翁心存后官至体仁阁大学士,常熟陈祖范、王峻及长洲沈德潜、嘉定钱大昕等更为学术大家。正谊书院掌院依次为倪为炎、汪庚、费振勋、吴颐、朱方增、余集、吴廷琛、魏成宪、朱珔、费庚吉、翁心存,也皆为进士。其中元和吴廷琛为会元、状元,浙江仁和余集、安徽泾县朱珔也属一流学

---

〔1〕石韫玉:清道光《苏州府志》卷二十四《学校》,清道光四年刻本,第48页。

〔2〕石韫玉:清道光《苏州府志》卷二十四《学校》,清道光四年刻本,第49页。

〔3〕柳诒徵:《江苏书院志初稿》,见赵所生、薛正兴:《中国历代书院志》第1册,江苏教育出版社1995年影印本,第58页。

〔4〕柳诒徵:《江苏书院志初稿》,见赵所生、薛正兴:《中国历代书院志》第1册,江苏教育出版社1995年影印本,第61页。

者。太仓娄东书院掌院中，本邑沈起元、嘉定状元秦大成及青浦王昶、金坛段玉裁及浙江余姚探花卢文弨等，亦皆享重誉于学林。高水平学者主掌书院，成为以紫阳、正谊书院为代表的苏州书院高居省内教学与学术研究中心的重要保证。

两书院教规仿白鹿洞志例，强调士子以立品为先，为学以穷经为本。课程大体以经学为主，算术、舆地、说文、经术、金石、史学、古文、诗学为辅，不尚为举业试帖、八股章程之藻绘。主张先博后专，注重精研朴学，强调实事求是。昆山顾炎武为明末清初三大思想家之一，一生爱国，精研朴学，提倡"经世致用"，富于影响。其后，苏州惠周惕、惠士奇、惠栋祖孙以《易》学传家，深入研究汉学，形成"吴派"，与皖派及扬州学派并列。由陈祖范、王峻、沈德潜等提倡，惠栋于乾隆初期曾主讲紫阳书院，首开风气，书院逐步恢复了自由讲学、教学与研究相结合的特色。其生徒钱大昕继掌江宁钟山书院、太仓娄东书院后，于乾隆五十四年(1789)起掌院16年，历承前贤，发扬光大，"谕诸生以无慕虚名，勤修实学，由是吴中士习，为之一变"〔1〕。"一时贤士受业于书院门下者，不下两千人，悉借精研古学，实事求是"〔2〕，影响最大。

苏州书院培养的大批人才中，不唯许多科名显盛，仕宦有为，而且涌现了许多著名学者。就紫阳书院而论，如吴县潘世恩为乾隆五十八年(1793)状元，吴廷琛为嘉庆七年(1802)会元、状元。著名学者除钱大昕外，还有嘉定王鸣盛、青浦王昶等。他们不仅学问博淹、成果卓著，而且还利用书院培养人才，如王鸣盛主讲吴江笠泽书院，王昶主讲太仓娄东书院及杭州敷文书院、诂经精舍等，对苏州吴派学术思想的传播起到了积极的推动作用。书院教育与学术变迁和文化发展，固然植根于社会、政治、经济的演进之中，而与杰出学人的学术实践，尤有关联。

(二) 走向近代的历史演进

从道光二十年(1840)鸦片战争起，由于外国资本主义列强的侵入，中国逐步沦为半殖民地半封建社会，民族矛盾与阶级矛盾益加尖锐，社会动荡不安，中西文化的对撞与融合在新的历史条件下展开，苏州书院的发展也在变革与改制中由传统走向近代。

---

〔1〕《嘉定钱大昕全集》第1册，江苏古籍出版社1997年，第35页。参阅林存阳:《苏州紫阳书院与清代学术变迁——以钱大昕为研究视角》，见《中国史研究》2005年第4期。

〔2〕《嘉定钱大昕全集》第1册，江苏古籍出版社1997年，第39页。参阅林存阳:《苏州紫阳书院与清代学术变迁——以钱大昕为研究视角》，见《中国史研究》2005年第4期。

咸丰年间，随着太平天国运动的兴起，大规模的战争在苏南地区蔓延，书院师生离散，院舍被毁殆尽，一派萧条局面。如苏州紫阳、正谊、平江、锦峰诸书院；常熟文学、游文、思文诸书院；太仓娄东、安道书院等，都毁于咸丰十年（1860）战火之中。同治三年（1864）太平天国天京（今江苏南京）陷落。同治间到光绪初，兴复书院作为一项重要工作提到议事日程上。苏州所属各被毁书院，由江苏巡抚李鸿章、丁日昌、张树声等及所属府县官员主持，民间也出力捐助，相继重建开学，民间还新办吴江芦墟切问书院等。紫阳书院学田增至 3 338 亩 5 毫，又常熟沙田 768 亩 9 分 3 厘 3 毫，恢复迅速。〔1〕正谊书院由李鸿章改建于中由吉巷，并筹银万两生息助学，张树声又拨藩库银四千两生息补生员膏火，学田除拨入紫阳书院外，实有 2 333 亩 9 分 9 厘 9 毫，规制渐复。〔2〕紫阳书院各掌院为赵振祚、俞樾、程庭桂、夏同善、潘遵祁、陆懋宗、邹福保；正谊书院各掌院为赵振祚、温葆深、冯桂芬、蒋德馨、朱以增、吴仁杰、陆懋宗。浙江仁和俞樾乃经学大家，吴县冯桂芬肄业紫阳书院，为道光二十年榜眼，资产阶级维新派思想先驱，著名学者如仁和孙锵鸣、吴县吴大澂等与俞樾同为紫阳、正谊讲席。师生渐集，呈现出复兴景象。

面对列强加紧侵略和国内阶级矛盾依然尖锐的形势，清朝统治者在“中学为体，西学为用”思想的指导下，开展了“自救”性的洋务运动，在思想文化和教育方面的控制也逐渐减弱，改革的呼声渐高。书院改革也包含了改造传统旧书院和创建新型书院这样两个层面。书院本为科举附庸，传统学术导向泥古忽今，不能适应救亡图存的形势需要〔3〕，有识之士力陈积弊，呼吁改革，这对苏州书院的发展趋向产生了重要影响，研究实学通经致用的优良传统得以光大。同治初年，李鸿章聘请冯桂芬主掌正谊书院，“专课经古”〔4〕。冯桂芬主张“以中国纲常名教为原本，辅以诸国富强之术”，力倡改革，以其先后主讲江宁惜阴、钟山及苏州紫阳、正谊诸书院二十几年之经验，抨击书院所习制举文字陋风，殚力经世之学，士林尤为推重，“造就多名士，其素无文誉而激励成材者不可胜数”。〔5〕同治十一年（1872）同知朱守和于洞庭东山重建仰云书塾，改名为太湖书院，延俞樾主讲。光绪二年（1876）太仓知州吴承潞、镇洋知县谭明经重建娄东书院，光绪十

〔1〕曹允源、李根源：民国《吴县志》卷二十七《书院》，苏州文新公司 1933 年铅印本，第 1—2 页。

〔2〕曹允源、李根源：民国《吴县志》卷二十七《书院》，苏州文新公司 1933 年铅印本，第 3—4 页。

〔3〕参阅陈谷嘉、邓洪波：《中国书院史资料》下册，浙江教育出版社 1998 年，第 1955—1979 页。

〔4〕邓洪波：《中国书院史》，东方出版中心 2004 年，第 563 页。

〔5〕柳诒徵：《江苏书院志初稿》，见赵所生等：《中国历代书院志》第 1 册，江苏教育出版社 1995 年影印本，第 61 页。

四年(1888)江苏布政使黄彭年又于正谊书院西偏可园旧基,创建学古堂,购书8万卷,包括新译西学声光电化诸书,“以经古课士”,额定内课18名,外课生不限额。参仿其曾掌直隶保定莲池书院事例,课程以经为主,由学生自报,专经之外,旁及小学、四史、文选、算学等。每月缴学习日记一册,由山长以学术水平详定等次并存档,优者酌予奖金,札册择优结集出版,因而教育质量高,成为书院新秀。历届山长为吴县雷浚、慈溪林颐、吴县袁宝璜等,著名学者章钰等为其高材肄业生。这表明,苏州书院通经致用的学术成就已开始与治世救国的现实政治结合在一起,并为因应社会转型而调整其改革方向。

中日甲午战争失败后,为救亡图存,维新变法激起浪涛,风气新变,书院改革纳入教育体制改革的大势不可阻挡,由美国基督教监理会创办的博习书院等新型书院也历史性地出现在苏州大地上。早在同治十年(1871),留美华人曹子实以监理会教士身份,在苏州十全街创办了主日学校,招收若干幼童。光绪五年(1879)美籍监理会传教士潘慎文继曹子实主持办学,将学校迁入天赐庄,命名为存养书院,光绪十年(1884)改名为博习书院。博习书院重视基础教育,倡导学生全面发展,在覆盖11年的教学与课程计划中,除宗教和英语课程外,还包括《三字经》《百家姓》及儒家经典和中国古典文学,又开设了数理化生及世界史地、政治学诸多西方课程,并聘请了美籍教师文乃史等外籍教师及徐允修等华人教师,以中文授课,同时开设英语科,使学生“公正平等地接受到当时美国的初等和中等教育”〔1〕,并为社会输送了一批新型人才。文乃史、徐允修后曾各任东吴大学校长和秘书长,其毕业生如李伯莲任提调(学监),史拜言、沈觉初分别任东吴大学数学、历史学教授,谢洪赉则成为清末民初的著名作家和翻译家。博习书院标榜中西并重,重在习西学以达时务,采用西式教学方法及课程计划,对改革中的苏州书院具有榜样性的引领作用。为扩大影响,光绪二十二年(1896),美籍监理会传教士孙乐文在苏州宫巷创办了中西书院,聘请葛赍恩等四位美籍教师,取得良好进展。这些成功使得创办大学的理想得以萌生。根据监理会为此所做的教育重组计划,光绪二十五年(1899),博习书院迁往上海并入中西书院后,在苏州官民各界支持下,宫巷中西书院迁往天赐庄博习书院校舍,称为“东吴书院”,光绪二十七年正月十八日(1901年3月8日),以孙乐文为首任校长的东吴大学堂正式开办,苏州的教育工作进入了一个新纪元。

---

〔1〕 王国平:《博习天赐庄—东吴大学》,河北教育出版社2003年,第15—16页。

义和团运动之后，清廷被迫宣布变法，推行“新政”，戊戌变法时期有令无行的书院改制终得实行。光绪二十七年八月初三（1901 年 9 月 14 日）明谕，“著各省所有书院，于省城均改设大学堂，各府及直隶州均改设中学堂，各州县改设小学堂，并多设蒙养学堂”〔1〕。其后又相继颁布了《壬寅学制》（1902）和《癸卯学制》（1903），教育体制发生根本性变革，光绪三十一年（1905）科举制度被正式废止。苏州书院也因之着力推行。如紫阳书院于光绪二十八年（1902）先改为校士馆，光绪三十年（1904）即三元坊址改办为江苏师范学堂。正谊书院于光绪二十九年（1903）先改为江苏省中学堂，后改为苏州府中学堂。科举废停后，两书院学田并归入学款处，用以开办各中小学堂。〔2〕其余各书院也先后改制，如苏州平江书院改为吴、长洲、元和三县高等小学堂，甫里书院改为公学，常熟游文书院改办为常、昭二县小学堂。光绪二十九年（1903），昆山玉山书院遵省城紫阳书院新章改名为玉山校士馆，光绪三十年（1904）暂设东区县高等小学堂，光绪三十三年（1907）开办法政讲习所。次年，苏州学古堂改为游学预备科，招考英、法、日文学生三班，择优资送潘灏芬等 10 名学生留学，光绪三十三年（1907）改为存古学堂。古老而传统的苏州书院走向近代化，终于链接到新式教育体系中，完成了其历史使命。

四、现代学校教育的兴起

苏州近代学校教育最早是由外国传教士引入的，教会学校在旧式封建教育体系之外的发展，开启了苏州学校教育近代化的先河。清末新政中，清政府于光绪二十八年（1902）、光绪二十九年（1903）相继颁布了《壬寅学制》和《癸卯学制》，逐步以新式学校制度取代旧式教育。光绪三十一年（1905），正式废除科举制，全国兴起了创办新式学堂的热潮。在苏州，省、府、县三级政权都积极提倡兴办新式学校，数年之间，新建了一批新式中小学堂和多所职业学校。

（一）教会中小学的兴办

苏州是基督新教尤其是美国新教差会在苏南传播发展的重要基地。在传教过程中，美国新教差会相继开办了苏州最早的新式小学和中学。至宣统三年（1911），苏州已有教会中学 6 所，另有教会小学 10 余所，多为教会中学附设。

---

〔1〕 陈谷嘉、邓洪波：《中国书院史资料》下册，浙江教育出版社 1998 年，第 2489 页。

〔2〕 曹允源、李根源：民国《吴县志》卷二十七《书院》，苏州文新公司 1933 年铅印本，第 4 页。

美国基督教监理会创办了苏州最早的新式小学。同治十年(1871),华人传教士曹子实在十全街石皮弄筹办主日学校,由于学生不多,从外地招来一些男孩,主日学校便成了一所寄宿学校。同治十三年(1874),杭州美国基督教长老会推荐史子嘉到苏州,史子嘉成为监理会的教友,并在主日学校任教。光绪二年(1876),潘慎文从上海到苏州协助曹子实办学。光绪四年(1878),监理会在天赐庄购地,兴建住宅和校舍。光绪五年(1879),曹子实调往上海,十全街主日学校由潘慎文主持。不久学校迁入天赐庄,命名为存养书院(亦名存养书塾)。

光绪九年(1883),潘慎文夫人(Mrs. A. P. Parker)在天赐庄创办冠英女塾。"初办时,当地女生来者甚少"。潘慎文夫人向学生提供优惠条件,"除免收学宿费外,又供给书籍、衣服、路费"。潘慎文夫人对学生循循善诱。"学生偶有微恙,必躬亲为之调治。"光绪十一年(1885),又有传教士斐小姐从上海来苏州协助其办学。学校日益走上正轨。学校除传授基本的文化知识和进行圣经学习外,还教授算术、英文等课目。冠英女塾作为苏州地区的第一所正式女子学校,培养了苏州第一批有文化知识的新女性,她们中的不少人任教于教会学校。直到光绪三十一年(1905)前,"凡教会设立之处,十之八九均设有义务学校,所聘之女教员大半出自三一堂女塾及冠英女塾出身,盖当时设此二校,不特单单教育女生读书,又留心培养师资,预备至各处推广小学"〔1〕。

上述而外,教会举办的小学还有美国监理会在申衙前办的小学、美国南长老会在齐门外周家弄办的崇道女学、美国圣公会在宝城桥弄办的显道女学,以及北长老会在苏州办的六所学校等。〔2〕

监理会还举办了苏州最早的新式中学。从光绪五年(1879)起,存养书院由潘慎文主持。光绪十年(1884),存养书院改名为博习书院。从光绪七年(1881)起,存养书院和博习书院已经办成中等学校。光绪十七年(1891),潘慎文在报告中说:"在过去的十年中,我一直在努力使我们的学生在目前的情况下尽可能得到完全的教育。经过几次试验与变革,现已明确形成。"书院的教学计划覆盖11年,第一年至第五年为预备课程(preparatory course),第六年至第十一年为书院课程(college course),包括《散文范例》《神学要义》《世界史》《春秋》《写作》《几何》《自然哲学》《流体力学》《三角》《测量》《自然史》《电》《生理学》《生物学》《自然史》《自然神学》《礼记》《化学》《无机化学与有机化学》《易经》《解析

〔1〕《中华监理公会五十周年纪念刊》,苏州大学图书馆藏,第19—39页。另,三一堂女塾为监理公会创办的另一所女子学校,1883年创办于上海西新桥。

〔2〕陆允昌:《近代苏州通商口岸史料集成》,文汇出版社2010年,第62页。

几何》《天文学》《伦理学》《古代文学》《微积分》《政治学》等。这些课程概用中文讲授，以便学生领会与掌握。对此，文乃史曾予高度评价，他认为："这样，博习书院就使中国贫苦学生使用他们自己的语言，接受到相当于当时美国的初等和中等教育。"[1]

继博习书院之后，监理会又创办了宫巷中西书院。

中日甲午战争失败的耻辱极大地刺激了中国社会，在苏州，一些传统的士人为自强雪耻而寻求西学。光绪二十一年(1895)秋，传教士孙乐文应这些士人的请求，开办了一所试验性学校，招收学生25人。光绪二十二年(1896)，宫巷中西书院正式开办。

孙乐文在光绪二十四年(1898)的报告中详细介绍了宫巷中西书院办学的情况："我开始着手筹备这项工作，并招收了50名学生。第一年学生人数变化不定，有学生中途退学，也有学生学期中间入校。但第二年学生人数就稳定多了。书院已开办三年，现在大多数学生入学已不是为了学几句简单的商务英语句子，而是渴望接受真正的教育。"宫巷中西书院历年注册学生人数一直保持着相当的规模，见表5-2：

表5-2　宫巷中西书院历年注册学生人数统计表

年份	光绪二十一年(1895)	光绪二十二年(1896)	光绪二十三年(1897)	光绪二十四年(1898)	光绪二十五年(1899)	光绪二十七年(1901)
注册学生数	25	50	68	109	55	64

资料来源：Minutes of the China Mission Annual Conference of the M. E. Church, South.

宫巷中西书院最初有六名教师：三名美国教师，即孙乐文、孙乐文夫人和他们的女儿孙令仪(Anderson, Ida.)，主要教授英语；还有李伯莲、李仲覃兄弟等三位中国教师，教授数学与中国古代经籍。光绪二十五年(1899)，中西书院又增加了三名美国教师：薛伯赉(Shipley, J. A. G.)和葛赉恩夫妇。

孙乐文的成功促使监理会决定集中力量办好宫巷中西书院，并"决定关闭博习书院，其财产、设备等移交给宫巷中西书院"[2]。孙乐文在光绪二十六年(1900)的报告中说："从许多来自苏州的调查来看，我们在苏州的许多朋友完全信任我们，并仍期待我们建立一所我们所许诺的'大学'。"这所大学就是未来的东吴大学。

---

[1] 文乃史：《东吴大学》，王国平、杨木武译，珠海出版社1999年，第9页。

[2] Minutes of the China Mission of Annual Conference of M. E. Church, South, 1898, 1899.

除了上述两所学校外，各教会在苏州创办的中等学校还有东吴附中、晏成中学等。

东吴大学苏州附属中学：成立于光绪二十七年（1901），由美国基督教监理公会创办于天赐庄，初称东吴第一附属中学，光绪三十一年（1905）更名为东吴大学附属中学，教师多来自东吴大学，教学质量在苏州各教会中学中首屈一指。

晏成中学：美国南浸信会西差会传教士麦嘉祺于光绪三十二年（1906）创办浸会小学，宣统元年（1909）迁至临顿路谢衙前，增设中学部，定名为晏成中学。

慧灵女中：美国南浸信会西差会女传教士兰纱斐于光绪三十三年（1907）创办慧灵小学，宣统三年（1911）迁址临顿路谢衙前，升格改名为慧灵女中。

桃坞中学：美国基督教圣公会传教士韩汴明、聂高莱于光绪二十八年（1902）创办“圣公会中西学堂”，位于桃花坞，光绪三十四年（1908）正式定名为桃坞中学。同年，上海圣约翰大学认定桃坞中学为其附属中学之一。

萃英中学：光绪十八年（1892），美国基督教北长老会传教士海伊士在葑门十全街创办萃英书院，包括小学和中学。光绪三十年（1904）迁至阊门外上津桥，后来因差会扩建之江大学，停止拨款，停办中学，保留小学。宣统三年（1911），教会重新拨款，恢复中学部，改名萃英中学。

英华学堂：美国监理会女传教士金振声于申衙前创办的小学，于光绪十九年（1893）迁至长春巷，名为英华学堂，光绪三十年（1904）迁至慕家花园，始设初中部。

景海女塾：美国基督教监理公会女布道会于光绪二十八年（1902）在苏州天赐庄东吴大学对面创办景海女塾。景海之名意为景仰和纪念海淑德。[1]海淑德是美国基督教监理会派往中国的第一位女传教士，在中国从事女子教育17年。景海女塾第一任校长由监理会传教士贝厚德出任，课程安排上中西并用，设中文、英文、算学、理化等科以及钢琴、体操等技艺科目。民国六年（1917）改为景海女子师范学校。

此外，教会系统的中等学校还有博习医院护士学校，由美国基督教监理公会于宣统三年（1911）创办，首任校长是博习医院美籍外科主任苏迈尔博士。该校是国内最早的护士职业学校之一。

教会学校的课程设置突破了传统的四书五经，包括宗教、英语、儒学、自然科学、音乐、图画、体育等。宗教教育和英语教学是教会学校的两大特征。早期阶

〔1〕《中西合璧　百年蕴秀——苏州大学的建筑之美》，《科学时报》2010年3月23日。

段的教会学校，宗教气氛极为浓厚，圣经课课时较多，学生必须参加各种频繁的宗教活动。进入20世纪以后，面临清政府的学制改革，为了吸引生源，教会学校力求在教学质量上超过公立学堂，因而一再减少宗教课的比重。中学以上的各科教学中，特别注重英文，多采用英文原本教学，大部分西学课程也以英语为教学语言和教学手段。早期教会学校的英语教师几乎是清一色的外籍传教士，水平较高，如创办苏州晏成中学的麦嘉祺、创办桃坞中学的海依士都是神学博士。在教学方法上，教会学校均模仿英美各校的教学法，改变了中国传统的熟记课文、解释字义等死记硬背式的教学方法，强调由学生自己操作进行科学实验，或由教师进行演示实验的实践式教学方法。教会中小学的开办，客观上使苏州学生较早地受益于西方先进的教育体制和科学的教学方法，由此培养了一批批新式人才，推动了苏州近代的教育改革与发展。

（二）新式学堂的创办

1．新式小学堂

光绪二十七年（1901），清政府下诏将州县书院改为中小学堂。明令兴办新学后，苏州的新式小学开始涌现。当年，位育堂董事刘光才、魏彦、周达权等在盘门内西半爿巷创办公立毓元小学堂。〔1〕光绪二十八年（1902）二月，长洲、吴县、元和三县将平江书院改建为长洲、元和、吴县三县高等小学堂，仍名平江学堂。〔2〕同年十二月，苏州将原设中西学堂扩充为大学堂，正谊书院改为正谊中学堂。孺孤学堂、保育堂、义塾一律改为蒙养学堂。

长、元、吴三县高等小学堂在苏州新式小学教育史上具有重要意义。学校由长洲、元和、吴县三县共同创办，校址在三多桥驸马府堂前卫守备旧署。初建时有学生45名，每县各15名，课程设中文、英文、算术。光绪三十二年（1906），该校分成长洲高等小学堂、元和高等小学堂和吴县高等小学堂三所小学。长洲高等小学堂，校址初在南园羊王庙余屋，课程除照章程外还增设了英文、唱歌。元和高等小学堂，当时在盛家带借民房做校舍，学生约47人，在清末曾有毕业生一届。吴县高等小学堂，校址仍在驸马府堂前。〔3〕

---

〔1〕《沧浪区志》编纂委员会：《沧浪区志》第17卷教育，第三章初等教育第一节沿革，上海社会科学院出版社2006年。

〔2〕《沧浪区志》编纂委员会：《沧浪区志》第17卷教育，第三章初等教育第一节沿革，上海社会科学院出版社2006年。

〔3〕《沧浪区志》编纂委员会：《沧浪区志》第17卷教育，第三章初等教育第一节沿革，上海社会科学院出版社2006年。

光绪三十一年(1905)废科举后,苏州新式小学数量进一步增加。同年,江苏巡抚端方创办官立初等小学10所。其中第九校设在南园羊太傅庙内,第十校设在中军弄昭明道院内,每校招收男生40名。自光绪三十二年(1906)起,时任礼部主事孔昭晋在苏州城陆续创办多所官立小学堂。至宣统三年(1911),苏州城区共有小学116所。按学校性质可分为:官立小学堂,由政府(省、府、县)投资开办;公立小学堂,由地方各业捐款开办;私立小学堂,由私人集资或外资津贴开办。按学年编制分为初等小学堂(或称蒙学、蒙学堂)、高等小学堂和两等小学堂三类。除全日制外,还有专收贫寒子弟、不收学费、不拘年龄的半日制学堂。

表5-3 清末苏州新式小学简况表

(单位:所)

类别	官立	公立	私立	简易学塾(官立)	半日制学校(公立)	总计
初等小学堂	34	29	7	10	10	90
两等小学堂	1	9	2			12
高等小学堂	3	1				4
合计	38	39	9	10	10	106

清末,一些女子教育家突破封建伦理的束缚,创办了一批女子小学,成为苏州新式小学的重要组成部分。光绪二十七年(1901),江漱芳在因果巷创办兰陵两等女学堂,是中国人在苏州办的第一所新式女子小学。[1]此外还有光绪三十一年(1905)冯王昭鹤于十全街创办的苏苏女子两等小学堂;光绪三十一年(1905)王谢长达创办的振华女子两等小学堂等。[2]至宣统二年(1910),女子小学已发展至10所(公立2所,私立8所),约占当年苏州小学总数的10%。

2. 新式中学堂

苏州的中等学堂以教会中学为多,官立和公立的中学堂数量相对较少,至宣统三年(1911),苏州府计有官立中等学堂10所,公立中等学堂2所,位于城区的主要有官立苏州府中学堂、公立第一中学堂等。

苏州府中学堂,原为苏州历史悠久的正谊书院,校址在沧浪亭北。光绪二十八年(1902),署理江苏巡抚聂缉椝将正谊书院改建为正谊中学堂,光绪二十九年(1903)改名为江苏省中学堂,最后定名为苏州府中学堂。[3]学校以中文、英

〔1〕 江漱芳:《兰陵自传》,见《苏州文史资料》第15辑,内部出版,1986年。

〔2〕 柳袁照:《一个女子和一个时代的教育——记女教育家王季玉先生》,见《中小学管理》2008年第5期。

〔3〕 孙迎庆:《苏州书院:延续城市百年文脉》,见《寻根》2011年第3期。

文、算术为主要科目,每隔一月或二月,举行各科会考,成绩优秀者可得奖学金。著名教育家汪懋祖、天文学家朱文鑫等均曾在苏州府中学堂就读。辛亥革命后,苏州府中学堂停办。

苏州公立第一中学堂,光绪三十三年(1907),由主持江苏学务处的王同愈发起创办于草桥南堍,首任校长为蔡竣镛,是苏州第一所由地方官绅兴办的中学。[1]因学校位于玉带河上草桥畔,俗称"草桥中学"。学校经费来源于社会公款,包括紫阳、正谊两书院常年息款,长、元、吴三县之"宾兴款"(科举时代地方招待乡试应举学子的款项)。著名文学家叶圣陶、史学家顾颉刚等均毕业于该校。

3. 职业学校

职业教育是近代学校教育的重要组成部分。由于新政对各门类专业人才的迫切需求,以及"教育救国""实业救国"思想的影响,苏州省、府两级政权在清末10年中创办了一批职业学校,开创了苏州职业教育的先河。至宣统三年(1911),苏州城已开办的官立职业学校有:江苏师范学堂、江苏省官立法政学堂、江苏省铁路学堂、苏州府官立农业学堂、苏州官立中等工业学堂、苏州英文专修馆等。

江苏师范学堂,光绪三十年(1904),署理两江总督端方奏请将苏州护龙街三元坊的紫阳书院改办为官立江苏师范学堂。[2]学堂先招讲习科和速成科,培养小学教员。首次招生有讲习科生40人,速成科生120人。光绪三十一年(1905),添设初级师范本科和优级师范选科及体操专修科,并改名为官立江苏两级师范学堂。学堂还附设模范小学堂作为师范生的实习场所。江苏师范学堂由著名学者罗振玉任监督,日本文学博士藤田丰八任总教习,国学大师王国维任伦理学教习。

江苏省官立法政学堂,光绪三十二年(1906),在苏州海红坊巷成立,聘请前礼部侍郎、广东学政朱祖谋为监督。[3]该校是江苏最早建立的高等法政专门学堂,学额为199人,分为两个年级。同盟会员、留日学生陈匪石,日本法政大学毕业生潘承锷等曾任该校教员,进士、日本早稻田大学留学生王琴堂曾任该校提调。辛亥革命后停办。

江苏省铁路学堂,光绪三十二年(1906)由张謇领衔的江苏省铁路公司兴资

---

[1] 《草桥名人馆·名人档案》,苏州市第一中学网站"草桥风华"。
[2] 宋志轶:《宋元明清的苏州学校》,见《教育史研究》1991年第4期。
[3] 宋志轶:《宋元明清的苏州学校》,见《教育史研究》1991年第4期。

创办,校址在盘门内新桥巷。学堂创办人还有苏路公司经理王清穆、江苏学务处王同愈、江苏教育总会副会长许鼎霖等。[1]光绪三十四年(1908)聘请龚杰为学堂驻校监督。宣统元年(1909),第一届学员毕业,测绘科毕业生中有后来成为治黄水利专家的潘镒芬。著名数学家钱宝琮也曾在该学堂土木科就读。辛亥革命后,因经费原因停办,后与苏州官立工业中等学堂合并。

苏州府官立农业学堂,光绪三十三年(1907),苏州末任知府何刚德创设于盘门内小仓口,何刚德自为学堂监督。[2]学堂设有普通科目 8 科,实习科目 12 科,有土壤、肥料、作物、园艺、农产制造、养蚕、虫害、气候、林学、兽医学、水产学等门类。学堂十分重视农业生产的实习,在盘门内百花洲设桑场一区,胥门外设果园一区,作为实习场地。

苏州官立中等工业学堂,宣统三年(1911)创办于苏州三元坊,校舍由旧学务公所改设,蒋宗城任学堂总理。学堂设有染织、图稿绘画两科。民国元年(1912),与江苏省铁路学堂合并,成立江苏省立第二工业学校。

此外,还有苏州英文专修馆,光绪三十三年(1907),江苏提学使毛庆蕃创办,专门教授英文。南社社员、藏书家周越然等曾在该校任教。该校在当时有模范学校之称,辜鸿铭等多次前往参观、讲学。农学家、农业教育家过探先等曾在该校就读。

清末苏州的职业教育虽然处于初创阶段,但在端方、何刚德、王同愈等一大批具有远见的地方官和士绅耆宿的推动下,短短十年间,已初具规模且门类齐全,培养出众多在当时十分紧缺的专门人才,对后来的苏州高等教育和职业教育的发展布局也产生了深远的影响。

此外,在清末新政中,苏州作为江苏省会,还创办了一所官办高等学校——江苏高等学堂。光绪二十六年(1900)由江苏巡抚奎俊始建,初称中西学堂,是苏州首家官办高等学校,校址在可园。[3]光绪三十年(1904),改名为江苏高等学堂。学堂设预科和本科,本科毕业奖励举人、中书、部司务等职衔。学堂由曾任苏州知府的田庚为提调,蒋季和、费屺怀、江瀚等先后任监督,正教员有知事郑签,副教员有章钰等人。学校规定,须具有举人、秀才、贡生、监生四种资格之一

---

〔1〕 黄建栋:《张謇和王清穆共同具名的信札》,海门市张謇研究会。搜狐网:http://roll.sohu.com/20121215/n360512025.shtml。

〔2〕《苏州农业职业技术学院院史(讨论稿)》,第一章苏州府农业学堂的诞生第二节。

〔3〕《沧浪区志》编纂委员会:《沧浪区志》第一七卷教育,第五章高等教育第一节沿革,上海社会科学院出版社 2006 年。

者，方可参加入学考试。首批录取学生100多人，由江苏布政使陆元鼎主持开学典礼。民国元年(1912)，学校停办。

清末苏州的新式学堂在苏州近代教育史上处于初创阶段，带有传统与近代因素并存的双重特征。在教学内容上，提出“中学为体，西学为用”的教育方针。在课程设置上，既有修身、读经等进行封建思想教育的课程，又有自然科学、中外史地、外国语言文学等近代化、科学化的课程。在教学方式上，废除旧式教学的个别授课方法，普遍实施班级授课制，课堂教学盛行从日本传入的赫尔巴特的“五段教学法”。在师资方面，既保留了部分儒生作国文教员，也有较多的学成归国的留学生和本地师范学堂培养的学生，有些学校甚至还延请了外籍教员。

五、东吴大学的创办与早期发展

(一) 决策与创办

光绪二十五年(1899)冬，美国基督教监理会决定“制定一个教会教育事业未来发展的计划，包括在苏州的一所大学、在其他传教中心的中学和所需要的小学。所有现有学校应合作以实现这一体系。宫巷书院须迁至博习书院在天赐庄的校舍，大家认为，那里能添置足够的土地以满足校园的需要”[1]。光绪二十六年(1900年5月)，监理会决定在苏州创办东吴大学，英文校名为Central University of China。同年秋(1900年11月)，东吴大学董事会成立。按照这一章程，孙乐文被校董会选为东吴大学第一任校长。

开办东吴大学的最重要的准备工作之一是为宫巷书院搬迁至天赐庄做土地和校舍的准备。在这方面，苏、沪一带的中国民众做了最大的贡献。

据孙乐文当时的报告，除暂时占用原博习书院的建筑外，为购买土地和盖房架屋，中国人捐款18 093.72美元，甚至就在北方义和团运动开始之际，捐款仍源源而来。最大的一笔个人捐款额是6 100美元，还有一笔2 000美元、一笔1 500美元、三笔1 000美元……这些捐款不只来自苏州，还有浙江南浔、江苏常熟和上海。大量捐款是通过柏乐文的努力而来，正要赴美的柏乐文热情地为筹建学校工作。林乐知也努力在上海募集捐款。据文乃史说：“中国友人的捐助用于购置和围起与博习书院毗邻的土地。”[2]监理会加农(Cannon)会督在所

〔1〕 文乃史:《东吴大学》，王国平、杨木武译，珠海出版社1999年，第19页。
〔2〕 文乃史:《东吴大学》，王国平、杨木武译，珠海出版社1999年，第20页。

著《监理会的历史》中这样说:“苏州被选为东吴大学系统的中心,是由于它的较好的气候、作为中国教育中心的地位、能够购置足够的价格合理的土地,以及那些捐赠了二万五千美元支持这一计划的中国士绅的鼎力相助。”[1]

监理会决定在春节后开学。博习书院的校舍修葺一新,教学用具及设备也由宫巷搬运过来,为新学期开学做好了准备。“1901 年 3 月 8 日,星期五,书院从宫巷迁出,我们在苏州的教育工作进入了一个新纪元。”[2]东吴大学正式开办。光绪二十七年五月初九(1901 年 6 月 24 日),东吴大学在美国田纳西州正式注册。尽管当时英文校名为 Central University of China,事实上,Soochow University 这一英文校名在光绪三十四年(1908)之前早已在很多场合使用。光绪三十四年五月三十日(1908 年 6 月 28 日),英文校名 Central University of China,变更为 Soochow University 校名的申请仍由田纳西州州务卿签署生效。[3]

从东吴大学开办到清末,东吴大学的校园建设、办学实践与理念等方面都有令人瞩目的进展与特色,这是东吴大学早期发展阶段。

(二)校舍建设

东吴大学开办初期的办学经费,主要来源于捐款和学费,见于记载的有:光绪二十七年(1901 年 4 月),在新奥尔良举行的一次盛大的传教大会上,监理会为东吴大学募得第一笔较大的捐款共 5 万多美元。[4]据《东吴六志》,华人(包括浙江南浔、上海、苏州、常熟、无锡等地绅士)捐款共约银币 16 000 元。[5]《二十五年之东吴》在谈到此事时说:“二十世纪幕始启之岁,偌大学府,因岿然出于姑苏台畔,草创基金,半为盖、惠两监督在美所经募,半由柏博士乐文集自平江、黄浦、蓉湖、琴川,以及苕溪之缙绅先生辈。”[6]光绪二十七年(1901 年 5 月),在监理会举行的年会上,监理会又筹集 10 万美元,以迅速启动和推进东吴大学的开办。另据孙乐文校长报告,光绪二十九年(1903),收到江苏巡抚恩寿捐款 3 000 元。光绪三十年(1904),收到学费 8 212.00 墨西哥元。

东吴大学在开办后很长一段时间内仍使用原博习书院的校舍和建筑。为了适应大学发展的需要,校方决定建筑一所大楼(主楼)。这所大楼由英国建筑师

---

〔1〕 转引自 Lacy, W. N., A Hundred Years of China Methodism, New York, 1948, p. 147.

〔2〕 Minutes of the China Mission of Annual Conference of M. E. Church, South, 1901.

〔3〕 王国平:《东吴大学在美国田纳西州的注册文件》,见《苏州大学学报》1999 年第 2 期。

〔4〕 文乃史:《东吴大学》,王国平、杨木武译,珠海出版社 1999 年,第 21 页。

〔5〕 徐允修:《东吴六志》,利苏印书社 1926 年,第 10 页。

〔6〕《二十五年来之东吴》,《回渊》,苏州大学档案馆藏。

设计，光绪二十七年十一月初二（1901年12月12日），主楼工程承包合同签约，年底破土动工。[1]到光绪三十年（1904）竣工。光绪三十一年（1905）投入使用，光绪三十三年（1907）林乐知去世，主楼被命名为林堂。[2]

光绪三十四年（1908），在美国访问期间，孙乐文从弗吉尼亚州林企堡（Lynchburg）考特街区教堂募得捐款20 000美元左右。这笔捐款用于建筑一座大楼。由弗吉尼亚州林企堡考特街区教堂捐建的这座大楼，于1912年11月16日举行了献堂仪式，被命名为"孙堂"（Anderson Hall）。

除了这两幢主体建筑外，光绪三十二年（1906），在校园内成功地开凿了一口自流井。井水清澈，供水充足。光绪三十三年（1907），"柏乐文医师在苏曾举行五十大庆，中西嘉宾盈堂，其乐无比，医科学生并为集款建筑纪念水塔于东吴大学，以示感恩"[3]。这一水塔可以协助供水。校园内有了充足的清洁水源。[4]光绪二十九年（1903），一幢教师住宅竣工。此后，孙乐文不断募捐建造教师住宅。光绪三十四年（1908），又有三幢雅致的教师住宅投入使用，与前已建成的三幢共有六幢教师住宅，两幢供中国教师居住，四幢供美国教师使用。

孙乐文赴美期间，在弗吉尼亚州Norfolk募得一笔捐款，用于建造东吴大学的其他住宅。[5]光绪三十三年（1907），新的学生宿舍楼落成，可供218个学生住宿。[6]到光绪三十四年（1908）年底，计划中的所有学生宿舍已全部落成。东吴大学校园初具规模。

（三）办学理念与实践

按光绪二十六年（1900）校董会章程，东吴大学应包括三个系科：一为文学系，二为神学系，三为医学系。此外，还可以设立诸如法学、工程学等可能被认为适宜的其他系科。在孙乐文领导下，东吴大学开设了比较完整的文理科学士学位课程；和博习医院合作开办了东吴大学医学院，宗教神学成为大学教育的重要组成部分。

---

〔1〕 The Soochow University Opened in 1901, Nashville, Tenn. Board of Missions of the Methodist Episcopal Church, South, 1906.

〔2〕 Minutes of the China Mission of Annual Conference of M. E. Church, South, 1904, 1907.

〔3〕 黎德培：《柏乐文太太小传》，见《中华基督教卫理公会华东年议会记录》，中国第二历史档案馆藏，第49页。

〔4〕 Minutes of the China Mission of Annual Conference of M. E. Church, South, 1907.

〔5〕 In Memoriam, Minutes of the China Mission of Annual Conference of M. E. Church, South, 1911.

〔6〕 Soochow University, Soochow, China, Catalogue, 1909, Methodist Publishing House, Shanghai, China.

孙乐文重视中国的传统文化，并多次强调学习中国传统文化。他在光绪三十年(1904)的报告中说："我们一如既往地强调开展全面的中文教学。因为，作为一个中国人决不应该忽视其本国的历史和文明……我们的奋斗目标是，获得中文预科证书的学生，其水平达到秀才等级(中国科举制度的文学学士)，而获得大学毕业文凭的学生，其水平达到举人等级(中国科举制度的文学硕士)。今年令我们深受鼓舞的是，本校六名预科班学生参加科举考试，其中三人考中秀才。"[1]杨永清后来将孙乐文重视中国传统文化教育的特色总结为"保存国粹教育"，他说："先生设学首重国文，尝谓中国学生首取祖国固有之国粹发挥之、光大之，不应专习西方，置国本于不顾。"[2]这种教育特色保证了东吴大学的学生在学习西学的同时对中学亦有相当的了解和掌握。

东吴大学的文科教学一开始就比较成功。光绪三十四年(1908年2月)，有三名学生(陶甸夏、陈海澄、裘昌运)修完大学课程毕业，被授予文学士学位。其中一人被选派出国深造。在清政府举行的选派学生出国留学的考试中，全国各地约3 000人提出了申请，东吴大学的这名学生无论在中文和英文方面都名列前茅。宣统二年(1910)，在由江苏省学政督办的省级考试中，东吴大学学生"因其中文考试中的优异表现而受到该大臣当众褒扬，该大臣对来自教会学校的学生能有如此出色的中文水平大为惊叹"。东吴大学学生在北京举行的官方考试中连续两年表现出色，"举国上下皆知，东吴大学培养的学生不但熟习中文，在西学科目上也不输于任何人"[3]。

在东吴大学的早期阶段，理科教学虽然缺乏师资与设备，但仍开局良好。光绪三十四年(1908)，东吴大学"花了大约1 200墨西哥元添置了很多化学仪器和物理设备"。这些仪器和设备对化学与物理教学研究提供了很大帮助。孙乐文希望能够尽快为具备相应资质的学生开设机械、热学、光学和电学等方面的高级课程，并为纯应用科学研究提供理论依据，从而为创立工程学专业奠定良好的基础。[4]另外，由于祁天锡教授的坚持，东吴大学生物学教学起步，使东吴大学很早就在生物学方面领先，并能选派基础扎实的学生到国外继续进行研究生阶段的学习，他们从国外回国后教授生物学，并主管私立和公立大学的生物学系。更多未能出国的学生则在中学任教，或在大学任助教，取得了

[1] Minutes of the China Mission of Annual Conference of M. E. Church, South, 1904.
[2] 侪允修：《东吴六志》，利苏印书社民国十五年，苏州大学档案馆藏，第17页。
[3] Minutes of the China Mission of Annual Conference of M. E. Church, South, 1910.
[4] Minutes of the China Mission of Annual Conference of M. E. Church, South, 1908.

优秀的成绩。

19 世纪 80 年代，博习医院的医生们已培训了一批人员做助手，其中包括陈明涛和杨维翰。博习医院还和相邻的玛丽·布莱克妇孺医院合作办学，培养了 24 名得力的医务人员，其中 7 名是女性。这些工作都为医学教育积累了经验。光绪二十九年（1903），教务长柏乐文筹建东吴大学医学院。教员由上述两家医院的人员及东吴大学的理科教师组成，包括柏乐文、斐恒、斐美德、卜明慧（Polk，M.）、罗格思等五名美籍教师，还有华人提调成颂文。入学的学生都是东吴大学的预科生。据孙乐文报告，光绪三十一年（1905），“有三名学生注册于医学院。由于年会所造成的任命的混乱和不确定，该系组织得不如我们所希望的那么好”。孙乐文希望，有关方面能采取一些步骤，在更好的基础上建立医学院。〔1〕

宣统元年四月初八（1909 年 5 月 26 日），医学院举行毕业典礼，三名学生毕业，获得医学学士学位。其中两人在博习医院工作，另一人自己在苏州开业。在毕业典礼上，美国前驻沪总领事佑尼干（Jernigan，Thomas R.）发表了演说。〔2〕

尽管校方迫切希望建立神学系，但立志攻读神学、将来去布道的学生寥寥无几。神学系的建立便成了问题。在东吴大学学习神学的学生不多，江长川是其中的佼佼者。宣统元年（1909），江长川从中西书院毕业后到东吴大学就读。东吴大学非常重视，由孙乐文校长、李仲覃牧师、文乃史和戈璧（Campbell，Clyde）等人组成了一个神学教师群体，单独给江长川讲授神学课程。三年后，江长川被授予东吴大学神学学士学位。此后，江长川在监理会年议会上迅速上升为领导人物。他在上海慕尔堂做了几年牧师。美国基督教卫斯理宗在华三个教派监理会、美以美会与美普会合并的“联合会议”就是在慕尔堂召开的。此后，在卫理公会召开“中央议会”时，经无记名投票，江长川被选为会督。

宣统二年至三年（1910—1911），美国长老会在南京开办了一所神学院。这所神学院能在神学教学上提供更充分的教学设施，这就形成了一个更大范围内联合办学的基础。东吴大学便不再开设神学本科课程，转而开设两年制神学预科课程。

东吴大学开办之初，由于办学条件以及清朝末年社会环境的局限，办学规模

---

〔1〕 Minutes of the China Mission of Annual Conference of M. E. Church，South，1905.

〔2〕 另据文乃史书：一位是沈嘉平，他与孟杰博士互相配合，在湖州总医院工作；一位是陈蓉孙，在上海海关担任检疫官员；另一位是富绍卿，在博习医院任外科助理医师。

并不大。

据孙乐文校长报告,东吴大学历年入学人数见表5-4[1],学生绝大多数来自苏州和周边城市,有些人来自其他省份。

表5-4 东吴大学历年入学学生人数统计表

年份	入学学生人数	毕业生
光绪二十七年(1901)	64	
光绪二十八年(1902)	103	
光绪二十九年(1903)	115	
光绪三十年(1904)	118	
光绪三十一年(1905)	120	
光绪三十二年(1906)	156	
光绪三十三年(1907)	233	
光绪三十四年(1908)	?	沈伯甫
宣统元年(1909)	203	吴献书、陶甸夏、陈海澄、裘昌运、杨惠卿、奚伯绶
宣统二年(1910)	309	赵紫宸

宣统三年二月十六日(1911年3月16日),孙乐文校长因肺炎去世。值得一提的是,作为东吴大学第一任校长,孙乐文为东吴大学的发展奠定了基础,也给后人留下了一笔宝贵的遗产。他始终坚持教会学校应视教育工作为首要,传教工作为次要,强调教会教育在中国社会和教育变革中的关键作用。

孙乐文还强调:"即将在中国建立的新教育体制必须是属于中国的体制,'新学'必须要经过'本土化'改造,而不应仍旧保持其舶来品的'异国情调'。"[2]孙乐文重视并主张华人在东吴大学及其他在华教会学校的领导作用。在他看来,东吴大学是苏州人、中国人的大学,"外人不过为其经始,将来必须贵国人接办"。他还进一步主张:"非但以后教育,将归华人接办,即教会事业,亦当归华人经理。"[3]这些办学理念为东吴大学日后的发展打下了良好的基础。

---

[1] 王国平:《东吴大学简史》,苏州大学出版社2009年,第48页。学生人数含中学学生。

[2] 参见 Minutes of the China Mission of Annual Conference of M. E. Church, South, 1910.

[3] 嵇长康:《东吴大学校监院孙公传》,见《东方杂志》第九卷第十号,民国二年四月一日发行。

大 事 记

明思宗崇祯二年(1629)　复社成立。

明思宗崇祯十一年(1638)　十月,吴县横金镇30余村乡民抗租。

清世祖顺治元年(1644)　顺治初,苏州府户口数为610 054户,1 378 381口。

清世祖顺治二年(1645)　六月,明常镇监军杨文骢瓜分库银,从葑门遁逃,清军随即占领苏州。六月,明崇祯朝进士、复社成员吴易起兵,以太湖为根据地抗清。闰六月,明朝官员、地方著名士人陆世钥与陈子龙等进攻苏州,兵败。七月初六,昆山坚守21天后失陷,清军屠城3日。

是年,蠲免苏州府所辖各县租赋。园艺家文震亨卒。

清世祖顺治三年(1646)　六月,吴易在嘉善被诱捕,就义于杭州草桥门。

是年,苏州总织局在葑门内带城桥东孔副司巷恢复运营。文学家冯梦龙卒。

清世祖顺治四年(1647)　织染局在明朝织造局旧址上增建,俗称北局。

清世祖顺治五年(1648)　文学家叶绍袁卒。

清世祖顺治十二年(1655)　高僧智旭即钟际明卒。

清世祖顺治十四年(1657)　顺天、河南、山东、山西及江南乡试科场案发生。

清世祖顺治十六年(1659)　汲古阁藏书家、刻书家毛晋卒。

清世祖顺治十八年(1661)　二月,哭庙案发生。七月,金圣叹等18名生员在南京被杀。五月,奏销案发生,黜革江南绅衿13 000余人。

清圣祖康熙元年(1662)　张三领导的太湖渔民抗清失败。

清圣祖康熙二年(1663)　五月,潘柽章、吴炎因庄廷𬬻明史案牵连而罹难。

是年,王锡阐完成天文学名著《晓庵新法》。

清圣祖康熙三年(1664)　文坛盟主、虞山诗派领袖钱谦益卒。

清圣祖康熙六年(1667)　江南省分置江苏、安徽两省,以苏州为江苏省会。苏州府辖吴县、长洲、常熟、昆山、吴江、太仓诸县。

清圣祖康熙十年(1671)　娄东诗派领袖吴伟业卒。

清圣祖康熙十一年(1672)　理学家陆世仪卒。

清圣祖康熙十二年(1673)　散文家归庄卒。

清圣祖康熙十三年(1674)　苏州府户口数为624 255户,1 432 043口。

清圣祖康熙十六年(1677)　娄东画派画家王鉴卒。

清圣祖康熙十九年(1680)　娄东画派领袖王时敏卒。

清圣祖康熙二十一年(1682)　思想家、清代朴学开山之祖顾炎武卒。天文学家王锡阐卒。

清圣祖康熙二十三年(1684)　十月,康熙帝第一次南巡到苏州,御书“至德无名”匾额悬于泰伯庙,御书“济世良相”匾额悬于范仲淹祠堂,御书“让德光前”匾额悬于吴季札庙,御书“坡仙遗范”悬于苏轼庙。

是年,汤斌任江苏巡抚,驻节苏州。

清圣祖康熙二十六年(1687)　大学士宋德宜卒。

清圣祖康熙二十八年(1689)　二月,康熙帝第二次南巡到苏州。

是年,金陵画派领袖龚贤卒。

清圣祖康熙三十年(1691)　大学士徐元文卒。散文家汪琬卒。

清圣祖康熙三十二年(1693)　李煦任苏州织造。

清圣祖康熙三十三年(1694)　明史总裁、著名学者徐乾学卒。

清圣祖康熙三十八年(1699)　三月,康熙帝第三次南巡到苏州。

是年,吴门伤寒学派名医张璐卒。

清圣祖康熙四十年(1701)　藏书家、版本目录学家钱曾卒。

清圣祖康熙四十二年(1703)　二月,康熙帝第四次南巡到苏州。

是年,文学理论家叶燮卒。

清圣祖康熙四十三年(1704)　状元、礼部尚书、《一统志》总裁韩菼卒。散文家尤侗卒。

清圣祖康熙四十四年(1705)　三月,康熙帝第五次南巡到苏州。

是年起,彭定求奉旨编校我国第一部最大的断代诗选《全唐诗》。

清圣祖康熙四十六年(1707)　三月,康熙帝第六次南巡到苏州。

清圣祖康熙四十七年(1708)　九月,陈鹏年任苏州知府,将“廉石”移至文庙内。

清圣祖康熙五十二年(1713)　江苏巡抚张伯行创建苏州紫阳书院,为省内最高学府之一。

清圣祖康熙五十四年(1715)　娄东画派画家王原祁卒。

清圣祖康熙五十六年(1717)　虞山画派领袖王翚卒。

清圣祖康熙五十七年(1718)　“清六家”之一画家吴历卒。

清圣祖康熙五十八年(1719)　状元、理学家彭定求卒。

清圣祖康熙六十一年(1722)　书法家、校勘学家何焯卒。

清世宗雍正元年(1723)　书法家汪士鋐卒。署理江苏布政使陈鹏年卒。

清世宗雍正二年(1724)　析长洲南部置元和、常熟东南部置昭文、昆山北部置新阳、吴江西部置震泽诸县。太仓县升为直隶州,置镇洋县为州治,辖境包括崇明县和嘉定县。

清世宗雍正八年(1730)　析吴江西南部置太湖厅(乾隆元年即1736年移治洞庭东山)。

清世宗雍正十二年(1734)　立《长洲县永禁机匠叫歇碑》。

清高宗乾隆十年(1745)　吴门温病学派名医叶桂卒。

清高宗乾隆十六年(1751)　二月,乾隆帝第一次南巡到苏州。

清高宗乾隆二十二年(1757)　二月,乾隆帝第二次南巡到苏州。

清高宗乾隆二十三年(1758)　吴派汉学领袖惠栋卒。

清高宗乾隆二十四年(1759)　徐扬创作著名风俗画长卷《姑苏繁华图》(又名《盛世滋生图》)。

清高宗乾隆二十七年(1762)　三月,乾隆帝第三次南巡到苏州。

清高宗乾隆三十年(1765)　二月,乾隆帝第四次南巡到苏州。

清高宗乾隆三十四年(1769)　诗人、诗论家沈德潜卒。

清高宗乾隆四十五年(1780)　二月,乾隆帝第五次南巡到苏州。

清高宗乾隆四十六年(1781)　钱棨辛丑科状元及第,为清代连中"三元"(解元、会元、状元)第一人。

清高宗乾隆四十九年(1784)　三月,乾隆帝第六次南巡到苏州。

是年,雍正朝状元、原兵部尚书彭启丰卒。

清仁宗嘉庆二年(1797)　乾隆朝状元、湖广总督毕沅卒。

清仁宗嘉庆七年(1802)　吴廷琛壬戌科状元及第,为清代连中"双元"(会元、状元)最后一人。

清仁宗嘉庆九年(1804)　史学家钱大昕卒于苏州紫阳书院掌院任上。

清仁宗嘉庆十年(1805)　两江总督铁保、江苏巡抚汪志伊创办苏州正谊书院于苏州可园。

清仁宗嘉庆十三年(1808)　文学家沈复著自传体小说《浮生六记》。

清仁宗嘉庆十五年(1810)　苏州府户口数为3 198 489口。

清仁宗嘉庆二十二年(1817)　数学家李锐卒。

清宣宗道光三年(1823)　苏州各属遭受特大水灾。

清宣宗道光五年(1825)　六月,陶澍任江苏巡抚。

是年,藏书家、版本目录学家黄丕烈卒。

清宣宗道光七年(1827)　知府陈銮在任。

清宣宗道光八年(1828)　李景峄署理苏州知府。

清宣宗道光九年(1829)　藏书家、目录学家张金吾卒。

清宣宗道光十五年(1835)　校勘学家顾广圻卒。

清宣宗道光十六年(1836)　铁琴铜剑楼创始人、藏书家瞿绍基卒。

清宣宗道光二十年(1840)　藏书家、史志学家顾沅卒。

清宣宗道光二十一年(1841)　冬,潘筠浩等捐砌观前街长条石路。

清宣宗道光二十二年(1842)　五月十四日(6月22日),英军兵船企图进犯苏州,驶至泖湖,“为水草所绞”,不能西进。

清宣宗道光二十三年(1843)　上海正式开埠。

清宣宗道光三十年(1850)　秋,美籍基督教监理会戴医生来苏州,是为最早来苏的基督教新教传教士。

清文宗咸丰元年(1851)　九月,清政府正式同意苏州等五府州漕白粮米一律改由海运。

清文宗咸丰四年(1854)　乾隆朝状元、大学士潘世恩卒。

清文宗咸丰六年(1856)　吴中词派领袖戈载卒。

清文宗咸丰八年(1858)　文字学家朱骏声卒。

清文宗咸丰十年(1860)　四月十三日,太平军攻克苏州,清江苏巡抚徐有壬自杀。下旬,太平天国忠王李秀成发布《劝谕苏郡四乡百姓举官造册谕》。五月,太平天国设立苏福省,以苏州为省会,辖镇江以东的苏南地区。另于苏州郡属吴县东山置东山县。五月底,清政府命庞钟璐为江南督办团练大臣,潘曾玮、杨振甫等为团练大臣帮办。七月上旬,李秀成率兵进抵上海徐家汇,遭外国侵略军袭击。八月初,太平军定南主将黄文金部攻克常熟、昭文,庞钟璐逃亡崇明。

清文宗咸丰十一年(1861)　十二月,太平军第二次进攻上海开始。冯桂芬撰《校邠庐抗议》。

清穆宗同治元年(1862)　四月上旬,江苏巡抚李鸿章部淮军到沪。四月下旬,太平军在奉贤县南桥击毙法国水师提督卜罗德。十一月二十八日,太平天国将领骆国忠等在常熟、昭文叛变。

是年,同治帝师翁心存卒。大学士彭蕴章卒。

清穆宗同治二年(1863)　四月十四日,清军攻陷昆山、新阳。六月十四日,淮军、“常胜军”攻陷吴江、震泽。八月,戈登率“常胜军”进驻苏州娄门外外跨塘。十月二十一日凌晨,李秀成离开苏州。十月二十四日,太平军将领郜永宽、汪安钧、周文嘉等叛变,刺杀主将慕王谭绍光,献城降清,苏州失陷。年末,李鸿章创办苏州洋炮局。

是年,太平军在昆山城内有制造大炮、炮弹和开花弹的军火厂,由英国人经营。

清穆宗同治三年(1864)　建立苏州洋炮局。

清穆宗同治四年(1865)　夏,苏州洋炮局迁至南京,改称金陵机器制造局。

清穆宗同治七年(1868)　苏州府学重修竣工。

清穆宗同治十年(1871)　美国基督教监理会在苏州十全街创办主日学校,由华人教士曹子实主持操办。

清穆宗同治十三年(1874)　早期维新思想家、散文家冯桂芬卒。

清德宗光绪五年(1879)　美籍基督教监理会传教士潘慎文继曹子实主持办学,将学校迁入天赐庄,命名为存养书院。

清德宗光绪七年(1881)　书法家杨沂孙卒。

清德宗光绪八年(1882)　道光朝状元、金石学家陆增祥卒。

清德宗光绪九年(1883)　十月,美籍基督教监理会传教士蓝华德和柏乐文创办苏州博习医院于天赐庄。

是年,美国基督教长老会开办冠英女塾。

清德宗光绪十年(1884)　存养书院改名为博习书院。

清德宗光绪十三年(1887)　美籍基督教监理会斐医生创办妇孺医院。

清德宗光绪十四年(1888)　江苏布政使黄彭年于正谊书院西可园旧基创办学古堂。

清德宗光绪十五年(1889)　过云楼藏书家顾文彬卒。

清德宗光绪十六年(1890)　工部尚书、军机大臣潘祖荫卒。

清德宗光绪十七年(1891)　美籍基督教监理会传教士韩明德与华人牧师陈楹卿创办宫巷乐群社会堂。

清德宗光绪十九年(1893)　同治朝状元、元史学家洪钧卒。著名工笔画家吴友如卒。

清德宗光绪二十一年(1895)　三月,中日《马关条约》签订,苏州开放为通商口岸。

清德宗光绪二十二年(1896)　二月,《中日通商苏州日本租界章程》《苏州通商场章程》订立。苏州通商场向各国开放,又称“公共租界”或“各国租界”。七月,苏州关监督公署成立,署址初设于带城桥下塘原清织造府内,江苏督粮道陆元鼎兼任首任苏州关监督。夏,苏经丝厂建成投产。日资大东汽轮公司在盘门外日租界成立。八月,苏州关税务司署成立,关址设于葑门外觅渡桥东,英国人孟国美为首任苏州关税务司。

是年,盘门至胥门的西式沿河马路正式动工。美籍基督教监理会传教士孙乐文在苏州宫巷创办中西书院。

清德宗光绪二十三年(1897) 三月,苏城开办邮局。六月,章钰、张一麐等人在苏州城内唐家巷发起成立苏学会。维新思想家、政论家王韬卒。

是年,基督教新教传教士为开展禁烟活动组织了中国禁烟会,因设在苏州,故又被称为苏州禁烟会。博习医院有了简易X光机。维新名人、原湖南学政江标卒。同治帝与光绪帝之师翁同龢开缺回籍。

清德宗光绪二十四年(1898) 正月,苏学会设立中西学堂。春,丁祖荫等在常熟、昭文创设中西学社。

清德宗光绪二十六年(1900) 黄人创办苏州第一份民办报纸《独立报》。

清德宗光绪二十七年(1901) 正月,东吴大学堂在天赐庄博习书院校址正式开办。

是年,包天笑主编的《苏州白话报》创刊。江漱芳在苏州因果巷创办兰陵两等女学堂。

清德宗光绪二十八年(1902) 十月,朱梁任等登苏州郊外狮子山招国魂,倡导反清。

是年,苏州正谊书院改建为正谊中学堂。金石学家吴大澂卒。藏书家、翻译家赵元益卒。日本领事馆从城内移至日租界。

清德宗光绪二十九年(1903) 正谊中学堂改名为江苏省中学堂,后改为苏州府中学堂。十二月十五日,《吴郡白话报》创刊。

是年,博习医院购买了可供诊病的X光机全套设备,X光机诊病技术实际运用于临床。苏城设立巡警总局。

清德宗光绪三十年(1904) 咸丰朝状元、同治帝与光绪帝之师翁同龢卒。苏州紫阳书院先改为校士馆,是年于三元坊址改办为江苏师范学堂。析太湖厅置靖湖厅,治洞庭西山后堡。

清德宗光绪三十一年(1905) 四月,苏州绅商开会决议抵制美货。九月,苏州商务总会成立,尤先甲为经理。苏州长洲、元和、吴县学务公所成立,彭福孙任总理。

是年,“苏路风潮”发生。

清德宗光绪三十二年(1906)　五月二十五日,苏州火车站建成。秋,苏州商务总会创设苏商体育会。

是年,苏省铁路公司成立。

清德宗光绪三十三年(1907)　十一月,苏州商会发起召开保路集股大会。苏州“女界保路会”成立。

清德宗光绪三十四年(1908)　八月,江苏省谘议局筹办处在苏州成立。

是年,苏州苏省地方自治调查研究会改名为苏省自治局,附设自治研究所。

清溥仪宣统元年(1909)　五月,苏州城厢自治公所成立。苏城观前大街市民公社成立。十月,反清革命文学团体“南社”在苏州虎丘正式成立,柳亚子为书记员。

是年,苏属所设谘议局筹办处归并江宁。

清溥仪宣统二年(1910)　正月,苏州商务总会征集卫生用品和食品,参加在德国举办的卫生博览会。

是年,美孚石油公司在齐门外西汇租借房屋设立油栈。

清溥仪宣统三年(1911)　九月十五日,江苏巡抚程德全被推举为军政府江苏都督,正式宣布脱离清朝独立,苏州和平光复。

参考文献

《北华捷报》。

《沧浪区志》编纂委员会:《沧浪区志》,上海社会科学院出版社 2006 年。

《草桥名人馆·名人档案》,苏州市第一中学网站“草桥风华”http://www.sz1z.com/SYZ/Login Action/to Zou Jin Yi Zhong/1/0/9878.html。

《大公报》。

《大光明》。

《东方杂志》。

《东西商报》。

《朵云》编辑部:《清初四王画派研究论文集》,上海书画出版社 1993 年。

《国光杂志》。

《国闻报》。

《江苏文史资料》编辑部:《江苏近代兵工史略》,见《江苏文史资料》第 28 辑,内部出版,1989 年。

《江苏自治公报》。

《教会新报》。

《救恩堂》(未刊稿)。

《科学时报》。

《清实录》,中华书局 1985—1987 年。

《申报》。

《圣公会教区史略》,上海图书馆藏。

《时务报》。

《苏州农业职业技术学院院史》,讨论稿。

《苏州苹花桥浸会堂的沿革》,未刊稿。

《苏州日报》。

《苏州市基督教的概况》,未刊稿。

《痛史》,清宣统三年商务印书馆铅印本。

《辛亥革命史丛刊》编辑组:《辛亥革命史丛刊》第4辑,中华书局1982年。

《制言》。

《中华监理公会年议会五十周年纪念刊》,铅印本,1935年。

《中华文史论丛》编辑部:《太平天国史料专辑》,上海古籍出版社1979年。

《字林沪报》。

Board of Missions of the Methodist Episcopal Church, South, 1906.

Chinese Record.

In Memoriam, Minutes of the China Mission of Annual Conference of M. E. Church, South, 1911.

Lacy, W. N., A Hundred Years of China Methodism, New York, 1948.

Minutes of the China Mission of Annual Conference of M. E. Church, South, 1910.

Minutes of Twenty ~ Fourth Session of the China Mission Conference of the Methodist Episcopal Church, South, 1899, Printed at "Shanghai Mercury" Office.

Prescott Clarke and J. S. Gregory, Western Reports on the Taiping, Australian National University Press, Canberra, 1982.

Soochow University, Soochow, China, Catalogue, 1909, Methodist Publishing House, Shanghai, China.

The Soochow University Opened in 1901, Nashville, Tenn.

W. H. Park, Memoirs of Dr. W. H. Park of Soochow.

W. H. Park, Soochow Medical School, The China Medical Journal, Vol. 18, 1909, No. 5.

Wylie, Alexander, Memorials of Protestant Missionaries to the Chinese. Shanghai, 1867.

安上:《苏州佛教概况》,见戒幢律寺档案:《安上法师著作类:生前著作及文稿》,年代号:1999,卷号:2。

安上:《有关苏州宗教活动问题》,见戒幢律寺档案:《安上法师著作类:生前著作及文稿》,年代号:1999,卷号:21—5。

白寿彝:《中国通史》,上海人民出版社1996年。

包天笑:《钏影楼回忆录》,香港大华出版社1971年。

薄松年:《谈苏州早年年画〈姑苏阊门图〉》,见《年画艺术丛刊》第10期,天津人民美术出版社1990年。

北京太平天国历史研究会:《太平天国史译丛》第1—3辑,中华书局1981—

1985年。

滨岛敦俊:《明清江南城隍考——商品经济的发达与农民信仰》,见《中国社会经济史研究》1991年第1期。

蔡利民、高福民:《苏州传统礼仪节令》,古吴轩出版社2006年。

《藏书镇志》编纂委员会:《藏书镇志》,古吴轩出版社2004年。

曹培根:《常熟出版史概论》,见《吴中学刊》1997年第3期。

曹培根:《瞿氏铁琴铜剑楼研究》,苏州大学出版社2008年。

曹树基:《清代江苏城市人口研究》,见《杭州师范学院学报》2002年第4期。

曹树基:《中国人口史》,复旦大学出版社2001年。

曹允源、李根源:民国《吴县志》,苏州文新公司铅印本,1933年。

曹子芳、吴奈夫:《苏州》,中国建筑工业出版社1986年。

陈莫纕等:乾隆《吴江县志》,民国石印本。

陈宝良:《明代社会生活史》,中国社会科学出版社2004年。

陈登原:《古今典籍聚散考》,见《民国丛书》第二编,上海书店1983年。

陈谷嘉、邓洪波:《中国书院史资料》,浙江教育出版社1998年。

陈和志等:乾隆《震泽县志》,清光绪十九年吴郡徐元圃刻本。

陈经:《求古精舍金石图》,清嘉庆二十三年乌程说剑楼刻本。

陈康祺:《郎潜纪闻二笔》,清宣统二年石印本。

陈美东、沈荣法:《王锡阐研究文集》,河北科技出版社2000年。

陈梦雷:《古今图书集成》,中华书局1934年。

陈师曾:《中国绘画史》,中国和平出版社2014年。

陈惟中:康熙《吴郡甫里志》,清康熙四十一年刻本。

陈文和:《嘉定钱大昕全集》,江苏古籍出版社1979年。

陈文新:《〈清实录〉科举史料汇编》,武汉大学出版社2009年。

陈晓红:《苏州农户兼业行为研究》,天津古籍出版社2011年。

陈学文:《明清时期的苏州商业——兼论封建后期商业资本的作用》,见《苏州大学学报》1988年第2期。

陈英:《苏州园林的空间意识和空间美感》,见《中国园林》1994年第4期。

陈智超:《陈垣全集》第18册,安徽大学出版社2009年。

陈周昌:《毛宗岗评改〈三国演义〉的得失》,见《社会科学研究》1982年第4期。

池秀云:《历代名人室名别号辞典》,山西古籍出版社1998年。

褚人获:《坚瓠集》,上海文明书店,年份不详。

崔尔平选编、点校:《历代书法论文选续编》,上海书画出版社 1993 年。

崔之清:《太平天国战争全史》,南京大学出版社 2002 年。

戴吾三:《1897 年苏州博习医院引入简易 X 光机》,见《中国科技史料》2002 年第 3 期。

戴逸、李文海:《清通鉴》,山西人民出版社 2000 年。

邓洪波:《中国书院史》,东方出版中心 2004 年。

邓之诚:《邓之诚文史札记》,凤凰出版社 2012 年。

邓之诚:《清诗纪事初编》,上海古籍出版社 1984 年。

丁守和:《辛亥革命时期的期刊介绍》,人民出版社 1982 年。

丁祖荫:《重修常昭合志》,铅印本,1949 年。

东吴大学:《回渊》,铅印本,1926 年。

董蔡时:《永佃制研究》,见《苏州大学学报》1995 年第 2 期。

董蔡时:《曾国藩评传》,苏州大学出版社 1996 年。

董蔡时:《太平天国在苏州》,江苏人民出版社 1981 年。

董以宁:《正谊堂文集不分卷诗集二十卷》,清康熙书林兰荪堂刻本。

杜文凯:《清代西人见闻录》,中国人民大学出版社 1985 年。

段本洛、单强:《近代江南农村》,江苏人民出版社 1994 年。

段本洛、张圻福:《苏州手工业史》,江苏古籍出版社 1986 年。

段本洛:《苏南近代社会经济史》,中国商业出版社 1997 年。

范金民、夏维中:《苏州地区社会经济史》(明清卷),南京大学出版社 1993 年。

范金民:《“苏样”“苏意”:明清苏州领潮流》,见《南京大学学报》2013 年第 4 期。

范金民:《清代苏州宗族义庄的发展》,见《中国史研究》1995 年第 1 期。

范金民:《清前期苏州农业经济的特色》,见《中国农史》1993 年第 1 期。

范金民:《赋税甲天下——明清江南社会经济探析》,生活 · 读书 · 新知三联书店 2013 年。

范金民:《衣被天下——明清江南丝绸史研究》,江苏人民出版社 2016 年。

方观承:《方恪敏公奏议》,清咸丰元年刻本。

方行、汤志钧整理:《王韬日记》,中华书局 1987 年。

钱谷:《吴都文粹续集》,见《四库全书》第 1385 册,上海古籍出版社 1987 年。

冯班:《钝吟杂录》,清借月山房刻本。

冯桂芬,戴扬本评注:《校邠庐抗议》,中州古籍出版社 1998 年。
冯桂芬:《显志堂稿》,清宣统元年印本。
冯桂芬:《校邠庐抗议》,清光绪九年津河广仁堂刻本。
冯桂芬等:同治《苏州府志》,清光绪七年江苏书局刻本。
冯梦龙撰,王廷绍、华广生编:《明清民歌时调集》,上海古籍出版社 1987 年。
冯舒、冯班批点:《二冯批才调集》,清康熙四十三年刻本。
冯贤亮:《咸丰六年江南大旱与社会应对》,见《社会科学》2006 年第 7 期。
逢辰:《徐氏家乘》,清光绪元年刻本。
戈载:《词林正韵》,上海古籍出版社 1981 年。
葛剑雄主编,曹树基著:《中国人口史》,复旦大学出版社 2005 年。
葛全胜、王维强:《人口压力、气候变化与太平天国运动》,见《地理研究》1995 年第 4 期。
葛士濬:《皇朝经世文续编》,清光绪十四年图书集成局铅印本。
宫宝利:《清代后期苏州地区公所的善举活动》,见《史学集刊》1998 年第 1 期。
龚鹏程、陈廖安:《中华续道藏初辑》第 3 册,台湾新文丰出版公司 1999 年。
龚自珍:《龚自珍全集》,中华书局 1959 年。
故宫博物院明清档案部:《李煦奏折》,中华书局 1976 年。
故宫博物院文献馆:《史料旬刊》第 19 期,铅印本,1930—1931 年。
顾传金:《七宝镇小志》,见《中国地方志集成·乡镇志专辑》第 1 册,上海书店 1992 年。
顾公燮:《消夏闲记选存》,见《吴中文献小丛书之十三》,江苏省立苏州图书馆 1939 年。
顾公燮:《消夏闲记摘抄》,铅印本,1924 年。
顾广圻:《思适斋书跋》,上海古籍出版社 2007 年。
顾吉辰:《钱大昕研究》,华东理工大学出版社 1996 年。
顾苓:《三吴旧语》,见《丛书集成续编》第 51 册,上海书店 1994 年。
顾苓:《塔影园集》,见《丛书集成续编》第 123 册,上海书店 1994 年。
顾聆森:《论昆曲苏州派》,见《艺术百家》2011 年第 1 期。
顾禄:《清嘉录》,上海古籍出版社 1986 年。
顾禄:《桐桥倚棹录》,上海古籍出版社 1980 年。
顾廷龙、戴逸:《李鸿章全集》,安徽教育出版社 2008 年。

顾廷龙:《吴愙斋先生年谱》,哈佛燕京学社 1935 年。

顾文彬、顾麟士:《过云楼续书画记》,江苏古籍出版社 1999 年。

顾炎武著,黄汝成集释:《日知录集释》,岳麓书社 1994 年。

顾炎武:《顾亭林诗文集》,中华书局 1959 年。

顾炎武:《天下郡国利病书》,上海古籍出版社 2012 年。

顾炎武:《亭林遗书十种》,清康熙潘氏遂初堂刻本。

顾震涛:《吴门表隐》,江苏古籍出版社 1986 年。

郭茂倩:《乐府诗集》,上海古籍出版社 1993 年。

郭朋:《明清佛教》,福建人民出版社 1982 年。

郭绍虞:《原诗·一瓢诗话·说诗晬语》,人民文学出版社 1979 年。

韩天衡:《历代印学论文选》,西泠印社 1985 年。

何一民:《中国传统商业城市在近代的衰落——以苏州、杭州、扬州为例》,见《西南民族大学学报》2007 年第 4 期。

贺长龄:《皇朝经世文编》,清光绪十二年盛氏思补楼石印本。

洪焕椿:《明清苏州农村经济资料》,江苏古籍出版社 1988 年。

胡艳杰:《清代苏州科举世家研究——以长洲彭氏家族为例》,苏州大学 2006 年硕士学位论文。

胡应麟:《少室山房笔丛》,上海书店 2001 年。

皇甫志新:《吴地水神崇拜》,见《苏州大学学报·太湖历史文化专辑》1992 年。

黄炳宸:《梅李文献小志稿》,见《中国地方志集成·乡镇志专辑》第 10 册,江苏古籍出版社 1992 年。

黄鸿山、王卫平:《清代社仓的兴废及其原因——以江南地区为中心的考察》,见《学海》2004 年第 1 期。

黄建栋:《张謇和王清穆共同具名的信札》,海门市张謇研究会,http://roll.sohu.com/20121215/n360512025.shtml。

黄丕烈:《士礼居藏书题跋记》,书目文献出版社 1989 年。

黄丕烈撰,屠友祥校注:《荛圃藏书题识》,上海远东出版社 1999 年。

黄廷鉴:《第六纮溪文抄》,见《后知不足斋丛书》,刻本,1908 年。

惠栋:《九曜斋笔记》,广陵刻印社 1986 年。

纪磊、沈眉寿:道光《震泽镇志》,清道光二十四年刻本。

江藩:《国朝汉学师承记》,中华书局 1998 年。

江洪等:《苏州词典》,苏州大学出版社 1999 年。

江苏省博物馆:《江苏省明清以来碑刻资料选集》,生活·读书·新知三联书店 1959 年。

江苏省地方志编纂委员会:《江苏省通志稿》,江苏古籍出版社 1991 年。

江苏省公署统计处:《江苏省政治年鉴》,江苏无锡锡成印刷公司 1924 年。

江苏省农村复兴委员会:《江苏省农村调查》,商务印书馆 1935 年。

姜彬:《吴越民间信仰民俗》,上海文艺出版社 1992 年。

姜顺蛟等:乾隆《吴县志》,清乾隆十年刻本。

姜新:《苏北近代工业史》,中国矿业大学出版社 2001 年。

蒋吟秋:《吴中藏书先哲考略》,江苏省立苏州图书馆民国铅印本。

金端表:《刘河镇纪略》,见《中国地方志集成·乡镇志专辑》第 9 册,江苏古籍出版社 1992 年。

金福曾等:光绪《吴江县续志》,清光绪五年刻本。

金毓黻、田余庆等:《太平天国史料》,中华书局 1959 年。

金埴:《不下带编》,中华书局 1982 年。

静吾等:《吴煦档案中的太平天国资料选辑》,生活·读书·新知三联书店 1985 年。

康有为:《广艺舟双楫》,北京图书馆出版社 2004 年。

柯必德:《"荒凉景象"——晚清苏州现代街道的出现与西式都市计划的挪用》,见李孝悌:《中国的城市生活》,新星出版社 2006 年。

柯悟迟:《漏网喁鱼集》,中华书局 1956 年。

孔祥贤:《江宁、苏州两织造的密折活动对江苏民生与吏治的积极作用》,见《东南文化》1986 年第 1 期。

昆山市地方志编纂委员会等点校:康熙《昆山县志稿》,江苏科学技术出版社 1994 年。

蓝凡:《中华舞蹈志·江苏卷》,学林出版社 2007 年。

黎德培:《柏乐文太太小传》,见《中华基督教卫理公会华东年议会记录》,中国第二历史档案馆藏。

李伯重:《江南的早期工业化:1550—1850》,社会科学文献出版社 2000 年。

李传元、连德英:民国《昆新两县续补合志》,刻本,1923 年。

李春光:《清代名人轶事辑览》,中国社会科学出版社 2005 年。

李迪:《中国数学史简编》,辽宁人民出版社 1984 年。

李斗:《扬州画舫录》,中华书局 1960 年。

李福沂、汪堃等:光绪《昆新两县续修合志》,清光绪六年刻本。

李光祚、顾诒禄等:乾隆《长洲县志》,清乾隆十八年刻本。

李瀚章:《曾文正公全集》,清光绪二年传忠书局刻本。

李嘉球:《苏州状元》,上海社会科学院出版社 1993 年。

李侃等:《中国近代史》,中华书局 1994 年。

李明、沈建东:《符号江苏·苏绣》,译林出版社 2013 年。

李明:《桃花坞年画与吴地民俗文化》,见《吴文化研究论丛》第 1 辑,苏州大学出版社 1995 年。

李尚全:《清朝民国祭祀佛教的历史状况及其社会学分析》,见《甘肃社会科学》2013 年第 3 期。

李圣华:《根柢六经　醇而不肆——汪琬古文创作探论》,见《苏州大学学报》2009 年第 3 期。

李石:《续博物志》,商务印书馆 1936 年。

李寿龄:《匏斋遗稿》,清光绪刻本。

李万健:《黄丕烈的藏书、读书治学及刻书》,见《河北大学学报》2001 年第 3 期。

李文治等:《中国近代农业史资料(1840—1911)》第 1 辑,生活·读书·新知三联书店 1957 年。

李元度:《国朝先正事略》,岳麓书社 2008 年。

李泽淳:《论叶燮及其〈原诗〉》,见《古籍整理研究学刊》1998 年第 4、5 期合刊。

李泽厚:《中国近代思想史论》,生活·读书·新知三联书店 2008 年。

梁其姿:《施善与教化:明清的慈善组织》,台湾联经出版事业公司 1997 年。

梁启超:《清代学术概论》,上海古籍出版社 1998 年。

梁启超:《中国近三百年学术史》,山西古籍出版社 2001 年。

林存阳:《苏州紫阳书院与清代学术变迁——以钱大昕为研究视角》,见《中国史研究》2005 年第 4 期。

林皋:《林皋印谱》,上海书店 2002 年。

林永匡:《清代衣食住行》,中华书局 2013 年。

林则徐:《林文忠公政书》,商务印书馆 1939 年。

林则徐:《林则徐全集》,海峡文艺出版社 2002 年。

凌寿祺：道光《浒墅关志》，清道光七年刻本。

凌虚：《桃花坞木版年画及其他民间艺术》，见王友三：《吴文化史丛》（下），江苏人民出版社1996年。

呤唎：《太平天国革命亲历记》，王维周译，上海古籍出版社1985年。

刘成禺：《世载堂杂忆》，中华书局1997年。

刘锦藻：《清朝续文献通考》，见王云五：《万有文库》第2集，商务印书馆1936年。

刘蔷：《清华园里读旧书》，岳麓书社2010年。

刘善龄：《西洋风——西洋发明在中国》，上海古籍出版社1999年。

刘石吉：《明清时代江南市镇之数量分析》，见台湾《思与言》第16卷第2期，1978年。

刘石吉：《明清时代江南市镇研究》，中国社会科学出版社1984年。

刘世南：《清诗流派史》，人民文学出版社2004年。

刘廷玑：《在园杂志》，见朱一玄：《金瓶梅资料汇编》，南开大学出版社2012年。

刘献廷：《广阳杂记》，清光绪中吴县潘氏刻功顺堂丛书本。

刘晓明：《中国符咒文化大观》，百花洲文艺出版社1995年。

柳无忌：《柳亚子文集》，上海人民出版社1994年。

柳袁照：《一个女子和一个时代的教育——记女教育家王季玉先生》，见《中小学管理》2008年第5期。

龙登高：《江南市场史：十一至十九世纪的变迁》，清华大学出版社2003年。

卢镇重修：《重修琴川志》，见《宛委别藏》第48册，台湾商务印书馆1981年。

鲁迅：《中国小说史略》，上海古籍出版社1998年。

陆保璿：《满清兴亡史》，中国书店1987年。

陆世仪：《思辨录辑要》，清光绪三年江苏书局刻本。

陆宇澄：《环太湖地区建筑的中西合璧——以苏州、南浔两地园林、私宅为例》，见《民族艺术研究》2010年第2期。

陆允昌：《近代苏州通商口岸史料集成》，文汇出版社2010年。

陆允昌：《苏州洋关史料》，南京大学出版社1991年。

陆肇域、任兆麟：乾隆《虎阜志》，清乾隆五十七年西溪别墅刻本。

罗尔纲、王庆成：《太平天国》，广西师范大学出版2004年。

罗尔纲：《李秀成自述原稿注》，中华书局1982年。

罗时进:《清代虞山诗派的创作气局》,见《江苏社会科学》2002 年第 3 期。

罗哲文:《罗哲文古建筑文集》,文物出版社 1998 年。

罗兹・墨菲:《上海——现代中国的钥匙》,上海人民出版社 1986 年。

马敏、朱英:《传统与近代的二重变奏——晚清苏州商会个案研究》,巴蜀书社 1993 年。

马敏等:《苏州商会档案丛编》(第 2 辑),华中师范大学出版社 2004 年。

马新贻:《马端敏公奏议》,清光绪二十年闽浙督署刻本。

马学强:《江南席家与扫叶山房》,见《史林》2009 年第 6 期。

马雅贞:《中介于地方与中央之间:〈盛世滋生图〉的双重性格》,见台湾《美术史研究集刊》第 24 期,2008 年。

马宗霍:《书林藻鉴・书林纪事》,文物出版社 1984 年。

茅家琦:《太平天国对外关系史》,人民出版社 1984 年。

梅文鼎:《绩学堂文钞》,见《四库全书存目丛书》,齐鲁书社 1997 年。

孟森:《明清史论著集刊》,中华书局 1959 年。

孟森:《心史丛刊(外一种)》,岳麓书社 1986 年。

苗壮:《笔记小说史》,浙江古籍出版社 1998 年。

南京政治学院台湾问题研究中心等:《辛亥革命与两岸关系研究论文集》,军事谊文出版社 2011 年。

南开大学古籍与文化研究所:《清文海》,国家图书馆出版社 2010 年。

倪赐纂,苏双翔补纂:道光《唐市志》,见《中国地方志集成・乡镇志专辑》第 9 册,江苏古籍出版社 1992 年。

聂宝璋:《中国近代航运史资料》,上海人民出版社 1983 年。

钮琇:《觚賸》,时中书局铅印本,1911 年。

潘柽章:《松陵文献》,见《四库禁毁书丛刊》,北京出版社 1999 年。

潘谷西:《中国建筑史》,中国建筑工业出版社 2001 年。

潘国英:《明清苏州地区庙会研究》,南京大学 1990 年硕士学位论文。

潘祖荫:《潘文勤公奏疏》,清光绪刻本。

彭方周:乾隆《吴郡甫里志》,清乾隆三十年刻本。

彭文杰:《彭氏宗谱》,衣言庄刻本,1922 年。

皮锡瑞:《经学历史》,中华书局 1989 年。

齐思和等:《鸦片战争》,上海人民出版社 2000 年。

钱墀:《黄溪志》,清道光十一年亦陶轩刻本。

钱陆灿等:康熙《常熟县志》,见《中国地方志集成·江苏府县志辑》第21册,江苏古籍出版社1991年。

钱穆:《中国近三百年学术史》,商务印书馆1997年。

钱仪吉、闵尔昌等:《清碑传合集》,上海书店1988年。

钱仪吉:《碑传集》,上海书店1988年。

钱泳:《履园丛话》,清同治刻本。

钱肇然:《续外冈志》,见《中国地方志集成·乡镇志专辑》第2册,江苏古籍出版社1992年。

钱仲联:《铁琴铜剑楼研究文献集·序》,见《苏州大学学报》1996年第4期。

钱仲联:《广清碑传集》,苏州大学出版社1999年。

秦佩珩:《明清社会经济史论稿》,中州古籍出版社1984年。

卿希泰:《中国道教史》,四川人民出版社1996年。

屈曾发:《数学精详十一卷首一卷末一卷》,见《四库未收书辑刊》第10辑第9册,北京出版社2000年。

饶金宝、施士英:《清末民初的苏州几家名旅店》,见《苏州经济史料》第1辑,内部出版,1988年。

任继愈:《中国道教史》,中国社会科学出版社2001年。

任宜敏:《清代汉传佛教政策考证》,见《浙江学刊》2013年第1期。

任应秋:《中医各家学说》,上海科学技术出版社1980年。

容闳:《西学东渐记》,湖南人民出版社1981年。

阮仁泽、高振农:《上海宗教史》,上海人民出版社1992年。

阮仪三、邵甬、林林:《江南水乡城镇的特色、价值及保护》,见《城市规划汇刊》2002年第1期。

商务印书馆编译所:《大清光绪新法令》,清宣统元年商务印书馆铅印本。

上海社会科学院历史研究所:《太平军在上海——〈北华捷报〉选译》,上海人民出版社1983年。

尚小明:《徐乾学幕府研究》,见《史学月刊》1998年第3期。

邵之棠:《皇朝经世文统编》,清光绪二十七年上海宝善斋石印本。

沈复:《浮生六记》,人民文学出版社1980年。

沈嘉荣:《江苏史纲》(近代卷),江苏古籍出版社1993年。

沈葵:《紫堤村志》,清咸丰六年增修,抄本,上海图书馆藏。

盛巽昌:《吴歌〈月儿弯弯照九州〉说》,见《史林》2000年第1期。

盛泽镇人民政府：《盛湖志（四种）》，广陵书社2011年。

石韫玉：道光《苏州府志》，清道光四年刻本。

史式徽：《江南传教史》，上海译文出版社1983年。

释广定：《印光大师全集》，台湾佛教出版社1991年。

宋荦、许汝霖：《国朝三家文钞》，清康熙三十三年刻本。

宋志轶：《宋元明清的苏州学校》，见《教育史研究》1991年第4期。

苏必达：雍正《昭文县志》，清雍正九年刻本。

苏绍柄：《山钟集》，清光绪三十二年上海鸿文书局。

苏太总铎陈：《案牍存根》，未刊稿。

苏太总铎窦：《案牍》，未刊稿。

苏州博物馆等：《明清苏州工商业碑刻集》，江苏人民出版社1981年。

中共苏南区党委农村工作委员会：《苏南土地改革文献》，内部印行，1952年。

苏州档案馆：《苏州商会档案》卷68—69。

苏州地方志编纂委员会：《苏州市志》，江苏人民出版社1995年。

苏州市城建档案馆：《姑苏繁华图》，文物出版社1999年。

苏州市档案局：《苏州市民公社档案资料选编》，内部出版，2005年。

苏州市地方志编纂委员会办公室、苏州市档案局：《苏州史志资料选辑》，内部出版，1984—1988年。

苏州市对外经济贸易委员会：《苏州对外经济志》，南京大学出版社1991年。

苏州市科学技术史学会：《苏州科技史话》，中国科学技术出版社2013年。

苏州市平江区地方志编纂委员会：《平江区志》，上海社会科学院出版社2006年。

苏州市文化广播电视管理局：《苏州民间舞蹈志》，上海文艺出版社2004年。

苏州市文化局：《姑苏竹枝词》，百家出版社2002年。

苏州市文化局修志办公室：《曲艺》，内部出版，1988年。

苏州文联编，周良主笔：《苏州评弹史稿》，古吴轩出版社2002年。

孙承晟：《明清之际西方光学知识在中国的传播及其影响——孙云球〈镜史〉研究》，见《自然科学史研究》2007年第3期。

孙承泽：《春明梦余录》（上册），北京古籍出版社1992年。

孙嘉淦：《南游记》，清嘉庆十年刻本。

孙珮：《苏州织造局志》，江苏人民出版社1959年。

孙阳顾纂，曹翠亭增纂：乾隆《儒林六都志》，民国年间抄本。

孙迎庆:《苏州书院:延续城市百年文脉》,见《寻根》2011年第3期。

孙毓修:《中国雕版源流考》,上海古籍出版社2008年。

孙原湘:《天真阁集》,清道光元年刻本。

孙中旺:《金圣叹研究资料汇编》,广陵书社2007年。

太平天国历史博物馆:《太平天国史料丛编简辑》第二、四册,中华书局1962—1963年。

太平天国历史博物馆:《太平天国文书汇编》,中华书局1979年。

太平天国历史博物馆:《太平天国印书》,江苏人民出版社1979年。

太平天国历史博物馆:《太平天国资料汇编》,中华书局1980年。

太平天国历史博物馆:《吴煦档案选编》,江苏人民出版社1983年。

太虚大师:《太虚大师全书》,宗教文化出版社、国家图书馆文献缩微复制中心2005年。

谭正璧:《中国女性文学史话》,百花文艺出版社1984年。

汤清:《中国基督教百年史》,香港道声出版社1987年。

汤志钧:《戊戌变法人物传稿》,中华书局1961年。

唐圭璋:《词话丛编》,中华书局1986年。

唐鉴:《国朝学案小识》,见《四部备要》子部,中华书局民国铅印本。

唐力行:《从碑刻看明清以来苏州社会的变迁》,见《历史研究》2000年第1期。

唐力行:《从苏州到上海:评弹与都市文化圈的变迁》,见《史林》2010年第4期。

唐力行:《明清以来徽州区域社会经济研究》,安徽大学出版社1999年。

唐力行:《商人与中国近世社会》,商务印书馆2006年。

陶明君:《中国书论辞典》,湖南美术出版社2001年。

陶澍:《陶文毅公全集》,清道光二十年刻本。

陶煦:《租覈》,见王书良、方鸣:《中国文化精华全集》第16卷,中国国际广播出版社1992年。

陶煦:光绪《周庄镇志》,清光绪八年元和陶氏仪一堂刻本。

屠雪华:《关于苏州市民公社几个问题的探讨》,见《民国档案》1995年第4期。

屠雪华:《略论清末的苏州商务总会》,见《近代史研究》1992年第4期。

托津奉敕:《钦定大清会典事例》,见《续修四库全书》第798—814册,上海古籍出版社 2002 年。

汪琬:《钝翁前后类稿》,中华书局 1985 年。

汪琬:《尧峰文钞》,见《四部丛刊》本,商务印书馆 1926 年。

王本兴:《江苏印人传》,南京大学出版社 2012 年。

王炳燮:《毋自欺室文集》,清光绪十一年刻本。

王崇武、黎世清译:《太平天国史料译丛》第 1 辑,神州国光社 1954 年。

王宠:《雅宜山人集》,明嘉靖十六年刻本。

王笛:《街头文化: 成都公共空间、下层民众与地方政治,1870—1930》,中国人民大学出版社 2006 年。

王国平、唐力行:《明清以来苏州社会史碑刻集》,苏州大学出版社 1998 年。

王国平:《东吴大学在美国田纳西州的注册文件》,见《苏州大学学报》1999 年第 2 期。

王国平:《博习天赐庄: 东吴大学》,河北教育出版社 2003 年。

王国平:《东吴大学简史》,苏州大学出版社 2009 年。

王国平:《太平天国史论》,苏州大学出版社 2011 年。

王健:《民间信仰下的国家与社会——以明清时期的苏州地区为例》,苏州大学 2002 年硕士学位论文。

王利器等:《历代竹枝词》,陕西人民出版社 2003 年。

王利器:《元明清三代禁毁小说戏曲史料》,上海古籍出版社 1981 年。

王汝润:《馥芬居日记》,见《清代日记汇抄》,上海人民出版社 1982 年。

王时敏:《王奉常书画题跋》,清宣统二年刻本。

王树槐:《清季江苏省的教案》,见《中国近现代史论集》,台湾商务印书馆 1985 年。

王树槐:《中国现代化区域研究: 江苏省,1860—1916》,见台湾近代史所专刊第 48 册,台湾三民书局有限公司 1984 年。

王树枬:《张文襄公全集》,见沈云龙:《近代中国史料丛刊》第 452—460 册,台湾文海出版社 1970 年。

王韬:《淞滨琐话》,见《笔记小说大观》第 35 册,广陵书社 1984 年。

王韬:《弢园老民自传》,江苏人民出版社 1999 年。

王韬:《弢园文录外编》,中州古籍出版社 1998 年。

王铁崖:《中外旧约章汇编》,生活 · 读书 · 新知三联书店 1957 年。

王伟林:《姚孟起事迹考略及其书法思想》,见《书法之友》2001 年第 3 期。

王卫平:《明清时期江南城市史研究:以苏州为中心》,人民出版社 1999 年。

王文清:《江苏史纲·古代卷》,江苏古籍出版社 1993 年。

王锡阐:《晓庵先生文集》,清道光元年刻本。

王馨荣:《天赐庄·西风斜照里》,东南大学出版社 2004 年。

王延熙、王树敏:《皇清道咸同光奏议》,清光绪二十八年上海久敬斋石印本。

王彦威、王亮:《清季外交史料》,见沈云龙:《近代中国史料丛刊三编》第 11—19 册,台湾文海出版社 1985 年。

王鋆、曹家骏:《常熟琴棋书画漫谈》,见常熟市政协文史资料委员会:《名城文化丛书》,内部出版,1997 年。

王应奎:《海虞诗苑》,清乾隆二十四年刻本。

王应奎:《柳南随笔》,中华书局 1983 年。

王玉琼、刘力:《试论晚清之际衣冠之制的弱化——以清末服饰文化革新为中心的探讨》,见《宁夏社会科学》2009 年第 4 期。

王钟翰点校:《清史列传》,中华书局 1987 年。

王祖畲等:宣统《太仓州镇洋县志》,见《中国地方志集成·江苏府县志辑》第 18 册,江苏古籍出版社 1991 年。

王祖畲等:宣统《太仓州志》,刻本,1919 年。

王祖畲:宣统《镇洋县志》,刻本,1919 年。

魏绍昌:《孽海花资料》,上海古籍出版社 1982 年。

魏源:《魏源全集》,岳麓书社 2005 年。

温睿临:《南疆逸史》,中华书局 1959 年。

文乃史:《东吴大学》,王国平、杨木武译,珠海出版社 1999 年。

翁广平:道光《平望志》,清光绪十三年吴江黄兆柽刻本。

翁同龢著,陈义杰整理:《翁同龢日记》,中华书局 1989 年。

翁同书:《〈蓼野自订年谱〉跋》,稿本,上海图书馆古籍善本部藏。

翁咸封:《外姑许母李太孺人七十寿序》,常熟图书馆古籍部藏。

邬国平、王镇远:《清代文学批评史》,上海古籍出版社 1995 年。

吴建华:《明清苏州、徽州进士的文化素质与文化互动》,见《史林》2004 年第 2 期。

吴建华:《明清苏州、徽州进士数量和分布比较》,见《江海学刊》2004 年第 3 期。

吴建华:《明清江南人口社会史研究》,群言出版社 2005 年。

吴立乐:《浸会在华布道百年略史》,中华浸会书局民国铅印本,1936 年。

吴梅:《中国戏曲概论》,大东书局 1926 年。

吴趋:《姑苏野史》,江苏文艺出版社 1990 年。

吴仁安:《明清江南望族与社会经济文化》,上海人民出版社 2001 年。

吴殳:《手臂录》,山西科学技术出版社 2006 年。

吴滔:《论清前期苏松地区的仓储制度》,见《中国农史》1997 年第 2 期。

吴滔:《清代苏州地区的村庙和镇庙: 从民间信仰透视城乡关系》,见《中国农史》2004 年第 2 期。

吴万铭:《娄葑镇志》,方志出版社 2001 年。

吴伟业:《太仓十子诗选》,见《四库全书存目丛书》第 384 册,齐鲁书社 1997 年。

吴新雷:《苏州昆班考》,见《东南大学学报》2000 年第 4 期。

吴翌凤:《清朝文征》,吉林人民出版社 1998 年。

吴应箕、吴伟业等:《东林本末(外七种)》,北京古籍出版社 2002 年。

吴忠匡总校订:《满汉名臣传》,黑龙江人民出版社 1991 年。

吴宗锡:《评弹文化词典》,汉语大词典出版社 1996 年。

武汉大学、北京大学《目录学概论》编写组:《目录学概论》,书目文献出版社 1982 年。

席泽宗:《试论王锡阐的天文工作》,见《科学史集刊》第 6 期,科学出版社 1963 年。

夏东元:《郑观应集》,上海人民出版社 1987 年。

夏东元:《洋务运动史》,华东师范大学出版社 1992 年。

夏明方:《从清末灾害群发期看中国早期现代化的历史条件——灾荒与洋务运动研究之一》,见《清史研究》1998 年第 1 期。

小横香室主人:《清朝野史大观》(四),上海书店 1981 年。

朱小田:《苏州史纪》(近现代),苏州大学出版社 1999 年。

谢俊美:《翁同龢传》,中华书局 2000 年。

谢俊美:《翁同书传》,华东师范大学出版社 1998 年。

徐澂:《吴门画史》,江苏省立苏州图书馆 1939 年。

徐达源:嘉庆《黎里志》,清嘉庆十年吴江徐氏孚远堂刻本。

徐傅编,王镛等补辑:光绪《光福志》,苏城毛上珍铅印本,1929 年。

徐珂:《清稗类钞》,中华书局 1986 年。

徐茂明:《江南士绅与江南社会:1368—1911年》,商务印书馆2004年。

徐茂明:《明清以来苏州文化世族与社会变迁》,中国社会科学出版社2011年。

徐佩瑶:《双鲤编》,见《近代史资料》总第34号,知识产权出版社2006年。

徐雁:《叶昌炽的〈藏书纪事诗〉》,见《史学史研究》1986年第4期。

徐昭华:《徐都讲诗一卷》,见《四库全书存目丛书》第251册,齐鲁书社1997年。

徐治:《元和县志》,广陵古籍刻印社1986年。

徐鼒:《小腆纪传》,见沈云龙:《明清史料汇编·四集》第27册,台湾文海出版社1968年。

许金芳:《太平天国对外军火贸易的探讨》,见《安徽史学》1993年第2期。

许星:《竹枝词中所描绘的清代苏州地区服饰时尚》,见《装饰》2007年第5期。

许仲元著,范义臣标点:《三异笔谈》,重庆出版社2005年。

宣花:《明清时期苏州妇女的服饰追求》,见《苏州科技学院学报》2010年第1期。

严明:《佛道世俗化与江南民间信仰之变化——以明清时期江南观音、城隍习俗为中心》,见《学术界》2010年第7期。

颜元:《存学编》,见《丛书集成初编》第672册,中华书局1985年。

扬州师范学院历史系:《辛亥革命江苏地区史料》,江苏人民出版社1961年。

杨建国:《苏州海关志》,苏州大学出版社2009年。

杨镜秋:《卫理公会占据天赐庄八十年史话》,未刊稿。

杨俊光:《唱歌就问歌根事——吴歌的原型阐释》,苏州大学2007年博士学位论文。

杨瑞兰:《博习医院简史》,见《苏州史志资料选辑》第6辑,内部出版,1986年。

姚伯岳:《黄丕烈评传》,南京大学出版社1998年。

叶昌炽:《藏书纪事诗》,上海古籍出版社1989年。

叶昌炽:《寒山寺志》,江苏古籍出版社1990年。

叶昌炽:《语石　语石异同评》,中华书局1994年。

叶桂:《温热论》,见周学海注:《周澂之评注医书八种》,清刻本。

叶君远:《论"太仓诗派"》,见《河北学刊》2010年第3期。

叶梦珠:《阅世编》,上海古籍出版社 1981 年。

叶庆元:《吴中叶氏族谱》,清宣统三年东洞庭逵公宗祠木活字印本。

叶绍袁编,冀勤辑校:《午梦堂集》,中华书局 1998 年。

叶树声、余敏辉:《明清江南私人刻书史略》,安徽大学出版社 2000 年。

叶至善、叶至美、叶至诚:《叶圣陶集》,江苏教育出版社 1988 年。

佚名:《浙西横桥堰水利记》,清光绪二十四年刻本。

佚名:《吴城日记》,见《丹午笔记·吴城日记·五石脂》,江苏古籍出版社 1999 年。

奕䜣等:《钦定剿平粤匪方略》,见《续修四库全书》第 403—412 册,上海古籍出版社 2003 年。

尹会一:《尹少宰奏议》,上海商务印书馆铅印本,1936 年。

尤建霞:《苏州的地主与农民》,见《苏州文史资料》第 1—5 合辑,内部出版,1990 年。

于安澜:《画史丛书》,上海人民美术出版社 1963 年。

余同元、何伟:《历史典籍中的苏州菜》,天津古籍出版社 2014 年。

俞绳方:《深幽、洁净的小街水巷和依水而建粉墙黛瓦的民居建筑群——苏州古城风貌研究之五》,见《江苏城市规划》2008 年第 8 期。

《虞山镇志》编纂委员会:《虞山镇志》,中央文献出版社 2000 年。

袁景澜:《吴郡岁华纪丽》,江苏古籍出版社 1998 年。

袁廷梼:《袁寿阶先生传》,见《知不足斋丛书》(十二),日本株式会社中文出版社 1980 年。

苑书义等:《张之洞全集》,河北人民出版社 1998 年。

岳俊杰、蔡涵刚、高志罡:《苏州文化手册》,上海人民出版社 1993 年。

允禄:《世宗宪皇帝上谕内阁》,见《四库全书》第 414 册,上海古籍出版社 1987 年。

张潮等:《昭代丛书》,清道光吴江沈氏世楷堂刻本。

张承先:《南翔镇志》,铅印本,1923 年。

张大纯:《采风类记》,见《中国风土志丛刊》第 39 册,广陵书社 2003 年。

张岱:《琅嬛文集》,浙江古籍出版社 2013 年。

张庚、郭汉城:《中国戏曲通史》,中国戏剧出版社 1980—1981 年。

张海林:《晚清苏州地方自治略论》,见《江苏社会科学》2000 年第 3 期。

张海林:《苏州早期城市现代化研究》,南京大学出版社 1999 年。

张海林:《王韬评传》,南京大学出版社 1998 年。

张金吾:《言旧录》,北京图书馆出版社 1999 年。

张力、刘鉴唐:《中国教案史》,四川省社会科学院出版社 1987 年。

天台野叟:《大清见闻录》,中州古籍出版社 2004 年。

张舜徽:《清人文集别录》,中华书局 1980 年。

张秀民:《中国印刷史》,上海人民出版社 1989 年。

张学群等:《苏州名门望族》,广陵书社 2006 年。

张炎宪:《中国海洋发展史》,台湾人文社会科学研究中心,1997 年。

张一麐:《阳山十八人祠》,见孙中旺:《金圣叹研究资料汇编》,广陵书社 2007 年。

张郁文:《木渎小志》,见《中国地方志集成·乡镇志专辑》第 7 册,江苏古籍出版社 1992 年。

张则桐:《计东与康熙初年文风》,见《古典文献研究》第 13 辑,凤凰出版社 2010 年。

张之洞、许同莘:《张文襄公全集·张文襄公电稿》,铅印本,1920 年。

章开沅:《苏州商会档案丛编》第 1 辑,华中师范大学出版社 1991 年。

章念驰:《章太炎生平与学术》,生活·读书·新知三联书店 1988 年。

章学诚:《章学诚遗书》,文物出版社 1985 年。

章有义:《康熙初年江苏长洲三册鱼鳞簿所见》,见《中国经济史研究》1988 年第 4 期。

赵尔巽:《清史稿》,中华书局 1977 年。

赵经达:《汪尧峰先生年谱》,见《丛书集成续编》第 37 册,上海书店 1994 年。

赵明等:《江苏竹枝词集》,江苏教育出版社 2001 年。

赵思渊:《道光朝苏州荒政之演变:丰备义仓的成立及其与赋税问题的关系》,见《清史研究》2013 年第 2 期。

赵所生等:《中国历代书院志》,江苏教育出版社 1995 年。

赵永纪:《论清初诗坛的虞山派》,见《文学遗产》1986 年第 4 期。

郑光祖:《(醒世)一斑录》,清道光三十年刻本。

郑红峰:《大美中国——你应该读懂的 300 幅中国名画——千古风流》,光明日报出版社 2012 年。

郑丽虹:《“苏式”生活方式中的丝绸艺术》,见《丝绸》2008 年第 11 期。

郑伟章:《文献家通考》,中华书局 1999 年。

郑曦阳:《从仁本堂建筑雕饰解读清代苏州商人宅第的装饰特征》,见《苏州大学学报》2009 年第 4 期。

郑钟祥等: 光绪《常昭合志稿》,清光绪三十年木活字本。

政协苏州市委员会文史编辑室等:《苏州史志资料选辑》,内部出版,2003 年。

政协苏州市委员会文史资料研究委员会:《苏州文史资料》第 15 辑,内部出版,1986 年。

中国第二历史档案馆,全宗号六七九(2)第 1822 卷。

中国佛教协会:《中国佛教》第 1—2 辑,知识出版社 1980、1982 年。

中国科学院历史研究所第三所、近代史资料编辑部:《太平天国资料》,科学出版社 1959 年。

中国科学院历史研究所第三所:《近代史资料》1955 年第 3 期。

中国科学院上海历史研究所筹备委员会:《鸦片战争末期英军在长江下游的侵略罪行》,上海人民出版社 1958 年。

中国社会科学院历史研究所清史研究室:《清史资料》第 2 辑,中华书局 1981 年。

中国史学会:《太平天国》,神州国光社 1952 年。

中国史学会:《鸦片战争》,神州国光社 1954 年。

中国戏曲志编辑委员会:《中国戏曲志: 江苏卷》,中国 ISBN 中心出版社 2000 年。

台湾近代史研究所:《中国近代史资料汇编·清季中日韩关系史料》,1972 年。

仲沈洙纂,仲周霈增纂:《盛湖志》,清乾隆三十五年刻本。

仲廷机纂,仲虎腾续纂:《盛湖志》,乌程周庆云刻本,1925 年。

仲伟行等:《铁琴铜剑楼研究文献集》,上海古籍出版社 1997 年。

周丹明、沙佩智:《苏州菜与清宫御膳》,见《紫禁城》2015 年第 2 期。

周景崇、黄玉冰:《论苏州园林植物景观设计的人文思想》,见《装饰》2006 年第 6 期。

周可真:《顾炎武年谱》,苏州大学出版社 1998 年。

周良:《苏州评弹旧闻钞》(增补本),古吴轩出版社 2006 年。

周良:《苏州评弹艺术初探》,中国曲艺出版社 1988 年。

周庆云: 民国《南浔镇志》,刻本,1922 年。

周予同:《中国经学史讲义》,上海文艺出版社 1999 年。

周玉波:《明代民歌史》,凤凰出版社 2005 年。

周玉波:《明代民歌研究》,凤凰出版社 2005 年。

周之桢: 嘉庆《同里志》,铅印本,1917 年。

周治华:《苏州全国之最》,江苏科技出版社 1994 年。

周中孚:《郑堂读书记》,商务印书馆 1959 年。

朱东润:《中国文学批评史大纲》,上海古籍出版社 2001 年。

朱和羹:《临池心解》,见杨素芳、后东生:《中国书法理论经典》,河北人民出版社 1998 年。

朱宏涌:《漫话苏州商市变迁与观前街的发展》,见《苏州经济史料》第 18 辑,内部出版,1988 年。

朱寿朋:《光绪朝东华录》,中华书局 1958 年。

朱一玄:《金瓶梅资料汇编》,南开大学出版社 2012 年。

后 记

清代苏州的历史是苏州历史的重要阶段,进程曲折,场景广阔,层面丰富,没有相关专家的努力和协作,很难写出一本像样的清代苏州史。本卷即为众多专家学者共同创作的成果。本卷主编为王国平、唐力行。其他参加编撰的作者及所撰部分为:徐茂明撰写第一章第一节、第二节,第四章第一节、第二节,第五章第三节部分,以及《姑苏繁华图》、吴门经学流变、桃花坞年画的审美与祈求。胡勇军撰写第五章第一节、第二节部分,以及清朝前期苏州的吏治、昆山徐氏。明金生撰写第一章第三节,第三章第一节、第四节、第五节,以及苏州洋炮局的创办与现代化启动、近代工业的发展。李喆撰写第一章第四节,第二章第一节、第二节,以及商业的繁荣、商业会馆与公所的繁兴。李峰撰写官学与科举教育的兴废,义学、义塾蒙学教育的发展,书院教育的演进。朱琳撰写第四章第四节。李尚全撰写佛教。徐立春撰写近代海关的设立与苏州对外贸易。胡小君撰写现代学校教育的兴起。李明撰写工艺美术的昌盛。佘建明撰写苏州开埠与租界、通商场的产生。沈骅撰写道教。罗时铭撰写练武体育与娱乐体育。陈国安撰写吴歌。王健撰写民间信仰。吴琛瑜撰写园林艺术的传承。张敏撰写参考文献。

值此本卷付梓之际,我们衷心感谢崔之清、范金民、周新国、张海林等学者宝贵的专业指教,感谢苏州大学出版社朱坤泉、许周鹣等领导和同仁的精心编辑与辛劳。我们也衷心期望《苏州通史·清代卷》能为大家喜欢,并不吝赐教。

著 者

2017 年 6 月